Evan Burr Bukey
Hitlers Österreich

EUROPA
VERLAG

Aus dem Amerikanischen von Norbert Juraschitz

Evan Burr Bukey

HITLERS
ÖSTERREICH

»Eine Bewegung und ein Volk«

Europa Verlag

Hamburg · Wien

Die Deutsche Bibliothek – CIP-Einheitsaufnahme

Ein Titelsatz für diese Publikation ist bei
Der Deutschen Bibliothek erhältlich.

Originalausgabe:
Hitler's Austria – Popular Sentiment in the Nazi Era, 1938–1945
© 2000 by The University of North Carolina Press

Deutsche Erstausgabe
© Europa Verlag GmbH Hamburg/Wien, Januar 2001
Lektorat: Aenne Glienke
Umschlaggestaltung: Kathrin Steigerwald, Hamburg
Foto: »Mitglieder des Bunds deutscher Mädchen begrüßen Hitler im
März 1938«, Dokumentationsarchiv des österreichischen Widerstands
Innengestaltung: Dr. Ulrich Mihr GmbH, Tübingen
Druck und Bindung: Wiener Verlag, Himberg bei Wien
ISBN 3-203-75575-0

Informationen über unser Programm erhalten Sie beim
Europa Verlag, Neuer Wall 10, 20354 Hamburg
oder unter www.europaverlag.de

Inhalt

Tabellen und Karten

Tabellen

Karten

Vorwort

Die vorliegende Studie möchte die politischen Haltungen, das Meinungsklima und die Alltagssorgen der Österreicher während der NS-Herrschaft rekonstruieren. Auf empirischem Weg soll sie Einblick verschaffen in die Stimmungen und Ansichten der Männer und Frauen in dieser Region, die Hitlers Heimat und von 1938 bis 1945 Teil des Großdeutschen Reiches war. Das Buch befasst sich mit zahlreichen Fragen, die schon viele Historiker der Geschichte Mitteleuropas zuvor beschäftigt haben: Wie beliebt war der Anschluss? Welche Aspekte des Nationalsozialismus fanden breite Unterstützung oder stießen auf Widerstand? Blieben die etablierten religiösen und politischen Gruppierungen weitgehend immun gegen die nationalsozialistische Ideologie? Wie reagierte die allgemeine Bevölkerung auf den Kriegsbeginn der Deutschen und dessen Verlauf? Bis zu welchem Grad beteiligten sich die Österreicher an der Tötungsmaschinerie des Dritten Reiches? War die Mehrzahl der Österreicher weder Opfer noch Täter, ein Volk, das einfach »an der Seite stand, unentschlossen«?[1]

Vor der Erörterung der Hauptthemen sind einige Worte zu dem Begriff »Volksstimmung« unerlässlich, ein Ausdruck, der viel diskutiert wird, dessen genaue Definition aber Schwierigkeiten bereitet. In unserem Fall bezeichnet er die kollektiven Einstellungen der Gesellschaft oder das, was gelegentlich auch zivile Moral genannt wird. Dazu gehören gemeinsame Überlieferungen, Überzeugungen und Haltungen. Der Begriff umfasst ferner eingefahrene Verhaltensmuster und Gewohnheiten. Die Volksstimmung ist gewöhnlich reaktiv, unbewusst und in politischer Hinsicht träge. Mit anderen Worten, sie ändert sich nur langsam und gewissermaßen widerstrebend. Sie muss klar von der »öffentlichen Meinung« abgegrenzt werden, einem Begriff, der in der Regel die Überzeugungen derjenigen bezeichnet, die sich mit staatsbürgerlichen Angelegenheiten im weitesten Sinne befassen – der »politisch bewussten Minderheit«[2].

Bereits im 19. Jahrhundert hatte Karl Marx die Bedeutung der Massen- oder Volksstimmung klar erkannt, als er mit böser Zunge erklärte: Die Überlieferung der toten Generationen laste wie ein Albtraum auf den Köpfen der Lebenden.[3] Er war nicht der erste, der die Macht der Meinung in seine Theorien miteinbezog, ihm folgten Persönlichkeiten wie die Soziologen und Philosophen Emile Durkheim, Lucien Lévy-Bruhl und Marc Bloch, die sich in erster Linie für das Kollektivbewusstsein interessierten und weniger für die Veränderung der Welt. Als Folge beschäftigte sich die Wissenschaft verstärkt mit der »Mentalitätsgeschichte«, ein Versuch, die Verhaltensmuster, die Denkweise und alltäglichen Sorgen des »kleinen Mannes« nachzuzeichnen. Dieser Forschungsansatz hat das Ziel, »die Haltungen und Wertvorstellungen jedes Einzelnen, der in einer bestimmten Gesellschaft lebt«, zu ermessen[4] oder »eine Landkarte des mentalen Universums zu zeichnen, das eine Kultur mit ihren wesentlichen Merkmalen ausstattet«[5].

Historiker widmen allerdings erst seit relativ kurzer Zeit ihre Aufmerksamkeit der Untersuchung der Massenmeinung. Seit jeher interessierten sich in erster Linie die Herrscher und Politiker dafür. Ihnen war am meisten daran gelegen, die Ansichten der »einfachen Leute« herauszufinden, weil politischer Erfolg bis zu einem gewissen Grad von allgemeiner Zustimmung abhängt. Platon und Aristoteles hatten bereits auf die Bedeutung der Volksstimmung hingewiesen, und Machiavelli drängte die Fürsten immer wieder, die Meinung des Volkes entsprechend zu würdigen. Zwar folgten wenig Herrscher dem Beispiel des mittelalterlichen Kalifen Harun al-Raschid, der sich verkleidete, um die Klagen und Beschwerden seiner Untertanen zu belauschen, doch die Mehrzahl der Machthaber setzte Informanten und Spione ein, um Aufruhr und soziale Unruhen aufzuspüren.[6]

Aber erst im 18. Jahrhundert stellten europäische Monarchen so etwas wie eine Geheimpolizei in den Dienst, die den Staatsapparat überwachen und über das Verhalten von Einzelpersonen Bericht erstatten sollte. Zu den eifrigsten Verfechtern eines umfassenden Überwachungssystems zählte der österreichische Kaiser Joseph II., der aufgeklärte Alleinherrscher, der von 1765 bis 1790 versuchte,

die Habsburgermonarchie effektiver zu organisieren. Im Zuge der
Französischen Revolution erhielten die staatlichen Sicherheitskräfte
dann immense Machtbefugnisse, sodass die radikalen Revolutionäre
ebenso wie die traditionellen Monarchen ihren jeweiligen Geheim-
dienst einsetzten, um subversive »Elemente« und abweichende Meinungen auszumerzen.

Von 1815 bis 1860 galt die österreichische Geheimpolizei gemeinhin als die effektivste Organisation in ganz Europa. Unter der Leitung von Graf Joseph Sedlnitzky zensierte sie die Medien, fing Briefe
ab und überwachte Gespräche zwischen den Bürgern. Man getraue
sich nicht einmal, hier die Stimme zu erheben, schrieb Beethoven
einmal, sonst finde die Polizei eine Unterkunft für einen.[7] Auch
wenn Sedlnitzky nur wenige Agenten zur Verfügung standen, wurden diese sehr gefürchtet, weil sie allgegenwärtig schienen.[8] Hier
handelte es sich um ein minimalistisches System der Überwachung,
das im Zuge der Liberalisierung der Monarchie nach 1860 abgeschwächt wurde, aber bis zur Auflösung Österreich-Ungarns im
Jahr 1918 intakt blieb. Zwei Jahrzehnte später sollten die Nationalsozialisten ein vergleichbares System der Überwachung einführen.

Als Hitlers Armee 1938 in Österreich einmarschierte, wurden
zuerst die mutmaßlichen ideologischen Gegner ins Visier genommen, in erster Linie die Kommunisten, Marxisten, Freimaurer,
Ultramontanen, also Papstanhänger, die christlichen Kirchen und
aristokratischen Reaktionäre. Zugleich sollten die Österreicher für
Hitlers Eroberungspläne mobilisiert werden. Seine Gefolgsleute versuchten, die allgemeinen Sorgen zu erkennen und ihre (vermeintli-
chen) Ursachen zu beseitigen, indem sie entweder Zellen des Widerstands zerschlugen oder praktische Lösungen anboten.[9]

Genau wie in Deutschland ließen die Nationalsozialisten in dem
einverleibten Österreich die gesamte Bevölkerung überwachen,
wobei Parteimitglieder den Auftrag hatten, verdächtige oder feindliche Aktivitäten der Gestapo zu melden.[10] Auf regionaler Ebene übernahm die österreichische NSDAP die Funktion der Augen und
Ohren des Regimes, allerdings nur in Einzelfällen.[11] Die wichtigere
Aufgabe, organisierte Widerstandsgruppen aufzuspüren und die
zivile Moral zu bewerten, fiel dem Sicherheitsdienst (SD) der SS zu.
Im Jahr 1938 hatte sich der SD bereits zu einem innenpolitischen

Nachrichtendienst entwickelt, der in regelmäßigen Abständen für Hitler und die NS-Führung ausführliche Berichte über die Volksstimmung ausarbeitete. Gestützt auf ein Netz aus Informanten, Agenten und Berichterstattern, gaben sich die Sicherheitsagenten alle Mühe,»sachliche Informationen« über »Gegner« und die »allgemeine Stimmung und Lage« zu liefern.[12]

Das vorliegende Buch stützt sich wie andere Untersuchungen der Volksstimmung im nationalsozialistischen Europa weitgehend auf die erhaltenen Berichte der Leitstellen des Sicherheitsdienstes sowie auf die Berichte der Landräte und die in unregelmäßigen Abständen aufgezeichneten Beobachtungen der Justizbehörden. Es liegt auf der Hand, dass das Heranziehen dieser und anderer nationalsozialistischer Quellen hohe methodologische Ansprüche stellt – ein Problem, das die Forscher längst erkannt und versucht haben, zu berücksichtigen.[13]

Eine der größten Schwierigkeiten ist das »Problem der Einschüchterung«, wie der britische Historiker Ian Kershaw es genannt hat.[14] Unter Hitlers Diktatur hielten die Bürger in Deutschland und Österreich in der Regel den Mund und sagten nicht, was sie wirklich dachten. In der Öffentlichkeit fanden sich Männer und Frauen mit tendenziell ähnlichen Ansichten zusammen oder sie passten ihre Unterhaltung der jeweiligen Situation an. Überdies war die Mehrzahl der Österreicher mit den Praktiken einer staatlichen Überwachung bereits vertraut.[15] Hinzu kam die Tatsache, dass nicht wenige recht widersprüchliche Ansichten vertraten, indem sie eine Sache aus entgegengesetzten Richtungen betrachteten oder bestimmte Elemente der NS-Politik von dem Regime loslösten, insbesondere von der Person Adolf Hitlers.[16]

Eng verwandt mit dem »Problem der Einschüchterung« ist das Problem der ungleichmäßigen Berichterstattung bzw. Lücken. »Was in den Berichten verschwiegen wird, ist in Wirklichkeit aufschlussreicher als das, was in ihnen gesagt wird.«[17] Einerseits lässt sich dieser Effekt auf den Einschüchterungsfaktor zurückführen, andererseits aber auf die individuellen Erwägungen oder subjektiven Gefühle der SD-Agenten zu einem bestimmten Zeitpunkt. Dennoch herrscht weithin Übereinstimmung, dass die SD-Berichte eine bemerkenswert zutreffende Einschätzung der Volksstimmung in Großdeutschland bieten, dass diese Primärquelle durchaus vergleichbar ist mit den Unterlagen der Mass-Observation Teams in Großbritannien während des Krieges – eine Sammlung von Dokumenten, die als das beste Rohmaterial zur Sozialgeschichte des Zweiten Weltkrieges gilt.[18] Bei der Untersuchung der NS-Zeit in Österreich steht der Historiker schließlich vor dem Problem, dass die erhaltenen SD-Unterlagen disparat und weit verstreut sind.[19] Viele streng vertrauliche Leitstellenberichte galten als verloren oder liegen immer noch in Landesarchiven unter Verschluss.[20] Bei den Forschungen für diese Arbeit sind jedoch ganze Sammlungen sowohl in Europa als auch in den Vereinigten Staaten ans Licht gekommen. Sie enthalten praktisch vollständige Akten aus Ober- und Niederdonau, Unterlagen aus Wien für die Zeit 1939/40 und eine vollständige Akte der SD-Lageberichte aus Tirol für die Jahre 1942/43. Dank der unermüdlichen Anstrengungen des Dokumentationsarchivs des österreichischen Widerstandes (DÖW) sind ferner fragmentarische Berichte aus Salzburg und vereinzelte Gendarmerierapporte aus der Steiermark und aus Kärnten ausgewertet worden. Diese lassen sich anhand der Beobachtungen ausländischer Korrespondenten und britischer und amerikanischer Diplomaten aus der Vorkriegszeit sowie anhand der erstaunlich genauen Berichte der amerikanischen OSS-Agenten für das letzte Kriegsjahr überprüfen. Ein ansehnlicher Teil der Erkenntnisse kann auch der veröffentlichten Literatur entnommen und mit ihrer Hilfe gewissermaßen doppelt verifiziert werden. Insbesondere die regionalen Studien und die zahlreichen Dokumente der Missbilligung, des Dissenses und der Verweigerung, die vom DÖW vorgelegt wurden, sind hier sehr nützlich.[21] Im Folgenden habe ich versucht, das Mosaik der Meinung in Hitlers Österreich so vollständig und genau wie möglich zu rekonstruieren.

Erster Teil

Der Weg zum Großdeutschen Reich

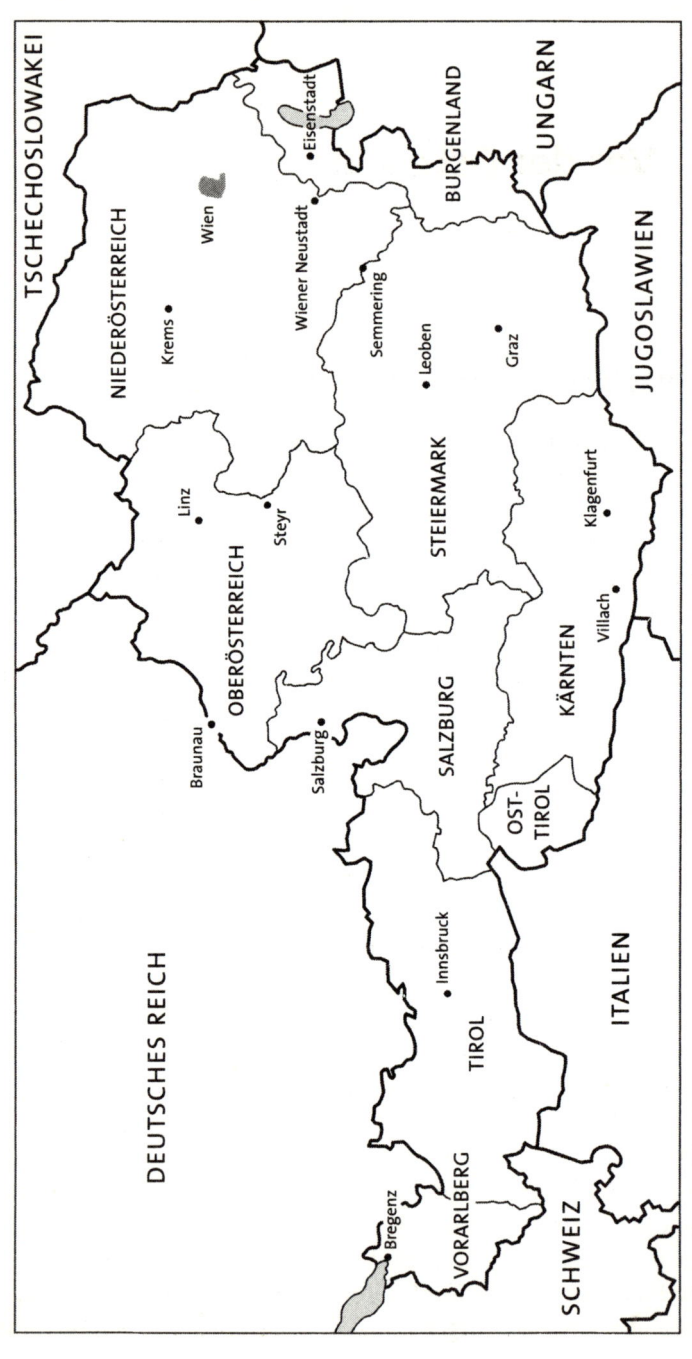

Karte 1   Österreich, 1938

1 Vor der Ostmark

Die Tradition der Gegenreformation in Österreich

Das geistige Klima des modernen Österreich ist stark von dem Prozess der Staatsbildung geprägt, der im 17. Jahrhundert einsetzte. Seit dieser Zeit wurden zahllose Mythen, Bräuche und Zusammengehörigkeitsgefühle gepflegt, die zum Teil bis heute fortbestehen. Den Kern der Kampagne bildete ein Feldzug gegen die äußeren und inneren Feinde der Habsburger: die Türken und die Protestanten. Die Dynastie kämpfte selbst gegen die osmanischen Sultane auf dem Schlachtfeld, überließ es jedoch der katholischen Kirche, in den weit reichenden Ländereien der Habsburger, darunter Böhmen, Mähren und die Erblande, nach der Reformation die religiöse und kulturelle Einheit wiederherzustellen. Ein »stufenweiser Verfolgungsprozess«[1], wie Charles Ingrao es treffend nennt, setzte ein. Protestantische Kirchen und Ländereien wurden beschlagnahmt, protestantische Prediger und Lehrer vertrieben, ketzerische Bücher und Schriften verbrannt, und das einfache Volk wurde von militanten religiösen Orden aufgehetzt. Der Heilige Stuhl trachtete außerdem danach, die Massen durch den Bau gigantischer Basiliken, Klöster und Paläste einzuschüchtern. Die Kunst und die Architektur des Barock erhielten in diesem Kontext einen hohen symbolischen Stellenwert. Und schließlich wurde die Volksfrömmigkeit kultiviert, der Marienkult wieder belebt und Wallfahrten wurden organisiert.[2]

Da ganze Landstriche der heutigen Republik Österreich mehr als 100 Jahre lang lutheranisch oder calvinistisch gewesen waren, hatte die Gegenreformation für viele Familien verheerende Folgen. In den Augen der Behörden galt jeder als verdächtig, jedem drohte die peinliche Frage nach seiner Konfession. Mindestens 40 000 Protestanten flohen aus den Habsburger Erblanden, darunter 754 Adelsfamilien.

Von den Übrigen hielten viele, die in abgeschiedenen Alpentälern, vor allem in der Steiermark und in Kärnten, lebten, heimlich an ihrer Konfession fest und beugten sich nach außen hin dem Diktat der Kirche in Rom. Die überwiegende Mehrheit des österreichischen Volkes begrüßte jedoch die Restauration des Katholizismus.[3] Es lässt sich nicht genau ermessen, wie stark sich die Gegenreformation auf die Ansichten und das Verhalten der folgenden Generationen Österreichs auswirkte, aber jüngste Forschungen haben gezeigt, dass sie substanziell und nachhaltig die Psyche der Menschen prägte.[4] Im Zuge der Rekatholisierung wurde eine dualistische Weltanschauung gelehrt, nach der ein unerbittlicher Gott Gewalt gegen klar definierte Feinde billigt: gegen Protestanten, Türken und Juden. Die katholische Kirche stellte so kompromisslose und strenge Dogmen auf, dass die Leute geradezu zur Heuchelei gezwungen wurden und meist ausweichende Antworten gaben, ein Verhalten, das noch heute in Gesprächen mit Wienern zu beobachten ist. Die Gegenreformatoren regten das geistliche Leben an und bürokratisierten es zugleich. Sie legten großen Wert auf Ornamentierung, Farbenpracht und Sinnlichkeit. Die kirchliche Hierarchie wurde überbetont, Zeremoniell und Prunksucht wurden bis zum Exzess getrieben.[5]

Für die österreichische politische Kultur sind noch andere irrationale Elemente kennzeichnend. Dazu zählen eine Vorliebe für eine blumige Sprache und Rituale, ein Hang zum Theatralischen und Ästhetischen, und die Wichtigkeit persönlicher Beziehungen, sei es in Form der Protektion oder der Schirmherrschaft. Alles in allem lastete das Erbe der Gegenreformation bis weit in das 20. Jahrhundert hinein schwer auf den folgenden Generationen und prägte deren Einstellungen. Im Ersten Weltkrieg rechtfertigte Friedrich Adler seinen Mord an Ministerpräsident Karl von Stürgkh als einen Akt der Rache an einem »Staat, den man einmal, in der Zeit der Gegenreformation, mit Feuer und Schwert wieder katholisch gemacht hat. Es ist ein Staat, in dem man stets Verachtung für die Überzeugung des Menschen hatte, es ist ein Staat, wo man niemals anerkannte, dass das einzelne Individuum nach seinen Überzeugungen handeln soll.«[6] Der bekannte Historiker der Habsburgermonarchie Robert Kann kommt zu dem nüchternen Schluss: »Die wesent-

liche und weitest reichende Auswirkung des Drucks der Gegen-
reformation bestand nicht so sehr in der Erinnerung an erlittenes
Unrecht, sondern darin, dass man bestrebt war, Verfolgungen durch
Anpassung und Konformität zu vermeiden.«[7]

Das Vermächtnis Maria Theresias und Josephs II.

Im Jahr 1740 wurde das Selbstwertgefühl der Habsburger durch den
Verlust Schlesiens an Preußen schwer angeschlagen. Angesichts des
Aufstiegs der protestantischen Macht sahen sich die Habsburger
gezwungen, Reformen durchzuführen, die den Umbau ihrer Erblande in eine einheitlich organisierte und effiziente Gesellschaft
zum Ziel hatten. Im Zuge dieses Reformprozesses kamen ihre Untertanen mit dem Rationalismus der Aufklärung in Berührung und die
tief verwurzelten Werte der Gegenreformation wurden entsprechend
abgewandelt. Unter anderem schränkten die Herrscher die Fron-
dienste der Bauern ein, schafften die Leibeigenschaft ab und
besteuerten den Landbesitz des Adels. Im Militär und im Staatsdienst gab fortan das Verdienst der Offiziere und Beamten den Ausschlag für einen Aufstieg in der Rangfolge. Auch das Bildungswesen
war von den Veränderungen betroffen, ein staatliches, dreigeteiltes
Schulsystem wurde eingeführt.[8]

Der Reformbewegung lag die Erkenntnis zugrunde, dass der
Monarch das Vertrauensverhältnis zwischen seinen Untertanen und
ihm wieder herstellen muss.[9] Zu diesem Zweck ergriffen Maria
Theresia (1740–1780) und nachfolgend ihr Sohn Joseph II. (1780–
1790) verschiedene Maßnahmen, die Unternehmer, Kaufleute und
Bankiers begünstigten und die Armut der Massen auf dem Land lindern sollten. Joseph II. versuchte darüber hinaus, den Auszug der
Protestanten aus der Monarchie zu stoppen und die Aktivitäten der
katholischen Kirche in Bahnen zu lenken, die dem Staat dienlich
waren. Von 1781 an erließ er eine Reihe von Dekreten, hob in dem
Toleranzpatent die meisten diskriminierenden Bestimmungen gegen
Nichtkatholiken auf und räumte den Juden ein gewisses Maß an
staatsbürgerlichen Rechten ein. Danach überwarf sich der unge-
stüme Kaiser mit dem Papst, säkularisierte ein Drittel der seiner
Ansicht nach »völlig nutzlosen« Klöster im Reich und wies die Geist-

lichen an, sich um die Armen zu kümmern und als Lehrer zu arbeiten.[10]

Lässt sich das psychische Erbe der Gegenreformation mit dem Wort Konformismus umschreiben, so bezeichnet der Begriff Ambiguität den Nachlass der Reformära unter Maria Theresia und Joseph II. am treffendsten.[11] Auf der einen Seite regten die Reformer mit ihren Bemühungen zweifellos die Bildung, die Selbstvervollkommnung und sogar die Kreativität der Einzelnen an. Außerdem erweiterten sie die Entfaltungsmöglichkeiten und verbesserten die Lebensbedingungen der Armen. Joseph II. brachte durch die Einführung eines Staatsdienstes, der auf Verdiensten beruht, die Regierung dem Volk näher. Auf der anderen Seite entsprach die josephinische Staatsordnung einer Art wohlwollendem Despotismus. Sie beinhaltete zugleich einen »aufgeklärten Polizeistaat«, an dessen Spitze ein Monarch stand, der im Namen des Volkes regierte, aber auch die aktive Zusammenarbeit forderte. Maria Theresia und Joseph II. hinterließen ein Erbe der Reformen von oben, nicht von unten.[12]

Im Laufe des 19. Jahrhunderts kam zu dem politischen Konzept des Josephinismus die Vorstellung von einer repräsentativen Regierung hinzu, so dass sich eine »autokratische Theorie des liberalen Staates«[13] entwickelte. Die Liberalen in Mitteleuropa präsentierten den aufgeklärten Herrscher als ein Musterbeispiel für ihr eigenes Reformprogramm. Sie strichen vor allem die Verstaatlichung der Kirche heraus und sahen in den kaiserlichen Maßnahmen zur Beschneidung der päpstlichen Prärogative fälschlich die ersten Schritte zu einem säkularen, antiklerikalen Staat.[14]

Als noch folgenschwerer erwies sich der Umstand, dass sie sich auf Josephs Germanisierungsprogramm beriefen, auf seinen Versuch, die Sprache der Monarchie zu vereinheitlichen, indem er Deutsch zur offiziellen Amts- und Handelssprache erklärte. Als der Kaiser sein Sprachedikt von 1784 erließ, hatte dies in erster Linie pragmatische Gründe: Deutsch wurde in mehr Landesteilen gesprochen als jeder andere Dialekt oder jede andere Sprache, und es war moderner als Latein, die Amtssprache in Ungarn.[15] Auch wenn Joseph II. geglaubt haben mochte, die deutsche Kultur sei den anderen Kulturen seines Reiches überlegen, so war er keinesfalls ein deutscher

Nationalist. Mitte des 19. Jahrhunderts beriefen sich jedoch deutsche und österreichische Liberale auf ihn und forderten einen Einheitsstaat in Mitteleuropa, ein deutsches Reich mit einer Verfassung, das die vielsprachige Habsburgermonarchie transformieren oder ablösen sollte. Für die deutschsprachigen Bewohner Österreichs nahm mit diesen Forderungen eine fast hundert Jahre währende Identitätskrise ihren Anfang.[16]

Deutscher Nationalismus in der Habsburgermonarchie

Vor den Revolutionen von 1848 sahen die deutschsprachigen Bewohner des Vielvölkerreichs keinen Widerspruch darin, sich sowohl als Deutsche wie auch als Österreicher zu verstehen. In diesem tumultuösen Jahr 1848 unterstützten die Studenten und das liberale Bürgertum begeistert die Bestrebungen des Parlaments in Frankfurt, die deutschen Kleinstaaten zu einem Nationalstaat zu vereinigen. Im Anschluss daran ließ das deutsche Nationalgefühl kaum nach. Das lag einerseits daran, dass sich das Frankfurter Parlament um ein Haar mit seiner Staatsidee durchgesetzt hätte. Andererseits war das starke Nationalgefühl aber darauf zurückzuführen, dass den Deutschösterreichern angesichts der unerwarteten Ansprüche der Italiener, Tschechen und Ungarn mit einem Mal bewusst wurde, dass sie selbst nur eine Minderheit waren. Plötzlich fühlten sich die deutschen Untertanen des Kaisers isoliert und von den nationalen Zielen der anderen Völker bedroht. Der darauf folgende große Zustrom jüdischer Einwanderer nach Wien gab der Fremdenfeindlichkeit zusätzlich Nahrung. Aber erst nach dem endgültigen Ausschluss Österreichs aus dem neu gegründeten, deutschen Nationalstaat im Deutschen Krieg von 1866 wurden die Deutschösterreicher in eine echte Identitätskrise gestürzt. Seither zog sich durch das öffentliche und das private Leben wie ein roter Faden der »Konflikt zwischen unserem Österreich und unserem deutschen Charakter«[17], wie der sozialdemokratische Führer Otto Bauer einmal sagte.

Der einflussreichste Exponent des deutschen Nationalismus in der Habsburgermonarchie war Georg Ritter von Schönerer. Er gründete eine alldeutsche Bewegung, die zugleich antihabsburgisch, antiliberal, antikatholisch, antikapitalistisch, antisozialistisch und vor

allen Dingen antisemitisch war. Mit seinen Schimpftiraden und seinen extremistischen Forderungen zog er eine große Zahl von Studenten ebenso in seinen Bann wie Angehörige des vorindustriellen
Mittelstands, also Handwerker und Einzelhändler, die in den jüdischen Konkurrenten und in der Modernisierung eine Gefahr für
ihre Existenzen sahen. Unter Schönerers Einfluss wurde der Antisemitismus zu einem zentralen Element des deutschen Nationalismus in Österreich, vor allem weil er einer Generation, die bereits
die Thesen Charles Darwins und Richard Wagners verinnerlicht
hatte, eine pseudowissenschaftliche Erklärung für die damaligen
Konflikte in der Gesellschaft lieferte.[18]

Schönerer gelang es jedoch nicht, die Bauern und Industriearbeiter zu mobilisieren, auch wenn er in Oberösterreich und im Waldviertel einen Teil der Bauern für sich gewinnen konnte. Unter anderem war sein Scheitern bei diesen Bevölkerungsgruppen auf das bis
1907 geltende eingeschränkte Wahlrecht zurückzuführen. Sein auto-
kratisches, unbeherrschtes Auftreten trug aber ebenfalls dazu bei.
Mehrfach stieß er enge Verbündete vor den Kopf und verärgerte
potenzielle Wähler. Der bekannteste Vorfall ereignete sich 1888, als
er in die Redaktion des *Neuen Wiener Tagblatts* stürmte und mit
einem Spazierstock auf den Chefredakteur losging – Schönerer
wurde deswegen zu einer Haftstrafe verurteilt und verlor seinen
Sitz im Parlament.[19]

Im Jahr 1901 waren die Alldeutschen schon beinahe in Vergessen-
heit geraten, bei den Parlamentswahlen des Jahres erhielten sie nur
40 000 Stimmen. Dennoch hatte Schönerer das deutschsprachige
Österreich nachhaltig geprägt. Er führte einen beleidigenden,
»schärferen Ton« in die Politik ein und machte die antipatriotischen
Ideen des populistischen Nationalismus und Rassenhasses hoffähig.
Außerdem beeinflusste er eine Generation begeisterter Anhänger,
die später als Anwälte, Staatsdiener, Politiker und Unternehmer vor
allem in der Provinz Erfolg hatten.[20] Beinahe ein Vierteljahrhundert
lang dominierten seine Gefolgsmänner und andere deutschnationale
Amtsinhaber die Verwaltung in vielen Städten wie Innsbruck, Graz
und Linz, in denen sie die allgemeine Stimmung zu ihrem Vorteil
ausnutzten und gleichzeitig anheizten.[21] Die Tatsache, dass Hitler
viele seiner Ideen von Schönerer übernahm, ist unter Historikern

allgemein bekannt. Dass er in Linz unter einer Oberschicht auf-
wuchs, die Schönerers Ansichten übernommen hatte, wird häufig
übersehen. Nur mit diesem Wissen lässt sich aber das geistige Klima
in Hitlers Heimat verstehen.[22]
Schönerers Lehren hielten sich auch in der Subkultur der gesellschaftlichen Vereinigungen im städtischen Österreich, vor allem in
den Sportvereinen wie dem Deutschen Turnerbund und der Deutschen Turnerschaft, die damals großen Zulauf hatten. In den Satzun-
gen dieser Organisationen wurden martialische Werte propagiert
und Juden ausdrücklich ausgeschlossen. Das Gleiche galt auch für
speziellere Sportarten und Bergsteigergruppen wie den Österreichischen Alpenverein. Der deutsche Nationalismus beschränkte sich
aber nicht auf die Sportplätze und Umkleideräume des kleinstädti-
schen Bürgertums; Sängereintrachten, Lesezirkel und politische
Gruppierungen priesen ebenfalls das deutsche Reich und die deutsche Rasse. In ethnischen Mischgebieten oder Grenzregionen, in
denen deutschsprachige Bewohner allen Grund hatten, sich bedroht
zu fühlen, äußerten sich Schulbehörden und Lehrervereinigungen
außerordentlich freimütig und feindselig über Randgruppen, vor
allem über Juden.[23]

Die Deutsche Arbeiterpartei

Schönerers Predigten der Vorurteile und des Rassenhasses sickerten
unaufhaltsam in die nichtsozialistischen Sparten der Arbeiterklasse
ein. In den achtziger Jahren des 19. Jahrhunderts wurden nach einer
plötzlichen Migrationswelle armer tschechischer Proletarier in die
florierenden Städte Nordböhmens spontan zahlreiche Gewerkschaften der deutschsprachigen Bergarbeiter, Textilarbeiter, Setzer und
Eisenbahnarbeiter gegründet. Sie übernahmen »Arier«-Paragrafen
und forderten die Verstaatlichung einiger Schlüsselindustrien sowie
einen gesetzlichen Schutz gegen die »ungelernten« tschechischen
Arbeitskräfte. Im Jahr 1904 trafen sich Stellvertreter dieser Gewerkschaften in Trautenau an der böhmisch-schlesischen Grenze und riefen dort die Deutsche Arbeiterpartei (DAP) ins Leben, eine extrem
nationalistische Arbeiterbewegung und direkte Vorläuferin der
österreichischen NSDAP.[24]

Die DAP war eine echte Arbeiterpartei, ihre Mitglieder waren ausnahmslos Arbeiter, und sie wurde von Arbeitern geführt. Sie unterschied sich von der marxistisch ausgerichteten Sozialdemokratie
durch die Ablehnung des Internationalismus, durch den Verzicht
auf einen theoretischen Überbau und durch die Bereitschaft, auch
leitende Angestellte aufzunehmen. Ein zentrales Anliegen der DAP
war die Verschmelzung von nationalistischen und sozialistischen
Elementen. Sie forderte eine unnachgiebige Haltung gegen Ausländer, Geistliche, Juden, Kapitalisten und Marxisten und die Verstaatlichung von Monopolen sowie die Abschaffung des Wertzuwachses
von Grundbesitz. Und nicht zuletzt forderte sie, dass der Lebensraum für das deutsche Volk nach Osten ausgedehnt werde.[25]

Ungeachtet der Erfolge der DAP bei der Werbung neuer Mitglieder und trotz ihrer Agitation von 1904 bis 1918 blieb sie in erster
Linie eine lokale Bewegung, die über die Grenzregion in Nord-
böhmen hinaus wenig Zulauf hatte. Auf dem Gebiet der späteren
Republik Österreich gründete sie nur vereinzelte Ortsgruppen: fünfzehn in der Steiermark, vier in Kärnten und jeweils eine in Oberösterreich und Salzburg.[26] Da diese Gruppen in der Regel Vereinigungen böhmischer Eisenbahnarbeiter waren, die weit weg von
ihrem Zuhause stationiert waren, dürften sie keinen großen Einfluss
auf Hitler oder auf die Stimmung im jeweiligen Ort gehabt haben.
Allerdings gilt es als sicher, dass DAP-Eisenbahnarbeiter aus der
hypernationalistischen Stadt Eger in der Nähe der deutsch-böhmi-
schen Grenze eine Schlüsselrolle bei der Gründung des Münchner
Zweiges der Deutschen Arbeiterpartei spielten – dem Ursprung der
deutschen nationalsozialistischen Bewegung, auf den Hitler 1919
stieß.[27]

Die Erste Republik

Im Jahr 1918 litten die Menschen in den Habsburger Erblanden sehr
unter der Kriegsniederlage und dem Zerfall Österreich-Ungarns.
Wegen des abrupten Übergangs von einer Großmacht zu einem
Kleinstaat gingen viele Arbeitsplätze und Möglichkeiten zur Lebens-
gestaltung verloren, die Spannungen zwischen Stadt und Land spitzten sich zu, in den kommenden zwei Jahrzehnten standen erbitterte

politische Auseinandersetzungen auf der Tagesordnung. Die Frage
nach der nationalen Identität stellte sich immer dringender und der
emotionale Konflikt zwischen dem österreichischen und dem deutschen Charakter des Landes verschärfte sich.

Anfangs überwog ein Gefühl der Erleichterung, eine seltsame
Hochstimmung machte sich breit, die Gründung einer deutsch-
österreichischen Republik stieß auf massive Unterstützung in der
Bevölkerung.[28] Am 10. September 1919 zwangen die siegreichen
Alliierten jedoch die neue österreichische Regierung, den Vertrag
von St. Germain zu unterzeichnen. Wien blieb keine andere Wahl,
es musste die Lasten des verlorenen Krieges auf sich nehmen, unter
anderem eine Klausel zur Kriegsschuld unterzeichnen und Repara-
tionszahlungen leisten. Wie die Deutschen in der Weimarer Republik waren auch die Österreicher geschockt und reagierten empört,
vor allem über den Verlust von Grenzgebieten wie Südtirol und über
Artikel 88. Dieser Paragraf untersagte einen Anschluss an Deutschland »außer mit der Zustimmung des Völkerbundrates«.[29]

Das hatte zur Folge, dass die Republik Österreich in den Augen
ihres Volkes praktisch ihr Existenzrecht verloren hatte. Sie wurde
zu einem »Staat, den keiner wollte«[30], zu einem »wasserköpfigen
Monster«, zu einer grotesken Entstellung des viel beschworenen
Prinzips der nationalen Selbstbestimmung. Mit Ausnahme einer
Handvoll von Traditionalisten und Industrieunternehmern konnte
sich niemand ein unabhängiges Österreich vorstellen. Angesichts
der wirtschaftlichen Schwierigkeiten der deutschösterreichischen
Ländereien, vor allem in Anbetracht des Ausmaßes der Verarmung,
hielten sowohl die Eliten wie auch das einfache Volk den neuen Staat
für »nicht lebensfähig«. Aus heutiger Sicht mag ihr Pessimismus
ungerechtfertigt erscheinen. Damals herrschten allerdings Hungers-
nöte, der Staat stand vor dem finanziellen Kollaps und litt unter den
hohen Schutzzöllen der Nachbarländer, auch der demokratischen
Tschechoslowakei. Nimmt man die hohe Arbeitslosigkeit seit 1923
noch hinzu, so darf es nicht verwundern, dass die Mehrheit den
Staat für nicht lebensfähig hielt. Bei einem derartigen Defätismus
wurden die vorhandenen Ressourcen des Staates natürlich nicht
voll genutzt und die Legitimität der neuen Ordnung wurde ange-
zweifelt.[31] Mit dem Handicap einer ständigen Identitätskrise stand

die erste österreichische Republik vor der schweren, wenn nicht gar unlösbaren Aufgabe, eine repräsentative Demokratie aufzubauen, die von der Majorität der Bevölkerung getragen wurde.[32] Die Mehrheit der Österreicher sehnte sich zwar nach einem Anschluss an Deutschland, aber nur wenige betrachteten sich selbst als Deutsche in dem radikalen Sinn, den Schönerer und seine Anhänger propagiert hatten. Im Oktober 1919 schlossen sich 17 nationalistische Gruppierungen zu der Großdeutschen Volkspartei (GDVP) zusammen, einer Bewegung, die sich sehr stark an Schönerers alldeutsche Vorstellungen anlehnte. Trotz massiver Agitation errang die Partei bei den Wahlen zwischen 1919 und 1933 nie mehr als 17 Prozent der Stimmen. In erster Linie fand die GDVP bei Studenten, Lehrern und Staatsdienern Gehör – bei den gleichen Gruppen, die Jahre zuvor dem alldeutschen Messias gefolgt waren. Die übrigen vier Fünftel der Wählerschaft hingegen teilten sich die Sozialdemokraten und die Christlichsozialen untereinander auf. Diese beiden Bewegungen vertraten zwei völlig gegensätzliche Weltanschauungen, die ebenso unvereinbar waren wie die der Deutschnationalen. Alles in allem bildeten die drei politischen Parteien feindliche »Lager«, deren Anhänger bereitwilliger der jeweiligen Subkultur Gefolgschaft leisteten als dem Staat.[33]

Die Erste Republik hatte nur kurze Zeit Bestand, die turbulenten Ereignisse dieser Jahre rissen aber eine tiefe Kluft in das österreichische Volk und demoralisierten es.[34] Von 1920 bis 1932 wurde das Land von wechselnden bürgerlichen Koalitionen aus der Christlichsozialen Partei mit der Großdeutschen Volkspartei oder dem Landbund regiert. Die Sozialdemokraten trugen zwar nie die Regierungsverantwortung, aber sie hatten in Wien das Sagen. Hier gründeten sie ihr eigenes System der Vetternwirtschaft, initiierten ein ehrgeiziges Programm des sozialen Wohnungsbaus und schufen eine Stadtverwaltung. Das Ergebnis war das vielleicht erfolgreichste sozialistische Experiment, das jemals in Europa durchgeführt wurde.[35] Die Sozialdemokraten hofften immer noch, eines Tages die absolute Mehrheit der Stimmen zu erringen und allein zu regieren. Ihre steigenden Wahlerfolge berechtigten auch zu dieser Hoffnung. Bei den Regierungsparteien schrillten natürlich die Alarmglocken. Ursprünglich stand die Christlichsoziale Partei auf dem Boden der

Demokratie, allerdings repräsentierte sie eine Wählerschaft aus Teilen des Mittelstandes und der Bauernschaft, die unter der wirtschaftlichen Not stark zu leiden hatte. Viele Christlichsoziale hielten als Mitglieder einer katholischen Partei immer noch den Habsburgern die Treue und hatten so große Angst vor einem Sieg der Sozialdemokraten, dass sie zunehmend private Armeen wie die Heimwehr unterstützten. Diese ursprünglich als lokale Milizen gegründeten Verbände arbeiteten später auf die Zerschlagung der Republik hin.[36] Die Weltwirtschaftskrise traf Österreich außerordentlich hart. Durch den Kollaps des Bankwesens, mit dem spektakulären Zusammenbruch der Wiener Credit-Anstalt am 11. Mai 1931 als Höhepunkt, wurden die Gold- und Devisenreserven der Staatskasse aufgezehrt und eine internationale Finanzkrise ausgelöst. Ein Jahr später war das Land praktisch bankrott. Von 1929 bis 1932 fielen die Produktion um 39 Prozent, der Außenhandel um 47 Prozent und die Abnehmerpreise für Agrarerzeugnisse um 17 Prozent. Gleichzeitig stieg die Arbeitslosigkeit auf über ein Drittel der Erwerbstätigen. Da die Parteien untereinander unversöhnlich verfeindet waren und in Österreich ein Bürgerkrieg auszubrechen drohte, wurden kaum Versuche unternommen, die Krise in den Griff zu bekommen, geschweige denn sie gemeinschaftlich zu lösen.[37]

Dennoch kann niemand behaupten, dass die Österreicher sich von heute auf morgen von der demokratischen Gesellschaftsordnung verabschiedet hätten. Bei den Wahlen vom 9. November 1930, nur zwei Monate nach Hitlers erdrutschartigem Wahlerfolg in der Weimarer Republik, stimmten 90 Prozent der österreichischen Wähler für die drei etablierten Parteien. Außerdem zeigte die Heimwehr, die nur acht Sitze gewonnen hatte, erste Auflösungserscheinungen. Um die Gefahr des Extremismus einzudämmen, der von Deutschland auf Österreich übergriff, wurden sogar zwischen den Sozialdemokraten und den Christlichsozialen ernsthafte Gespräche über die Bildung einer Koalitionsregierung geführt. Im Frühjahr 1931 streckten beide Lager ihre Fühler aus, aber das Misstrauen und die Gegensätze zwischen den beiden erwiesen sich als unüberwindlich.[38]

Darüber hinaus war die Christlichsoziale Partei nicht gewillt, das Ruder aus der Hand zu geben, obwohl sie bei den Wahlen von 1930 nur 36 Prozent der Stimmen erhalten hatte. Fast zwei Jahre lang gelang es ihr, gemeinsam mit den Großdeutschen zu regieren, genauer mit den Splittergruppen der auseinander fallenden GDVP. Am 24. April 1932 erzielten die österreichischen Nationalsozialisten bei den Landtagswahlen in Wien, in Niederösterreich und in Salzburg, sowie bei Kommunalwahlen in der Steiermark und in Kärnten große Erfolge und übernahmen praktisch das ganze deutschnationale Lager. Statt zurückzutreten oder gemeinsam mit den Sozialdemokraten eine Front zu bilden, suchte die am 20. Mai gebildete christlichsoziale Regierung unter Engelbert Dollfuß, die Heimwehr und das faschistische Italien als Partner zu gewinnen. Da das Parlament hoffnungslos zerstritten war und Gesetzesinitiativen keine Mehrheit fanden, ging der Kanzler verstärkt zu einer autoritären Herrschaft über und regierte mittels Notverordnungen. Am 4. März 1933 kam es im Nationalrat wegen einer verfahrenstechnischen Frage zum Eklat, alle drei Parlamentspräsidenten traten daraufhin zurück. Dollfuß nutzte die Gunst der Stunde und schaltete den Nationalrat aus, indem er dafür sorgte, dass das Parlament nicht wieder einberufen wurde. Im Anschluss daran schränkte er die Pressefreiheit ein, löste das Verfassungsgericht auf und kündigte an, einen christlichen Ständestaat schaffen zu wollen – eine improvisierte Diktatur, die sich auf das Militär, die Bürokratie, die katholische Kirche und Mussolinis Italien stützte.[39]

Die Anschlussbewegung

Unterdessen setzten viele Österreicher weiter ihre Hoffnungen auf eine Vereinigung mit Deutschland, selbst angesichts Hitlers dramatischer Übernahme der Macht in Berlin. Schon in den ersten Tagen nach dem Ersten Weltkrieg war, wie gesagt, ein außerordentlich starkes Sehnen nach dem Anschluss zu spüren, eine Begeisterung, die vor allem als Reaktion auf den Zusammenbruch der Habsburgermonarchie und auf die Pariser Friedensverträge zu werten ist und weniger als eine echte Manifestation des deutschen Nationalismus. Den Sozialdemokraten bot der Anschluss die verlockende Aussicht, in Mitteleuropa eine sozialistische Gesellschaftsordnung zu schaffen, ein marxistisches Großdeutschland, in dem das österreichische Proletariat eine beherrschende Rolle spielte und Wien die Funktion

einer zweiten Bundeshauptstadt übernähme. Die Christlichsozialen
hingegen waren wenig begeistert, sich einem »Roten Deutschland«
anzuschließen. Kaum machten jedoch 1919 die harten Bedingungen
des Friedensvertrages von St. Germain die Runde, da empörte sich
die Bevölkerung so sehr, dass die Anschlussbewegung selbst auf
katholische Regionen übergriff. Beispielsweise stimmten 1921 über
90 Prozent der Wähler Tirols und Salzburgs dafür, aus der österreichischen Republik auszutreten und sich mit Deutschland zu vereinigen. Diese alarmierende Begeisterung für den Anschluss unter größtenteils christlichsozialen Wählern war vor allem eine Protestwahl –
ein Reflex auf die verzweifelte wirtschaftliche Lage und ein Zeichen
des Hasses gegen das Rote Wien. Auf Druck der Alliierten wurde der
Plan jedoch fallen gelassen.[40]

Im Laufe des nächsten Jahrzehnts spielte die Anschlussbewegung
im politischen Leben Österreichs und auch Deutschlands eine relativ
unbedeutende Rolle. Auf lokaler Ebene sahen sich jedoch Hunderttausende von Österreichern einem Kult des deutschvölkischen
Nationalismus ausgesetzt und bekamen unablässig Parolen vom
Anschluss zu hören. Die Mehrzahl der Österreicher betrachtete die
nationale Selbstbestimmung als eine Sache der Gerechtigkeit und
vertrat, wie gesagt, die Auffassung, dass ihr Land »nicht lebensfähig«
sei. Ihr Lebensstandard stagnierte oder sank – und es bewunderten
unzählige den deutschen Heldenmut während des Ersten Weltkrieges. Sie alle gingen begeistert zu Vorträgen und Demonstrationen
und nahmen die Möglichkeiten des Kulturaustausches wahr. Sie
bejubelten außerdem symbolische Veränderungen wie die Übernahme einer deutschen, feldgrauen Militäruniform im Jahr 1926
oder die Koordination der deutsch-österreichischen Eisenbahn-
bestimmungen und des Erbrechts. Nach 1918 erfasste der deutsche
Nationalismus »breite Teile der österreichischen Bevölkerung, nicht
nur die rechten Nationalisten, sondern auch liberale, demokratische
Kreise, die traditionell das Konzept der deutschen nationalen Einheit
verfolgten, und sogar Sozialdemokraten, die in den unmittelbaren
Nachkriegstagen die Anschlussbewegung angeführt hatten«.[41]

Im Zuge der verheerenden Folgen der Weltwirtschaftskrise
schnellte der Zulauf der Anschlussbewegung sprunghaft empor. In
Anbetracht der Abhängigkeit des Landes vom Außenhandel und

von Auslandsanleihen wirkte sich der Börsenkrach auf den Tourismus und den veralteten Fertigungssektor geradezu vernichtend aus.
Anfang 1931 versuchten die österreichische und die deutsche Regierung, eine Zollunion auszuhandeln, weil sie hofften, dadurch die
Wirtschaft anzuregen und den Radikalismus in beiden Ländern einzudämmen. Als das Projekt am 21. März publik wurde, zog die französische Regierung ihre Gelder aus der Wiener Credit-Anstalt ab,
ruinierte mit diesem Schritt Österreichs Finanzsystem und löste
eine internationale Bankenkrise aus. Das klägliche Scheitern des Pla-
nes diskreditierte die Fürsprecher eines demokratischen Anschlusses
in Wien und Berlin; das Feld wurde fast kampflos Hitlers Nationalsozialisten überlassen.[42]

Die nationalsozialistische Versuchung

Die Tatsache, dass die Nationalsozialisten sich als die Fackelträger
der Anschlussbewegung in Österreich erweisen sollten, entbehrt
nicht einer gewissen Ironie: Trotz des guten Starts für die Vorläufer
in der Monarchie hatte Hitlers Bewegung in der Ersten Republik
kaum eine Rolle gespielt, geschweige denn sie geprägt. Vor 1931
waren die Nationalsozialisten eine unbedeutende Randgruppe,
zudem war die Partei wegen interner Fehden und Grabenkämpfe
zerrissen. Im Jahr 1928 zählte sie lediglich 4446 Mitglieder. Selbst
nach Hitlers spektakulärem Wahlsieg in Deutschland konnten seine
Anhänger in Österreich bei den Parlamentswahlen vom 9. November 1930 nur 110 638 Stimmen für sich gewinnen, magere drei Prozent.[43]
    Dennoch breitete sich die braune Ideologie wenig später rasch im
ganzen Land aus. Im Mai 1931 erhielten die Nationalsozialisten bei
Kommunalwahlen in Eisenstadt 9,1 Prozent der Stimmen und in
Klagenfurt 25,9 Prozent. Kurz danach gelang der österreichischen
NSDAP ein »wirklicher Durchbruch«.[44] Am 24. April 1932 errang
sie bei Landtagswahlen in Wien, Niederösterreich und Salzburg
und bei Kommunalwahlen in der Steiermark und in Kärnten über
16 Prozent der Stimmen. Ein Jahr später – drei Monate nach Hitlers
»Machtergreifung« in Deutschland – erhielt die NSDAP bei der
Stadtratswahl in Innsbruck ganze 41 Prozent, fast genau so viel wie

die deutsche Mutterpartei bei der Reichstagswahl vom 5. März 1933 (43,9 Prozent). Auf unterster Ebene waren die Nationalsozialisten nach Angaben der Polizei noch nicht imstande, die katholische Subkultur vor allem in Tirol zu gewinnen oder in sie vorzustoßen, dafür erzielte sie »erstaunliche« Fortschritte bei der Anbindung breiter Bevölkerungsschichten vor allem in Kärnten und in der Steiermark.[45] Außerhalb des deutschnationalen Lagers hatten die Nationalsozialisten jedoch nur geringen Zulauf. Deshalb hätte die österreichische Partei aus eigener Kraft vermutlich nie die erforderliche Massenbasis aufbauen können, um Hitlers verblüffende Wahltriumphe in Deutschland zu wiederholen und am Ballhausplatz in Wien die Macht zu übernehmen. Rund 20 Prozent aller Wähler der Nationalsozialisten in Wien kamen von den Christlichsozialen und fast acht Prozent von den Sozialdemokraten. In Salzburg und anderen Landeshauptstädten gewannen sie grob geschätzt ein Fünftel der sozialdemokratischen Stammwähler für sich.[46] »Auf eine merkwürdig zeitlich verzögerte Weise«, schreibt Bruce Pauley, »war der Erfolg der Nationalsozialisten in Österreich beinahe eine Kopie des Erfolges in Deutschland.«[47]

Die österreichischen Nationalsozialisten konnten zwar eine sozial heterogene Anhängerschaft für sich gewinnen, mobilisierten sogar ein Fünftel der traditionellen Nichtwähler, sahen sich aber mit einem politischen Umfeld konfrontiert, das sich grundlegend von dem der Weimarer Republik unterschied. Das wohl kennzeichnendste Merkmal der österreichischen politischen Landschaft war der krasse Gegensatz zwischen der Politik des großstädtischen Wien und der Politik in den ländlichen Regionen. Anders als in Deutschland gab es nur wenig mittelgroße Städte, also nur ein kleines, städtisches Milieu, das einen fruchtbaren Nährboden für den Gewinn nationalsozialistischer Wähler bot. Das hatte zur Folge, dass die relativ abgeschlossenen Welten des Roten Wien und der christlichsozialen Agrargegenden gegen Vorstöße der Nationalsozialisten weitgehend immun blieben. Die Führung der Sozialdemokraten konnte weiter auf die Treue des größten Teils der Arbeiterklasse zählen; die Christlichsozialen hingegen profitierten von der katholischen Kirche mit ihren politisch aktiven Priestern und ihrem immer noch starken

Einfluss in der Bauernschaft.[48] Drei Viertel der österreichischen
Wählerschaft stellten selbst damals noch die Zugehörigkeit zu einer
Subkultur über die Loyalität gegenüber dem Staat, und dieser
Umstand bildete eine merkwürdige, aber zunächst wirksame
Hemmschwelle für die Ausbreitung der nationalsozialistischen Ideo-
logie. Mit anderen Worten, Österreichs ungelöste Identitätskrise
trug mit dazu bei, dass der Staat bewahrt wurde, den keiner wollte
und den zu zerschlagen die Nationalsozialisten schworen.

Andererseits konnte wegen Hitlers Konsolidierung der Macht in
Berlin und angesichts der regionalen Wahlerfolge der NSDAP in
Österreich durchaus der Eindruck entstehen, dass eine Machtübernahme durch die Nationalsozialisten unmittelbar bevorstünde. Als
Dollfuß das österreichische Parlament am 4. März 1933 ausschaltete,
antworteten die Nationalsozialisten mit der Forderung nach bun-
desweiten Wahlen und mit einer Welle des Bombenterrors. Am
26. Mai erhob Hitler von deutschen Touristen, die nach Österreich
reisten, eine Gebühr von 1000 Reichsmark, weil er hoffte, mit Hilfe
wirtschaftlicher Sanktionen die österreichische Regierung zu stürzen
und Neuwahlen zu erzwingen. Das Wahlergebnis, so rechnete Hitler,
sollte eine Verschmelzung mit dem Deutschen Reich zur Folge
haben. Zwei Wochen später verbot Dollfuß die NSDAP. Er spürte,
dass ihm keine andere Wahl blieb, sehnte sich aber eigentlich nach
einem Modus Vivendi mit Teilen der nationalsozialistischen Bewegung.[49] Genau wie Kurt von Schleicher und Franz von Papen in
Deutschland hoffte auch er, die Radikalen in Hitlers Anhängerschar
zu unterdrücken und gleichzeitig die Unterstützung derer zu erhalten, die er für gemäßigt hielt. Wie Schleicher (und um ein Haar auch
Papen) musste er erkennen, dass dieser Plan ebenso hirnverbrannt
wie fatal war.

Der christliche Ständestaat

Unmittelbar nach der Ausschaltung des Nationalrats im Jahr 1933
kündigte Dollfuß an, er wolle einen »sozialen, christlichen, deutschen Staat Österreich auf ständischer Grundlage und unter starker autoritärer Führung dieses Staates«[50]. Gewiss erwies sich sein
christlicher Ständestaat lediglich als ein Rückgriff auf den bürokra-

tischen Absolutismus des 19. Jahrhunderts, doch er versuchte es mit
einer neuen Wendung, indem er trotzig die Lebensfähigkeit Österreichs herausstrich und an den traditionellen Patriotismus appellierte. Gleichzeitig betonte Dollfuß den deutschen Charakter seines
Regimes. Das war Ausdruck seiner festen Überzeugung und kam
einer Vervollkommnung der peinlichen Vetternwirtschaft im faschistischen Italien gleich, dem Staat, der gemeinhin als Österreichs
»Erbfeind« angesehen wurde. In mancher Hinsicht verkörperte Dollfuß die Mehrdeutigkeit und die Schizophrenie der österreichischen
Mentalität in der Zwischenkriegszeit.[51]

In Anbetracht der Tatsache, dass Dollfuß sich auf die Heimwehr
und Mussolini stützte, nimmt es nicht wunder, dass er die Sozialdemokraten für den gefährlicheren Gegner hielt als die Nationalsozialisten. Im Februar 1934 ging er auf massiven Druck Mussolinis hin
gegen Arbeiter in Linz vor, die zu den Waffen gegriffen hatten.
Gegen seinen Willen richtete Dollfuß ein Blutbad an. Die Arbeiter
hatten sich verzweifelt gegen die seit Monaten anhaltenden, unrecht-
mäßigen Willkürakte zur Wehr gesetzt, mit denen die Arbeiterbewegung zerschlagen werden sollte. Vier Tage lang tobten in den
Industriezentren des Landes heftige Kämpfe, fast 200 Zivilisten fielen ihnen zum Opfer. Zehn »Rädelsführer« wurden gehängt, mehrere hundert Mitstreiter landeten im Gefängnis, und Tausende verloren ihren Arbeitsplatz. Verglichen mit anderen Bürgerkriegen war
der Zusammenstoß im Februar harmlos gewesen, in den vier Tagen
war relativ wenig Blut vergossen worden. Aber es blieb ein erbitterter
Hass, der noch jahrzehntelang anhalten sollte, und der österreichische Patriotismus, den das christliche Ständeregime unablässig
beschwor[52], hatte einen Schandfleck bekommen,

Vor dem Ausbruch des bewaffneten Konflikts hatte Dollfuß versucht, seine Stellung zu stärken und die Bevölkerung für die Massenorganisation Vaterländische Front zu gewinnen. Seine Regierung
bildete jedoch eindeutig die »Diktatur des einen Lagers über die beiden anderen Lager«[53]. Sie genoss die Unterstützung des Militärs, der
Bürokratie und der katholischen Kirche. Außerdem konnte sie sich
auf den Rückhalt der ländlichen Bevölkerung, vieler Anhänger der
Habsburger und des größten Teils der jüdischen Gemeinschaft in
Wien verlassen. Dennoch brauchte das Regime ausländische Unter-

stützung, um zu überleben. Zu diesem Zweck gewann Dollfuß Italien und Ungarn als Bündnispartner. Er strebte ferner eine Einigung mit dem Deutschen Reich an und streckte sogar seine Fühler zum deutschnationalen Flügel der verbotenen nationalsozialistischen Partei im Untergrund aus.[54] Hitlers Anhänger in Österreich wiesen den Vorstoß jedoch hochmütig zurück. Am 25. Juli 1934 stürmten 154 Nationalsozialisten das Kanzleramt in Wien, erschossen Dollfuß und unternahmen einen stümperhaften Versuch, die Macht an sich zu reißen. Die Verschwörer kapitulierten am Ende eines heißen Nachmittags, aber ihr Aufstand weitete sich bis in die Steiermark, bis nach Kärnten, Tirol, Salzburg und bis in Teile Oberösterreichs aus. Im Gegensatz zu den Kämpfen im Februar zog der nationalsozialistische Putsch weitere Kreise, verlief aber weniger blutig. Nach wenigen Tagen wurde er von gut ausgebildeten Einheiten des österreichischen Heeres niedergeschlagen.[55]

Schuschnigg und der Anschluss

Auf den misslungenen Putsch, insbesondere auf den Mord an Dollfuß, zu dem in der Todesstunde weder ein Arzt noch ein Priester gelassen wurde, reagierte das In- und Ausland allgemein mit Bestürzung, und das Attentat wurde einhellig aufs Schärfste verurteilt. Mussolini ließ sogar Truppen am Brenner aufmarschieren, um zu zeigen, dass er Österreichs Unabhängigkeit gegen einen deutschen Angriff verteidigen werde. Dieser Schritt des Duce brachte Hitler so sehr aus der Fassung, dass er eilig den Rückzug antrat und fast alle Verbindungen zu seinen österreichischen Schergen abbrach. Er ernannte den konservativen Franz von Papen zum Reichsbotschafter in Wien und verschob den Anschluss auf unbestimmte Zeit. Der christliche Ständestaat ging jedoch aus den beiden Aufständen von 1934 deutlich gestärkt hervor und hätte damals eine reelle Chance gehabt, seine Staatsmacht zu konsolidieren und über großmütige Maßnahmen zur Versöhnung die breite Bevölkerung für sich zu gewinnen. Aber unter der Führung des neuen Kanzlers Kurt von Schuschnigg wurde dieser Weg nicht eingeschlagen.[56]

Im Gegensatz zu Dollfuß war der neue Kanzler ein politischer Bürokrat, ein ehrenhafter, aber kurzsichtiger Mann, dem jedes Einfühlungsvermögen fehlte und der nicht die Notwendigkeit erkannte, seine schmale politische Basis zu erweitern. Er war ebenfalls fanatischer Katholik, hielt aber weit stärker als sein Vorgänger die deutsche Identität für einen wesentlichen Bestandteil der christlichen Ständeordnung. Wenn ein deutsch-österreichischer Konflikt drohte, zeigte sich Schuschnigg deshalb schneller bereit, auf das Ränkespiel der Nazis einzugehen, als es vielleicht nötig gewesen wäre.[57]

Solange er sich auf die Unterstützung Italiens verlassen konnte, gelang es ihm, Österreich mit einem gewissen Selbstbewusstsein zu regieren. Als Mussolini aber nach dem Krieg in Äthiopien im Mai 1936 Hitlers Beistand suchte, stand Schuschnigg allein auf weiter Flur, sah sich mit einer unzufriedenen Bevölkerung konfrontiert und wurde massiv vom Deutschen Reich unter Druck gesetzt. In beinahe jeder Hinsicht war die internationale Stellung seines Landes weit schwieriger als zuvor. Ob Schuschnigg die österreichische Unabhängigkeit hätte stärken können, wenn er auf diplomatischer Ebene größeren Erfindungsreichtum bewiesen oder seinen innenpolitischen Gegnern ein Friedensangebot gemacht hätte, wird wohl nie endgültig geklärt werden. Nach den jüngsten Forschungen hätte er aber mehr tun können, um Österreichs Stellung zu festigen.[58] Statt dessen suchte er die Annäherung an Nazi-Deutschland.[59]

Am 11. Juli 1936 unterschrieb Schuschnigg ein Abkommen mit Reichsbotschafter Papen. Berlin erkannte Wiens Unabhängigkeit an und war bereit, die Wirtschaftssanktionen aufzuheben, wenn Österreich seinerseits erklärte, dass es künftig seine Außenpolitik als »deutscher Staat« führen werde. Ferner enthielt das Abkommen eine geheime Klausel, dass die inhaftierten österreichischen Nationalsozialisten amnestiert werden und Mitglieder der Nationalen Opposition, einem Bündnis nationalsozialistisch gesinnter Katholiken und Deutschnationaler, ins Kabinett gerufen werden.[60]

Schuschnigg dachte zwar, das Juliabkommen hätte seine Stellung gefestigt, doch in Wirklichkeit war es genau umgekehrt: Durch den Pakt erhielt eine terroristische Organisation, die von der österreichischen Regierung zuvor mühsam in die Schranken gewiesen worden war, einen halb offiziellen Status. Den Nationalsozialisten wurde damit die Möglichkeit gegeben, zugleich legal und illegal tätig zu werden. In den nächsten Monaten bemühte sich Schuschnigg, sei-

nen Rückhalt im Land auszuweiten, beispielsweise indem er eine
monarchistische Bewegung unterstützte. Er weigerte sich aber hartnäckig, angesichts der eskalierenden nationalsozialistischen Agitation, auf die politische Linke zuzugehen. Von Italien auf der diplomatischen Bühne im Stich gelassen, kam er über halbherzige Appelle
an den Westen und die Kleine Entente nicht hinaus.[61]

Im November 1937 war Österreich völlig isoliert, ein Umstand,
der in Berlin befriedigt zur Kenntnis genommen wurde. Am 5. des
Monats erörterte Hitler mit Generälen der Wehrmacht seine Strategie für eine militärische Expansion. Dieser Plan sah unter anderem
die Besetzung der Tschechoslowakei und Österreichs vor. Auch wenn
der »Führer« seinem Heimatland in den 16 Monaten nach dem Juliabkommen relativ wenig Aufmerksamkeit geschenkt hatte, war er
über den Verlauf seines »evolutionären« Kurses höchst erfreut. Hitler
beabsichtigte, mit Hilfe eines Kabinettsputsches seitens der Nationalen Opposition die Herrschaft im Land zu übernehmen, ganz ähnlich wie in Deutschland. Am 12. Februar 1938 rief er Schuschnigg
nach Berchtesgaden. Im Laufe des Treffens schüchterte Hitler den
österreichischen Kanzler so sehr ein, dass dieser unter anderem die
Ernennung des Wiener NS-Anwalts Arthur Seyß-Inquart zum
Innenminister akzeptierte. Am 9. März machte Schuschnigg noch
einen Versuch, in letzter Sekunde den Anschluss zu verhindern,
indem er eine Volksbefragung über die Unabhängigkeit Österreichs
ansetzte. Er war sogar bereit, mit den im Untergrund tätigen Sozialdemokraten Frieden zu schließen. Aber es war zu spät. Einen weiteren Aufschub des Anschlusses wollte Hitler nicht dulden und gab
den österreichischen Nationalsozialisten das Signal zum Aufstand.
Nach etlichen Verwirrungen erhielten am 11. März die deutschen
Truppen von Hitler den Befehl, am nächsten Tag bei Sonnenaufgang
in Österreich einzumarschieren.[62]

Wirtschaftsentwicklung und Fakten

Unter der wirtschaftlichen Dauerkrise hatten die Österreicher in der
Zwischenkriegszeit am ärgsten zu leiden. In den hektischen Jahren
nach dem Zusammenbruch der Monarchie herrschten ein akuter
Mangel an Lebensmitteln und Brennstoffen sowie eine Hyperinfla-

tion. Die Regierung ergriff drastische Maßnahmen zur Stabilisierung
der Währung und entließ 1923 rund 85 000 Staatsdiener und Angestellte des öffentlichen Dienstes. Im Jahr 1929 erreichte die Industrieproduktion lediglich 95 Prozent des Vorkriegsstandes und nur
80 Prozent der Gesamtkapazität wurden genutzt.[63]
Während der Weltwirtschaftskrise brach das österreichische
Bankwesen zusammen, ein Drittel der Arbeiter wurde arbeitslos,
und sowohl die Organisation der Arbeiter als auch die demokratische Republik wurden unterhöhlt. Die Arbeitslosenquote in Österreich lag höher und hielt sich länger als in den meisten anderen Ländern Europas. Um 1934 hatten 44,5 Prozent aller österreichischen
Industriearbeiter ihre Stelle verloren und 34,8 Prozent in allen nicht-
landwirtschaftlichen Berufen waren ohne Arbeit. Regional betrachtet, wirkte sich die Depression am stärksten in Wien aus, in alten
Industriestädten wie Wiener Neustadt und Steyr sowie in einer ganzen Reihe von Textil-, Bergbau- und Stahlgemeinden in den Tälern
der Steiermark. In einigen Fabrikstädten in Kärnten und Salzburg
verlor die ganze Bevölkerung ihre Arbeit.[64]

Im Gegensatz dazu ging der Agrarsektor von 1929 bis 1933 nur
um zwei Prozent zurück. Aber auch die Landbevölkerung blieb von
der Depression nicht verschont. Die Lebensmittelpreise blieben zwar
hoch, zum Schaden der weiterverarbeitenden Industrie, mit Ausnahme der reichsten Betriebe, doch das Einkommen auf dem Land
ging deutlich zurück, vor allem für die ohnehin schon armen Bergbauern, Hirten und Holzfäller. Viele mussten hohe Schulden
machen, eine Flut von Zwangsversteigerungen war die Folge. Von
1933 bis 1937 gerieten sage und schreibe 71 135 Betriebe unter den
Hammer – 16,7 Prozent der gesamten landwirtschaftlichen Fläche
Österreichs.[65]

Bei der Bekämpfung der Wirtschaftskrise verfolgten Dollfuß und
später Schuschnigg eine rigorose Deflationspolitik, um den Haus-
halt auszugleichen und die Währung zu stabilisieren. Zu dem Regie-
rungsprogramm zählten massive Kürzungen der Ausgaben, hohe
Zinsen und eingefrorene Löhne. Aus der Sicht der traditionellen
Wirtschaftslehre hatten sie damit beachtlichen Erfolg: Bis 1937 hatte
sowohl die industrielle wie die landwirtschaftliche Produktion den
Stand von 1929 wieder überschritten; die Außenhandelsbilanz sah

günstiger aus als während der Krise; die Nationalbank hatte den größten Teil der Auslandsschulden beglichen und sogar beträchtliche Gold- und Devisenreserven angehäuft.[66] In gewisser Weise demonstrierte der christliche Ständestaat die Lebensfähigkeit des österreichischen Staates, allerdings auf Kosten einer Entfremdung von der Mehrheit der Österreicher. Am Vorabend des Anschlusses war immer noch ein Drittel der Bevölkerung arbeitslos, und die Glücklichen, die eine Stelle hatten, brachten deutlich kleinere Lohntüten nach Hause als vor dem Ersten Weltkrieg.[67] Es ließ sich nicht leugnen, dass sich der Tourismus erholte und dass vermehrt Aufträge für Güter aus der Schwerindustrie eingingen. Doch die Lebensmittelpreise blieben hoch und die Konsumgüterindustrie stagnierte immer noch. Außerdem lag es auf der Hand, dass der wirtschaftliche Aufschwung von 1937 eng mit dem Juliabkommen und der Wiederbewaffnung in Deutschland zusammenhing. So viel versprechend diese Entwicklung sein mochte, sie konnte kaum der Regierung Schuschnigg als Verdienst angerechnet werden.[68]

Das österreichische Volk vor dem Anschluss

Während der gesamten Zwischenkriegszeit hatte Österreich verblüffend viele Gemeinsamkeiten mit Bayern. Es konnte auf eine ähnliche Kultur und ein vergleichbares Vermächtnis zurückblicken wie der Nachbar. Die geografisch betrachtet kleinere und vielfältigere Alpenrepublik hatte (im Jahr 1934) 6 760 233 Einwohner, Bayern hingegen (1933) 7 681 584 Einwohner. Nimmt man Wien aus, so waren beide Länder in acht Verwaltungseinheiten aufgeteilt, beide waren überwiegend katholisch (90,5 bzw. 62,7 Prozent) und in beiden war die Landwirtschaft ein wichtiger Wirtschaftsfaktor. Gewiss verlieh Wien mit seinen 1,9 Millionen Einwohnern Österreich einen besonderen Charakter und einen kosmopolitischen Touch, doch weite Teile des Landes waren ländlich geprägt oder dicht bewaldet. Außer der Metropole gab es nur zwei Städte mit mehr als 100 000 Einwohnern: Graz mit 152 841 Einwohnern und Linz mit 108 970 Einwohnern. Diese beiden Landeshauptstädte hatten abgesehen von kleinen, nicht mechanisierten Unternehmen kaum Industrie. Ferner gab es in Österreich acht Städte mit 20 000 bis 60 000 Einwohnern und

Tabelle 1 Bevölkerungsverteilung nach den Hauptwirtschaftssektoren

Wirtschaftssektor	Bayern 1933		Österreich 1934	
	Zahl	Anteil in %	Zahl	Anteil in %
Land- und Forstwirtschaft	2 419 352	31,5	1 842 450	27,2
Industrie und Gewerbe	2 582 116	33,6	2 100 461	31,1
Handel und Verkehr	1 024 449	13,3	1 019 034	15,1
Öffentliche Dienste und Freie Berufe	533 128	6,9	452 779	6,7
Häusliche Dienste	151 604	2,0	193 375	2,9
Personen ohne Beruf	970 935	12,7	1 152 134	17,0
Gesamt	7 681 584	100,0	6 760 233	100,0

Quelle: Kershaw, *Popular Opinion*, S. 12; *Statistisches Handbuch für die Republik Österreich* (1936), Bd. 16, S. 11.

19 Städte mit 10 000 bis 20 000 Einwohnern. Davon waren Salzburg (63 231 Einwohner), Innsbruck (61 005) und Klagenfurt (29 671) Landeshauptstädte, Wiener Neustadt (36 768) und Steyr (22 208) waren kleine Industriezentren und die übrigen Kleinstädte, Marktzentren oder, wie im Falle Donawitz in der Steiermark und Hallein in Salzburg, Stahl- oder Bergbaugemeinden. Wien mitgerechnet lebte also nur ein gutes Drittel der Österreicher (35,9 Prozent) in Städten mit mehr als 20 000 Einwohnern, der Anteil ist in etwa vergleichbar mit dem in Bayern (30,5 Prozent).[69]

Auf den ersten Blick wirkte das Wirtschaftsleben in Österreich wie auch in Bayern in den dreißiger Jahren ausgeglichen, die Stellen verteilten sich gleichmäßig auf den primären, sekundären und tertiären Sektor (Tabelle 1). Sieht man jedoch genauer hin, so hat man zwei sehr traditionelle Gesellschaften vor sich, die größtenteils von der Landwirtschaft und der Kleinindustrie geprägt sind. In Österreich verdienten 1 003 961 Personen in der Land- und Forstwirtschaft ihren Lebensunterhalt, 1 100 441 in der Industrie und im Gewerbe und 1 065 870 im Dienstleistungssektor.[70] Mit Ausnahme von Wien war jedoch jedes Bundesland überwiegend agrarisch geprägt, selbst die Steiermark mit ihrer Schwerindustrie in den Eisenerzer Alpen und der mittelgroßen Hauptstadt Graz. Darüber hinaus verfügte Österreich als Vermächtnis der Doppelmonarchie über eine außer-

ordentlich hohe Zahl an Beamten, Staatspensionären und Personen
ohne Beruf beziehungsweise ohne Berufsangabe.[71] Selbst im Bereich
des Handels waren wegen der hohen Bedeutung des Tourismus die
häuslichen Bediensteten überrepräsentiert.

Wie erwähnt, wurde die Industrieproduktion besonders schwer
von der Weltwirtschaftskrise getroffen. Fast zwei Drittel aller verloren gegangenen Arbeitsplätze entfielen auf den industriellen Sektor.
Von den Erwerbstätigen, die normalerweise in der Industrie und im
Gewerbe arbeiteten (die Arbeitslosen mitgerechnet), waren 264 359
(25 Prozent) in Bekleidungs- oder Textilfabriken beschäftigt,
217 252 (21 Prozent) in eisen- oder metallverarbeitenden Unternehmen, 163 888 (16 Prozent) in der Bauindustrie und 131 658 (13 Prozent) in der Lebensmittelverarbeitung. Lediglich 33 262 (drei Prozent) waren in modernen chemischen Industrien beschäftigt und
nur 10 634 (ein Prozent) in elektrotechnischen Betrieben.[72]

Somit kennzeichneten im Jahr 1934 die traditionelle Fertigung in
Kleinbetrieben und die Konsumgüterindustrie Österreichs industriellen Sektor. Genau wie Bayern war das Land vor Hitlers Aufstieg
an die Macht – wie Kershaw es formulierte –»vor allem ein Land
der Kleinindustrie, für das Werkstätten, die von selbstständigen
Handwerkern und ihren Gesellen betrieben wurden, und Branchen
wie die Textil-, Bekleidungsindustrie [und] die Lebensmittelproduktion charakteristisch waren«.[73] Bis zum Jahr 1938 hatte sich an dieser
Zusammensetzung nichts geändert, auch wenn der Trend in Richtung Rohmaterialien und Fertigprodukte für den Export ging. Da
die Konsumgüterindustrie weiter auf den Aufschwung wartete, stellten gut ausgebildete und außerordentlich tüchtige Arbeiter einen
hohen Anteil an den Arbeitslosen – eine Gruppe Unzufriedener, die
sich nach einer neuen Stellung sehnten.

Über das österreichische Volk insgesamt lässt sich im Grunde
das Gleiche sagen. Während der gesamten Wirtschaftskrise, oder
genauer in der Zwischenkriegszeit, hatten die Österreicher allen
Grund, ihre wirtschaftlichen Aussichten pessimistisch zu beurteilen.
In Anbetracht der schweren Erschütterungen durch die militärische
Niederlage, durch die Straßenkämpfe und durch die wirtschaftliche
Notlage fiel es einem Großteil der Österreicher schwer, ein normales
Leben zu führen, wenn es ihnen überhaupt möglich war. Trotz eines

Rückgangs der Säuglingssterblichkeit stieg die Zahl der Geburten lediglich um einige Tausend. Tuberkulose und andere ansteckende Krankheiten waren auf dem Vormarsch. Eine ungewöhnlich hohe Suizidrate war zu beobachten.[74] Vor 1934 fanden die Österreicher Trost und sogar Hoffnung in ihren jeweiligen »Lagern«.[75] Nach den beiden Aufständen dieses Jahres sahen sie sich mit einem Regime konfrontiert, das die Demokratie abgeschafft und Zivilisten auf der Straße erschossen hatte. Zugleich verlangte dieses Regime aber Loyalität gegenüber einem autoritären System, das die Mehrzahl der Österreicher verachtete und ablehnte, so gemäßigt es sich auch gab. Selbst die Anhänger des Ständestaates hatten ein gespaltenes Verhältnis zu der Regierung und blickten wenig optimistisch in die Zukunft.

Nach allen Augenzeugenberichten wurde die Stimmung im Volk unter der Kanzlerschaft Schuschniggs merklich gespannter.[76] Auch wenn die von der Regierung betriebene Restauration der Habsburgerdynastie unter den Bauern, den Beamten, den Offizieren im Ruhestand und den Frauen mittleren Alters, vor allem in Tirol, für kurze Zeit begeisterte Anhänger fand, wurde daraus keine Massenbewegung. Bereits im Jahr 1935 meldete die Polizei, dass sich Hoffnungslosigkeit und Verzweiflung in der Bauernschaft ausbreiteten, also in jener sozialen Gruppe, die Dollfuß als erste und voller Engagement unterstützt hatte. Aus Kärnten wurde von einer besonders großen »Notlage« berichtet, aus Vorarlberg von einer »ständig zunehmenden Verarmung der Gebirgsbauernschaft«. Ein Jahr später schrieb der Sicherheitsdirektor für Oberösterreich, dass die Stimmung der Einheimischen »gegen den Vaterländischen Gedanken an Gleichgültigkeit zugenommen« habe, in erster Linie wegen der »Unzufriedenheit der Bauern über den ungenügenden Absatz und Preistiefstand, sowie der Arbeiter über die andauernde Arbeitslosigkeit«.[77] Dennoch blieb die Mehrzahl der Bauern im Allgemeinen loyal gegenüber der Regierung. Das wurde bei echten Loyalitätsbekundungen für Schuschnigg im Jahr 1938 deutlich. Ausnahmen bildeten verarmte Bergbauern und der größte Teil der Landbevölkerung in Kärnten und in der Steiermark, den beiden Ländern mit einer langen Tradition des Antiklerikalismus und der deutschvölkischen Solidarität gegen Ausländer. Diese Ausländerfeindlichkeit hatte sich 1918/19 noch verstärkt, als wehrhafte Bauern gegen marodierende Jugoslawen zu den Waffen gegriffen hatten. Ganze Landstriche bekannten sich hier offen zum Nationalsozialismus. Dieser Fanatismus wurde von den begeisterten Berichten der jungen Österreicher geschürt, die im Deutschen Reich Arbeit gefunden hatten.[78]

Somit überrascht es nicht, dass die Verbitterung über die autoritäre Diktatur und der Hass unter der Stadtbevölkerung am stärksten waren. Der größte Teil des deutschnationalen Lagers lief, wie gesagt, vor 1934 zu Hitler über, und in Wien wechselte wenigstens ein Fünftel der christlichsozialen Wähler 1932 zu nationalsozialistischen Kandidaten. Dass der Erfolg in Wien keine Eintagsfliege oder Protestwahl war, zeigte sich an der darauffolgenden Bildung eines starken, pronationalsozialistischen, katholischen Blocks unter Seyß-Inquart. Bis zu welchem Ausmaß andere soziale Gruppierungen bereit waren, von 1933 bis 1938 zu den Nationalsozialisten zu wechseln, wird nie ganz geklärt werden. Gerhard Botz förderte in seiner sorgfältigen Rekonstruktion des Profils der Partei im Untergrund eine Bewegung der Aktivisten aus der Mittelschicht zu Tage, in erster Linie aus der Schicht der Akademiker und Beamten. Die Partei übte eine magische Anziehungskraft auf die Jugend aus allen Schichten aus, vornehmlich auf Studenten. Sie mobilisierte zum Teil auch die Landbevölkerung, vor allem in antiklerikalen Hochburgen wie Kärnten, das Salzkammergut und das Ennstal, und erzielte unter der industriellen Arbeiterklasse größere Erfolge, als gemeinhin angenommen wird.[79]

Nach dem Blutbad im Februar war die austromarxistische Arbeiterbewegung in den Untergrund gegangen.[80] Die Nationalsozialisten erkannten in den unterlegenen Sozialdemokraten eine riesige Zielgruppe, die 40 Prozent des österreichischen Volkes ausmachte. Kaum schwiegen im Februar 1934 die Waffen, da beeilten sich Hitlers Gefolgsleute, die Februarkämpfer vor Gericht zu verteidigen und ihnen zu helfen, wenn sie gemeinsam mit ihnen in Haftanstalten einsaßen. In einem spektakulären Fall schmuggelten die Nationalsozialisten sogar den oberösterreichischen Milizenführer Richard Bernaschek und zwei seiner Helfer ins Deutsche Reich. Mit ihrer antikatholischen und antisemitischen Argumentation behauptete die NS-Propaganda, dass die Sozialdemokraten von den verängstigten jüdischen Führern in Wien verraten worden seien und dass der verhasste christliche Ständestaat nur mit Hilfe der NSDAP zerschlagen werden könne. Inwiefern die einfachen Arbeiter solchen Appellen Folge leisteten, lässt sich schwer sagen. Offensichtlich war jedoch grob geschätzt ein Drittel der Arbeiter in der Provinz bereit, sich auf Gedeih und Verderb mit den Nationalsozialisten zu verbünden, und ein etwas kleinerer Anteil der Wiener Arbeiter, wo ganze Einheiten der Februarkämpfer in die SA eintraten, beispielsweise in Ottakring.[81]

Um 1938 waren Millionen Österreicher den christlichen Ständestaat leid, ein autoritäres Regime, das die Majorität von Anfang an nicht unterstützt hatte. Angesichts der wirtschaftlichen Not richteten sie ihre Blicke sehnsüchtig auf das Deutsche Reich, wo Hitlers Regierung das Vertrauen der Bevölkerung gewann und Arbeitsplätze und Wohlstand schuf. Dieser Wohlstand kam rasch allen Bevölkerungsschichten der zunehmend egalisierten Gesellschaft zugute. Das soll aber nicht heißen, dass die Nationalsozialisten bei freien Parlamentswahlen einen überragenden Sieg davongetragen hätten. Bei allen Übertritten blieb die Mehrzahl ihrer subkulturellen Gruppierung treu und die sozialdemokratischen und katholischen Eliten distanzierten sich ganz klar von den Nationalsozialisten. Außerdem war die österreichische NSDAP von internen Rivalitäten, Konflikten und Spaltungen immer noch so zerrissen, dass nicht abzusehen war, wie die Partei einen effektiven Wahlkampf hätte führen können. Hitler wählte später nicht zuletzt deshalb die militärische Option, weil er unter seinen Gefolgsleuten in der eigenen Heimat Ordnung schaffen wollte.[82]

Es ist unwahrscheinlich, dass die Österreicher bei demokratischen oder auch nur halbdemokratischen Wahlen nationalsozialistischen Kandidaten so viele Stimmen gegeben hätten, dass diese an die Macht gekommen wären. Doch es besteht kein Zweifel daran, dass die Mehrheit der Bevölkerung eine Vereinigung mit dem Deutschen Reich befürwortete, selbst unter Hitlers Führung. Das sozialdemokratische und das katholische Lager haben zwar im Jahr 1933 den Punkt Anschluss in ihren jeweiligen Parteiprogrammen fallen gelassen. Es stimmt auch, dass die Führer beider Lager auf ideologischer

Ebene den Nationalsozialismus ablehnten, sogar bereit waren, ihn auf der Straße zu bekämpfen. Nichtsdestoweniger war die sozialdemokratische Führung immer noch überzeugt, dass eine Union mit Deutschland für ihren Traum von einer marxistischen, großdeutschen Revolution die notwendige Voraussetzung sei. Die Christlichsozialen wiederum betrachteten sich als Teil eines mittelalterlichen, katholischen deutschen Reiches. Im Gegensatz dazu versuchte der christliche Ständestaat einen neuen österreichischen Patriotismus zu fördern, aber die Mängel und Fehler der Regierung brachten sie selbst und den traditionellen Patriotismus in Verruf. Paradoxerweise dachten lediglich die Kommunisten ernsthaft über Österreich als eigenen Nationalstaat nach, aber sie bildeten nur eine kleine Randgruppe ohne Einfluss.[83]

So anekdotenhaft und sporadisch die vorliegenden Quellen auch sein mögen, es geht aus ihnen hervor, dass die Mehrzahl der Österreicher Ende der dreißiger Jahre eine wesentliche politische Veränderung herbeisehnte. Getrieben von der ökonomischen Notlage, der Verachtung für das bestehende politische System und der zunehmenden Bewunderung für das Deutsche Reich sahen viele in der Vereinigung den einzigen Ausweg aus der Misere.[84] In dem Chaos aus wechselnden, unterschiedlichsten Haltungen herrschte jedoch kein allgemeiner Trend, die Ideologie des Nationalsozialismus zu übernehmen. Höchstens ein Drittel der Österreicher war damals zu echten Anhängern geworden. Schuschnigg rechnete also vermutlich ganz richtig damit, dass sich bei einer Volksbefragung zwei Drittel für die österreichische Unabhängigkeit entschieden: Nachdem die sozialdemokratische und die katholische Führung das Referendum akzeptiert hatten, konnte er sich darauf verlassen, dass ihre Anhänger auch zur Urne gehen würden. Als das Referendum dann abgesagt und der Anschluss auf dem militärischen Weg vollzogen wurde, da schien umgekehrt die Frage der österreichischen Identität ein für alle Mal gelöst. Das erklärt zumindest zum Teil, weshalb es zu einem so überraschenden Ausbruch der Begeisterung für das neue Großdeutsche Reich kam, mit dem eine mächtige Union der deutschen Völker unter der Führung Adolf Hitlers geschaffen wurde, also eines gebürtigen Österreichers.[85]

Der antisemitische Konsens

Die riesigen Menschenmassen entlang der Straßen, die den deutschen Einmarsch bejubelten, standen stellvertretend für die kollektive Zustimmung zu einigen Aspekten von Hitlers Programm, vor allen Dingen zu seinem Versprechen, mit den Juden abzurechnen. Selbst Einzelpersonen und Gruppen, die sonst Gegner des Nationalsozialismus waren, machten hier keine Ausnahme. Im Gegensatz zum Deutschen Reich, wo viele die nationalsozialistische Judenverfolgung missbilligten oder ignorierten, waren die meisten Österreicher ohne weiteres bereit, sich daran zu beteiligen. »Mit der sehr wichtigen Ausnahme des Anschlusses«, schreibt Bruce Pauley, »ist es fraglich, ob irgendein anderes Thema in Österreich, den verhassten Vertrag von St. Germain eingeschlossen, auf eine so breite Zustimmung in der österreichischen Bevölkerung stieß wie der Antisemitismus.«[86]

Die Judenfeindlichkeit war in der österreichischen Psyche tief verwurzelt. Seit dem Mittelalter hatte es immer wieder, meist von der Kirche geschürte Wellen der Verfolgung und der Vertreibung gegeben. Ende des 18. Jahrhunderts hatte das berühmte Toleranzpatent Josephs II. die mittelalterlichen Beschränkungen für Juden aufgehoben, aber erst unter der Herrschaft von Franz Joseph (1848–1916) wurden alle diskriminierenden Gesetze abgeschafft. Von 1857 bis 1910 stieg die Zahl der in Wien lebenden Juden stark an, bis sie 8,63 Prozent der Stadtbevölkerung ausmachten. Praktisch von Anfang an beneideten die einfachen Leute, vor allem Kleinunternehmer und Handwerker, die neuen Einwanderer um ihren erstaunlichen wirtschaftlichen und kulturellen Erfolg, die 1910 »71 Prozent der Wiener Finanziers, 63 Prozent der Industriellen, 65 Prozent der Anwälte, 59 Prozent der Ärzte und über die Hälfte der Journalisten« stellten.[87] Die neue Welle des Antisemitismus, die von Wien ausging und sich rasch über das deutschsprachige Österreich ausbreitete, wurde von bekannten Judenhassern wie Schönerer und dem Wiener Bürgermeister Karl Lueger (1897–1910) ausgenutzt. Die katholische Kirche gab ebenfalls ihren Segen und sozialdarwinistische Apostel eines »wissenschaftlichen Rassismus« verliehen dem Antisemitismus einen intellektuellen Anstrich. Dennoch ebbte der Antisemitismus

um 1900 nach zwei Jahrzehnten massiver Judenverfolgungen allmählich ab und schien bis zum Ausbruch des Ersten Weltkrieges
abgeklungen.[88]
Doch der Schein trog. Während des Krieges spitzte sich der
bereits herrschende Mangel an Lebensmitteln, Wohnraum und
Brennstoff durch den Zustrom Zehntausender verarmter, zumeist
jüdischer Flüchtlinge aus Galizien und der Bukowina dramatisch
zu. Mit dem Zusammenbruch der Monarchie 1918 gingen zahlreiche antisemitische Vorfälle einher, die sich im Zuge der Demokrati-
sierung der österreichischen Politik häuften und bis in die zwanziger
Jahre hinein anhielten. Die Zeitungen brachten eine Fülle von Meldungen über Tätlichkeiten gegen Juden, Schlägereien und sogar
Tötungen, zum Beispiel im Jahr 1925 der Mord an dem jüdischen
Schriftsteller Hugo Bettauer. Von 1926 bis 1930 nahmen die antisemitisch motivierten Pogrome ab und verschwanden praktisch ganz.
Aber nach dem Beginn der Weltwirtschaftskrise griffen die politischen Parteien und die Massenmedien wieder judenfeindliche Parolen auf: Sie forderten diskriminierende Gesetze und gaben den Juden
die Schuld an einer Vielfalt von politischen, wirtschaftlichen und
sozialen Missständen. Die verschiedenartigsten Anschuldigungen
ließen sich die Hetzer einfallen, am verbreitetsten war jedoch die
These, dass sechs Millionen Deutschösterreicher von einer winzigen
Minderheit einer fremden Rasse als Geisel gehalten würden. Die Tatsache, dass selbst die angesehene katholische *Reichspost* solche Idio-
tien verbreitete, zeigt, dass die virulente Judenfeindlichkeit keineswegs auf fanatische Randgruppen beschränkt war. Wie Pauley
sachlich bemerkt, unterschieden sich die Nationalsozialisten von
den anderen Parteien in Wirklichkeit »nur durch ihre Bereitschaft,
Gewalt gegen die Juden anzuwenden«[89].
Unter dem Regime von Dollfuß und später Schuschnigg genoß
die jüdische Gemeinde einen Schutz durch die Regierung, den sie
seit den Tagen der Habsburger nicht mehr hatte. Die Öffentlichkeit
war empört darüber, obwohl die Regierung etliche ohnehin diskriminierende Gesetze in Kraft gelassen hatte. Einer der häufigsten Vorwürfe gegen den christlichen Ständestaat lautete, dass er sowohl vom
Vatikan als auch von den Juden gekauft sei. Führt man sich vor
Augen, dass die Haltung des Antiklerikalismus, der Judenfeindlich-

keit und des deutschvölkischen Nationalismus mit der weit verbreiteten wirtschaftlichen, sozialen und politischen Verbitterung zu-
sammenfielen, so gehört nicht viel Fantasie dazu, sich auszumalen,
weshalb eine Menge Österreicher bereit waren,»Hitler eine Chance
zu geben«. Fred Parkinson umschreibt die Situation folgenderma-
ßen:»Österreich war eine mit dem Nationalsozialismus infizierte
Pflaume, die reif in Hitlerdeutschlands Schoß fiel.« Angesichts der
spektakulären Erfolge der Nationalsozialisten im Deutschen Reich
hatten die Österreicher zudem allen Grund zu der Annahme, dass
rasch umfassende Schritte unternommen würden, um die Wirtschaft zu konsolidieren und die»Judenfrage« ein für alle Mal zu
lösen.[90] Hitler verdankte den späteren Erfolg bei der Annexion seines
Heimatlandes in das Großdeutsche Reich vor allem einem starken
antisemitischen Konsens, den er in den folgenden Jahren geschickt
zur Festigung seines Regimes nutzte.

2 Die Österreicher und der Anschluss

Der »Anschluss« Österreichs an das Deutsche Reich war eine überaus verwickelte Angelegenheit. Für alle, die sich bereits mit den Ereignissen befasst haben, ist das nichts Neues. Über den Ablauf ist schon so viel geschrieben worden, dass er hier nur in aller Kürze wiedergegeben wird.[1] Nach Hitlers stürmischem Treffen mit Schuschnigg am 12. Februar 1938 in Berchtesgaden entwickelten sich die Ereignisse viel schneller, als kaum jemand geahnt hatte. Schuschnigg unternahm kaum etwas, um Österreichs internationale Stellung zu verbessern oder seine Anhängerschaft im Land zu vergrößern. Am 24. Februar hielt er vor dem Parlament eine Rede, die bei großen Massen patriotisch gesinnter Anhänger Anklang fand, aber abgesehen von einer Amnestie für inhaftierte Sozialdemokraten und Kommunisten versprach er nicht viel. Unterdessen versammelten sich die Nationalsozialisten in den Bundesländern zu zahlreichen Demonstrationen. Am 18. Februar wurden aus der Haft entlassene Nationalsozialisten in Linz jubelnd empfangen. »SA-Leute marschierten in voller Uniform durch die Straßen und fuhren in Lastwägen mit riesigen Hakenkreuzflaggen.«[2] Einen Tag später organisierten Mitglieder des Nationalsozialistischen Soldatenrings eine lautstarke Parade in Graz. In beiden Fällen sah die Polizei schweigend zu.

Nach einer Woche hatten die Nationalsozialisten in Graz das Sagen. Ein britischer Korrespondent berichtet, dass ein Besucher »glaube, in einer deutschen Nazistadt zu sein. Auf der Straße tragen die meisten das Hakenkreuzzeichen, einige nur als Metallabzeichen, andere das offizielle, deutsche Parteiabzeichen. Junge Burschen grüßen einander mit dem Hitlergruß, und einige davon singen das Horst-Wessel-Lied.«[3] Am 1. März reiste Arthur Seyß-Inquart, Schuschniggs nationalsozialistischer Innenminister, nach Graz, angeblich um die Regierungsgewalt wiederherzustellen. Nach belanglosen Gesprächen mit den Stadtvätern sah er von der Wohnung eines prominenten NS-Funktionärs der Steiermark aus einem Fackelzug zu und hob den Arm zum offiziell verbotenen Hitlergruß. »Ein ohrenbetäubendes Triumphgeschrei erhob sich unter den Marschierenden und der dichten Menge der Zuschauer«, berichtet ein anderer britischer Korrespondent.[4]

Seyß-Inquart bildete sich ein, er halte die Fäden in der Hand und werde ein katholisches und nationalsozialistisches Österreich gründen.[5] Er erkannte jedoch nicht, dass weder er noch Hubert Klausner, der Kopf der NSDAP im Untergrund, imstande waren, die sich ausweitende braune Revolte einzudämmen. Schuschnigg kündigte seinerseits am 9. März überraschend eine Volksbefragung für den Sonntag in vier Tagen an. Am 13. März sollten alle Österreicher im Alter von über 24 Jahren »für ein freies und deutsches, ein unabhängiges und soziales, ein christliches und einiges Österreich« stimmen.

In Berlin war Hitler völlig überrumpelt worden. Am nächsten Tag traf er sich mit Parteifunktionären, Diplomaten und Generälen. Nach langen Diskussionen ordnete er die Mobilisierung der in Bayern stationierten 8. Armee an, gab den österreichischen Nationalsozialisten freie Hand und wies Seyß-Inquart an, er solle Schuschnigg überreden, die Volksbefragung abzusagen. Am frühen Freitagnachmittag gab der österreichische Kanzler nach. Um 15.05 Uhr forderte Göring in einem Ferngespräch Schuschniggs unmittelbaren Rücktritt, an seine Stelle sollte Seyß-Inquart treten. Der erschöpfte Kanzler willigte ein, aber Bundespräsident Wilhelm Miklas lehnte sein Rücktrittsgesuch ab.[6]

In der Zwischenzeit marschierten im ganzen Land Formationen der SA. Die Steiermark und Kärnten bildeten bereits eine »nationalsozialistische Republik«; Hitlers Gefolgsleute besetzten öffentliche Gebäude und Bahnhöfe in Innsbruck, Linz, Salzburg, Graz und Klagenfurt. Bis zum Abend des 11. März hatten sie den größten Teil des Landes fest in der Hand. Um 19.47 Uhr verkündete Schuschnigg im Radio, dass »wir vor der Gewalt zurückgewichen sind, weil wir selbst in dieser furchtbaren Stunde nicht bereit sind, Blut zu vergießen«. Fast unmittelbar danach füllten sich die Straßen Wiens mit Braunhemden und Menschenmassen. Seyß-Inquart rief daraufhin Göring an und meldete, dass die Nationalsozialisten zwar überall das Ruder übernähmen, dass Miklas sich aber immer noch weigere, ihn zum

Kanzler zu ernennen. Damit hatte Göring – die treibende Kraft in
Berlin – einen Vorwand, eine deutsche Intervention zu fordern.
Nach einer 30 Minuten langen hitzigen Diskussion überredete er
Hitler, den Befehl an die 8. Armee zu unterzeichnen, bei Morgen-
grauen die Grenze nach Österreich zu überschreiten. Er richtete es
außerdem so ein, dass Wien ein Telegramm nach Berlin schickte,
mit der Bitte,»die Ordnung wiederherzustellen«. Der Schein der
Legalität blieb auf diese Weise gewahrt. Angesichts der drohenden
Invasion gab Miklas schließlich nach. Kurz vor Mitternacht übergab
er Seyß-Inquart die Amtssiegel.[7]

Sobald die österreichischen Nationalsozialisten an der Macht
waren, versuchten sie, die deutschen Soldaten von einem Einmarsch
in das Land abzuhalten, und appellierten an die Reichskanzlei und
an das Oberkommando der Wehrmacht, den Einmarsch zu stoppen.
Selbst General Wolfgang Muff, Hitlers Militärattaché in Wien,
stimmte dem Vorhaben zu.[8] Aber Hitler hatte eine seiner unwider-
ruflichen Entscheidungen getroffen. Er hielt es für geradezu »sünd-
haft, eine solche Armee ungenützt stehen zu lassen«[9]; außerdem
waren die stümperhaften, österreichischen Nationalsozialisten in
seinen Augen zu unzuverlässig.[10] Mit dem tumultartigen Empfang,
den ihm die Österreicher bereiteten, einem Ausbruch frenetischer
Begeisterung, der seit dem Ende der Kaiserzeit in Österreich selten
geworden war, hatte Hitler allerdings nicht gerechnet.

Die Massen schließen sich an

Am frühen Samstagmorgen, dem 12. März, flog Hitler von Berlin in
das Hauptquartier der 8. Armee in der Nähe von München. Sein
Staatsstreich lief auf drei Ebenen ab: ein pseudorevolutionärer Aufstand von unten, eine halblegale Übertragung der Macht von oben
und eine starke militärische Invasion von außen. Auf allen Ebenen
liefen alle Fäden in seiner Hand zusammen.[11] Was die einfachen
Österreicher (und Deutschen) von den Ereignissen hielten, lässt
sich aus einer Vielzahl von Quellen herauslesen: den Schilderungen
von Augenzeugen, den Memoiren, Wochenschauen, Fotografien,
den Einsatzberichten der einmarschierenden Wehrmacht. Der großartige Bühnenautor Carl Zuckmayer, der zum zweiten Mal vor Hit-

ler fliehen musste, mahnt jedoch zur Vorsicht beim Umgang mit
Quellen:»Aber wie das in der Wirklichkeit, das heißt: in den geleb-
ten Träumen, die man so nennt, ausschaute und vor sich ging, das
wissen nur wir, die dabei waren.«[12]

Zur selben Zeit, als Hitler auf dem Flugplatz bei Oberwiesenfeld
landete, war der nationalsozialistische Aufstand bereits seit 24 Stunden im Gange, in manchen Ländern sogar seit Tagen, in der Steiermark seit Wochen. Wien war die letzte »Bastion«, die noch fallen
musste, aber auch hier beherrschten unüberschaubare Menschenmassen das Straßenbild. Am vorigen Nachmittag war eine wahre
Flut von Menschen in die Innenstadt geströmt und hatte sich am
Graben, einer Fußgängerstraße, vor dem Stephansdom und vor der
Staatsoper versammelt. Bei Sonnenaufgang füllten die Demonstranten die Plätze, brachten den Verkehr zum Erliegen und brüllten:»Ein
Volk, ein Reich, ein Führer, ein Sieg!«[13]

Als sich die Nachricht von der Absage der Volksbefragung herum-
sprach, stieß der amerikanische Journalist William L. Shirer auf eine
»riesige Menschenmenge«, die sich vor der Karlskirche versammelt
hatte. Dieser Kirchenbau aus dem Barock ist dem Heiligen Karl Bor-
romeo gewidmet, dem Verfolger von so genannten Ketzern und
Ungläubigen.»Überall Massen von Leuten«, notierte der Journalist.
»Jetzt auch singend. Nazilieder brüllend. Einige Polizisten stehen
gutmütig dabei.«[14] Aus der Einkaufsmeile in der Kärtner Straße
kämpfte er sich weiter in Richtung Graben und sah:»Junge Randalierer werfen die Schaufensterscheiben jüdischer Geschäfte ein. Die
Menge jubelt voller Entzücken.«[15] Erstaunt über die lautstarke
Zustimmung der Menschenmenge schreibt er später im Rückblick:
»Die Braunhemden in Nürnberg hatten die Naziparolen nie mit
einer solchen Inbrunst gegrölt.«[16]

Auf dem Platz zwischen dem Stephansdom und der Kärntner
Straße suchte sich ein anderer Korrespondent, G. E. R. Gedye, seinen
Weg durch »die braune Flut«:»Sturmtruppleute, von denen viele
kaum der Schulbank entwachsen waren, marschierten…neben den
Überläufern aus den Reihen der Polizei«, die Wachleute wurden
»in den wirbelnden Menschenstrom« gezogen,»Lastwagen mit SA-
Leuten…hupten ohrenbetäubend und versuchten vergeblich, sich
durch die Menge von Männern und Frauen einen Weg zu bahnen,

die im Licht der nun auftauchenden, schwelenden Fackeln brüllten
und tanzten. Die Luft war voll der Geräusche des heillosen Spekta-
kels, und nur hin und wieder konnte man einzelne Schreie wie: ›Nieder mit den Juden! Heil Hitler! Sieg Heil! Juda verrecke! An den Galgen mit Schuschnigg! Heil Seyß-Inquart! Nieder mit den Schwarzen!
Ein Volk, ein Reich, ein Führer, ein Sieg!‹ unterscheiden.«[17]
Die nationalsozialistischen Rollkommandos schwärmten zu
Zehntausenden in die jüdischen Viertel aus, plünderten Läden und
verprügelten Passanten. Ihr wildes Treiben währte bis lange nach
Mitternacht. Carl Zuckmayer schreibt:

An diesem Abend brach die Hölle los. Die Unterwelt hatte ihre
Pforten aufgetan und ihre niedrigsten, scheußlichsten, unreins-
ten Geister losgelassen. Die Stadt verwandelte sich in ein Alp-
traumgemälde des Hieronymus Bosch: Lemuren und Halb-
dämonen schienen aus Schmutzeiern gekrochen und aus
versumpften Erdlöchern gestiegen. Die Luft war von einem
unablässig gellenden, wüsten, hysterischen Gekreische erfüllt,
aus Männer- und Weiberkehlen, das tage- und nächtelang wei-
terschrillte. Und alle Menschen verloren ihr Gesicht, glichen
verzerrten Fratzen: die einen in Angst, die andren in Lüge, die
andren in wildem hasserfülltem Triumph.[18]

Mit Blick auf seine Erlebnisse im Ersten Weltkrieg und in der Weimarer Republik fährt er fort:

Was hier entfesselt wurde, hatte mit der »Machtergreifung« in
Deutschland, die nach außen hin scheinbar legal vor sich ging
und von einem Teil der Bevölkerung mit Befremden, mit Skepsis oder mit einem ahnungslosen, nationalen Idealismus aufgenommen wurde, nichts mehr zu tun. Was hier entfesselt wurde,
war der Aufstand des Neids, der Missgunst, der Verbitterung,
der blinden böswilligen Rachsucht – und alle anderen Stimmen
waren zum Schweigen verurteilt.[19]

Im Morgengrauen marschierten motorisierte Einheiten der deutschen 8. Armee entlang der deutsch-österreichischen Grenze auf

und besetzten Brückenköpfe und Grenzposten bei Lindau, Mitten-
wald, Kiefersfelden, Freilassing, Burghausen und Schärding. Die
mit Hakenkreuzflaggen und Blattwerk geschmückten Spähfahrzeuge
und Motorräder rasten an Scharen jubelnder Zuschauer vorüber.
Hinter ihnen folgte die Infanterie; sie marschierte aber nicht in
Gefechtsformation, sondern mit Fahnen und Musik.[20] Entlang der
Straßen warfen unzählige Österreicher Blumen auf die Soldaten.
Ein erstaunter Stabsoffizier notierte, die deutschen Soldaten würden
empfangen »wie wohl seit dem Einzug der Truppen nach der Reichs-
gründung Bismarcks deutsche Soldaten nicht mehr gegrüßt wurden.
Es ist unmöglich zu beschreiben, was in jenen Tagen auf den Ein-
marschstraßen vorging.«[21] Um 11 Uhr registrierte ein anderer Offizier: »Die Bevölkerung war von ihrer Arbeitsstätte weggelaufen, um
mit unbeschreiblicher Begeisterung die deutschen Soldaten zu
begrüßen...«[22] Kurz vor Mittag erreichte General Heinz Guderians
2. Panzerdivision Linz. »Die Beflaggung und Ausschmückung der
Panzer bewährte sich«, schreibt er später. »Die Bevölkerung sah,
dass wir in friedlicher Absicht kamen, und der Empfang war überaus
herzlich.«[23]

Während Guderians Panzer sich anschickten, den Vormarsch in
Richtung St. Pölten fortzusetzen, kamen Himmler, Seyß-Inquart
und Glaise-Horstenau in die Stadt. Sie setzten Guderian in Kenntnis,
dass Hitler bereits in drei Stunden in Linz erwartet werde. Um 15.50
Uhr überquerte der »Führer« jedoch erst den Inn bei Braunau. Die
Straßen waren von den jubelnden Menschen so verstopft, dass Hitlers Fahrer mit dem dreiachsigen, offenen Mercedes-Geländewagen
nur im Schritttempo vorankam, wenn er das Fußvolk nicht gefährden wollte. Unter Glockengeläut und unter donnerndem Applaus
fuhr der Konvoi bis nach Linz und traf dort um 19.30 Uhr ein. Als
Hitler auf den Balkon am Rathaus trat und eine Rede hielt, brachen
60 000 bis 80 000 Österreicher in tosenden Beifall aus.[24]

Da die Sicherung der italienischen und der tschechischen Grenze
die Hauptaufgaben der 8. Armee waren, marschierten die Kolonnen
eilig in Richtung Brenner und nach Wien. Fast überall wurden die
Soldaten auf dem Vormarsch euphorisch begrüßt. Gebirgsjäger
zogen über die Berge nach Salzburg und entdeckten, dass die Türme
und Kirchen mit nationalsozialistischen Wimpeln und Fähnchen

mit den Landesfarben und dem Stadtwappen geschmückt waren. In den engen Gassen und auf den weiten Plätzen der malerischen Stadt drängte sich eine »begeisterte Menge«, die von einem »Enthusiasmus« erfüllt war und in »freudigste nicht enden wollende Zurufe« ausbrach.[25] Selbst in Tirol, das für seine Feindseligkeit gegenüber dem Nationalsozialismus bekannt ist, rückten die Soldaten »unter grenzenlosem Jubel der Bevölkerung« ein[26], in Kufstein begrüßten jubelnde Stadtbewohner das 61. Regiment mit Blumen und Zigaretten.[27]

Unterdessen kämpfte sich Guderians Panzerdivision in der Hauptvorstoßrichtung durch einen abendlichen Schneesturm und erreichte gegen Mitternacht Wien. Trotz der späten Stunde brachen Menschenmassen beim Anblick der ersten deutschen Panzerwagen auf der Ringstraße und einer improvisierten Parade vor der Staatsoper in »stürmischen Jubel« aus.[28] Die Feiernden hoben Guderian auf ihre Schultern, rissen die Knöpfe des Mantels als »Andenken« ab und trugen ihn in sein Quartier. »Wir erfuhren sehr viel Freundlichkeiten«, bemerkte er lakonisch.[29]

Die gewaltigen Menschenmassen, die der einmarschierenden Wehrmacht zujubelten, blieben nicht ohne Wirkung. Hitler hatte ursprünglich die Absicht, »eine Personalunion« zwischen Deutschland und Österreich zu bilden, er war aber so ergriffen von dem Empfang, dass er am folgenden Nachmittag, am Sonntag dem 13. März, ein Gesetz über die Wiedervereinigung seines Heimatlandes mit dem Deutschen Reich unterschrieb. Außerdem erteilte er Gauleiter Josef Bürckel von der Saarpfalz den Auftrag, eine Volksabstimmung über den neuen Status Österreichs zu organisieren.[30] Unterdessen warf die Luftwaffe 300 Millionen Flugblätter ab und die Wehrmacht setzte ihren triumphalen Vormarsch fort. Sowohl die katholischen wie auch die protestantischen Kirchen fügten sich den neuen Herren. In der katholischen *Reichspost* hieß es beispielsweise: »Die Katholiken der Wiener Erzdiözese werden ersucht, Sonntag zu beten, um Gott dem Herrn zu danken für den unblutigen Verlauf der großen politischen Umwälzung und um eine glückliche Zukunft für Österreich zu bitten.«[31] So zogen Hitlers Soldaten unter dem Beifall der Kirchgänger in die Städte und Dörfer ein.

Ursprünglich hatten es weder der »Führer« noch das Oberkommando der Wehrmacht für notwendig erachtet, die Steiermark oder Kärnten zu besetzen. Nach den Meldungen von dem jubelnden Empfang der 8. Armee in Oberösterreich änderte Hitler jedoch seine Ansicht. Am Samstag schickte er ein eilig zusammengestelltes Kontingent aus Fallschirmjägern, motorisierter Infanterie und Gebirgsjägern in die beiden südlichen Gegenden, um »gerade diesen um die deutsche und nationalsozialistische Sache besonders verdienten Ländern bald Freude zu machen«.[32] Mit diesem Befehl wollte Hitler vermutlich die Stimmung vor Ort heben. Seine Anhänger in der Steiermark und in Kärnten waren ihm so ergeben, dass er hier keinerlei »autonomistische Tendenzen« fürchten musste, die in anderen Bundesländern durchaus vorhanden waren. Die Soldaten des Fliegerregiments 2 landeten jedenfalls unter frenetischem Jubel am 13. März in Graz. Weitere Kompanien rückten auf Straßen in die Steiermark ein, die von jubelnden Zuschauern gesäumt waren.[33] In Kärnten hingegen hielt nur eine kleine Zahl von Fallschirmjägern und Aufklärungsfahrzeugen zusammen mit rund 1000 uniformierten Polizisten Einzug. Zu ihrem Erstaunen wurden sie sogar in den Straßen slowenischsprachiger Dörfer an der jugoslawischen Grenze mit Blumen beworfen.[34]

Am Montag, dem 14. März 1938, verließ Hitler Linz. Sein Wagenkorso fuhr entlang der legendären Nibelungenstraße inmitten von Menschenmengen, die nationalsozialistische Sprechchöre sangen und »Sieg Heil!« brüllten. Zweieinhalb Stunden später hielt Hitler in Melk an und nahm den Salut der dort stationierten, österreichischen Garnison ab. Nach einem weiteren Zwischenhalt in St. Pölten drosselte die Kolonne zur Freude der Massen die Geschwindigkeit auf nur 20 Kilometer in der Stunde. Um 17.40 Uhr bog der Mercedes des »Führers« »unter Jubel und unter dem Läuten aller Kirchenglocken« auf die Wiener Ringstraße ein.[35] Ein Korrespondent des *Manchester Guardian* berichtete, die Prachtstraße der Kaiserzeit sei so dicht mit Zuschauern gesäumt gewesen, dass »die deutsche Polizei und die SA, die entlang der Strecke für Ordnung sorgten, immer wieder die Menschenmenge zurückdrängen mussten, die häufig an verschiedenen Stellen durchbrach«.[36] Andere Augenzeugen berichteten, dass »alle Fenster besetzt waren, und selbst auf den Dächern begeisterte Anhänger saßen«.[37] Mit zwei Dutzend Polizeifahrzeugen

passierte Hitlers Eskorte das neugotische Rathaus, das neoklassizisti-
sche Parlament, die Museen für Kunst- und Naturgeschichte, die
Hofburg und die Staatsoper. Beim Hotel Imperial, wo einst Richard
Wagner gewohnt hatte, machte er Halt. Hier empfing Hitler Seyß-
Inquarts Kabinett.[38]
Laut G. E. R. Gedye war die »beifallheulende Menschenmasse …
die größte, die ich jemals in Wien gesehen hatte«. Er berichtet:»Die
Menschenmassen weigerten sich, nach Hause zu gehen, obgleich
durch Lautsprecher mitgeteilt wurde, dass der Führer ›zu müde‹
sei, um eine Ansprache zu halten.«[39] Tausende von Männern und
Frauen drängten sich immer noch vor dem Hotel Imperial und riefen:»Wir wollen unseren Führer sehen!« Schließlich erschien Hitler
auf dem Balkon, hielt eine kurze Ansprache und schloss mit dem
Versprechen:»Was immer auch kommen mag, das Deutsche Reich,
so wie es heute steht, wird niemand mehr zerschlagen und niemand
mehr zerreißen können!«[40]
Am nächsten Tag strömten Tausende und Abertausende aus den
umliegenden Dörfern in die Stadt, um einen Blick auf ihren Lands-
mann zu erhaschen, der jetzt über ihr Schicksal bestimmte. Die Österreicher sehnten sich danach,»etwas von jenem Glanz wiederzuerlangen«, meint Joachim Fest,»der seit dem Ende der Monarchie
erloschen war und in diesem verlorenen Sohn Österreichs, wie illegi-
tim und vulgär auch immer, zurückzukehren schien«.[41] Um die Mitte
des Vormittags drängten sich bereits über 250 000 Menschen in der
Innenstadt, versperrten die Straßen, füllten Gassen und Passagen
und strömten zum Heldenplatz. Stellenweise standen die Menschenmassen so dicht, dass die Berliner Polizei einen drei Mann starken
Kordon ziehen musste.[42] »Stattliche Bäume auf dem Gehweg bogen
sich buchstäblich unter dem Gewicht der Menschen, die eine bessere
Aussicht haben wollten«, schreibt ein englischer Korrespondent.[43]
Kurz vor 11.00 Uhr schritt Hitler durch das Schlosstor zum Hel-
denplatz und nahm den Gruß der Massenformationen der SA, SS,
Hitlerjugend und des Bundes deutscher Mädel entgegen. Im Schat-
ten der Reiterstatuen von Erzherzog Karl und Prinz Eugen von
Savoyen schrien Zehntausende:»Wir danken unserem Führer!«[44]
Hitler stieg die Stufen zu der Terrasse der Hofburg hinauf und zog
die Menge mit einer Rede in seinen Bann. Er sprach von einer

»neuen Mission« für Österreich, einer Mission, die dem »Gebot« entsprach, »das einst die deutschen Siedler aus allen Gauen des [Heiligen Römischen] Altreiches hierher berufen hat. Die älteste Ostmark des deutschen Volkes soll von jetzt ab das jüngste Bollwerk der deutschen Nation und damit des Deutschen Reiches sein.«[45] Nach dieser »Meldung vor der Geschichte« nahm Hitler Haltung an, starrte ins Leere und hob den Arm zum Gruß. Tosender Beifall brach aus, aus dem Jubelrufe und Sprechchöre ertönten.[46] Nach dem Mittagessen begab sich Hitler wiederum zur Ringstraße und nahm eine Militärparade ab: 400 Flugzeuge flogen vorne weg, gefolgt von 42 Panzern, 35 Panzerwagen, 100 Geschützen der leichten Artillerie, 75 Geschützen der Infanterie, 2000 motorisierten Infanteristen, 40 Flugabwehrgeschützen, 120 Kraftradfahrern und zehn Infanteriebataillonen.[47] Einem Korrespondenten des *Manchester Guardian* fiel auf, dass ein Großteil der Soldaten Österreicher war. »Offiziere und Mannschaften der deutschen Wehrmacht zogen unter großem Jubel ein. Seltsamerweise gab es für die beträchtliche Zahl österreichischer Soldaten weniger Jubel.«[48]

Ein anderer britischer Augenzeuge berichtet, dass die Menge »sich aus allen Bevölkerungsschichten zusammensetzte. Diesmal standen Arbeiter und Bürgerliche Seite an Seite in ungeteilter Begeisterung. Ich hatte den Eindruck, dass junge Gesichter und eher ärmliche Bekleidung die Szene beherrschten. Das war kein Heer von Reaktionären, die den Triumph der Reaktion bejubelten. Was immer ihre Motive waren, es waren die Wiener, die sich an der Straße aufgestellt hatten.«[49]

Selbst als Hitler gegen 16.00 Uhr seinen Standort verließ, ging der Jubel weiter. Zehntausende folgten ihm zum Hotel Imperial, wo sie Kardinal Theodor Innitzer auspfiffen und beschimpften. Das Oberhaupt der österreichischen Kirche machte dem »Führer« seine Aufwartung.[50] Noch am selben Abend zog die Menschenmenge in die Leopoldstadt, ein jüdisches Stadtviertel entlang des Donaukanals. G. E. R. Gedye begleitete den Mob und beobachtete, dass von der SA »Frauen und Männer aus Geschäften, Büros und Wohnungen herausgeholt wurden und gezwungen, niederzuknien und Parolen wie ›Heil Schuschnigg!‹ vom Pflaster abzuschrubben«. Er fügte hinzu: »Der Pöbel setzte sich, vor allem nach Einbruch der Abenddämmerung, aus den schlimmsten Elementen der Bevölkerung zusammen. Sie hatten sich versammelt, um die Juden zu verhöhnen, und johlten: ›Juda verrecke!‹, ›Juden raus!‹ und ›Wer schafft Arbeit für die Juden? Adolf Hitler!‹‹«[51] Unterdessen marschierten die Soldaten der 8. Armee weiter und schlossen die Besetzung des »jüngsten Bollwerks der deutschen Nation« ab. In den ersten Tagen des Einmarsches hatten sich kilometerlange Verkehrsstaus gebildet, 25 tödliche Unfälle hatten sich ereignet, und hunderte von Panzern und Fahrzeugen waren mit einer Panne liegen geblieben. Am Mittwoch, dem 16. März, befahlen die Divisionskommandeure bis auf wenige Ausnahmen allen Einheiten, ihre Vorräte an scharfer Munition wieder abzugeben und nur noch 25 Kilometer am Tag zu marschieren. Da die Österreicher ihre Eroberer als Befreier begrüßten, beschlossen die Invasoren, dass die Truppen sich möglichst adrett herausputzen sollten, statt die Muskeln spielen zu lassen.[52]

Während der gesamten Operation brachen die Österreicher bei der Ankunft deutscher Soldaten in einen Taumel der Begeisterung aus. Unzählige Militärrapporte schildern Szenen einer »unglaublichen Euphorie«, schreiben von »Gesängen und guter Laune« und einem »unbeschreiblichen Rausch«. Selbst in Industrieregionen bejubelten Tausende von einfachen Arbeitern die vorrückenden Soldaten. Aus den Eisenerzer Alpen in der Steiermark schrieb der Kommandeur des 100. Gebirgsregiments, dass er »keine einzige geballte Faust« gesehen habe, »nur begeisterte Gesichter«.[53] Nachdem eine Einheit ihr Quartier in Floridsdorf bezogen hatte, einem Arbeiterviertel Wiens, verfasste ein Ordonnanzoffizier einen Bericht über die Verwahrlosung und die Armut der Bewohner. »So ist es zu erklären, dass diese Gegend bis vor kurzem eine Hochburg des Marxismus war«, schrieb er. »Trotzdem kam es nirgends zu Beleidigungen oder Unfreundlichkeiten gegen unsere Soldaten, deren Erscheinen von der Mehrheit der Bevölkerung als Befreiung empfunden wurde.«[54]

Die öffentliche Begeisterung wurde aber keineswegs von allen geteilt. Als am Samstag, dem 12. März, das erste deutsche Flugzeug über Wels hinwegflog, spielte ein achtjähriger Junge im Haus eines Habsburger Offiziers im Ruhestand. »Ich weiß noch, dass ich lauten Lärm hörte und auf den Balkon ging, um nachzusehen, was geschehen war«, erinnert sich derselbe Junge ein halbes Jahrhundert später. »Viele Menschen jubelten auf der Straße und waren glücklich. Aber in dem Haus sah ich den Oberst mit Tränen in den Augen. Ich erinnere mich noch genau daran. Ich weiß noch, dass ich mich gefragt habe, was geschehen sein mochte, das die Leute auf der Straße so glücklich machte und ihn so traurig.«[55]

Wie viele Tränen hinter verschlossenen Türen vergossen und wie viele Fäuste geballt wurden, lässt sich unmöglich feststellen. Unter den Millionen von Aufnahmen, die während des Anschlusses gemacht wurden, ist jedenfalls nur ein einziger Schnappschuss mit verstörten und traurigen Gesichtern entdeckt worden.[56] Tatsächlich wurden die einmarschierenden Soldaten nicht überall mit Blumen begrüßt. In Steyr war die Bevölkerung »kühler und weniger interessiert« als anderswo. In Melk, Ybbs und Pöchlarn ließ der Empfang »zu wünschen übrig«, in Wörgl war »eine gewisse Zurückgezogenheit der Bevölkerung gegenüber den deutschen Soldaten bemerkbar«. In Tirol verhielten sich viele Bauern reserviert oder wirkten »gefasst und abgeklärt«. In Teilen Niederösterreichs gaben sich die Dorfbewohner keine Mühe, ihre Abneigung gegen die deutsche Wehrmacht zu verbergen: »Bilder von Dollfuß hängen noch in vielen Bauernhöfen.«[57] In Wien, dem Zentrum der großen jüdischen Bevölkerung Österreichs, nahmen schätzungsweise 500 000 Menschen ungläubig, entsetzt und voller Angst den Anschluss zur Kenntnis. Dazu zählten 170 000 Juden, 80 000 »Bastarde« aus so genannten Mischehen und eine nicht genau bestimmbare Zahl an Beamten, katholischen Priestern, Monarchisten, Sozialdemokraten und Individualisten.[58]

Wie erklärt sich die Euphorie, mit der die Mehrzahl der Österreicher den Verlust der Unabhängigkeit ihres Landes begrüßte, dieser Freudentaumel, der eine seltsame Ähnlichkeit mit dem Jubel vieler Ostdeutschen über den Zusammenbruch der Deutschen Demokratischen Republik 50 Jahre später hat?[59] Zum Ersten besteht kein Zweifel daran, dass die anfängliche Begeisterung ebenso echt wie spontan war. Reichsdeutsche Kameraleute und Rundfunkmoderatoren brachten ausführliche Berichte über den Anschluss, aber weder sie noch der Propagandaminister hätten genügend Zeit gehabt, diese Ereignisse zu inszenieren.[60] Zum Zweiten war die Bevölkerung ganz offensichtlich zutiefst erleichtert darüber, dass ein Blutvergießen ver-

mieden worden war. In den Augen der meisten Menschen wurde
durch den Einmarsch der deutschen Soldaten der Ausbruch eines
Bürgerkrieges verhindert und ein Schutz gegen eine Aggression von
außen geschaffen. Der Anblick der gut ausgerüsteten Landser auf
ihrem Marsch durch das Land ließ die Erinnerung an die Partner-
schaft im Krieg wieder aufleben, und viele dachten wohl befriedigt,
dass die Erniedrigung von 1918 am Ende doch überwunden worden
sei. Drittens erhofften sich fast alle eine erhebliche Verbesserung
ihrer materiellen Lage. Die meisten Österreicher kannten Hitlers
Errungenschaften und hatten allen Grund zu glauben, dass sich
ihre Erwartungen schon bald erfüllten. Und Viertens begrüßten
Millionen Menschen den Anschluss als eine Gelegenheit, die so
genannte Judenfrage zu lösen. Die antisemitischen Gewaltausbrüche
nach Schuschniggs Abschiedsrede wurden von den österreichischen
Nationalsozialisten und ihren Komplizen verübt, nicht von den
deutschen Invasoren. Mit anderen Worten, die Popularität des
neuen Regimes stieg angesichts der Tatsache, dass es offen die Juden
verfolgte und die »Arisierung« propagierte.[61]

Das heißt aber nicht, dass die Massen auf einen Schlag sämtliche
Lehrsätze des Nationalsozialismus akzeptiert hätten. Wie gesagt, es
kann lediglich ein Drittel der Bevölkerung als eingefleischte Anhänger ausgemacht werden. Die meisten Österreicher bejubelten in
erster Linie den Zusammenbruch des alten Regimes. Sie betrachteten den Anschluss als einen mächtigen Motor des Wandels und
zugleich als die Erfüllung eines alten Traums.[62] Auf der anderen Seite
hatten die Massendemonstrationen und die revolutionäre Gewalt
der letzten Tage den christlichen Ständestaat nicht zu Fall gebracht.
Die österreichische Tradition der Obrigkeitshörigkeit war der Grund
dafür, dass der allgemeine Hass bis zum Einmarsch der deutschen
Truppen aufgestaut wurde. Erst dann wurde er freigesetzt und richtete sich vor allem gegen die Juden.

Die Volksabstimmung

Am 13. März 1938 befahl Hitler dem Gauleiter der Saarpfalz Josef
Bürckel, eine »freie und geheime Volksabstimmung« am Sonntag
dem 10. April zu organisieren. Bei diesem Referendum sollten alle

Deutschen und Österreicher im Alter von über 20 Jahren aufgefordert werden, den Anschluss zu billigen. Die Abstimmung kann zwar kaum demokratisch genannt werden, aber sie war mehr als nur eine »durch und durch manipulierte Wahl«[63]. Hitler hatte bereits 1934 erklärt, er sei »fest durchdrungen von der Überzeugung, dass jede Staatsgewalt vom Volk ausgehen muss und von ihm in freier und geheimer Wahl bestätigt sein muss«[64]. Eine breite Zustimmung bei dem Referendum würde das NS-Regime stützen und einen Gradmesser für die allgemeine Stimmung bieten; ferner würde sie dazu beitragen, die Gegner zum Schweigen zu bringen und die Macht des Diktators auch gegenüber ausländischen Staaten zu festigen. Deshalb beteiligte sich Hitler mit einem Eifer an der Kampagne, als gelte es, einen echten Gegner auszuschalten. Zweieinhalb hektische Wochen lang zog er durch Großdeutschland, konzentrierte sich voll und ganz auf jede Kundgebung und war sogar ernstlich besorgt wegen des Abstimmungsergebnisses.[65]

Für die Österreicher lässt sich sagen, dass die Volksabstimmung im April die allgemeine Haltung prägte und zugleich widerspiegelte. Nach den vorliegenden Quellen begrüßte eine deutliche Mehrheit der Bevölkerung die Gelegenheit, an einer Wahl teilzunehmen, die über die Frage der nationalen Identität entscheiden sollte. Die Österreicher begrüßten allein schon die Möglichkeit, nach mehr als fünf Jahren endlich wieder einmal zu wählen.[66] Die Nationalsozialisten wussten sehr gut, dass die Euphorie über den Anschluss rasch wieder verfliegen würde, und waren bestrebt, die allgemeine Begeisterung durch eine massive, fortwährende Mobilisierung zu erhalten.[67] Beinahe einen Monat lang organisierten sie Kundgebungen, warben Stimmen und erfreuten das österreichische Volk mit pompösen Festzügen, Aufsehen erregenden Rundfunksendungen (für die eigens 20 000 »Volksempfänger« zur Verfügung gestellt wurden) und mit einem von Hitler persönlich geleiteten Wahlkampf.[68]

Goebbels' Propagandamaschinerie ging bei dem »Kampf um die Wählergunst« zweigleisig vor: Zum einen brachte sie Meldungen über Massenfeierlichkeiten und zum anderen über Massenverhaftungen. Damit beschritt Goebbels eine »feine Gratwanderung zwischen dem Druck auf die Österreicher, Hitler zu unterstützen, und der Andeutung, dass es unklug sei, sich ihm zu widersetzen«.[69]

Zudem hoben Parteiredner, Zeitungsredakteure und Rundfunkspre-
cher Hitlers historische Leistungen hervor, gelobten die Erfüllung
des nationalen Schicksals und versprachen ein sofortiges Ende der
Arbeitslosigkeit. Sie hoben die »Tradition«, »Herz und Heimat«
und das »Band des deutschen Blutes« hervor. Auch die deutsche Einheit wurde immer wieder beschworen.[70]
Am 21. März eröffnete Gauleiter Bürckel offiziell mit einer Rede
vor vollen Rängen in Wiens berühmter Konzerthalle den Wahlkampf. G. E. R. Gedye beobachtete, dass seine zahlreichen »Angriffe
gegen die Juden mit großem Enthusiasmus beklatscht wurden«.[71] In
den folgenden Wochen zog eine Parade reichsdeutscher Würdenträger kreuz und quer durch Österreich und drängte die Wähler, für das
Großdeutsche Reich zu stimmen. Neben Hitler kamen Göring,
Goebbels und Himmler eigens angereist. Zeitungsberichten zufolge
schwoll der Beifall stets an, wenn die Redner versprachen, das Land
von den Juden zu befreien.[72]
Am 2. April schrieb John C. Wiley, der amerikanische Geschäftsträger, dass Wien vor lauter Hakenkreuzflaggen »rot« sei, dass »jede
nur denkbare nationalsozialistische Organisation durch die Straßen
marschiert« sei und dass »selbst in den normalerweise ruhigen
Randgebieten die rauen Stimmen der Parteiredner gemeinsam mit
mehr oder weniger lauten ›Sieg Heil‹-Rufen aus Lautsprechern ertönten, die geschickt an geeigneten Telefonmasten befestigt worden
waren«.[73] Er verglich die Stadt mit einem Meer aus Flaggen, Plakaten und beleuchteten Spruchbändern und schilderte die konkreten
Maßnahmen, die die Nationalsozialisten bereits durchgeführt hatten, um ihrer »Propaganda des Wortes« durch die »Propaganda der
Tat« Nachdruck zu verleihen, wie Goebbels' Wahlkampfstrategen es
nannten.
Wenn Taten lauter sprechen würden als Worte, dann wäre der
Lärm wahrhaft ohrenbetäubend gewesen. Am 26. März kündigte
Göring den sofortigen Transfer von 60 Millionen Reichsmark für
die Entwicklung der Industrie und die Modernisierung der Landwirtschaft an. Auf sein Versprechen folgten die Ausdehnung der
deutschen Sozialgesetze auf Österreich und die Wiederaufnahme
der Zahlungen an Arbeitslose; 100 000 Schulkinder und 25 000
Erwachsene wurden zu einem Erholungsurlaub in das Deutsche

Reich geschickt.[74] Die nationalsozialistische Volkswohlfahrt (NSV) verteilte »1000 Doppelzentner geräucherten Fisch... 300 000 Pfund Kaffee, 40 000 Pfund Gemüse, 80 000 Orangen, 39 000 Zitronen [und] 80 000 Dosen Fisch«[75]. Die neuen Herrscher richteten außerdem Suppenküchen ein, schafften die unbeliebte Fahrradsteuer ab und beendeten die Zwangsversteigerung verschuldeter Bauernhöfe.

Zusätzlich zu den Feierlichkeiten und der Wirtschaftshilfe gaben sich die Nationalsozialisten große Mühe, den Klerus der katholischen Kirche und die Überreste der organisierten Arbeiterschaft für sich zu gewinnen. Beide erwiesen sich als gefügig. Das Oberhaupt der österreichischen Kirche, Kardinal Theodor Innitzer, war ein fanatischer Nationalist und begrüßte den Anschluss als die Erfüllung des jahrhundertealten Traums von der deutschen Einheit. Er stattete Hitler persönlich in Wien einen Besuch ab und überredete am 18. März seine Bischöfe, die Gläubigen in einem Hirtenbrief zu einem Ja zu dem »Führer« bei der Volksabstimmung zu drängen. Der vertrauensselige Erzbischof von Wien gestattete sogar das Aufhängen von Hakenkreuzflaggen an Kirchen, schrieb eine Präambel zu seiner Erklärung und unterzeichnete einen Begleitbrief mit den Worten »Heil Hitler!«. Darauf kommen wir noch in dem Kapitel über die Katholiken zurück. Am 28. März wurden alle drei Dokumente in der ganzen Ostmark (offizielle Bezeichnung für das annektierte Österreich) in Zeitungen und auf Anschlägen veröffentlicht.[76]

Die Sozialdemokraten waren noch leichter zu vereinnahmen. Ungefähr ein Drittel von ihnen war ohnehin bereits zu den Nationalsozialisten übergelaufen. Die Übrigen wollte das neue Regime mit Appellen an die nationale Einheit bekehren. Es wies auf die sozial- und wirtschaftspolitischen Fehler des christlichen Ständestaates hin und ergriff konkrete Maßnahmen gegen die Arbeitslosigkeit. Unter den propagandistischen Angriffen gegen Juden und die Kirche fanden sich auch Reden, Plakate und Zeitungsbeiträge, die ganz gezielt die einfachen Arbeiter ansprechen sollten.[77] Der Erfolg ließ nicht lange auf sich warten. Am 3. April befürwortete Karl Renner den Anschluss, der prominenteste Sozialdemokrat, der noch in Österreich war. Auf den Seiten des *Neuen Wiener Tagblatts* erinnerte er die Leser an seine eigenen Bemühungen im Jahr 1919, Österreich mit Deutschland zu vereinigen, und schloss mit den Worten, er werde mit Ja stimmen.[78]

Nachdem die Nationalsozialisten die Führer sowohl des katholischen wie des sozialdemokratischen »Lagers« auf ihre Seite gezogen hatten, schien kaum jemand noch einen Grund zu haben, gegen den Anschluss zu stimmen. Am Spätnachmittag des 31. März sondierte Bürckels Wahlkampfbüro erstmals das geistige Klima. Während einer zweistündigen Konferenzschaltung – vermutlich eine der ersten in der österreichischen Geschichte – schilderten die regionalen Wahlkampfleiter ihre Eindrücke von der allgemeinen Stimmung.[79]

Aus Salzburg wurde gemeldet, dass die meisten Versammlungssäle überfüllt seien, dass Görings Programm der wirtschaftlichen Entwicklung allgemein bejubelt werde und dass der Hirtenbrief der Bischöfe tiefen Eindruck auf die regelmäßigen Kirchgänger gemacht habe, auf die Priester selbst allerdings weniger. Wahlbeobachter hoben hervor, dass Mitglieder des unteren Klerus immer noch auf Distanz gingen: Einige Vikare blieben zurückhaltend, andere distanzierten sich hochmütig. Die Berichte aus Vorarlberg und Oberösterreich waren weniger informativ; beide Wahlkampfleiter sagten eine Zustimmung von 100 Prozent voraus. Aus Niederösterreich meldeten Bürckels Agenten, die allgemeine Stimmung sei »außerordentlich gut insbesondere bei der in der Industrie tätigen Bevölkerung«. Sie fügten aber hinzu: »Die bäuerliche Bevölkerung ist stellenweise zuwartend.« Aus der Steiermark hieß es im Gegensatz dazu, die Bauern seien in der Regel begeistert.[80] Der Wahlkampfleiter in Kärnten prahlte, die Stimmung in seinem Bundesland sei »durchaus günstig«. Im Telegrammstil versicherte er: »Die Abstimmungsfreudigkeit ist besonders in Mittelkärnten sehr groß. Irgendwelche Stimmungen gegen die Abstimmung sind nicht zu bemerken. Die Slowenen sind bereits bekehrt.«

Dr. Robert Schueller, der Wahlkampfleiter aus Innsbruck, war zurückhaltender. Er erklärte, die Botschaft der Regierung fände zwar bei der allgemeinen Bevölkerung Anklang, aber die meisten Rundfunksendungen würden die Bewohner der abgelegenen Alpentäler nicht erreichen, ganz zu schweigen die zahllosen Schafhirten, Holzfäller und verarmten Bergbauern. Zudem würden nur wenige

Städte über entsprechende Geräte verfügen, um Propagandafilme wie Leni Riefenstahls *Triumph des Willens* vorzuführen. Um die Mängel in der technischen Ausstattung auszugleichen, empfahl Schueller eine Intensivierung der Verteilung von Flugblättern, Broschüren und anderem Propagandamaterial. Auch er sagte zwar einen Wahlsieg voraus, betonte aber, dass die meisten Priester nur auf Befehl der katholischen Bischöfe mit Ja stimmten.[81]

Während der gesamten Wahlkampagne fassten die Nationalsozialisten ihre Feinde natürlich besonders scharf ins Auge. Kurz nach Schuschniggs Abschiedsrede waren SA-Schlägertrupps und Rollkommandos aus ihren Verstecken ausgeschwärmt, um mit Hitlers Gegnern abzurechnen, mit den wirklichen und mit den eingebildeten. Die ersten Opfer waren nach G. E. R. Gedye ein »buntes Gemisch von Fürsten, Bauern und armen Leuten, von weltbekannten Bankiers und unbekannten Proletariern, Juden aus den höchsten wie aus den niedersten Kreisen, Offizieren des Bundesheeres, von Polizeibeamten und jenen Kommunisten und Sozialisten, die sie verhaftet und bestraft hatten«[82]. Am frühen Morgen des 12. März landete Heinrich Himmler auf dem Flughafen Aspern, um die Verhaftungen persönlich zu koordinieren. In seinem Gefolge kamen rund 40 000 deutsche Sicherheitspolizisten. Wie viele Österreicher in den ersten Tagen nach dem Anschluss von der Gestapo in Gewahrsam genommen wurden, Gewaltakten oder Mordanschlägen zum Opfer fielen oder in Konzentrationslager deportiert wurden, ist nie genau ermittelt worden, aber wenigstens 20 000 Menschen wurden ergriffen oder inhaftiert.[83] Die Zahl war hoch genug, um den einen Teil der Bevölkerung zu befriedigen und den anderen einzuschüchtern.

Hitlers Propaganda »glich einem für die Massen inszenierten Mysterienspiel mit dem Wettstreit der Mächte des Bösen und des Verrates, die Nein stimmten, und dem ehrenhaften deutschen Volk, das Ja stimmte«[84]. Augenzeugen wie auch Historiker haben auf die barocke Theatralität des »Wahlkampfes« hingewiesen: Selbst nachts fanden Kundgebungen statt, die Szenerie wurde von knisternden Freudenfeuern oder den Strahlen greller Scheinwerfer erhellt. Die Nationalsozialisten kamen damit der totalen »Ästhetisierung der Politik« sehr nahe, einem Hauptziel ihrer Bewegung. Außerdem gelang ihnen eine »Umwertung aller Werte« im Sinne Nietzsches, indem sie unter anderem die Regeln der Fastenzeit, vor Karfreitag 40 Tage lang zu fasten und Buße zu tun, missachteten und ins Gegenteil verkehrten. Statt Enthaltung und Reue boten sie Wein und Tanz, ein dionysisches Freudenfest aus germanischen Orgien und heidnischen Rauschzuständen. Für die Propagandisten wie für die Wähler sollte es »ein Frühling ohne Ende« werden.[85]

Als Ergebnis empfanden die Massen augenscheinlich ein Hochgefühl der Befreiung, das der Begeisterung von 1914 bei Kriegsausbruch stark ähnelte. Trotz der schrecklichen Erinnerung an diesen Konflikt werteten sie die nationalsozialistische Glorifizierung der Gewalt nicht als böses Omen.[86] In Gmunden beklatschten sogar Tausende das Versprechen von Gauleiter August Eigruber, in Oberösterreich ein Konzentrationslager zu errichten.[87] Als Hitler am 3. April wieder sein Heimatland betrat, erreichte die Kampagne ihren Höhepunkt. Jeder Wahlkampfauftritt wurde zu einem Staatsbesuch mit feierlichem Zeremoniell, offiziellen Empfängen und Massenkundgebungen hochstilisiert. Aufrüttelnde Reden wurden gehalten, meist in verkommenen Fabrikhallen, verlassenen Bahnhöfen oder anderen großen Gebäuden, die seit der Weltwirtschaftskrise verfielen. Am Samstag, dem 9. April, kam Hitler auf dem Westbahnhof von Wien an, eine Stunde später trat er auf den Balkon des Rathauses und verkündete den Tag des Großdeutschen Reiches.[88]

Noch am selben Abend hielt Hitler in der Halle des Nordwestbahnhofs eine Abschlussrede. Er bot einen knappen, idealisierten Abriss der Geschichte der NSDAP, rühmte sich seiner Erfolge bei der Wiederherstellung der Größe Deutschlands und sprach über die Ereignisse, die zum Anschluss geführt hatten. Mehrfach berief er sich auf die Vorsehung und schloss mit den Worten: »Ich möchte dem danken, der mich zurückkehren ließ in meine Heimat, auf dass ich sie nun heimführe in mein Deutsches Reich! Möge am morgigen Tag jeder Deutsche die Stunde erkennen, sie ermessen und sich in Demut verbeugen vor dem Willen des Allmächtigen, der in wenigen Wochen ein Wunder an uns vollzogen hat!«[89]

Am nächsten Morgen riefen um 7.00 Uhr im ganzen Reich Ausrufer die Wähler auf, zu den Urnen zu gehen. Es sollte Hitlers letzte Volksabstimmung sein. Die meisten Wahllokale waren mit uniformierten SA-Leuten besetzt. Obwohl die Möglichkeit bestand, in eine Wahlkabine zu gehen, machten die meisten in aller Öffentlichkeit ihr Kreuz. Die offiziellen Meldungen ergaben eine hohe Wahlbeteiligung und deuteten auf eine fast uneingeschränkte Zustimmung hin; sie ergaben auch, dass die Befürwortung des Anschlusses in der Ostmark höher lag (99,73 Prozent) als im so genannten Altreich (99,08 Prozent). Lediglich 11 929 Österreicher hatten mit Nein gestimmt und 5 776 hatten ungültige Stimmzettel abgegeben.[90]

Die Ergebnisse der Volksabstimmung im April sind mit großer Vorsicht zu genießen. Gut 360 000 Menschen bzw. acht Prozent der Wahlberechtigten waren von der Wahl ausgeschlossen worden; viele andere hängten ihr Fähnchen nach dem Wind. Dem Verfahren nach war die Abstimmung gewiss »frei und geheim«, aber es war riskant, gegen den Anschluss zu stimmen.[91] Das heißt, das Wahlergebnis hat nur eine begrenzte Aussagekraft über die damals herrschende Stimmung, ein Punkt, auf den Gerhard Botz schon seit zwei Jahrzehnten immer wieder hinweist.[92] Erstens war ohnehin mit einer Zustimmung von zwei Dritteln der Wählerschaft zu rechnen, da Kardinal Innitzer und Karl Renner sich beide für den Anschluss ausgesprochen hatten. Zweitens hatte die NS-Propaganda ganz offensichtlich bei den Wählern Wirkung gezeigt, vor allem bei denjenigen, die Hitler zu sehen bekamen oder in den Bann seines starren Blicks gerieten.[93] Drittens lag die Zustimmung in den Bundesländern mit den meisten NS-Mitgliedern am höchsten: Burgenland (99,93 Prozent), Steiermark (99,81 Prozent) und Niederösterreich (99,74 Prozent). Umgekehrt lag die Zahl der Nein-Stimmen in den Bundesländern mit einem besonders ausgeprägten österreichischen Identitätsgefühl am höchsten: in dem ländlichen, katholischen Tirol (0,70 Prozent) und in dem Roten Wien mit seiner Arbeiterklasse (0,59 Prozent).[94]

Auf welche besondere Weise die Volksabstimmung die Sehnsüchte und Wünsche des österreichischen Volkes widerspiegelte, wird ein Gegenstand der Spekulation bleiben müssen. Am erstaunlichsten ist wohl der Umstand, dass der Verlust der Unabhängigkeit auf so wenig Protest oder Widerstand stieß. Zieht man all diese Punkte in Betracht, so hat Botz gewiss Recht mit seinem Argument, dass die allgemeine Reaktion auf den Anschluss nicht einfach nur als Leichtgläubigkeit, Opportunismus oder die Hoffnung auf eine Besserung der Wirtschaftslage gewertet werden kann. Die Begeisterung von 1938 entspricht auf einer viel tieferen Ebene der Erregung des Augenblicks; sie steht für ein echtes Wiederaufleben des deutschen Nationalgefühls, das in der Zwischenkriegszeit fast alle erfasst hatte. Auch wenn Hitlers außenpolitische Ziele damals noch unklar waren, hatte doch kaum jemand gegen sein diktatorisches System etwas einzuwenden oder gar gegen seine Absicht, Österreich von unerwünschten Minderheiten und den von der Gesellschaft Ausgestoßenen zu befreien. Schon allein wegen des bestehenden antisemitischen Konsenses stand fest, dass eine »Mehrheit« der Österreicher bereit war, in dem Großdeutschen Reich ihre »Pflicht« zu erfüllen.[95]

Zweiter Teil

Vom Anschluss zum Krieg

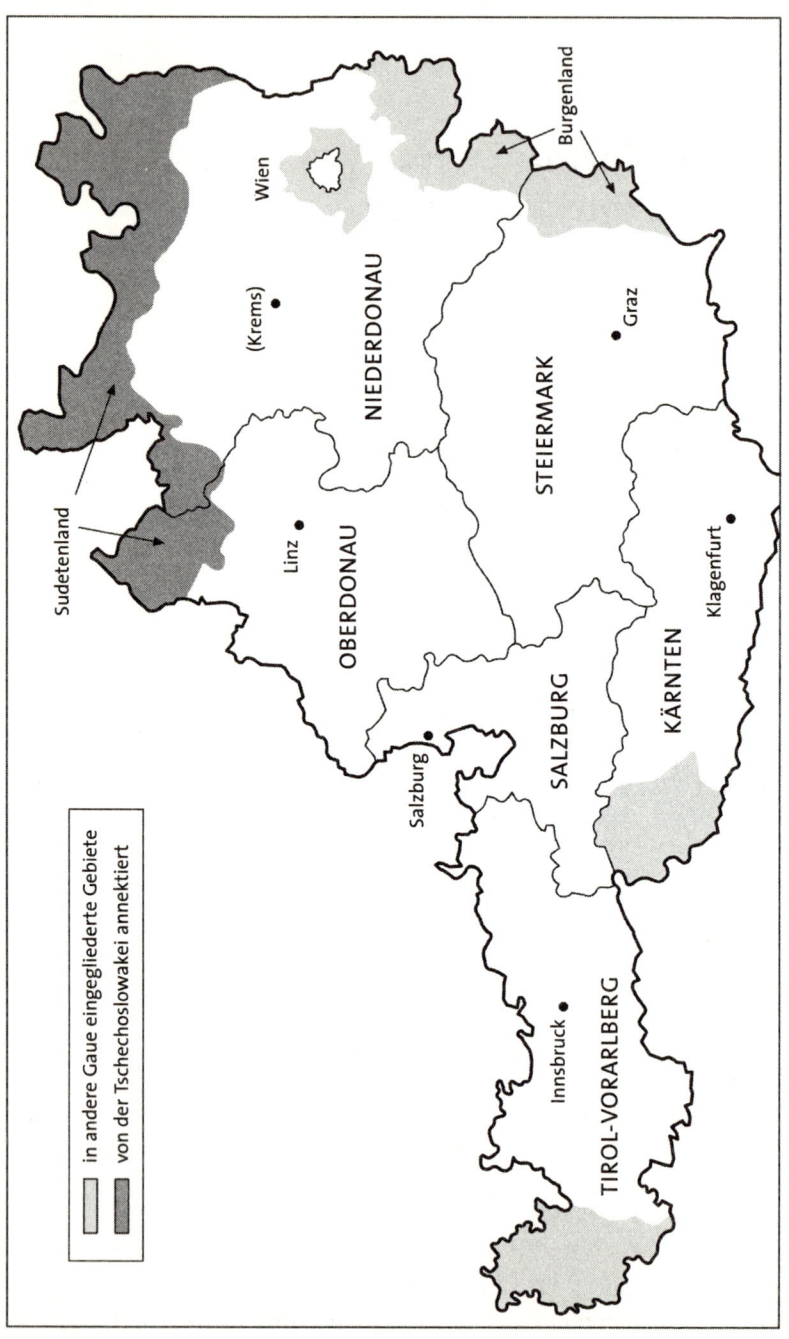

Karte 2 Die Ostmark, 1938–1945

in andere Gaue eingegliederte Gebiete

von der Tschechoslowakei annektiert

Burgenland

Wien

NIEDERDONAU

(Krems)

Graz

STEIERMARK

Sudetenland

Linz

OBERDONAU

Klagenfurt

KÄRNTEN

SALZBURG

Salzburg

Innsbruck

TIROL-VORARLBERG

3   Die Partei: Zwischen Zustimmung und Enttäuschung

Die österreichischen Nationalsozialisten, die 1938 in einem Freudentaumel an die Macht gekommen waren, hatten allen Grund,
ihren in der Zeitgeschichte einzigartigen Triumph zu feiern. Im Verlauf dreier Jahrzehnte war aus der kleinen Gruppe unzufriedener
Sudetendeutscher eine Volkspartei geworden, die »einem repräsentativen Querschnitt der österreichischen Gesellschaft«[1] entsprach.
Gewiss trifft es zu, dass die deutsche Intervention damals den Sieg
der Partei garantierte, aber es lässt sich auch nicht leugnen, dass die
österreichische NSDAP eine Zeit lang starken Rückhalt im Volk
hatte. Von 1938 bis 1943 gewannen die Parteiführer im Verhältnis
mehr neue Mitglieder in der Ostmark als im Altreich (Deutschland
in den Grenzen von 1937). Es waren zwar lediglich acht Prozent der
Bevölkerung des Großdeutschen Reiches Österreicher, dafür stellten
diese aber 14 Prozent der SS-Mitglieder und 40 Prozent der an dem
Massenmord beteiligten Schergen, vom Euthanasieprogramm bis
hin zu Auschwitz.[2]

Historikern, die die Haltung der Parteimitglieder analysieren wollen, stellt sich vor allem das Problem einer starken Differenzierung.
Ähnlich wie die deutsche NSDAP (und der bayerische Mittelstand)
umfasste auch die österreichische Partei »eine bunte Mischung ver-
schiedenster Bevölkerungsschichten mit ganz unterschiedlichen
Gruppeninteressen«[3]. Zugleich bildeten die Arbeiterklasse und die
katholische Bauernschaft weiterhin ganz differente, eigene Subkul-
turen. Die schlechte Quellenlage stellt ein zweites, schwieriger zu
überwindendes Hindernis dar. Obwohl verschiedene Dienststellen
der deutschen Partei über die Stimmung der einfachen Parteimitglieder Bericht erstattet hatten, hielten das Regime und die Sicherheitsorgane es nicht für nötig, Informationen über die Einstellung
derjenigen zu sammeln, deren Aufgabe die Überwachung der allge-

meinen Bevölkerung war. Am 5. Oktober 1936 hatte Hitlers Stellvertreter Rudolf Heß sogar ausdrücklich das Aushorchen oder Bespit-
zeln von Parteimitgliedern untersagt.[4]

Will man die Stimmung der »braunen Masse« untersuchen, so
müssen die spärlichen Daten sorgfältig analysiert und die Ergebnisse
mit der gebotenen Vorsicht hochgerechnet werden. Dennoch soll
der Versuch unternommen werden, in die mentale Welt jener
693 007 Österreicher einzudringen, die während der NS-Herrschaft
in die NSDAP eintraten und die – mit ihren Familien – die Einstellung der übrigen Bevölkerung beeinflussten. Beginnen wir mit der
Mitgliederstruktur der Partei in den Anfängen.

Struktur und Mitgliederzahl der österreichischen NSDAP

Genaue Analysen haben ergeben, dass sich die gesellschaftliche und
regionale Zusammensetzung der österreichischen Nationalsozialisten zwischen 1904 und 1945 deutlich veränderte (siehe Tabellen 2
und 3).[5] Zwei Jahrzehnte lang gehörten der Bewegung in erster Linie
Eisenbahnarbeiter, Postarbeiter und zahlreiche Angestellte im
öffentlichen Dienst an. Als die Partei im Jahr 1932 das deutschnationale Lager übernahm, deckte sich ihr Profil mit der »neuen« Mittelschicht der Beamten und Angestellten. Zu dieser Gruppe zählten
auch Tausende von Beamten, die von der österreichischen Regierung
im Jahr 1923 zwangsweise in den vorzeitigen Ruhestand entlassen
worden waren.[6]

Nach dem Verbot der NSDAP durch die Regierung Dollfuß am
19. Juni 1933 flohen rund 10 000 Aktivisten ins Deutsche Reich und
bauten dort die so genannte Österreichische Legion auf. Ein Jahr
später stießen nach dem gescheiterten Juliputsch weitere Exil-Nazis
zu ihnen. Im Zuge der darauffolgenden Neustrukturierung der
Kader, die in Österreich weiter im Untergrund tätig waren, ging die
Zahl der Beamten und Angestellten im öffentlichen Dienst zurück.
Trotz polizeilicher Überwachung und einer Reihe von Verhaftungen
stieg die Gesamtzahl der Mitglieder weiter an: von 67 000 im Juni
1933 auf 127 000 im Februar 1938. In den Reihen der neu organisierten und sich ausdehnenden Bewegung nahm der Zulauf von Akademikern und Selbstständigen deutlich stärker zu als bislang. Auch

Tabelle 2 Beschäftigungsstruktur der NSDAP, 1923–1933 (in Prozent)

Beruf	Linz 1923–1933	Wien 1926–1933	Österreich 1923–1933	Bayern 1923
Bauern	–	0,8	–	2,0
Privatangestellte	24,7	23,8	26	24
Beamte/Öffentliche Bedienstete	30,8	19,7	9	14,8
Freie Berufe	8,9	8,2	2	8,4
Selbstständige	5,5	11,5	8	3,5
Arbeiter	19,2	21,3	44	27,9
Studenten	2,7	4,9	9	10,7
Bundesheer	6,8	–	2	–
Sonstige	1,4	9,8	–	8,7
(Mitgliederzahl)	(146)	(122)	(167)	(1 126)

Quellen: Botz, *Nationalsozialismus in Wien*, S. 218; Bukey, *Hitler's Hometown*, S. 88.

Tabelle 3 Beschäftigungsstruktur der NSDAP, 1933–1938 (in Prozent)

	Linz Aktivisten 1933–1938	Wien Aktivisten 1933–1938	Wien Parteimitglieder 1938
Bauern	1,4	–	0,4
Angestellte	13,5	19,6	21,5
Beamte/Öffentliche Bedienstete	18,9	18,1	18,9
Freie Berufe	16,2	1,4	4,6
Selbstständige	13,5	7,3	9,2
Arbeiter	28,2	29,0	25,4
Studenten	2,7	2,2	3,5
Bundesheer	4,0	–	–
Sonstige	1,3	22,4	16,5
(N)	(74)	(138)	(260)

Quellen: Botz, *Nationalsozialismus in Wien*, S. 218; Bukey, *Hitler's Hometown*, S. 160.

eine größere Zahl Industriearbeiter schloss sich an, vor allem in Tirol.[7] Regional betrachtet, kletterte die Mitgliederzahl in Kärnten und in der Steiermark rasch weiter nach oben, nahm in Wien und Niederösterreich stetig zu, in Salzburg, Tirol und Vorarlberg hingegen nur leicht. In Oberösterreich waren kaum Erfolge zu verzeichnen – zumindest bis kurz vor dem Anschluss.[8]

Unmittelbar nach der Volksabstimmung vom April ernannte Hitler seinen Wahlkampfchef Josef Bürckel zum Reichskommissar für die Wiedervereinigung Österreichs mit dem Deutschen Reich. Der neue Parteichef nahm die österreichischen NSDAP-Mitglieder unter die Lupe, registrierte sie und bearbeitete die Anträge derjenigen, die behaupteten, sie hätten schon vor dem 11. März 1938 die nationalsozialistische Bewegung unterstützt. In enger Zusammenarbeit mit dem Braunen Haus, der Parteizentrale der NSDAP in München, gaben Bürckels Mitarbeiter in den nächsten acht Monaten 207 095 provisorische, grüne Mitgliedskarten aus. Die Zahl der registrierten Mitglieder stieg sodann von 221 017 im März 1939 auf 693 007 genau vier Jahre später.[9]

Die Listen der Bewegung nach dem Anschluss müssen zwar noch sorgfältig ausgewertet werden, aber Stichproben und Daten aus der Nachkriegszeit lassen darauf schließen, dass sich die Sozialstruktur stark veränderte.[10] Vor dem Anschluss konnte die NSDAP bis zu einem gewissen Grad von sich behaupten, sämtliche Gruppen der österreichischen Gesellschaft zu repräsentieren, nach 1938 stieg jedoch der Anteil der freien Berufe, der Beamten und der städtischen Selbstständigen signifikant an. Zum Teil ist diese strukturelle Veränderung möglicherweise darauf zurückzuführen, dass viele Arbeiterjungen in die Wehrmacht einberufen wurden; wahrscheinlicher ist jedoch, dass die Eliten der Mittelschicht, insbesondere die Beamten und Angestellten im öffentlichen Dienst, die während der Zeit der »Illegalität« Repressionen seitens der Regierung fürchten mussten, nunmehr aus dem Schatten hervortraten und leitende Positionen in den österreichischen Kadern besetzten.[11]

Von 1938 bis 1945 näherte sich die Sozialstruktur der österreichischen NSDAP der Struktur des größeren deutschen Vorbilds an – was in einem zunehmend totalitären Staat auch nicht weiter verwundert (Tabelle 4). Dennoch stammten die Individuen und Gruppen, die in Österreich das Sagen hatten, zu einem höheren Anteil als im Altreich aus der Bürokratie und aus den freien Berufen. Im Altreich hingegen hatten Kleinbauern, Gewerbetreibende und kleinbürgerliche Einzelhändler einen stärkeren, häufig sogar maßgebli-

Tabelle 4   Anteil der NSDAP-Mitglieder an ausgewählten Ausschnitten der österreichischen Gesellschaft, 1933–1941 (in Prozent)

	1933	1938	1941
Studenten	14,2	20,6	47,5
Freie Berufe	14,2	18,0	60,0
Öffentliche Bedienstete	3,9	7,7	38,0
Angestellte	3,2	7,0	28,9
Arbeiter	1,6	3,7	14,6
Selbstständige	1,6	4,8	18,0
Bauern	2,3	5,3	25,7
Anteil der Nationalsozialisten an den Erwerbstätigen	2,3	5,1	21,2
(Gesamtzahl)	(68 400)	(164 300)	(688 300)

Quelle: Botz, »Zwischen Akzeptanz und Distanz«, S. 439.

chen Einfluss auf das Parteileben.[12] Die österreichischen Nationalsozialisten waren gegen antimodernistische Stimmungen keineswegs immun, aber sie distanzierten sich in der Regel von Landsleuten, die davon geträumt hatten, das mittelalterliche Zunftwesen wieder einzuführen, und mehrheitlich den christlichen Ständestaat unterstützt hatten. Die Partei zog auch in der Folgezeit unterschiedliche Bevölkerungsschichten an und integrierte sie, aber sie blieb »in erster Linie eine Bewegung der neuen Mittelschicht [aus Managern, Ingenieuren und Regierungsmitarbeitern] und in zweiter Linie des älteren, nicht agrarischen mittleren Sektors«.[13]

Im Zuge der Registrierung zeigte sich, dass 20,8 Prozent der aktiven Mitglieder vor dem 20. Januar 1933 in die NSDAP eingetreten waren, zwölf Prozent in den sechs Monaten bis zu ihrem Verbot am 19. Juni 1933 und weitere 10,1 Prozent in dem Jahr vor dem Mord an Dollfuß am 25. Juli 1934. In der Zeit nach dem gescheiterten Putsch bis zum Juliabkommen von 1936 hatten sich rund 13 Prozent den Nazis im Untergrund angeschlossen. Danach traten weitere 22,2 Prozent in der Endphase vor dem Anschluss in die Partei ein. Mit anderen Worten, rund 43 000 österreichische Nationalsozialisten konnten von sich behaupten, »Alte Kämpfer« zu sein, die Hitler schon vor seiner Machtübernahme unterstützt hatten. Sie erwarteten jetzt eine Belohnung für ihre Dienste. Gleichzeitig erhob jedoch

eine viel größere Gruppe aus 94 000 bis 121 000 »Illegalen«, von
denen viele als Untergrundkämpfer ihr Leben riskiert hatten, den
alleinigen Anspruch auf die Siegesbeute.[14]

Gewiss holten die Bundesländer im Zuge des Anschlusses gegenüber Wien auf, doch aus Bürckels Mitgliederlisten geht hervor, dass
die Hauptstadt mit 64 919 registrierten Mitgliedern die höchste Zahl
an Parteiaktivisten vorweisen konnte. Die zweithöchste Mitgliederzahl hatte Niederösterreich (57 171), gefolgt von der Steiermark
(37 409) und von Kärnten (30 735). In den übrigen Bundesländern
lagen die Zahlen weit niedriger: Tirol-Vorarlberg 7893, Oberösterreich 6500 und Salzburg 2468. Diese drei machten insgesamt lediglich 8,1 Prozent aller Mitglieder aus. Der renommierte Historiker
Österreichs in der NS-Zeit Radomir Luža mahnt zwar zur Vorsicht
bei der Auswertung dieser Statistiken, doch aus den Zahlen geht eindeutig hervor, dass es regionale Hochburgen gab, die bei dem größeren Ringen um Pfründe und Macht eine wichtige Rolle spielten.[15]

Die internen Splittergruppen

Die österreichische NSDAP, das kann nicht oft genug wiederholt
werden, war stets eine heterogenere und stärker zersplitterte Partei
als ihr deutsches Ebenbild.[16] Sie stritt sich um die Führung, um die
Taktik und um die unmittelbaren Ziele, nur nicht um die Ideologie.[17] In diesem wichtigen Punkt stellten die Parteigenossen in Österreich niemals die Lehren des deutschen Nationalsozialismus in
Frage. Der Nationalsozialismus war die populistische Weltanschauung, für die sie bereit waren, ihr Leben zu opfern. Sie waren Hitler
treu ergeben, glaubten an seinen radikalen deutschen Nationalismus, an die Notwendigkeit, »Lebensraum« zu erobern, und an
den antisemitischen Rassismus. Sie waren antiliberal, antikapitalistisch, antimarxistisch und vor allen Dingen antiklerikal gesinnt. Da
die Menschheit der nationalsozialistischen Rassenlehre zufolge in
höhere und niederere Rassen unterteilt würde, träumten die Nationalsozialisten davon, innerhalb einer »arischen Volksgemeinschaft«
Leistung zu belohnen und Konflikte zu lösen – eine biologistische
Utopie, die sie durch Reinhaltung der Rasse und über militärische
Eroberung erreichen wollten.

Im Gegensatz zu der deutschen NSDAP ging aus der österreichischen Partei nie eine herausragende Persönlichkeit hervor, die imstande gewesen wäre, sie zu vereinen und zu führen. Dafür gab es zahlreiche Gründe, doch schon wegen der Unterwürfigkeit, mit der die Österreicher Hitler (und den Deutschen im Allgemeinen) begegneten, war es äußerst unwahrscheinlich, dass ein österreichischer Gauleiter sich jemals eine größere Basis verschaffen konnte als einer seiner deutschen Rivalen. Als die Partei im Jahr 1933 verboten wurde, flohen NS-Funktionäre entweder aus dem Land oder wurden verhaftet und ins Gefängnis gesteckt oder streng überwacht. Nach dem Debakel des Juliputsches vertieften sich die Gräben innerhalb der Partei, aber paradoxerweise kam es erst nach dem deutsch-österreichischen Juliabkommen von 1936 zur Spaltung in mehrere deutlich zu unterscheidende Splittergruppen, die sich allerdings zum Teil überschnitten. Wegen eines geheimen Zusatzes zu dem Abkommen blieben zwar die Einschränkungen der Regierung gegen die NSDAP im Wesentlichen bestehen, zugleich wurden aber einzelne Repräsentanten der Bewegung aufgefordert, politische Verantwortung zu übernehmen.[18]

Die erste Splittergruppe bildeten die zum Teil im deutschen Exil lebenden Alten Kämpfer aus den Jahren vor 1933, die aufgrund ihrer früheren Dienste und der langen Parteizugehörigkeit einen Ehrenplatz beanspruchten. Die zweite und größte Gruppe war der im Untergrund agitierende Parteiapparat unter Hauptmann Josef Leopold, dem Chef der österreichischen Bewegung von 1935 bis Februar 1938. Der in Niederösterreich beliebte Leopold galt unter seinen Rivalen und beim Ständestaat als eigensinnig und rebellisch. In Wirklichkeit war er längst nicht so radikal, wie er noch heute von Historikern gelegentlich geschildert wird. Er akzeptierte Hitlers »evolutionären« Weg zum Anschluss, wenn auch widerwillig und gegen beträchtlichen Widerstand seitens einiger Hitzköpfe in der Partei. Leopold lehnte den Bombenterror ab und versuchte stattdessen, wie er meinte, ganz im Sinne Berlins mit der Regierung Schuschnigg eine Übereinkunft zu erzielen, die die gesamte österreichische NSDAP legalisiert hätte. Leopold war überzeugt, dass nach einer solchen Einigung freie Wahlen unumgänglich wären und die nationalsozialistische Machtübernahme die logische Folge wäre.

Dass Österreich anschließend von der Landkarte verschwinden würde, damit hatte er offensichtlich nicht gerechnet.[19]

Der Illusion eines autonomen Österreich, das gemeinsam mit einem Großdeutschen Reich oder in ihm Bestand hatte, gaben sich viele Österreicher hin, vor allem aber die Gruppe der »Katholisch-Nationalen« – einem Kreis aus eingefleischten Konservativen, im Wesentlichen Freiberufler und Intellektuelle. Sie hatten sich relativ spät der nationalsozialistischen Bewegung angenähert, betrachteten sich aber nichtsdestotrotz als deren natürliche Elite. Der Anführer dieser kleinen Gruppe war Seyß-Inquart. Ähnlich wie die deutschen Reaktionäre die Weimarer Republik untergraben hatten, trachteten auch die Katholisch-Nationalen danach, zu den Nationalsozialisten »Brücken zu bauen«. Sie hofften, ein Großdeutsches Reich zu errichten, in dem Österreich noch eine gewisse Autonomie eingeräumt würde. Der Militärhistoriker Edmund Glaise von Horstenau etwa betrachtete sich ganz offen als »Partikularist«[20].

Eine dritte, große und amorphe Splittergruppe bildeten die hartgesottenen Aktivisten, die das Juliabkommen ablehnten. Sie betrachteten das Abkommen als einen Verrat an das verhasste »System« und weigerten sich Leopolds Führungsrolle anzuerkennen. Diese Aktivisten setzten vor allem in Wien und in der Steiermark den Terror fort. Ihnen gehörte ein buntes Gemisch aus Asozialen, jungen Arbeitern und Schlägern an. In regelmäßigen Abständen marschierten sie über Plätze und auf den Straßen, schlugen Schaufensterscheiben ein und befolgten lediglich die Befehle der SA-Funktionäre oder Bandenchefs im jeweiligen Viertel. Im Februar und April 1937 rebellierten sie gegen die Parteiführung und verlangten, sämtliche Verhandlungen mit der verhassten Regierung Schuschnigg abzubrechen. Leopold unterdrückte die Aufständischen, verlor dabei aber einen großen Teil seines Ansehens – ein Verlust, der in Berlin sehr wohl registriert wurde.[21]

Die Hauptnutznießer dieser Rivalitäten war ein kleiner Kreis von Kärntner Nationalsozialisten, die klarer als die anderen Gruppierungen erfassten, »was Hitler und von Papen im Sinn hatten, als das Juliabkommen unterzeichnet wurde«[22]. Die beiden außerordentlich intelligenten und skrupellosen Führer des Kreises, Dr. Friedrich Rainer und Odilo Globocnik, beide Anfang dreißig, erkannten, dass

Schuschnigg eine Massenbewegung aus gewalttätigen Rebellen niemals legalisieren würde. Als Vertraute des österreichischen SS-Chefs Ernst Kaltenbrunner, mit dem Rainer in Graz Jura studiert hatte, wurde den beiden klar, dass Hitler in erster Linie Zeit gewinnen wollte. Das bestätigte ihnen Hitler später persönlich. Im Gegensatz zu Leopold und seinen Anhängern beschloss die Kärntner Gruppe, sich den Katholisch-Nationalen anzuschließen, die mit der Regierung in Wien in Verbindung standen. Die Kärntner wollten das Regime infiltrieren, Leopolds Stellung unterminieren und seinen Anhängern die Kontrolle über die Partei entreißen. Sie hatten begriffen, dass der Druck des Deutschen Reiches der Schlüssel zum Erfolg war, nicht die österreichische NSDAP.[23]

Rainer und Seyß-Inquart gelang es in ihren gemeinsamen Bemühungen, Hitler so weit zu bringen, dass er Leopold am 21. Februar 1938 absetzte. Der folgende Aufstand der österreichischen Nationalsozialisten wurde von mehreren verfeindeten Gruppen organisiert. Als Bürckel den Auftrag erhielt, die österreichische NSDAP zu reorganisieren, stand er vor der schweren Aufgabe, die widersprüchlichen Interessen eines halben Dutzends rivalisierender Gruppierungen unter einen Hut zu bringen. Sie alle erhofften sich den Löwenanteil.

Die Verteilung der Macht und der Siegesbeute

Die neuen Herren waren sich einig, dass die Macht und die Posten relativ gleichmäßig aufgeteilt werden sollten. Hitler hatte die Absicht, die Institutionen der österreichischen Bürgergesellschaft abzuschaffen und aus seiner Heimat eine Art Versuchslabor für die spätere Errichtung eines echten Parteistaats zu machen, einer totalitären Ordnung, die dem System in der Sowjetunion nicht unähnlich war. Da die anhaltende Halbautonomie der reichsdeutschen Streitkräfte, sowie des Staatsdienstes, der privaten Industrie und der christlichen Kirchen ihm ein Dorn im Auge war, beschloss Hitler, Österreich als territoriale Einheit aufzulösen, die Bundesländer von Wien zu trennen und die Metropole während einer Übergangsphase unter strenge Aufsicht des Reiches zu stellen. In den sieben Reichsgauen, die aus den ehemaligen Bundesländern gebildet wurden, sollten einheimische österreichische Nationalsozialisten das Kommando übernehmen. Es war durchaus im Sinne Hitlers, dass sie sich bereicherten und auf lokaler Ebene eine fast unumschränkte Macht ausübten. Er bestand aber auch darauf, dass die Streitigkeiten der Splittergruppen auf regionaler Ebene beigelegt wurden.[24] Aufgrund dieser Richtlinien versuchten Bürckel und seine Leute, ein Konzept für eine allgemeine Regelung auszuarbeiten. Die maßgeblichen Vorschläge machte allerdings Personalamtsleiter Christian Opdenhoff, der ranghöchste Personalbeamte der deutschen NSDAP. Opdenhoff zeichnete sich durch ungewöhnliche Tatkraft und hervorragende Menschenkenntnis aus. Er wälzte Akten, verhandelte mit Parteigrößen und unternahm eine Inspektionsreise durch die Ostmark. Unter dem Eindruck des starken Hasses gegen Wien in den Bundesländern sprach er sich für eine völlige Abschaffung der österreichischen Autonomie aus und für die Ernennung der Gauleiter aus den rivalisierenden Gruppen der österreichischen NSDAP. Außerdem riet er zu einem Interessenausgleich zwischen der SA und der SS, obwohl die SS fast alle Trümpfe in der Hand hatte.[25]

Am 23. Mai 1938 rief Hitler Bürckel, Seyß-Inquart und Wilhelm Keppler (seinen Wirtschaftsbeauftragten für Österreich) nach München und teilte ihnen in den Gängen des Braunen Hauses seine Entscheidungen über die künftige Ausgestaltung Österreichs mit. Zum Ersten dehnte er Bürckels Mandat aus und unterstellte praktisch alle Behörden und Ämter in Österreich – auch Kepplers Dienststelle und Seyß-Inquarts Rumpfregierung – der Aufsicht des Reichskommissars. Der Statthalter des Führers musste zwar Weisungen von Göring befolgen und war den Reichsministern unterstellt, schaltete und waltete aber bis zum Ende seiner Amtszeit in fast allen Fragen wie ein Alleinherrscher. Zweitens verringerte Hitler die Zahl der Bundesländer von neun auf sieben, indem er das Burgenland auf die Steiermark und Niederösterreich aufteilte und Vorarlberg und Tirol vereinigte. Außerdem schlug er Osttirol Kärnten zu und machte Wien über die Eingliederung umliegender Ortschaften zur zweitgrößten Stadt im Großdeutschen Reich. Die Bundesländer wurden zwar als Reichsgaue neu organisiert, behielten aber im Wesentlichen ihre territoriale Integrität.[26]

Drittens verkündete Hitler seine Vorstellung, welche Gauleiter künftig Partei und Staat in der Ostmark dominieren sollten. Wie zu erwarten, wurde der Kärntner Gruppe der Löwenanteil der Siegesbeute zugesprochen: Friedrich Rainer erhielt Salzburg, Odilo Globocnik bekam Wien und ihr enger Verbündeter Hubert Klausner übernahm Kärnten. Der ehemalige stellvertretende Gauleiter Dr. Hugo Jury, der sich 1937 von Leopold losgesagt hatte, erhielt Niederdonau. Die übrigen Gaue wurden auf die verschiedenen Gruppierungen aufgeteilt: Der Alte Kämpfer Franz Hofer, der vor 1933 in Tirol das Sagen gehabt hatte, kehrte nach Innsbruck zurück; der SA-Funktionär Siegfried Uiberreither übernahm die Steiermark; und der langjährige, illegale Gauleiter von Oberdonau August Eigruber behielt seinen Posten in Linz.[27]

So unterschiedlich die neuen Parteibonzen waren und so sehr sie sich ihr Revier gegenseitig streitig machten, hatten sie doch vieles gemeinsam. Sie waren allesamt gebürtige Österreicher, mit einer Ausnahme galt das auch für ihre Stellvertreter. Zweitens waren sie mit Ausnahme von Uiberreither alle hochrangige SS-Offiziere, von denen fünf zwischen 30 und 36 Jahre alt waren. Alles in allem zeichneten sie sich durch ihre Führungsqualitäten und ihre Jugend aus. Der langjährige Chef der Partei im Untergrund, Hauptmann Josef Leopold, hingegen ging leer aus.[28]

Die Reaktion der einfachen Parteimitglieder

Was hielten die einfachen Parteimitglieder von diesen Intrigen und Grabenkämpfen? Aus den vorliegenden Quellen lassen sich sehr widersprüchliche Ansichten herauslesen. Von Anfang an zeigte sich eine ambivalente Haltung gegenüber der deutschen Besatzung, ein Gefühl des Sieges wie auch der Niederlage, »eine Mischung aus Neid, Bewunderung und Unterwürfigkeit«[29]. Es gibt Berichte über Frauen, die auf offener Straße vor deutschen Soldaten auf die Knie fielen, über SA-Leute, die vor preußischen Kriegshelden die Hacken zusammenschlugen, und über österreichische Nationalsozialisten, die sich bei Berliner Parteifunktionären einschmeicheln wollten.[30]

Einige machten ihrer Enttäuschung Luft und zeigten ihren verletzten Stolz; viele fühlten sich »wie Eingeborene in einem eroberten Land«[31]. Schon eine Woche nach dem Anschluss berichtete ein ame-

rikanischer Diplomat:»Gerüchte sagen, dass die Ernüchterung der
österreichischen nationalsozialistischen Kreise bald auf dem Fuße
folgte. Die ›Rosinen‹ gehörten den deutschen Parteifreunden.«[32]
Die böse Vorahnung war so stark, dass unter Hitlers Gefolgsleuten
Furcht und Angst um sich griffen. Aber der »Führer« hatte seine
Anhänger nicht vergessen. Indem er die Ostmark einer einheimi-
schen Elite anvertraute, blieb er der »getreue Eckart Österreichs«[33].
Mit anderen Worten, der Anschluss brachte eine »Herrschaft der
Österreicher über die Österreicher«[34] mit sich.

Zugleich verfolgte Hitler eine zweigleisige Politik, mit der er die
Parteigenossen zweifellos verärgerte. Indem er die österreichischen
Reichsgaue gegenüber Wien bevorzugte, brüskierte er bewusst die
NSDAP in der Hauptstadt und brachte die Wiener Nationalsozialisten gegen sich auf. Mit dem Entschluss, sämtliche Überreste einer
österreichischen Autonomie zu beseitigen, reizte Hitler diejenigen,
die Seyß-Inquart gefolgt waren oder sich den Anschluss als eine
Form der Selbstherrschaft gedacht hatten. Selbst Rainer und Globocnik waren über den Lauf der Dinge »zutiefst schockiert«[35].
Zudem führte Reichskommissar Bürckel Hitlers Befehle mit einer
»skrupellosen Härte« aus, besetzte Schlüsselpositionen mit Kameraden aus der Saarpfalz und verbannte seine Rivalen auf Schreibtisch-
posten außerhalb des Landes. Die populistische Art des Reichskommissars mochte sein Ansehen bei der allgemeinen Bevölkerung
gesteigert haben, mit seinen Angriffen in der Presse und auf Kundgebungen gegen nationalsozialistische Amtsanwärter machte er sich
bei den Betroffenen jedoch nicht gerade beliebt. Auch mit der
Abstellung von 113 deutschen Kreisleitern, die den einheimischen
Kadern unter die Arme greifen sollten, machte er sich keine
Freunde.[36]

Bürckel war aber nicht der einzige deutsche Parteifunktionär, der
die Österreicher kränkte. Selbst Hermann Göring, der in der Ostmark sehr bewundert wurde, konnte nicht der Versuchung wider-
stehen, seinen Anhängern leitende Posten zu verschaffen. Dabei
erklärte er mit donnernder Stimme vor 20 000 Wiener Nationalsozialisten, diese sollten »nun nicht etwa glauben, dass wir aus dem
Reich gekommen sind, um euch alle Arbeit abzunehmen oder für
euch den Tisch zu decken!«[37] Noch mehr Verachtung sprach aus

einem Leitartikel im *Schwarzen Korps,* dem offiziellen Organ der SS, in dem es hieß: »Bald wird hinter jedem tätigen und untätigen Österreicher ein Preuße stehen und er wird mit bitter treffendem Tadel nicht sparen, wenn es irgendwo happert.«[38]

Augenzeugen, enttäuschte Nationalsozialisten und Nachkriegshistoriker haben derartige Äußerungen hochgespielt und als Beispiele für die »vollständige Germanisierung« Österreichs angeführt, wie der amerikanische Geschäftsträger in Wien meldete.[39] Da der Eindruck entstand, die Reichsdeutschen hätten die höchsten Ämter im Land inne, folgte eine Welle der Desillusionierung und Frustration. »Infolgedessen war es den Deutschen bis zum Herbst 1938 gelungen«, schreibt ein Autor, »sich praktisch jede soziale und politische Gruppe in Österreich zu entfremden.«[40] Eine genauere Analyse der Quellen zeigt, dass gerade die österreichischen Nationalsozialisten am stärksten enttäuscht waren.[41]

Bürckels gebieterisches Auftreten war ganz offensichtlich der Hauptgrund für ihre Empörung. Sein Auftrag, sämtliche Reste eines österreichischen Sonderweges zu beseitigen, bereitete ihm sichtliches Vergnügen. Einen Großteil der Dreckarbeit überließ der Reichskommissar der Rumpfregierung unter Seyß-Inquart, hielt sich aber zugleich bis auf eine kleine Gruppe deutscher Mitarbeiter alle vom Leib, überging mehrmals die Kärntner und traf die meisten wichtigen Entscheidungen allein.[42] In einem vertraulichen Bericht äußerte Christian Opdenhoff Verständnis für die Verärgerung der österreichischen Nationalsozialisten.[43]

Der überwältigende Sieg der Kärntner Gruppe in dem internen Machtkampf schaffte ebenfalls böses Blut. Dieser Triumph bedeutete zugleich Niederlage und Enttäuschung für Tausende von Leopolds Anhängern, von denen die meisten Rainer und Globocnik für Usurpatoren hielten. Der nationalsozialistische Aufstand, der dem Anschluss vorausgegangen ist, hat sich nicht nur gegen das Schuschnigg-Regime, sondern auch gegen die beiden gerichtet.[44] Gewiss ist es nicht möglich, die Empfindungen der randalierenden Massen in jenen Tagen zu rekonstruieren, aber Bürckels Schwierigkeiten nach dem deutschen Einmarsch, die Partei zur Ordnung zu rufen, werfen ein Licht auf die ausbrechende Wut einer »enteigneten Klasse, die ihre Rechte fordert und diese unter den Bedingungen sinnloser

Gewalt, bei all dem Morden, Plündern und Unterdrücken, in Gefahr sieht«[45]. Auf der anderen Seite glaubten viele jubelnde Braunhemden, dass Leopold jetzt wieder an die Macht kommen oder endlich seinen Anteil an der Beute erhalten würde.

In einem Punkt waren sich fast alle Illegalen einig: Die Exil-Nazis, die in Deutschland lebten, vor allem die Mitglieder der Österreichischen Legion, hatten kein Anrecht auf Belohnung.[46] Ein Salzburger Funktionär erklärte ganz offen:»Während andere in das Reich flohen und dort 1933 und 1934 einträgliche Posten bekamen, wanderten die heutigen Führer des Gaus ins Gefängnis und mussten dort Monate oder Jahre lang schmachten.«[47] Als in Tirol Franz Hofer den amtierenden Gauleiter ablöste, kam es zu starken Unruhen. Hofer hatte vor 1933 den Gau geführt und lebte zur Zeit des Anschlusses in Berlin. Eine Delegation aus Tiroler Kreisleitern reiste eigens nach Wien, um Beschwerde einzulegen, allerdings vergeblich. Die meisten Alten Kämpfer, darunter 2000 ehemalige Führungskräfte, blieben entweder im Altreich oder erhielten nach ihrer Rückkehr unbedeutende Posten. Hofer war die einzige Ausnahme.[48]

Den 8000 Mitgliedern der Österreichischen Legion spielten die neuen Machthaber besonders übel mit. Ihrer Formation, einer paramilitärischen Organisation der nach Deutschland geflohenen Nazis, wurde es nicht gestattet, an Hitlers Einmarsch oder an der Volksabstimmung teilzunehmen. Bürckel, Seyß-Inquart und Himmler hatten gemeinsam die Legion ausgeschlossen, erst am 2. April wurde ihr eine Parade in Wien gestattet. Selbst dann stieß Bürckel ihre Offiziere und Soldaten vor den Kopf, als er ihnen keinen weiteren Anteil an dem nationalsozialistischen Erfolg zugestand. Zwei Wochen später ordnete das Regime eine allgemeine Demobilisierung an, beendete sämtliche Zahlungen und entließ die meisten Offiziere. Viele Legionäre kehrten nach Deutschland zurück. Wer in Österreich blieb, war arbeitslos oder musste sich mit schlecht bezahlten Jobs zufrieden geben. Ende Juli gingen über 1000 ehemalige Legionäre stempeln.[49]

Aber nicht allen Legionären erging es so schlecht. In Kärnten gelang es der Gauleitung, den meisten ehemaligen Emigranten Arbeitsplätze zu verschaffen, wenn auch meist als Hilfsarbeiter oder Wächter. Wenige schafften später sogar den Aufstieg im Parteiapparat.[50] Für die Mehrzahl der Exil-Nazis brachte der Anschluss jedoch eine bittere Enttäuschung: die Zerschlagung ihrer Träume von Macht, Ruhm und gesellschaftlichem Aufstieg. Sie stießen nicht nur auf den Widerstand der Machthaber, sie mussten außerdem entdecken, dass für eine Generation von Halbgebildeten kein Platz war an der Spitze einer Gesellschaft im Umbruch. Nach den vorliegenden Quellen fügten sich die meisten Alten Kämpfer mürrisch in ihr Schicksal. Einige schrieben (unbeantwortete) Briefe an Bürckel; andere ertränkten ihren Kummer im Alkohol. Eine Hand voll, unter anderem Alfred Proksch, der Chef der österreichischen NSDAP von 1928 bis 1931, erhielten einträgliche Pfründe.[51] Kein Einziger machte dem Regime irgendwelche Schwierigkeiten. Ein entsetzter Legionär beobachtete bei seiner Rückkehr nach Vorarlberg: »Vom Nationalsozialismus und seinen Zielen ist überhaupt keine Ahnung vorhanden.«[52]

Die Katholisch-Nationalen sahen sich ebenfalls kaltgestellt – obschon warm angezogen. Nachdem Hitler das Anschlussgesetz unterzeichnet und Österreich zu einem »Land des deutschen Reiches« gemacht hatte, drängte Seyß-Inquart ihn, Österreich ein gewisses Maß an Autonomie zu erhalten. Hitler ernannte Seyß-Inquart daraufhin am 15. März zum Reichsstatthalter und Chef der österreichischen Landesregierung. Die doppelte Ernennung schien Seyß-Inquarts Bitte zu entsprechen, doch es handelte sich um rein repräsentative Posten.[53] In den kommenden Wochen warben Seyß-Inquart, die Mitglieder seines Kabinetts und andere bekannte Katholisch-Nationale voller Eifer für das Großdeutsche Reich. Sie hatten sich vermutlich leitende Positionen in der neuen Staatsordnung erhofft, aber schon bald holte sie die Realität ein. Nach wenigen Tagen erkannte Edmund Glaise von Horstenau, Seyß-Inquarts eitler und snobistischer Vizekanzler, dass Bürckel und die Kärntner Gruppe das Sagen hatten. Erschreckt über ihre lärmenden Festzüge und die plumpe Protzerei, stellt er fest: »Ich lernte nämlich mit einem Male erkennen, wie wenig ich gegenüber den ›Alten Kämpfern‹ galt und sah mich überall zurückgedrängt.«[54]

Wenige Wochen später wurde auch Seyß-Inquart klar, dass er möglicherweise schon bald seinen Posten verlieren würde. Nachdem Hitler am 23. April Bürckel zum Reichskommissar ernannt hatte,

wurde Seyß-Inquart zum Befehlsempfänger degradiert und hatte
lediglich die Maßnahmen zur Eingliederung Österreichs in das
Großdeutsche Reich auszuführen. Am 23. Mai wurde seine österreichische Landesregierung, wie gesagt, in eine Marionettenregierung
auf Abruf umgewandelt. Hitlers Entscheidung, Österreich in seine
Reichsgaue aufzulösen, schockierte Seyß-Inquart, aber sein Versprechen, ihn in sein Kabinett in Berlin zu rufen, tröstete Seyß-Inquart
ein wenig.[55]

In der Annahme, dass ihm die Bildung eines »österreichischen
Ministeriums« aufgetragen worden sei, entwarf Seyß-Inquart verschiedene Pläne, Wien zu einem wirtschaftlichen und kulturellen
Zentrum auszubauen, von dem aus der deutsche Einfluss auf dem
Balkan gestärkt werden sollte. Er träumte gar von einer »Österreichi-
sierung« Deutschlands, dabei schwebte ihm vermutlich die deutsche
Lebensart gewürzt mit einer Prise Wiener Charme vor.[56] Da Hitler ja
von einer besonderen Mission für die Ostmark gesprochen hatte,
schien die Erfüllung der katholisch-nationalen Träume unmittelbar
bevorzustehen. Seyß-Inquart hatte mit Sicherheit keine Tränen in
den Augen, als er erklärte: »Wir Österreicher trauern der niemals
gewünschten Souveränität dieses Landes nicht nach, denn für uns
ist dieses Land immer ein Bestandteil des deutschen Volkes gewesen.«[57]

Im Laufe des folgenden Jahres stritt sich Seyß-Inquart fortwährend mit Bürckel um Kompetenzfragen; am Ende räumte er dem
Reichskommissar das Feld und trat am 1. Mai 1939, als die Wiedervereinigung offiziell abgeschlossen war, einen Kabinettsposten in
Berlin an. Die meisten prominenten Katholisch-Nationalen und
Deutschnationalen erwartete Ähnliches: Einige wurden auf Posten
außerhalb des Landes versetzt oder traten wieder in den Militärdienst ein, und nur wenigen gelang es, sich einen Sitz im Großdeutschen Reichstag zu sichern.[58] Dem deutschnationalen Veteran Franz
Langoth, einem oberösterreichischen Politiker, von dem Hitler sehr
viel hielt, wurden gleich mehrere Posten angetragen: Leiter der
nationalsozialistischen Wohlfahrtsorganisation, Kommandant des
Konzentrationslagers Sachsenhausen (was er ablehnte) und später
Oberbürgermeister von Linz.[59] Kurz gesagt, für ihre Dienste bei der
Untergrabung der österreichischen Unabhängigkeit erhielten die

angesehenen Mitglieder der Nationalen Opposition einen »goldenen Händedruck«.

Es ist nicht nötig, die Haltungen dieser Männer ausführlich zu erörtern. Sie bildeten eine privilegierte Gruppe, die den Anschluss freudig begrüßte, aber bestimmte Aspekte missbilligte. Ein typischer Repräsentant war Glaise-Horstenau, der Vizekanzler der provisorischen österreichischen Regierung und spätere Bevollmächtigte General in Kroatien. Wie die meisten Österreicher hatte Glaise-Horstenau einen heillosen Respekt vor Hitler. Er freute sich stets über Einladungen zum Abendessen beim »Führer« und über die Gelegenheit zum Plaudern, verachtete aber dessen Umgebung. Die österreichischen Gauleiter verabscheute er noch stärker. Globocnik war in seinen Augen ein »Gangster«, Eigruber ein »Arbeiter« und Hofer ein »höchst zweifelhafter Mann«, Uiberreither nannte er »ekelhaft«. Der Anblick der Nazibosse auf den vornehmsten Logenplätzen der Wiener Staatsoper war ihm zuwider, auch wenn er es nicht lassen konnte, einen schmachtenden Blick auf ihre prächtig herausgeputzten Frauen und Mätressen zu werfen.[60]

In Anbetracht seiner »partikularistischen« Haltung verwundert es nicht, dass Glaise-Horstenau Seyß-Inquart Vorwürfe machte, weil er die »österreichische Sache« nicht energisch genug verteidigt habe, vor allem gegen den »Proleten« Bürckel. Der ehemalige Generalstabsoffizier der Habsburgermonarchie bekundete sogar Sympathie für die Leopold-Fraktion. Über die angebliche Prussifizierung des österreichischen Staatsdienstes regte er sich jedoch am meisten auf.[61] Mit der Behauptung, die Ostmark sei von den Reichsdeutschen überrannt worden, traf Glaise-Horstenau einen Unmut, der sich rasch in Wiener Kreisen ausbreitete.

Unzählige Parteianhänger waren über Hitlers politische Entscheidungen vom 23. Mai 1938 enttäuscht. Tausende von Illegalen, die Leopold die Treue hielten, waren über den Triumph der Kärntner Gruppe ohnehin bereits verärgert und fühlten sich nunmehr vollends betrogen. Schon vor Hitlers Rede auf dem Heldenplatz hatten sie sich über die Weigerung der provisorischen Regierung gewundert, den österreichischen Staatsdienst zu säubern.[62] Viele setzten ihre »wilde Arisierung« fort und konfiszierten 7000 jüdische Firmen und zahllose Wohnungen. Als es Bürckel endlich gelang, die Ordnung wiederherzustellen, hatten mindestens 25 000 Nationalsozialisten als »wilde Kommissare« die Leitung von jüdischen Geschäften übernommen. Die österreichische Landesregierung richtete infolgedessen eine Stelle für die Regulierung jüdischen Besitzes ein. Die so genannte Vermögensverkehrsstelle sollte die Zahl der »wilden Kommissare« begrenzen und dafür sorgen, dass die jüdischen Vermögen in die Staatskasse flossen.[63]

Die Ankündigung dieser Veränderungen wurde von den Kadern in den Reichsgauen begrüßt, verärgerte hingegen die Wiener NSDAP. In seinen Berichten an das Foreign Office in Whitehall schilderte der britische Generalkonsul ihre Desillusionierung, nahm jedoch die jüngere Generation der Universitätsabsolventen ausdrücklich aus, vor allem »Ärzte und Anwälte, [die] sich mit ganzer Seele in der Bewegung engagiert haben und jetzt reiche Ernte halten, weil der Jude aus dem Berufsleben ausgeschlossen wird«. Andere, weniger gebildete oder konservativere Gruppen schienen außerstande, sich an den raschen Wandel anzupassen, und brachten eine »österreichische Abneigung gegen die ›preußischen Methoden‹« zum Ausdruck. Er fügte hinzu: »Es stimmt aber, dass die einheimischen Nationalsozialisten zu einer gewissenhaften Verwaltungstätigkeit völlig unfähig sind.«[64]

Ein irritierter deutscher Beamter schätzte die Situation ganz anders ein. Er beklagte sich, dass die illegalen Kämpfer entweder »hoch besoldete Posten beanspruchen« würden, für die sie nicht qualifiziert wären, während die Anwärter mit Schulbildung oder Doktortitel »am liebsten Wachdienste, Ordonnanzdienste oder Postverteilungsdienst machen wollen«. Auch wenn die Leistung selten den Anforderungen an den Posten entspreche, »entwickelt sich bei vielen der Größenwahn«.[65]

Die Enttäuschung der Wiener Nationalsozialisten, das darf hier nicht vergessen werden, ging mit einer allgemeinen Ernüchterung einher, die vergleichbar ist mit der Ernüchterung, die in Hannover 1866 auf den Sieg im Deutschen Krieg und in Ostdeutschland auf den Fall der Mauer 1989 folgte. In allen drei Fällen hatten die allgemeinen Erwartungen die offiziellen Versprechungen weit übertroffen, vor allem in wirtschaftlicher Hinsicht. Die nach dem Anschluss durchgeführten Veränderungen trugen zwar rasch erste Früchte:

Die Arbeitslosigkeit wurde beseitigt, und ein außerordentlich starkes Wirtschaftswachstum setzte ein. Aber es setzte zugleich eine schmerzliche Neuordnung ein, die von einer Krise in der Landwirtschaft, von neuen Steuern und von emporschnellenden Lebenshaltungskosten geprägt war. Anfang Juni protestierten Wiener Hausfrauen gegen den Mangel an frischem Obst, Gemüse, Eiern und Fleisch. Ihre Demonstrationen waren im Wesentlichen spontane Ausbrüche der Unzufriedenheit, in einigen Fällen riefen jedoch feindselige Sprechchöre und Wandschmierereien die Polizei auf den Plan.[66]

Zu der im Sommer 1938 in Wien aufkommenden Unzufriedenheit kam noch ein allgemeines Chaos hinzu: Marodierende NS-Rollkommandos verübten eine Unzahl von Gewalttaten. Die Banden gingen in jüdischen Vierteln so brutal vor und plünderten so ungeniert, dass Bürckel SS-Patrouillen anordnete, um die Ordnung wiederherzustellen. Diese Patrouillen sollten natürlich nicht die Juden schützen, sondern den bereits konfiszierten Besitz den braunen Schlägern abnehmen und der »wilden Arisierung« ein Ende bereiten. Außerdem ließ es sich nicht vermeiden, gegen SA-Banden hart durchzugreifen und den städtischen Parteiapparat zu disziplinieren.[67] Aus den vorliegenden Quellen geht hervor, dass die Mehrheit der Personen, die von April bis Juli 1938 von der Gestapo in Gewahrsam genommen wurde, Wiener Nationalsozialisten waren. Tatsächlich waren ein Fünftel aller Inhaftierter in den ersten neun Monaten nach dem Anschluss Parteiaktivisten.[68]

Das Elend der Wiener NSDAP

Am 19. August 1938 schrieb Donald St. Clair Gainer, der britische Generalkonsul in Wien, seinen wöchentlichen Bericht für Whitehall. In seinem glänzenden Stil schilderte er das Gefühl der Entfremdung, das in der Hauptstadt überwog und das, wie er meinte, durch eine Kriegsangst, durch die Einmischung in kirchliche Angelegenheiten und durch die zunehmende Reglementierung des Wirtschaftslebens verstärkt wurde. Am Ende seines Berichts zog er folgenden Schluss: »In Österreich herrscht eine kleine privilegierte Clique von Nationalsozialisten, von denen die meisten relativ unbekannt sind und

eine seltsame Vorgeschichte haben. Anscheinend sind sie gar keine
Österreicher. Diese Leute bekommt man selten zu Gesicht, sie gehen
Ausländern aus dem Weg und sind sehr schwer zu erreichen, haben
aber großen Einfluss.«[69]

Mit diesem Hinweis auf die sich festigende Macht der Kärntner
Gruppe legte St. Clair Gainer den Finger auf die Wunde, die fast
alle Wiener Parteimitglieder am ärgsten schmerzte. Auf dem Feld
der Kaderpolitik waren ihre Klagen durchaus berechtigt. Jahrelang
hatten sie sich intern so heftig gestritten, dass Hitler mehrmals ein-
geschritten war, um Ordnung zu wahren.[70] Im Jahr 1938 war die
Stellung der Wiener NSDAP so schwach, dass trotz der großen Mitgliederzahl kein ortsansässiger Leiter imstande gewesen wäre, das
Heft in die Hand zu nehmen. Am Abend des 11. März gelang es
SA-Führer Franz Lahr, als Oberbürgermeister in das Rathaus einzuziehen, aber schon 48 Stunden später wurde er von Hermann Neubacher, einem Gefolgsmann Seyß-Inquarts, abgesetzt. Einige Tage
danach feierte der ins Exil geflohene Gauleiter Alfred Frauenfeld,
der bei den treuen Parteigenossen beliebt war, eine triumphale
Rückkehr, wurde aber schon bald wieder aus der Stadt verjagt. In
diesem Moment stand die Partei vor dem dringenden Problem,
einen Gauleiter zu finden, den Hitler *und* seine Wiener Gefolgsleute
akzeptierten. Im Grunde wurde dieses Problem nie zufrieden stel-
lend gelöst.[71]

Christian Opdenhoff, der Mann mit der größten Erfahrung in
Personalfragen, beurteilte mit dem ihm eigenen Scharfsinn die ver-
schiedenen Kandidaten. Da Hitler die Absicht hatte, Wien zu einer
Landeshauptstadt zu degradieren und seine Funktion als Zentrum
der österreichischen Kultur und Identität aufzuheben, sprach sich
Opdenhoff dafür aus, eine Persönlichkeit auszuwählen, die den Wil-
len des »Führers« durchsetzen konnte, ohne sich die Wiener zum
Feind zu machen, schon gar nicht die Parteimitglieder. Da der neue
Reichsgau zudem vergrößert und Wien zur zweitgrößten Stadt des
Großdeutschen Reiches wurde, war Opdenhoff sich darüber im Kla-
ren, dass der Gauleiter unweigerlich über eine große Macht verfügte.
Das Gefühl, etwas Besseres zu sein, das Hitler und seine Mannen
eigentlich bekämpfen wollten, wurde dadurch wiederum erhalten.[72]

Opdenhoff hielt Frauenfeld für den besten österreichischen Kandidaten, dachte aber, dass ein Reichsdeutscher sich möglicherweise für den Posten noch besser eigne. Der Reichsamtsleiter nominierte Albert Forster, den Gauleiter von Danzig.[73] Obwohl Danzig eine Freie Stadt unter dem Schutz des Völkerbundes war, wurde es von einer nationalsozialistischen Regierung verwaltet. Aus diesem Grund hätte Forster seine Pflichten gemäß Hitlers Befehlen ausüben können und die Fiktion einer Selbstherrschaft aufrechterhalten. Aber Bürckel hatte andere Pläne. Der Reichskommissar wünschte sich einen Mann, der so stark war, dass er Seyß-Inquart in die Schranken weisen konnte, zugleich aber so gefügig, dass Bürckel ihn nicht zu fürchten hatte. Als Odilo Globocnik sich selbst ins Spiel brachte, ergriff Bürckel die Gelegenheit beim Schopf.[74] Am 23. Mai ernannte Hitler den Kärntner Abenteurer zum Gauleiter von Großwien – ein katastrophaler Fehler.

Dem korrupten, 34-jährigen Globocnik fehlte es an der nötigen Geduld und Erfahrung, um die Parteiorganisation der Metropole zu leiten. Er sah keinen Anlass, die Mitglieder zu besänftigen. Wie so viele andere Nationalsozialisten aus den Reichsgauen (selbst Hitler) verabscheute er die Wiener. In Wirklichkeit machte er kein Hehl aus seiner Verachtung und erklärte vor 2200 städtischen Parteifunktionären, die im Sitzungssaal des Rathauses versammelt waren: »Es gibt nur eine zentrale politische Führung des deutschen Volkes und daher ist es lebensnotwendig, die zweite politische Zentrale, die einst Wien verkörperte, restlos und für alle Zeiten zu zerschlagen.«[75] Wie um diese Aussage noch zu unterstreichen, überging Globocnik regelmäßig die Parteiorganisation und verteilte die besten Posten an reichsdeutsche SS-Offiziere oder an Kärntner Kumpanen.[76]

Von Anfang an begegneten die Parteigenossen dem neuen Gauleiter mit einer starken Feindseligkeit. Nach wenigen Wochen entdeckten Rechnungsprüfer, dass Globocnik aus dem Parteivermögen die eigenen Taschen füllte. Außerdem kursierte das Gerücht, dass er gegen die Zahlung eines Schmiergelds die Unterlagen über die Parteimitgliedschaft änderte, um nicht zu sagen fälschte. Da viele Aktivisten ohnehin über die Erhebung von Mitgliedsbeiträgen verärgert waren[77], musste jedes Gerede über Korruption sie noch mehr in Rage bringen. Im Herbst brachte sogar Bürckel seine Besorgnis zum Ausdruck. Am 25. Oktober begleitete er Hitler durch das

Kunsthistorische Museum und die Hofburg. Ganz unverblümt verlangte er die Entlassung Globocniks. Hitler hörte Bürckel aufmerksam zu, lehnte aber seinen Vorschlag ab und erklärte, er werde einen
Gauleiter nur im äußersten Notfall absetzen.[78]

Auch wenn die Quellen hier keine eindeutigen Schlüsse zulassen,
war Bürckel durchaus offen für die Klagen der Wiener NSDAP.[79] Er
war selbst ein Alter Kämpfer und erkannte die Notwendigkeit, eine
in der Stadt verwurzelte, schlagkräftige Bewegung zu schaffen. Er
wusste mit Sicherheit, wie verhasst jene deutschen Kreisleiter waren,
die als Berater befristet in die Ostmark versetzt worden waren und
jetzt die meiste Zeit in den Büros herumlungerten oder mit Innen-
architekten über die Ausgestaltung ihrer Wohnung sprachen. Es war
gewiss kein Zufall, dass sie fast ausnahmslos am 1. August wieder
nach Hause geschickt wurden. Bürckel achtete auch darauf, dass
mit einer Ausnahme nur gebürtige Österreicher ständige Posten als
Kreisleiter in der Wiener Gauleitung erhielten. Außerdem wies er
private Unternehmen und Fabriken an, bei der Einstellung und
Beförderung die ortsansässigen Nationalsozialisten zu bevorzugen.
Auf die Zusammensetzung des Wiener Stadtrates hatte der Reichskommissar jedoch anfangs wenig Einfluss. Hier erhielt jede Splittergruppe ein angemessenes Stück vom Kuchen: Das Amt des Oberbür-
germeisters ging an die Fraktion Seyß-Inquarts, die traditionell drei
Posten für die Vizebürgermeister fielen je einem Vertreter des Partei-
apparats, der SA und der SS zu.[80]

Was immer der Reichskommissar beabsichtigt haben mochte, die
meisten Wiener, ob Parteimitglied oder nicht, ärgerte seine selbst-
herrliche Art und sein ungehobeltes Verhalten. Bürckel ernannte
fast ausschließlich gebürtige Österreicher, aber weil er weiterhin auf
seine allgegenwärtigen Kameraden aus der Saarpfalz hörte, festigte
er die Vorstellung, die Ostmark werde von Reichsdeutschen domi-
niert. Die Verlierer des internen Machtkampfes konnten deshalb
behaupten, dass Österreich ein »besetztes« Land geworden sei. Diese
Anklage mochte zwar rein technisch der Realität entsprechen, gab
aber die tatsächliche Aufteilung der Siegesbeute nur unzureichend
wieder. Diese Unterstellung war jedoch nicht allein auf eine falsche
Wahrnehmung der Fakten zurückzuführen. Den Vorwurf der
Fremdherrschaft lancierten Seyß-Inquart und Glaise-Horstenau

gezielt. Diese Fiktion stieß auf so breite Akzeptanz, dass sie später von Politikern der Zweiten Österreichischen Republik noch aufgegriffen wurde.[81]

Gewiss, in Anbetracht der deutschen Führungskräfte in der Polizei, im Staatsdienst und in der Industrie, die ins Land kamen – von dem Touristenstrom ganz zu schweigen –, hatte der Vorwurf eine gewisse Berechtigung. Die absolute Zahl an Berliner Regierungsmitarbeitern in Österreich blieb zwar relativ klein, aber die Tatsache, dass dem Land preußische Disziplin oktroyiert wurde, trug ebenfalls zur Entfremdung des NS-Regimes bei.[82] Die einfachen Parteimitglieder, vor allem die in Wien, ärgerten sich jedoch am meisten darüber, dass sie weiter von den Machtpositionen ausgeschlossen wurden, die ihnen ihrer Ansicht nach zustanden. Die haushohe Überlegenheit Bürckels und Globocniks streute ständig neues Salz in diese Wunde. Ebenso schmerzten die Entscheidung des Regimes, die österreichischen Beamten im Amt zu lassen, und das Vorgehen der Gestapo gegen die (noch) nicht genehmigte Plünderung jüdischen Besitzes.

Wenn die Wiener Parteimitglieder gewusst hätten – was einige von ihnen sicher ahnten –, dass Beamte des christlichen Ständestaates nach wie vor die Polizei unter sich hatten und sogar die Dienststelle der Gestapo übernahmen, hätte sich ihr Zorn womöglich in einem Aufruhr entladen. Der Wiener Polizeipräsident Dr. Otto Steinhäusl hatte sich heimlich mit zwei hohen österreichischen SS-Führern, Fridolin Glass und Josef Fitzthum, darauf geeinigt, dass die bestehende Machtstruktur der österreichischen Polizei beibehalten werde. Diese klandestine Absprache zählt zu den am besten gehüteten Geheimnissen des Dritten Reichs. Die drei wollten einer umfassenden Reorganisation zuvorkommen, die auch ihre Stellung gefährdet hätte, und überredeten den Chef der deutschen Ordnungspolizei, Kurt Daluege, auf eine Säuberung zu verzichten. Sie behaupteten, die meisten Kriminalbeamten, Verkehrspolizisten und sogar Polizeistreifen seien illegale NS-Aktivisten gewesen. Daluege traute ihnen zwar nicht, willigte aber ein, eine Prüfung der Fakten abzuwarten. Eilig wurden Dokumente angefertigt, unter anderem rückdatierte Mitgliedsausweise, gefälschte Dossiers, manipulierte Berichte, und eine Unzahl anderer nachgemachter Papiere erstellt.

Bis zum September 1938 waren fast 1000 Polizisten »amtlich ausgewiesene« illegale Kämpfer, von denen 700 SS-Mitglieder waren. Zur gleichen Zeit wechselten viele hochrangige Polizeibeamte in das Gestapo-Hauptquartier, besetzten dort einflussreiche Posten und verdrängten später ihre deutschen Kollegen.[83]

Wie viele Wiener Nationalsozialisten von dieser fingierten Metamorphose der Wiener Polizei wussten, lässt sich nicht ermitteln, aber eine Reihe von Aktivisten dürfte ihre ehemaligen Peiniger wieder erkannt haben: Polizisten des verhassten Schuschnigg-Regimes, die jetzt Haftbefehle der Gestapo aus der Tasche zogen oder schwarze SS-Uniformen trugen. Hitlers Gefolgsleute in der Stadt hatten, wie gesagt, viele Gründe, sich betrogen und im Stich gelassen zu fühlen. In den Sommermonaten war ihre Wut mal mehr, mal weniger stark zu spüren, im September bezeichnete der britische Generalkonsul jedoch die allgemeine Stimmung als »entsetzlich«. »Selbst Leute, die berechtigt sind, das Parteiabzeichen zu tragen, verspüren ein starkes Gefühl des Abscheus«, betonte er.[84] Diese Ansicht wurde auch von der Gestapo geteilt, deren Agenten mehr abtrünnige Nationalsozialisten verhafteten als zuvor. Die Anklagen reichten von der Zugehörigkeit zu Otto Strassers Schwarzer Front bis hin zur Führerbeleidigung.[85]

Die aufgestaute Wut der Wiener Parteimitglieder, die sich im Spätsommer von 1938 entlud, darf nicht als ein isoliertes Phänomen angesehen werden. Auch wenn sich die Empörung »im Wesentlichen auf die Parteikader beschränkte«,[86] hatte sie doch starken Einfluss auf die Haltung der allgemeinen Bevölkerung. Gewiss wäre es übereilt und geradezu widersinnig, die Wiener Nationalsozialisten als Gründer der viel beschworenen (und überbewerteten) österreichischen Widerstandsbewegung auszugeben. Es besteht aber kein Zweifel, dass ihre Desillusionierung die Basis für die antideutsche Stimmung bildete, die sich während der NS-Zeit in der Donaumetropole verbreitete. Geschürt von der wirtschaftlichen Notlage, der traditionellen Wiener Fremdenfeindlichkeit und dem arroganten, häufig taktlosen Auftreten einer Hand voll reichsdeutscher Funktionäre griff die Antipathie gegen die »Piefkes« alsbald von den einfachen Parteimitgliedern und ihren Familien auf alle Schichten der Gesellschaft über. In der Folgezeit wurden die Deutschen aus dem Reich bereits 1939 »unter jedem Vorwand geärgert und gepiesackt«, wie die Gestapo registrierte.[87]

Die gereizte Stimmung fiel zusammen mit der Sudetenkrise und der zunehmend kriegerischen Haltung des Regimes. In der damaligen explosiven Atmosphäre bildeten die Zornigen und ihre Mitläufer den idealen Mob, der auf Hitlers Feinde gehetzt werden konnte, vor allem auf die Kirche und die Juden. Wie wir sehen werden, waren die antikatholischen Krawalle, die am 8. Oktober in Wien ausbrachen, weit schlimmer als alle vergleichbaren Aufstände im Großdeutschen Reich. Das gilt auch für das Wüten in der so genannten Reichskristallnacht einen Monat später. Zumindest in dieser Hinsicht dürfte Hitler mit dem Hexenkessel, der immer noch in Wien brodelte, rundum zufrieden gewesen sein.[88]

Parteimeinung in den Reichsgauen

Genau wie ihr »Führer« genossen die Nationalsozialisten in den österreichischen Reichsgauen ihren Triumph über Wien und die Wiener. Für sie bedeutete der Anschluss weit mehr als die unvermutete Freisetzung eines Stammeszugehörigkeitsgefühls oder die verspätete Verwirklichung von Woodrow Wilsons Versprechen der nationalen Selbstbestimmung. Sie hatten jetzt auch die Gelegenheit, den Wasserkopf an der Donau zur Ader zu lassen, den parasitären Staatsapparat zu entmachten, mit einer »jüdisch verseuchten« Metropole und mit den »großkopferten« Wienern abzurechnen, die ihre herablassende Art gegenüber Außenstehenden nicht ablegen konnten, schon gar nicht gegenüber ihren Landsleuten aus den Städten und Kleinstädten Österreichs.

Hitlers Entscheidung, Wien von seinen Bundesländern loszulösen, wurde folglich von seinen Anhängern im Hinterland schadenfroh gefeiert. Das heißt aber nicht, dass alle Parteimitglieder die völlige Abschaffung Österreichs oder die territoriale Neuordnung billigten. Und die internen Fehden waren damit längst nicht beendet. Dennoch herrschte auf dem Land keine so starke Zersplitterung wie in der Wiener NSDAP. Schon wegen der sozialdarwinistischen Ausrichtung der nationalsozialistischen Bewegung musste es immer wieder zu persönlichen Fehden und Rivalitäten kommen, doch die

Kader in den Bundesländern blieben zum größten Teil in den Händen der Illegalen, der Aktivisten im Untergrund, die sich gegen den Ständestaat zur Wehr gesetzt und am 11. März 1938 die Macht übernommen hatten. Tirol-Vorarlberg bildete eine wichtige Ausnahme. Hier herrschten Hofers Alte Kämpfer aus der Zeit vor 1934, aber sie verdankten ihren Einfluss dem Umstand, dass Opdenhoff auf einer gleichmäßigen Verteilung der Gauleiterposten bestand. Die Gefolgsleute von Leopold hingegen waren auf allen Rängen der Bewegung und in allen Regionen zu finden, selbst in Kärnten. Außerhalb von Niederösterreich bildeten sie jedoch keine klar zu unterscheidende Clique mehr, geschweige denn eine ernst zu nehmende. In den Bundesländern waren abgesehen von einigen skurrilen Persönlichkeiten auch nur ganz wenige Katholisch-Nationale anzutreffen; man kann sie nicht einmal als eine eigene Gruppe bezeichnen.[89]

Die Ansichten von Hitlers Gefolgsleuten in den Gauen kennen wir zwar nicht so genau wie die der Wiener, aber einige lokale Studien aus jüngster Zeit geben Einblick in die Bandbreite der nationalsozialistischen Meinungen. In Kärnten und in der Steiermark hatte sich über ein Drittel der Bevölkerung den Nazis angeschlossen. Scharen von Bauern und einfachen Arbeitern waren zu Anhängern des Nationalsozialismus geworden, dazu kam die übliche Mischung aus Teilen der Mittelschicht, also aus den freien Berufen und den Beamten. Kärnten war eine ländliche Gegend mit vielen Seen, Burgen und mittelalterlichen Städten; die Steiermark war eine Region hoch aufragender Berge und industrieller Bergarbeitergemeinden. Beide Länder hatten seit tausend Jahren immer wieder Eindringlinge abgewehrt, sie hatten sich große protestantische Enklaven erhalten, und beide hatten Wien schon Jahrhunderte vor der Reformation abgelehnt. In den beiden Grenzregionen war das deutsche Nationalbewusstsein deshalb stark verwurzelt. Schon beim Juliputsch 1934 hätten die Nationalsozialisten um ein Haar in diesen Ländern die Macht übernommen.[90]

Dass die Kärntner Fraktion den Machtkampf innerhalb der österreichischen NSDAP für sich entscheiden konnte, verdankte sie, wie gesagt, in erster Linie der Weitsicht und Skrupellosigkeit von Rainer und Globocnik. In dem Parteiapparat ihres Landes gab es zwar auch die eine oder andere Splittergruppe, aber er war gut organisiert. Der

Apparat konnte sich auf Familienbande, auf einen internen Konsens und auf einen starken Rückhalt in der Bevölkerung stützen. Während des Anschlusses riss die Partei in einer reibungslosen, disziplinierten Operation die Macht in Klagenfurt an sich. Es gab fast keine Gewalttätigkeiten.[91] In den folgenden Wochen herrschte eine solche Masseneuphorie, dass sage und schreibe ein Viertel der Landesbevölkerung auf die Straße ging, um Hitler in Klagenfurt und Villach zu begrüßen. Am 16. März winkte eine Menschenmenge offenbar sogar einer kleinen Gruppe von Gestapo-Agenten aus Berlin begeistert zu.[92]

Die einfachen Parteigenossen in Kärnten fürchteten, dass der Ruhm und die materiellen Vorteile des Sieges womöglich mit den zurückkehrenden Helden des Aufstands von 1934 geteilt werden mussten. Wie bereits erwähnt, versuchte die Partei, die Kämpfer aus dem Exil mit Posten im Parteiapparat und im privaten Sektor abzuspeisen. Unter den sieben neu ernannten Kreisleitern waren beispielsweise vier Alte Kämpfer, auch Sepp Türk, ein Gründungsmitglied der österreichischen nationalsozialistischen Partei vor Hitler. Die meisten österreichischen Legionäre landeten jedoch auf unbedeutenden Parteifunktionen oder auf niederen Posten in Fürsorgeeinrichtungen des Landes. Von den Illegalen gelang es einigen, sich eine Stellung in der Kärntner Schulbehörde oder in der Privatindustrie zu verschaffen, die Mehrzahl hatte jedoch keine Erfahrung in der Verwaltung und konnte deshalb nicht in den Staatsdienst eintreten.[93]

Sehr viele Kärntner Nationalsozialisten hatten allerdings in den Reihen der SS Erfolg. Schon vor dem Anschluss hatte sich ein Kreis im Exil lebender Aufständischer in Hitlers Leibstandarte ausgezeichnet. Die jungen und einsatzfreudigen Kärntner waren in Himmlers bewaffneten Formationen, die bis zum Ende des Zweiten Weltkrieges ständig anwuchsen, stark vertreten. Außerdem konnte der Stellvertretende Gauleiter Kutschera über das Netz aus persönlichen Bindungen zwischen der Parteiorganisation des Landes und der SS in Berlin erfolgreich die Landesinteressen durchsetzen. Das Ergebnis war der Bau eines Stützpunktes der Waffen-SS bei Lendorf in der Nähe von Klagenfurt. Der Gebäudekomplex entwickelte sich zu dem größten SS-Trainingslager in Europa, schuf Arbeitsplätze und sollte die Moral in der Partei und in der allgemeinen Bevölkerung heben.[94]

Auch in der Steiermark hatten die Parteimitglieder allen Grund, mit dem Ausgang des Anschlusses zufrieden zu sein. In erster Linie gehörten der Partei zwar Teile der Mittelschicht an, aber sie hatte auch Bergleute, Fabrik- und Landarbeiter für sich gewonnen. Die meisten von ihnen waren arbeitslos. Der Bewegung gehörten auch viele ehemalige Mitglieder der Heimwehr an. Unter diesen Voraussetzungen war die SA besonders stark; allein in Graz waren drei Brigaden mit 7700 SA-Leuten stationiert. Schwieriger ist zu ermitteln, wer zu den einfachen Parteimitgliedern zählte. Zur Zeit des Anschlusses betrachteten sich »mindestens 70 Prozent« der Beamten aller Kategorien als Nationalsozialisten, genau wie »80 Prozent der Grazer Bevölkerung mit dem Nationalsozialismus sympathisierten«.[95]

Bei der Wahl des Gauleiters für die Steiermark konnte Christian Opdenhoff die Stärke und Beliebtheit der SA nicht ignorieren. Hitlers braune Bataillone hatten auf eigene Faust erfolgreich einen Aufstand durchgeführt; sie hatten von offizieller Seite die Förderung von Graz als »Hauptstadt der Volkserhebung« erworben; und sie hatten sich in dem internen Machtkampf zwischen den lokalen Splittergruppen durchgesetzt. Opdenhoff nahm zwar auch andere Kandidaten in die engere Wahl, nominierte aber am Ende Dr. Siegfried Uiberreither, den SA-Chef des Landes. Aus der Sicht der NSDAP war das eine hervorragende Entscheidung, die die SA zufrieden stellte und die Autonomie des neu geschaffenen Reichsgaus stärkte.[96] Im Gegensatz zu seinen österreichischen Kollegen war Uiberreither weder ein Emigrant noch ein Illegaler, noch gehörte er der Kärntner Gruppe an. Ihm lag sehr viel daran, seinen Herrschaftsbereich zu stärken, vor allem gegen Wien. Die Metropole verabscheute er mit unverhohlenem Neid und Hass.[97]

In der Steiermark fanden Hitlers strukturpolitische Maßnahmen, insbesondere die Umorientierung der lokalen Wirtschaft nach Berlin, breiten Anklang. Ein Hauptgrund war die ohnehin starke deutsche Präsenz in dem Gau, beispielsweise in dem riesigen Bergwerk- und Hüttenkomplex, der seit 1926 zu den Vereinigten Stahlwerken mit Sitz in Düsseldorf gehörte. Wenige Tage nach dem Anschluss trafen die ersten Aufträge in Folge des Vierjahresplans ein. Der Mischkonzern konnte daraufhin geschlossene Gruben und leer stehende Fabrikgebäude wieder in Betrieb nehmen und Bergleute und Gießer erneut einstellen, die schon seit Jahren stempeln gingen. Die neuen Aufträge und die Arbeitsbeschaffungsprogramme der Regierung führten dazu, dass Mitte des Sommers 1938 praktisch alle eine Arbeit gefunden hatten. Wie viele Nationalsozialisten von der wirtschaftlichen Erholung profitierten, ist ungewiss. Wie in anderen Ländern wurde die Hoffnung vieler Aktivisten enttäuscht, einen Posten im Staatsdienst zu erhalten, da aber ohnehin bereits viele Posten in den Händen (angeblicher) Parteimitglieder waren, hatten die Nationalsozialisten keinen Grund, sich hintergangen zu fühlen.[98]

Von einem Hass gegen die wenigen Deutschen in der Verwaltung oder in der Polizei war ebenfalls nichts zu spüren. Die meisten Steirer bewunderten ihre Nachbarn aus dem Reich wegen ihrer Tüchtigkeit und ihres Selbstbewusstseins. Am 3. August 1938 meldete ein Münchner Funktionär: Gauleiter Uiberreither »wies jede Maßnahme und Anweisung aus Wien zurück. Er möchte machen, was er will, und lässt sich von niemandem etwas dreinreden, selbst auf die Gefahr hin, dass man ihn als Rebell bezeichne und nach Dachau stecken würde.«[99] Die Eingliederung des südlichen Burgenlandes brachte zwar eine umfassende Neuorganisation der Landesverwaltung mit sich, aber der Gauleiter weigerte sich, der Versetzung von 80 Ministerialbeamten aus Wien zuzustimmen. Bürckel musste klein beigeben und Uiberreither behielt die Kontrolle über die Landesverwaltung. Im August 1939 beschwerte sich Sepp Helfrich, der einstige illegale Gauleiter, über die Einstellungs- und Beförderungspraxis im öffentlichen Sektor. Er behauptete, ausgebildete Beamte erhielten regelmäßig den Vorzug vor bewährten Parteimitgliedern. Sein Vorwurf war durchaus berechtigt, aus den spärlichen Quellen, die vorliegen, geht jedoch hervor, dass die Machthaber in der Steiermark weiterhin breite Unterstützung genossen.[100]

Im Gegensatz zu den südlichen und östlichen Regionen Österreichs blieb die nationalsozialistische Bewegung in den Ländern entlang der ehemaligen deutschen Grenze – Oberösterreich, Salzburg und Tirol – erstaunlich schwach, geradezu kümmerlich. Vermutlich war die Polizeiüberwachung in diesen Grenzgebieten strenger gewe-

sen als in anderen Regionen. In Tirol wirkten sich sowohl die religiös
bedingte Feindseligkeit der katholischen Bevölkerung als auch Hitlers Weigerung, Südtirol von Italien zurückzufordern, zum Nachteil
für die Nationalsozialisten aus, zumindest außerhalb der Stadtgren-
zen von Innsbruck und Kitzbühel.[101] Dennoch herrschte in allen drei
Ländern eine so große Begeisterung über den Anschluss, dass der
britische Diplomat Sir Alexander Cardogan später schrieb: »Ich
kann mir nicht helfen, offensichtlich sind wir über die Stimmung
in dem Land ganz falsch informiert worden.«[102]

In Anbetracht der spärlichen Informationen fällt es schwer, die
Stimmung der Parteimitglieder in Oberösterreich und Salzburg zu
beurteilen, nur in Tirol ist die Quellenlage besser. Die Bewegung
hatte sich im Untergrund in erster Linie aus jungen Aktivisten der
Mittelschicht rekrutiert, in Linz, Steyr, Hallein und anderen Industriestädten kamen auch Teile des einfachen Volkes hinzu. In Oberösterreich hatten ehemalige Deutschnationale wie Franz Langoth
und Anton Reinthaller immer noch Einfluss in der Partei, auch
wenn sie nach internen Streitigkeiten die Führung offiziell an den
illegalen Gauleiter August Eigruber abgetreten hatten, einen Arbeiter
in einer Automobilfabrik. Außerdem bestanden bereits enge Bindungen zu Ernst Kaltenbrunner und der SS. Aus welchem Grund
auch immer, Hitlers Gefolgsleute in Oberösterreich schienen weniger zerstritten als in anderen Gauen. Nach dem Anschluss erfreuten
sie sich darüber hinaus der besonderen Schirmherrschaft Hitlers, der
an Eigruber Gefallen fand und Millionen Reichsmark ausgab, um
aus Linz ein wichtiges Kultur- und Industriezentrum zu machen.[103]

Da die NSDAP in Oberösterreich einen kleinen Kader hatte, fiel es
der Partei vergleichsweise leicht, den Mitgliedern Posten und Ver-
günstigungen zu verschaffen. Einige enge Freunde Eigrubers hatten
zwar nicht die erforderliche Qualifikation für eine Stelle im Staatsdienst, aber die meisten erhielten einträgliche Posten in der Partei
oder in ihren angegliederten Gruppen; andere beriefen sich auf Kaltenbrunner und machten in der SS Karriere.[104] In den Wochen nach
dem Anschluss fürchteten viele, die Früchte des Sieges an die
zurückkehrenden Nazi-Exilanten zu verlieren, vor allem an Männer
wie Theo Habicht, Andreas Bolek oder Alfred Proksch, die früher die
nationalsozialistische Bewegung in der Region und (für kurze Zeit)

auch in Österreich angeführt hatten. Wie gesagt, wurden jedoch fast alle Alten Kämpfer eisig empfangen, die meisten blieben ohnehin im Altreich. Von den 36 Mitgliedern des neuen Linzer Stadtrats hatte sich nur einer, der SA-Veteran Gustav Nohel, vor Hitlers Machtübernahme in Deutschland als NS-Kämpfer ausgezeichnet.[105]

In dem benachbarten Salzburg war die Abneigung gegen die Alte Garde so intensiv, dass die Parteiaktivisten eher einen Reichsdeutschen als Gauleiter akzeptiert hätten als einen Emigranten. Weil Hitler sich einen starken Gauleiter wünschte, der ein Auge auf die befehlshabenden Generäle des Wehrkreiskommandos XVIII hatte (mit dem Hauptquartier in der Alpenstadt), gab er Friedrich Rainer den Posten, dem Kopf der Kärntner Gruppe. Der neue Gauleiter wollte seine Stellung festigen, indem er die Beamten des Landes auf sich einschwor. Ihre Pflichterfüllung und Loyalität gegenüber dem Staat gedachte er später zu seinen Zwecken zu nutzen; gleichzeitig »säuberte« er die einheimische Polizei und Gendarmerie. Noch Jahrzehnte später stellt der österreichische Historiker Ernst Hanisch eine beträchtliche Verbitterung unter den Parteimitgliedern fest, die bei der Postenverteilung leer ausgegangen waren. Zur Freude vieler Parteikameraden blähte Rainer aber den Staatsdienst mit jungen NS-Anwälten auf und erreichte Entschädigungszahlungen für Aktivisten, die unter dem christlichen Ständestaat gelitten hatten.[106]

In Tirol-Vorarlberg dauerte es einige Zeit, bis sich die Lage geklärt hatte. Die NSDAP zählte hier nur wenige Tausend registrierte Mitglieder, die sich wegen der einzuschlagenden Taktik und der Zuständigkeiten erbittert bekämpften. Vor 1932 hatte Hitlers Bewegung in der Alpenregion kaum Erfolge verbuchen können. Im April 1933 mobilisierte Gauleiter Franz Hofer, ein Radioverkäufer, die wenigen Ressourcen der Partei und gewann bei den Stadtratswahlen in Innsbruck 41 Prozent der Stimmen. Wenig später wurde er von der Regierung in Wien verhaftet, brach aber in einer spektakulären Flucht aus dem Gefängnis aus. Die Aktion verschaffte ihm auf dem Nürnberger Parteitag im September hohes Ansehen. Hofer gelang es als Einzigem nach Deutschland geflohenen Österreicher, sich eine einflussreiche Stellung aufzubauen. Er schmeichelte sich bei Heß, Bormann und anderen Parteigrößen (auch bei Bürckel) ein und gründete das Flüchtlingshilfswerk für Österreicher in Deutschland mit Sitz in Berlin. Mit Hilfe dieser Organisation war er imstande, Schmiergelder an seine Gefolgsleute in Tirol zu verteilen und die Entscheidungen der Parteifreunde in seiner Heimat zu steuern.[107]

Während des Anschlusses blieb Hofer jedoch in seinem Büro in der Reichshauptstadt und konnte nicht verhindern, dass die rivalisierende Gruppe illegaler Nazis unter Edmund Christoph in Innsbruck die Macht übernahm. In einer Hinsicht hatten die Emporkömmlinge auch die Früchte des Sieges verdient: Sie hatten schätzungsweise 40 000 Aktivisten und Mitläufer mobilisiert, noch vor der Ankunft der deutschen Soldaten Tirol in ihre Gewalt gebracht und danach mit einer außerordentlichen Brutalität die Landesregierung, den Staatsdienst und die Polizei von potenziellen Gegnern gesäubert. Dennoch war die Fraktion der Illegalen klein und Christoph wirkte unentschlossen und schwach. Bürckel ließ ihn zwar bis nach der Volksabstimmung im Amt, doch Christoph hatte keine Chance gegen Hofer, seinen designierten Nachfolger.[108]

Wie verhielten sich die Tiroler Parteimitglieder in dem internen Machtkampf? Acht ehemals illegale Kreisleiter beschwerten sich, wie bereits erwähnt, offiziell wegen Hofers Ernennung. Sie waren aber in der Minderheit. Im Gegensatz zu anderen Regionen blieb die nationalsozialistische Bewegung in Tirol eine Sammlung kleinstädtischer Ladenbesitzer, Freiberufler und anderer Angehöriger der Mittelschicht, die außerhalb von Innsbruck, Kitzbühel und einigen anderen Orten wenig Zulauf hatte. Die vorliegenden Quellen deuten darauf hin, dass viele Parteimitglieder Hofer als einen der ihren unterstützten. Richtig ist, dass der neue Gauleiter sich alle Mühe gab, seine illegalen Vorgänger auf Eis zu legen, aber jüngste Forschungen haben ergeben, dass weder er noch seine Handlanger sie als ernsthafte Gefahr betrachteten.[109]

Hofer hatte Hitlers tyrannisches Herrschaftssystem wenigstens ebenso gut begriffen wie die anderen österreichischen Gauleiter. Da ein Großteil der Bevölkerung Tirols dem Nationalsozialismus misstrauisch gegenüberstand (dem Anschluss jedoch nicht), hielt er es für unumgänglich, Beamte der alten Regierung so schnell wie möglich durch zuverlässige Nationalsozialisten zu ersetzen. Gleichzeitig war ihm klar, dass er die ausgebildeten Beamten im Staatsdienst, die er brauchte, um seine Herrschaft zu festigen, nicht von heute auf morgen auf die Straße setzen konnte. Um sein Ziel zu erreichen, entließ er den »Überschuss« an Illegalen, die zuvor scharenweise Staatsdiener entlassen oder in den Ruhestand geschickt hatten – ein Drittel davon hohe Beamte. Die frei gewordenen Posten verteilte er an ihm ergebene Parteigenossen. Hofer gab sofort den meisten Interimsmagistraten den Laufpass. Auf diese Weise war es ihm möglich, sich als ein kluger Statthalter zu präsentieren, als ein gemäßigter Pragmatiker, der auf berufliche Qualifikation mehr Wert legte als auf ideologischen Fanatismus. Er belohnte einerseits seine Getreuen mit Spitzenposten, stellte aber andererseits eine beträchtliche Zahl von geschulten Beamten wieder ein – allerdings zu einem Gehalt, das gewöhnlich 25 bis 50 Prozent unter dem vorherigen lag. Darüber hinaus schuf er sowohl in der Landesverwaltung als auch im Parteiapparat etliche Posten für Berufseinsteiger und besetzte diese mit Juristen und Rechtsdienern, die eben erst die Universität Innsbruck verlassen hatten, allesamt überzeugte Nationalsozialisten.[110]

In den Monaten nach seiner Rückkehr an die Macht gelang es Hofer weitgehend, die Zersplitterung der Tiroler NSDAP zu überwinden. In dem eingegliederten Vorarlberg murrten zwar immer noch einige, aber der Mehrheit der Parteimitglieder gefielen sein aggressiver Führungsstil und seine politischen Maßnahmen, durch die junge Anwärter eine Chance erhielten. Vor allem unter diesen jungen Leuten, die damals in die Partei eintraten und von seiner Politik profitierten, war er sehr beliebt. Bereits im Juni 1938 schrieb ein britischer Diplomat aus Innsbruck: »Die führenden österreichischen Nazis mögen vielleicht desillusioniert und enttäuscht sein über die Berufung von Deutschen oder radikalen Schlägern (wie der vor kurzem ernannte Gauleiter von Tirol) auf höher gestellte Posten; aber das gilt nicht für die einfachen Parteimitglieder und ihre Anhänger, die alles haben, was sie wollen.«[111]

Auswirkung des Deutschen Beamtengesetzes

Bis zum Oktober 1938 hatten Hitlers Stellvertreter die internen Fehden der österreichischen NSDAP weitgehend schlichten können. Nur die Wiener Nationalsozialisten blieben unzufrieden. Ihr verletzter Stolz wurde von dem Hass gegen Bürckel und Globocnik genährt

und erhielt von Entwicklungen, welche die gesamte Bevölkerung
betrafen, neue Nahrung: vor allem die gestiegenen Lebenshaltungskosten und die allgemeine Kriegsangst. Die zunehmende Verschul-
dung der Partei selbst, deren Ausgaben die vorhandenen Mittel und
die Einnahmen weit übertrafen, schürte ebenfalls die Unzufriedenheit. Die Reichsbank hatte die Subventionen gekürzt, zudem weigerten sich viele Mitglieder, Beiträge zu zahlen. Da Parteifunktionäre
bis hin zum Kreisleiter immer noch ein sehr geringes Gehalt bezogen, fühlten sie sich berechtigt, sich einen Nebenverdienst zu verschaffen. In der Praxis hieß das neuerliche Plünderungen in jüdischen Vierteln und die Enteignung von religiösen und wohltätigen
Institutionen.[112]

Durch die Einführung des Deutschen Beamtengesetzes in der Ostmark am 1. Oktober 1938, das die Verwaltungsstruktur des Großdeutschen Reiches festlegte, füllte sich ebenfalls die Brieftasche vieler
Parteimitglieder. Die Ausweitung der deutschen Gehaltstabelle auf
die Ostmark begünstigte in der Regel hohe Beamte und Lehrer.
Beförderungen wurden begrenzt und an den bestehenden Staatsapparat hohe Anforderungen gestellt. Die Arbeitswoche wurde von
41 auf 51 Stunden verlängert und die Zahl der Urlaubstage gekürzt,
Überstundenzuschläge wurden gestrichen. Weil die Nationalsozialisten seit langem schon eine drastische Verbesserung für die Angestellten im öffentlichen Dienst und in der Verwaltung versprochen
hatten, vor allem für Parteimitglieder, reagierten die Betroffenen
auf die neuen Bestimmungen meist empört. Die vielen Beamten
und Angestellten in Wien, von denen ein großer Teil zumindest
nominell Mitglied der Partei oder einer ihrer Gliederungen war,
waren besonders wütend. Ihre Enttäuschung kam zu der ohnehin
gereizten Stimmung der »Parteigenossen« hinzu und die Beschwer-
deliste wurde um einen weiteren Punkt länger.[113]

In den folgenden Monaten und Jahren baten österreichische Würdenträger immer wieder Berlin, die ärgsten Lasten des Beamtengesetzes zu lindern, erreichten aber nur geringfügige Zugeständnisse.
Die Bestimmungen blieben während der gesamten deutschen Herrschaft ein Hauptstreitpunkt. Sie brachten so viele Wiener Nationalsozialisten gegen das Regime auf, dass die Sicherheitsorgane sich
gezwungen sahen, das Verbot von Heß zu ignorieren, über die Stim-

mung in der Partei zu berichten.[114] Am 13. Dezember 1939 verfasste der SD einen langen Rapport über die außerordentlich schlechte Stimmung der Alten Kämpfer (womit hier alle Parteimitglieder vor dem März 1938 gemeint sind). Dort heißt es, dass die Veteranen in Staats- und Stadtämtern fortwährend übergangen und nicht befördert würden und keinerlei Einfluss hätten. Die Alten Kämpfer seien verärgert, weil der politisch gleichgültige österreichische Staatsdienst sich gegen sie zusammengeschlossen hätte.[115]

Die Gauleiterkrise und ihre Folgen

Die aufgestaute Wut der Wiener Nationalsozialisten entlud sich in zwei Exzessen: in dem gewaltsamen Überfall auf das Erzbischöfliche Palais am 8. Oktober 1938 und in einer Vielzahl antisemitischer Terrorakte, die in der so genannten Reichskristallnacht einen Monat später eskalierten. Da auf beide Ereignisse noch ausführlich eingegangen wird, sollen sie an dieser Stelle nicht weiter erörtert werden. Eins ist klar: Durch die Plünderung, den Wandalismus und die Morde entspannte sich die Situation durchaus nicht, und die wirtschaftlichen Verhältnisse der Wiener Parteimitglieder besserten sich dadurch auch nicht.

Am 30. Januar 1939 entließ Hitler überraschend Globocnik. Wenn er damals den immer noch beliebten Frauenfeld oder eine bekannte Integrationsfigur ernannt hätte (wie ein Jahr später), dann wäre die Unzufriedenheit der Parteimitglieder vielleicht abgeklungen. Statt dessen ernannte er Bürckel zum Gauleiter von Wien und ging vermutlich davon aus, dass der Reichskommissar seine erweiterte Machtbefugnis zur Beseitigung der letzten Reste einer österreichischen Autonomie nutzen würde. Es lag auch eine gewisse Logik darin, die Stellung eines überaus skrupellosen und loyalen Mitglieds der Alten Garde zu festigen.[116]

Der Haken an der Sache war, dass sich die Lage in Wien seit dem Anschluss geändert hatte. In weniger als einem Jahr hatte sich Bürckel sowohl bei den Parteigenossen wie auch bei der Bevölkerung unbeliebt gemacht. Gewiss führte er gewissenhaft Hitlers Auftrag aus, aber er hatte sich dennoch viele Feinde gemacht: Er hatte die einfachen Arbeiter gegen sich aufgebracht, als er versuchte, ihren

Favoriten Hermann Neubacher abzusetzen, den findigen und beliebten Oberbürgermeister, der von Seyß-Inquart ernannt worden war; zweitens waren die groben Manieren und das unbeherrschte Auftreten des Reichskommissars der Bourgeoisie und kulturellen Elite aufgestoßen, also der Gesellschaftsschicht, die so wichtig ist, wenn man Einfluss auf die Meinung in Wien nehmen will.[117] Drittens hatte er die alltägliche Routinearbeit seinem kleinen Stab aus Saarpfälzer Parteigenossen überlassen, da er sich nur selten in seinem Dienstzimmer in Wien aufhielt.[118] Die Wut auf die Deutschen erhielt dadurch zusätzlich Nahrung. Außerdem achtete Bürckel zu wenig auf Kleinigkeiten, neigte zur Willkür und Faulheit.[119] Der Konflikt mit den anderen österreichischen Gauleitern war vorprogrammiert, sobald seine Amtszeit als Reichskommissar für die Wiedervereinigung abgelaufen war: Dann war er zwar nicht länger Primus inter Pares, aber »eine viel zu dominante Persönlichkeit, als dass er sich damit zufrieden gegeben hätte, auf einer Stufe mit den übrigen sechs [Gauleitern] zu stehen«.[120]

In den letzten Friedensmonaten eskalierte der Machtkampf zwischen Bürckel und dem Kreis um Seyß-Inquart, als der Reichskommissar gemäß dem Ostmarkgesetz vom 14. April 1939 die letzten österreichischen Ministerien abschaffte und sämtliche Mitarbeiter auf die Straße setzte.[121] Bürckel entließ Seyß-Inquarts einflussreichen Leiter der Abteilung für Kunst und Kultur im Reichsstatthalteramt Kajetan Mühlmann, schickte sich an, Hermann Neubacher aus dem Wiener Rathaus zu vertreiben, und wollte dem Polizeipräsidenten Josef Fitzthum ein Vergehen in die Schuhe schieben. Am 14. August beschwerte sich Fitzthum bei Himmler, es sei in Wien allmählich üblich geworden, dass der Reichskommissar langjährige Parteigenossen einsperren lasse, ohne Rücksicht auf Rang und Namen und ohne die Ergebnisse gerichtlicher Untersuchungen abzuwarten.[122]

Bürckels rücksichtslos und schlampig vorbereitete, politische Maßnahmen brachten so viele Einzelpersonen und Gruppierungen gegen ihn auf, dass die Parteizentrale in München ernsthaft in Sorge geriet. Schon am 3. Juni warnte Opdenhoff, dass der Reichskommissar Gefahr laufe, »seine besten Schwanzfedern in Wien« zu verlieren, und dass möglicherweise »nach einem neuen Mann gesucht werden« müsse.[123] Diese Einschätzung teilte auch der britische Generalkonsul. Er schrieb, dass Hitler zwar so beliebt sei wie nie zuvor, dass aber »vor allem unter den österreichischen Nationalsozialisten ein beachtliches Wiederaufleben der antideutschen Stimmung in Wien« zu beobachten sei. Bürckels »Import von Deutschen, um ihm bei seiner neuen Aufgabe zur Seite zu stehen«, so der Diplomat weiter, »ist sowohl bei den radikalen wie auch bei den gemäßigteren nationalsozialistischen Elementen auf starken Widerstand gestoßen«.[124]

Die antideutsche Stimmung innerhalb der Partei übertrug sich auch auf die Bevölkerung. Während einer Theaterwoche im Juni 1939 kam es zu etlichen gegen Deutsche gerichtete Gesten in den Theatern, Kinosälen und in der Oper. Der britische Generalkonsul berichtete, dass »jeder Auftritt eines österreichischen Schauspielers oder Sängers mit großem Applaus beklatscht wurde, während bei den Auftritten der Deutschen eisiges Schweigen herrschte«. Goebbels war so empört, dass er »in die Programmhefte ein rosarotes Blatt einlegen ließ, mit dem das Klatschen auf offener Bühne untersagt wurde«.[125]

In dem Fall fällt es schwer, die Stimmung unter den einfachen NSDAP-Mitgliedern von der Stimmung unter der allgemeinen Bevölkerung zu unterscheiden. Das gilt vor allem für die Periode vom November 1938 bis zum Juni 1940, in der sich die Zahl der beitragzahlenden Mitglieder in Wien mehr als verdoppelte. Gegen Ende Juli 1939 kursierte das Gerücht, dass Bürckel demnächst abgesetzt werden solle, aber ein britischer Augenzeuge hielt das für Wunschdenken und fügte hinzu, die herrschende antideutsche Stimmung sei zum großen Teil bloß ein Murren über die ausländischen Feriengäste.[126]

Über alledem hing der Schatten des Krieges. In seinem letzten Bericht nach Whitehall vom 15. August 1939 schreibt Donald St. Clair Gainer, dass »unter der gebildeten Öffentlichkeit das Gefühl herrscht, dass die drohende Katastrophe nur durch ein Wunder abgewendet werden kann. Die vielleicht einzigen Optimisten in Österreich sind die Parteimitglieder, die keine Enttäuschungen erlitten haben und glauben, wie es von ihnen erwartet wird, dass das Problem Danzig bald ohne einen großen Krieg gelöst wird.«[127]

Am Vorabend des Krieges

Die österreichischen Nationalsozialisten hatten immer davon gesprochen, die Konflikte der modernen Gesellschaft in dem Staatsgebilde eines Großdeutschen Reiches zu überwinden, einer organischen Volksgemeinschaft, die viele Gemeinsamkeiten mit dem »Reich der Siebzig Millionen« hatte, das dem österreichischen Liberalen Karl Friedrich von Bruck im Jahr 1850 vorschwebte. Achtzehn Monate nach dem Anschluss waren sie immer noch, genau wie vor dem März 1938, eine zersplitterte und zerstrittene Gruppe – gespalten, desillusioniert und unzufrieden. Für den anhaltenden Groll gab es verschiedene Gründe, wie in diesem Kapitel dargelegt wurde. Kern des Problems ist jedoch die vielfältige Gestalt, in der die deutschnationale Bewegung auftrat. Diese Bewegung umfasste eine so breite Palette von Berufsgruppen und Interessen, dass die Konflikte zwischen den Hauptbestandteilen seit der Gründung in der Habsburgermonarchie bis heute selten gelöst werden konnten. In den dreißiger Jahren boten die österreichischen Nationalsozialisten das organisatorische Gerüst und ein Programm voller populistischer Zielsetzungen, um langfristig das Schisma zu überwinden, aber der blinde Gehorsam der Partei gegenüber Hitler hatte zur Folge, dass die internen Rivalitäten und Fehden anhielten und sogar an Schärfe zunahmen.

Nach dem Anschluss spitzten sich die innerparteilichen Konflikte im Zuge des Ringens um die Siegesbeute und die Staatsgewalt zu. Da der Kampf laut der sozialdarwinistischen Ideologie des Nationalsozialismus Selbstzweck war, wurden Spaltung und Streit institutionalisiert. In der Theorie sollten die härtesten und aggressivsten Rivalen überleben, in Österreich hingegen mussten die Alteingesessenen in der Bürokratie während der Verteilung der Siegesbeute zwar Federn lassen, blieben aber weitgehend im Amt. Das hatte zur Folge, dass nur eine begrenzte Anzahl von Posten zu verteilen war. Viele österreichische Nationalsozialisten erhielten zwar einträgliche Stellen im öffentlichen Sektor, aber das waren in der Regel Neueinsteiger oder Karrieristen. Die Alten Kämpfer fühlten sich folglich betrogen und waren verärgert.

Wien war der Brennpunkt der Spaltung und des Unmuts. Neben der Auseinandersetzung zwischen Bürckel und Seyß-Inquart gab es

Reibereien zwischen der SA und der SS, zwischen den Katholisch-Nationalen und dem Kreis um Frauenfeld. Die Parteianhänger waren mit Konflikten konfrontiert, die quer durch alle Klassen, Viertel und Generationen gingen. Am verbittertsten waren diejenigen, die sich vergeblich um einen Posten bemüht hatten und die bei der Plünderung jüdischer Häuser und Vermögen leer ausgegangen waren. Gleichzeitig waren die Parteimitglieder enttäuscht über den geringen Status Wiens in der neuen Ordnung, eine Empörung breitete sich aus, viele fürchteten eine geistige Kolonialisierung durch Preussen. Bürckels rigorose politische Maßnahmen und sein taktloses Verhalten trugen das ihre dazu bei, die Anhänger zu entfremden. Hinzu kamen die Missstände in der Wiener Wirtschaft, deren veraltete Industrieanlagen, hohe Produktionskosten und antiquierte Infrastruktur die Entwicklungsmöglichkeiten für den privaten Sektor stark einschränkten. Hier waren ganz andere Voraussetzungen gegeben als in den übrigen Gauen, wo die massiven Investitionen in den Bergbau und in neue Industriebetriebe im Rahmen des Vierjahresplanes sofort Arbeitsplätze schufen.

Bei all dem Groll der Wiener Nationalsozialisten wäre es ein Fehler zu glauben, dass Hitlers Landsleute nach dem Anschluss die Dummen waren. Etliche Nationalsozialisten erhielten Posten in der Regierung oder im Staatsdienst; andere fanden in der Partei, im Militär oder in der SS eine Anstellung. Nach dem Ausbruch des Zweiten Weltkrieges wurden wieder andere in die besetzten Gebiete Europas gerufen – vor allem nach Polen, in die Niederlande, auf den Balkan und in die Sowjetunion –, wo sie an der Deportation und Vernichtung vor allem von Juden stark beteiligt waren.[129] Außerdem gibt es keinen Grund zu der Annahme, dass die österreichischen Nationalsozialisten ihre fanatische Begeisterung für Hitlers Ziele verloren hätten. Außerhalb von Wien herrschte augenscheinlich konstant eine Hochstimmung, und innerhalb der Metropole stieß die antisemitische Politik des Regimes auf breite Unterstützung unter den Parteianhängern. Als die wirtschaftliche Erholung erste Wirkung zeigte, machte sich die österreichische NSDAP Hoffnung, die gesamte Arbeiterklasse für die Volksgemeinschaft zu gewinnen.

4 Die Arbeiterklasse: Akzeptanz und Apathie

Nationalsozialisten hatten schon immer den Anspruch erhoben, die Arbeiterklasse für ihre Sache zu gewinnen. Ungeachtet der Zusammensetzung der Partei aus Angehörigen der Mittelschicht hatte sie, vor allem in der Selbstdarstellung, in der Ideologie und in der Propaganda stets einen ausgeprägt antikapitalistischen Zug. Hitler bewunderte den Mut, die Zähigkeit und den Kampfgeist des Industrieproletariats. Er machte kein Hehl aus seiner Verachtung für selbstsüchtige Bankiers und Geschäftsleute, mit denen er so oft Geschäfte geschlossen hatte. Obwohl er ein erbitterter Feind des Marxismus war, verlor er nie das Ziel aus den Augen, die Arbeiterbewegung zum Rückgrat der NSDAP zu machen.[1] In Deutschland war Hitler bei seinem Griff nach der Macht auf hartnäckigen Widerstand der Sozialdemokraten und der Kommunisten gestoßen. Deshalb ging er um so brutaler gegen die linken Parteien, die ihm im Weg standen, vor. Am Reichstagsbrand gab er der KPD die Schuld und ließ Tausende von Parteiführern und Funktionären verhaften. Die Gewerkschaften wurden im Zuge der Gleichschaltung aufgelöst. Im Mai 1933 wurden SPD und KPD verboten. Von da an überwachte die Gestapo die Industriearbeiter ständig. »Stärker als irgendeine andere Gruppe spürten sie den Druck des Polizeistaates«, schreibt Kershaw.[2]

In Österreich hatten die Nationalsozialisten es nicht mehr nötig, die Industriearbeiter zu disziplinieren. Das hatte Dollfuß bereits im Februar 1934 für sie erledigt. Danach waren die meisten Lohnarbeiter über ihre Niederlage so verbittert, dass sie sich aus der Politik zurückzogen und lieber abwarteten, wie sich die Dinge entwickelten. Von denjenigen, die sich nach 1934 Widerstandsgruppen im Untergrund anschlossen, lief ungefähr ein Drittel zu den Nationalsozialisten über. Die Mehrzahl blieb vage der austromarxistischen Tradition mehr oder weniger treu, zugleich waren die Feindseligkeit und der

Hass gegen die Schuschnigg-Regierung so stark ausgeprägt, dass ihr 1938 wohl kein Arbeiter eine Träne nachweinte.[3]

Neben der politischen Verfolgung hatten die österreichischen Arbeiter auch unter der wirtschaftlichen Not während der Weltwirtschaftskrise zu leiden. Aus den amtlichen Statistiken geht nicht hervor, wie viele von den insgesamt 400 000 Österreichern, die 1938 Arbeitslosengeld erhielten, einfache Arbeiter waren, aber durch die Wirtschaftskrise hatten, wie gesagt, 44,5 Prozent aller Industriearbeiter ihren Arbeitsplatz verloren. Die Arbeitslosenquote lag unter Bauarbeitern, Tagelöhnern, Bergleuten, Gießern und Facharbeitern, vor allem Maschinenarbeitern, besonders hoch. Die, die noch Arbeit hatten, verdienten fast alle weniger als zuvor, litten unter Angriffen gegen »Doppelverdiener« oder wurden in irgendeiner Form von der Regierung schikaniert. Nach der Verschärfung der Depression fanden nur noch 15 bis 20 Prozent der Schulabgänger eine Arbeit. Das durchschnittliche Familieneinkommen sank auf 52 Prozent des Standes von 1929, der Konsum von Lebensmitteln ging drastisch zurück, und damit einher ging eine Zunahme der Infektionskrankheiten und ein Anstieg der Suizidrate. Außerdem eskalierten die Fremdenfeindlichkeit und die Gewalttaten gegen Minderheiten, Frauen und Randgruppen.[4]

Nach der Machtübernahme in Wien machten sich die Nationalsozialisten als Erstes daran, die soziale Not zu lindern und die Wirtschaft wieder zu beleben. Noch bevor Hitlers engerer Kreis die ehemalige Reichshauptstadt erreicht hatte, trafen Funktionäre der Partei und der Deutschen Arbeitsfront (DAF) Maßnahmen, um ehemalige sozialdemokratische Aktivisten vor übereifrigen Gestapo-Agenten zu schützen.[5] Im Rahmen von prunkvoll inszenierten Feiern stellte Oberbürgermeister Hermann Neubacher Tausende von Februarkämpfern wieder ein, die von Dollfuß oder Schuschnigg entlassen worden waren. Neubacher und Gauleiter Bürckel sprachen großspurig von einem »Sozialismus der Tat« und schufen schon in der ersten Woche nach dem Anschluss 18 000 Stellen für die Arbeitslosen der Stadt. Am 26. März 1938 wurde das Arbeitsrecht auf die Ostmark ausgedehnt. Es garantierte das Grundrecht auf einen Arbeitsplatz und schützte vor willkürlichen Entlassungen. Wenig später trat auch das umfassende Sozialversicherungssystem des Rei-

ches in Kraft. Die Not der 200 000 hoffnungslos Verarmten, die bislang keinen Anspruch auf Sozialleistungen gehabt hatten, wurde
dadurch etwas gelindert. Außerdem wurde Bismarcks System der
Gesundheitsfürsorge auf die Arbeiterklasse ausgedehnt.[6]

Die nationalsozialistische Sozialpolitik verfolgte in erster Linie
das Ziel, die Heimatfront vor dem Ausbruch der militärischen Konflikte fest zusammenzuschweißen. In der Ostmark wurden also die
Arbeitskräfte und Talente des österreichischen Volkes für den bevorstehenden Krieg mobilisiert.[7] Die Nationalsozialisten bekämpften
das Problem der Arbeitslosigkeit auf vier Ebenen. Zum Ersten warb
die deutsche Industrie rund 100 000 gelernte Arbeiter ab, darunter
10 000 Ingenieure, und bot ihnen Stellen in den prosperierenden
Industriebetrieben des Altreiches an. Zum Zweiten vergab die Regierung Rüstungsaufträge an österreichische Unternehmen. Drittens
zogen die Wehrmacht und der Reichsarbeitsdienst junge und
arbeitsfähige Leute in ihre Reihen ein. Und Viertens investierte das
Regime 60 Millionen Reichsmark in ein umfassendes Programm
zur Gewinnung der Bodenschätze des Landes und zur Restrukturie-
rung der Industrie. Teil dieser massiven Anstrengung waren ferner
ehrgeizige öffentliche Bauprojekte wie der Bau von Brücken, Auto-
bahnen, Stützpunkten und Flugplätzen, Häusern und Wohnungen.
Im Juli 1938 waren rund 71 000 Menschen bei solchen Projekten
beschäftigt, bis zum August stieg die Zahl auf 90 000, von denen
25 000 für die Wehrmacht arbeiteten.[8]

Der Erfolg von Hitlers Maßnahmenpaket zur Belebung des
Arbeitsmarktes ließ nicht lange auf sich warten (siehe Tabelle 5).
Die Zahl der Arbeitslosen sank in Österreich von 401 001 im Januar
1938 auf 99 865 im September und in Wien von 183 271 auf 74 162.
In Oberösterreich fiel die Zahl der Arbeitslosen von 37 120 im Januar
1938 auf 2756 im September. In Salzburg, Tirol und Vorarlberg hatten fast alle eine Beschäftigung. Bis Weihnachten gab es in Österreich
27 Prozent mehr Arbeitsplätze als vor dem Anschluss. Da der Bedarf
an Arbeitskräften saisonbedingt am Ende des Jahres zurückging,
stieg die Arbeitslosenzahl wieder leicht an. Schon wenige Monate
später zeigte sich jedoch an dem herrschenden Mangel an Arbeitskräften, dass die Nachwirkungen der Weltwirtschaftskrise endlich
überwunden waren. Anders ausgedrückt, die amtliche, durch-

Tabelle 5   Arbeitslosenzahlen in Österreich, 1938/39 (in Tausend)

	Öster-reich	Wien	Nieder-öster-reich	Ober-öster-reich	Steier-mark	Salz-burg	Kärn-ten	Vorarl-berg	Bur-gen-land
1938									
Jan.	401	183	73	37	45	13	16	7	10
Feb.	396	182							
März	365	173							
April	404	204							
Mai	351	180							
Juni	275	152							
Juli	151	103							
Aug.	114	88							
Sep.	100	74		3					
Okt.	107	79		3					
Nov.	113	78		4					
Dez.	151	88		11					
1939									
Jan.	156	85	24	11	8	3	8	1	7
Feb.		78		6					
März		63		3					
April	95	55							
Mai		45							
Juni		32							
Juli		23							
Aug.		19							
Sep.	33	25							
Okt.		29							
Nov.		30							
Dez.		31							

Quellen: Botz, *Nationalsozialismus in Wien*, S. 301; Josef Moser, »Der Wandel der Wirtschafts- und Beschäftigungsstruktur einer Region«, S. 202.

schnittliche Arbeitslosenquote in der Ostmark fiel von 21,7 Prozent im Jahr 1937 auf 12,9 Prozent 1938, im folgenden Jahr auf 3,2 Prozent und 1940 gar auf 1,2 Prozent.[9]

Die Abschaffung der Arbeitslosigkeit brachte einen sprunghaften

Anstieg der Nachfrage mit sich. Da Hitler auf einem Wechselkurs
von 1,5 Schilling für eine Reichsmark bestand, erhielt auch die Kaufkraft einen mächtigen Schub. Der österreichische Schilling wurde
damit um 36 Prozent aufgewertet. Investitionen in Munitionsfabriken, Infrastruktur und die Gewinnung von Bodenschätzen stützten
das Wirtschaftswachstum und trugen ebenfalls zu einem Anstieg des
Lebensstandards bei. Trotz der offiziell angeordneten Einfrierung
der Löhne war die Nachfrage nach Arbeitskräften so stark, dass der
Wochenlohn der Industriearbeiter von Juni bis Dezember 1938
durch die Gewährung von Zulagen und Gratifikationen um neun
Prozent anstieg. In manchen Branchen lag der Zuwachs bei 50 bis
65 Prozent, die durchschnittliche Einkommenssteigerung in diesem Jahr lag zwischen 25 und 30 Prozent. Natürlich profitierten
nicht alle gleich von dem Aufschwung: Wiener Lohnempfänger
brachten dickere Lohntüten nach Hause als Arbeiter in den Gauen,
Arbeiter in der Rüstungsindustrie waren besser gestellt als Arbeiter
in der Konsumgüterindustrie; Arbeiter in Textil- und Papierfabriken
erhielten nur geringfügige Zulagen; Frauen verdienten weniger als
zwei Drittel des Lohnes eines ungelernten männlichen Arbeiters.
Man kann aber zu Recht von einem spektakulären Wirtschaftswachstum sprechen. Wie Felix Butschek nachgewiesen hat, stellte
sich ein regionaler Multiplikatoreffekt ein und brachte einen starken Anstieg der Stahlproduktion, der Stromerzeugung und sogar
der Konsumgüterproduktion mit sich. Insgesamt wuchs das österreichische Bruttosozialprodukt 1938 um 12,8 Prozent und 1939 um
13,3 Prozent; ohne Berücksichtigung des Agrarsektors lagen die
Zuwachsraten bei 15 bzw. 16,3 Prozent.[10]

Die nationalsozialistische Sozial- und Wirtschaftspolitik brachte
eine echte Besserung der Lage, doch bemühte sich das Regime vergeblich, die Inflation in den Griff zu bekommen. Vom April 1938
bis zum April 1939 hielt die Reichsstelle für Preisüberwachung die
Mietkosten in Städten wie Wien und Linz auf dem Stand vor dem
Anschluss und senkte die Kosten für Heizung und Strom um fast
zehn Prozent. Im gleichen Zeitraum verdreifachten sich jedoch die
Preise für Fleisch, Geflügel, Eier, Obst und Gemüse. Ende des Jahres
1938 lagen die Gesamtausgaben der Verbraucher um 22 Prozent
höher als die Ausgaben vor dem Anschluss. Dem hohen Anstieg der

Einkommen standen Sozialversicherungsabgaben, neue Steuern und steigende Lebenshaltungskosten gegenüber. Um die Jahreswende gab eine vierköpfige Wiener Familie 30 Prozent mehr für den Unterhalt aus als im Vorjahr. Allerdings kam eine Familie zusammen mit Überstundenzuschlägen, Ehestandsdarlehen und Kinderbeihilfe mit dem Einkommen durchaus über die Runden.[11]

Am meisten ärgerte die Österreicher in den Monaten nach dem Anschluss jedoch die Tatsache, dass das NS-Regime nicht imstande war, die in die neuen Herrscher gesetzten Erwartungen zu erfüllen.[12] Beispielsweise baute die Regierung von März bis Dezember 1938 6778 Wohneinheiten (von 1921 bis 1937 wurden 34 000 Unterkünfte gebaut). Nachdem darüber hinaus 70 000 jüdische Wohnsitze zur Enteignung vorgesehen waren, sollte man annehmen, dass in der Ostmark kein Mangel an Wohnraum mehr herrschte. Stattdessen strömten jedoch reichsdeutsche Geschäftsführer, Funktionäre, Polizeibeamte und Militärberater ins Land und grasten den Immobilienmarkt ab. Die Zahl der freistehenden Wohnungen ging sogar zurück.[13] Wegen der Landflucht, der Währungsumstellung und der beschleunigten militärischen Mobilmachung konnte die österreichische Wirtschaft unmöglich mit der Wirtschaft des Altreichs Schritt halten. Im Jahr 1939 lagen die Lebenshaltungskosten in Wien sogar höher als in Berlin.[14] Ungeachtet der anhaltenden Bemühungen einheimischer NS-Funktionäre, die materielle Lage zu verbessern, blieb der Lebensstandard in der Ostmark ständig hinter dem Lebensstandard im Altreich zurück. Diese Ungleichheit wurde den Österreichern zunehmend bewusst, ein Umstand, der sich sehr negativ auf die Stimmung im Volk auswirkte, insbesondere in der Arbeiterklasse.

Die Antwort der Wiener Arbeiter

Im Jahr 1934 gehörten rund 55 Prozent der Einwohner Wiens der Arbeiterschaft an. Wie in anderen Großstädten Europas lebten und arbeiteten die Arbeiter überwiegend in finsteren Industrievierteln wie Ottakring, Simmering und Floridsdorf, der Anteil an Arbeiterfamilien lag jedoch in sämtlichen 21 Verwaltungsbezirken der Stadt relativ hoch. In zwölf Bezirken machten die Arbeiter 50 bis 70 Pro-

zent der Bevölkerung aus, in fünf weiteren 40 bis 49 Prozent und in
den vier übrigen 37 bis 39 Prozent. Wer eine Stelle hatte, arbeitete in
großen Fabriken, in städtischen Unternehmen oder in kleinen Werkstätten, die von unabhängigen Handwerkern geführt wurden. Auch
wenn nicht alle Arbeiter der Sozialdemokratischen Partei angehört
hatten, blieb die Solidarität unter ihnen stark, und eine »nie in Frage
gestellte Mehrheit« sympathisierte immer noch mit der unterlegenen Arbeiterbewegung.[15]

Dennoch war ein großer Teil ideologisch verunsichert. Viele
waren außerdem mit der (weitgehend jüdischen) Führung der Sozialdemokratischen Arbeiterpartei unzufrieden. Nach den beiden Aufständen von 1934 hatten einige Februarkämpfer mit nationalsozialistischen Führern im Untergrund Freundschaft geschlossen, mit
denen sie in Wöllersdorf in Niederösterreich gemeinsam im Gefängnis gesessen hatten.[16] Beim Einmarsch der Deutschen waren einfache
Arbeiter den Meldungen von außenstehenden Beobachtern zufolge
vergleichsweise selten unter den jubelnden Menschenmassen.[17] Laut
Botz schlossen sich relativ wenig Arbeiter dem Mob an, der die
Juden anfeindete.[18] Aber der Großteil der arbeitenden Bevölkerung
empfand eine hämische Schadenfreude über den Sturz des christli-
chen Ständestaates. Auch auf Karl Renners Befürwortung des
Anschlusses gab es positive Reaktionen. Von seinem Exil in der
Tschechoslowakei aus musste selbst Otto Bauer zugeben, dass das
Proletariat keineswegs immun war gegen die »ungeheure Suggestiv-
kraft der Nazipropaganda«.[19] Was Hanisch über die Reaktion der
Arbeiter schreibt, trifft vermutlich stärker auf Wien zu als auf die
Provinz: »Klassenbewusste Arbeiter schlossen sich zwar nicht der
nationalsozialistischen Partei an, protestierten aber auch nicht gegen
sie.«[20]

Die Nationalsozialisten umwarben die Arbeiterklasse mit der Forderung nach einer nationalen Einheit innerhalb der Volksgemeinschaft. Sie appellierten mit Angriffen gegen den christlichen Ständestaat, gegen die katholische Kirche und gegen die »nichtdeutschen«
Führer der Sozialdemokratie, die angeblich die Arbeiterbewegung
im Jahr 1934 in die Katastrophe geführt hatten, an die unter den
Arbeitern weit verbreitete antiklerikale und antisemitische Einstellung. Da die Gestapo und der Sicherheitsdienst den Auftrag hatten,

marxistischen und kommunistischen Einfluss aufzuspüren und auszumerzen, mussten die Nationalsozialisten »bei ihren Angriffen
gegen den Marxismus und ihrer Angst, sich die sozialdemokratischen Arbeiter mit Attacken auf die Grundsätze des demokratischen
Sozialismus zu entfremden, eine wahre Gratwanderung bewerkstel-
ligen«.[21] Besondere Aufmerksamkeit wurde der Rekrutierung junger Männer gewidmet, einer Gruppe, die noch relativ »unbehelligt«
war von der austromarxistischen Ideologie. Die Feindseligkeiten
zwischen Nationalsozialisten und Marxisten erschwerten selbstverständlich die Bemühungen der NSDAP, die Loyalität der Wiener
Arbeiter zu gewinnen. Dennoch konnten Hitlers Helfershelfer einige
Erfolge verbuchen.

Zunächst versuchten Agenten der Sopade (der Führung der deutschen sozialdemokratischen Partei im Exil), die Reaktion der Arbeiterklasse auf die neue Herrschaft einzuschätzen. In einem kurzen,
aber in sich schlüssigen Überblick hoben die im Untergrund tätigen
Agenten das tief im Austromarxismus verwurzelte Streben nach
einer Einheit mit Deutschland hervor; gleichzeitig erklärten Augenzeugen, dass die Haltung der Arbeiter sich seit 1934 so weit nach
links verlagert habe, dass die meisten Arbeiter mit preußischer
Disziplin an die Kandare genommen würden.[22] Nach den ersten
Stichproben der Nationalsozialisten – insbesondere durch Odilo
Globocnik, der damals bereits mit dem Gauleiterposten in Wien
liebäugelte – reagierten die Arbeiter positiv auf die nationalsozialistischen Maßnahmen. Globocnik räumte zwar ein, dass im 17. Bezirk
Hitlerbilder und Hakenkreuzfahnen heruntergerissen worden seien,
behauptete aber, dass die Kommunisten eine Art »Panikstimmung«
erfasst habe. »Die Betonung der Volksverbundenheit und sozialistischen Kameradschaft wirkte besonders dem roten Arbeiter gegenüber günstig. Besonders gut wirkten sich bei den Arbeitern die Pläne
der Arbeitsbeschaffung aus. Ebenso verhält es sich mit der Wiederaufnahme der Ausgesteuerten in die Arbeitslosenversicherung«,
schrieb er. »Manche KP-Führer lieferten freiwillig verbotenes Schrif-
tenmaterial ab.«[23]

Ende Mai 1938 hörten die NS-Behörden von schweren Unruhen
in der Brauerei Rannersdorf. Die Gestapo, die überall die Gefahr
eines konterrevolutionären Einflusses witterte, führte eine umfas-

sende Ermittlung durch, die in der Tat eine weit verbreitete Unzufriedenheit ans Tageslicht brachte. Der Groll war jedoch auf persönliche Rivalitäten und interne Fehden zurückzuführen und hatte
weniger ideologische Gründe.[24] Im folgenden Monat forschte die
Gestapo intensiv nach kommunistischen Aktivitäten in Wien und
kam zu dem Schluss, dass die KPÖ ihre Tätigkeit weitgehend eingestellt habe und dass die einfachen Parteimitglieder zur NSDAP über-
liefen. Es wurde zwar eingeräumt, dass eine Hand voll Aktivisten
Gerüchte von Lebensmittelknappheiten verbreiteten oder versuchten, auf dem zentralen Marktplatz (dem so genannten Naschmarkt)
Unruhe zu stiften, doch das dürfte wenig Einfluss auf die Stimmung
in der Arbeiterklasse gehabt haben.[25] Alles in allem lassen sich kaum
Hinweise finden, die den in der NS-Presse kolportierten Ausspruch
widerlegen würden: »Heut' san mir Roten für den Führer!«[26]

Das soll nicht heißen, dass sich die Anschlusseuphorie in Wien
lange gehalten hätte. Ende Mai schrieb ein amerikanischer Korrespondent, dass in der Metropole an allen Ecken ein »Getuschel und
heimliche Blicke über die Schulter« zu beobachten seien.[27] Einen
Monat später sprach der britische Generalkonsul von einem zunehmenden Widerwillen gegen die »derzeitige schändliche, antijüdische
Kampagne in Wien, den anhaltenden Preisanstieg und die fehlende
Achtung der Verfassung«.[28] Die Unzufriedenheit hatte ein solches
Ausmaß erreicht, dass selbst die NS-Führung einräumte, dass Maßnahmen ergriffen werden mussten, um die Bevölkerung zu besänftigen.[29]

Dass ausgerechnet die Wiener Nationalsozialisten als Erste von
der Realität des Anschlusses desillusioniert waren, entbehrt nicht
einer gewissen Ironie. Das ist Gegenstand des vorigen Kapitels. In
dem Maße wie ihre Klagen über die »Preussen« und »Piefkes« in die
Alltagsgespräche einflossen, machten sich die Behörden Sorgen um
die Auswirkung der zunehmend antideutschen Stimmung auf die
übrige Bevölkerung. Bürckel war wegen der in die Höhe schießen-
den Preise sehr beunruhigt und versuchte, die galoppierende Inflation zu bremsen, indem er sich direkt an die Wirtschaft wandte. Er
apellierte an die Kaufleute, die Preise für Kleidung, Schuhe, Lederwaren, Möbel und Bedarfsartikel auf dem Stand vor dem Anschluss
zu belassen. »Jüdischen Schwindlern« gab er die Schuld an den

gestiegenen Lebenshaltungskosten und drohte, Preistreiber in Konzentrationslager zu sperren. Trotz Zuckerbrot und Peitsche kletterten jedoch die Preise in rasendem Tempo weiter. Im Juli herrschte ein Mangel an Obst, Gemüse und Brot. Wütende Hausfrauen protestierten und sammelten sich gelegentlich zu Demonstrationen.[30]

Bis zu welchem Grad die Wiener Arbeiter als Klasse an der allgemeinen Unzufriedenheit Anteil hatten, lässt sich schwer beurteilen. Es liegen nur wenige und noch dazu widersprüchliche Quellen vor. Die *Rote Fahne*, das Organ der kommunistischen Partei im Untergrund, meldete, dass bis Mitte Juni gut 40 000 Lohnarbeiter für höhere Löhne demonstriert hätten. Außerdem wurden aus den Lokomotivwerken in Floridsdorf, aus der Fabrik Siemens-Schuckert und vom Wiener Flughafen Unruhen gemeldet.[31] Der SD beobachtete eine starke Niedergeschlagenheit unter denjenigen, die Stellen im Altreich annahmen. Sie verließen das Land selten freiwillig, sondern wurden zumeist vom Arbeitsamt willkürlich als »arbeitsscheues Gesindel« herausgepickt und verschickt. Am Westbahnhof gab es zahlreiche tragische »Zwischenfälle« und ein »Klima der Angst« breitete sich aus.[32]

Auf der anderen Seite traten in diesen Monaten fast 28 Prozent der gesamten Wiener Bevölkerung in die DAF ein, deren Mitgliederzahl von 89 179 im Juni auf 582 724 am Jahresende anstieg.[33] Mit Sicherheit wurden viele Arbeiter unter Druck gesetzt und eingeschüchtert. Wie viele aus freien Stücken in die Arbeitsfront eintraten, lässt sich nicht eruieren. Ein deutscher Organisator äußerte jedenfalls sein Erstaunen über die »unerhörte Anziehungskraft« der Arbeitsfront.[34] Aus welchen Gründen sie auch beigetreten sein mochten, es herrschte allgemeiner Konsens, dass die DAF mehr war als eine rein politische Kampforganisation. Tatsächlich berichteten viele Arbeiter, dass die NS-Vertrauensmänner in der Regel ein offenes Ohr für ihre Sorgen hatten. Die Befragten meinten auch, dass die Vorarbeiter und Direktoren viel entgegenkommender gewesen seien als während des christlichen Ständestaates.[35] Mitte Juli schrieb ein DAF-Funktionär an Bürckel, Kreise der Arbeiterklasse seien tatsächlich wegen der steigenden Lebenshaltungskosten alarmiert, aber die meisten Leute seien so dankbar, wieder eine Arbeit zu haben, dass kaum jemand gegen die NSDAP murre.[36]

Gerhard Botz ist nach einer sorgfältigen Untersuchung der vorliegenden Quellen zu dem Schluss gelangt, dass die österreichischen Nationalsozialisten und Sozialdemokraten in den ersten Monaten nach dem Anschluss ein echtes Gefühl der Solidarität empfanden und eine gegenseitige Versöhnung wünschten. Gleichzeitig blieben aber beide Seiten argwöhnisch, vor allem die Nationalsozialisten misstrauten jedem, der einmal Marxist gewesen war.[37] Die Integration der Arbeiterklasse in Hitlers Volksgemeinschaft wäre aber vermutlich auch dann nicht besser gelungen, wenn die Nationalsozialisten weniger argwöhnisch gewesen wären – allerdings lässt sich das nicht mit Gewissheit sagen. Das sozialdemokratische Netz im Untergrund blieb weitgehend intakt. Bewährte Gewerkschaftsfunktionäre gaben sich nach außen hin systemkonform und unterwanderten in Wirklichkeit die DAF, weil sie hofften, die Industriearbeiter auf diesem Weg schützen zu können. Es war bekannt, dass die Gestapo die Namen von 5000 revolutionären Sozialisten kannte – Untergrundaktivisten, die sich gegen den christlichen Ständestaat zur Wehr gesetzt hatten. Deshalb schien offener Widerstand selbstmörderisch und kontraproduktiv zugleich.[38] Mit Hilfe der sozialdemokratischen Strategie der begrenzten Zusammenarbeit gelang es weitgehend, die subkulturelle Einheit der Wiener Arbeiterklasse zu erhalten. Dabei kann kein Zweifel daran bestehen, dass die Politik der Anpassung auf moralischer Ebene ihren Preis hatte. Nach dem Zweiten Weltkrieg, vor allem nach 1947, fand die wieder auferstandene SPÖ mehrmals die Zustimmung der Altnazis. Die Sozialdemokraten machten ihnen nicht allein Zugeständnisse, im Jahr 1971 vergab die Regierung Bruno Kreisky sogar vier Ressorts an ehemalige NSDAP-Mitglieder und brach die Ermittlungen der Justiz gegen 800 österreichische Kriegsverbrecher ab.[39]

Auf die Sudetenkrise folgte, wie erwähnt, die erste große Ernüchterung nach dem Anschluss. Die steten Warnungen der Kommunisten vor Hitlers aggressiven Absichten bestätigten sich.[40] Mitte August versetzten die Einberufung der Reservisten und die Absage der Ferienreisen im Rahmen des Programms Kraft durch Freude (KdF) die Wiener Familien in Angst und Schrecken.[41] Es kam auch zu Zwischenfällen mit deutschen Soldaten, die in der Stadt stationiert waren.[42] Gestapo-Spitzel meldeten, dass es in den Arbeitervierteln brodele. Die Behörden waren alarmiert. Reinhard Heydrich, der Chef des SD und der Sipo, befahl der Wiener Stapoleitstelle, »alle ehemaligen führenden Funktionäre der Sozialisten und Kommunisten in Schutzhaft zu nehmen«, die subversiver Aktivitäten verdächtigt wurden.[43] Obwohl die Wiener Gestapo den Zeitpunkt für ungeeignet hielt, wurden im ganzen Land einige Personen wegen feindseliger, verleumderischer oder beleidigender Äußerungen verhaftet.[44]

Über die Reaktion der Wiener Arbeiter auf Hitlers diplomatischen Sieg, das Münchener Abkommen vom 30. September 1938, geben die vorliegenden Quellen keinen Aufschluss. Man muss wohl davon ausgehen, dass die Arbeiterklasse eine ebenso große Erleichterung und Begeisterung empfand wie die allgemeine Bevölkerung. Karl Renner, der halb offizielle Sprecher der Sozialdemokratie, lobte in einer Broschüre gar die »beispiellose Beharrlichkeit und Tatkraft der deutschen Reichsführung«.[45] In den turbulenten Wochen nach der Plünderung des erzbischöflichen Palais' von Kardinal Innitzer wurden andererseits die Unzufriedenheit und Sorgen immer größer und es kam zu NS-feindlichen Äußerungen. Ein Mann war zum Beispiel ertappt worden, als er den Gruß »Heil Hitler« mit den Worten »Ich scheiß auf Hitler« erwiderte.[46]

Kurz vor Jahresende verfasste der Sicherheitsdienst der SS einen umfassenden Bericht über die Stimmung in der Arbeiterklasse. Aufgrund der ausgiebigen Befragung von fünf Vertrauensmännern aus dem 10. Bezirk hieß es in dem Bericht, dass die DAF mehrheitlich das Vertrauen der Wiener Arbeiter gewinne. Gleichzeitig stellten die Vertrauensmänner eine verstärkte Kritik an NS-Größen fest, vor allem an reichsdeutschen Funktionären, die für die österreichischen Verhältnisse wenig Verständnis hätten und dazu neigten, konstruktive Kritik als Querulantentum oder Illoyalität zurückzuweisen. Auch einige Fälle der Korruption wurden gemeldet.[47]

Zur Politik schrieb der SD, dass »die Arbeiter mit großer Befriedigung über die Stärke des deutschen Heeres und über die Tatsache der Aufrüstung sprechen«. Über Reservisten, die von Wehrübungen zurückkehrten, hieß es sogar, sie seien mit ihrer Behandlung sehr zufrieden gewesen, obschon sie damit rechneten, demnächst in den aktiven Dienst einberufen zu werden. Mit Blick auf die »Judenfrage«

erklärte der SD, die Arbeiterklasse habe die Verbannung der Juden
aus der Arbeitswelt begrüßt, aber Skrupel wegen der Ausschreitungen in der »Reichskristallnacht« geäußert. Im Gegensatz dazu hätten
sie keinerlei Gewissensbisse wegen des NS-Überfalls auf die Kirche:
Die Arbeiter würden Kardinal Innitzer hassen und sogar noch schär-
fere Maßnahmen gegen den Klerus und seine Herde empfehlen.[48]

Was immer die Wiener Arbeiter am Jahresende wirklich gedacht
haben mochten, als sie nach den freien Tagen wieder an die Arbeit
gingen, traf sie eine Neuerung wie ein Schock: Durch das am
1. Januar 1939 in Kraft getretene Reichseinkommensteuergesetz verringerte sich ihr Nettogehalt um sage und schreibe 30 Prozent.
Obwohl von offizieller Seite um Verständnis gebeten wurde, kam es
spontan zu Streiks und kollektiven Forderungen nach Lohnerhö-
hungen. Am 16. Januar weigerte sich die Nachmittagsschicht in der
Pottendorfer Spinnerei, die Maschinen in den Abteilungen Mische-
rei und Putzerei zu starten. In der Optischen Anstalt Görz in Favoriten, einem Unternehmen, das für die Rüstung wichtig war, gravier-
ten Arbeiter Parolen in einen Schleifstein: »Wir danken unserem
Führer für die neuen Steuern.« In der Fabrik Siemens-Schuckert in
Floridsdorf legten 60 Dreher aus Protest gegen die Entlassung eines
Kollegen die Arbeit nieder. Er hatte im Zorn ein Werkstück nach
einem Vorarbeiter geworfen.[49]

Am 1. Februar meldete ein Wiener SA-Führer an einen Kollegen
in Offenbach, dass die arbeitende Bevölkerung »sehr unruhig« sei.
Ein Hauptgrund sei die inkompetente Geschäftsführung. Bei der
Brotfabrik Anker hatte ein unerfahrenes Team aus jungen Berlinern
die jüdischen Direktoren abgelöst: »...sie haben sich gegenseitig
hohe Bezüge gesichert und konnten natürlich nichts leisten.« Die
ehemals kommunistische Belegschaft von 1600 Mitarbeitern sei zu
den Nazis übergelaufen »oder hat nur so getan«, schloss er, »und
nun kommt die unmögliche Entwicklung in der Geschäftsführung,
sodass die Leute ihre wahre Einstellung immer mehr zur Schau
tragen«.[50]

Der Unmut, der sich Anfang 1939 in Wien ausbreitete, war keineswegs auf die Arbeiterklasse oder die Fabriken beschränkt. Zu
einem erheblichen Teil war die Unzufriedenheit, wie gezeigt, auf die
neuerlichen Grabenkämpfe innerhalb der Partei zurückzuführen.[51]

Der unaufhaltsame Anstieg der Lebenshaltungskosten nährte ebenfalls die allgemeine Missstimmung. Statt der versprochenen allmählichen Stabilisierung schnellten nach dem Jahreswechsel die Preise für frei gehandelte Produkte in die Höhe. Darüber hinaus herrschte ein Mangel an verschiedenen Waren und Lebensmitteln. In den Schaufenstern am Graben und in der Kärntner Straße waren immer noch schicke Pullover, Kleider und Lederwaren zu bewundern, aber gute Wollsachen und hochwertige Schuhe waren aus den Regalen verschwunden. Kaffee wurde nur in Rationen zu 100 Gramm pro Woche ausgegeben; Reis, Nüsse, Birnen und Orangen waren überhaupt nicht zu bekommen. Die rasch steigenden Preise für Gemüse, Obst und andere Lebensmittel erregten den Zorn vieler Wiener, insbesondere der Hausfrauen. Überall hörte man: »Haben Sie irgendwo Zwiebeln bekommen? Was kosten sie heute? Wie steht es mit Obst? Gibt es Kartoffeln?«[52] In der Gegend von Metzgerläden und Markthallen machten Hausfrauen häufig ihrer Enttäuschung und ihrem Ärger Luft.[53]

In zwei Beiträgen für die *New York Times* erfasste die amerikanische Korrespondentin Anne O'Hare McCormick die wechselnde und widersprüchliche Stimmung in Wien. Nach einer Skizze der internen Fehde der österreichischen NSDAP bezeichnete sie die Wiener als »provinziell«, »egozentrisch«, mit Deutschland würden sie sich sicherer fühlen. Bei ihrem Bummel durch die Wiener Straßen sah McCormick besser gefüllte Cafés als voriges Jahr, die »Kaffee, Schlagobers, Weißbrot und große Portionen Butter anboten«. Aus ihrer Sicht »sind Besucher aus anderen Teilen Deutschlands erstaunt über den krassen Unterschied zwischen der deutschen und der österreichischen Versorgung«.

In den Hinterhöfen des Karl-Marx-Hofes, eines Gemeindebaukomplexes, der 1934 von Dollfuß' Haubitzen beschossen wurde, beobachtete sie Bewohner, die gut gelaunt »in der hellen Februarsonne« schlenderten, »gekleidet wie die Sonntagsausgänger in anderen Vierteln. Seit Jahren waren in Wien kaum elegant gekleidete Menschen zu sehen gewesen. Jetzt sind die Einwohner genau so proletarisch wie das übrige Deutschland. Bettler sind verschwunden; es gibt keine Arbeitslosigkeit mehr.«[54]

McCormick durchschaut die Maske des Wiener Selbstmitleids

und der Sentimentalität und kommt zu dem Schluss: »Es ist zu beobachten, dass fast alle Österreicher jammern, und vor allem beklagen sich drei Gruppen: erstens die alten Nazis und Alldeutschen, die in den Anschluss die höchsten Erwartungen gesetzt hatten, zweitens die Unternehmer und Geschäftsleute allgemein und drittens die Intellektuellen. Am wenigsten beklagen sich jedoch die jungen Leute und die unterste Gesellschaftsschicht: Friseure, Zimmerleute, Metzger, arme Mütter mit abgehärmten Gesichtern. Diese Leute sagen alle, dass es ihnen besser gehe als zuvor.«[55]

Am ersten Jahrestag des Anschlusses ließ sich über die Haltung der Arbeiterklasse mit Recht sagen, dass die Kampfbereitschaft am Arbeitsplatz zwar zunahm, dass die Unzufriedenheit aber eher pekuniäre Gründe hatte, weniger politische. Im Gegensatz zu den deutschen sind die Wiener Arbeiter den Repressionen des NS-Regimes ausgewichen, oder genauer, sie haben sie nicht im vollen Ausmaß zu spüren bekommen. Außerdem waren viele Menschen immer noch dankbar, wieder eine Arbeit zu haben, das gilt vor allem für Arme und Mittellose. Ein junger Kellner sagte McCormick, die Atmosphäre in seiner Gegend habe sich von Grund auf gewandelt. »Ich sehe mir die Schuhe der Menschen auf der Straße an, und ich weiß, dass die Zeiten jetzt besser sind für die Armen.«[56]

Dennoch fällt es schwer, der Ansicht des britischen Generalkonsuls St. Clair Gainer zu widersprechen, dass das erste Jahr der deutschen Herrschaft, »in beinahe jeder Hinsicht ein Jahr des Unbehagens, der Unzufriedenheit und der Verwirrung« war.[57] Arbeiterfamilien waren empört über die steigenden Preise, über »die Verschärfung der Steuergesetze und die zahlreichen Abgaben für Parteizwecke«[58]. Sie begehrten auch gegen die Bezahlung der Akkordarbeit auf.[59] Unklar ist jedoch, ob der Missmut der Wiener Arbeiter ein spezifisches Phänomen war, beziehungsweise sich erheblich von der Reichsmüdigkeit unterschied, die andere Einzelpersonen und Gruppierungen verspürten. In den vereinzelten Fällen antideutscher Ausfälle, die von der Gestapo gemeldet wurden, waren zwar sicherlich Anzeichen für einen österreichischen Patriotismus zu beobachten[60], aber es besteht kein Grund zu der Annahme, dass die industrielle Arbeiterschaft sich von dem Anschluss-Regime abgewandt hätte.

Außerdem besserte sich die wirtschaftliche Lage in der Ostmark zunehmend. In den neun Monaten vor dem deutschen Überfall auf Polen wurden in Österreich rund 147 000 neue Arbeitsplätze geschaffen und das Einkommen stieg um vier Prozent, obwohl die Löhne offiziell eingefroren waren. In derselben Zeit gingen die staatlichen Investitionen leicht zurück, aber dieser Rückgang wurde von den Rüstungsausgaben mehr als ausgeglichen. Wie bereits erwähnt, stieg das Bruttosozialprodukt ohne die Landwirtschaft um 16,3 Prozent.[61]

In vielerlei Hinsicht kann die Haltung der Straßenbahnarbeiter als repräsentativ für die Ansichten der Wiener Arbeiter gelten. Die politisch bewussten Straßenbahnarbeiter hatten das Dollfuß-Schuschnigg-Regime abgelehnt und den Anschluss mehrheitlich begrüßt. Sie hielten an sozialdemokratischen Wertvorstellungen fest, zögerten aber nicht, in die Deutsche Arbeitsfront einzutreten. Einem Bericht der DAF vom 22. Mai 1939 zufolge fühlten sich die städtischen Schaffner, Fahrer und Weichensteller übers Ohr gehauen, als im Oktober endlich die großartig angekündigte Lohnerhöhung in Kraft getreten war. Demnach sollten die Gehälter der städtischen Angestellten an die Löhne im Altreich angepasst werden, in Wirklichkeit profitierte jedoch vor allem die Führungsetage von der Anpassung. Statt eines angemessenen Ausgleichs in der Volksgemeinschaft erhielt ein Schaffner mit 20 Dienstjahren den gleichen Lohn wie ein neu angestellter Beamter in leitender Funktion. Durch die Einführung der deutschen Einkommensteuersätze wurde die Kaufkraft weiter geschwächt. Die Stimmung sank. Das galt nicht nur für die ersten Tage nach Neujahr, die Frustration hielt an. Beispielsweise kletterten die Abzüge für Steuern, Renten- und Krankenversicherung und für die Deutsche Arbeitsfront vom April bis zum Mai 1939 von 41,25 Reichsmark auf 49,31 Reichsmark. Dass die Wiener Verkehrsbetriebe in der Folge zu einer Brutstätte antinationalsozialistischer Ressentiments und der Aufsässigkeit wurden, kann nicht verwundern, vor allem weil die städtischen Arbeiter nicht über dieselben Möglichkeiten, Druck auszuüben, verfügten wie ihre Kollegen in der Bau- und Rüstungsindustrie auf dem freien Markt.[62]

Wie verwirrend und uneinheitlich die Stimmung in der Arbeiterklasse einem Außenstehenden erschien, lässt sich an dem Bericht eines DAF-Funktionärs ablesen, eines Reiseleiters einer KdF-Fahrt. Anfang Juni führte er eine Gruppe aus der Spinnerei Kulmbach in Bayern nach Wien. Laut seiner Darstellung waren die Touristen verblüfft, um nicht zu sagen erbost über die Verbreitung »dunkler marxist [sic!] Elemente« in der Metropole. Während sie das neugotische Rathaus bewunderten, wurden sie von Wiener Passanten »fremde Nazis« geschimpft. Ein Mann mit Parteiabzeichen am Arm behauptete, er sei der Führer der SA *und* der Kommunisten in seinem Viertel. Andere Wiener Arbeiter äußerten ebenfalls die Überzeugung, die SA stehe »auf ihrer Seite«. Die Touristen waren schockiert und reisten ohne ein Souvenir wieder ab, weil die Preise 20 bis 30 Prozent höher waren als in Bayern.[63]

Im Sommer 1939 spitzte sich die Stimmung in Wien noch mehr zu. In Arbeitervierteln verbargen die Bewohner ihren Unmut und ihre Wut immer weniger. Es wurde sogar gemeldet, dass Gruppen von Arbeitern mit erhobener Faust durch die Straßen von Meidling marschiert seien. Laut Gestapo-Berichten nutzte ein »Heer von Meckerern« die Unzufriedenheit aus, um Reichsdeutsche lächerlich zu machen und Gerüchte über einen bevorstehenden Krieg zu verbreiten.[64] Die Unzufriedenheit beschränkte sich aber keinesfalls auf proletarische Kreise. Der britische Generalkonsul schrieb von einem »beträchtlichen Wiederaufleben der antideutschen Stimmung in Wien, vor allem unter den österreichischen Nationalsozialisten«.[65]

Trotz des enormen Vertrauens in Hitlers Führungskraft und trotz der überwältigenden Zustimmung zur NS-Rassen- und Sozialpolitik verstärkte sich das antideutsche Klima im Juli und im August. Nach Meldungen des Sicherheitsdienstes war die Ablehnung der »preußischen Eindringlinge« mittlerweile so stark, dass »Deutsche aus dem Reich auf Heurigen unter jedem Vorwand geärgert und gepiesackt wurden«[66]. Die Kriegsgefahr lastete ebenfalls auf der Stadt. Die Wiener erkannten viel klarer als die ländliche Bevölkerung oder die Bewohner anderer Städte Großdeutschlands, welche Gefahr von der Polenkrise ausging.[67] Der britische Generalkonsul schrieb: »Der drohende Krieg überschattet genau wie vor einem Jahr sämtliche Gedanken, obwohl noch keine militärischen Vorbereitungen getroffen worden sind. Diejenigen, die einen Krieg für unvermeidlich halten (und unter den gebildeten Österreichern sind nur wenige anderer Ansicht), stützen ihre Prognosen auf die Logik der Ereignisse und sehen in der gegenwärtigen Lage keinen Lichtblick. Selbst eine friedliche Lösung der ›Danzigfrage‹, argumentieren sie, würde lediglich den Beginn nach hinten verschieben.«[68]

Ende August 1939 brodelte also in Wien eine Atmosphäre von Verbitterung, Anspannung und Nervosität; die Menschen spürten, dass »eine Katastrophe bevorsteht, die lediglich noch durch ein Wunder abgewendet werden kann«.[69] Als die Nachricht des deutsch-sowjetischen Nichtangriffspaktes eintraf, schien das Wunder vollbracht. Nach Angaben eines Augenzeugen herrschte ein »unbeschreiblicher« Freudentaumel, ein kurzes Überschäumen des Glücks und der Erleichterung, das Nationalsozialisten und Austromarxisten gleichermaßen erfasst hatte. Zwei Tage später wurde bekannt, dass die britische Regierung an ihrer Garantieerklärung für die polnische Unabhängigkeit festhielt, und die Wiener versanken wieder in eine Schwermut.[70] Den ganzen Sommer über war die Unzufriedenheit in Fabriken und in Arbeitervierteln besonders stark zu spüren gewesen. Im Gegensatz zum Altreich waren Kommunisten immer noch im Untergrund tätig, setzten heimlich verbotene Bücher in Umlauf und organisierten Sabotageakte in Betrieben. Gewiss, sie übten nur eine geringe Anziehungskraft aus, aber sie verfügten immerhin über etablierte Zellen in Ottakring, Favoriten und Stadlau. Außerdem hatten sie Anhänger in der Wiener Feuerwehr und in der Stadtbahn gewonnen.[71] Im Übrigen geht aus den Unterlagen des SD hervor, dass in erster Linie katholische Konservative und proösterreichische Monarchisten Antikriegspropaganda verbreiteten.[72] Der Zusammenhalt der Arbeiterschaft bestand zwar weiter, ihre Themen beschränkten sich aber vor allem auf die Grundbedürfnisse des Lebens, besser gesagt, auf die Möglichkeiten zu deren Befriedigung.

Reaktion in den Reichsgauen

Außerhalb von Wien, in den Gauen, war die Arbeiterklasse auf vereinzelte Industrieenklaven verstreut, die allesamt voneinander isoliert und inmitten einer äußerst feindseligen Umgebung errichtet worden waren. Die industrielle Fertigung war in Österreich vernach-

lässigt worden und hatte sich in abgelegenen Bergwerkdistrikten, an
Verkehrsknotenpunkten oder in vorindustriellen Handelszentren
entwickelt. Mit Ausnahme von Wiener Neustadt in Niederösterreich
fand sich in keiner einzigen Stadt die übliche Mischung aus Hütten-
werken, Gießereien und Kohlengruben. Selbst in Linz, einer Stadt
mit 111 545 Einwohnern, überwog die kleingewerbliche Produktion,
über 60 Prozent der Arbeiter waren im Handwerk beschäftigt. In
der Obersteiermark, das andere Extrem, dominierten vom Rauch
geschwärzte Industrieanlagen einen Ballungsraum aus Kohle- und
Stahlstädten, der eine gewisse Ähnlichkeit mit dem Ruhrgebiet auf-
wies. In anderen Landesteilen stand in unzähligen Dörfern ein ein-
ziges Werk oder eine Fabrik.[73] Für die Arbeiter in den Gauen der
Ostmark war die Arbeitswelt eine »Insel der proletarischen Existenz,
die von einer agrarischen Welt umgeben war«.[74]

In den beiden Jahrzehnten nach dem Ende der Habsburgermonarchie hatten die Sozialdemokraten außerhalb von Wien unzählige
Fälle der Einschüchterung, des Amtsmissbrauchs und der Verfolgung seitens ihrer Arbeitgeber, der Heimwehr und der katholischen
Kirche erdulden müssen. Besonders demoralisierend waren die vielen Predigten und Hirtenbriefe, in denen die Sozialdemokraten als
das »Böse« dargestellt wurden. Nach dem Aufstand von 1934 litten
die Arbeiter unter der Demütigung der Niederlage, unter Arbeitslosigkeit und Marginalisierung. Als Opfer eines Kulturkampfes unter
umgekehrten Vorzeichen wurden sie außerdem von der Gesellschaft
geächtet. Ein Teil der Arbeiter unterstützte die revolutionären Sozialisten im Untergrund, andere sympathisierten mit den Nationalsozialisten.[75]

Letztere ließen sich von Hitlers Versprechen blenden, er werde
neue Arbeitsplätze schaffen, die Lebensbedingungen verbessern und
ihnen einen höheren Status innerhalb der deutschen Volksgemeinschaft einräumen. In Industriestädten wie Steyr hatte die sozialdemokratische Solidarität unter den Arbeitern weitgehend Bestand.
In kleineren Gemeinden zögerten die Industriearbeiter jedoch nicht,
Seite an Seite mit NS-Aktivisten zu marschieren, von denen sie viele
von klein auf kannten und immer noch als ihre Freunde betrachteten. Ein Arbeiter aus einer Bergregion erinnerte sich Jahrzehnte später, die Nazis im Ort seien doch ebenfalls in den Bergen aufgewach-

sen. Auch wenn sie inzwischen ihre Gegner geworden seien, so hätten sie doch immer noch zusammengehalten.[76]

Auf den Anschluss reagierten die Arbeiter in den Gauen sehr unterschiedlich, teils mit Gleichgültigkeit, teils mit begeistertem Jubel. Über die Tiroler Lohnempfänger heißt es, sie seien »versteckte Gegner der [NS-]Bewegung« gewesen[77], die Arbeiter in Oberösterreich hingegen begrüßten begeistert die neue Ordnung. Aus Linz meldete die Gestapo, dass unter den Arbeitern eine Neigung zum Nationalsozialismus bestehe, wie sie keine andere Regierung zuvor in dieser Bevölkerungsschicht habe entfachen können.[78] Die Meinung der Arbeiter hing stark von den jeweiligen geographischen und historischen Umständen ab, offenbar begrüßten jedoch nahezu alle Arbeiter die Vereinigung mit dem Deutschen Reich. Im Hinblick auf die NS-Herrschaft schieden sich allerdings die Geister. Ein Arbeiter in Hallein gab an, sie hätten gemeinsam gejubelt, als die Deutschen gekommen wären. Auf einen Schlag hätte es viele neue Arbeitsplätze gegeben. Andererseits habe man sich anpassen müssen. Man habe nichts sagen dürfen. In der Tat sei man am besten dran gewesen, wenn man nichts gesagt habe. Wer protestiert habe, sei sofort entlassen worden.[79]

Die Behauptung, den Nationalsozialisten sei es gelungen, die überwältigende Mehrheit der Arbeiterschaft zu gewinnen[80], ist weit übertrieben. Allerdings besteht kein Zweifel daran, dass die NS-Bewegung in den Gauen unter den Arbeitern zahlreiche Anhänger fand. Abgesehen davon, dass die Nationalsozialisten Arbeitsplätze schufen und den Hass gegen das Alte Regime nutzten, schürten sie tief verwurzelte lokale Vorurteile und Ressentiments. Hitler machte selbst kein Hehl aus seiner Absicht, Wien einen Denkzettel zu verpassen, indem er die Verwaltung der Reichsgaue eingefleischten Nazis anvertraute und ein ehrgeiziges Modernisierungsprogramm auf regionaler Ebene startete. Unter anderem waren die Gewinnung der Bodenschätze, die Ausweitung der bestehenden Produktion und die Errichtung eines gewaltigen neuen Fertigungskomplexes im Gau Oberdonau geplant.[81] Die einheimischen Arbeiter konnten schon bald erste Erfolge sehen: Tausende neue Arbeitsplätze entstanden plötzlich im Bergbau, im Baugewerbe und in der Industrie. Aufgrund dieser Entwicklung hatten die Arbeiter bei den Absprachen über Zulagen zu den Löhnen einen größeren Spielraum als in Wien. In einigen Fabriken in Grenzregionen, wie zum Beispiel der Textilfabrik Dornbirn in Vorarlberg, erreichten die Löhne sogar den Stand der Löhne im Altreich.[82]

Die Proletarier in Fabrikstädten und Dörfern waren im Allgemeinen empfänglicher für die nationalsozialistischen Wertvorstellungen als die Wiener. Die Dorfarbeiter mit ihrer guten Arbeitsmoral identifizierten sich häufig ebenso stark mit der Region wie mit der Klasse. Sie beäugten sämtliche kollektiven Institutionen misstrauisch und waren stolz auf ihren Besitz. Die marxistische Lehre hatte sie nicht immun gemacht, sie neigten ebenso sehr zu einem fremdenfeindlichen Nationalismus wie andere Gruppen der Gesellschaft. Die Sozialpolitik der Nazis brachte manche Vorteile mit sich. Als zusätzlichen Anreiz bot das Programm Kraft durch Freude den Arbeitern die Gelegenheit, aus der rückständigen Welt der österreichischen Kleinstädte auszubrechen und in die »blühenden« Städte Deutschlands oder sogar nach Norwegen oder nach Italien zu reisen. Diese atemberaubenden Ferien sollten sie nie wieder vergessen – und nie wiederholen.[83]

Die Arbeiter aus den Provinzen träumten vor allem von einem eigenen Haus. Diesen Wunsch machte sich die Deutsche Arbeitsfront zunutze und konnte ihn teilweise erfüllen. Seit dem Ende des Ersten Weltkrieges hausten Tausende mittelloser Familien zusammengepfercht in baufälligen Baracken am Rand von Linz und Steyr oder in den Eisenerzer Alpen in der Steiermark. Die NS-Führung setzte sich sofort zum Ziel, diese Sammelplätze für Schmutz und Unrat einzureißen und an ihrer Stelle Wohnviertel aus Einfamilien- und Doppelhäusern zu errichten. Schon wenige Wochen nach dem Anschluss begannen die ersten Bauprojekte. Der Gauleiter von Oberösterreich August Eigruber, selbst ein ehemaliger Fabrikarbeiter, beaufsichtigte den Bau eines dorfähnlichen Komplexes aus 4500 Wohnungen, der an die Kugellagerfabrik Münichholz in Steyr angrenzte. Gleichzeitig nahm ein noch größerer Wohnkomplex in Linz bereits Gestalt an. Er lag in einem Grüngürtel in der Nähe der Hermann-Göring-Eisen- und Stahlwerke. Die Vollendung dieses Wohnbauprojektes wurde von Hitler persönlich vorangetrieben.[84]

Von 1938 bis 1941 wurden in dem Gau Oberdonau mindestens

15 000 Arbeiterwohnungen gebaut, rund 6650 weitere in den Industriestädten der Steiermark. Diese Bauten wurden zum Teil von so genannten Fremd- und Zwangsarbeitern errichtet. Indem die Nationalsozialisten die ortsansässigen Familien bei der Vergabe bevorzugt behandelten, festigten sie ihren Rückhalt bei den Arbeiterfamilien am Ort. Noch ein halbes Jahrhundert später hielten die Einheimischen die Hitlersiedlungen für ein positives Vermächtnis des NS-Regimes[85] und machten sich nichts daraus, dass sie zum Teil von Sklaven gebaut wurden.

Die Nazis hatten Österreich nicht annektiert, um seine Bewohner mit Wohltaten zu überhäufen. Wie schon zitiert, erklärte Göring, dass »bis zur äußersten Kraftanstrengung der eigene Mann hier eingesetzt wird und dass die Österreicher selbst Österreich in Ordnung bringen«.[86] Am Arbeitsplatz bedeutete das eine verschärfte Überwachung, strenge Disziplin und die allgegenwärtige Angst, verhaftet zu werden. Die deutschen Besatzer waren entschlossen, den austromarxistischen Einfluss selbst in den kleinsten Gemeinden auszurotten, und wiesen die Polizei an, »alle Personen marxistischer Einstellung, also Kommunisten, revolutionäre Sozialisten usw., die verdächtig sind, in irgendeiner Art, die nationalsozialistische Staatsführung nachteilig zu beeinflussen, festzustellen. Von diesen Personen sind jene in Schutzhaft zu nehmen, die vermöge ihres staatsgefährdenden Einflusses die am 10. April d. J. stattfindende Volksabstimmung durch Gegenpropaganda gefährden könnten.«[87] Aus diesen Gründen strömten die Arbeiter in den Gauen in Scharen zu den Parteidienststellen, vor allem in abgelegenen Fabrikdörfern und Bergbaustädten. Beispielsweise wurde von den Stollen der Kohlengrube Sonnberg bei Guttaring in Kärnten gemeldet, dass wenigstens zwei Drittel der Bergleute für die Partei arbeiten würden. In dem benachbarten Niklasdorf in der Steiermark hieß es, bis auf vier würden alle 600 Arbeiter der Stadt die neue Ordnung unterstützen.[88] Noch überraschender ist die Polizeimeldung aus Oberdonau, einer Region, in der die NS-Bewegung lange Zeit kaum Fuß fasste. Darin heißt es, dass die arbeitende Bevölkerung in Linz und Steyr sowie in kleinen Dörfern wie Kleinraming, Gleink und Reichraming den Anschluss enthusiastisch begrüßt habe.[89] Genau wie in Wien versuchten die Nationalsozialisten auch, die

Provinzarbeiter rasch zu mobilisieren. Im Rahmen von Festakten in
Linz und Steyr stellte Gauleiter Eigruber feierlich eine Reihe von
Februarkämpfern wieder ein; er verlas außerdem Beistandserklärungen von führenden Sozialdemokraten wie Ludwig Bernaschek, dem
Bruder des oberösterreichischen Milizenchefs, und Franz Sichlrader,
dem ehemaligen Bürgermeister von Steyr.[90] Einige Monate später
erzielte Gauleiter Uiberreither in der Steiermark einen noch größeren Propagandaerfolg, indem er Paula Wallisch, der Witwe von
Koloman Wallisch, einen respektierlichen Posten anbot. Der ehemalige Kopf der steirischen Arbeiterbewegung hatte gemeinsam mit
Bela Kun gekämpft, war in den Landtag in Graz gewählt und nach
dem Februaraufstand gehängt worden.[91] Allen vorliegenden Berichten zufolge übertraf die Reaktion der Arbeiter gar die Erwartungen.
Aus Gleink wurde gemeldet, dass »die Arbeiterschaft eigentlich am
meisten begeistert über den Anschluss« sei, aus Kleinraming, dass
»die neun Marxisten Begeisterung für das jetzige System« zeigen. In
Wartberg wurden drei Personen wegen ihrer »marxistischen Einstellung« in Schutzhaft genommen, aber aus Reichraming hieß es, die
Arbeiterschaft sei »restlos für Hitler«.[92]

Auch nach der Volksabstimmung blieben die Arbeiter dem NS-
Regime wohlgesonnen, trotz der steigenden Lebenshaltungskosten.
Die Gestapo ging Berichten über »kommunistische Agitation«
nach, hielt diese aber in vielen Fällen für übertrieben oder irreführend. Beispielsweise beschlagnahmten Himmlers Agenten in den
Steyr-Werken Kopien der im Untergrund verbreiteten *Roten Fahne*,
interpretierten die Unzufriedenheit am Arbeitsplatz jedoch schlicht
als Reaktion auf plötzliche Lohnkürzungen und ungeschicktes Vorgehen der Direktion. Im September sprachen die Sicherheitsorgane
davon, dass die Belegschaft der Steyr-Werke weitgehend zur NSDAP
übergelaufen sei oder zumindest mit ihr sympathisiere. Aus anderen
Orten meldete die Polizei: »Die marxistische Bewegung hat seit der
Wiedervereinigung mit dem Reiche scheinbar ganz aufgehört« oder
sei »so gut wie ausgestorben«.[93]

Unterdessen weitete die Deutsche Arbeitsfront ihre Tätigkeit auf
das Hinterland aus. Sie bildete, wie gesagt, das Hauptinstrument
der nationalsozialistischen Sozialpolitik. Die DAF sollte die Arbeiter
mobilisieren, die Arbeitsbedingungen verbessern und zugleich die

Löhne in Schach halten, indem sie einerseits die zentral festgelegten Tarife nach außen hin vertrat, andererseits aber auch massiven Druck ausübte. In der Ostmark hatten die DAF-Funktionäre außerdem die Aufgabe, die Produktivität zu steigern, den Klassenkonflikt zu überwinden und das Arbeitstempo an den Bedarf des deutschen militärisch-industriellen Komplexes anzupassen.[94] Nach einem umfassenden Bericht, der Reichskommissar Bürckel am 25. Juli 1938 vorgelegt wurde, fiel die erste Reaktion der Arbeiter im Reichsgau Niederdonau im Allgemeinen positiv aus: Werksarbeiter jubelten dem Leiter der DAF Robert Ley während einer Inspektionsreise durch die Gaue zu; sie waren in großer Zahl zusammengeströmt, um an Versammlungen der Arbeitsfront teilzunehmen. Der Bericht räumt zwar ein, dass sich immer noch kleine Nester aus Marxisten oder unzufriedenen Tschechen halten würden, doch von ihnen ginge keine Gefahr aus. Die Arbeiter würden mehrheitlich, so heißt es dort weiter, »mit uns marschieren«.[95]

Der DAF-Rapport, der eigentlich die Arbeitsbedingungen in Niederösterreich zum Gegenstand hat, gestattet einen Einblick in die Ansichten der Arbeiter: Sie machten sich zunehmend Sorgen über die steigenden Lebenshaltungskosten, waren aber froh, wieder Arbeit zu haben. Bei fast allen Klagen ging es um die eigene Brieftasche und nicht um politische Themen. In Amstetten äußerten DAF-Funktionäre Verständnis für die Unzufriedenheit unter den Arbeitern im Sägewerk, die weniger Lohn nach Hause brachten als andere Arbeiter. In Bruck an der Leitha diagnostizierten sie eine Enttäuschung über das Schneckentempo der wirtschaftlichen Veränderungen; diese Enttäuschung sei angeblich von einer Hand voll Kommunisten geschürt worden. Aus Eisenstadt, das seinen Status als Hauptstadt des Burgenlandes verloren hatte, wurde eine »große Unruhe« gemeldet. Sie war allerdings nicht die Folge marxistischer Agitation, sondern unzureichender Löhne und katastrophaler Arbeitsbedingungen. DAF-Funktionäre schlugen auch aus anderen Orten, vor allem in den verarmten Regionen des ehemaligen Burgenlandes, wegen der Rückständigkeit der Wirtschaft und der Not der Arbeiterfamilien Alarm. Nicht wenige Familien lebten noch in Hütten mit Lehmboden und schliefen auf Säcken aus Stroh. Auf der anderen Seite wurde in St. Pölten, Korneuburg und Wiener

Neustadt die Beobachtung gemacht, dass die Wirtschaftstätigkeit zunahm und die Stimmung sich merklich besserte.[96]

Da die Löhne in der Industrie und in der Landwirtschaft bei weitem nicht so schnell stiegen wie die Lebenshaltungskosten, begehrten die Arbeiter in den Gauen der Ostmark mehrmals auf, wenn auch nie so stark wie in Wien. In der Obersteiermark kam es kurzweilig zu einem Bergarbeiterstreik, das war jedoch der einzige Streik.[97] Im Spätsommer meldeten die Dienststellen in Oberdonau fast einmütig, dass die Arbeiter die Volksgemeinschaft unterstützten.[98] Selbst in Kirchdorf, wo die arbeitende Bevölkerung sich anfangs reserviert verhalten hatte, sprachen die Behörden mittlerweile von einem starken Zuspruch.[99] Die Sicherheitsorgane hoben außerdem hervor, dass marxistische Agitationen praktisch verschwunden seien, auch wenn sie einräumten, dass die Gestapo immer wieder Verdächtige festnehme und regelmäßig betrunkene Arbeiter verhafte, weil sie »Heil Moskau!« gegröhlt hätten. Zur Zeit der Sudetenkrise wurden unter vielen Arbeitern in den Städten intensive Diskussionen beobachtet. Aus Waldneukirchen in Oberdonau wurde gemeldet, die Lohnempfänger wären zuversichtlich, dass Hitler einen diplomatischen Triumph feiern würde. Im Gegensatz dazu hieß es von den Arbeitern in den benachbarten Steyr-Werken, dass sie pessimistisch und gereizt seien. Sobald die Kriegsgefahr vorüber schien, wurden die marxistischen und kommunistischen »Elemente« verhaftet, die angeblich versucht hatten, die Krise zu ihren eigenen Zwecken zu nutzen.[100] Allein in Linz wurden immerhin 47 ehemalige sozialdemokratische Funktionäre verhaftet.[101]

In der Weihnachtszeit von 1938 erreichte in den Reichsgauen die Identifikation der Arbeiterklasse mit dem Regime anscheinend ihren Höhepunkt. Die Behörden betonten ausdrücklich, dass eine allgemeine Zufriedenheit herrsche. Nur der SD in Steyr vertrat die Ansicht, dass »subversive Elemente« lediglich untergetaucht seien. Die Polizeidienststellen in abgelegenen Orten wie Grünburg, Kremsmünster und Kirchdorf waren sich darüber einig, dass das NS-Regime der arbeitenden Bevölkerung ein gewaltiges Selbstvertrauen und eine Selbstachtung geschenkt habe. Die gute Stimmung speiste sich auch aus einer gehässigen Schadenfreude über die Bauern in der Nachbarschaft, die demütig zu Kreuze krochen. Arbeiter ließen sich auf Schlägereien mit Bauernjungen in Gasthäusern ein. In einem Fall reizten sie die Bauern und prahlten: »Die Herren sind jetzt wir!«[102] Tatsächlich herrschte dieses allgemeine Wohlgefühl nicht überall. Aus Fabrikstädten in Niederdonau wurden Unruhen unter der Arbeiterklasse gemeldet, wie es hieß, als Folge von Lohnabzügen und steigenden Lebenshaltungskosten. In der Jute- und Textilfabrik Hemp in Neufeld an der Leitha kam es zu einem kurzen Streik; an anderen Produktionsstätten wurden Bummelstreiks und unentschuldigtes Fernbleiben von der Arbeit gemeldet. Nach Neujahr wurden Dorfarbeiter belauscht, die sich lautstark über die neuen Steuern beklagten. Die Behörden machten sich ernstlich Sorgen über die »Missstimmung«, wie sie es nannten.[103] Seit die Arbeiter über keine kollektiven Mittel mehr verfügten, um ihre Interessen zu schützen, verkrochen sich viele in ihr Milieu und beschränkten sich auf ein Murren oder flohen gar in abgelegene Berghütten.[104] Obwohl das NS-Regime relativ erfolgreich in die proletarische Subkultur der österreichischen Kleinstädte eingedrungen war, blieben sozialdemokratische Wertvorstellungen weitgehend bestehen, wenn auch modifiziert und versteckt. Ein Landrat aus Zell am See schrieb: »Trotz aller Bemühungen sind die marxistischen und kommunistischen Ideen unter der Oberfläche bei der Arbeiterschaft ziemlich stark verbreitet.«[105]

Die Ausweitung der Reichseinkommensteuer auf die Ostmark, die am 1. Januar 1939 in Kraft trat, brachte die Lohnempfänger in den Gauen auf oder irritierte sie zumindest. Erstmals seit dem Anschluss erzielten kommunistische Widerstandsgruppen Fortschritte bei der Gründung von Zellen in den Grazer Steyr-Daimler-Puch Werken und in Fabriken nahe von Leoben, Knittelfeld und Bruck an der Mur. Ihr Zulauf war schwach, aber die heimlich verbreiteten Schriften griffen die Ungleichheit auf, die wegen der eingefrorenen Löhne einerseits und der unaufhaltsam steigenden Lebenshaltungskosten andererseits entstanden war. An anderen Orten sprachen sich Gruppen von sozialdemokratischen Eisenbahnarbeitern für die Zahlung von Beiträgen aus, richteten konspirative Wohnungen für ihre Treffen ein und knüpften Kontakte zu gleichgesinnten Gruppen in Bayern. In Anbetracht ihrer Mobilität und der langen sozialdemokratischen Tradition stellten sie in den Augen der

Nazis eine gefährliche Gruppe dar, zumal sie mit Gruppen im Unter-
grund des Altreichs Kontakt hielt und zusammenarbeitete. Allein in
Salzburg fielen später 250 Widerstandskämpfer der Gestapo in die
Hände.[106]

Inwiefern die Arbeiter in den Gauen der Ostmark ihre im Allgemeinen positive Einstellung zum Anschluss revidierten, lässt sich
nicht mit Sicherheit sagen. Nur wenige Quellen geben darüber Auskunft. Es hat aber den Anschein, als habe die Enttäuschung unter
den Industriearbeitern wegen der steigenden Preise und des Mangels
an Lebensmitteln in den letzten Friedensmonaten zugenommen.
Außerdem dürfte die Arbeiter besonders die Vorstellung gestört
haben, dass sie den Wettstreit um höhere Löhne gegen die Arbeiter
in benachbarten Werken oder im Baugewerbe verlieren würden.[107]
Vom Januar bis März 1939 zerschlug die Gestapo ein kommunisti-
sches Netzwerk in der Steiermark. Ihre Agenten meldeten ein Wiederaufleben der kommunistischen Agitation in den Steyr-Werken
und unter den Straßenarbeitern in der Nähe von Linz. Im Westen,
in der Nähe von Salzburg, hieß es, würden die Mannschaften, die
die neue Autobahn bauten, auf die Klagen ihrer Kollegen aus Wien
hören. Im Juni schrieb der Wehrwirtschaftsoffizier des Wehrkreiskommandos XVII: »Die Stimmung der Arbeiterschaft ist bei einzelnen Betrieben wenig befriedigend.«[108]

Im weiteren Verlauf des Sommers registrierten SD-Agenten in
Tirol, Salzburg, Ober- und Niederdonau eine zunehmende Unruhe
unter den Arbeitern wegen der Kriegsgefahr. In St. Pölten würden
Fabrikarbeiter mit Hilfe einer »Flüsterpropaganda« gegen die DAF
aufbegehren; in Graz sangen Arbeiter angeblich die Marseillaise. In
der Nähe von Kirchdorf protestierten Straßenarbeiter gegen weitere
Steuerabzüge. In zahlreichen Gasthäusern und Restaurants in Niederdonau wehrten sich Kellner und Kellnerinnen gegen eine neu ein-
geführte Steuer von zehn Prozent auf Trinkgelder. Die Unzufriedenheit der Arbeiterklasse wurde jedoch nirgends als wesentlich
oder gar bedrohlich eingestuft. Sie hatte immer noch in erster Linie
wirtschaftliche Gründe. Die Nazis hatten keinen Grund zu der
Annahme, dass die Arbeiterschaft sie in Zukunft, auch bei dem
bevorstehenden Konflikt, nicht unterstützen würde.[109]

Schluss

In den achtzehn Monaten nach dem Anschluss gelang es den Nationalsozialisten weitgehend, die österreichische Arbeiterschaft zu mobilisieren. Selbst marxistische Historiker räumen ein: »Für viele war die Beschäftigung das Maß aller Dinge; die verlorenen Rechte wurden hingenommen und durch das Gefühl, endlich wieder Arbeit gefunden zu haben, kompensiert.«[110] Dennoch blieb die Haltung der Arbeiterklasse vielschichtig, facettenreich, ambivalent: Viele Arbeiter machten sich Hitlers Sache zu eigen oder sahen einfach tatenlos zu, wenige setzten sich zur Wehr. In Wien murrten die Arbeiter von Anfang an so sehr, dass sowohl die deutschen Behörden damals wie auch Historiker rückblickend es als eine Form des »stillen Widerstands« bewerteten.[111] Mit Blick auf die sozialdemokratische Tradition der Stadt mag das zum Teil sogar zutreffen. Es darf aber nicht vergessen werden, dass die Unruhen in Wien in den meisten Fällen auf die enttäuschten Nationalsozialisten zurückgingen. In den Reichsgauen hatte Hitlers Regime einen stärkeren Rückhalt unter den einfachen Arbeitern, doch die Beziehungen zwischen Arbeiterschaft und Geschäftsleitung blieben gespannt, und die Unzufriedenheit brach gelegentlich in Protestaktionen aus.

Bei all ihrer Propaganda gelang es den Nationalsozialisten auch in Österreich nicht, die Klassenunterschiede zu überwinden, ebenso wenig wie im Altreich. Den meisten Arbeitern ging es zwar besser als vor dem Anschluss, aber sie fühlten sich weiterhin einer eigenen Subkultur zugehörig. Aufgrund der zunehmenden Reglementierung und längeren Arbeitszeiten demonstrierten sie ihre Solidarität auf verschiedene Art, auch in Form von Streiks, Bummelstreiks und Aufsässigkeit. Obgleich die Sicherheitsorgane von einem starken Rückhalt der Volksgemeinschaft sprachen, blieb die Mehrheit der Arbeiter offenbar misstrauisch oder gleichgültig.

Timothy Kirk hat energisch die These vertreten, dass die österreichische Arbeiterklasse in den 18 Monaten vom Anschluss bis zum Kriegsanfang weitgehend taub gegen den Nationalsozialismus blieb. Die Arbeiter, so Kirk, »akzeptierten die damit verbundenen materiellen Verbesserungen und lehnten die ideologischen Grundsätze ab«.[112] Diese Einschätzung berücksichtigt jedoch das Ausmaß der sozialdemokratischen Kollaboration mit dem Anschluss-Regime nicht genügend. Ferner unterschätzt sie die Leistungen der NS-Sozialpolitik auf materieller Ebene und hinsichtlich der Selbstachtung, womit die Arbeiter geködert wurden. Und sie lässt die starke emotionale Bindungskraft von Hitlers kirchenfeindlicher Kampagne außer Acht.[113]

Mit anderen Worten, die Nationalsozialisten verwirklichten eine ganze Reihe von Zielen der Arbeiterklasse: die Zerschlagung der Dollfuß-Schuschnigg-Diktatur, die Vereinigung mit dem Deutschen Reich, die wirtschaftliche Erholung und Vollbeschäftigung, die Trennung von Staat und Kirche und die Lösung der Judenfrage. Das Regime schenkte den Arbeitern neues Selbstvertrauen, belohnte Leistung und sorgte dafür, dass sie stolz auf gute Arbeit waren. Es traten dennoch weniger Arbeiter in die NSDAP ein als Angehörige irgendeiner anderen Gruppe der österreichischen Gesellschaft, die Bauern mitgerechnet, aber immerhin stieg der Anteil der Parteimitglieder von 3,7 Prozent im Jahr 1938 auf 14,6 Prozent 1941.[114] Kurz gesagt, die Arbeiterklasse mochte die Ideologie des Nationalsozialismus nur in Teilen befürwortet haben, aber sie war kein Gegner des Anschluss-Regimes.

5 Die Katholische Kirche: Antipathie und Anpassung

Die römisch-katholische Kirche genießt bis heute eine privilegierte Stellung in Österreich. Seit der Gegenreformation hatte sie ein wichtiges Wort in der Politik mitgeredet. Ihre Autorität war nie ernsthaft in Frage gestellt worden, zumindest musste sie sich nie gegen einen Angriff verteidigen, der dem Bismarckschen Kulturkampf vergleichbar wäre. Selbst nach dem Zusammenbruch der Habsburgermonarchie blieb sie eine etablierte Konfession, eine Staatsreligion, die weiterhin staatliche Gelder bezog und fast das Monopol über das Schulwesen hatte. Über die Christlichsoziale Partei übte sie auch in der Ersten Republik großen politischen Einfluss aus, vor allem unter Ignaz Seipel, dem Prälaten, der in den 1920er Jahren zweimal das Kanzleramt inne hatte.[1]

Der Klerus insistierte auf der Unteilbarkeit von Religion und Politik. Er hielt den Zerfall Österreich-Ungarns für ein großes Unglück und sehnte sich nach einer Restauration der Monarchie. In der Zwischenkriegszeit warnten die Geistlichen unablässig vor den Gefahren des Materialismus, des Liberalismus und vor allen Dingen des Sozialismus. Vor einer austromarxistischen Diktatur hatten sie solche Angst, dass viele Bischöfe massiv die Heimwehr unterstützten und die Bedrohung durch den »Feind von innen« sogar mit der Bedrohung durch die Türken anno 1683 gleichsetzten.[2]

Die Ängste der österreichischen Katholiken waren übertrieben, ja unbegründet. So sehr die kirchenfeindlichen Parolen der Sozialdemokraten den Gläubigen zweifellos unter die Haut gingen, standen die Bischöfe und die Priester ihren austromarxistischen Gegnern in ihren Hetzreden in nichts nach, marginalisierten sie als Übeltäter und verurteilten sie zur ewigen Verdammnis. Im Jahr 1919 wurde es zwar den Schulbehörden gesetzlich untersagt, die Schüler zum Besuch des sonntäglichen Gottesdienstes zu zwingen, doch die Stel-

lung der Kirche im österreichischen Staat blieb im Grunde unange-
tastet. Die katholische Kirche war überzeugt, dass nur durch eine
Restauration der autoritären Ordnung die Säkularisierungstenden-
zen der Zeit wieder rückgängig gemacht und das barocke Ideal der
Einheit von Kirche und Volk wiederhergestellt werden könne.[3]

Es versteht sich also von selbst, dass die österreichischen Bischöfe
die Errichtung des christlichen Ständestaates begrüßten. Bei der
Gründung des Regimes spielten die Bischöfe zunächst nur eine
kleine Rolle, aber sie wurden zu einer seiner Hauptstützen und über-
schütteten Dollfuß mit Lob und Dank, weil er die Sozialdemokraten zerschlagen hatte und den katholischen Charakter Österreichs
bekräftigte. Die Regierung räumte ihrerseits der Kirche einen hohen
Status ein, wie sie ihn seit Jahrzehnten nicht mehr genossen hatte. In
dem Konkordat von 1933 mit dem Heiligen Stuhl bestätigte das
Regime wieder den Vorrang des kanonischen Eherechts, ließ in der
Schule wieder den Katechismus unterrichten und führte die religiöse
Konformität als ein Kriterium für die Auswahl (und Entlassung) von
Beamten und Lehrern ein. Das Regime ließ es auch an symbolischen
Gesten nicht fehlen, stellte beispielsweise in Militärkasernen Kru-
zifixe auf und machte das Kruckenkreuz zum offiziellen Staats-
symbol.[4]

Daneben stützte sich die katholische Kirche auf ihren eigenen
Apparat und ein weit verzweigtes Netz aus religiösen Orden, Verei-
nen und Gesellschaften. 1938 gab es in Österreich zwei Erzdiözesen
(Wien und Salzburg), vier Diözesen (St. Pölten, Linz, Gurk und
Seckau), zwei apostolische Administraturen (Eisenstadt und Tirol-
Vorarlberg) und ein Generalvikariat (Feldkirch). Der Klerus umfasste 8000 Welt- und Ordenspriester, von denen viele sowohl in der
Monarchie wie auch in der Ersten Republik eine aktive Rolle in der
christlichsozialen Politik gespielt hatten. Der Episkopat hatte den
Priestern 1933 jede politische Betätigung untersagt und erwartete
von ihnen, sich in erster Linie ihrer Funktion als Seelsorger zu widmen. In der Praxis waren sie immer wieder gezwungen, die Verordnungen der Beamten des christlichen Ständestaates durchzusetzen
oder das Verhalten ihrer Gemeindemitglieder zu überwachen.[5]

Das Gemeindeleben der österreichischen katholischen Kirche
wurde von einer halben Million Laien tatkräftig unterstützt. Die

Mehrzahl gehörte den beiden Massenorganisationen – Katholische Aktion oder Volksbund der Katholiken Österreichs – an, aber am deutlichsten zeigten die Gläubigen ihre Solidarität über die 219 katholischen Vereinigungen, diese prägten das öffentliche Leben. Neben Jugendgruppen, karitativen Vereinigungen und Frauenorganisationen zählten dazu Berufsverbände, Bauernverbände und Arbeitergruppierungen. Ferner gab es Lesekreise, Nähzirkel und inoffizielle Gemeindegruppen. Die renommierteste und einflussreichste katholische Vereinigung war ein katholischer Studentenbund, der sogenannte Cartell-Verband (CV). Die »Alten Herren« dieser Organisation dominierten das politische Leben in den Bundesländern, nahmen Einfluss auf offizielle Ernennungen und wachten aufmerksam über die öffentliche Meinung. Soweit eine öffentliche Diskussion unter dem Dollfuß-Schuschnigg-Regime überhaupt möglich war, wurden aktuelle Themen auf den Seiten der katholischen Presse aufgegriffen und erörtert, einem Sammelsurium aus Zeitungen, Zeitschriften und anderen Publikationen, zu dem 1931 neben dem offiziellen Organ, der *Reichspost,* neun Tageszeitungen und über hundert Zeitschriften zählten.[6]

Als der christliche Ständestaat seine Macht festigte, blickten die Würdenträger des österreichischen Katholizismus wieder mit Optimismus in die Zukunft. Jetzt hatten sie Gelegenheit, offensiv gegen die Übel der modernen Welt vorzugehen, die Vorstellungen von 1789 zu überwinden und die Fackel der siegreichen Gegenreformation von neuem zu entfachen.[7] In Wirklichkeit war die Stellung der Kirche längst nicht so gefestigt, wie es schien, weil die Kirche nicht die politischen Ansichten der Mehrheit der österreichischen Katholiken vertrat. Offiziell gehörten zwar 90,5 Prozent der Bevölkerung der katholischen Kirche an, aber vor 1933 hatten nur 36 bis 45 Prozent regelmäßig für Kandidaten der Christlichsozialen Partei gestimmt. Im Gegensatz dazu hatten beispielsweise fast zwei Drittel der deutschen Katholiken während der Weimarer Republik der Zentrumspartei ihre Stimme gegeben, dem politischen Arm der Kirche in Deutschland. Da sowohl die Sozialdemokraten wie auch die Deutschnationalen die Trennung von Staat und Kirche forderten, kann man davon ausgehen, dass die Mehrheit der Österreicher diesen Schritt begrüßt hätte.[8]

Das dichte Netz katholischer Vereinigungen erweckt zwar den Anschein einer starken subkulturellen Unterstützung für die Kirchenpolitik, doch die österreichischen Laienorganisationen waren bei weitem nicht so flexibel und eigenständig wie die deutschen. Die meisten Vereinigungen waren nicht als Reaktion auf Kirchenverfolgungen entstanden, sondern von oben organisiert worden. Ihnen fehlte jegliche Spontaneität, sie legten eine träge für bürokratische Gremien charakteristische Passivität an den Tag. Da außerhalb der ländlichen Gegenden nur ein Bruchteil der gläubigen Katholiken regelmäßig in die Kirche ging[9], riefen die Strafpredigten der Hierarchie in der Regel nur allgemeine Ablehnung hervor. Ironischerweise wurde die moralische Stellung der Kirche dadurch eher untergraben, die Kirchengegner, vor allem die Nationalsozialisten, hingegen sahen ihre Argumente bestätigt.[10]

Die Meinungen der Kirchenobersten und der aktiven Laienschaft zu der NS-Gefahr gingen im Laufe der Zeit auseinander. Mit ihren autoritären und korporativen Ansichten fürchteten ursprünglich beide so sehr den Marxismus, dass sie den Nationalsozialismus in der Regel als das kleinere Übel ansahen oder einen Modus Vivendi mit Hitlers Bewegung suchten.[11]

Anfangs waren sich Klerus und Laienschaft einig. Bei einem Treffen im November 1932 bezeichnete die österreichische Hierarchie der Katholiken den Nationalsozialismus als unvereinbar mit der christlichen Glaubenslehre. Zwei Monate später veröffentlichte der Bischof von Linz, Johannes Maria Gföllner, einen feurigen Hirtenbrief, in dem er den Judaismus angriff, aber einen rassischen Antisemitismus verurteilte. Er sagte ganz offen, es sei unmöglich »guter Katholik und wirklicher Sozialist zu sein oder wirklicher Nationalsozialist«. Als die Nazis ihren Bombenterror in Österreich begannen, sprachen sich andere Bischöfe gegen den »Wolf im Schafspelz« aus. Selbst nachdem der Vatikan mit Hitlers Regierung am 20. Juli 1933 ein Konkordat geschlossen hatte, hielt die österreichische Kirche an ihrer Kritik fest.[12]

Unter den Bischöfen gab es aber auch andere Stimmen. Die Mehrheit der österreichischen Kirchenleute schreckte der Mord an Dollfuß am 25. Juli 1934 zwar ab, doch der Erzbischof von Wien, Kardinal Theodor Innitzer, rief wie vor ihm schon Bischof Adam Hefter von Klagenfurt-Gurk zu einem Sühne- und Bettag auf. Beide zählten zu den Deutschnationalen und waren wie so viele andere Katholiken in Mitteleuropa beeindruckt von den, wie sie meinten, »positiven« Elementen in der NS-Ideologie. Als jedoch Hitlers Gesandter Franz von Papen in Wien eintraf und eine Annäherung Österreichs an das Deutsche Reich vorschlug, hatten weder Innitzer noch der päpstliche Nuntius Enrico Sibilia Zeit für ihn.[13]

Papens späterer Erfolg bei der Aushandlung des Juliabkommens mit Schuschnigg überraschte folglich die österreichischen Katholiken und spaltete die Kirchenführung in drei Gruppen. Die Traditionalisten wie Gföllner und der Erzbischof von Salzburg Sigismund Waitz machten kein Hehl aus ihrer Bestürzung, Innitzer hingegen pries die Einigung als Ende des »Bürgerkrieges«. Noch bemerkenswerter ist eine dritte Gruppe, die von einem Österreicher im Vatikan angeführt wurde. Bischof Alois Hudal forderte einen Bund zwischen Katholiken und Nationalsozialisten, weil auf diese Weise angeblich Judentum, Marxismus und Protestantismus am besten bekämpft werden konnten. Hudals Vorschläge wurden zwar nur von wenigen Kirchenleuten begrüßt, doch seine Argumente stießen in katholisch-nationalen Kreisen auf breite Zustimmung, vor allem unter den Wiener Laien, die Papen und der deutschen Botschaft nahe standen.[14]

Die Führer des österreichischen Katholizismus schwankten zwar nie in ihrer Unterstützung des christlichen Ständestaates, aber sie versäumten es, eine gemeinsame Strategie für den Kampf gegen die nationalsozialistische Gefahr zu entwickeln. Sie waren über Hitlers kirchenfeindliche Kampagne im Reich und vor allem im benachbarten Bayern tief beunruhigt und konnten sich nicht entschließen, ob sie weiter den Nationalsozialismus im eigenen Land bekämpfen oder eine Einigung mit ihm anstreben sollten.[15] Der hohe Klerus hatte zwar jahrelange Erfahrung in der Politik, doch die Bischöfe zögerten, sich einer antisemitischen und zugleich antimarxistischen Bewegung zu widersetzen. Gewiss rieten Papst Pius XI. und sein Kardinal-Staatssekretär Eugenio Pacelli zu hartnäckigem Widerstand, doch ihr Rat war häufig zweideutig oder orakelhaft.[16] Die österreichischen Bischöfe machten sich nie Gedanken darüber, wie sie gemeinsam als Kollektiv auf einen deutschen Einmarsch antworten sollten.

Der österreichische Klerus und der Anschluss

Der Anschluss überraschte die katholische Führung völlig. Die Ereignisse entwickelten sich mit einer solchen Geschwindigkeit, dass der hohe Klerus abgesehen von vereinzelten lokalen Stellungnahmen kaum in der Lage war, darauf zu reagieren. Ironischerweise zerbrachen sich die Nationalsozialisten ihrerseits den Kopf über eine konsequente Kirchenpolitik. Einerseits waren sie fest entschlossen, mit dem verhassten Feind abzurechnen. Sie wollten Hitlers breite Unterstützung im Volk festigen und beabsichtigten, die seit langem geforderte Trennung von Kirche und Staat endlich zu vollziehen. Vor allem wollten sie die Wünsche der Liberalen erfüllen, den Religionsunterricht in Schulen einzuschränken und geschiedenen Männern und Frauen eine zweite Ehe zu ermöglichen. Darüber hinaus wollten sie das kirchliche Vermögen beschlagnahmen, die Rolle der Kirche in der Gesellschaft ausschalten und später an die Stelle des Christentums ihre eigene heidnische Ideologie setzen. Andererseits sahen weder Hitler noch seine Gefolgsleute einen Grund dafür, die allgemeine Begeisterung für den Anschluss zu ersticken. Statt die Kirche direkt anzugreifen, beschlossen sie, die Bischöfe zu umwerben und ihr Ansehen als Kirchenvertreter zu Propagandazwecken zu nutzen.[17]

In den ersten Tagen konnte weder von einer klaren politischen Linie noch von einer einheitlichen Reaktion die Rede sein. Am 12. März schlugen NS-Anhänger kurz vor Tagesanbruch die Fenster des erzbischöflichen Palastes in Salzburg ein, zogen einen Kordon rund um das Gebäude und stellten Erzbischof Waitz unter Hausarrest. In Graz brachen SA-Leute in die Residenz von Bischof Ferdinand Pawlikowski ein, führten ihn unter dem Jubel der Menge in das Landesgefängnis und sperrten ihn ein. In Wien ließen Hitlers Anhänger Kardinal Innitzer aber in Ruhe. Kurz nach Schuschniggs Abschiedsrede im Radio gab das Oberhaupt der Kirche gegenüber der *Reichspost* eine Stellungnahme ab und drängte die Gläubigen, das Anschluss-Regime zu unterstützen. Auch Innitzer wollte, wie der Kanzler, in erster Linie, ein Blutvergießen vermeiden. Dennoch kam der Wortlaut seiner Erklärung einer Wende um 180 Grad gleich, einem Kurswechsel in der Politik, der viel Verwirrung stiften sollte und am Ende eine demütigende Einigung mit der NS-Diktatur zur Folge hatte.[18]

Genau wie die Mehrheit der Österreicher ließ sich Innitzer von der Begeisterung des Augenblicks mitreißen. Beeindruckt von Seyß-Inquarts Ernennung eines Kabinetts aus Katholisch-Nationalen willigte der Kardinal ein, zu Ehren von Hitler die Glocken läuten zu lassen. Innitzer machte dem »Führer« sogar seine Aufwartung. Im Verlauf eines 15-minütigen Gesprächs wich Hitler der Frage nach der Stellung der katholischen Kirche aus und schlug stattdessen vor, dass der österreichische Episkopat ihm bei der Beilegung des Kirchenkampfes in Deutschland helfen möge. Der Kardinal begriff kaum, was eigentlich damit gesagt wurde, war am Ende des Gesprächs von Hitler ganz eingenommen und glaubte, er habe einen Handel mit ihm abgeschlossen: Im Gegenzug für eine Unterstützungserklärung für das neue Regime würde die Regierung ihrerseits einer gütlichen Einigung mit der Kirche zustimmen.[19]

Innitzer bereitete den Entwurf eines Hirtenbriefes vor und berief den hohen Klerus für Freitag, den 18. März zu sich, um darüber zu sprechen. Die anderen Bischöfe – vor allem Waitz, Gföllner und Pawlikowski – waren skeptisch und misstrauisch, konnten sich aber bei der Sitzung am Freitag mit ihrer Ansicht nicht durchsetzen. Zwei NS-»Sonderbeauftragte« unterbrachen nämlich das Gespräch mit einem neuen Dokument, das Reichskommissar Josef Bürckel verfasst hatte. Das Schreiben lobte ausdrücklich die Leistungen des Nationalsozialismus auf dem Gebiet der Rassen-, Sozial- und Wirtschaftspolitik und rief die Gläubigen auf, bei der für den 10. April angesetzten Volksabstimmung mit Ja zu stimmen.[20]

In den anschließenden Verhandlungen hörten sich Bürckels Gesandte geduldig die Beschwerden gegen nationalsozialistische Übergriffe an. Sie lehnten Waitz' Vorschlag ab, explizit in das Dokument einen Passus über die Jugendseelsorge aufzunehmen, versicherten den Kirchenvertretern aber, dass Bürckel nach der Volksabstimmung gerne bereit sei, einzelne Themen im Detail zu besprechen. Die Bischöfe glaubten naiv dieser mündlichen Zusage, unterzeichneten die feierliche Erklärung und versprachen, sie am Sonntag, dem 27. März von der Kanzel aus zu verlesen.[21]

Wenig später kamen einigen Bischöfen Bedenken. Waitz vertraute seinem Tagebuch an, dass »die Sache in Eile behandelt« worden sei. Innitzer wollte eine Nachbesserung des Wortlauts erreichen. Noch am selben Abend machte der päpstliche Nuntius Gaetano Cicognani den beiden Bischöfen Vorwürfe und bestand darauf, dass nachträglich eine einschränkende Präambel beigefügt werde. Vielleicht hätte Cicognani seinen Rat besser für sich behalten sollen. Innitzer und Waitz kamen seiner Forderung nach und begannen stümperhaft geführte Verhandlungen, an deren Ende Gesten einer beschämenden Unterwürfigkeit standen.[22]

Bürckel wiederum gab sich den Anschein, schlichten zu wollen. Er ordnete an, die Konfiszierung des kirchlichen Vermögens zu beenden, und verurteilte die Entfernung von Kruzifixen von öffentlichen Plätzen.[23] Er erinnerte die Bischöfe an seine erfolgreichen Verhandlungen mit den Kirchenbehörden im Saargebiet[24] und versprach ihnen nochmals, nach der Volksabstimmung im April in Einzelfragen Entscheidungen zu treffen. Als Innitzer vorschlug, der feierlichen Erklärung, die am 27. März verlesen werden sollte, eine Vorrede beizufügen, stimmte der Reichskommissar begeistert zu und legte prompt einen eigenen Entwurf vor. Getreu dem Grundsatz »Gebet Gott, was Gottes, und dem Kaiser, was des Kaisers ist« appellierte die Präambel an die Katholiken, die neue Politik zu unterstützen. Innitzer und Waitz zögerten nicht, Bürckels Version zu unterzeichnen. Damit nicht genug, setzte der Kardinal noch am selben Tag eigenhändig die Worte »Heil Hitler!« unter einen ihm vorgelegten Begleitbrief.[25]

Am Montag, dem 28. März, hingen Tausende von Kopien dieser drei Dokumente an den Wänden und Litfasssäulen im ganzen Reich, Millionen Exemplare wurden auf der Straße verteilt. Erwartungsgemäß reagierte die katholische Welt überrascht und verstört. Am 1. April griff der Heilige Stuhl in einer Rundfunksendung heftig die österreichischen Bischöfe an, weil sie seine Rolle als letzte Instanz in Fragen des Glaubens und der Lehre ignoriert hatten. Unverzüglich rief Pius XI. Innitzer nach Rom und tadelte gemeinsam mit Pacelli den Primat wegen seines Fehlurteils und seines Wunschdenkens scharf. Zutiefst niedergeschlagen unterzeichnete der Erzbischof folgsam im Namen des österreichischen Episkopats ein neues Manifest. Das von Pacelli ausgearbeitete Dokument forderte die Beachtung des Konkordats von 1933, den Schutz der katholischen Schulen und eine Beendigung der Angriffe auf die Kirche seitens der Regierung.[26] Genau wie Innitzer befürchtet hatte, wirkte sich die überarbeitete Erklärung am Ende jedoch zum Nachteil für die Kirche aus. Als Hitler den Erzbischof am Abend des 9. April empfing, blieb er distanziert und erklärte kalt, das neue Dokument gefährde eine abschließende Einigung mit der österreichischen Kirche.[27]

Die Antwort der Katholiken

Wie reagierten die katholischen Priester und Kirchgänger auf die Erklärungen ihrer Bischöfe? Es liegen nur spärliche zeitgenössische Quellen vor, aber zumindest zwei Schlüsse können aus ihnen gezogen werden: Erstens befolgten fast alle den Aufruf, den Anschluss zu billigen. Eine Hand voll Andersdenkender, unter ihnen der berühmte Bauer und Pazifist Franz Jägerstätter, weigerte sich zwar, aber die überwiegende Mehrheit der katholischen Bevölkerung ging zu den Urnen und stimmte bei der Volksabstimmung mit Ja. Zweitens waren sehr viele Priester und aktive Laien in Österreich und in Deutschland bitter enttäuscht über Innitzers vertrauensseliges und kriecherisches Verhalten. Den Anschluss selbst lehnten sie aber nicht ab.[28] Der britische Generalkonsul berichtete: »Kardinal Innitzer wird vorgeworfen, er sei eitel, ehrgeizig und willens, weit reichende Zugeständnisse zu machen, um seine eigene Stellung zu retten.«[29]

Einige Geistliche vor allem in Vorarlberg, Tirol und Salzburg konnten ihren Abscheu nicht verhehlen. Gewiss folgte niemand dem mutigen Beispiel des Bischofs von Rottenburg Johannes Baptista Sproll, einem deutschen Würdenträger, der sich weigerte, für ein Regime zu stimmen, das dem Christentum feindselig gesinnt ist.[30] Immerhin blieb zumindest ein österreichischer Bischof, Johannes Maria Gföllner, weiterhin auf Distanz zu den Nazis, achtete sorgsam auf die strikte Trennung von Staat und Kirche und lehnte es ab, Regierungsvertreter zu empfangen – auch Hitler. Laut einer Jahrzehnte später durchgeführten Umfrage erregte Innitzers devotes Verhalten das Entsetzen der Mehrzahl des Klerus und der aktiven Laienschaft. Im Jahr 1979 erinnerten sich ältere Kirchenleute, dass sie erstaunt gewesen seien, gefolgt von einem Gefühl der Verwirrung,

Empörung und Wut. Einige verteidigten die Erklärung vom März als einen realistischen Versuch, sich mit dem Anschluss-Regime zu einigen, aber die Majorität betrachtete sie als einen unverantwortlichen Ausverkauf. Fast alle empfanden eine tiefe Scham.[31]

Inwiefern die Erinnerungen der 1979 befragten Geistlichen ihrer wirklichen Verfassung im Jahr 1938 entsprachen, lässt sich nicht überprüfen. Es fällt schwer zu glauben, dass ihre Erinnerung an den Anschluss nicht von der bitteren Erfahrung der späteren Kirchenverfolgung getrübt worden ist. (Während der NS-Herrschaft wurden 15 Priester zum Tode verurteilt und hingerichtet, 110 wurden in Konzentrationslager gesperrt, wo weitere 20 starben, 724 wurden ins Gefängnis gesteckt, von denen sieben ums Leben kamen, 208 wurden von ihren Gemeinden versetzt und über 1500 Geistlichen wurde es verboten zu predigen oder zu lehren.)[32] Dennoch lassen die vorliegenden Quellen kaum Zweifel daran, dass der niedere Klerus, vor allem auf dem Land, verunsichert war und sich hintergangen fühlte.[33] Sie gehorchten zwar ihren Bischöfen und stimmten bei der Volksabstimmung mit Ja, aber in der Folgezeit setzten sich einige gegen nationalsozialistische Angriffe auf die Kirche zur Wehr. Von den Kirchenleuten, die in die Fänge der Gestapo gerieten, war jedoch die überwältigende Mehrheit Diözesanspriester. Dieser Umstand wirft ein Licht auf die Kluft, die sich zwischen der Kirchenführung und dem niederen Klerus aufgetan hatte. Diese Differenz bestand zwar seit langem, aber Innitzers nicht zu rechtfertigender Versuch, sich mit Hitler zu einigen, vertiefte sie zusehends.[34]

Die Suche nach einem Modus Vivendi

Im Frühling und Sommer 1938 setzten die österreichischen Bischöfe ihre Bemühungen um eine Einigung mit dem NS-Regime fort. Ihr Versuch kann nur als übereilt und unklug bezeichnet werden. Dennoch müssen einige Umstände berücksichtigt werden. Zum Ersten glaubte Innitzer wirklich, dass zwischen ihm und Bürckel ein gutes Arbeitsklima herrsche, und diese Auffassung war nicht völlig aus der Luft gegriffen. Der Reichskommissar teilte zwar der NS-Führung vertraulich mit, der Kardinal habe der Partei seine Hilfe angeboten und die eigenen Freunde im Stich gelassen[35], wäre aber gerne bereit, einen Ölzweig oder zumindest ein Zweiglein anzubieten, um Österreichs Integration in das Deutsche Reich zu beschleunigen. Zum Zweiten bestand trotz der Bedenken im Vatikan durchaus Hoffnung, dass durch eine schnelle Übereinkunft kirchenfeindliche Gewalttaten auf Deutschland beschränkt blieben und nicht auf Österreich übergriffen. In Anbetracht der Tatsache, dass radikale NS-Aktivisten zum damaligen Zeitpunkt bereits Wertgegenstände aus dem Kirchenbesitz beschlagnahmt und wiederholt Priester verprügelt hatten, billigte selbst Kardinal Pacelli diesen Versuch. Schließlich drängte ein kleiner Kreis aus (weitgehend akademischen) Unzufriedenen auf eine Einigung. Sie setzten sich für einen »religiösen Frieden« ein, weil er das beste Mittel sei, ihr Ziel einer wunderbaren Synthese des Christentums und des Nationalsozialismus zu verwirklichen.[36]

Generell lässt sich sagen, die österreichischen Bischöfe waren bereit, auf ihre privilegierte Stellung zu verzichten, wenn sie im Gegenzug die Glaubensfreiheit und die freie Seelsorge garantiert bekämen. Sie wollten außerdem das Recht, seelsorgerische Schriften in Umlauf zu bringen und das System der kirchlichen Schulen beizubehalten. Bürckel war seinerseits zu einem Kompromiss bereit, wurde aber von Parteiführern in Berlin und in Wien zu einer radikaleren Haltung getrieben.[37] Weite Teile der Bevölkerung in Österreich wollten endlich mit der katholischen Kirche abrechnen, vor allem die einfachen NSDAP-Mitglieder und die sozialdemokratischen Arbeiter.

Die Verhandlungen zwischen Innitzer und dem Reichskommissar müssen hier nicht im Einzelnen rekonstruiert werden.[38] Trotz der zunehmenden Gewalttaten und einer steigenden Zahl von Überfällen auf Kirchengebäude hielt der Kardinal starrsinnig an seiner Auffassung fest, dass es sich hier lediglich um vereinzelte Akte des Wandalismus handelte. Marodierende Banden der SA und der Hitlerjugend trugen zwar häufig die Schuld an den Übergriffen, aber Innitzer erkannte nicht, dass dieses antireligiöse Treiben von Hitler selbst angeordnet wurde. In der Tat hatte Hitler schon vor Beginn der offiziellen Gespräche insgeheim beschlossen, dass die Kündigung des österreichischen Konkordats von 1933 die beste Möglichkeit sei, die katholische Kirche der NSDAP auszuliefern. Erst als

Bürckel ganz offen prahlte, dass er die Erklärung die Bischöfe nicht
benötigt hätte, um die Volksabstimmung zu gewinnen, dämmerte
dem leichtgläubigen Kardinal die Wahrheit.[39]

Da der Reichskommissar zumindest den Anschein der Legalität
wahren wollte, wurden die Verhandlungen den ganzen Sommer
über weitergeführt. Eine vorläufige Übereinkunft wurde erzielt,
nach der die katholische Kirche einwilligte, sich im Gegenzug für
die Garantie der Religionsfreiheit aus der Politik zurückzuziehen.
Außerdem sollte ein Treuhänder für religiös-kulturelle Angelegenheiten ernannt werden. Was immer diese Einigung bewirken sollte,
sie wurde nie unterzeichnet, noch trat sie jemals in Kraft. Man
braucht nicht lange zu überlegen, um den Grund dafür zu erkennen:
Auf der einen Seite verurteilte der Vatikan die Einigung als vage und
überflüssig, auf der anderen Seite betrachteten die Nazis sie lediglich
als Farce.[40]

Noch während der Gespräche startete das Regime eine massive
Kampagne gegen die Kirche. Am 6. Juli wurde die Zivilehe eingeführt und das Scheidungsrecht reformiert. Darauf folgte ein Erlass
von Hitler, demzufolge das österreichische Konkordat von 1933 aufgehoben wurde. Da die Verlautbarung außerdem einen Passus enthielt, der die Ostmark von dem Schutz durch das Reichskonkordat
ausnahm, hatte die Kirche praktisch die letzten Überreste ihres
diplomatischen Status und ihrer korporativen Rechte verloren. Hitler hatte das im Hinterkopf gehabt und billigte rückwirkend die
Enteignung kirchlicher Vermögen. Er machte zur Bedingung, dass
solche Maßnahmen umsichtig ausgeführt würden, doch seine österreichischen Schergen nutzten die Gelegenheit: Sie schlossen 1417
katholische Privatschulen, lösten fast alle Schulräte in den Gauen
auf und lästerten so schändlich wie noch nie katholische Symbole
und Feiertage.[41] Mitte August sah sich die Kirche brutalen Angriffen
ausgesetzt, wie seit den Tagen Josefs II. nicht mehr.

Dennoch hatten Bürckel und Innitzer beide noch Hoffnung, zu
einem Arrangement zu kommen. Während der Sudetenkrise forderte der Reichskommissar den Kardinal sogar persönlich auf, die
Verhandlungen fortzusetzen. Es lag zwar auf der Hand, dass Bürckel
mit Blick auf den drohenden Krieg im Grunde nur zivile Unruhen
vermeiden wollte, doch der Kardinal und seine Bischöfe beschlos-

sen, die Einladung anzunehmen. Bevor das Treffen stattfand, meldete jedoch die halb offizielle *Wiener Zeitung* die Auflösung des Deutschen Ritterordens und der katholischen Gesellenvereine. Das brachte das Fass zum Überlaufen; nach einer kurzen Sitzung beschlossen die Bischöfe, die Verhandlungen abzubrechen.[42]

Diese Entscheidung bedeutete jedoch nicht, dass der österreichische Episkopat seine Appeasementpolitik ganz aufgab. Ähnlich wie der britische Premierminister Chamberlain wandten sich die kirchlichen Würdenträger direkt an Hitler. Am 28. September, dem Vorabend der Münchner Konferenz, schickten Waitz und Innitzer einen 13-seitigen Beschwerdebrief an Hitler. Das Dokument ist im Stil eines traditionellen *cahiers de doléance* aus der Zeit Ludwigs XIV. verfasst und fleht gleichsam den »väterlichen Herrscher« um eine Wiedergutmachung an. Die Erzbischöfe protestierten gegen die Schließung der theologischen Fakultäten in Innsbruck und Salzburg, die Einziehung des kirchlichen Vermögens in Salzburg und die Unterdrückung mehrerer katholischer Vereinigungen. Sie erhoben außerdem Einspruch gegen die Beschränkungen für die katholische Presse, gegen die Einführung einer obligatorischen Zivilehe und gegen die Säkularisierung des Schulwesens. Abschließend bekräftigten die Prälaten erneut ihr Festhalten an christlichen Werten, unterstrichen aber auch ihren Wunsch, »zum Wohle des deutschen Volkes und des Vaterlandes« beizutragen.[43]

Obwohl sich Waitz und Innitzer als Fürsprecher aller Religionsgemeinschaften betrachteten, erwähnten sie in ihrer Petition mit keinem Wort die abstoßenden Gewalttaten, die tagtäglich an Juden in Österreich begangen wurden. Sie äußerten sich auch nicht zu der Notlage zehntausender tschechischer Katholiken, die in den Wiener Straßen kauerten. Der Protestbrief an Hitler bildete den Gipfel ihres Versuchs, eine gemeinsame Grundlage mit einem Regime zu finden, das christliche Wertvorstellungen radikal ablehnt. In den folgenden Monaten überdachten die österreichischen Kirchenfürsten allmählich ihre kurzsichtige Haltung, aber selbst als sie (von Bürckel) erfuhren, dass ihre Beschwerden zurückgewiesen worden seien, zögerten sie noch, ihre Politik der Beschwichtigung aufzugeben.[44] Nach dem Verhalten Innitzers zu urteilen, waren wohl auch sie von dem Virus des »religiösen Nationalismus«[45] infiziert. Andererseits darf nicht

vergessen werden, dass der Kardinal so viel Verstand hatte, die so
genannte Arbeitsgemeinschaft für den religiösen Frieden zu verbie-
ten, eine Vereinigung von 525 Kirchenleuten. In erster Linie handelte
es sich um ehemalige »Brückenbauer«, die eine Synthese der Grundsätze des Christentums und des Nationalsozialismus anstrebten.[46]

Das Rosenkranzfest vom Oktober 1938

Die katholische Kirche sollte trotzdem zu einem Zentrum des
Widerstands gegen das NS-Regime werden, obwohl die österreichische Kirchenführung es nicht schaffte, den Gläubigen mit gutem
Beispiel voranzugehen. Bis Mitte September 1938 hatten die Angriffe von Nazis auf katholische Institutionen und Feierlichkeiten
ein solches Ausmaß angenommen, dass sich immer mehr Priester
und Gemeindemitglieder spontan gegen die Behörden zur Wehr
setzten. In Wien war die Lage während des Sommers relativ ruhig
geblieben, aber auf dem Lande waren Protestaktionen der Dorfbewohner bereits an der Tagesordnung.[47] Gruppen katholischer
Jugendlicher – Seminaristen, militante Studenten, Gemeindeaktivis-
ten – dachten als Erste über systematische Demonstrationen der
Unzufriedenheit nach. Noch vor der Zerschlagung katholischer
Jugendorganisationen hatten eine Reihe Wiener Jugendlicher kleine
Widerstandszellen gegründet oder zu informellen Treffen in abgelegenen Pfarrhäusern, Kapellen oder Heiligtümern aufgerufen.[48] Zu
den rührigsten Gruppen zählte ein loses Bündnis aus ehemaligen
Mitgliedern der verschiedenen Bünde, der Marianischen Kongrega-
tion und der Pfadfinder, die sich heimlich in Breitenfeld trafen, einer
kleinen Kirchengemeinde zwischen Josefstadt und Ottakring. Diese
Aktivisten wussten, dass es in der ganzen Stadt noch andere gleich
gesinnte Kreise gab und wollten zu diesen Kontakt aufnehmen,
indem sie die Erzdiözese überredeten, die Gläubigen am 7. Oktober
zu einer besonderen Rosenkranzmesse in den Stephansdom zu
rufen.[49]

Die Veranstalter hofften, dass 2000 Kirchgänger zu der Andacht
kommen würden, als sich die Tore der gotischen Kirche öffneten,
strömten jedoch 6000 bis 8000 begeisterte Jugendliche am Abend
des 7. Oktober in das Gotteshaus. Im Überschwang der Gefühle fie-

len die jugendlichen Feiernden in die angestimmte Prozessions-
hymne »Ein Haus voller Glorie« ein und übertönten mit ihrem
Gesang beinahe die Kirchenorgel. Der Kaplan der Kirche versuchte,
die versammelte Gemeinde mit einem Gebet zu beruhigen, aber als
Kardinal Innitzer in der Predigt seinen Glauben an Christus, den
König, bekräftigte und die katholische Jugend aufforderte, standhaft
am Glauben festzuhalten, da strömte die Menge auf den Stephansplatz hinaus und skandierte: »Wir wollen unseren Bischof sehen!«
Spontan ahmten sie NS-Parolen nach und riefen Sprechchöre: »Wir
danken unserem Bischof!«, »Christus ist unser Führer!«, »Innitzer
befiehl, wir gehorchen dir!«[50]

Innitzer wollte sich anfangs nicht vor einer mittlerweile gewaltigen NS-feindlichen Kundgebung zeigen. Aber sein Zögern steigerte
die Euphorie der Demonstranten eher noch, einige Aktivisten richteten sogar eine Abordnung der Hitlerjugend übel zu. Erst als sich
der Kardinal am Fenster des erzbischöflichen Palais zeigte und die
Ovationen entgegennahm, löste sich die Menge allmählich auf. Auf
ihrem Heimweg durch die dunklen Straßen der Stadt hatten die
Jugendlichen allen Grund zur Euphorie. Sie hatten soeben an der
größten antifaschistischen Demonstration in der Geschichte des
Dritten Reiches teilgenommen – was sie natürlich nicht wissen
konnten.[51]

Es besteht kein Zweifel daran, dass die katholischen Jugendlichen
vielen frommen Wiener Christen aus dem Herzen sprachen. Wie tief
oder besser gesagt wie politisch die NS-feindliche Stimmung unter
den Katholiken in der Stadt war, darüber geben die Quellen jedoch
keine Auskunft – nur so viel geht aus ihnen hervor, dass die Stimmung in den Reichsgauen, in denen die religiöse Unzufriedenheit
eng mit dem Leid der Bauernschaft verknüpft war, als gefährlicher
für das Regime eingestuft wurde.

Die Nazis zögerten ihrerseits nicht lange mit der Antwort. Noch
vor dem Ende des »Rosenkranzfestes« versammelten sich einige
Hundert militante Parteigenossen auf dem Stephansplatz und riefen:
»Innitzer nach Dachau!« Am Abend darauf, dem 8. Oktober, stürmten Banden der Hitlerjugend das erzbischöfliche Palais, zerschlugen Kruzifixe, zerbrachen Tische und Stühle und beschmierten
Gemälde. Die uniformierte Polizei sah ruhig zu und die Braunhem-

den schlugen rund 1200 Fensterscheiben ein, misshandelten den
Sekretär des Kardinals und warfen den Domkuraten aus dem ersten
Stock zum Fenster hinaus. Er brach sich beide Oberschenkel. Am
Ende schritten die Behörden zwar ein und stellten die Ordnung wie-
der her, doch die kirchenfeindlichen Gewalttaten hielten während
der ganzen Woche an und erreichten am 13. Oktober in einer Groß-
kundgebung von 200 000 Menschen auf dem Heldenplatz ihren
Höhepunkt. Bürckel klagte die Kirche des Verrats an und warf dem
Klerus vor, die Sudetenkrise zu nutzen, um seine dominierende
Macht im Staat wiederzuerlangen.[52]

Wie die katholische Bevölkerung tatsächlich auf die ersten Phasen
des nationalsozialistischen Angriffs auf die Kirche reagierte, lässt
sich kaum beurteilen. Zumindest gilt das für Wien, wo ein großer
Teil des christlichsozialen Lagers schon seit langem mit Hitlers
Bewegung sympathisierte. Einerseits lassen die vorliegenden Quellen
keinen Zweifel daran, dass die Mehrzahl der Einwohner über den
Gewaltausbruch entsetzt war. Der britische Generalkonsul schrieb:
»Diese Ereignisse haben die latente Beunruhigung unter den Men-
schen wieder aufleben lassen, und die zögerliche Bewunderung für
Herrn Hitler, über die ich schrieb…sie nehme zu, ist durch die
Bestürzung und den Abscheu deutlich abgeschwächt worden, die
weite Kreise über die jüngsten Aktionen der einheimischen Parteianhänger empfunden haben.«[53] In dem Maße wie die kirchenfeindlichen Angriffe fortgesetzt und verstärkt wurden – bis hin zu einem
Verbot des Schulgebets am 26. Oktober –, bemerkten außenstehende
Beobachter einen sprunghaften Anstieg des Kirchenbesuchs. »In den
dunklen, unbeheizten Seitenschiffen des [Stephans-]Doms«, berichtete ein amerikanischer Korrespondent, »zittern jeden Nachmittag
große Menschenmengen vor Kälte, während ein junger Prediger
über die Gewissensfreiheit und die Freiheit der menschlichen Seele
spricht.«[54]

Andererseits ist ebenso klar, dass einige Katholiken gewisse
Punkte von Hitlers Säkularisierungsprogramm durchaus begrüßten.
Das gilt vor allem für die Maßnahmen zur Trennung von Kirche und
Staat und für die Liberalisierung des Scheidungsrechts. SD-Funktio-
näre rieben sich oft die Hände über die Beliebtheit des Antiklerika-
lismus in Österreich. Man kann davon ausgehen, dass die Gruppen,

die traditionell der Kirche feindlich waren, die Kirchenpolitik des NS-Regimes am stärksten billigten. Der drastische Rückgang der kirchlichen Trauungen in den Jahren 1938/39 auf weniger als ein Drittel aller Eheschließungen in Wien lässt jedoch auf eine stärkere Ambivalenz unter der katholischen Bevölkerung schließen, als zu erwarten gewesen wäre. Es darf auch nicht vergessen werden, dass das Leid für einzelne Gläubige durch die wankelmütige Haltung des österreichischen Episkopats noch verschlimmert wurde.[55]

Der österreichische Katholizismus und die Judenfrage

Noch ehe die österreichischen Bischöfe gegen den Überfall auf Innitzers Palast protestieren oder eine gemeinsame Antwort auf Bürckels schockierende Rede formulieren konnten, verlegten die Nationalsozialisten ihre Angriffe von der christlichen Kirche auf die jüdische Gemeinde. Während der Sudetenkrise hatten sich Partei-aktivisten, von Hitler bis hin zum Blockwart, über den Pazifismus der Masse echauffiert und waren zu dem Schluss gelangt, dass die allgemeine Furchtsamkeit und Kriegsangst das Werk des »internationalen Judentums« seien. Am 14. Oktober suchten sich folglich Wiener Funktionäre ein neues Ziel für ihre Pogrome. Es folgte eine beispiellose Welle von antisemitischen Gewalttaten, die wenige Wochen später in der so genannten Reichskristallnacht eskalierten und den Druck auf die österreichische Kirche vorübergehend lockerten. In den Augen des britischen Generalkonsuls bildeten die neuerlichen judenfeindlichen Ausbrüche »eine Art Sicherheitsventil für die Leidenschaften, die sich aufgestaut hatten, aber in den antikatholischen Krawallen nicht restlos freigesetzt wurden«[56].

Wie reagierte die katholische Kirche auf die Verfolgung der Juden und auf das Wüten in der Nacht vom 9. auf den 10. November? Zur Beantwortung dieser Frage müssen die christlichen Wurzeln des Antisemitismus berücksichtigt werden, vor allem die Lehre der Heiligen Schrift, dass die Juden die Verantwortung dafür tragen, dass der Messias abgewiesen und der Gottessohn gekreuzigt wurde. Die katholische Kirche lehnte zwar einen rassischen oder biologischen Antisemitismus entschieden ab, doch sie gab dem jüdischen Volk die Schuld an den Übeln der modernen Welt. In der späten Kaiserzeit hatten weite Teile des niederen Klerus in Wien Karl Luegers christlichsoziale Bewegung unterstützt und auf diese Weise erheblich zu einer Verschärfung des Antisemitismus beigetragen.[57]

In der Zwischenkriegszeit ließ die Feindseligkeit der Katholiken gegenüber der jüdischen Religion und dem jüdischen Volk nicht nach. Regelmäßig erschienen antisemitische Artikel in der katholischen Presse und christlichsoziale Politiker forderten eine radikale Lösung der »Judenfrage«. Leopold Kunschak, ein Freund von Lueger und Chef des katholischen Arbeitervereins, forderte sogar die Vertreibung der jüdischen Einwanderer oder ihre Internierung in Konzentrationslagern. Die Kirchenleitung nahm zwar eine gemäßigtere Haltung ein, aber Würdenträger wie Sigismund Waitz, der Erzbischof von Salzburg, und Georg Bichlmair, der jesuitische Leiter des Pauluswerkes, nannten die Juden öffentlich ein »anderes Volk«. Selbst nach Hitlers Machtübernahme in Berlin wandte sich kaum jemand gegen den nationalsozialistischen Antisemitismus. Das heißt nicht unbedingt, dass der österreichische Episkopat die Gewalttaten der SA gebilligt hätte. Die Angehörigen des höheren Klerus und der katholischen Elite forderten jedoch mehrheitlich restriktive Gesetze oder eine Form der sozialen Segregation. »Die Kompromisshaltung gegenüber dem Nationalsozialismus, die für die katholische Kirche nach dem Anschluss charakteristisch war«, erinnert Pauley, »hatte ihren Ursprung lange vor 1938.«[58]

Trotz der ausgeprägt judenfeindlichen Stimmung, die in der österreichischen Kirche herrschte, hatte Kardinal Innitzer seit langem intensive Beziehungen zur jüdischen Gemeinde in Wien unterhalten. Als Rektor der Universität Wien hatte er konkrete Maßnahmen ergriffen, um jüdische Studenten gegen Angriffe zu schützen, und einigen finanziell geholfen. Nach seiner Ernennung zum Erzbischof im Jahr 1931 unterstützte er die zionistische Bewegung und trat in das Pro-Palästina-Komitee ein. Der im Sudetenland geborene, deutschnationale Kirchenmann hoffte zweifellos, die »Judenfrage« über die Konversion oder die Emigration zu lösen, und sprach sich für eine Verständigung zwischen Christen und Juden aus. Beispielsweise wandte er sich im Jahr 1936 gegen die nationalsozialistische Rassenlehre und verwies ausdrücklich auf Christi »Brüder im Judaismus«.[59]

In den stürmischen Tagen nach dem Anschluss dürfte der Kardinal kaum einen Gedanken an die missliche Lage der 169 978 Juden in seiner Diözese verschwendet haben. Aus den Quellen geht allerdings hervor, dass andere Kirchenleute in der Zeit, als er und die Bischöfe versuchten, mit Hitler einen Handel zu schließen, heimlich alles taten, um nichtarische Katholiken zu schützen. Am 19. Mai empfahl Pater Georg Bichlmair die Gründung einer eigenen Behörde, die getauften Juden zur Seite stehen sollte. Das Pauluswerk stand im Übrigen im Ruf, Juden zum Christentum zu bekehren. Wie gesagt, betrachtete Bichlmair die Juden als eine andere Rasse, in seiner Funktion als Missionar sorgte er sich jedoch um alle (katholischen) Brüder in Christi. Mit Innitzers Unterstützung – er bewilligte einen monatlichen Zuschuss in Höhe von 3000 Reichsmark – und mit der Hilfe einer reichen Adligen, der Gräfin Manuela Kielmansegg, organisierte Bichlmair eine kleine Gruppe, die getauften Juden beistand und einigen die Flucht ins Ausland ermöglichte. Er stärkte außerdem seine Bemühungen, die Bekehrung von Juden zum Christentum zu beschleunigen. Diese Initiative entsprach natürlich den Zielen der Kirche, spendete aber immerhin einigen Tausend verzweifelten Menschen wenigstens für kurze Zeit einen gewissen Trost.[60]

Die von der österreichischen Kirche bekundete Sorge um Katholiken jüdischer Abstammung war keineswegs einzigartig. Auch die Fuldaer Bischofskonferenz in Deutschland hatte von einer besonderen Verpflichtung gesprochen, »nichtarische« Katholiken zu schützen.[61] An dieser Stelle muss jedoch betont werden, dass die römisch-katholische Kirche teuflisch wenig christliche Nächstenliebe für nichtgetaufte Juden zeigte. Für diesen Ausschluss der Nichtchristen gibt es zahlreiche Gründe, von denen einige auf die lange Tradition einer zwiespältigen Haltung gegenüber der jüdischen Religion und gegenüber Juden zurückzuführen sind. Nahe liegender ist jedoch der Verweis auf die gefährdete Stellung des Katholizismus in der Zwischenkriegszeit. Da die Kirche von heidnischen Kräften von rechts und von links bedrängt wurde, verlegte sich der Vatikan ganz einfach darauf, sich um die eigenen Schafe zu kümmern. Somit wurde die amtliche Politik »unangemessen eng« und beschränkte sich »auf die Interessen der Katholiken, was häufig jeden anderen Gedanken ausschloss«.[62]

Aus diesem Grund sprach sich die österreichische Kirche in der
NS-Zeit niemals gegen die Judenverfolgung aus, nicht einmal nach
den Pogromen in der »Kristallnacht«. Wie in Deutschland erhoben
ein paar einzelne Priester von der Kanzel aus Einspruch, fälschten
Taufscheine oder versteckten Flüchtlinge vor der Gestapo.[63] Das
waren Einzelkämpfer. Was immer Innitzer und seine Wiener Kollegen von dem Raub und den Gewalttaten, die sich vor ihren Augen
abspielten, gehalten haben mochten, sie behielten es für sich. Ihr
Schweigen und das Schweigen anderer österreichischer und deutscher Bischöfe über die Brutalität der Judenverfolgung ist außerordentlich beredt.[64]

Die Auferlegung freiwilliger Kirchenbeiträge

Die Angriffe gegen Katholiken und Juden im Herbst 1938 hatten
mehr miteinander zu tun, als gemeinhin angenommen wird. Natürlich lässt sich Hitlers Kampagne gegen die christlichen Kirchen nicht
mit dem späteren Versuch, ein ganzes Volk zu vernichten, vergle-
chen. An dieser Stelle darf aber nicht vergessen werden, worauf
Gerhard Weinberg zu Recht aufmerksam gemacht hat: Die Nationalsozialisten trachteten im Grunde danach, beide Religionen, die
sich zur Zeit des Römischen Reiches in Mitteleuropa ausgebreitet
hatten, das Christentum und das Judentum, zu beseitigen. »An ihre
Stelle sollte zunächst die Verehrung des Molochs treten, also eines
Götzen des Blutes, und später die Verehrung des Mammons, eines
Götzen des Goldes.«[65] Der Pöbel, der zu dem Überfall auf das erzbischöfliche Palais im Oktober und zu den brennenden Synagogen
im November Beifall klatschte, mochte das Christentum vielleicht
nicht ebenso sehr gehasst haben wie das Judentum, aber hatte sich
einer heidnischen Weltanschauung verschworen. Die österreichischen Nationalsozialisten entdeckten jedoch bald, dass all ihr Eifer
nicht ausreichte, um den tief verwurzelten Ethos ehrbaren Verhal-
tens zu überwinden.

Die einfachen Österreicher (und Deutschen) teilten Hitlers Ungeduld und Angriffslust schlichtweg nicht. Die allgemeine Abneigung
gegen Szenen des Chaos veranlasste folglich das Regime, wieder mit
Hilfe von gesetzlichen und administrativen Maßnahmen auf seine

Ziele hinzuarbeiten.[66] In der Ostmark brachte das eine Reihe von Gesetzen mit sich, die darauf abzielten, die katholische Kirche vom Staat zu trennen und die christliche Religion zu marginalisieren. In den Wintermonaten 1938/39 ging Bürckels Behörde auf breiter Front vor und schloss die kirchlichen Schulen, untersagte das Schulgebet und den Pflichtreligionsunterricht. Viele Maßnahmen richteten sich auch direkt gegen einzelne Priester. Eine große Zahl wurde von der Gestapo unter fingierten Anklagen wegen Devisenschmuggels, politischen Fehlverhaltens oder heimtückischer Machenschaften festgenommen. Bis Neujahr waren allein in der Steiermark 63 Geistliche verhaftet worden.[67] Den Kern des neuerlichen Angriffs bildete jedoch ein Erlass Hitlers, der sämtliche staatlichen Subventionen für die Kirche abschaffte. Die am 28. April 1939 verkündete Weisung zwang die Kirche, sich über freiwillige Kirchenbeiträge zu finanzieren, und gab folglich vielen Gemeindemitgliedern einen starken finanziellen Anreiz, aus der Kirche auszutreten.[68]

Dass die nationalsozialistische Kampagne gegen die Kirche auf dem Land in ein Wespennest stach, wurde bereits erwähnt. Dennoch kam es außerhalb von Wien zu keinen Übergriffen, die mit dem Überfall auf Innitzers Palais vergleichbar gewesen wären. Zwei Ausnahmen sind hier zu nennen: In Salzburg verwüsteten NS-Schlägertrupps zum zweiten Mal die Residenz von Erzbischof Waitz, brüllten Schmährufe und skandierten: »Wir wollen unseren Bischof in Dachau sehen!« Und in Amstetten zerschlug die Hitlerjugend am 12. Oktober und am 19. November die Fensterscheiben des städtischen Pfarrhauses.[69]

Wie sehr der Burgfrieden zwischen Kirche und Staat in den Wintermonaten 1938/39 auch eingehalten wurde, er wurde durch die zwangsweise Durchsetzung des Verbots des Schulgebetes gebrochen. In vielen Dörfern in der ganzen Ostmark gab es Unterschriftensammlungen und wütende Demonstrationen. Gemeindepriester steigerten die Zahl der Hausbesuche, um geistlichen Beistand zu leisten, Kranke und Alte zu trösten und für Hinterbliebene zu beten. In dem aufkommenden Konflikt um die Loyalität der Österreicher wurde die verstärkte, priesterliche Seelsorge zu einer mächtigen Waffe umgewandelt.[70]

Unterdessen war der österreichische Episkopat bemüht, sich in der neuen Situation zurecht zu finden und ohne staatliche Zuwendungen auszukommen. Von 1929 bis 1937 waren immerhin 16 Millionen Schilling in die Schatulle der Kirche geflossen.[71] Die österreichischen Bischöfe nahmen heimlich Verbindung zum Vatikan auf und konnten jetzt leichter ihren Protest gegen die Lage der Kirche nach außen tragen.[72] In echter josephinischer Tradition verfassten sie einen formellen Beschwerdebrief, in dem sie Hitlers Erlass vom 28. April kritisierten. Sie baten um die Achtung des Konkordats von 1933, verwiesen auf Recht und Tradition seit den Tagen des Heiligen Römischen Reiches und beriefen sich auf Hitlers Rede vor dem Reichstag am 30. Januar 1939.[73]

Wie reagierten die einfachen Katholiken auf das »Gesetz über die Erhebung von Kirchenbeiträgen«? Den Quellen zufolge wurde wenig darüber diskutiert und die Reaktion nicht offen geäußert. Abgesehen von den Appellen einiger Gemeindepriester, dem Glauben treu zu bleiben, nahmen die meisten Kirchgänger das Gesetz offenbar schweigend hin. Auf der anderen Seite traten von 1938 bis 1941 303 106 Gläubige aus der katholischen Kirche aus.[74] Inwieweit ideologische Bedenken, politischer Druck oder schlicht die eigene Brieftasche den Ausschlag gaben, lässt sich nicht sagen. Gewiss spielte der pekuniäre Aspekt bei vielen Entscheidungen, aus der katholischen Kirche auszutreten, eine Rolle, aber die vorliegenden statistischen Angaben sprechen dafür, dass eine kirchenfeindliche Grundeinstellung der Bevölkerung stärker ins Gewicht fiel. Die Angaben in den Tabellen 6 und 7 sind zwar unvollständig, doch aus den Zahlen geht eindeutig hervor, dass sich in den Gebieten, die ohnehin traditionell der katholischen Kirche ablehnend gegenüberstanden, die meisten Gläubigen von der Kirche abwandten: in der Steiermark, in Kärnten und in Wien. Umgekehrt war die Treue zum Glauben in den Gebieten sehr stark, in denen der Protestantismus und der Marxismus nicht Fuß fassen konnten.

Der sprunghafte Anstieg der Kirchenaustritte im Jahr 1939 gab den österreichischen Nationalsozialisten Anlass, sich zu rühmen, dass ihre antichristliche Kampagne deutlich mehr Erfolg gehabt habe als vergleichbare Maßnahmen im Altreich.[75] Hitler dürfte zufrieden gewesen sein, umso mehr, weil er davon träumte, in Linz eine Sternwarte zu bauen, um den »Aberglauben der Kirche« zu

Tabelle 6 Kirchenaustritte in Österreich (alle Glaubensrichtungen), 1938–1945

	Wien	Nieder- donau	Ober- donau	Salzburg	Steier- mark	Tirol
1938	90 835	14 324	5 340	43 912	1 503	
1939	111 027	30 121	16 026	5 775		2 672
1940		5 126	5 472	3 367		3 541
1941		3 049		2 318		1 489
1942			1 346			792
1943			1 636			333
1944						188
1945						44

Quelle: Botz, *Nationalsozialismus in Wien*, S. 390; Stadler, *Österreich*, S. 97; *WVOÖ*, S. 167; *WVS*, Bd. 2, S. 134; *WVT*, Bd. 2. S. 136.

Tabelle 7 Verzicht auf den Religionsunterricht an österreichischen Grundschulen, 1938–1945 (in Prozent)

Kärnten	44,17
Wien	43,28
Steiermark	27,04
Salzburg	13,77
Tirol	11,55
Niederdonau	6,35
Vorarlberg	5,21
Oberdonau	0,57

Quelle: Hanisch, »Austrian Catholicism«, S. 174.

widerlegen.[76] Weder er noch die österreichische Kirchenführung konnte jedoch vorhersehen, dass die Einführung der Kirchenbeiträge zum Gegenteil ausschlagen würde: Statt den Katholizismus zu schwächen, wurde ihm durch die Maßnahme am Ende neues Leben eingehaucht, weil der Episkopat gegen Erpressungsversuche seitens der Regierung gefeit war und der Klerus sich frei von irgendwelcher politischer Macht ganz seinem geistlichen Auftrag widmen konnte.

Das vermochte damals allerdings niemand vorherzusehen. Die katholische Bevölkerung war allen Schilderungen zufolge niederge-

schlagen, demoralisiert und mutlos. Wie in Bayern nahm das Gefühl
der Entfremdung unter Katholiken als direkte Reaktion auf die Frage
der Schulbildung und auf die neuerlichen Angriffe seitens der Parteiaktivisten zu. In Tirol verspotteten Gruppen der Hitlerjugend
und des Bundes deutscher Mädel die Kirchgänger sogar am Karfreitag.[77] Andererseits griffen Formen des passiven Widerstands allmählich um sich. Am 1. Juli meldete der SD eine starke Gegenaktion,
vor allem in den Regionen, in denen die Religion respektiert wird –
Tirol, Salzburg und Oberdonau.[78] Die Situation sei so alarmierend,
dass nach den Angaben der Sicherheitskräfte, Kirchgänger Partei-
aktivitäten boykottierten.[79] Es deutet zwar nichts darauf hin, dass
die steigende Zahl von Protestkundgebungen von Widerstandszellen
organisiert worden waren, aber ein verborgenes Netz katholischer
Aktivisten nahm allmählich Form an. Der Bewegung gehörten ehemalige Leiter von Jugendgruppen an, abtrünnige Priester, Monarchisten und zahlreiche Einzelpersonen, die dem NS-Regime feindlich gesinnt waren. Unter anderem schickten sie sich bereits an,
Sympathisanten zu werben, illegale Flugblätter zu verteilen und
Kontakte nach Bayern zu knüpfen.[80] Ob sie bei den katholischen
Laien Gehör finden würden, die schon bald vor Wut kochten, sollte
sich erst noch zeigen.

Schluss

In der Ostmark betrachtete Hitler die römisch-katholische Kirche
von Anfang an als seinen ideologischen Hauptgegner. Auch wenn
er sich häufig von anderen Ereignissen und Fragen ablenken ließ,
wollte er die Rechte und Privilegien der Kirche einschränken und
auf diese Weise sein Endziel verwirklichen, das Christentum ganz
abzuschaffen. Die Führer des österreichischen Katholizismus erkannten ihrerseits zwar rasch, was auf dem Spiel stand, aber sie
konnten sich, wie so viele andere in der Zwischenkriegszeit in
Europa, nicht auf eine gemeinsame Strategie einigen. Als der
Anschluss Realität wurde, wählten sie die schlechteste aller Optio-
nen: Sie bekundeten ihre Loyalität gegenüber dem heidnischen
Eroberer eines christlichen Ständestaates, den zu schützen und verteidigen sie geschworen hatten.

Mit den Bischöfen hatte Hitler ungeachtet ihrer jahrzehntelangen, politischen Erfahrung leichtes Spiel. Ihre Billigung des Anschlusses, ihre Weigerung, den Rat des Vatikans zu befolgen, ihre Bereitschaft, eine Einigung mit den Nationalsozialisten anzustreben, und ihre Weigerung, gegen die weit verbreiteten Plünderungen und die Juden-verfolgung Einspruch zu erheben – all das zusammengenommen untergrub ihre Autorität. Mit der eklatanten Ausnahme Innitzers waren die österreichischen Würdenträger in der Regel weniger emp-fänglich für den »religiösen Nationalismus« als ihre deutschen Glau-bensbrüder. Indem sie aber immerfort die Ermahnung des Apostels Paulus wiederholten, »den Trägern der staatlichen Gewalt den schul-digen Gehorsam« zu leisten, stellten sie die Kirche in Reih und Glied mit einem Staat, der sie vereinnahmt hat. Dadurch ergab sich die »absurde Situation«, wie Ernst Hanisch meint, dass im Zweiten Weltkrieg die österreichischen Katholiken in der Ostmark »für den Sieg Großdeutschlands beteten, während die im Exil für einen Sieg der Alliierten beteten«.[81]

Da es den österreichischen Bischöfen nach dem Anschluss nicht gelang, mit gutem Beispiel voranzugehen, war die Mehrzahl der Katholiken etwas desorientiert und suchte nach dem richtigen Kurs. Sobald die Nazis ihre Kampagne gegen die Kirche begonnen hatten, fühlten sich die Gläubigen regelrecht allein gelassen und konnten sich nicht an den Episkopat oder das kirchliche Netz aus Vereinigungen um Beistand wenden. In gewisser Weise waren sie Protestanten wider Willen, denen keine Wahl blieb, als bei einzelnen Geistlichen oder in der Heiligen Schrift geistlichen Trost zu suchen. Für diejenigen, die in ländlichen Gegenden wohnten, bestand außer-dem die Möglichkeit, in der solidarischen Dorfgemeinschaft Zu-flucht zu suchen.

Andererseits erfüllten die kirchenfeindlichen Maßnahmen des NS-Regimes die Erwartungen vieler gläubiger Katholiken, vor allem die Änderungen, die es geschiedenen Männern und Frauen erlaub-ten, wieder zu heiraten. Da mit dem nationalsozialistischen Eherecht die Einführung der Nürnberger Gesetze zur Reinhaltung der Rasse einherging, sahen einige Kirchgänger und Geistliche gar die Gele-genheit, die Judenemanzipation wieder rückgängig zu machen. Sobald das Ausmaß der nationalsozialistischen Kampagne jedoch deutlich wurde, nahm der passive Widerstand zu. Wie im Altreich äußerte er sich in der Regel spontan, vereinzelt und unorganisiert. Meistens brach er als Reaktion auf Eingriffe in die katholische »Lebensweise« aus. Es ist denkbar, dass die Nationalsozialisten solche Vorfälle hätten vermeiden können, wenn sie das Konkordat von 1933 geachtet hätten, doch das gehört nicht hierher.[82] Für diejenigen, die wirklich an Christi Lehre glaubten, gab es keine andere Möglichkeit, als sich für den Leidensweg zu entscheiden. Die Tatsache, dass so wenige es wagten, diesen Weg zu beschreiten, steht im Einklang mit der langen Geschichte des Christentums.

6 Die Bauernschaft: Wut und Angst

Im Gegensatz zu Deutschland war in Österreich die Landbevölkerung nicht in Scharen dem Hakenkreuzbanner gefolgt. Die meisten Bauern hatten Dollfuß verehrt und waren über seine Ermordung erbittert gewesen. Fast zwei Jahrzehnte lang hatten sie bei Wahlen gegen die Nationalsozialisten gestimmt und sich in Dorfkneipen und auf der Straße gegen sie ausgesprochen. Gewiss begrüßten im Jahr 1938 zahlreiche Dorfgemeinden in Kärnten, in der Steiermark und im Salzkammergut die Machtübernahme Hitlers, aber die Mehrzahl der österreichischen Bauern blieb misstrauisch und distanziert. NS-Funktionäre zeigten ihrerseits wenig Neigung, der Bauernschaft irgendwelche Zugeständnisse zu machen. Abgesehen von dem Bestreben, die Not der Bergbauern und Hirten zu lindern, gaben Hitlers Gefolgsleute in der Regel den Städten den Vorzug vor dem Land. Viele von ihnen hatten noch den Mangel an Agrarprodukten und den Schwarzmarkt des Ersten Weltkrieges vor Augen und wollten die Preise für Lebensmittel und Agrarerzeugnisse so streng wie möglich überwachen. Da Hitler kurz vor dem Anschluss beschlossen hatte, die Gesamtproduktion zur Vorbereitung auf den Krieg zu maximieren, drängte Berlin die österreichische Führung, unverzüglich die Lenkung der Landwirtschaft zu übernehmen.

Die Sozialstruktur der ländlichen Regionen in der Ostmark, welche die Nationalsozialisten zu durchdringen und zu dominieren suchten, ähnelte sehr stark der Sozialstruktur im benachbarten Bayern (siehe Tabellen 8 und 9). Wie auf der anderen Seite der Grenze war die land- und forstwirtschaftlich genutzte Fläche auch in Österreich durchsetzt von Regionen mit einer stärkeren Spezialisierung, beispielsweise die Weinanbaugebiete in der Wachau und im Burgenland. Zwei Drittel der Gesamtfläche Österreichs bestanden aus Weideland und dichten Wäldern. Außerdem lag der Anteil der Kleinst-

Tabelle 8   Größe der landwirtschaftlichen Betriebe in Österreich, 1930

		Gesamt-zahl	%	Anteil an der landwirtschaftlich genutzten Fläche
Kleinstbetriebe	(unter 2 ha)	118 783	27,4	1,5
Kleine Höfe	(2 – 5 ha)	98 034	22,6	
Mittlere Höfe	(5 – 20 ha)	149 450	34,6	
Große Höfe	(20 – 100 ha)	61 073	14,0	
Großbetriebe	(über 100 ha)	6 020	1,4	45,7
Insgesamt		433 360	100	

Quelle: Bruckmüller, »Sozialstruktur und Sozialpolitik«, S. 391.

Tabelle 9   Größe der landwirtschaftlichen Betriebe in Bayern, 1933

		Gesamt-zahl	%	Anteil an der landwirtschaftlich genutzten Fläche
Kleinstbetriebe	(unter 2 ha)	124 701	22,4	3,1
Kleine Höfe	(2 – 5 ha)	160 128	28,8	13,1
Mittlere Höfe	(5 – 20 ha)	234 914	42,3	55,0
Große Höfe	(20 – 100 ha)	35 523	6,4	25,9
Großbetriebe	(über 100 ha)	656	0,1	2,9
Insgesamt		555 922	100	100

Quelle: Kershaw, *Popular Opinion*, S. 33.

betriebe höher als in Bayern. Nach der Volkszählung von 1930 hatten 27 Prozent der Bauernhöfe weniger als zwei ha Anbaufläche, sie machten zusammengenommen lediglich 1,5 Prozent der gesamten land- und forstwirtschaftlich genutzten Fläche des Landes aus. Im Gegensatz dazu befand sich fast die Hälfte der restlichen Fläche, zum größten Teil Wald, in den Händen von nur 1,5 Prozent der Landbesitzer.[1]

Die weitaus größte Zahl der österreichischen wie auch der bayerischen Bauernhöfe waren Familienbetriebe. In beiden Regionen bewirtschafteten drei Viertel aller Bauern ihre eigenen Ländereien mit der Hilfe ihrer Frau, Kinder oder anderer Verwandter. Von 1890 bis 1930 war die Zahl der aushelfenden Familienmitglieder auf österreichischen Bauernhöfen von 480 000 auf 710 000 gestiegen, im gleichen Zeitraum ging hingegen die Zahl der bezahlten Landarbeiter von 380 000 auf 281 000 zurück. Abgesehen von Bekannten und Verwandten beschäftigten österreichische und bayerische Bauern auch Dienstboten, minderjährige Landarbeiter, Stalljungen und Melkerinnen, die in der Regel für ein Jahr eingestellt wurden und Kost und Logis frei hatten.[2]

Die Nazifizierung der Landwirtschaft

In den hektischen Monaten nach dem Anschluss versuchten die Nationalsozialisten, das Misstrauen der Bauern zu zerstreuen und versprachen ihnen großzügig, die Schuldenlast zu lindern, ihren Besitz vor Spekulanten zu schützen und den Markt für österreichische Produkte auf das Altreich auszudehnen. In verarmten Regionen wie der Steiermark, wo die Hälfte der Landbevölkerung Höfe mit weniger als fünf ha Anbaufläche bewirtschaftete, griff das Regime sogar zu sofortigen Hilfsmaßnahmen. Bereits in den ersten Tagen nach dem Einmarsch kaufte der Reichsnährstand Hunderte von steirischen Mastochsen, Zuchtstieren und Zuchtstuten auf, sowie große Mengen des steirischen Weins und über 200 Eisenbahnwaggons Tafeläpfel, die in den Lagerhallen bereits Staub angesetzt hatten.[3] Am 27. März kündigte der österreichische Landwirtschaftsminister Anton Reinthaller das Ende der Zwangsversteigerungen von Höfen an und verabschiedete sechs Wochen danach die Entschuldungsverordnung, nach der Bauern ihre Schulden »tilgen« konnten, indem sie ein langfristiges Darlehen (bis 50 Jahre) zu einem Zinssatz von 4,5 Prozent aufnahmen, das sie mit einer jährlichen Tilgung von 0,5 Prozent an die Reichsregierung zurückzahlen mussten. Wie viele Höfe 1938 tatsächlich vor dem Hammer gerettet wurden, ist jedoch unklar, weil viele Bauern später den Sanierungsplan wieder kündigten. Im Jahr 1945 hatten jedoch 30 331 Betriebe resp. 6,2 Prozent aller Höfe Regierungsdarlehen aufgenommen. Insgesamt waren 79 882 875 Reichsmark als Darlehen ausgezahlt worden.[4]

Einige Monate vor dem Anschluss hatte Hitler seine Wirtschaftsbeauftragten angewiesen, die Lebensmittelproduktion zu steigern,

ohne jedoch die Lebensmittelpreise anzuheben. Folglich wurde im
Rahmen des Vierjahresplans versucht, die Kluft zwischen den Erzeu-
gerkosten und der Verbrauchernachfrage mit Hilfe einer Kombina-
tion aus Subventionen, gutem Zureden und Zwangsmaßnahmen zu
überbrücken. Im Mai 1937 kündigte Göring ein umfassendes Programm an, in dessen Rahmen die Preise für Düngemittel und Transportkosten drastisch gesenkt sowie Mittel für die Mechanisierung,
für die Urbarmachung von Land und für den ländlichen Wohnungs-
bau bereitgestellt wurden.[5] Im Altreich wirkte sich das Programm
wegen des knappen Spielraums für Kostensenkungen zwar kaum
aus, aber als es auf die weniger entwickelte Ostmark ausgeweitet
wurde, stellten sich erste Erfolge ein. Nach der Abschaffung der
meisten Zollschranken und Schutzzölle am 26. April 1938 fielen die
Preise für deutsche Landmaschinen und Düngemittel in der Ostmark um 33 bis 50 Prozent. Von 1930 bis 1945 stieg die Zahl der
Traktoren auf österreichischen Bauernhöfen von 753 auf 4900, die
Zahl der Elektromotoren von 50 384 auf 142 526 und die Zahl der
Mähmaschinen von 24 866 auf 60 000. Außerdem waren deutlich
mehr Mistwagen und Güllepumpen in Betrieb und es wurden erheblich mehr Düngemittel eingesetzt. Beispielsweise wurden im Jahr
1940 dreimal so viel Kali- und Stickstoffdüngemittel verteilt als zur
Zeit des Anschlusses. Bis zum Ende des Zweiten Weltkrieges investierte die Reichsregierung 120 Millionen Reichsmark in die Modernisierung der österreichischen Landwirtschaft.[6]

Trotz alledem kann kein Zweifel daran bestehen, dass die organi-
satorischen Maßnahmen der Nationalsozialisten den größten Teil
der Landbevölkerung in Not brachten. Durch die Einführung des
Reichserbhofgesetzes am 27. Juli 1938 wurden sämtliche Bauernhöfe mit einer Anbaufläche von 7,5 bis 125 Hektar zwangsweise zu
so genannten Erbhöfen. Diese Erbhöfe, die Kershaw den »Grund-
pfeiler der nationalsozialistischen Agrarpolitik« nennt, waren un-
teilbare und unveräußerliche Güter, welche die Bauernschaft als
den »Lebensquell der nordischen Rasse« erhalten sollten, indem
sie lediglich an einen erwachsenen, männlichen Nachkommen vererbt werden konnten. Wie im benachbarten Bayern variierte der
Anteil der Erbhöfe in den verschiedenen Regionen sehr stark: In
Kärnten wurden 24,9 Prozent aller Höfe zu Erbhöfen, in Salzburg

12,2 Prozent, in Oberösterreich 6,5 Prozent und in Tirol nur 2,3 Prozent.

Die Empörung der Miterben über das neue Erbhofrecht ist nur allzu verständlich, das Gesetz wurde jedoch von allen Bauern abgelehnt, weil die Ländereien praktisch nicht mehr an weibliche Nachkommen vererbt oder den Töchtern als Mitgift überlassen werden konnten. Da ein Erbhof nicht belastet werden durfte wie andere Höfe, hatten Erbbauern große Schwierigkeiten, Kredite etwa für den Kauf von Saatgut und Maschinen zu bekommen. Für die Linderung der Schuldenlast wurden zwar andere Mittel bereitgestellt und in Streitfällen sollten Schiedsgerichte entscheiden, doch das Gesetz stieß auf so großen Widerwillen, dass es 1940 zumindest in Tirol wieder außer Kraft gesetzt wurde.[7]

Die Einführung des Reichsnährstandes belastete die österreichischen Bauern wohl weit stärker. Diese Massenorganisation, der landwirtschaftliche Erzeuger, Genossenschaften und Einzelhändler angehörten, war an allen Aspekten des Anbaus, der Verarbeitung und der Vermarktung von Lebensmitteln und Lebensmittelerzeugnissen beteiligt. Am 18. Mai 1938, als der Reichsnährstand auf die Ostmark ausgedehnt wurde, trat an die Stelle der bestehenden Genossenschaften und Interessengruppen ein bürokratischer Apparat, der in vielen Fällen von reichsdeutschen Verwaltungsbeamten beaufsichtigt wurde. In den Dörfern wurden die Anweisungen von einheimischen Nazis ausgeführt, die gemeinhin das »lokale Dreieck« genannt wurden. Dieser Gruppe gehörten der örtliche Bauernführer, der vorsitzende Parteiführer und der Bürgermeister an. Im Jahr 1938 hatte der Reichsnährstand in erster Linie die Aufgabe, die von Berlin vorgegebenen Ertragsmengen abzuliefern.

Für das annektierte Österreich hieß das, die Bauern mussten ihre Ländereien registrieren lassen und erhielten im Gegenzug eine Hofkarte und eine Lizenz. Dann wurden Verträge über die Lieferung bestimmter Mengen von Obst, Gemüse, Getreide, Fleisch, Eiern und Milchprodukten abgeschlossen. Erst nach der vollständigen Ablieferung der vereinbarten Warenmenge erhielten die Bauern ihr Geld sowie ein Darlehen, um Saatgut und Düngemittel zu kaufen oder Arbeitskräfte zu entlohnen. Unter diesen Umständen gerieten die österreichischen Bauern in ernste Schwierigkeiten, die durch

eine plötzlich einsetzende Landflucht noch verschärft wurden. Die
Bauern waren gezwungen, ihre Waren zu Festpreisen abzuliefern,
mit denen sie kaum ihre Kosten decken konnten. Da die steigenden
Selbstkosten nicht durch die vom Regime diktierten Preise kompen-
siert wurden, gerieten die Bauern in eine Inflationsspirale, und ihre
Gesamtkaufkraft ging bis Ende 1938 um 2,8 Prozent zurück.[8]

Die Reaktion der Landbevölkerung

In den Augen der meisten österreichischen Bauern bestätigten die
Zwangsmaßnahmen des NS-Regimes ihre schlimmsten Ängste und
Befürchtungen. Gewiss ließ sich auch die Landbevölkerung zum
Teil von der Anschlusseuphorie anstecken, doch den vorliegenden
Quellen zufolge war der Hauptgrund für die Begeisterung eine große
Erleichterung darüber, dass Gewalt und Blutvergießen vermieden
wurden. In der Steiermark und in Kärnten, wo die Nationalsozialisten traditionell starke Sympathien genossen, waren viele Bauern
auch dankbar, weil die Regierung die Überschüsse an Obst, Getreide
und Vieh aufgekauft hatte. Laut Polizeiberichten aus Oberdonau
blieben viele Dorfbewohner dort wiederum loyal gegenüber dem
Alten Regime. Sie fürchteten einen Anstieg der Lebensmittelpreise
oder waren sich darüber im Klaren, »dass auf eine Besserung in diesem Jahr nicht mehr gehofft werden kann«. Von anderen hieß es, sie
würden sich mit den neuen Machthabern abfinden – viele würden
sich gar auf verbesserte Absatzmöglichkeiten im Altreich freuen.
Offene Missfallensäußerungen wurden in erster Linie von den Dorf-
priestern vernommen.[9] In Amstetten in Niederdonau war die Stimmung offenbar nicht so optimistisch. Hier hatten Bauern die Hoffnung auf einen wirtschaftlichen Aufschwung geäußert, waren jedoch
über Bürckels Verleumdungskampagne gegen Dollfuß und Schuschnigg empört. Außerdem wurden die vereinzelten Anschläge auf
Angehörige der Vaterländischen Front zutiefst missbilligt.[10]

Anfang Mai meldete die Polizei eine weit verbreitete Sorge über
die hohe Landflucht. Stalljungen, Melkerinnen und Landarbeiter liefen in einem solchen Ausmaß ihren ländlichen Brötchengebern
davon, dass sich die demographische Landschaft Österreichs veränderte.[11] Im Jahr 1938 war der Bedarf an Industriearbeitern wegen

der Aufrüstung so sehr gestiegen, dass sich die deutschen Dörfer bereits zusehends leerten. Zurück blieben verunsicherte Kleinbauern.[12] Schon vor dem Anschluss hatten österreichische Bauernjungen Arbeit im Altreich angenommen, sodass die Bauern wie auch die zuständigen NS-Funktionäre die Gefahr eines auf die Ostmark überspringenden Exodus genau kannten. Aus diesem Grund gab die Pressekammer ausdrücklich Befehl, deutsche Unternehmen bis Ende Juni davon abzuhalten, Arbeitskräfte auf dem Land zu werben. Der Bedarf an gelernten Arbeitern war jedoch so groß, dass bereits wenige Tage nach dem Anschluss Arbeitgeber aus Gewerbe und Industrie durch das Land zogen und Arbeit in Deutschland anboten. Ferner bemühten sich Werber der Wehrmacht, der motorisierten Polizei und des Reichsarbeitsdienstes (RAD) um neue Kräfte. Im April stellten Architekten, Ingenieure und Unternehmen ungelernte Arbeiter für riesige Bauprojekte ein, die in der Ostmark begonnen wurden. Am 2. Mai meldete die Gendarmerie in Bad Hall die ersten Anzeichen eines massiven Auszugs der Dienstboten aus den nahegelegenen Bauernhöfen und Gütern.[13]

Das Bemerkenswerte an dieser »Landflucht« in Österreich sind ihr plötzliches Auftreten und ihre unmittelbare Auswirkung auf die Agrikultur. In der Zeit von 1938 bis 1940 zog fast ein Drittel der bezahlten Arbeiter vom Land in die Stadt; in manchen Gegenden Kärntens, Salzburgs, Tirols und der Steiermark fehlten mehr oder weniger über Nacht zwei Drittel der Landarbeiter. Wie Kershaw für Bayern gezeigt hat, hatte dieser Exodus katastrophale Folgen für die Landwirtschaft. Die Mehrzahl der Bauernfamilien waren auf die Arbeit von Melkerinnen und Stalljungen angewiesen. Einige Hofbesitzer erhöhten zwar die Löhne um 17 bis 45 Prozent, aber die überwiegende Mehrzahl konnte nicht mit den Gehältern auf dem Bau oder in der Industrie konkurrieren. Sie konnten sich auch nicht die entsprechenden Maschinen leisten, um den Acker maschinell zu bewirtschaften.

Wie an anderen Orten in Großdeutschland beschuldigten die Bauern sogleich die Fabrikbesitzer, die Arbeiter wegzulocken. NS-Funktionäre erwiderten jedoch, die Dienstboten und Landarbeiter würden lediglich aus einer veralteten und unzumutbaren Form der Knechtschaft entfliehen: Tausende junger Leute seien nicht länger

gezwungen, in den Ställen oder Scheunen zu schlafen, könnten sich
frei ohne die Zustimmung ihres Herrn verheiraten und seien von der
Gefahr einer plötzlichen Entlassung befreit. Sie würden jetzt auf der
Suche nach einer lohnenden Arbeit und einem besseren Leben in der
Volksgemeinschaft in die Städte strömen.[14]

Im Sommer 1938 wurden die österreichischen Bauern offensichtlich »passiver« und »zurückhaltender« oder zogen sich ganz aus der
Politik zurück.[15] Nach Ansicht der Polizei fand sich selbst der harte
Kern der Vaterländischen Front mit der neuen Ordnung ab. Zur
gleichen Zeit beschwerten sich die Bauern allerdings über den Abzug
der Arbeitskräfte, über die steigenden Lohnkosten und über die
zwangsweise Preisüberwachung für landwirtschaftliche Erzeugnisse.
Aus Reichraming in der Nähe von Steyr meldete die Gendarmerie
einen Anstieg des Warenumsatzes, mit dem die schwache Hoffnung
auf einen Anstieg der Viehpreise einherging. Ferner herrsche eine
Missstimmung, so heißt es dort weiter, weil ein Sommerlager für
jüdische Kinder in dem Dorf immer noch geöffnet sei. Zum Ersten
übersteige dies die Ressourcen der verarmten Gemeinde, und zum
Zweiten störe es die Bergbauern und Holzfäller, dass ihre Lieblings-
restaurants und -gasthöfe immer noch von Juden überlaufen seien.
Auf der anderen Seite wurden Klagen laut von Hotelbesitzern in
Bad Hall, einem unter Wiener Juden und Tschechen sehr beliebten
Ferienort, über die magere Touristensaison. Sie behaupteten, die
nationalsozialistische Judenverfolgung sei übereilt.[16]

Hitlers Angriff gegen die katholische Kirche heizte den Groll in
den Dörfern und Städten des ländlichen Österreichs zusätzlich an.[17]
Im Katholizismus war die bäuerliche Gesellschaft traditionell tief
verwurzelt, ein dichtes Netz aus Beziehungen beherrschte die Dorf-
politik und alle Einheimischen betrachteten Eindringlinge von
außen mit großem Misstrauen. Diese Kultur »beruhte auf einer für
die Gemeinde charakteristischen Frömmigkeit, gegen die weder die
Reichen noch die Armen verstoßen dürfen«.[18] Nach dem Anschluss
starteten der örtliche Parteiführer – in der Regel ein ortsansässiger
Arzt, Anwalt oder Lehrer – und der Bürgermeister – meist ein Bauer
oder Dorfhändler – eine massive Kampagne gegen katholische Symbole. Sie ordneten die Entfernung der Kruzifixe aus den Schulen
und von öffentlichen Plätzen an, sagten Feiertage ab oder störten

religiöse Prozessionen. Wie im ländlichen Bayern suchten die Dorfbewohner Halt beim Gemeindepriester, der ihnen Trost zusprach
und sogar die Nazis von der Kanzel aus verurteilte – allerdings häufig
bloß wegen eines bestimmten Verstoßes.[19] Die von den NS-Behörden als feindlich oder subversiv eingestufte »religiöse Widerspenstig-
keit« der Landbevölkerung darf nicht als politisch motiviert miss-
interpretiert werden, sondern ist als ein »zähes Festhalten an dem,
was als überliefert und gewohnt galt«, zu werten.[20]

Auf dem österreichischen Land kam es im Juni 1938 zum ersten
großen antikirchlichen Vorstoß. Die NS-Behörden gestatteten Fron-
leichnamsprozessionen nur unter strengen Auflagen. Parteiführer
verboten Feuerwehrmännern das Tragen der Uniform, verhinderten
die Teilnahme der Kinder aus Mittelschulen und untersagten die
Zurschaustellung kirchlicher Regalien aus öffentlichen Gebäuden
und Privathäusern. In Pettenbach, in der Nähe von Kirchdorf, ging
der örtliche SA-Chef von Haus zu Haus, um das Verbot durchzusetzen. Die Bevölkerung reagierte zornig und verbittert auf die Auflagen für diesen religiösen Umzug. In Aschach wurden wütende
Feuerwehrleute angeklagt, sie hätten »staatsfeindliche Äußerungen«
fallen gelassen. »Die Prozession in Bad Hall glich mehr einem größeren Leichenzug als einer festlichen Feier.« In Steinbach verlor der
Gemeindepfarrer, Pater Cassian Kitzwankl, die Beherrschung und
ging mit bloßen Fäusten auf den örtlichen Parteiführer los.[21]

Ungeachtet der weit verbreiteten Wut zog das NS-Regime die
Schraube noch fester an. Am 12. Juli kündigte Hitler das österreichische Konkordat von 1933.[22] Die Dorfbevölkerung fühlte sich durch
die offiziellen Restriktionen längst nicht so sehr gekränkt wie durch
nebensächliche, nutzlose Angriffe der Parteiaktivisten auf kirchliche
Feiertage, Statuen und Kruzifixe. Beispielsweise löste die Streichung
des Peter–und–Pauls–Tages eine Unruhe aus, die sich in sporadi-
schen Protestkundgebungen in der ganzen Ostmark entlud. Die Proteste in Tirol betrachtete der Sicherheitsdienst gar als eine gefährliche Widerstandsbewegung. Laut einem offiziellen Bericht verteilten
Scharen katholischer Aktivisten Kreuze des christlichen Ständestaates und subversive Flugblätter in den Straßen von Innsbruck und
klebten hämische Plakate an Hauswände.[23] Bis in den August hinein
kam es zu öffentlichen Protestaktionen. Nach der Entweihung eines

Wegekreuzes in der Nähe des Tiroler Dorfes Karres rief der Gemeindepfarrer, Dr. Josef Steinkelderer, sogar einige Dutzend Dorfbewohner auf, das Haus des NS-Bürgermeisters zu stürmen. Unter
Schmährufen drohte die Menge, die SA zu verprügeln, und forderte
eine offizielle Petition, in der die Empörung und der Abscheu der
Gemeinde zum Ausdruck gebracht wurden. In einem Brief an
Reichskommissar Bürckel in Wien bezeichnete Gauleiter Hofer den
Zwischenfall als »ein klassisches Beispiel« für die Art der Unruhe, die
in seinem ganzen Gau um sich greife.[24]

Zu der allgemeinen Unruhe und Unzufriedenheit auf dem Lande
kam noch eine zunehmende Kriegsangst hinzu. Aus den mir
bekannten Quellen lässt sich schließen, dass die Landbevölkerung
die Explosivität der Sudetenkrise eher erkannte als die meisten
Stadtbewohner.[25] Mitte Juli berichteten die Sicherheitsorgane von
einer Grundströmung der Angst in den Dörfern der Gaue Ober-
und Niederdonau. Die Einberufung der Reservisten, die Beschlagnahme von Arbeitspferden und die massiven Truppenverlegungen
in Richtung tschechischer Grenze machten nahezu im August und
September jedem den Ernst der Krise deutlich, vor allem den Menschen, die in Grenzgebieten wohnten. Wie in Bayern war die
»Kriegspsychose« in den Grenzregionen und unter den alten Menschen, die den Ersten Weltkrieg miterlebt hatten, am stärksten. Aus
dem Dorf Pettenbach wurde ferner gemeldet, dass die Bauern sich in
die Privatsphäre zurückziehen würden: Sie weigerten sich, »den
deutschen Gruß« zu erwidern, und sprachen nur sehr vorsichtig
miteinander. Die Polizei verglich die Atmosphäre mit der im Jahr
1914 und schilderte die aktuelle Stimmung als »wenig begeistert«,
»niedergeschlagen« oder »etwas gedrückt«.[26] Es gab auch kaum
positive Reaktionen auf die Bemühungen des Regimes, die Bevölkerung wieder zu beruhigen. Von einer Parteiversammlung im Dorf
Pöttsching im Burgenland hieß es beispielsweise: »Der Großteil der
Versammlungsteilnehmer nahm die Ausführungen der Redner teilnahmslos hin, und nur hier und da hörte man Beifalls- oder Ent-
rüstungsrufe.«[27]

Auf die Nachricht, dass ein Krieg durch Hitlers Triumph in München vermieden worden sei, reagierte die Landbevölkerung mit großer Erleichterung und Zufriedenheit. In Kärnten und in der Steier-

mark wurden Fackelzüge organisiert, um demonstrativ dem NS-Regime den Rücken zu stärken. Wie überall in Großdeutschland sprachen die Behörden von einem sprunghaften Anstieg der allgemeinen Zuversicht und des Vertrauens in die leitende Hand des »Führers«. Mit ihren Versuchen, die Euphorie durch die Organisation Hunderter von Kundgebungen und Anfeuerungsrufen auszunutzen, hatte die Partei jedoch wenig Erfolg. Eine Woche nach dem Münchener Abkommen kursierte die Meldung von dem Überfall auf das Erzbischöfliche Palais in Wien. Als nähere Einzelheiten bekannt wurden, nahm die Besorgnis und die Gereiztheit der Landbevölkerung erneut zu.[28]

Die neue Krise der Landwirtschaft

Zu dem Kummer um die Kirche kam bei vielen Bauern die existentielle Sorge über die Krise in der Landwirtschaft hinzu. Einige Dorfbewohner profitierten jedoch von der NS-Wirtschaftspolitik. Zu diesen zählten Kleinbauern, die vor der Zwangsvollstreckung gerettet worden waren, Holzfäller, deren Löhne um zehn bis 40 Prozent stiegen, sowie Steinmetze und Zimmerleute auf dem Dorf, die 15 Prozent mehr Lohn nach Hause brachten als vor dem Anschluss. Als die Arbeitslosigkeit zurückging und neue Stellen geschaffen wurden, stieg allmählich auch die Nachfrage nach Handelsgütern. Von diesem Trend waren wiederum die Händler und Geschäftsleute in den Kleinstädten Nutznießer. Nach den Angaben der Sicherheitsorgane unterstützten diese zwei Gruppen weiterhin stark das Regime.[29]

Die Mehrheit der Landbevölkerung litt aber unter der Agrarkrise. Ungeachtet einer leichten Besserung der Stimmung in den Wochen nach dem Münchener Abkommen verfolgten die Bauern ängstlich den Abzug der Arbeitskräfte und kochten vor Wut über die strenge Preisüberwachung. Gebirgsbauern brachten ihr Vieh auf den Markt in Windischgarsten und konnten nur 28 von 133 Rindern verkaufen, in Vorderstoder nur fünf von 103 Rindern. Aus Pettenbach meldete die Gendarmerie, dass 250 bis 300 Bauern vorgeladen werden mussten, weil sie ihre Schweine zum Preis von einer Reichsmark pro Kilogramm Lebendgewicht verkauften statt der 80–83 Pfennige, die der Reichsnährstand festgesetzt hatte. Und dann kam noch die Maul-

und Klauenseuche, die aus Bayern auf die Ostmark übergriff und
von der bis Ende 1938 9680 österreichische Bauernhöfe betroffen
waren. Nicht ohne Grund deklarierte der Landrat in Kirchdorf seinen Regierungsbezirk als »Notstandsgebiet«.[30]

Bis zum Jahreswechsel waren die Gesamtausgaben für Düngemittel und Maschinen um 18 Prozent zurückgegangen, doch diese Ein-
sparungen konnten nicht die um 35 Prozent gestiegenen Lohnkosten kompensieren. In Oberdonau stiegen die Löhne auf dem Land
von 1938 bis 1941 gar um 133 Prozent für Männer und um 176 Prozent für Frauen – eine große Belastung für die Bauern. Da die Preise
für Agrarprodukte vom Reichsnährstand festgelegt wurden, nahm
die Kaufkraft der Bauern, wie gesagt, im Jahr 1938 um 2,8 Prozent
ab. Dieser Trend setzte sich während der gesamten Zeit der NS-Herrschaft fort. Von 1937 bis 1939 fiel die Kaufkraft von 96 Prozent des
Standes vor der Weltwirtschaftskrise bis auf 91 Prozent, bei Bergbauern gar von 81 Prozent des Standes vor der Weltwirtschaftskrise auf
70 Prozent.[31]

Landwirtschaftliche Funktionäre der Partei erkannten durchaus
die Not der Landbevölkerung. Kurz vor dem Anschluss hatte Herbert Backe, der Leiter der Geschäftsgruppe Ernährung beim Beauf-
tragten für den Vierjahresplan, ein langes Memorandum vorgelegt
und deutliche Preissteigerungen empfohlen als das beste Mittel, um
die Lebensmittelproduktion anzuregen. Hitler wie auch sein Stellvertreter Rudolf Heß lehnten den Vorschlag ab. Sie waren besessen
von dem Gedanken, in dem bevorstehenden Krieg die Preisstabilität
zu erhalten, und hielten es für gefährlich, sich die städtischen Massen, vor allem die Industriearbeiter, zum Feind zu machen. Deshalb
bestand die NS-Führung darauf, den eingeschlagenen Kurs fortzusetzen, bis im Osten neue landwirtschaftliche Ressourcen erobert
würden. Als Folge ging der Ernteertrag weiter zurück, vor allem in
Bayern und in der Ostmark, wo die Landwirtschaft sehr arbeits-
kräfteintensiv und weitgehend ohne Maschinen betrieben wurde[32]
(siehe Tabellen 10 und 11).

Zum einen wurde den Bauern durch den Reichsnährstand ihre
Wirtschaftsweise genau vorgeschrieben, zum anderen wurde der
Druck auf die Kirche verstärkt. Die Gläubigen auf dem Lande
empörten sich über die neuen Maßnahmen, vor allem über das Ver-

Tabelle 10   Ernteerträge in Österreich, 1938–1944 (in Hundert Kilogramm)

	Weizen	Roggen	Gerste	Kartoffeln	Futterrüben
1938	5 174	5 489	3 016	31 008	20 327
1939	4 473	4 493	2 855	27 648	19 374
1940	2 849	3 131	2 798	26 033	17 248
1941	3 417	3 884	2 338	26 021	19 950
1942	2 760	2 701	2 218	22 515	20 156
1943	3 434	3 557	2 147	17 728	18 084
1944	2 938	2 790	1 808	17 509	17 456

Quelle: Mooslechner und Stadler, »Landwirtschaft und Agrarpolitik«, S. 88.

Tabelle 11   Nutzviehbestand in Österreich, 1938–1944

	Pferde	Rinder	Schweine	Kaninchen
1938	246 555	2 578 804	2 868 148	541 010
1939	230 581	2 619 508	2 830 126	–
1940	225 767	2 582 830	2 189 642	589 481
1941	226 351	2 493 504	2 043 468	–
1942	220 593	2 505 386	1 772 815	1 233 203
1943	223 641	2 530 302	1 842 364	1 491 168
1944	239 689	2 536 337	1 697 261	1 062 455

Quelle: Mooslechner und Stadler, »Landwirtschaft und Agrarpolitik«, S. 89.

bot des Schulgebetes. Diese Verordnung trat am 1. Februar 1939 in
Kraft und hatte später die Entfernung von 1500 Priestern aus den
Klassenzimmern zur Folge. Die Bevölkerung reagierte brüskiert,
mitunter aggressiv. In Strengberg sprengte eine aufgebrachte Menge
eine Versammlung der NS-Frauenschaft; in Weistrach wurde der
Bürgermeister attackiert. In anderen Dörfern verfassten Mütter Protestbriefe und sammelten unzählige Unterschriften. Trotz der Aus-
flüchte der NS-Redner und -Funktionäre verurteilten die Bauern
fast einmütig das Regime, weil es »gegen die Religion« sei.[33]

Am ersten Jahrestag des Anschlusses machte die Polizei eine Art
Bestandsaufnahme der Stimmung auf dem Lande und stellte fest,
sie sei »örtlich verschieden«. Die Polizei kam jedoch zu dem Schluss,
dass der größte Teil der Landbevölkerung »gedrückt«, »misstrauisch« und »nicht besonders freundlich« sei. In dem winzigen Dorf

Spital am Pyhrn hatten Mitte Februar Mitglieder der örtlichen
Genossenschaft den Parteiführer während einer tumultuarischen
Versammlung verprügelt. Auch wenn landwirtschaftliche NS-Funktionäre die Hoffnung noch nicht aufgegeben hatten, die Bauern zu
gewinnen, waren sie frustriert über deren hartnäckiges Desinteresse
an »ideologischen Fragen und Diskussionen«. Die Parteiführer taten
sich außerdem schwer, den Mangel an Zucker, Schmalz, Seife und
Streichhölzern zu erklären.[34] Ein Sicherheitsagent schrieb mutlos:
»Das Verhalten eines großen Teils der bäuerlichen Bevölkerung lässt
deutlich erkennen, dass dieselbe für den Nationalsozialismus kein
Interesse hat und der Bewegung im Innersten feindlich gegenüber-
steht.«[35] Mit anderen Worten, die Mehrzahl betrachtete den Nationalsozialismus »als eine Art Naturgewalt, wie Überschwemmungen
oder Lawinen: Um zu überleben, muss man sich so gut wie möglich
schützen, bis das Unglück vorübergezogen ist.«[36]

Natürlich gibt es keine Zeugnisse darüber, dass sich Dorfbewohner über die Beseitigung der Arbeitslosigkeit und das Verschwinden
der Bettler aus ihrer Mitte etwa beklagt hätten.[37] Jungen und kräfti-
gen Menschen bot das NS-Regime in der Tat eine verlockende Gelegenheit, aus der knochenharten Plackerei des Landlebens auszubrechen. Bis Anfang 1939 flüchteten Zehntausende von Dienstboten
aus abgelegenen Gebirgstälern und suchten sich eine Stelle in der
Industrie oder auf dem Bau. Nach den Angaben der Sicherheitsorgane konnten Schuljungen es kaum erwarten, in den Reichsarbeitsdienst oder auch in die Wehrmacht einzutreten. Den Rekrutierungs-
stellen der Luftwaffe rannten minderjährige Bewerber angeblich die
Türen ein. Etliche vierzehn- oder fünfzehnjährige Jungen gingen zur
Eisenbahn arbeiten. Aber nicht nur für die männliche Jugend taten
sich neue Möglichkeiten auf. Auch von Melkerinnen hieß es, sie
würden die Bauernhöfe scharenweise verlassen und nicht selten ehemalige Arbeitskollegen heiraten, die eine vergleichsweise gut
bezahlte Stelle im Straßen- oder Hausbau gefunden hatten.[38] Der
wohl deutlichste Hinweis auf die enorme inländische Migration,
welche die nationalsozialistische Diktatur ausgelöst hatte, war das
darauf folgende Emporschnellen der ohnehin bereits steigenden
Geburtenrate.[39]

Am 15. März 1939 kam die Meldung von Hitlers Einmarsch in

Prag. Eine Woche später folgte die Verkündung der Annexion des
Memelgebietes. Trotz der düsteren und misstrauischen Stimmung,
die in Österreich auf dem Land herrschte, fiel die Reaktion offensichtlich weitgehend günstig aus. Nach Meldungen aus Kirchdorf,
Kremsmünster, Ried, Grünburg und Windischgarsten hob die
Offensive die Moral und weckte eine tiefe Bewunderung für Hitler.
Die Mehrheit der Landbevölkerung blieb zwar immer noch auf
Distanz und skeptisch, aber es waren auch zahlreiche Beifallsbekun-
dungen zu hören, selbst aus den Kreisen, die sonst dem National-
sozialismus neutral, wenn nicht ablehnend gegenüberstanden. In
vielen kleinen Dörfern wurden spontan die Fahnen gehisst oder
Flaggen aus den Fenstern gehängt. Selbst auf dem Land äußerten
Kriegsveteranen ihre Befriedigung über Deutschlands wagemutigen
Vormarsch und über den rasanten Aufstieg zu einer Macht in
Europa.[40]

Bis zu welchem Grad Hitler durch die Besetzung Böhmens und
Mährens die österreichische Bauernschaft überzeugen konnte, lässt
sich schwer sagen. Wie überall in Großdeutschland überwog offensichtlich eine große Erleichterung, dass einmal mehr ein Krieg und
Blutvergießen vermieden wurden. In einer Reihe von Orten wurde
die Hoffnung geäußert, durch den Landgewinn werde die Krise in
der Landwirtschaft endlich gelindert. Berücksichtigt man die positive Grundhaltung für Hitler, so lässt sich daraus schließen, dass
der Führerkult in der traditionellen Dorfkultur Fuß fasste. Wie das
geistige Klima auch ausgesehen haben mochte, Analytiker der Polizei gaben sich jedenfalls große Mühe, die Unzufriedenheit auf dem
Lande zu unterstreichen, die sich vor allem unter den Hausfrauen
und den »ewigen Nörglern« hartnäckig halte.[41]

Dennoch besserte sich die allgemeine Moral in den kommenden
Wochen eindeutig. In den offiziellen Berichten für April und Mai
bezeichneten die Behörden die Stimmung als »ruhig«, »im Allgemeinen gut«, »weiterhin günstig«, »mäßig gut« oder mehrfach als
»zuverlässig«. Die Beteiligung an den Feierlichkeiten anlässlich Hitlers 50. Geburtstag am 20. April 1939 sei selbst in abgelegenen Städten und Dörfern, wo dies vielleicht nicht zu erwarten war, einigermaßen erfreulich gewesen. Ein Teil der Landbevölkerung hatte zwar
die Festivitäten bewusst ignoriert, beispielsweise in den Feldern um

Windischgarsten und Pettenbach, aber Parteifunktionäre hatten allesamt den Eindruck, dass die Stimmung auf dem Lande allmählich umschlage.[42] Aus dem abgeschiedenen Ort Steinbach am Ziehberge teilte die Polizei mit: »Mit Ausnahme von ganz Unbelehrbaren scheint der Eindruck zu sein, dass sich die bisher noch abseits gestandenen Personen doch langsam zu der NSDAP bekennen. Man kann zwar bei festlichen Veranstaltungen beobachten, dass bei solchen Veranstaltungen immer ein- und dieselben Personen teilnehmen, dies dürfte aber daraus zu schließen sein, dass ihnen das nötige Geld fehlt, was man wiederholt hört.«[43]

Die örtlichen Behörden versuchten, den Stimmungsumschwung zu ihren Gunsten zu nutzen. Da einer ihrer Grundsätze lautete, selbst die vertracktesten, wirtschaftlichen Probleme würden sich durch eine Mischung aus Zwang und Überredungskunst lösen lassen, zogen NS-Redner durch das ganze Land und läuterten die Agrarpolitik der Regierung. Ihre Worte stießen jedoch überwiegend auf taube Ohren. In Nussbach im Innviertel beispielsweise sprach der Bauernführer volle drei Stunden zu 60 einheimischen Viehzüchtern über die Krise der Landwirtschaft. Er verlangte Geduld und Kooperation von ihnen, drängte sie dazu, Düngemittel zu verwenden, und riet ihnen, die Löhne für Arbeitskräfte anzuheben. Die Zuhörer standen nach seiner Rede auf und verließen ohne ein Wort den Saal.[44]

Positive Reaktionen und die Folgen des Tourismus

Dass die Haltung der österreichischen Landbevölkerung konstanter und unbeugsamer blieb, als die Nazis erwartet hatten, ist länglich bekannt. Dass die Dorfbewohner bestimmte Aspekte des NS-Regimes auch billigten oder gar begrüßten, ist weniger bekannt, aber ebenso wichtig. Dazu zählten die entschiedenen Maßnahmen gegen Wucherpreise, die Abschaffung der Arbeitslosigkeit und der Bettelei sowie das Zusammentreiben der Zigeuner, Vagabunden und anderer Randgruppen, die von den Bauern schon immer verachtet wurden. Die Gendarmerie in Euratsfeld zum Beispiel bezeichnete die Stimmung am Ort sonst als »schlecht«, meldete allerdings: »Die am 26. Juni 1939 durchgeführte Zigeunerrazzia wurde in der

Bevölkerung begrüßt. Man steht aber der Tatsache, dass noch viele Siebmacher, Korbflechter, Schleifer etc. umherziehen, verständnislos gegenüber, und die Bevölkerung, die auch diese Leute als Zigeuner betrachtet, wundert sich, dass diese asozialen Elemente noch umherziehen können, obwohl überall Arbeitermangel herrscht.«[45]

Trotz des Ärgers über die Störungen, welche die mehrfachen Mobilisierungen mit sich brachten, diente die österreichische Landbevölkerung gern in Hitlers Wehrmacht. Gewiss hatten viele Reservisten, die in den ersten Monaten nach dem Anschluss von Manöverübungen zurückgekehrt waren, über die schlechte Behandlung durch die »preußischen« Ausbilder gejammert. Ungeachtet der weit hergeholten These einiger Nachkriegshistoriker, darin eine Form des »Widerstands« zu sehen[46], waren diese Klagen kaum mehr als ein gutmütiges Grummeln. In Wirklichkeit wurden die österreichischen Soldaten in der deutschen Wehrmacht nur in Einzelfällen diskriminiert, wenn überhaupt. »Die höchsten und sensibelsten Stellen standen ihnen offen.«[47] Tatsächlich kehrten die Einberufenen im Mai 1939 voller Begeisterung in ihre Dörfer zurück.[48] Das war kaum verwunderlich. Spätestens seit den Tagen Hektors und Achilles' hat der Militärdienst einen Männlichkeitskult gepflegt. Im bäuerlichen Österreich hatte »ein echter Mann stets die Pflicht, seine Männlichkeit unter Beweis zu stellen, sei es bei der Arbeit, beim Viehhandel, bei den Schlägereien in der Dorfkneipe, im Bett oder gar im Krieg. Das Männlichkeitsideal im Dorf war der begeisterte Jäger, der tapfere Soldat.«[49]

Schließlich darf nicht vergessen werden, dass im Sommer 1939 viele geschäftstüchtige Dorfbewohner und Bauern die ersten Früchte des Aufschwungs im Tourismus ernteten. Im Zuge dieser Prosperität wurden traditionelle Ferienorte zu neuem Leben erweckt und fanden Touristen den Weg in idyllisch gelegene Gemeinden, oft mitten in verarmten Bergregionen. Wie erwähnt, hatten einige Hotels und Restaurants, die in der Regel von reichen Ausländern oder Wiener Juden besucht wurden, durch den Anschluss einen Geschäftsrückgang erlitten. Das waren jedoch Ausnahmen. Bereits im Sommer 1939 strömten Besucher aus dem Deutschen Reich in Scharen in die Ostmark. Die Gasthöfe in Tirol, Salzburg und im Salzkammergut waren ausgebucht. Fast 100 000 Autofahrer kurvten die Hochalpenstraße zum Großglockner hinauf, zum »größten Berg Deutschlands«. Allein im Gau Salzburg schnellte die Zahl der Übernachtungen von 1 856 300 in den Jahren 1936/37 auf 2 988 286 in den Jahren 1938/39 in die Höhe. Natürlich gaben die vielen Pauschalreisenden weniger Geld aus als reiche britische und amerikanische Touristen, und einige teure Hotels meldeten infolgedessen eine schlechte Saison. Insgesamt brachten die endlosen Busladungen mit Gruppen der Hitlerjugend oder mit KdF-Reisenden mehr Geld in die Kassen der Ferienorte als das bisherige Touristengeschäft in einem Spitzenjahr. Zudem profitierten erheblich mehr einfache Dorfbewohner von dieser Form des Tourismus.[50]

Inwiefern der Beginn des Massentourismus die politische Haltung in der Ostmark prägte, ist unklar. Die fragmentarischen Quellen aus Zell am See, St. Johann und Hallein in Salzburg sowie aus Oberdrauburg in Kärnten lassen auf eine ambivalente Haltung schließen. Auf der einen Seite herrschte zweifellos eine große Aufregung und Dankbarkeit, beispielsweise für die 140 000 Reichsmark, die Skifahrer auf den Pisten des Pinzgaus im Winter 1938/39 ausgaben. Im folgenden Sommer rollte eine so gewaltige »Blechlawine« mit Touristen nach Kärnten, dass die Hotels und Gasthöfe jeden Tag bis zum Mittag ausgebucht waren. Tausende von Autofahrern waren gezwungen, die Nächte beengt und unbequem in ihren Autos oder in behelfsmäßigen Lagern auf den Weiden entlang der Straße zu verbringen. Angesichts der vielen ferienfreudigen Besucher aus dem Altreich, vor allem in dem rückständigen Kärnten, wirkten die NS-Versprechen, dass bessere Zeiten kommen würden, sofort glaubwürdiger. Für Millionen von Österreichern schien der Besitz eines eigenen Autos, vor allem des überaus beliebten Volkswagens, in greifbare Nähe gerückt. Das an einen Käfer erinnernde Design war im Übrigen auf Wunsch des Führers gewählt worden. Die Zahl der Fahrzeuge im Privatbesitz ging zwar unter der NS-Herrschaft zurück, doch die Tatsache, dass sich Hunderttausende von Österreichern an dem KdF-Sparprogramm für den Kauf eines VWs beteiligten, gibt beredtes Zeugnis ab für den Optimismus, den das neue Regime entfacht hatte.[51]

Auf der anderen Seite gab es auch unzählige Österreicher, die eifersüchtig und missgünstig waren. Durch den neuartigen Massentourismus wurden die veralteten Straßen, Brücken und Hoteleinrichtungen einer immensen Belastung ausgesetzt. Dorfbewohner beschwerten sich über den Lärm, den Abfall und die von den Abgasen verpestete Luft. Fahrradfahrer und Fußgänger fürchteten in manchen Fällen um ihr Leben. Außerdem ärgerten sich viele über die gut betuchten Städter, welche die soziale und wirtschaftliche Krise auf dem Land zu ihrem eigenen Vorteil nutzten. In den turbulenten Tagen nach dem Anschluss hatten Tausende Deutsche einen kurzen Einkaufsbummel nach Österreich gemacht und in Hülle und Fülle Wollsachen, Lederwaren und andere Artikel aufgekauft, die im Altreich nicht mehr erhältlich waren. Im darauf folgenden Sommer kehrten Tausende zu überfallartigen Hamsterkäufen zurück, diesmal zog es sie in die Dörfer und zu den Bauernhöfen, um Kaffee, Mehl, Schmalz, Butter, Eier und sogar Fleisch in großen Mengen zu kaufen. Die Behörden meldeten, dass die meisten »Hamsterer« Bayern waren, vor allem Hausfrauen aus München und kleinere Parteifunktionäre. Nur wenige waren richtige Schieber. Gleich woher sie kamen und welche Absichten sie verfolgten, das vielfach taktlose Verhalten der »Altreichsdeutschen« habe teilweise eine erhebliche Besorgnis und Missstimmung ausgelöst, heißt es in dem Bericht. Viele murrten auch gegen die »preußischen« Fremden.[52]

Wiederaufleben der Unzufriedenheit

Aus Sicht der NS-Führung blieb im ganzen Frühjahr 1939 die Stimmung auf dem Land im Allgemeinen »günstig« und »positiv«. Am 19. Mai erklärte der Wachtmeister in Ried sogar, sein Bezirk, das Innviertel, sei eine »Volksgemeinschaft« geworden.[53] Ende Juni verschlechterte sich aber die Stimmung drastisch. In erster Linie fingen die Bauern wiederholt über den Abzug von Arbeitskräften, über den Rückgang der bäuerlichen Einkommen und über die strenge Reglementierung der landwirtschaftlichen Erzeugung zu klagen an – allesamt Folgen von Hitlers Politik, nicht die Produktion von Butter, sondern die von Gewehren zu fördern. Aus vielen Orten wurde gemeldet, dass Bauern ihre alten Eltern oder minderjährigen Kinder für Arbeiten heranzögen, die vorher zwei oder drei Knechte und Mägde verrichtet hätten. Ohne sich über die Widersinnigkeit ihrer

Ansichten klar zu werden, forderten diese Bauern und ihre Nachbarn das Eingreifen der Polizei, um den Aderlass an Landarbeitern zu stoppen. Nach einer neuerlichen Welle von Einberufungen spitzte sich der Mangel an Arbeitskräften noch stärker zu.[54]

Außerdem wurden erneut mehrere Waren knapp. Zwiebeln waren auf den Märkten ausverkauft. Bürstenbinder, Schmiede und Schuster hatten Schwierigkeiten, das nötige Rohmaterial zu beschaffen. Die Dorfmetzger warfen den Bauern vor, ihr bestes Vieh in den Städten zu verkaufen und ihnen nur Siedfleisch – und unzufriedene Kunden zu überlassen. Die Bauern wiederum beschwerten sich scharenweise über den Reichsnährstand und erhoben energisch Einspruch gegen eine Verordnung vom 1. Juni 1939, fast ihren gesamten Ertrag an Milch, Sahne, Schmalz und Eiern an die staatlichen Genossenschaften abzuführen. Quer durch alle Schichten der ländlichen Bevölkerung herrschte außerdem eine fast einmütige Ablehnung des sonntäglichen Ladenschlussgesetzes, das zwischen April und Juni 1939 in Kraft trat. Die Bauern waren es schon seit langem gewohnt, nach dem Kirchgang noch einige Vorräte und Bedarfsartikel zu kaufen. Da viele mit dem Pferdewagen eineinhalb Stunden unterwegs waren, um in die nächste Stadt zu gelangen, hatten sie praktisch keine Möglichkeit mehr, Einkäufe zu tätigen oder sich beispielsweise die Haare schneiden zu lassen, was viele beklagten. Einige Ladenbesitzer äußerten sich zufrieden über die neue Regelung, aber nicht alle waren glücklich. Selbst örtliche NS-Funktionäre hatten Bedenken.[55]

Die Krise der Landwirtschaft war jedoch nicht der einzige Grund für die neuerliche Unzufriedenheit und die schlechte Stimmung. Nationalsozialistische Agitatoren störten mehrfach katholische Feiern, die traditionell in den Wochen nach Ostern begangen werden. Da die Nazis in Österreich das Christentum als ihren ideologischen Hauptfeind betrachteten, leistete die Polizei ausführlichen Rapport über die strake Teilnahme der Bevölkerung an den Feiern der Bittwoche, den Festtagen vor Christi Himmelfahrt. Aus Kirchdorf schrieb der Landrat, dass die Beteiligung von 800 Menschen an einer Prozession von Pettenbach nach Magdalenaberg den unwiderlegbaren Beweis für eine »deutlich ablehnende Haltung« gegenüber dem Nationalsozialismus liefere.[56]

Um so massiver störten kirchenfeindliche Fanatiker die Fron-

leichnamsprozessionen. Ihre Auftritte erregten bei fast allen Teilneh-
mern »Verstimmung«, »Missstimmung« und »Unwillen«. Aus Ried
schrieb der sonst eher optimistische Sicherheitsagent beunruhigt,
dass zu der Prozession mehr Dorfbewohner zusammengekommen
seien als im Vorjahr. Weil keine Musikinstrumente gespielt werden
durften, ließen einige sogar »staatsfeindliche Äußerungen« fallen.
Den Behörden blieb keine andere Wahl, als ein paar Unruhestifter
in Gewahrsam zu nehmen. Selbst danach ließ die Menge es sich
nicht nehmen, für die Musiker zu sammeln oder ihnen Bier und
Zigaretten anzubieten. In Opponitz stieß die Umleitung der Prozession auf Nebenstraßen auf »spürbaren Unwillen«. In der winzigen
Gemeinde Oed wurde der Ausschluss von Lehrern, Schulkindern
und Kirchenvereinen von der Prozession heftig kritisiert. Aus
Euratsfeld hieß es, die Dorfbewohner hätten sich mit den neuen
Beschränkungen bereits abgefunden gehabt, seien aber wütend
geworden, als sie hörten, dass ihre Nachbarn in Scheibbs keine Auflagen erhalten hätten. Innerhalb von wenigen Tagen traten viele aus
Protest aus dem Deutschen Frauenwerk und aus dem Reichsvetera-
nenverein aus.[57]

In anderen Orten wurden die Beschränkungen ignoriert oder
umgangen. In Steinbach am Ziehberge gingen der örtliche Bauernführer, die SA und gut drei Dutzend Parteimitglieder in dem Prozes-
sionszug mit. In Pettenbach und Nussbach marschierten über 1000
Gemeindemitglieder ungestört im traditionellen Ornat in Beglei-
tung ortsansässiger Musikgruppen. Der Kreisleiter wollte vermutlich
das Gesicht wahren, ohne sich die Bevölkerung zum Feind zu
machen. Deshalb wartete er einige Tage, ehe er rückwirkend die Weisung erteilte, die Dorfkapellen aufzulösen und ihre Instrumente zu
beschlagnahmen – zu spät für Fronleichnam, aber noch rechtzeitig
vor einem Besuch Hitlers im nahe gelegenen Fischlham und Lambach. Laut Polizeimeldungen reagierte die Bevölkerung eher ver-
wirrt als wütend. Eine Verordnung, durch die Nonnen aus den
Grundschulen und Kindergärten ausgeschlossen wurden, verurteilten fast alle.[58] In Kärnten demonstrierte die Bevölkerung gegen die
vereinzelte Entfernung von Kruzifixen aus den Klassenzimmern.[59]

Ende Juni versuchte die SD-Dienststelle in Wien, die Wirkung
von Hitlers Entchristianisierungskampagne zu bewerten. Sie kam

zu dem Schluss, dass Tirol, Salzburg und Oberdonau die unbeugsamsten ländlichen Gegenden seien, in denen die Religion sehr geachtet und gepflegt werde. Trotz der größten Anstrengungen der Partei widersetze sich die Bevölkerung jeder gegen die Kirche gerichteten Maßnahme.[60] Es gebe zwar keine organisierte »Gegenaktion«, wie der SD erklärte, aber die Menschen würden sich hinter die Kirche stellen, wenn es zu Fällen von gotteslästerlichem Wandalismus käme, wenn traditionelle Bräuche an kirchlichen Feiertagen behindert oder Geistliche direkt angegriffen würden.

Auf die Trennung der Kirche vom Staat reagierte die Bevölkerung ebenfalls unerwartet stark. Seit dem so genannten Führererlass vom 28. April 1939 waren, wie gesagt, sämtliche staatlichen Zuschüsse gestrichen worden. Die katholische Kirche wurde somit gezwungen, sich über freiwillige Beiträge zu finanzieren, und Kirchenmitglieder sollten dazu verleitet werden, ihren Glauben aufzugeben.[61] Die Bischöfe setzten sich nur schwach und unorganisiert zur Wehr, und die einfachen Priester versuchten, die Dorfgemeinde zusammenzuschweißen, indem sie von Haus zu Haus gingen. An Himmelfahrt 1939 wurde in der Wallfahrtskirche Maria Scharten ein Gottesdienst gefeiert, bei dem der christlichen Werte besonders gedacht werden sollte. Zu der Messe kamen fast 1000 Jungen und Mädchen aus Oberdonau.[62] So große Festveranstaltungen waren selten und auch riskant. Häufig hielten Gemeindepfarrer doppelsinnige Homilien oder Predigten, »die durch ihre bildhafte Sprache dem biblischen Lehrspruch nachkamen, nach dem die Kirche so schlau wie die Schlangen sein soll, gleichzeitig aber die konkreten Zustände im Dritten Reich selbst anprangerten«.[63] Beispielsweise hielt am Muttertag 1939 Dr. Maurus Morhardt in dem dörflichen Pfarrhaus in Steyrling einen langen Vortrag über die Ehe Marias und Josefs. Er umrahmte seine Ausführungen mit Lichtbildern der Heiligen Familie und erinnerte seine Gemeinde bewusst daran, dass jede Ehe außerhalb der katholischen Kirche inakzeptabel sei. Pater Simon Bischof wiederum predigte in dem nahe gelegenen Wartberg einige Monate später im Sonntagsgottesdienst über Napoleon. In unmissverständlichen Worten hielt er den kurzlebigen Erfolgen und dem katastrophalen Ende des französischen Kaisers die Taten des Friedensfürsten entgegen und deutete damit an, dass die nationalsozia-

listische Aggression in die Katastrophe und in die Verdammnis führen könne.[64]

Natürlich erregten derartige Äußerungen die Aufmerksamkeit der
Gestapo. In den Sommermonaten ließ die sich zuspitzende Polenkrise die tief verwurzelte Kriegsangst wieder aufleben. Bauern, Dorfbewohner und Touristen wurden bei Hamsterkäufen von Lebensmitteln und anderen Vorräten beobachtet. Gerüchte kursierten,
dass bereits in sechs Wochen Krieg sein könne.[65] Dennoch schienen
die Nerven weniger angespannt als während der Sudetenkrise. Die
Landbevölkerung konnte den Ernst der Lage nicht so gut einschätzen wie die Wiener, weil sie 15 bis 16 Stunden am Tag auf dem Feld
arbeitete und schlechter informiert war. Zudem waren viele Menschen nach dem Angriff auf die Kirche im Frühjahr gleichsam taub
geworden, zogen sich einfach in ihr Haus zurück und harrten der
Dinge.[66] Die Nationalsozialisten wiederum schienen erstaunt, dass
so viele Dorfbewohner störrisch, gleichgültig oder an manchen
Orten regelrecht feindlich blieben. In Ried wollte die Polizei die
Stimmung zwar nicht gleich als feindselig bezeichnen, räumte aber
ein, »dass der unzufriedene Teil der Landbevölkerung immer größer
wird«.[67] Aus anderen Gegenden wurden anhaltender »Unwillen«,
»Niedergeschlagenheit« und »Anspannung« gemeldet. Es hieß, die
Bauern würden Parteiversammlungen boykottieren, weigerten sich,
den Nationalsozialisten etwas für wohltätige Zwecke zu spenden,
und wollten für das Regime nicht einmal das kleinste Opfer bringen.
Als wäre es dem Protokollant erst jetzt aufgefallen, fügte er noch
hinzu, dass der Hitlergruß fast völlig verschwunden sei – womöglich
aus reiner Faulheit.[68]

In wirtschaftlicher Hinsicht besserte sich die Lage in den letzten
Friedensmonaten ein wenig. Trotz großer Hagelschäden nahe
Behamberg und Seitenstetten in Niederdonau war die Ernte sehr
gut. Außerdem halfen junge Leute aus dem Bund deutscher Mädel,
aus der Hitlerjugend und aus dem Reichsarbeitsdienst kurzfristig bei
der Ernte aus. Die Bauern betrachteten die Helfer mit gemischten
Gefühlen, von Misstrauen über Ignoranz bis hin zu widerwilliger
Dankbarkeit. Die Jungen und Mädchen arbeiteten vergnügt und
aufopfernd auf dem Feld, zumindest behaupteten das die Behörden.
Bis Ende Juli hieß es, die allgemeine Stimmung habe sich gebessert

oder sei zumindest »etwas günstiger«.[69] Kurz danach schlug sie jedoch wieder um. Unheilvolle Schlagzeilen und Rundfunkberichte weckten schlimme Vorahnungen und Ängste; das Eintreffen der Musterungsbescheide, die schnell aufeinander folgenden Einberufungen und die Requirierung der Arbeitspferde verstärkten allesamt das Gefühl einer Bedrohung. Dienststellen auf dem Dorf bezeichneten die Stimmung als »sehr gedrückt«, »unsicher«, »apathisch«, »etwas unangenehm«, »sehr gespannt«. Sie stellten »etwas Unwillen« fest und vor allem das »beklemmende Gefühl, dass es im Herbst zu etwas kommen werde«.[70]

Am 24. August schien die Krise überstanden. Die Dorfbewohner erfuhren am frühen Morgen, dass Reichsaußenminister Joachim von Ribbentrop im Kreml einen Nichtangriffspakt mit der Sowjetunion unterzeichnet hatte. In einem Anfall kollektiver Leichtgläubigkeit pries die Landbevölkerung den Hitler-Stalin-Pakt als einen Durchbruch zum Frieden. Viele sprachen sogar euphorisch Hitler ihre Bewunderung aus. Eine neue Welle von Einberufungen entlarvte jedoch das Trugbild. Am 28. August trat die Rationierung für den Kriegsfall in Kraft. Einmal mehr waren die Nerven gespannt. Den Meldungen der Sicherheitsbeamten zufolge trauten viele Menschen Hitler noch manche Überraschung zu. Die Mehrheit hatte sich inzwischen damit abgefunden, dass es zum Krieg kommen würde. Als der Überfall auf Polen gemeldet wurde, fiel die Reaktion in ländlichen Gegenden alles andere als begeistert aus.[71]

Schluss

In den 18 Monaten vom Anschluss bis zum Ausbruch des Zweiten Weltkrieges versuchten die Nationalsozialisten vergeblich, in das »soziale Milieu« der österreichischen Provinz einzudringen. Im Gegensatz zum Altreich – auch zum benachbarten Bayern – hatte die überwiegend katholische Bevölkerung sich fast zwei Jahrzehnte lang sowohl auf dem Stimmzettel als auch im Alltagsverhalten gegen die Braunhemden gewandt. Es begrüßten zwar fast alle Dorfbewohner den Anschluss, aber nur wenige machten sich Illusionen darüber, was sie erwartete. Da die Nazis sofort die erforderlichen Maßnahmen trafen, um sämtliche Aspekte der landwirtschaftlichen

Produktion zu beaufsichtigen, wundert es nicht, dass die bäuerliche Bevölkerung verärgert reagierte und wütend wurde. Fast über Nacht geriet die Landwirtschaft in eine schwere Krise, deren Hauptmerkmale ein massiver Abzug der Arbeitskräfte und ein drastischer Rückgang des Einkommens waren. Hitlers Kampagne gegen die Kirche schürte ebenfalls die Feindseligkeit auf dem Land. Zahlreiche Trotzhandlungen waren die Folge, und das barocke Ideal von der Einheit Österreichs mit dem Katholizismus wurde zu neuem Leben erweckt.[72] In Tirol bildeten sich sogar einige Widerstandszellen.[73] Trotz der Ermunterung und der Unterstützung durch den niederen Klerus beschränkte sich der Protest allerdings in erster Linie auf passiven Ungehorsam und Zurückhaltung. Er entwickelte sich nicht zu einem aktiven Widerstand.[74]

Die Landbevölkerung war aber keineswegs immun gegen die Verlockungen des Nationalsozialismus. Hitlers sozialpolitische Maßnahmen brachten der österreichischen Provinz nicht nur Kummer und Leid, sondern weckten zugleich die Hoffnung auf eine bessere Zukunft. Viele Bauernhöfe wurden vor dem Ausverkauf gerettet und von einer drückenden Schuldenlast befreit. Sie erhielten Zugang zu dem riesigen Markt Großdeutschlands, beschafften sich neue Geräte und setzten Maschinen ein. Hauptnutznießer dieser Entwicklung waren freilich Mittel- und Großbauern, aber auch die Dorfhandwerker, Gastwirte und Händler profitierten davon. Die kleineren Landbesitzer hatten es schwer und erlitten materielle Einbußen; unzähligen Melkerinnen, Stalljungen und Landarbeitern, den Armen und Mittellosen, hingegen kam die nationalsozialistische Agrarpolitik zugute. Auf einmal wurde deren knochenharte Arbeit einigermaßen gut bezahlt. Innerhalb von nicht einmal zwei Jahren stieg ihr Lohn beträchtlich, und zwar auf dem Feld wie auch auf den ländlichen Baustellen. Jahrzehnte später erinnerte sich ein Landarbeiter, dass »eine Stimmung in der Luft lag, als würde das Paradies kommen«. Tatsächlich schnellten die Mitgliederzahlen der NSDAP in ländlichen Gegenden in die Höhe. Selbst in Tirol-Vorarlberg, das für seine trotzige Haltung bekannt ist, traten 14,4 Prozent der Bevölkerung in die Partei ein – der höchste Anteil an beitragzahlenden Mitgliedern in der Ostmark, weit über dem Durchschnitt in Großdeutschland.[75]

Alles in allem zeigte die österreichische Landbevölkerung wenig Neigung, das NS-Regime zu unterstützen, bildete allerdings auch keine monolithische Einheit. Einige Einzelpersonen und Gruppierungen unterstützten das Regime, die meisten billigten bestimmte Aspekte der NS-Herrschaft. Wie in Bayern zeigte auch die österreichische Landbevölkerung wenig Interesse an der Außenpolitik, war aber bei dem leisesten Gerücht eines Krieges sofort in größter Sorge. Es wurde zwar gemeldet, die Mehrzahl der Bauern würde Hitlers diplomatische Erfolge feiern, aber die allgemeine Zustimmung war darauf zurückzuführen, dass ein Blutvergießen vermieden wurde, nicht auf die Landgewinne. Dabei kann kein Zweifel daran bestehen, dass die Besetzung Prags allgemein mit Befriedigung begrüßt wurde – eindeutig eine Folge der tief verwurzelten Feindseligkeit gegenüber den Tschechen. Danach trugen die »Danzigfrage« und die zunehmende Wahrscheinlichkeit militärischer Auseinandersetzungen dazu bei, dass eine »Kriegspsychose« aufkam, die erst durch den faktischen Kriegsausbruch beendet wurde. Obwohl sich die Verdrossenheit und Ernüchterung der Landbevölkerung in Bezug auf das NS-Regime in den folgenden Jahren noch steigerten, duldeten die Bauern und die katholische Kirche die NS-Herrschaft, bis das »Dritte Reich« zusammenbrach.

7 Der allgemeine Angriff auf die Juden

Bereits lange vor dem Anschluss waren sich die Österreicher in der so genannten Judenfrage einig. Zwar gab es durchaus Nuancen in der jeweiligen Einstellung, aber die große Mehrheit der Österreicher glaubte, dass Juden zumindest zum Teil schuld an dem Leid und an der Not der letzten fünfzig Jahre wären. Der Antisemitismus war »das einzige alle Schichten durchdringende und sich hartnäckig haltende Thema der österreichischen Politik gewesen«.[1] Das Credo hatte viele Gesichter, aber als gemeinsamen Bezugspunkt schweißte es die Leute zusammen. Die kollektive Judenfeindlichkeit reichte vielleicht nicht so weit, dass die Österreicher einen Massenmord planten, aber die folgenden Ereignisse zeigten, dass Tausende von Österreichern, vor allem Wiener, nur darauf warteten, Juden ihre Rechte zu entziehen, ihren Besitz an sich zu reißen, sie gesellschaftlich auszugrenzen und aus der eigenen Umgebung zu entfernen. Die spontanen, antisemitischen Gewalttaten im Zuge des Anschlusses 1938 waren so grausam, dass selbst Deutsche schockiert waren.[2]

Aus heutiger Sicht hatte die dominierende Stellung der Juden in einem verarmten Land die Angst und den Abscheu der österreichischen Massen nur verstärkt. Wie gesagt, lenkten jüdische Unternehmen und Finanzinstitute einen großen Teil des Wirtschaftslebens. Zur Zeit des Anschlusses befanden sich drei Viertel der Wiener Zeitungen, Banken und Textilfabriken in den Händen von Juden. Da 212 000 nichtjüdische Lohnempfänger bei jüdischen Unternehmen arbeiteten, »lässt sich leicht denken, welch zerstörerischen Einfluss die jüdischen Konkursverfahren auf die Beziehungen zwischen Christen und Juden hatten«, meint Herbert Rosenkranz.[3]

Der großartige Erfolg von Juden in akademischen Berufen schürte ebenfalls Eifersucht und Boshaftigkeit. Über die Hälfte der österreichischen Anwälte, Ärzte und Zahnärzte waren Juden. An der Universität Wien waren die ausgezeichneten Leistungen von jüdischen Studenten Anlass für zahlreiche Handgemenge und Überfälle. Viele drängten massiv, die Zahl der zugelassenen jüdischen Studenten auf ihren tatsächlichen Anteil an der österreichischen Gesellschaft zu begrenzen: 2,8 Prozent der Gesamtbevölkerung.[4]

Im Gegensatz zum Altreich, wo Juden in Groß- und Kleinstädten wohnten, lebten über 90 Prozent der Juden in Österreich in einer einzigen Metropole: Wien. Ihre Zahl war von 176 034 im Jahr 1934 auf 169 978 im Jahr 1938 zurückgegangen (siehe Tabelle 12), mit einem Anteil von 9,4 Prozent der Stadtbevölkerung bildeten die Wiener Juden die größte jüdische Gemeinde im deutschsprachigen Europa.[5] Außerhalb der Hauptstadt lebten 16 439 Juden auf mehrere Orte verstreut, meist in den Landeshauptstädten. Wie in Bayern betrachteten sich die meisten Juden in den Bundesländern als assimiliert, lebten zurückhaltend und zogen selten die Feindseligkeit ihrer Nachbarn auf sich. Am Gemeindeleben beteiligten sie sich kaum, weil sie aus den örtlichen Vereinen ausgeschlossen und fortwährend Schmähungen durch die Kirche ausgesetzt waren. Lediglich im Burgenland, wo Juden lange Zeit den Schutz der Familie Esterházy, der bekannten ungarischen Magnaten, genossen hatten, bildeten Juden eine relativ gut integrierte Gemeinde.[6]

Trotz ihrer dominierenden Stellung in der Wirtschaft, Finanzwelt und in den freien Berufen übten die österreichischen Juden längst nicht den Einfluss aus, den die übrigen Österreicher ihnen nachsagten. Auch wenn die Mehrzahl von ihnen in einer clanähnlichen Gemeinschaft in eigenen Wiener Wohnvierteln lebte, waren die Juden in etliche gegnerische Gruppierungen gespalten, welche die Zerrissenheit der österreichischen Gesellschaft entlang von rationalistischen, atavistischen und religiösen Linien widerspiegeln. Darüber hinaus war die jüdische Gemeinde wegen geografischer, sozialer und religiöser Unterschiede geteilt in westliche Juden und Ostjuden, in Gläubige und Nichtgläubige, in Verfechter der Assimilation und Zionisten, in moderne Juden und traditionsbewusste Orthodoxe. Innerhalb der Israelitischen Kultusgemeinde verlief die Haupttrennlinie zwischen Liberalen und jüdischen Nationalisten. Erstere definierten die jüdische Identität rein nach der Religions-

Tabelle 12 Die jüdische Bevölkerung Österreichs, 1934 und 1938

	1934	1938
Wien	176 034	169 978
Niederösterreich	7 716	8 010
Oberösterreich	966	980
Steiermark	2 195	2 028
Salzburg	239	189
Kärnten	269	257
Tirol	365	346
Vorarlberg	42	18
Burgenland	3 632	3 220
Gesamt	191 458	185 026

Quelle: Rosenkranz, *Verfolgung*, S. 13 und 311.

zugehörigkeit, die Nationalisten hingegen nach der Abstammung.[7] Insgesamt gab es allein in Wien 444 jüdische Organisationen. Davon waren nur 88 religiöse oder Gebetsgruppen; die Übrigen waren in erster Linie Wohlfahrtsorganisationen, zionistische Gruppen, Berufsverbände, Studentenverbindungen und Sportvereine. Ferner gab es Vereinigungen der Kriegsveteranen und der Handelsreisenden, sowie politische Splittergruppen.[8]

In den Jahren von 1933 bis 1938 waren die Fürsprecher einer Assimilation und die jüdischen Nationalisten so zerstritten, dass die zionistischen Leiter der Kultusgemeinde weder die internen Streitigkeiten überwinden noch ein einheitliches Programm für den Kampf gegen Armut, Diktatur und Rassismus formulieren konnten. Die jüdische Gemeinde betrachtete den Ständestaat als ihren Beschützer, obwohl die österreichischen Behörden versuchten, in Wien getrennte Schulen einzuführen und die Juden aus dem Staatsdienst auszuschließen. Das waren vergleichsweise Kleinigkeiten. In den Augen vieler Juden hatte die Regierung den nationalsozialistischen Putsch von 1934 niedergeschlagen, antisemitischen Gewalttaten ein Ende bereitet und die Straßen wieder sicher gemacht für Männer und Frauen jüdischen Glaubens. Infolgedessen wiegten sich fast alle Juden in einem trügerischen Gefühl der Sicherheit und waren überzeugt, dass Hitler in Österreich bereits abgewehrt worden sei. Als der christliche Ständestaat zusammenbrach, war die Mehrzahl völlig überrumpelt.[9]

Der Anschluss

In den Jahren von 1933 bis 1938 hatten Juden im Altreich unter mehreren Wellen des NS-Terrors zu leiden gehabt, die willkürlich von Staat und Partei inszeniert wurden. Etliche »arische« Zivilisten hatten sich an den Pogromen beteiligt, aber der größte Teil der Bevölkerung blieb passiv. Gewiss trifft es zu, dass es zu weit mehr vereinzelten Akten böswilliger Diskriminierung und grausamer Gewalttaten gekommen war, als bislang angenommen wurde. Und mit Sicherheit empfand die Mehrheit der Reichsdeutschen eine Verachtung für die Juden. Dennoch hatte nicht der allgemeine Abscheu Hitlers antisemitische Raubzüge und Gewalttaten ausgelöst. Die zivilen Deutschen waren überwiegend Komplizen, aber sie waren nur zu einem geringen Prozentsatz aktiv beteiligt.[10] Von den Österreichern lässt sich das allerdings nicht sagen. Im Jahr 1938 war der Judenhass bereits ein so integraler Bestandteil der österreichischen Gesellschaft, dass er einen »Sorelschen politischen Mythos« bildete, der »gegen empirische Fälschungen immun war«.[11] Am Freitag, dem 11. März 1938, gingen Zehntausende von Wienern auf die Straße und skandierten: »Nieder mit den Juden! Heil Hitler! Schuschnigg an den Galgen!«[12] Stundenlang zogen sie Reisende aus Taxis, plünderten Häuser und verprügelten Hunderte von Juden. Der britische Korrespondent G. E. R. Gedye schätzt, dass 80 000 bis 100 000 Wiener an diesem Abend in der Leopoldstadt randalierten, dem Wiener Judenviertel.[13]

Unterdessen strömten Gestapo-Agenten nach Österreich, um die Verhaftung von Hitlers politischen Gegnern zu steuern und zu koordinieren. Die Sicherheitskräfte trieben in den ersten Tagen nach dem Anschluss 10 000 bis 20 000 Personen zusammen[14], während Parteiaktivisten und Selbstschutzgruppen mit der »wilden Arisierung« begannen. Es handelte sich um ein mittelalterliches Pogrom in »modernem Gewand«.[15] Wochenlang zogen NS-Rollkommandos durch die Straßen der Stadt, schändeten Synagogen, räumten Geschäfte aus und plünderten Appartments. Mobile SA-Einheiten raubten, prügelten und mordeten. Umringt von einer johlenden Menge zerrten sie jüdische Familien aus ihren Wohnungen und zwangen sie »mit Ausreibbürsten, auf allen vieren kriechend stundenlang die Gehsteige zu schrubben, in dem hoffnungslosen Versuch, die Spuren der Schuschnigg-Propaganda zu beseitigen«.[16]

Die Erniedrigungen der Juden und die Gräueltaten waren auch symbolisch gemeint: Der Pöbel machte keinen Unterschied zwischen reichen und armen Juden.[17] Die Nazis stahlen Bargeld, Schmuck, Pelze, Kleidung und Möbel; sie zerrissen Thorarollen aus Synagogen und Bethäusern; sie zwangen jüdische Rabbiner mit umgelegten Gebetsriemen Klosettschüsseln zu schrubben; sie schnitten orthodoxen Juden mit Scheren und rostigen Messern den Bart ab. An den Wochenenden schleppten SA-Sturmtruppen Hunderte von Juden in den Prater, den Park südöstlich der Leopoldstadt, entlang des Donaukanals. Im Schatten des Wiener Riesenrades schlugen sie ältere Juden und zwangen sie zu endlosen gymnastischen Übungen, viele mussten sogar Gras essen.[18] Einige Monate später schrieb ein SS-Korrespondent bewundernd in dem SS-Organ *Schwarzes Korps*, die Wiener hätten über Nacht erreicht, was sie in dem langsam Fortschritte machenden, schwerfälligen Norden bis heute nicht geschafft hätten. In Österreich müsse ein Judenboykott nicht erst organisiert werden – die Leute hätten ihn von sich aus begonnen.[19]

In dieser erbarmungslosen Beobachtung steckt viel Wahres. Vor dem Anschluss Österreichs hatten Juden in Deutschland bereits ihre Bürgerrechte verloren, und sie waren vom Staatsdienst und aus den freien Berufen ausgeschlossen worden. Ihr Vermögen hatten sie aber noch behalten. Ende 1937 hatte Göring Pläne ausgearbeitet, nach denen jüdischer Besitz, wenn nötig gewaltsam, enteignet und in die Rüstungsindustrie investiert werden sollte. Er ahnte vermutlich nicht, mit welchem Radikalismus die österreichischen Nazis und der Wiener Mob vorgehen würden.[20] Bis heute ist unklar, ob die deutschen Besatzer außerstande waren, die Welle der Gewalt in den Märztagen zu steuern, oder ob sie die Gewalt gezielt schürten, um ein »Sicherheitsventil« für die aufgestauten sozialen Spannungen zu schaffen.[21] Die Tatsache allerdings, dass Millionen Reichsmark, die zur Deckung der Rüstungsausgaben gedacht waren, von Aktivisten gestohlen wurden, alarmierte die neuen Herren mit Sicherheit.

Erst nach der Ernennung Josef Bürckels zum Reichskommissar für
die Wiedervereinigung Österreichs mit dem Deutschen Reich am
25. April 1938 leitete die NS-Regierung erste Schritte ein.[22]

Als Erstes löste die Gestapo die Israelitische Kultusgemeinde auf
und verhaftete ihre Gemeindebeamten. Am 2. Mai öffnete der 32-
jährige SS-Obersturmführer Adolf Eichmann die Büroräume wieder
und rief Dr. Josef Löwenherz, den ehemaligen Amtsdirektor, in sein
Hauptquartier. Eichmann begrüßte den Würdenträger mit einer
schallenden Ohrfeige. Dann erteilte er ihm die mühsame Aufgabe,
die Vertreibung der jüdischen Gemeinde zu beschleunigen, indem
er bei Juden im Ausland Spenden eintrieb. In der Folge wurde die
Zentralstelle für jüdische Auswanderung geschaffen. Diese Behörde
sollte die österreichischen Juden kolonnenweise außer Landes bringen und ihnen zuvor ihr gesamtes Vermögen abnehmen. In einem
zweiten Schritt erließ Reichskommissar Bürckel die Verordnung
über die Anmeldung jüdischen Vermögens, nach der Juden ihren
gesamten Besitz oberhalb einer Grenze von 5000 Reichsmark registrieren lassen mussten. Bürckel wollte die wilden Plünderungen
beenden und die Enteignung des auf drei Millionen Reichsmark
geschätzten jüdischen Vermögens reglementieren.[23] Ein Leitartikel
in der Wiener Ausgabe des *Völkischen Beobachters* appellierte an die
Volksstimmung. Dort hieß es sinngemäß:

> Bis zum Jahr 1942 wird das jüdische Element in Wien ausge-
> löscht und verschwunden sein. Um diese Zeit darf kein Laden,
> kein Unternehmen mehr von Juden geleitet werden, kein Jude
> darf irgendwo eine Gelegenheit finden, Geld zu verdienen, und
> mit Ausnahme der Straßen, in denen alte Juden ihr Geld ausge-
> ben – dessen Ausfuhr verboten ist –, während sie auf ihren Tod
> warten, darf keine Spur von Juden in der Stadt zu finden sein.
>
> Niemand, der die Meinung der Wiener in der »Judenfrage«
> kennt, wird überrascht sein, dass die vier Jahre, in denen die
> wirtschaftliche Todesstrafe für die Juden ausgeführt werden
> soll, ihnen als eine viel zu lange Frist vorkommt. Der Wiener
> wundert sich über all die Mühen, welche die Behörden bereit
> sind, auf sich zu nehmen, um sorgfältig den jüdischen Besitz
> zu schützen und zu bewahren. Im Grunde, denkt er, ist es

doch ganz einfach: Der Jud muss gehen – und sein Geld bleibt hier.[24]

Mit der Verordnung über die Anmeldung jüdischen Vermögens trat eine ganze Reihe diskriminierender Maßnahmen in Kraft. Juden wurde das Betreten der Vieh- und Fleischmärkte untersagt. Es wurde ihnen verboten, in Reisebüros, Immobilienfirmen und Kreditberatungsinstituten zu arbeiten. Nach der Ausdehnung der Nürnberger Gesetze auf Österreich am 20. Mai 1938 wurden sie zu Bürgern zweiter Klasse degradiert und aus dem Staatsdienst entlassen. In den folgenden Monaten verloren jüdische Anwälte und Ärzte das Recht zu praktizieren. Die Nutzung von Parkanlagen und öffentlichen Bänken wurde ihnen untersagt. Um sie dazu zu bringen, das Land zu verlassen, gab die Gestapo Anweisung, unerwünschte Juden sofort zu verhaften, insbesondere Juden mit einem Vorstrafenregister. Dieser Befehl hatte schon nach wenigen Tagen die Verschickung von 1600 bis 1700 Intellektuellen, Ingenieuren, Anwälten und Ärzten ins Konzentrationslager Dachau zur Folge. Was die allgemeine Öffentlichkeit betraf, stoppte Bürckels Behörde zwar die »wilde Arisierung«[25], aber während des ganzen Sommers 1938 kam es immer wieder zu antisemitischen Gewalttaten. Sie häuften sich im Oktober und eskalierten in den Verwüstungen der so genannten Reichskristallnacht am 9. November.[26]

Allgemeine Zustimmung

Wurde die ganze Bevölkerung von der gewalttätigen Massenhysterie angesteckt? Bis vor kurzem haben Untersuchungen über die deutsche Gesellschaft im Dritten Reich wenig Informationen zu den Ansichten von Durchschnittsbürgern in der »Judenfrage« zu Tage gebracht. Die vertraulichen Berichte der Gestapo, des SD, der Landräte und anderer Behörden, welche die öffentliche Meinung überwachen sollten, bieten nur vereinzelte Momentaufnahmen der allgemeinen Reaktion auf die Judenverfolgung. Von 1933 bis 1938 betrachtete die Mehrzahl der Deutschen die »Judenfrage« als ein nebensächliches Thema, das weit hinter den Sorgen und dem Leid des Alltags rangierte. Während Hitler und die NS-Aktivisten mit antisemitischen Parolen die Parteigenossen hinter sich scharten, blieb die deutsche Bevölkerung größtenteils gleichgültig. In den Augen der Sicherheitsorgane verdiente ihre Gleichgültigkeit es nicht, erwähnt oder gar ausführlich erörtert zu werden.[27]

In Anbetracht der Judenfeindlichkeit in Österreich ist es umso bemerkenswerter, dass die erhaltenen NS-Akten wenig Hinweise über die allgemeine Haltung gegenüber Juden in diesem Land liefern; sie geben kaum Aufschluss über die Leiden der Opfer; sie geben nur ein begrenztes, bruchstückhaftes Zeugnis ab über die Empfindungen und das Verhalten der Mehrheit der Bevölkerung.[28] Aus den Augenzeugenberichten von Diplomaten, ausländischen Korrespondenten und jüdischen Überlebenden geht jedoch unmissverständlich hervor, dass die Österreicher alles andere als gleichgültig gegenüber dem Schicksal der Juden waren. Wie gesagt, es feierten gewaltige Menschenmengen den Anschluss, indem sie sich zu den NS-Banden gesellten und gemeinsam mit ihnen Juden körperlich angriffen, ausraubten und demütigten.[29]

Ist es möglich, die Scharen johlender Zuschauer, die sich um die jüdischen Opfer drängten, ihnen ins Gesicht spuckten oder sie aus den Parkanlagen und von anderen öffentlichen Plätzen verjagten, näher zu identifizieren? Die vorliegenden Quellen legen die Vermutung nahe, dass breite Schichten der Gesellschaft beteiligt waren, von elegant gekleideten jungen Frauen und wohlhabenden Geschäftsleuten bis hin zu kleinbürgerlichen Ladenbesitzern, Hausangestellten, Arbeitern und Prostituierten. Der britische Korrespondent G. E. R. Gedye schreibt, dass die Massen »überwiegend aus der Mittelschicht stammten, mit sehr wenigen Arbeitern, abgesehen von denjenigen, die in Trupps von ihren Arbeitsplätzen abgeholt worden waren«.[30] Die meisten Juden vergaßen jedoch nie, dass damals fast alle »Nichtjuden« ihre Feinde waren, selbst jene, die sie lange Zeit für ihre Freunde gehalten hatten.[31]

Gerhard Botz hat versucht, aus den erhaltenen Fotografien Schlüsse zu ziehen, und meint, die führenden Judenhetzer seien überwiegend Spießer im mittleren Alter und halbstarke Schläger gewesen. Er räumt ein, dass auch Proletarier bei den Verbrechen zugesehen hätten, und erklärt das damit, dass langjährige Parteimitglieder, die schon seit langem keine Arbeit hatten, in der Regel die Nutznießer der Judenverfolgung waren.[32] Der Historiker Hans Witek hat anhand statistischer Daten nachgewiesen, dass die Wiener, die jüdische Firmen als »provisorische Direktoren« beschlagnahmten, in erster Linie aus den Reihen der Angestellten und Kleinunternehmer kamen, daneben aber auch Anwälte, Schalterbeamte und Händler.[33] Gleich aus welchen Gesellschaftsschichten die Massen stammten, aus den Augenzeugenberichten und anderen historischen Quellen geht eindeutig hervor, dass wenigstens zehntausend Wiener sich an den Judenpogromen beteiligten oder selbst Hetzer waren.[34]

Es ist vergebliche Mühe zu versuchen, das soziale Profil des Wiener Mobs zu rekonstruieren. Dafür beteiligten sich ganz einfach zu viele daran. In diesem Zusammenhang darf nicht vergessen werden, dass der außerordentlich antisemitische *Stürmer* zwar bereits am 18. März an den österreichischen Kiosken verkauft wurde, dass das Regime aber erst am 11. April eine Medienkampagne gegen die Juden begann – genau einen Monat nach dem Anschluss und am Tag nach der Volksabstimmung. Danach kannte die Parteipresse kein Erbarmen. Am 2. August eröffnete Gauleiter Globocnik in der Nordwestbahnhalle eine Ausstellung zum Thema »Der ewige Jude«. Im Vorfeld hatte eine massive Werbekampagne auf die Ausstellung aufmerksam gemacht. In Schaukästen, auf Plakaten und in Filmen wurden Juden als die Wurzel sämtlicher gesellschaftlicher Übel und jeglichen Verfalls dargestellt. Schon in der ersten Stunde nach der Eröffnung stellten sich 4000 Besucher an und zahlten bereitwillig Eintritt, bis zum Ende des ersten Tages kamen 10 000. Als die Ausstellung am 30. September geschlossen wurde, hatten rund 350 000 Wiener sie angesehen.[35]

Die Wirkung der Ausstellung »Der ewige Jude« auf die Volksstimmung lässt sich natürlich nicht messen. Die Fixierung der Österreicher auf eine Lösung der »Judenfrage« ist jedoch in einer Sammlung anonymer Briefe an den Reichskommissar für die Wiedervereinigung mit dem Deutschen Reich nur allzu deutlich zu spüren.[36] Die Schriftstücke enthalten Klagen über willkürliche Gewalttaten, über »Übergriffe«, die der NSDAP schaden würden, oder über Schwierigkeiten, die durch die »Arisierung« zustande gekommen waren, wie zum Beispiel eingefrorene Bankkonten oder der vorübergehende Verlust einer Arbeit. Nach dem 1. Mai, als das Regime versuchte,

die marodierenden Rollkommandos der SA und junger Nazis zu
bändigen, lassen die Briefe auf eine weit verbreitete Verärgerung
über den anhaltenden Zustand der Gesetzlosigkeit schließen. Einige
Absender protestierten gegen die Misshandlung jüdischer Kriegsveteranen, älterer Juden oder Einzelpersonen wie zum Beispiel den
Lebensmittelhändler in der Nachbarschaft. Allerdings stellen nur
sehr wenige Protestbriefe das Ziel der Nationalsozialisten, die Juden
aus der Volksgemeinschaft zu entfernen, in Frage, und viele erheben
Anklagen gegen bestimmte Juden – zumeist, weil sie sich als »Arier«
»maskierten«.[37]

Unter den Briefschreibern beklagte sich eine Anzahl verbitterter
Frauen, sie seien von reichen Juden verführt und im Stich gelassen
worden; andere behaupteten, von jüdischen Gynäkologen misshandelt worden zu sein. In erheblichem Umfang wurde außerdem
jüdischen Anwälten, Bankdirektoren und Hausbesitzern Amtsmissbrauch vorgeworfen. Um die Mitte des Sommers konzentrierten
sich viele anonymen Klagen auf die gesetzliche Sonderstellung, die
den »Mischlingen« aus jüdisch-christlichen Ehen nach den Nürnberger Gesetzen gewährt wurde, eine Gruppe, die als besonders
gefährlich und hinterlistig eingestuft wurde. Als Einzelheiten der
Nürnberger Gesetze bekannt wurden, forderten viele strengere Maßnahmen von der sofortigen Vertreibung bis hin zur regelrechten
Ausrottung der, wie ein Schreiber sich ausdrückte, »Blutsauger des
deutschen Volkes«. Kurz, auch wenn Teile der Wiener Bevölkerung
sich eindeutig gegen Willkürakte aussprachen, herrschte doch offensichtlich Konsens, dass die Metropole auf gesetzlichem und geordne-
tem Weg von Juden »gesäubert« werden müsse.[38]

Reaktionen aus den Bundesländern

Da der Anschluss zu einem hohen Grad auch einen Aufstand der
Bundesländer gegen das kosmopolitische Wien bedeutete, genauer
gesagt, gegen eine Metropole, die als von Ausländern und Juden
überlaufen galt, lebten die 16 439 Juden außerhalb der Hauptstadt
nicht sicher, sondern wurden ebenfalls Opfer antisemitischer
Gewalttaten. Noch bevor der erste deutsche Soldat die Grenze über-
quert hatte, verprügelten Braunhemden in Graz, Linz und Salzburg

Juden, bemächtigten sich ihrer Unternehmen und schändeten ihre Bethäuser. In den folgenden Wochen gingen die örtlichen Behörden sogar noch rücksichtsloser vor, stellten Juden unter Arrest, enteigneten sie und zwangen sie, die Taschen zu packen. Dabei gingen sie in jedem Ort anders vor: In Innsbruck beschlagnahmten Parteifunktionäre den Besitz, verzichteten aber auf physische Gewalt; in Graz kam es zu Massenverhaftungen und Zwangsräumungen, hier fanden keine »Schrubbaktionen« statt; in Kärnten gab es vereinzelte Hausdurchsuchungen, Beschlagnahmungen der Wohnung und verbale Diskriminierungen – diese relative Zurückhaltung ist weniger auf die Gleichgültigkeit der örtlichen Nazis zurückzuführen als vielmehr auf ihre Entschlossenheit, zuerst mit dem Dollfuß-Schuschnigg-Regime und der Kirche abzurechnen.[39]

An dieser Stelle muss betont werden, dass im Burgenland Juden erstmals systematisch gewaltsam aus dem Dritten Reich vertrieben wurden. Die Gestapo begann am 26. März damit, jüdische Familien aus ihren Häusern und Dörfern zu scheuchen und in Scheunen zu treiben; sie verprügelten oder ermordeten sie vor Ort. Durch die Massenverhaftungen wurde das Burgenland zwar nicht völlig »gesäubert«, aber die Gestapo konnte sich am 11. August immerhin rühmen, dass sie 1200 Männer, Frauen und Kinder zur Emigration gezwungen habe. An anderen Orten ergriff die Partei die Initiative.[40] Am 18. September setzte die Kreisleitung in Horn, Niederdonau, den Juden eine Frist von 24 Stunden, um die Stadt zu räumen. Den ortsansässigen Notar mussten sie allerdings zuvor bevollmächtigen, über ihren Besitz zu verfügen. »Die Aktion sei ruhig verlaufen«, meldete der SD, »außer von einigen Frauen hervorgerufenen Zwischenfällen ›mehr heiteren als tragischen‹ Charakters. Die Bevölkerung stehe dem Ereignis sympathisierend gegenüber, ›von kleinen Minderheiten abgesehen (rote Richtung und Ratenkäufer)‹.«[41] Der antijüdische Terror in den Bundesländern unterschied sich in einer Hinsicht von den Terrorakten in Wien: Er wurde in erster Linie von Parteiaktivisten, Gestapo-Agenten oder SS-Mitgliedern organisiert und durchgeführt. Es kam zu relativ wenig Gewalttaten durch einen Mob und die zivile Bevölkerung beteiligte sich nur selten an den Aktionen.[42] Das heißt aber nicht, dass die einfachen Menschen missbilligt hätten, was sich vor ihren Augen abspielte. Und sie sahen keineswegs tatenlos zu, wie das obige Beispiel aus Horn zeigt. Außerdem scheinen äußerst wenige Österreicher Mitleid für die ortsansässigen Juden empfunden zu haben. Anders als in Deutschland machten nur wenige Personen einen Unterschied zwischen jüdischen Bekannten und den übrigen Juden, die deportiert werden sollten.[43] In Reichraming, einem kleinen Dorf in Oberösterreich, ergriffen Dorfbewohner die Initiative und vertrieben eine ältere jüdische Witwe und ihren Sohn, zwei langjährige Bewohner, die aus ihrem Haus ein Sommerlager für jüdische Kinder gemacht hatten. Laut Polizeiakten hatten die Einheimischen die Nase von den »Fremden« so voll, dass sie deren Vertreibung wünschten.[44] Als Pater Alois Hanig in der winzigen Gemeinde Stillfried acht Juden taufte, hieß es von ihm, er habe seine Gemeindemitglieder »tief beleidigt«.[45]

Hitlers antijüdische Maßnahmen stießen auf große Unterstützung in den österreichischen Gauen, vor allem in den größeren und kleineren Städten. In einem charakteristischen Polizeibericht hieß es: Die Schritte gegen die Juden würden »besonders begrüßt«.[46] Es gab sehr wenige Ausnahmen. Als Dr. Mandl, ein Arzt in Arbesbach, einige Monate nach dem Verlust seines Hauses starb, nahmen Hunderte von Bauern und Dorfbewohnern teil, um dem Toten die letzte Ehre zu geben und ihre Trauer zu zeigen.[47] Sie teilten zweifellos die vehemente Abneigung der katholischen Kirche gegen den Judaismus, missbilligten aber wie ihre bayerischen Glaubensbrüder die Verfolgung der Nachbarn und respektierten Bekanntschaften mit Juden.[48] Am 23. September schrieb ein Wachtmeister in Waldneukirchen beispielsweise: »Der jüdische Einfluss ist hier nie in Erscheinung getreten und ist auch jetzt noch unbekannt. Es muss bemerkt werden, dass die Bevölkerung über diese Frage völlig im Unklaren ist und über den schädlichen Einfluss des Judentums erst aufgeklärt werden muss.«[49]

Die Reaktion von Juden

Wie reagierte die jüdische Bevölkerung auf die Gewalttaten der österreichischen Nazis und ihrer Komplizen? Diese Frage ist schwer zu beantworten. Es liegen nur wenige zeitgenössische Quellen vor und nur eine Hand voll Memoiren der Flüchtlinge.[50] Selbst eine vor

kurzem erschienene Sammlung mündlich überlieferter Berichte von
Wiener Überlebenden sagt nur wenig über ihre Erinnerungen an den
Anschluss aus.[51] Politisch bewusste Juden dürften sich stets darüber
im Klaren gewesen sein, dass ihr Überleben davon abhängt, dass
Österreich unabhängig bleibt.[52] Freilich priesen viele die deutsche
Kultur und bewunderten die preußischen Tugenden; einige hatten
vor Hitler als Staatsmann sogar Respekt. Aber die überwältigende
Mehrheit der Juden glaubte an die österreichische Unabhängigkeit
und vertraute darauf, dass Kanzler Kurt von Schuschnigg sie bewahren werde. »Wir schlossen keineswegs die Augen vor dem, was sich
im Dritten Reich abspielte«, schreibt George Clare Jahrzehnte später,
»aber wir machten sie auch nicht zu weit auf.«[53] Er übertreibt damit
keineswegs. Im November 1937 reiste Stefan Zweig von London
nach Wien, um seine Freunde vor der »immer näher kommenden
Katastrophe« zu warnen. Sie lachten ihn aus und verspotteten ihn
wegen seines Pessimismus.[54]

Erst nach Schuschniggs verhängnisvoller Zusammenkunft mit
Hitler in Berchtesgaden nahm die jüdische Gemeinde von der drohenden Gefahr wirklich Notiz. Was über das Treffen gemeldet
wurde, beunruhigte, ja, schockierte viele Juden.[55] Der deutsche Bot-
schafter Papen meldete hämisch, Wien gleiche »im Augenblick
einem Ameisenhaufen. Eine größere Anzahl von Juden bereitete
sich darauf vor, auszuwandern.«[56] Kurz danach meldete die Jewish
Telegraph Agency, dass die »Judenfrage« auf dem deutsch-österreichischen Gipfeltreffen nicht angesprochen worden sei – eine zwar
zutreffende, nichtsdestoweniger aber irreführende Meldung, nach
der sich wiederum ein Gefühl der Sicherheit einstellte. Die folgenden
Beiträge in der orthodoxen Presse versicherten sogar den Lesern,
dass man den Nationalsozialisten, die in die österreichische Regierung eintreten würden, trauen könne. Laut Clare wurden die meisten Juden Opfer einer »Selbsttäuschung«. Sie glaubten, dass die Lage
zwar ernst, aber noch nicht hoffnungslos sei. Ein anderer Überlebender, Robert Adler, erklärt ganz offen, dass er und seine Glaubensbrüder »außerordentlich naiv« gewesen wären.[57]

Der plötzliche Anstieg der nationalsozialistischen Agitation nach
Hitlers Rundfunkrede vom 20. Februar 1938 machte allerdings vielen Wiener Juden Angst. Schuschniggs trotzige und aufrüttelnde

Antwort vier Tage später linderte die Furcht kurzweilig und stellte ein trügerisches Vertrauen wieder her. »Wir dachten, ganz Europa stehe hinter uns«, erinnerte sich Alfred Kessler sechs Jahrzehnte danach.[58] Außerdem schien eine steigende Zahl regierungsfreundlicher Demonstrationen die Braunhemden in Schach zu halten. »Die hektischen Tage erregten in uns keine allzu große Spannung«, schreibt Clare. »Viele waren aufgeregt und hatten Angst, aber wir hatten auch Hoffnung und erwarteten, dass das Leben seinen gewohnten Gang gehen werde.«[59]

Selbst nachdem Hitlers Gefolgsleute Graz und andere Orte in den Bundesländern praktisch in ihre Gewalt gebracht hatten, wollten die meisten Wiener Juden die Gefahr einer nationalsozialistischen Machtübernahme nicht wahrhaben. Als Schuschnigg am 9. März den Volksentscheid ankündigte, stellte sich die jüdische Gemeinde geschlossen hinter ihn. Dr. Desider Friedmann, der Präsident der Israelitischen Kultusgemeinde, spendete sogar der Vaterländischen Front 800 000 Schilling.[60] Zwei Tage später kursierten erste Gerüchte, dass die Wahl abgesagt werde, aber wenig Juden schienen sie ernst zu nehmen. »Die Menschen gingen ihrer Arbeit nach«, erinnert sich Gertrude Schneider lakonisch.[61] Als die Schatten in der Metropole länger wurden, bereiteten sich Tausende von Juden auf den Sabbath vor. Die wenigsten ahnten etwas von den Menschenmassen an Nazis und Sympathisanten, die in der Innenstadt zusammenströmten.

Schuschniggs Rücktritt, der kurz vor 20 Uhr im Rundfunk gemeldet wurde, traf die jüdischen Zuhörer wie ein Donnerschlag. »Meine Familie und ich hörten uns schweigend die Rede an«, erinnert sich Henry Grunwald. »Mein Vater sagte: ›Ich glaubte nicht, dass es so weit kommen würde. Ich kann es immer noch nicht glauben.‹«[62] George Clare erinnert sich, dass »das Geräusch Hunderter von Menschen zu hören war, die aus vollem Halse brüllten«, ehe irgendjemand auch nur ein Wort sagen konnte.[63] Er eilte an das Fenster seiner Wohnung in der Nussdorfer Straße und blickte auf ein Heer von Nazis, die abwechselnd »Juda verrecke!« und »Ein Volk, ein Reich, ein Führer!« brüllten. Estra Perl hörte den Tumult erst, als sie nach dem Abendgottesdienst aus der Synagoge in der Nähe der Wallensteinstraße trat. Sie und ihr Vater kamen zwar unbehelligt nach Hause, aber viele andere hatten nicht so viel Glück. Heinrich Berger trat aus seinem Teppichladen an der Mariahilfer Straße und fiel einer Schar betrunkener SA-Leute zum Opfer. Sie schrien ihm Beschimpfungen ins Gesicht, hängten ein Plakat mit dem Wort »Saujud!« um seine Schulter und veschwanden in der Dunkelheit.[64]

In der folgenden Woche erlebte Wien eine Welle der antisemitischen Raserei, wie es sie seit dem Mittelalter nicht mehr gegeben hatte. Die österreichischen Juden mussten zu ihrem Entsetzen erfahren, dass die grausamen, wilden Parolen der österreichischen Antisemiten keineswegs nur leere Worte waren. Jeder reagierte natürlich anders auf die Gewalttaten, aber die Mehrheit erkannte sofort, dass ihre Welt nun der Vergangenheit angehörte. Das Entsetzen hat George Clare, der damals ein 17-jähriger Junge war, mit treffenden Worten eingefangen. Zufällig sah er, wie der Streifenbeamte der Gegend ein hilfloses Opfer prügelte: »Wenige Minuten nach Schuschniggs Abschiedsrede hatte sich jener Polizist, der gestern noch ein Beschützer war, in den Peiniger von morgen verwandelt.«[65]

Angesichts der großen Meinungsunterschiede in der jüdischen Gemeinde und wegen des Fehlens zeitgenössischer Quellen kann von einer einheitlichen Reaktion auf den nationalsozialistischen Terror keine Rede sein. Allen gemeinsam war ein Gefühl des Grauens und des Unglaubens.[66] Viele bekannte jüdische Schriftsteller und Künstler hatten bereits Österreich verlassen und waren vor der spießbürgerlichen Intoleranz des christlichen Ständestaates geflohen. Anderen gelang mit ausländischen Pässen in den ersten Tagen nach dem Anschluss die Flucht.[67] Die Zurückgebliebenen erwartete ein grauenvolles Schicksal. Zum Teil suchten die Nazis sich ihre Opfer mit Vorliebe aus der Bildungsschicht aus – vor allem Intellektuelle, Ärzte und Anwälte. Nach Gedye wurden gerade diese gezwungen, »in der Wohnung, in der sich die Tragödie [ein Doppelsuizid] abgespielt hatte, den Boden zu bürsten, das Parkett zu wachsen und die Teppiche zu klopfen, während sie [SS-Truppen] die nichtjüdische Hausgehilfin auf einem Sessel sitzend untätig zuschauen ließen«.[68] Er beobachtete auch, dass etliche Opfer »auf die Straße hinausgeworfen wurden, aschgrau und mit bebenden Gliedern, die Augen voll Grauen und mit Lippen, die ständig zitterten«.[69]

Eine ganze Reihe gebildeter Juden sah in der Selbsttötung den einzigen Ausweg aus der hoffnungslosen Lage. Wenige Tage nach dem

Anschluss sprang Egon Friedell, der Autor der berühmten *Kulturgeschichte der Neuzeit,* aus einem Fenster im zweiten Stock seines Hauses in den Tod. Zahllose bekannte Persönlichkeiten wählten das gleiche Ende.[70] Im Jahr 1940 gab das *Jewish Morning Journal* an, dass 3741 österreichische Juden sich im ersten Jahr des Anschlusses das Leben genommen hätten.[71] Jüngste Studien haben zwar ergeben, dass diese Zahl zu hoch ist, aber sie haben Gedyes Augenzeugenbericht bestätigt, wonach in erster Linie Personen aus der jüdischen gebildeten Oberschicht Hand an sich legten: Künstler, Journalisten, Ärzte, Anwälte, Staatsdiener und leitende Angestellte.[72]

Wie reagierten die einfachen Juden? Viele Männer brachen zusammen, weil sie erkannten, dass ihre Welt zerstört worden und das Ende ihrer beruflichen Laufbahn gekommen war.[73] Sie sprachen von Auswanderung, aber mehr noch von »alten Fehlern« oder dem Verlust ihres Hab und Guts. Im Gegensatz dazu brachten Frauen oftmals die Kraft und den Mut auf, ihre Männer zu trösten und Pläne für die Zukunft zu machen: »Weder Mutter noch Klara verschwendeten den geringsten Gedanken an die Vergangenheit, an das, was gestern oder voriges Jahr war«, erinnert sich Clare. »Sie dachten als einzige an die Zukunft… Sie nahmen den Männern das Heft aus der Hand.«[74] Es gab auch Generationsunterschiede. Laut Gertrude Schneider sahen die jüngeren Juden keinen anderen Ausweg als die Emigration, ältere Juden dachten hingegen, sie könnten vielleicht den Pogrom überstehen.[75]

Zunächst hatte es den Anschein, als sollte die ältere Generation Recht behalten. Nach zwei Wochen ebbten die Angriffe auf Juden langsam ab. Und die deutschen Behörden unterbanden die »wilden Arisierungen«, weil sie verzweifelt bemüht waren, ihre Macht zu festigen. Darüber waren gewiss viele Juden erleichtert, aber ihre Verfolgung hatte faktisch erst angefangen.[76] Am 18. März schlossen die Nazis die Israelitische Kultusgemeinde und zogen in die zentrale Synagoge in der Seitenstettengasse ein. Acht Tage später versprach Göring einer jubelnden Zuhörermenge in der Nordwestbahnhalle, Wien innerhalb von vier Jahren von den Juden zu säubern. Bürckel und Goebbels machten, wir wissen es, ähnliche Versprechen. Unterdessen begannen wieder die willkürlichen Hausdurchsuchungen, am 1. April wurden rund 60 Juden nach Dachau deportiert – knapp ein

Viertel der ersten politischen Gefangenen, die in das bayerische Konzentrationslager geschickt wurden.[77]

Die ersten drei Aprilwochen vergingen in einer trügerischen Ruhe. Wir wissen wenig über die psychische Situation der jüdischen Gemeinde während dieser kurzen Pause. Einige Juden hofften offenbar, dass Bürckel sie vor dem hasserfüllten Zorn der Wiener Nazis schützen werde[78]; viele andere belagerten die ausländischen Konsulate, um eine Aufenthaltserlaubnis zu erhalten. Nur eine Hand voll Juden wagte es, sich Widerstandsgruppen im Untergrund anzuschließen. Die wenigen Mutigen wählten die Österreichische Kampffront – eine monarchistische Gruppe, die schon bald von der Gestapo ausradiert wurde.[79] Wie sehr manche österreichischen Juden auch geglaubt haben mochten, dass die Deutschen Recht und Ordnung wiederherstellen würden, ihr Irr-Glaube wurde von zwei Amtshandlungen erschüttert: der Verordnung über die Anmeldung des Vermögens von Juden und der Einrichtung von Adolf Eichmanns Zentralstelle für jüdische Auswanderung.[80]

George Clare hat die Reaktion seiner Familie auf die Terrorwelle nach dem Anschluss sehr eindringlich beschrieben. Seine Erfahrung mag vielleicht nicht repräsentativ für die ganze jüdische Gemeinde sein, eine zersplitterte und vielfältige Subkultur aus 200 000 Menschen, von denen einige Tausend zum christlichen Glauben übergetreten waren. Anderen assimilierten Familien gehörten beispielsweise unverbesserliche Optimisten, Habsburgtreue oder österreichische Nostalgiker an.[81] Darüber hinaus gibt es Tausende von orthodoxen Juden, die sich mehr mit den religiösen Sitten und Bräuchen befassten als mit der unmittelbaren Zukunft. Und über die Haltung der verarmten Ostjuden ist so gut wie nichts bekannt.[82]

Dennoch hat Clare sicherlich Recht mit seiner Behauptung: »Das Paradoxe an dem Wiener Vulkanausbruch des allgemeinen Antisemitismus ist, dass er Tausenden das Leben rettete. Der ›fiese‹ Antisemitismus der Deutschen verleitete viele deutsche Juden zu dem Glauben, dass sie vielleicht in ihrem geliebten Deutschland weiterleben könnten, während der ›erstklassige‹ Antisemitismus der Österreicher keinen Juden im Zweifel darüber ließ, dass er so schnell wie möglich das Land verlassen musste.«[83] Im Sommer 1938 flohen grob geschätzt 50 000 Juden aus Österreich; bis zum Mai 1939 hatten wei-

tere 50 000 Zuflucht im Ausland gefunden. Ihnen folgten in den
kommenden beiden Jahren 25 000 Personen. Von denen, die zurück-
blieben oder später in dem von Deutschen besetzten Europa zusam-
mengetrieben wurden, kamen 65 000 im Holocaust um.[84]

»Reichskristallnacht«

Wenn es ein Einzelereignis gibt, das die Juden in Österreich und
Deutschland überzeugte, dass sie in Todesgefahr schwebten, so war
es der massive Ansturm in der Nacht vom 9. auf den 10. November
1938, der Pogrom, der als Reichskristallnacht bekannt wurde. Den
ganzen Sommer über hatten Regierungs- und Parteifunktionäre
gedrängt, das Programm der »Arisierung« zu beschleunigen. Es sei
kein Zufall, berichtete der Außenminister, dass das Schicksalsjahr
1938 nicht nur die Verwirklichung eines Großdeutschen Reiches
gebracht, sondern zugleich auch die Lösung der »Judenfrage« in
greifbare Nähe gerückt habe.[85]

Während der Sudetenkrise machten sich Parteiaktivisten die weit
verbreitete Kriegsangst zunutze und weiteten ihre Terrorakte von
Wien auf Berlin und andere Städte des Reiches aus.[86] Um nicht hinter den anderen zurückzustehen, inszenierte die Wiener NSDAP eine
Reihe von Überfällen, die so viele Juden wie möglich aus der Stadt
vertreiben sollten. Am Vorabend von Jom Kippur, dem jüdischen
Versöhnungsfest, zerrten SA-Banden Hunderte von Juden aus den
Betten, nahmen ihnen ihre Habseligkeiten ab und schleppten sie
ans Ufer des Donaukanals. Die Opfer durften zwar zwei Tage später
wieder nach Hause gehen, aber die Gewalttaten wurden fortgesetzt.
In der Woche vom 14. bis zum 21. Oktober drangen Trupps der SA
und der Hitlerjugend in Wohnungen ein, devastierten Läden und
verprügelten Hunderte von Juden. Bis zum Ende des Monats waren
mindestens 2000 Personen misshandelt oder verhaftet und schätzungsweise 20 Synagogen in Brand gesteckt oder verwüstet worden.[87]

Dennoch bekamen die deutschen und österreichischen Juden erst
in der Nacht zum 10. November – in der so genannten Kristallnacht – die Raserei und Brutalität des NS-Regimes zu spüren. An
jenem Abend hatte Propagandaminister Goebbels einen landesweiten Pogrom angeordnet. Die fürchterliche Orgie der Gewalt wollte

Hitler als Rache für das Attentat Herschel Grynszpans, eines jungen Juden, auf einen deutschen Diplomaten in Paris verstanden wissen. In den Nachtstunden demolierten NS-Banden in Großdeutschland 267 Synagogen, zerstörten 7500 Geschäfte und Wohnungen und ermordeten 91 Menschen. Außerdem trieben sie 26 000 Juden zusammen, prügelten viele bis zur Besinnungslosigkeit und transportierten die Übrigen in Konzentrationslager.[88] In Wien lag das Ausmaß der Gewalt und des Blutvergießens höher als in anderen Orten des Reichs, mit Ausnahme von Mittelfranken. Allein in Wien gingen über 40 Synagogen und Bethäuser in Flammen auf, wurden 4038 jüdische Geschäfte geplündert und über 6000 Personen verhaftet, von denen mindestens 27 umgebracht und 88 schwer verletzt wurden. Hunderte begingen Selbstmord. Außerhalb der Großstadt war der jüdische Besitz schon durch vorherige Überfälle stark geschrumpft. Die einheimischen Nazis vergewaltigten, folterten und verstümmelten Juden. In Innsbruck wurden vier angesehene Juden umgebracht.[89]

Im Gegensatz zu den antisemitischen Krawallen im Frühjahr und Anfang Sommer waren die Gräueltaten in der »Reichskristallnacht« durchaus nicht spontan, sondern vorsätzlich. Sie wurden nach strengen Anweisungen aus Berlin von Parteifunktionären und von Banden der SA, SS und der Hitlerjugend ausgeführt. Während motorisierte Einheiten der SS-Standarten 11 und 89 bis auf eine alle 43 Wiener Synagogen in Brand steckten oder mit Handgranaten sprengten, zerschlugen SA-Truppen Schaufenster und räumten die Waren aus den Regalen. Zur gleichen Zeit zerrten Gestapo-Mitarbeiter und Braunhemden Juden aus ihren Häusern, trieben sie in die Keller oder in behelfsmäßige Gefängnisse und verhafteten zum ersten Mal auch jüdische Frauen. Wenigstens 200 Frauen zwangen sie, sich nackt auszuziehen, und zu Geschlechtsakten. Von den 6000 verhafteten Wiener Juden wurden wenigstens 3000 sofort ins KZ Dachau deportiert.[90]

Für die Wiener Allgemeinheit war das grässliche Wüten in der Nacht vom 9. auf den 10. November kein einmaliges Ereignis. Nach den Wochen intensiver antikatholischer Krawalle bildete das Novemberpogrom »eine konsequente Fortsetzung der vorangegangenen Entwicklungen«.[91] Im Altreich hatten bislang wenig Deutsche

einen so heftigen Gewaltausbruch miterlebt, aber Tausende von
Österreichern hatten bereits Angriffe auf Juden gesehen oder sich in
irgendeiner Form daran beteiligt. In Wien spielte sich das Gemetzel
am hellichten Tag ab. Es begann kurz nach acht Uhr morgens und
zog schon nach wenigen Minuten riesige Mengen von Zuschauern
an, auch Hausfrauen und Schulkinder. Wer sich nicht auf die Straße
wagen konnte, hatte die Möglichkeit, sich über das Radio zumindest
einen Eindruck von dem Aufruhr zu verschaffen. Der örtliche Sender berichtete mit Eldon Walli, einem gebürtigen New Yorker, life
vom Tatort einer brennenden Synagoge.[92]

Die Gräueltaten waren zwar von der NSDAP geplant und durchgeführt worden, aber die Wiener reagierten allgemein mit Zustimmung, ermunterten die NS-Schergen und beteiligten sich in etlichen
Fällen aktiv daran. Sicher wurden einige Bürger von dem Terror
abgestoßen, vor allem von der Brutalität der Gewalt. Das Wüten
stieß nach einem SS-Bericht mitunter auch auf »Ablehnung und
Erschütterung«.[93] In einem anderen Bericht hieß es, die Raserei
habe eine dämpfende Wirkung auf die allgemeine Stimmung gehabt,
wodurch die anfänglich günstige Aufnahme der Maßnahme sich in
Mitleid gewandelt habe.[94] Viele lehnten die Unordnung jedoch nur
ab, weil unnötigerweise Eigentum zerstört wurde oder weil sie sich
um die Beute betrogen fühlten. Die Mehrzahl der erhaltenen Quellen lässt auf eine große Zufriedenheit über die »Reichskristallnacht«
schließen, sie wurde nicht nur von der gesamten Bevölkerung und
der SS gebilligt, sondern fanatisch begrüßt.[95]

Aus Leopoldstadt meldete der Sicherheitsdienst: »Bei den Ein-
und Ablieferungen konnte man die Bevölkerung schwer von Misshandlungen der Juden zurückhalten. Öfters durchbrachen viele,
darunter meistens Arbeiter, die Absperrungen und verprügelten die
Juden. Man hörte dabei vielfach die Rufe wie ›Schlagt sie tot, die
Hunde, lernt ihnen in Dachau die Arbeit!‹ und anderes mehr.«[96]
Nach einer von SS-Hauptsturmführer Trittner erstellten Zusammenfassung bejubelten Zuschauer die Brandstifter, riefen aufmunternde Worte und »begannen, sich aktiv an der Aktion zu beteiligen«. Mit Blick auf die »überhebliche Bosheit, mit der die Juden
den Körper des Wiener Volkes infiziert hatten«, herrschte Konsens,
dass die Gerechtigkeit am Ende gesiegt habe. »Es gab kaum ein

Anzeichen des Mitleids für die Juden, und wo schüchtern eines an die Oberfläche kam, wurde es sofort und tatkräftig von den Massen unterdrückt; einige offensichtliche Judenfreunde wurden verhaftet.« Im Laufe des Tages »ging man nicht zimperlich mit den Juden um; zu Misshandlungen kam es vor allem in Leopoldstadt«. Als um 17 Uhr die Anweisung eintraf, der Aktion ein Ende zu machen, »wurden Stimmen laut, die bedauerten, dass die Operation nicht fortgesetzt werden könne, weil der heutige Tag die Gelegenheit sei, das Wiener Judenproblem ein für allemal zu lösen«.[97]

Nachdem sich die NS-Führung einen Überblick über die Verwüstungen der »Kristallnacht« verschafft hatte, waren die Leiter in Berlin und in Wien über das Ausmaß des materiellen und finanziellen Schadens erbost. Am 12. November kochte Göring vor Wut. »Mir wäre lieber gewesen«, donnerte er, »ihr hättet zweihundert Juden erschlagen und hättet nicht solche Werte vernichtet.«[98] Diese Ansicht teilten auch Parteifunktionäre im Wiener Gauwirtschaftsamt. Sie wandten sich gegen die »Skandalszenen«, die »das Ansehen der Partei und des Reiches aufs Schwerste schädigten«, und kamen bei einem Treffen am selben Tag zu dem Schluss, dass »Pogrome und Wandalismus nicht die Mittel sind, um die Judenfrage zu lösen, und dass Schädigungen, Raub und Plünderung in der Bevölkerung und in weiten Kreisen der Parteigenossenschaft nur Abscheu hervorgerufen« haben.[99] Die Gestapo gelangte ihrerseits zu der Auffassung, dass die »Freisetzung der niedersten Instinkte« kontraproduktiv gewesen sei.[100]

Die von NS-Größen in den Tagen nach dem Pogrom geäußerten Bedenken tauchen in späteren Dokumenten auf, die die allgemeine Reaktion schildern. Ob die in diesen Quellen geäußerten Ansichten die herrschende Stimmung treffend wiedergeben oder ob sie für Görings Behörde in Berlin fingiert wurden, lässt sich kaum ermitteln. Am 21. November schrieb SS-Hauptsturmführer Trittner, der Verfasser des oben zitierten Berichtes: »Diese Konfiskationen und sinnlosen Zerstörungen riefen naturgemäß bei der Bevölkerung schärfste Ablehnung hervor.«[101] Gauleiter Globocnik wiederholte diese Worte und räumte ein, dass »eine Reihe von Ereignissen eingetreten sei, die die Öffentlichkeit befremdet hätten«.[102] Reichskommissar Bürckel kam der Wahrheit vermutlich am nächsten: »Wer die Mentalität in Österreich kennt, die ich in den Monaten März, April und Mai beschrieben habe, der weiß, dass sich derart zerstörerische Operationen nicht von einer Minute auf die nächste stoppen lassen. Was eine Stunde lang erlaubt ist, kann in der folgenden Stunde nicht als ein Verbrechen behandelt werden.«[103]

Im Allgemeinen reagierten die Wiener auf die »Reichskristallnacht« ganz ähnlich wie die Bevölkerung in anderen Teilen Großdeutschlands: Einfache Leute kritisierten den Pogrom vor allem wegen der willkürlichen Gewalt und Zerstörung von Eigentum.[104] Ein ehemaliger sozialdemokratischer Betriebsrat erklärte: »Der Nationalsozialismus hat doch Derartiges nicht nötig. Wenn man Juden umbringen will, dann soll es durch berufliche Stellen und durch das Gesetz geschehen, nicht aber durch Menschen, die sich daraus eine Hetz machen.«[105] Andererseits scheint allein das Ausmaß der antisemitischen Gewalt in Wien viel größer gewesen zu sein als in irgendeiner anderen Stadt des Reiches. In keinem anderen Ort beteiligten sich Zivilisten in Scharen an den Verwüstungen, in keinem anderen Ort wurden die Angriffe auf Juden bis in den Dezember und darüber hinaus fortgesetzt. Anders als in Hamburg, Berlin oder München waren in Wien nur wenige Zuschauer »entsetzt«. Zudem gab sich fast niemand Mühe, Juden zu trösten oder Mitleid zu äußern, auch wenn ein Widerwille gegen das Treiben bestand.[106] Man ist geneigt, Joachim Fests Einschätzung zuzustimmen, die Pogromnacht »war nur in Wien erfolgreich«.[107]

Die Reaktion der Bevölkerung in den Gauen unterschied sich kaum von der Reaktion der Wiener, auch wenn relativ wenige Zeugen massiver Gewalttaten wurden. Fast die Hälfte der Juden in den Gauen war bereits nach Wien gezogen oder hatte das Land verlassen. Die örtlichen Nazis in Salzburg, Linz, Graz, Klagenfurt und Baden steckten fast schon routinemäßig Synagogen in Brand oder zertrümmerten sie, sie drangen in jüdische Wohnungen ein, beschlagnahmten Bargeld, Schmuck, Silber, Möbel, Teppiche und andere Wertgegenstände. »In Klagenfurt wurde der Tempel, nach Sicherstellung des Archivs, völlig zerstört, die Einrichtung ›mit Äxten, Tischbeinen und dergleichen‹ demoliert, ebenso Teppiche, Kleidungsstücke, Fauteuils aus jüdischen Wohnungen, die durchs Fenster auf die Straße geworfen wurden.«[108] Unterdessen trieben die SS und die Gestapo die Mehrheit der restlichen Juden in den Bundesländern zusammen, schlugen oder folterten sie und schickten Hunderte von ihnen nach Dachau. In Innsbruck stürmten NS-Aktivisten irrtümlich das italienische Konsulat, warfen ein älteres Ehepaar in die Sill und ermordeten vier bekannte Juden, darunter Dr. Richard Berger, den Präsidenten der Kultusgemeinde. Der Tiroler Sicherheitsdienst meldete: »Falls Juden bei dieser Aktion keinen Schaden erlitten haben, dürfte dies darauf zurückzuführen sein, dass sie übersehen wurden.«[109]

Anders als in Wien wurde die Mehrzahl der Verwüstungen in den Gauen vor Tagesanbruch von Formationen der SA und der SS durchgeführt; die Bevölkerung erfuhr in der Regel erst nach Beendigung der Aktion, was in der Nacht geschehen war. Lediglich aus Innsbruck ist ein Signal persönlicher Reue bekannt: Eine Hand voll Frauen suchte den Oberrabbiner auf und äußerte Mitleid und Bedauern.[110] Sonst wusste die Mehrheit der Bewohner der Tiroler Hauptstadt nicht recht, wie sie sich zu dem Blutbad stellen sollte, schrieb der SD: Einige hielten es für das Werk von Provokateuren, andere glaubten, die Kommunisten trügen die Schuld daran. Aus liberalen und klerikalen Kreisen sei zwar einige Kritik laut geworden, aber die vollen Einzelheiten der Operation seien noch nicht bekannt gewesen.[111]

In Linz schien die Bevölkerung besser Bescheid gewusst zu haben. Ein überlebendes Opfer erinnert sich an eine Zuschauermenge, die einem SA-Mann Beifall klatschte, während er auf den Stufen einer brennenden Synagoge auf und ab tänzelte. Er schwang eine Thora und äffte ein jüdisches Ritualgebet nach. Inwiefern das Verhalten dieser Zuschauer die Ansichten der Bewohner der Landeshauptstadt widerspiegelte, lässt sich nicht mit Sicherheit sagen; schenkt man jedoch dem SD Glauben, so befürworteten die Stadtbewohner »die Protestaktion…als unbedingt erforderlich«.[112] Auch in abgelegenen Gegenden wurden antisemitische Gewalttaten mit Beifall aufgenommen. Aus dem benachbarten Steyr wird gemeldet: »Die gesamte Bevölkerung hat die Maßnahmen der Regierung gegen das Judentum ausnahmslos und ohne Vorbehalte gebilligt«; aus Kirchdorf: »Die strengen Maßnahmen gegen die Juden werden allgemein verstanden und begrüßt«; und aus Hinterstoder: »Die Regierungsmaßnahmen insbesondere gegen das Judentum werden von der Bevölkerung mit Genugtuung aufgenommen.«[113]

In Niederdonau hingegen reagierte die Bevölkerung unterschiedlich. Die Zerstörung der Synagogen in Eisenstadt, Berndorf, Vöslau
und Baden verlief gemäß den Meldungen ohne Zwischenfälle, aber
in dem Kreis Lilienfeld kam es zu »Übergriffen«. Plünderungen
konnten zwar weitgehend verhindert werden, doch der Sicherheitsdienst räumt ein, dass die Gewaltakte in Lilienfeld »sich bei der dor-
tigen Bevölkerung stimmungsgemäß schlecht auswirkten«.[114] Aus
Amstetten, Waidhofen an der Ybbs und Kematen hieß es hingegen,
dass eine »erbitterte Bevölkerung« die Aushebung der Juden und die
Zerstörung ihres Besitzes gebilligt habe.[115] Aus Baden, dem noblen
Kurort südlich von Wien, meldete ein SD-Beamter telefonisch: Die
Operation des heutigen Tages habe echte Begeisterung geweckt, vor
allem unter den Armen. Ein erstklassiger Propagandaerfolg. Nirgendwo sei irgendwelche Sympathie für die Juden auszumachen
gewesen, nicht einmal unter den so genannten besseren, bürgerlichen Kreisen.[116]

Paradoxerweise protestierten ausgerechnet SD-Funktionäre in der
Steiermark, dem Bundesland mit der stärksten Unterstützung für
das NS-System, am heftigsten gegen die Gewaltakte der »Reichskristallnacht«. Die Sicherheitsagenten waren wütend, weil der Pogrom
ihren eigenen Zeitplan für die Lösung der »Judenfrage« bis zum Jahresende durcheinander gebracht hatte. SA-Banden hatten nämlich
in Graz versehentlich die amtlichen Auswanderungsdokumente vernichtet und damit verhindert, dass Eichmanns Deportationsbefehle
planmäßig ausgeführt werden konnten.[117] Der SD schrieb: »Die
gesetzlichen Maßnahmen gegen die Juden haben jedenfalls ein viel
besseres Echo gefunden als die Zerstörungen…«[118]

Die Österreicher außerhalb Wiens reagierten also auf den antijüdischen Terror vom 9./10. November mit einer Mischung aus Entsetzen, Verwirrung und Zustimmung. Das kollektive Schamgefühl
war schwach ausgeprägt. Wenige bekannte Persönlichkeiten erhoben
Einspruch gegen die skrupellose Missachtung des Gesetzes. Dr.
Johannes Ude, ein Grazer Dogmatiker, protestierte schriftlich
sowohl bei Seyß-Inquart wie auch bei Gauleiter Uiberreither gegen
die »Lynchjustiz«, wie er es nannte. Die Nazis antworteten auf den
Brief, wie zu erwarten war, indem sie dem Autor »Gauverbot« erteil-
ten und ihn aus der Steiermark verbannten, aber selbst innerhalb der

Partei wurden Bedenken geäußert. Ein Kärntner Funktionär, Dr. Wladimir von Pawlowski, war gar der Meinung, dass Goebbels »an die Wand gestellt gehört«.[119]

Bis zu welchem Grad andere Österreicher derselben Ansicht waren, geht aus den Quellen nicht hervor. Nach dem Krieg verfasste Studien vertreten die Auffassung, dass die Raserei in der »Reichskristallnacht« viele nachdenklich gemacht habe.[120] Die zeitgenössischen Dokumente belegen jedoch, dass die nationalsozialistische Kampagne gegen die Kirche weit mehr Gegenstand der allgemeinen Sorge in Österreich war, vor allem der Überfall auf das erzbischöfliche Palais im Oktober.[121] Heydrich jedenfalls prahlte am 12. November gegenüber Göring, seit dem Anschluss seien aus Österreich 31 000 Juden mehr vertrieben worden als aus dem übrigen Großdeutschland.[122]

Zwischen »Reichskristallnacht« und Krieg

Die »Reichskristallnacht« brachte sowohl in Österreich wie im Altreich einen breiten Konsens zu Tage für Hitlers Ziel, die so genannte Judenfrage endgültig zu lösen. Gesetzlosigkeit, Gewalttaten und sinnlose Zerstörung von Besitz waren gemeinhin nicht gern gesehen, aber gegen die antisemitische Politik der Nationalsozialisten gab es keine Einwände. Solange die »Arisierung« in einer geordneten und verfassungsmäßigen Weise durchgeführt wurde, erhob die allgemeine Bevölkerung keinen Einspruch.[123] Die NS-Führung erkannte das sofort. Seit der »Kristallnacht« grenzten die NS-Behörden Juden mit Hilfe von legalen und bürokratischen Maßnahmen aus, marginalisierten und vernichteten sie am Ende verfassungskonform. Bei allen Widersprüchen, Engpässen und sich überschneidenden Maßnahmen hielten die Nationalsozialisten an dieser Methode erbarmungslos bis in die letzten Tage des Zweiten Weltkrieges fest.[124]

Am 12. November 1938 leiteten zwei Verordnungen – die Verordnung über eine Sühneleistung der Juden deutscher Staatsangehörigkeit und die Verordnung zur Ausschaltung der Juden aus dem deutschen Wirtschaftsleben – eine ganze Reihe antisemitischer Gesetze ein. Die Nazis erlegten den Juden für den während der »Reichskristallnacht« entstandenen Schaden eine Sühne von einer Milliarde

Reichsmark auf, beschlagnahmten ihre Versicherungsbriefe und überwiesen sämtliche Entschädigungszahlungen an die Regierung. Juden war es von nun an außerdem untersagt, leitende Stellungen im Einzelhandel, im Gewerbe und in Versandhäusern einzunehmen. Andere Verfügungen verdrängten Juden aus den Universitäten und aus akademischen Berufen, entzogen ihnen die Besitzrechte, Steuerbefreiungen und Sozialleistungen und untersagten ihnen den Besuch von Kinos, Konzerten, Ausstellungen, sportlichen Wettkämpfen und Badeanstalten. Im Jahr 1939 zwangen NS-Gesetze alle Juden, den Zweitnamen »Sarah« oder »Israel« anzunehmen, sämtliche ausländischen Anlagen und Vermögen zu registrieren und den gesamten Schmuck sowie alle Wertgegenstände abzugeben. Reinhard Heydrich schuf die Reichszentrale für jüdische Auswanderung in Berlin und weitete damit Eichmanns »Fließbandsystem« auf ganz Großdeutschland aus. Bis zum 14. Mai 1939 war die Zahl der im Altreich lebenden Juden in den fünf Jahren seit 1934 von 502 799 auf 213 930 zurückgegangen, in der Ostmark von 191 481 auf 81 943.[125]

Auch wenn unter gewöhnlichen Deutschen und Österreichern nach der »Kristallnacht« anscheinend das Interesse an der »Judenfrage« zurückgegangen war, besteht kein Grund zu der Annahme, dass sie die neue Politik der Ausgrenzung durch Neuverordnungen missbilligt hätten. In Wien drängte die Allgemeinheit weiterhin darauf, die Juden aus der Stadt zu vertreiben. Sogar Schulkinder unternahmen Raubzüge in jüdische Wohnviertel, verprügelten Fußgänger, warfen Schaufenster ein und plünderten Wohnungen und Geschäfte.[126] Der Stadtrat suchte offensichtlich die Massen zu besänftigen und beschleunigte die Enteignung jüdischer Immobilien. Von März bis September 1939 konnte er 5572 Wohnungen an »arische« Besitzer übergeben. Da schätzungsweise 4000 weitere Wohnungen in derselben Zeit Privatpersonen in die Hände fielen, stand die Stadtverwaltung vor dem Problem, die Tausende von Juden unterzubringen, die sich immer noch in der Metropole drängten.[127]

Vom ersten Tag des Anschlusses an war die »Arisierung« in der Ostmark »ohne Befehl von oben und ohne sich an irgendwelche Regeln zu halten« durchgeführt worden.[128] Nachdem die österreichischen Nazis die überlebenden Juden in einem »Halbgetto« entlang des Ufers des Donaukanals versammelt hatten, war die Führung gezwungen, weiter zu improvisieren. Während des ganzen Sommers 1939 wurde ausgiebig diskutiert, wie man die restlichen Juden loswerden könne. Am 8. Juli beschloss die NSDAP, sie in Arbeitslager in Gänserndorf umzusiedeln, einem Dorf in Niederdonau, nicht weit von Wien. Obwohl das Lager Platz für maximal 6000 Häftlinge bot, hatte der Stadtrat die Absicht, die 50 000 noch in Wien lebenden Juden dorthin zu verlegen. Dass die Mehrzahl der Insassen sich zu Tode arbeiten oder an Krankheiten sterben würde, galt als so gut wie sicher.[129]

Auch wenn die meisten Wiener von diesen grauenvollen Plänen nichts wussten, gibt es keinen Grund zu der Annahme, dass sie sie missbilligt hätten, was nicht heißt, dass die Mehrheit einem Massenmord zugestimmt hätte. Die meisten Wiener wollten einfach die Juden loswerden. Angesichts des Ausmaßes und der Intensität des populären Antisemitismus war die Massenvertreibung nur der nächste logische Schritt.[130]

Aus einem Dokument, das Botz in einer seiner wichtigsten Studien veröffentlicht hat, geht eindeutig hervor, dass die NS-Strategie der Juden-Deportationen »eine Reaktion auf den Druck seitens der ›arischen‹ Wiener war, der Proletarier ebenso wie der unteren Mittelschicht«.[131] Bei dem Dokument handelt es sich um das Schreiben eines Ortsgruppenleiters in einer Wiener Wohngegend mit einem relativ hohen Anteil an Juden, das kurz nach Hitlers Invasion in Polen verfasst wurde. Abschließend gibt der Ortsgruppenleiter der Kreisleitung ein Stimmungsbild: »Die Stimmung der Bevölkerung gegen die Juden ist nicht zu ermessen. Es ist lediglich der Aufwendung unserer ganzen Energie zuzuschreiben, dass es in keinem Falle zu irgendwelchen Ausschreitungen gekommen ist... Die Bevölkerung versteht es nicht, dass die Juden dieselben Lebensmittelquantitäten zugewiesen erhalten wie Arier. Die Bevölkerung versteht es nicht, dass die Juden zu keinerlei Zwangsarbeit herangezogen werden und ihre dunklen Geschäfte weiterhin betreiben können... Die Bevölkerung fühlt sich schwer benachteiligt, solange Arier in nassen Kellerlöchern wohnen müssen und Juden schöne Wohnungen versauen dürfen.«[132]

Urteil und Folgen

Von dem Augenblick an, als Hitler der deutschen 8. Armee befahl, in seine österreichische Heimat einzumarschieren, konnte er sich darauf verlassen, dass die einheimische Bevölkerung seine antijüdischen Maßnahmen unterstützen oder sich ihnen zumindest nicht widersetzen würde. Die antisemitische Einstellung der Österreicher nutzte Hitler für seine Zwecke aus. Der deutsche Einmarsch ermöglichte es den österreichischen Nationalsozialisten, vor allem dem Wiener Mob, dem seit Jahrzehnten aufgestauten Judenhass freien Lauf zu lassen. Wochenlang hallten die Straßen der Donaumetropole wider von dem Lärm der johlenden Menge, die sich in Raserei und Terrorakten erging. Am 26. März 1938 versprach Göring, die Juden innerhalb von vier Jahren aus Wien zu vertreiben. Diese Garantie war zunächst einmal ein Auftrag. Das österreichische Volk sollte ihn mit seiner Hilfe erfüllen.

In Österreich bildete der Antisemitismus viel stärker als im Altreich das integrative Element für die NS-Herrschaft. Er war das unwiderstehliche Leitmotiv, das Millionen Menschen anzog, die andere Aspekte des Hitlerismus ablehnten. Durch die Beseitigung der Juden steigerte das Regime seine Beliebtheit, weil auf diese Weise die sozialen, ökonomischen und psychischen Bedürfnisse breiter Bevölkerungsschichten befriedigt wurden. Im Zuge der Vertreibung wurden sowohl für reiche Spekulanten wie auch für die Armen Wohnungen frei; den Akademikern und den Unternehmern taten sich neue Berufsmöglichkeiten auf; das Selbstwertgefühl wurde gehoben und die ethnische Identifizierung mit Hitlers Volksgemeinschaft verstärkt.

Da die große Mehrheit der Landbevölkerung noch nie einen Juden gesehen hatte, reichten die Reaktionen der Dorfbewohner von traditioneller, katholisch geprägter Fremdenfeindlichkeit bis hin zur Gleichgültigkeit. In Wien überwog zweifellos eine heimtückischere Haltung, eine Mischung aus Habsucht, Abscheu und desinteressierter Gemeinheit, wie Arthur Schnitzler einmal dazu sagte. Sehr sehr wenige fanden sich bereit, jüdischen Opfern zu helfen oder sie zu verbergen.[133]

Alles in allem herrschte unter den Österreichern ein breiter antisemitischer Konsens. Die massenhafte Unterstützung für das NS-Regime beruhte stark auf Hitlers Versprechen, die »Judenfrage« zu lösen, wie auch auf der Hoffnung auf eine wirtschaftliche Erholung und auf der emotionalen Verbundenheit mit Großdeutschland. Einige Historiker haben geschrieben, dass die *Twisted Road to Auschwitz*, also die kurvenreiche Straße nach Auschwitz, auf Hass gebaut und mit Gleichgültigkeit gepflastert worden sei[134], dabei haben sie die Straße, die durch die Ostmark verläuft, zu wenig beachtet. Wenn sie genauer hingesehen hätten, dann hätten sie eine Route entdeckt, die sorgfältig vermessen, geplant und angelegt wurde, um die Bedürfnisse der großen Mehrheit des österreichischen Volkes zu befriedigen.

Dritter Teil

Die Österreicher
und Hitlers Krieg

8 Ein Krieg in weiter Ferne, 1939–1943

Den Zweiten Weltkrieg erlebten die Österreicher im Allgemeinen sehr ähnlich wie die Deutschen. Natürlich gab es Schwankungen im Stimmungsbarometer sowie signifikante regional, sozial und psychisch bedingte Abweichungen. Ferner waren auch beträchtliche Meinungsunterschiede zwischen Wien und der übrigen Ostmark zu verzeichnen, vor allem zum Westen und Süden, wo die Modernisierung voranschritt. Auf Bauernhöfen in Ober- und Niederdonau sowie in den Bergregionen Tirols blieb ein starker österreichischer Patriotismus vorherrschend; in den Fabriken großer Städte blieben viele Arbeiter distanziert und misstrauisch gegenüber dem NS-Regime. Dennoch: Die Mehrheit der Österreicher unterstützte Hitlers Krieg bis zum Ende.[1]

Volksstimmung zu Beginn des Krieges

Das heißt nicht, dass die Österreicher den Ausbruch des Zweiten Weltkrieges begrüßt hätten. Wie den meisten Zivilisten im Großdeutschen Reich verschlug es ihnen bei der Meldung die Sprache.[2] Ein Tagebucheintrag des österreichischen Diplomaten Josef Schöner gibt eine düstere Momentaufnahme: »Die Rede Adolf Hitlers, erst ½9 Uhr morgens angekündigt, brachte die erwartete Erklärung. Ich hörte sie im Carlton; das Lokal war gefüllt mit ›Hörgästen‹. Alles mit ernster Miene, kein Beifall. Auf dem Stephansplatz ein Häuflein Leute; die in der Nähe des Lautsprechers hoben beim Deutschlandlied die Hände; die weiter entfernt Stehenden schon nicht mehr. Allenthalben gedrückte Stimmung, vage Hoffnungen auf einen lokalen, kurz dauernden Krieg. Von Begeisterung schon nicht die Spur.«[3] Und weiter: »…allerdings ist die breite Masse durch die wirklich hervorragend geführte Propaganda nunmehr restlos über-

zeugt worden, dass uns der Krieg von England aufgezwungen
wurde.«[4]

Eine Woche später besserte sich die Stimmung bereits allmählich.
Die ersten Erfolge der Wehrmacht zerstreuten die Ängste und riefen
sowohl Bewunderung wie auch Freude hervor. Gegen Ende September meldeten die Polizeistationen, die Bevölkerung sei »zuversichtlich« und »begeistert« über den Triumph der deutschen Waffen. Aus
der Provinz, wie zum Beispiel Kirchdorf, wurden einige negative
Äußerungen gemeldet, aber auch ein Wiedererstarken des in Hitler
gesetzten Vertrauens. Aus Ried hieß es, durch den Krieg werde die
Volksgemeinschaft gestärkt. In Wien hatte der Kriegsausbruch nach-
drückliche Forderungen weiterer Beschränkungen für die Juden
zur Folge. Am Ende des Polenfeldzuges wurde dann ein kollektiver
Seufzer der Erleichterung ausgestoßen. Wenige Tage später wurden
die heimkehrenden Soldaten mit Blumen, Zigaretten und Lebensmitteln beworfen.[5] »Niemand nimmt Anstoß daran, wenn in der allgemeinen Wiedersehensfreude oft die bisher gültigen bürgerlichen
Sitten nicht immer beachtet werden«, bemerkte ein zuständiger
Beamter.[6]

Während der gesamten Phase des »Scheinkrieges« war die Mehrzahl der Österreicher ebenso wie die Reichsdeutschen überzeugt,
dass Hitler den Frieden wünschte. Obwohl die Unzufriedenheit vieler Katholiken immer noch anhielt und die kommunistische Aktivität in Wien einigen Meldungen zufolge höher lag als in irgendeiner
anderen Stadt in Großdeutschland – einschließlich Berlin und Hamburg –, reagierte die Bevölkerung geschockt, empört und wütend auf
das fehlgeschlagene Attentat auf Hitler im Münchner Bürgerbräu-
keller am 9. November 1939. Die meisten empfanden doch eine
große Erleichterung über den Ausgang.[7] In Pettenbach deuteten die
Behörden an, dass viele zwar schwiegen, dass die Tat aber weithin
»verabscheut« werde, »zumal der Führer selbst in der Bevölkerung
beliebt ist«.[8] Nur eine winzige Minderheit war anderer Meinung. In
den Steyr-Werken billigten mehrere Arbeiter ganz offen den
Anschlag; ein Mechaniker in Wiener Neustadt schlug vor, der Atten-
täter habe das Eiserne Kreuz verdient.[9]

Auswirkung auf die Wirtschaft

Bei Kriegsbeginn hatte die Wirtschaft geboomt, durch das Einfrieren der Löhne und Preise während des Krieges blieb der Lebensstandard der Österreicher jedoch auf einem Niveau, das deutlich unter dem des Altreichs lag. Im Jahr 1940 ging die Industrieproduktion um 2,1 Prozent zurück; der landwirtschaftliche Ertrag sank um 16,1 Prozent. Das Realeinkommen der Wiener Arbeiter fiel sogar um 20 Prozent.[10]

Trotz der Engpässe bei Milch, Mehl und Kaffee klappte die Rationierung und die Überwachung anfangs reibungslos. In Wien bildeten sich gelegentlich Schlangen vor Lebensmittel- und Fleischerläden. Auf dem Land erhoben Bauern Einspruch gegen die Vorschrift, täglich eine bestimmte Menge an Sahne abzugeben. Für die Mehrzahl der Verbraucher waren noch ausreichende Mengen an Lebensmitteln, Kleidung und Bedarfswaren vorhanden.[11]

Schlimmere Folgen hatte der Krieg für die Fabrikarbeiter, für die Bevölkerungsgruppe, die als potenzieller Gegner des NS-Regimes am meisten gefürchtet wurde. Wie in anderen Teilen Europas erlitt die Konsumgüterindustrie nach dem Kriegsbeginn einen massiven Einbruch, vor allem die Textilindustrie. Allein in der Ostmark mussten von September bis November über 20 Baumwollspinnereien schließen. Für Groß-Sieghardt im Gau Niederdonau hatte das katastrophale Folgen. An anderen Orten versuchten die Direktoren, Entlassungen zu vermeiden, indem sie die Arbeitszeit kürzten, aber diese und andere Notmaßnahmen senkten nur das Einkommen der ohnehin schlecht bezahlten Lohnempfänger. Alles in allem verloren im ersten Kriegsjahr 10 000 Industriearbeiter ihre Stelle. Die Moral sank auf einen Tiefpunkt.[12]

Für diejenigen, die in Munitionswerken oder anderen kriegswichtigen Unternehmen beschäftigt waren, brachte der Kriegsausbruch wenig Vorteile. Die Verordnung über die Kriegswirtschaft vom 4. September 1939 schaffte Überstundenzuschläge, Lohnzulagen und die gesetzlich zugesicherten Urlaubstage ab. Das Einkommen verringerte sich durch diese Maßnahmen um zehn Prozent, und die Kluft zwischen den Löhnen österreichischer und deutscher Arbeiter wurde zementiert. Beinahe unmittelbar nach dem Bekanntwerden kam es zu lauten und wütenden Protesten. Diese wurden so stark, dass Bürckel in einem privaten Brief an Hitler darum bat, das Bonussystem wieder einzuführen. Ob Hitler seinem Mann in Wien geantwortet hat, ist nicht bekannt. Ende Oktober meldete die Gestapo einen deutlichen Anstieg der Aufsässigkeit, des Absentismus und staatsfeindlicher Äußerungen. Außerdem gab es Anzeichen für Sabotageakte und intensivere kommunistische Agitation. Da der Führung nichts daran lag, sich die arbeitende Bevölkerung zum Feind zu machen, gab sie nach. Am 10. November ordnete der Reichsarbeitsminister die Wiedereinführung des Bonussystems an, eine Woche später stimmte das Ministerium der Wiedereinführung bezahlter Urlaubstage zu.[13]

Die Abschwächung der Kriegswirtschaftsverordnung zeitigte sofort Erfolg. Schon nach wenigen Tagen meldete der SD einen merklichen Anstieg der Arbeitsmoral, einige Wochen später erklärte er, dass die Stimmung der arbeitenden Bevölkerung den Stand »allgemeiner Zufriedenheit« erreicht habe. Bis Weihnachten hatte sich die Lage so weit gebessert, dass der SD die »gute« und »positive« Stimmung in dem Arbeiterviertel Floridsdorf mit den »pessimistischen Einstellungen« verglich, die in bayerischen Arbeitergegenden zu beobachten seien.[14]

Im Winter 1939/40 traf ein dringender Kohlemangel, der sich im Großdeutschen Reich einstellte, Wien besonders schwer – allerdings nicht schwerer als Berlin und andere Großstädte. Zusammen mit Engpässen bei den rationierten Lebensmitteln, der Verknappung von Schuhen und Kleidung, einer Kriegssondersteuer, Kürzungen bei den sozialen Leistungen und einem weiteren Anstieg der Lebenshaltungskosten löste die Kohlekrise in einem ungewöhnlich kalten Winter eine neue Welle antideutscher Äußerungen in der Donaumetropole aus. Es kam sogar zu öffentlichen Auftritten an der Technischen Hochschule und im Volkstheater. Im ersten Fall wurden Stapel von Flugblättern in Umlauf gebracht, die »Österreich den Österreichern« forderten; im zweiten Fall unterbrachen Beifallsrufe und Applaus eine Aufführung von Franz Grillparzers *König Ottokars Glück und Ende,* als in einem berühmten Ausspruch die Unterschiede zwischen Österreichern und Deutschen hervorgehoben wurden.[15] Die allgemeine Notlage spitzte sich durch die Einführung der deutschen Gehaltstabelle noch zu, die in der Praxis deutliche Gehaltsaufbesserungen für Verwaltungspersonal und Oberärzte mit sich brachte, aber Kürzungen beispielsweise um rund 100 Mark für Assistenzärzte.[16]

Ironischerweise hatten die Reichsplaner der Wirtschaft lange Zeit versucht, die lokale wirtschaftliche Not über Rüstungsaufträge für die Wiener Industrie zu lindern, mussten aber feststellen, dass wegen der überholten Ausrüstung, wegen der hohen Transportkosten und wegen der veralteten Produktionstechniken nur eine sehr begrenzte Zahl von Aufträgen für moderne militärische Waffen in Frage kam. Statt neue Arbeitsplätze zu schaffen, hatte der Krieg genau den gegenteiligen Effekt und beschleunigte den Auszug von Fachkräften zu besser bezahlten Stellen im Altreich. Dieser Trend bremste nicht nur die Modernisierung der Industrie, sondern verschärfte noch die Spannungen, weil viele Familien getrennt wurden.[17] Aber erst durch die zahllosen Klagen und Beschwerden der Wiener Nationalsozialisten erhielt die sich immer verschlechternde öffentliche Meinung eine ausgesprochen antideutsche Richtung. Die Wut der nach wie vor von Spitzenämtern ausgeschlossenen Parteimitglieder kochte Anfang 1940 hoch, als Reichskommissar Bürckel einen der ihren (Josef Fitzthum) als Polizeipräsident absetzte und am 1. April die endgültige Auflösung Österreichs als territorialer Einheit bekannt gab.[18]

Mittlerweile litten auch die Menschen in anderen Regionen der Ostmark unter ähnlichen Engpässen und Entbehrungen wie in der Metropole, wenn auch nicht in dem Ausmaß wie viele Wiener. Steigende Steuern riefen gehäuft erboste Beschwerden hervor, vor allem in Arbeiterfamilien. Diese machten sich Sorgen wegen des Mangels an Kaffee, Zucker, Gewürzen und Bekleidungsartikeln, besonders Schuhen. Außerdem wurde offen die Verärgerung über die scheinbar endlosen NS-Spendensammlungen für die Volkswohlfahrt (NSV), für das Winterhilfswerk oder das Rote Kreuz geäußert. Von den Bauern wurde gemeldet, sie seien wegen des Futtermangels und wegen der Requirierung ihrer Zugpferde durch die Wehrmacht beunruhigt. In hohen Gebirgsregionen ohne Stromanschluss mussten die Familien feststellen, dass es fast kein Kerosin mehr gab, das sie für ihre Lampen benötigten. Unter den Dorfbewohnern wurde wiederholt

Kritik an den örtlichen NS-Behörden geübt, weil sie sich ständig in das Alltagsleben einmischten. Insgesamt waren die Lebensmittelrationen aber noch ausreichend, der Krieg schien in weiter Ferne und die Tage gingen mehr oder weniger ihren gewohnten Gang. Aus dem Mühlviertel meldeten Sicherheitsorgane sogar, dass Familienbauern, die sich weitgehend selbst versorgten und nicht auf bezahlte Arbeitskräfte angewiesen waren, sich eines gewissen Wohlstands erfreuen konnten.[19]

Haltung gegenüber »Fremdarbeitern«

Ein neues Thema war allerdings aufgetaucht, das ausgiebig diskutiert wurde und hasserfüllte Kritik an der Partei zur Folge hatte: die offizielle Behandlung von so genannten Fremdarbeitern, die jetzt in immer größerer Zahl eintrafen und sich auf den Feldern, in Werkstätten und in Fabriken Großdeutschlands abrackern mussten. In den ländlichen Gegenden Österreichs hatte die Arbeitslosigkeit vor dem Anschluss sehr hoch gelegen. Im Zuge der NS-Wirtschaftspolitik und der Einberufungen in die Wehrmacht hatten jedoch viele das Land verlassen. Ende 1939 bestand plötzlich ein Mangel an Arbeitskräften, der in der Folge von Kriegsgefangenen, »Fremdarbeitern« und nach 1943 KZ-Häftlingen behoben werden sollte. In den elf Monaten von Februar bis Dezember 1940 stieg die Zahl der Kriegsgefangenen in der Ostmark von 10 957 auf 87 768, von denen rund die Hälfte in der Landwirtschaft arbeitete und die anderen bei Bauprojekten.[20]

Gegenüber den Fremden nahmen die Österreicher unterschiedliche Haltungen ein. In der Steiermark betrachtete die Landbevölkerung Polen mit Verachtung und Geringschätzung und bevorzugte Italiener und Jugoslawen. In Tirol kam es zu Fällen über Nachrede gegen Italiener, in Oberösterreich gegen Tschechen. In allen Gegenden ärgerten sich viele einheimische Landarbeiter über die billige Konkurrenz.[21] Andererseits begrüßten unzählige katholische Familien polnische Kriegsgefangene mit offenen Armen und behandelten sie als willkommene Landarbeiter. Mitunter gaben sie ihnen sogar eine Extraportion Lebensmittel und Kleidung. »In manchen Bauernhäusern«, schrieb der SD wutschnaubend, »wurde der Pole dem deutschen Landarbeiter gleichgestellt, ja sogar oft vorgezogen.«[22] Die Tatsache, dass die katholische Kirche zu solchen Akten der Anteilnahme und Nächstenliebe ermunterte, zumindest bei den katholischen Kriegsgefangenen aus Polen und Frankreich, war den Behörden ein Dorn im Auge.[23]

Da immer mehr Polen nach Großdeutschland abtransportiert wurden, erließ die NS-Führung ein ganzes Bündel von Verordnungen, um jeden Schritt der »Fremdarbeiter« zu überwachen. Himmler ordnete an, dass Polen und Deutsche, die beim Geschlechtsverkehr ertappt würden, sofort bestraft werden müssten: der polnische Partner war auf der Stelle aufzuhängen, der deutsche sollte öffentlich an den Pranger gestellt werden. In einem Brief an Rudolf Heß vom 8. März 1940 billigte der Reichsführer SS die Praxis der örtlichen NSDAP, in solchen Fällen Lynchjustiz zu üben.[24]

In der ganzen Ostmark, genau wie im übrigen Großdeutschland, ging die Partei äußerst streng gegen diejenigen vor, die wegen »Rassenschande« verhaftet wurden.[25] Am Morgen des 11. Februar 1940 ergriffen SA-Leute Katharina Schnell, ein Hausmädchen aus Oberösterreich, dem vorgeworfen wurde, sie habe mit einem polnischen Arbeiter geschlafen. Die Braunhemden brachten sie in die Stadt Sierning, schnitten ihr die Haare ab, hängten ihr ein Schild um, das auf den »Verrat« an dem »deutschen Blut« hinwies, und scheuchten sie rund um den Marktplatz. Am nächsten Tag fuhren SA-Leute sieben Kilometer weit mit ihr in das benachbarte Steyr, wo sie wiederum öffentlich zur Schau gestellt wurde, johlende Schulkinder ihr ins Gesicht spien und sie sich an das Fabriktor der Steyr-Munitionswerke stellen musste. Von Frau Schnell hieß es, sie sei »völlig gebrochen« gewesen, aber sie hatte ihre Folter überlebt. In dem winzigen Dorf Behamberg in Niederdonau erging es einer anderen jungen Frau noch schlimmer: Die Haare wurden ihr abrasiert, sie wurde öffentlich beschimpft und von einheimischen SA-Leuten durch matschige Straßen getrieben. Sie starb an Unterkühlung und Erfrierungen.[26]

In einem anderen Ort begrüßten die Dorfbewohner die Verleumdung einer ehebrecherischen Bauersfrau.[27] In Salzburg wurden fünf Jungen in Gewahrsam genommen, nachdem ein Achtzehnjähriger an die Wand eines Feuerwehrhauses sinngemäß folgenden Reim gekritzelt hatte:

Unsere Brüder und Freunde stehen im Feld,
fallen und sterben.
Und die Mädchen zuhaus
ficken mit den Serben.
Das ist die größte Schand
für unser Vaterland.[28]

Nach den vorliegenden Quellen zu urteilen, war die Bevölkerung
jedoch alles andere als begeistert über die Lynchjustiz der Nazis. In
der Mehrzahl der Gemeinden brodelte der Volkszorn, vor allem in
Dörfern wie Behamberg oder Euratsfeld in Niederdonau, wo 90 Prozent der Bevölkerung dem NS-Regime eindeutig feindlich gegenüberstanden. In den Fabrikhallen der Steyr-Werke gaben Arbeiter
durch Buhrufe und Beschimpfungen ihrem Missfallen Ausdruck.
Sie warfen der Führung ganz unverhohlen vor, es würden »mittelalterliche« Foltermethoden angewandt. Auch wenn die Quellen
lückenhaft sind, war das Ausmaß der Verärgerung offenbar in Österreich und in Deutschland so groß, dass Hitler Ende 1941 die öffentliche Zurschaustellung untersagte – nicht aber die standrechtliche
Hinrichtung von Personen, die sich der »Rassenschande« schuldig
gemacht haben.[29]

Blitzkrieg im Westen

Unterdessen linderten Hitlers Westfeldzüge im Frühsommer 1940
vorübergehend die angespannte Lage in der Ostmark. Ein Großteil
der Bevölkerung war »atemlos« und schäumte über vor Begeisterung
für Hitler. In den belebten Straßen Wiens sammelten sich überall
gewaltige Menschenmengen vor den Lautsprechern und Lautspre-
cherwagen, die die neuesten Meldungen von der Front verkündeten.
Die Kinosäle waren bis auf den letzten Platz gefüllt und die Leute
sahen sich »mit restloser Begeisterung und Stolz« die Wochenschauen an, vor allem Szenen, die österreichische Gebirgsjäger im
Einsatz in Norwegen zeigten. Die Zuschauer waren tief bewegt über
die offizielle Textzeile zu den Männern aus Kärnten und der Steiermark, mit der General Eduard Dietls Einnahme von Narvik kommentiert wurde, nämlich dass das Blut, das in ihren Adern fließe,

auch in den Adern des »Führers« fließe. Auch wenn der Sicherheitsdienst meldete, dass kleine Gruppen von Kinobesuchern die Bombardierung Rotterdams als »unnötig brutal« bezeichneten, erstickte
die Kapitulation der Niederlande, Belgiens und Frankreichs jede
Opposition – selbst in katholisch-konservativen Kreisen –, und die
Volksgemeinschaft gewann viele neue Anhänger.[30]

Außerhalb von Wien herrschte offenbar eine noch größere
Freude. In ganz Niederdonau meldeten die Behörden einen immensen Anstieg der Befürwortung, selbst in Städten und Dörfern, die
sonst misstrauisch gegenüber dem Regime waren. In Rosenau
herrschte »allgemeine Freude«, in St. Pantaleon war die Bevölkerung
»sehr erfreut«, in Oed gar »glückstrahlend«. Laut einer Meldung ließen sich ausgerechnet die Industriearbeiter am stärksten von der
Aufregung des Augenblickes anstecken. In den Böhler-Werken in
Waidhofen an der Ybbs hörte sich die gesamte Belegschaft gebannt
die Rundfunkübertragung vom Waffenstillstand in Compiègne an,
sprang nach der Meldung spontan auf und erhob den Arm zum
Hitlergruß.[31]

Das Klagelied der Wiener

Gewiss begrüßte die große Mehrheit des österreichischen Volkes den
Triumph der deutschen Waffen, nichtsdestotrotz waren aber weiterhin partikularistische Strömungen zu spüren, blieben die Klassen-
und Meinungsunterschiede bestehen – vor allem in Wien. Selbst in
den siegreichen Tagen des Frühjahrs und Frühsommers klagte der
SD über die Fortsetzung der beleidigenden Angriffe auf Reichsdeutsche in Kneipen, Kabaretts und Theatern. Nach Ansicht der
Sicherheitsagenten wurde die »antipreußische« Stimmung in erster
Linie von traditionellen Gegnern wie den Kommunisten geschürt,
die immer noch verbotene Flugblätter im Ersten Bezirk verteilten,
und von dem katholischen Klerus. In den abgelegenen Gemeinden
Hacking, Purkersdorf, Stadlau und Altmannsdorf warnten Priester
die Dorfbewohner vor dem Kirchenaustritt und zeigten den Passanten Bilder von Totenschädeln und Skeletten mit dem Spruch: »Wer
tritt aus der Kirche aus, dem kommt der Tod ins Haus.« Die Unzufriedenheit wurde außerdem durch neue Steuergesetze genährt,

durch eine Erhöhung der Straßenbahnpreise und durch einen akuten Mangel an frischem Obst und Gemüse, der von Pfingsten bis
weit in den Sommer hinein anhielt. Wiener Hausfrauen kolportierten, dass riesige Mengen österreichischer Produkte in den Markthallen in Berlin und München angeboten würden, während ihre
Regale leer ständen.[32]

Die Wiener Nationalsozialisten fühlten sich jedoch am ärgsten
getäuscht, vor allem als das Parteihauptquartier in München neue
Parteibücher ausgab, in denen als Eintrittsdatum durchweg der
1. Mai 1938 angegeben wurde. Viele beklagten sich, dass kein Unterschied zwischen den Alten Kämpfern und den »Märzveilchen«
gemacht werde, weigerten sich, die Bücher anzunehmen, oder warfen sie weg. Unter den NS-Ortsgruppen kam es außerdem zu einem
Ausbruch der Unzufriedenheit, als einem weiteren Reichsdeutschen –
diesmal einem Düsseldorfer – der begehrte Posten des Gesundheits-
amtes übergeben wurde. Hitlers Gefolgsleute in der Stadt zeigten
sich jedoch tief befriedigt über seine Triumphe und unterstützten
seine Innenpolitik rückhaltlos. Viele meinten allerdings, die Staatsführung sei zu nachgiebig in der »Judenfrage« und die antisemitischen Beschränkungen müssten verschärft werden, vor allem nachdem einheimische Ladenbesitzer Sympathie für Juden bekundeten
und erklärten:»Juden sind auch Menschen.« In der Ortsgruppe Tür-
kenschanze forderten militante Parteigenossen, dass an jüdischen
Häusern Erkennungsschilder angebracht werden, in Kettenbrücke,
dass Juden besondere Abzeichen tragen sollten.[33]

Die Kriegsbegeisterung von 1940 hielt nicht sehr lange an. Bereits
im Herbst meldete der SD Klagen über hohe Preise und niedere
Löhne, die immer noch unter dem Gehaltsniveau im Altreich lagen.
Ferner wurden Streitigkeiten auf den Märkten wegen des Defizits an
Lebensmitteln, Kleidung und Schuhen sowie die Vorahnung eines
weiteren Kriegswinters registriert. Wegen der fortgesetzten kirchenfeindlichen Maßnahmen der NS-Führung und wegen des dringenden Arbeitskräftemangels auf den Bauernhöfen herrschte auch auf
dem Land Unzufriedenheit.[34]

Im Herbst 1940 war sinkende Moral zwar im ganzen Reich zu
spüren, doch die Unzufriedenheit in der Ostmark richtete sich gegen
die Deutschen, vornehmlich in Wien. Die Bekanntgabe, dass Hitler

den am 1. August abgesetzten Bürckel nicht durch einen österreichischen Gauleiter ablöste wie in den anderen Gauen, sondern durch den Reichsjugendführer Baldur von Schirach, einem Berliner, setzte dem ganzen die Krone auf.[35] Ende Oktober schilderte ein amerikanischer Korrespondent die Metropole als »grau und lustlos, die Menschen als träge und schäbig«.[36] Diese Charakterisierung deckt sich weitgehend mit den Beobachtungen des Sicherheitsdienstes, der Gleichgültigkeit, Kriegsmüdigkeit und einen starken Pessimismus meldete. Die Sicherheitsleute schrieben Schirach zwar wohlweislich einen beachtlichen Erfolg zu, sprachen aber auch von einer allgegenwärtigen Kritik am gesamten Personal und der ganzen Reichspolitik. Es komme tagtäglich vor, dass Deutsche, die sich nach etwas erkundigten, falsche Auskünfte erhielten. Frauen aus Deutschland werde zuweilen verweigert, was die Wiener kaufen könnten.[37]

In den folgenden Wochen kam es wiederholt zu Auseinandersetzungen in Kneipen, zu neuerlichen Ausfällen in den Theatern und zu einer Reihe von Fußballkrawallen, die am 17. November in einer wilden Schlägerei ihren Höhepunkt erreichten. An diesem Samstagnachmittag spielte Admira Wien gegen den deutschen Meister Schalke 04. Während 52 000 Wiener Fans ihr Team »gegen die Deutschen aus dem Reich« anfeuerten, bewarfen junge Randalierer das Auto von Gauleiter Schirach mit Steinen und trommelten auf das Blech. Sie schlugen die Scheiben ein und schlitzten die Reifen auf. Über zweihundert Fans wurden verhaftet, in der Mehrzahl Arbeiter. Am selben Abend besuchte, nach einem Bericht des Korrespondenten der *New York Times*, Reichsmarschall Görings Frau die Oper. Sie trug ein »extravagantes Abendkleid und ein teures Diadem«. Die Zuhörer begrüßten sie im Chor: »Wo haben Sie denn das Diadem gestohlen?« Obwohl 20 Opernbesucher an Ort und Stelle verhaftet wurden, war die Polizei nicht imstande, die Zwischenrufe zu unterbinden. Frau Göring verließ die Loge, sobald die Lichter erloschen waren. Dass Hitler Wien als eine rebellische Metropole an der Südostgrenze des Reiches betrachtete, hatte durchaus seinen Grund.[38]

Aus Sicht der Nationalsozialisten war es Schirach zu verdanken, dass – trotz Hitlers späterer Missbilligung – der Konsens zur Zeit des Anschlusses in Wien wenigstens noch ein Jahr lang, wenn nicht länger, gehalten wird. Nach dem Umzug auf den Ballhausplatz mit seiner Frau, vier Kindern und 17 Dienern hielt der Gauleiter eine Reihe von öffentlichen Ansprachen, in denen er den einfachen Parteimitgliedern Recht gab. Er räumte freimütig ein, dass manche schlecht erzogene Deutsche sich taktlos verhalten hätten, versprach, die Staatsoper zur führenden Bühne in Großdeutschland zu machen, und verlieh einer Reihe von bewährten Parteikämpfern wie Alfred Proksch Posten in der Regierung. Proksch hatte von 1926 bis 1931 die österreichische NSDAP geleitet. Im Februar 1941 reiste Schirach nach Obersalzberg und legte Hitler ein sorgfältig ausgearbeitetes Paket aus Hilfsmaßnahmen vor, um die Wirtschaft zu modernisieren, unter anderem Subventionen in Höhe von 150 Millionen Reichsmark, Zuweisungen von Maschinen, spezielle Import-Export-Abkommen, Senkung der Frachtkosten und Steuererleichterungen. Da vier Monate später der Russlandfeldzug begann, wurde der Plan kaum umgesetzt. Immerhin kehrten rund 80 000 Facharbeiter aus dem Altreich nach Österreich zurück.

Im Oktober traf sich Schirach abermals mit Hitler und drängte ihn dieses Mal, neuen Wohnraum zu schaffen. Hitler ließ ihn jedoch wissen: »Sie sollten Ihre Aufgabe in Wien nicht in der Schaffung neuer Wohnviertel sehen, sondern in der Bereinigung der bestehenden Verhältnisse. Zunächst seien baldigst ... alle Juden abzuschieben, anschließend alle Tschechen und sonstige Fremdvölkischen, die eine einheitliche politische Ausrichtung und Meinungsbildung der Wiener Bevölkerung ungemein erschwerten. Wenn Sie durch derartige Maßnahmen die Einwohnerzahl Wiens auf 1,5 bis 1,4 Millionen herabdrückten, so würde dadurch am besten und am leichtesten und am raschesten die Wohnungsnot in Wien behoben.«[39]

Schirach leistete Folge. Der stets ergebene Lakai unterstützte die SS bei der Deportation der zu diesem Zeitpunkt noch in Wien lebenden 60 000 Juden in Gettos und Gaskammern in Polen. Zu der Zeit, als das Warschauer Getto aufgelöst wurde, prahlte er: »Wenn man mir den Vorwurf machen wollte, dass ich aus dieser Stadt, die einst die europäische Metropole des Judentums gewesen ist, Zehntausende und aber Zehntausende ins östliche Getto abgeschoben habe, muss ich antworten: Ich sehe darin einen aktiven Beitrag zur europäischen Kultur.«[40]

Schirach besänftigte die städtischen Parteigenossen, schmeichelte der kulturellen Elite, erstickte die kirchlichen Unruhen und beruhigte Teile der Arbeiterschaft. Wegen Hitlers Animositäten gegen Wien und wegen der Zwänge des Krieges gelang es dem Gauleiter nicht, die wirtschaftliche Kluft zwischen Wien und dem Altreich zu schließen, die Lebensmittelversorgung zu verbessern oder die akute Wohnungsnot zu lösen, obwohl im Laufe der Zeit 70 000 Unterkünfte von Juden beschlagnahmt wurden.

Soweit sich das beurteilen lässt, reagierte die Wiener Bevölkerung recht ambivalent. Einerseits machten sich viele über Schirach wegen seiner wichtigtuerischen und anmaßenden Art lustig, andererseits murrten viele weiterhin über die Versorgungsengpässe und über die »Piefkes«. Ferner griff nach dem Beginn des Russlandfeldzuges, an dem viele Wiener Soldaten teilnahmen, eine Kriegsangst um sich. Nach den Angaben der Gestapo lag die Zahl der Sabotageakte und der Verhaftungen wegen politischer Beleidigungen in ganz Österreich deutlich höher als im Altreich. Andererseits spendete Wien im Jahr 1941 mehr für das Winterhilfswerk als irgendeine andere Stadt in Großdeutschland, die Oberschicht begrüßte die Wiederbelebung des städtischen Kulturlebens, und die Bevölkerung strömte in Scharen zu Ansprachen von Hitler, Goebbels und anderen Reichsleitern.[41] Nach einer Rede vor einer gewaltigen Menschenmenge im März 1941 schrieb der Propagandaminister beispielsweise in sein Tagebuch: »Beim Verlassen des Heldenplatzes kriegt mich das Volk zu fassen. Es dauert dreiviertel Stunden, bis ich herauskomme. So etwas habe ich selten erlebt.«[42]

Vor allen Dingen stieß die Vertreibung der restlichen »Nichtarier« Wiens auf breite Zustimmung. Seit dem Anschluss waren Juden regelmäßig in der Straßenbahn oder auf der Straße von Passanten geschlagen worden.[43] Sobald Schirachs Deportationen eingeleitet wurden, waren die Straßen der Stadt nicht selten von johlenden Zuschauermengen gesäumt, während die SS-Lastwagen mit ihrer angsterfüllten Fracht zu dem Güterbahnhof Aspang rumpelten, von wo es nach Theresienstadt, Treblinka oder Auschwitz ging. Die Juden steckte man »wie Schlachtvieh in offene Lastwagen«, erinnert sich ein Zeitzeuge. »Die Alten, die nicht mehr laufen konnten, wurden auf ihren Stühlen sitzend in Lastwagen gehoben. Die Reaktionen der Bevölkerung auf die Vertreibung waren: Die meisten Leute schauten beschämt weg; andere lachten und erfreuten sich an dem Anblick.«[44] Ein anderer Beobachter, ein schwedischer Pfarrer, der vom September 1939 bis Mai 1941 eine Mission in Wien geleitet hatte, vertraute seinem Tagebuch an, dass die Judenfeindlichkeit nicht der Hass einer kleinen Clique sei, sondern ein echter »Volkshass«. In der Stadt der Musik habe er überall zu hören bekommen: Der Jude müsse vernichtet werden. Sie müssten ausgeräuchert werden, genau wie Läuse aus einem Haus ausgeräuchert werden müssen. Insbesondere gebildete, wohlhabende und sonst ganz vernünftige Menschen könnten seine Sorge um die Juden nicht begreifen, schrieb er: »Sie helfen den Juden! Das ist doch nicht wahr! Das ist einfach unmöglich!«[45]

Inwieweit der Durchschnittswiener über das Schicksal der Juden Bescheid wusste, ist unklar. Da die Vernichtungslager in Polen erst Mitte 1942 ihr grausames Werk in vollem Umfang begannen, wird vorher nur eine kleine Zahl gewusst haben, dass die Geächteten und Vertriebenen ein Massenmord erwartete. Gleichzeitig lassen die unzähligen Beleidigungen, Raubüberfälle und Schläge, welche die Marginalisierung der jüdischen Gemeinde Wiens begleitet hatten, darauf schließen, dass nur sehr wenige Österreicher eine bessere Behandlung für die in den Osten deportierten Juden erwarteten oder gar wünschten. Einige Quellen belegen ferner, dass ein Gerücht über Massenerschießungen rasch von der Ostfront den Weg nach Österreich fand. Am 13. November 1941 schrieb Maria Czedik, eine 21-jährige Architekturstudentin, Folgendes in ihr Tagebuch: »Der Norbert Berger hat mir gestern erzählt, dass die Russen, die gefangen werden, in drei Lager geteilt werden, die Überläufer oder welche, die sich leicht ergeben, die vielen Kommunisten und die Juden, die beiden Letzteren werden sofort erschossen. Ebenso die Juden, die von uns nach Polen verschickt werden. Der Norbert findet da gar nichts dabei!!!«[46]

Kirchenunruhen

Die antideutsche Stimmung blieb zwar weitgehend auf Wien beschränkt, aber die allgemeine Stimmung in Österreich verschlechterte sich im Winter 1940/41 merklich, wie im ganzen Großdeutschen Reich. Kurz nach Weihnachten ging die Zahl der einheimischen Arbeiter in Ober- und Niederdonau durch die verstärkte Einberufung drastisch zurück, sodass Tausende von zusätzlichen »Fremdarbeitern« sie ersetzen sollten. Der Reichsnährstand gab Anweisungen, enorme Mengen an Heu, Stroh und Hafer abzugeben; ein Ende für den Mangel an Konsumgütern war nicht abzusehen.[47]

Unmittelbar nach Neujahr begannen NS-Funktionäre die Kampagne gegen die katholische Kirche von Neuem. Im Mai 1940 hatte Hitler die Weisung ausgegeben, »während des Krieges sämtliche unnötigen Maßnahmen zu vermeiden, welche die Beziehungen des Staates und der Partei zur Kirche verschlechtern könnten«. Da mit derselben Anordnung aber auch die Rechtsprechung in geistlichen Angelegenheiten in der Ostmark den Gauleitern übertragen wurde, gab der Befehl den österreichischen Reichsstatthaltern in Wirklichkeit das Signal, ihren Angriff gegen die organisierten Religionsgemeinschaften wieder aufzunehmen. Von Januar bis September 1941 beschlagnahmten Nationalsozialisten zahlreiche Klöster, darunter St. Peter und Michelbeuern in Salzburg, St. Florian, Schlägel, Hohenfürth, Kremsmünster und Wilhering in Oberdonau sowie Klosterneuburg in der Nähe von Wien. Auf ausdrücklichen Befehl Hitlers hin konfiszierten sie ferner eine Anzahl von Lehrerbildungseinrichtungen und theologischen Seminaren und wiesen mehrere Priester aufgrund ihrer feindseligen Haltung aus der Ostmark aus.[48]

Weite Teile der Bevölkerung reagierten empört und wütend auf die neue Welle der Kirchenverfolgung. In der Tiroler Gemeinde Oberhofen stürmte eine Schar aufgebrachter Frauen das Rathaus und protestierte gegen die Beschlagnahmung religiöser Statuen und Prozessionsfahnen aus der Dorfkirche.[49] In anderen Orten regten sich die Bewohner wegen der Streichung katholischer Feiertage und wegen der Belästigungen durch die Gestapo auf. Am Palmsonntag konfiszierten Agenten im grauen Mantel geweihte Blätter; an Fronleichnam blockierten sie die Marschroute oder schickten die Teilnehmer zurück auf das Grundstück der Kirche. Genau wie im benachbarten Bayern ignorierten Geistliche und Laien die neuen Richtlinien, zogen doppelt so viele Gläubige zu Gottesdiensten im Freien und zu Prozessionen oder gewannen in streng katholischen Gegenden sogar die Unterstützung der Parteiortsgruppe.[50] Am

1. Juli 1941 reichten die österreichischen Bischöfe einen offiziellen Beschwerdebrief beim Reichsministerium des Inneren ein. Kardinal Innitzer und seine Kollegen warfen darin dem Regime vor, »die Kirche und die Religion als solche anzugreifen, um unsere Kirche von dem Volk zu trennen und unserem katholischen Volk die Kirche und seinen katholischen Glauben zu rauben«. Sie protestierten »im Namen der Würde und der Freiheit der Menschheit« und verlangten, »dass die Aktionen, die unserer Kirche und Religion feindlich seien, gestoppt würden«.[51]

Der Schatten der Euthanasie

Zu der starken Unruhe in den ersten Monaten des Jahres 1941 kamen die beängstigenden Gerüchte hinzu, dass geistig und körperlich behinderte Menschen in Euthanasieanstalten umgebracht wurden. Am 1. Januar 1940 wurde das Gesetz zur Verhütung erbkranken Nachwuchses (in Deutschland seit 1933 in Kraft) auf Österreich ausgedehnt. Ärzte hatten damit die Möglichkeit, um nicht zu sagen den Auftrag, die Sterilisierung von mindestens 5000 Patienten einzuleiten, die an Schizophrenie, manischen Depressionen, Blindheit oder chronischem Alkoholismus litten. Im Mai 1940 wurde ein Euthanasiezentrum im Schloss Hartheim in der Nähe von Linz eingerichtet, in dem Behinderte ermordet werden sollten, zwei Monate später wurde die Klinik Am Steinhof in Wien zu einem Schlachthaus für schwer behinderte Kinder und Erwachsene umgewandelt. Bis Kriegsende sollten 20 000 Patienten und KZ-Häftlinge auf diese Weise ums Leben kommen.[52]

Wie in anderen Teilen des Reichs verbreitete sich die Nachricht von den Morden rasch in der Bevölkerung und löste beträchtliche Unruhen und vereinzelte Proteste aus. Aus Wien wurde gemeldet, dass »sich immer wieder wochenlang vor und beim Abtransport von Anstaltspfleglingen die erregtesten Szenen« abspielten.[53] In Salzburg belagerten aufgebrachte Verwandte die Klinik von Dr. Leo Wolfer, dem verantwortlichen Psychiater, der mehrere Hundert Frauen und Kinder in den Tod geschickt hatte.[54] In der Umgebung des Schlosses Hartheim ermahnten SS-Behörden die Einheimischen, den ständigen Geruch nach verbranntem Fleisch aus dem Krematorium zu ignorieren, selbst wenn Haarbüschel durch den Kamin auf die Straße flögen. Den Meldungen zufolge drohten sie ferner, dass jeder, der weiterhin diese absurden Gerüchte verbreite, mit der Todesstrafe rechnen müsse oder zumindest damit, in ein Konzentrationslager zu kommen.[55]

Seit fast einem Jahr protestierte bereits der deutsche Klerus, sowohl der protestantische wie auch der katholische, gegen den Mord an Behinderten. In Österreich kam es zwar zu keinem vergleichbaren öffentlichen Aufschrei, aber einige Nonnen, Gemeindepriester und höhere Geistliche, darunter der Generalvikar Kärntens Andreas Rohracher, verfassten Petitionen.[56] Ursprünglich hatten die katholischen Bischöfe befürchtet, die institutionelle Kontrolle über die geistig und körperlich Behinderten zu verlieren, dann aber stimmten sie in die immer lauter werdende Empörung des Volks ein, die am 3. August 1941 ihren Höhepunkt erreichte, als Bischof Clemens August von Galen von seiner Kanzel in Münster aus das Euthanasieprogramm verurteilte. Um die Aufregung der Katholiken zu besänftigen, befahl Hitler am 28. August, das Programm zu stoppen.[57] Danach verlegten sich die Experimentier- und Tötungszentren darauf, KZ-Häftlinge zu vergasen. In Hartheim mordeten Ärzte und Schwestern bis zum Ende des Krieges weiter Gefangene aus den nahe gelegenen Lagern Mauthausen und Gusen. Sie vergasten die Insassen, schreibt Henry Friedlander, »als eine Art Gefälligkeit gegenüber einer benachbarten Einrichtung«.[58]

Entwicklungen in der Wirtschaft

Während des zweiten Kriegswinters blieb die Volksstimmung in der Ostmark außerordentlich gedrückt. Das Gros der Österreicher bemühte sich Tag für Tag mit dem auszukommen, was es hatte, und war durch die wiederholten Angriffe gegen die Kirche und vor allem durch die Dauer des Krieges alarmiert. Auf dem Land herrschte wegen der sich zuspitzenden Krise in der Landwirtschaft eine Unruhe, die sich inzwischen in akuten Lieferschwierigkeiten bei Landmaschinen, landwirtschaftlichen Geräten und Ersatzteilen äußerte. Die Bauern hatten darüber hinaus mit drastischen Preissteigerungen für Holz und Eisen zu kämpfen, sowie mit neuen Zwangs-

abgaben für die Steuer und die Krankenversicherung. Zudem ging
die Zahl der Mechaniker zurück. Die Ankunft von immer mehr
Frauen und Kindern aus ausgebombten und gefährdeten Städten in
West- und Norddeutschland war für die Landbevölkerung ein weiteres Ärgernis. In den österreichischen Häusern wurde ihnen freie
Kost und Logis gewährt, aber von der Hausarbeit blieben sie befreit.
Da die meisten Flüchtlinge von der Wohlfahrtsorganisation der Partei Beihilfen und Zuwendungen erhielten, entstand der Eindruck, sie
würden sich ein lockeres Leben machen, während ihre Gastgeber
sich auf dem Feld abrackerten.[59]

Die Mitgliederzahlen der NSDAP blieben nichtsdestotrotz konstant oder stiegen sogar deutlich an wie im Fall Oberdonau.[60] In
den antiklerikalen Hochburgen wie Kärnten und Wien wurden die
jüngsten Attacken gegen die Kirche sehr begrüßt.[61] Das waren aber
vor allem die Monate, in denen Hitlers Förderplan für die Modernisierung der Wirtschaft in Landeshauptstädten wie Linz erste Früchte
trug. Im März 1941 nahmen die Hermann-Göring-Werke die Produktion von Stahl und Panzerplatten für Rüstungsfabriken in Steyr
und St. Valentin auf. Zugleich errichteten Flugzeugbauer aus dem
Altreich Zweigwerke in Dornbirn, Bregenz, Kematen, Wels und Wiener Neustadt. Trotz des akuten Arbeitskräftemangels stieg das österreichische Bruttosozialprodukt 1941 um 7,2 Prozent an. Gegen Ende
des Krieges produzierten die Werke des Landes zehn Prozent der
Handfeuerwaffen in Großdeutschland, 20 Prozent der Lokomotiven,
30 Prozent der Jagdflugzeuge vom Typ Me 109 und 55 Prozent der
Panzer vom Typ Pz Mk IV.[62]

Die persönlichen Auftritte von Hitler und Goebbels bei Feierlichkeiten, die an den Anschluss erinnerten, riefen wilde Begeisterung
hervor.[63] Der Propagandaminister schildert in seinem Tagebuch ein
solches Ereignis:[64]

Abends zur Versammlung. Durch ein riesiges Menschenspalier.
Ein Jubel ohne Ende. Überfüllte Versammlung. Bombenstim-
mung. Ich rede über die Lage. Jeder Satz wird von Beifallstür-
men unterbrochen. Ich bin in guter Form. Dann spricht noch
kurz der Gauleiter. Und nun kommt für die Versammlung
gänzlich überraschend der Führer. Der Begeisterungssturm

lässt sich nicht beschreiben. Der Führer ist frisch und elastisch.
Er redet 30 Minuten mit höchstem Elan. Absolute Siegeszuversicht. Das Volk rast.

Mit anderen Worten, im Jahr 1941 brachte die Mobilisierung im
Krieg handfeste Verbesserungen in der materiellen Lage für viele
Österreicher im Westen und in der Steiermark mit sich. Das einfache
Volk profitierte von der Entwicklung oder Ausdehnung der Schwerindustrie, der Militärstützpunkte und der Ferienorte. In Linz wurden rund 2700 Gebäude mit 11 000 Wohnungen bis 1943/44 gebaut;
in den steirischen Städten Bruck, Judenburg, Leoben und Mürz-
zuschlag stieg die Zahl der Wohneinheiten von 62 487 im Jahr 1939
auf 82 675 im Jahr 1945. Die von der privaten Industrie und vom
Staat finanzierten neuen Wohnungen waren in der Regel modern
und mit eigenen sanitären Einrichtungen, zu denen standardmäßig
Bad oder Dusche gehörte.[65] Weitere Sozialmaßnahmen hielten in
den ersten Kriegsjahren ebenfalls Schritt. Im Jahr 1940 wurden die
Leistungen für werdende Mütter auf die Ostmark ausgedehnt. Den
arbeitenden Schwangeren wurde durch eine Beschränkung der
Überstunden, eine Erhöhung des Wochenlohns und vor allen Dingen gesetzlich zugesicherten Mutterschaftsurlaub Erleichterung verschafft. Es überrascht nicht, dass die bereits hohe Geburtenrate
konstant blieb, sodass selbst 1943 noch 40 000 mehr Geburten in
Österreich registriert wurden als im Jahr 1937.[66]
Außerdem wurden die 1938 eingeleiteten kulturellen Maßnahmen fortwährend ausgeweitet. Das NS-Regime stellte relativ hohe
Summen für die Förderung der Musik, der Kunst und der Literatur
zur Verfügung: Es unterstützte großzügig das Salzburger Festival, die
Wiener Oper und das Grazer Theater; es setzte die Restaurierung
von Hitlers Heimatstadt Linz fort. Trotz eines Verbots von Tanzver-
anstaltungen strömten die Menschen in die Kinos und Varietés. Die
Kaffeehäuser wurden gut besucht, der Touristenhandel boomte,
Fußballspiele lockten gewaltige Zuschauermassen in die Stadien.
Selbst auf dem Land brachten Artistentruppen und Musiker unter-
haltsame Abwechslung in abgelegene Dörfer oder Höfe. Für viele
Österreicher besserte sich der Alltag oder blieb zumindest von einem
immer noch fernen Krieg unberührt.[67]

Was die militärischen Ereignisse betraf, befürchteten die meisten Österreicher wie die Deutschen, dass eine Ausdehnung der Kämpfe auf den Balkan den Krieg unnötig verlängern würde. Auf den von den Briten unterstützten Putsch in Jugoslawien im Frühjahr 1941 reagierten sie folglich mit »Unsicherheit« und »Ungeduld«. Hitlers blitzartige Eroberung Jugoslawiens und Griechenlands in weniger als drei Wochen löste jedoch eine Euphorie aus, die in den Grenzregionen Kärnten und Steiermark besonders stark war. Sie war in der Ostmark wesentlich stärker als im Altreich. Wenig später stießen die Annexionen Oberkrains und der Untersteiermark sowie die Vertreibung der slowenischen Bevölkerung auf allgemeine Zustimmung.[68]

Reaktion auf den »Fall Barbarossa«

Die Österreicher waren wie die Deutschen auf Hitlers Überfall auf die Sowjetunion völlig unvorbereitet.[69] Nach den Meldungen des SD löste die »Weisung 21« vor allem unter den Hausfrauen »große Bestürzung« aus, deren Männer und Söhne in Polen stationiert waren. Zahlreiche Österreicher betrachteten die UdSSR als einen mächtigen Gegner, und sie fürchteten, wie schon zuvor, dass eine Ausweitung des Kampfschauplatzes kein siegreiches Ende des Krieges bringen werde.[70]

In Wien schrieb Josef Schöner, dass die Nachricht von der neuen Offensive eine intensive Diskussion auslöste. Während er an diesem sonnigen Tag, dem 22. Juni 1941, durch die Straßen und Parks schlenderte, beobachtete er Gruppen von Zivilisten, die erregt miteinander diskutierten. Fast alle sagten einen siegreichen Feldzug voraus, notierte er, nur einige österreichische Patrioten wagten es, die Hoffnung zu äußern, dass Hitler vor Leningrad oder Moskau scheitern könne. Die Mehrzahl der Nationalsozialisten begrüßte den Angriff durchaus mit großer Befriedigung und war überzeugt, dass für den Bolschewismus endlich die letzte Stunde geschlagen habe. Die Unterstützung war größer als die Furcht vor neuerlichen innenpolitischen Unruhen oder Sabotageakten.[71]

Den Sicherheitsorganen zufolge stieg die kommunistische Aktivität im Untergrund während des Sommers sprunghaft an, allerdings in erster Linie in der Form, dass verstärkt Gerüchte in Umlauf gebracht wurden oder dass einige »Heil Moskau!« riefen, wie die Justizbehörden aus Salzburg meldeten. Die frommen Katholiken waren hin und her gerissen: Einige Geistliche und Laien brummten, der Ausgang des Krieges spiele ohnehin keine Rolle, andere äußerten hingegen eine gewisse Genugtuung über den Feldzug, den sie auch als endgültige Abrechnung mit dem atheistischen Bolschewismus verstanden.[72]

Ende des Sommers 1941 teilten relativ wenige Österreicher – oder Deutsche – die überschäumende Euphorie ihres »Führers«. Das Ende des Krieges war noch lange nicht in Sicht, vielmehr standen sie vor einer Unzahl von Nöten und Sorgen, die unter anderem in einer drastischen Verschlechterung der Qualität und der Verfügbarkeit von Nahrungsmitteln und Dienstleistungen ihren Grund hatten. In den Straßen Wiens und anderer Großstädte, selbst in der Reichshauptstadt Berlin, hörte man zumeist ärmlich gekleidete Personen »offen murren«, ihre Geduld war sichtlich am Ende. Harry E. Carlson, der Anfang August die Tore des amerikanischen Konsulats schloss, schrieb, dass »nicht mehr als 20 Prozent der Wiener Bevölkerung voll im Einklang mit dem gegenwärtigen Regime« seien. Die Mehrheit betrachtete den Krieg als ein »preußisches Unternehmen« und verfolgte den Konflikt mit »Apathie«, »Gleichgültigkeit« und »Lethargie«.[73]

Auf dem Land herrschte eine Verärgerung über die immer strengere Reglementierung, und, wie gezeigt, gab es zuweilen Widerstand gegen die unausgesetzten Angriffe auf die Kirche. Anfang September beendete die Nachricht von den Siegen im Osten die allgemeine Atmosphäre gedrückter Gleichgültigkeit vorläufig. Von einem Moment zum anderen war das Vertrauen auf den Sieg wiederhergestellt. Selbst Skeptiker äußerten jetzt Schuldgefühle, weil sie daran gezweifelt hatten, dass Hitler die sowjetische Militärmacht schlagen könne. Dennoch mischten sich Enttäuschung, Verwirrung und dunkle Vorahnungen in die Stimmung, die bloß offiziell als »ruhig und zuversichtlich« beschrieben wurde. Mit der Nervosität ging ein Anstieg der kommunistischen Sabotagen und Aktionen in Salzburg und in Eisenbahnhallen in der Steiermark und in Kärnten einher. Auch die Zahl der Verhaftungen wegen »Heimtückedelikten« stieg deutlich an, allerdings handelte es sich in erster Linie um wirt-

schaftliche Vergehen wie Hamsterkäufe oder um »unerlaubten
Geschlechtsverkehr« zwischen »Frauen deutschen Blutes« und
»Fremdarbeitern«. Der Unruhe und der angespannten Stimmung
lag die Angst vor großen Kriegsopfern zugrunde, vor allem nachdem
Listen der im Kampf gefallenen Soldaten in den Zeitungen abge-
druckt und an öffentlichen Plätzen angeschlagen wurden.[74]

Dennoch: Eine außerordentlich starke emotionale Bindung zu
Hitler überwog das Gefühl der Entfremdung und der Schwermut,
das in jenem Herbst ganz Großdeutschland erfasst hatte. Bei all der
Unzufriedenheit, dem Kummer und den Nöten vertrauten Millionen Österreicher und Deutsche immer noch auf Hitler, dessen
Name allein schon, wenn er in Gegenwart von Skeptikern erwähnt
wurde, »Wunder wirkt«, wie ein Innsbrucker Funktionär sagte.[75]
Gegen Ende September verkündeten Sondersendungen im Rundfunk triumphierend die Belagerung von Leningrad und Kiew und
die Gefangennahme von 1,8 Millionen russischen Kriegsgefangenen.
Nun, da der Sieg in greifbarer Nähe schien, sehnte sich die Öffentlichkeit nach einer Bestätigung des »Führers«, und sei es nur, um
Berichte der Frontsoldaten über »zunehmende Schwierigkeiten in
der Verpflegung« und über »unvorstellbar große Reserven der sowjetischen Armee an Mensch und Material« zu entkräften.[76] Am
3. Oktober gab Hitler nach. In einer aufrüttelnden Rede verteidigte
er seine Entscheidung, Sowjetrussland anzugreifen, und prahlte, der
Feind sei so gut wie geschlagen. Einige Tage später verkündete
Reichspressechef Otto Dietrich, die »Zerschmetterung des Gegners
im Osten«.[77]

Wegen einer großen Lücke in dem vorliegenden Quellenmaterial
lässt sich die Reaktion der Österreicher auf diese dramatischen
Ereignisse nicht rekonstruieren. Aller Wahrscheinlichkeit nach entsprach sie jedoch der Reaktion in anderen Teilen des Reiches. Man
kann davon ausgehen, dass die Spannung nachließ und eine steigende Begeisterung, vielleicht sogar »übertriebener Optimismus«
herrschte. Nach wochenlangen schweren Kämpfen ließ die allgemeine Zuversicht jedoch allmählich nach. An ihre Stelle traten
Nachdenklichkeit und Beunruhigung. Im November fragten sich
die Menschen bereits, »wie überhaupt eine Beendigung des Krieges
gegen Russland möglich sei«. Einen Monat später kursierten

Gerüchte über Massenmorde und schwere Verluste. In katholischen Gegenden, vor allem in der Ostmark, litt die allgemeine Moral zusätzlich unter den anhaltenden Schikanen gegen die Kirche.[78]

Wie gesagt, hatte Hitler auf den Widerstand vonseiten christlich Gläubiger gegen den Mord an Behinderten hin das Euthanasieprogramm gestoppt. Angesichts der Gefahr eines breiten Widerstands mitten im Krieg brach er auch die kirchenfeindliche Kampagne ab und beschloss, weitere Eingriffe in kirchliche Angelegenheiten auf die Zeit nach dem Krieg zu verschieben. Es dauerte allerdings einige Zeit, bis die Nachricht die unterste Ebene der Partei erreichte. Aus diesem Grund setzte eine Reihe von örtlichen Aktivisten das Kesseltreiben fort. Am fanatischsten wurde die Kampagne in Bayern geführt, wo der »Kruzifix-Erlass« von Gauleiter Adolf Wagner Proteste, Petitionen, Schulstreiks und Demonstrationen hervorrief. Einige drohten gar, Gewalt anzuwenden. Als die Nachricht von dem Aufruhr die Ostmark erreichte, hatte sie erwartungsgemäß eine alarmierende Wirkung.[79]

Tatsächlich wurden nur wenige Kruzifixe aus österreichischen Klassenzimmern entfernt. Dennoch reagierte die Allgemeinheit ablehnend, sogar feindlich. Kurz vor Weihnachten versuchte der Ortsgruppenführer von Ardagger im Gau Niederdonau, eine Schar Demonstranten zu beruhigen, die sich auf dem Dorfplatz versammelt hatte. Bevor er auch nur ein Wort sagen konnte, brüllten die Demonstranten ihn nieder und verlangten die Rückgabe der Kreuze. Die Menge ging daraufhin zum Schulgebäude, drang in das Büro des Schulleiters ein und holte ein Kruzifix aus dem Lager. Als es wieder an seinem rechtmäßigen Platz hing, löste sich die Gruppe auf und ging nach Hause.[80] In den benachbarten Gemeinden Euratsfeld und St. Pantaleon lösten Entfernungen von Kreuzen ähnliche Unruhen und böses Blut aus. Wie auch in Bayern musste sich das NS-Regime den Vorwurf anhören, es den Bolschewisten gleichzutun, und das in einem Augenblick, in dem Männer aus dem Dorf an der Ostfront einen Kampf auf Leben und Tod führten.[81] In einem anderen Fall in der Nähe von Salzburg äußerten neun Mütter von Soldaten in einer förmlichen Eingabe an Gauleiter Gustav Scheel dieselbe Anklage.[82]

Trotz der Anfeindungen kam der österreichische Episkopat zu dem Schluss, dass eine verstärkte weitere Anpassung das beste Mittel sei, sowohl die Gemeinde als auch die Integrität der katholischen Kirche als Institution zu schützen. Am 27. November ordneten die Bischöfe an, einen Hirtenbrief zu verlesen, in dem sie ihre Unterstützung für Hitlers Krieg gegen die UdSSR wiederholten. Sie erklärten darin feierlich, dass Deutschland einen Kreuzzug führe gegen eine »Weltanschauung, die für die ganze abendländische Kultur von nicht abzusehender Gefahr ist«. Die katholische Kirche habe, so heißt es weiter, »zu den Vorgängen in Russland nicht geschwiegen«, vielmehr die Gläubigen darüber aufgeklärt, »welchen Gefahren ganz Europa entgegengeht, wenn der Bolschewismus siegte«.[83]

Es kann kein Zweifel daran bestehen, dass Hitlers Russlandfeldzug die NS-Herrschaft in der Ostmark festigte, indem er den potenziellen Widerstand seitens des Teils der Bevölkerung mit dem stärksten österreichischen Identitätsgefühl neutralisierte: die katholische Bauernschaft. Einzelne Geistliche und Kirchgänger protestierten zwar weiter gegen Beschränkungen der Religionsausübung, beispielsweise gegen die Einberufung von Seminaristen, die Einschmelzung von Kirchenglocken und die Enteignung kirchlichen Besitzes, doch es stand nicht zu erwarten, dass sie sich gegen das Regime wandten, solange die Kirchenhierarchie Hitlers Kampf gegen den Kommunismus unterstützte.[84] In der Diözese Linz nahm etwa Bischof Josephus Calasanctius Fließer ein intensives Arbeitsverhältnis zu Gauleiter Eigruber auf und billigte die deutschen Kriegsanstrengungen.[85] Selbst wenn die Bischöfe keine eindeutige Haltung zum Krieg bezogen hätten, fällt es schwer sich vorzustellen, dass die Landbevölkerung sich wesentlich anders verhalten hätte, vor allem angesichts der nationalsozialistischen Ideale, die den Wertvorstellungen der katholischen Bergbewohner entsprachen: männliche Tapferkeit, im Krieg glühende Treue zum Staat, Antisemitismus, Angst vor asiatischer Barbarei. Insgesamt waren die Haltungen in der Ostmark also vergleichbar mit denen im Altreich, wegen des Ausbaus der Industrie und der Verschonung von alliierten Luftangriffen unterlag die Stimmung jener Jahre jedoch keinen so starken Schwankungen und war bis zur Kapitulation der 6. Armee in Stalingrad besser als im übrigen Großdeutschland – das betrifft vor allem den Westen Österreichs.[86]

Moskau und Pearl Harbor

Ende 1941 war laut den Meldungen der Sicherheitsorgane die Siegeszuversicht hoch. Viele monierten zwar den Mangel an Arbeitskräften, der vor allem auf die anhaltende Einberufung dringend benötigter Ärzte, Schuhmacher, Hufschmiede und Schornsteinfeger zurückzuführen war, aber das Lebensmittelverteilungssystem funktionierte reibungslos und effizient. Probleme wurden nur selten gemeldet. Auf dem Land verbargen die Bauern nicht ihren Ärger über Vorschriften, die das Schlachten von Vieh einschränkten, aber der politische Dissens blieb sehr gering.[87] Auf den unvermuteten Appell der Regierung, Winterkleidung für die Soldaten vor Moskau zu spenden, reagierten die Österreicher – im Gegensatz zu den Reichsdeutschen – nicht so sehr mit Schrecken und Wut, sondern mit Unverständnis und Besorgnis, gefolgt von einer immensen Hilfsbereitschaft. In Teilen von Wiener Neustadt opferten Männer und Frauen sogar ihre Essensmarken, um Wollsachen und Pelze zu kaufen und den Soldaten zukommen zu lassen. In Tirol wurden von Touristen und Einheimischen innerhalb weniger Wochen 18 212 Paar Skier gespendet.[88]

Obwohl Gerüchte von Rückschlägen und Rückzügen umgingen, waren sich nur wenige Menschen über den Ernst der militärischen Lage im Klaren, in die die durchgefrorenen und erschöpften Soldaten nach der Gegenoffensive der Roten Armee geraten waren. Als die Fragen aufkamen, weshalb die militärische Vorbereitung unzureichend gewesen sei und weshalb man sich vor Moskau zurückdrängen ließ, da wurden sie an das Oberkommando der Wehrmacht gestellt, nicht an Hitler oder die NS-Führung. Wie überall in Großdeutschland war die Bevölkerung geneigt, der Version Hitlers von der dringlichen Maßnahme Glauben zu schenken, Generalfeldmarschall Walther von Brauchitsch trage die Schuld daran, dass die sowjetische Hauptstadt nicht vor Einbruch des Winters eingenommen worden war.[89] In der Verwirrung des Augenblicks erkannte auch kaum jemand die volle Bedeutung von Hitlers Kriegserklärung an die Vereinigten Staaten. Wie fast überall in Großdeutschland begrüßte auch die Mehrheit der Österreicher den japanischen Angriff auf Pearl Harbor als eine Möglichkeit, den Krieg abzukürzen. Aus Tulln, Wiener Neustadt und Amstetten wurde jedoch von bestimmten Gruppen, in erster Linie Bauern und Kriegsveteranen, gemeldet, dass sie einen langwierigen Konflikt befürchteten. Wenige Tage nach dem vernichtenden Schlag gegen die amerikanische Pazifikflotte am 7. Dezember versenkte die kaiserliche japanische Flotte die britischen Kriegsschiffe *Repulse* und *Prince of Wales* vor der Küste Malayas. Die Lage wurde vollends unüberschaubar und die Aufmerksamkeit von der Ostfront abgelenkt. Japan, der neue Verbündete wurde voller Zuversicht willkommen geheißen, und die allgemeine Kampfbereitschaft erhielt neuen Auftrieb. Der sonst recht scharfsichtige Landrat in Eisenstadt schrieb: »Der Kriegseintritt Japans ist aus dem Gefühl, dass hier ein überaus wertvoller Bundesgenosse zur Erreichung des Endsieges auf den Plan getreten ist, überall wärmstens begrüßt worden.« Die entscheidenden Schläge gegen die amerikanische Flotte hätten dazu gedient, die Angst vor einem Weltkrieg und einem Konflikt mit den Vereinigten Staaten zu lindern.[90] Am 12. Januar meldete der SD in Innsbruck, dass einige Tiroler sogar den Abzug feindlicher Soldaten aus Afrika und Russland in den Fernen Osten vorhergesagt hätten.[91]

Im dritten Kriegswinter setzte Goebbels' Propagandamaschinerie die Deutschen und Österreicher einem wahren Hagel aus aufmunternden Rundfunksendungen, markigen Worten und geschickt konstruierten Zeitungsartikeln aus, um die allgemeine Moral zu heben. Mitte Februar 1942 konnten die Nachrichten etwas »ruhiger und sachlicher« präsentiert werden, weil Rommels Afrikakorps die britische 8. Armee aus Libyen vertrieb und die Japaner Singapur einnahmen. Die U-Boot-Erfolge im Atlantik wurden in sensationellen »Sondernachrichten« verkündet.

Die Mehrheit der Österreicher reagierte auf die jüngsten Frontmeldungen mit Erleichterung und (einer leicht abgestumpften) Zuversicht. Die Begeisterung über Rommels Armee war außerordentlich groß, zugleich machte sich aber eine Kriegsmüdigkeit breit, und viele blickten besorgt in die Zukunft. Als Hitler am 30. Januar seine jährliche Ansprache anlässlich des neunten Jahrestages seiner »Machtübernahme« hielt und seine Warnung wiederholte, dass der Krieg mit der »Vernichtung des Judentums« enden werde, reagierten die Menschen in der Ostmark positiv. In Innsbruck erwähnten die

Sicherheitsorgane zwar mit keinem Wort die gegen die Juden gerichteten Drohungen Hitlers, deuteten aber an, dass seine Rede als »besonders lebendig und frisch« empfunden worden sei und dass sie den Kampfgeist und die Moral bekräftigt und damit »die Befürchtungen über einen ungünstigen Verlauf der Operationen an der Ostfront zum Schweigen gebracht« habe. Die Menschen sorgten sich zwar immer noch wegen der Dauer des Krieges, aber die Mehrzahl sei der Auffassung, dass neuerliche Offensiven im Frühjahr den Sieg herbeiführen würden. In einer einzigartigen Wendung hin zum regionalen Geschehen fügte der SD hinzu, dass eine Reihe Einheimischer, vor allem aus Südtirol, Anstoß genommen habe an Hitlers Würdigung der Verdienste von Deutschlands Verbündetem Italien. Sie meinten, jedes Lob der Kriegsbemühungen Mussolinis helfe nicht weiter, sondern sei fehl am Platze.[92]

Da die Wehrmacht an der Front angeblich alles unter Kontrolle hatte, kehrte in der Ostmark wieder ein für ein Land im Krieg relativ »normales« Alltagsleben ein. Im März und April 1942 klagten die Menschen wieder verstärkt über den Mangel an den üblichen Dingen des täglichen Bedarfs: Kleidung, Fußbekleidung, Kosmetikartikel, Zahnpasta und Mundwasser. Außerdem machten sich viele Sorgen wegen des akuten Mangels an Brennstoff und Feuerholz, sodass in Teilen Tirols Schulen und öffentliche Gebäude drei Wochen lang geschlossen wurden.[93] Andererseits sprachen die Besitzer von Skihütten von einer guten Saison. Nach den Angaben der Sicherheitsorgane verbrauchten eine ganze Reihe »vornehme« Damen, die in ihren Ferienwohnungen in St. Anton und Zürs den Winter verbrachten, Unmengen von Sekt, Schnaps und anderen kulinarischen Köstlichkeiten.

Wie die meisten konnten sich auch Gasthäuser und Restaurants relativ leicht mit Lebensmitteln versorgen, auch wenn sie angehalten waren, Spezialitäten aus einem Hauptgericht mit Beilage oder Eintopfgerichte nach den Rezepten der Feldküche zuzubereiten. Schlimmer war, dass Österreicher, die es gewohnt waren oder gezwungen waren, im Restaurant zu essen, auf einmal nur noch Anspruch auf eine unrationierte Mahlzeit am Tag hatten. Am 22. März wurden die Rationen für die Verbraucher drastisch gekürzt. Die wöchentliche Fleischration wurde von 400 auf 300 Gramm herabgesetzt, die Butterration von 150 auf 125 Gramm, Margarine von 96,87 auf 65,62 Gramm und Brot von 2250 auf 2000 Gramm. Die Ration für Bekleidung war nur noch halb so hoch wie die offizielle Zuteilung seit Oktober, und die Regierung kündigte an, dass auch der Tabak für Raucher rationiert werde.[94]

Wie zu erwarten, sank die allgemeine Moral in ganz Großdeutschland, auch in den österreichischen Gegenden. Obschon Handgemenge beispielsweise zwischen Rauchern, die vor Trafiken Schlange standen, geschlichtet und Sonderzuteilungen von Eiern und Orangen zu Ostern positiv aufgenommen wurden, war die große Mehrheit zuweilen wirklich verzweifelt, weil sie nicht mehr satt wurde. Ende April wurde aus fast allen Orten in der Ostmark eine gedrückte Stimmung gemeldet. Hausfrauen beklagten sich, weil es so geringe Mengen an Kartoffeln, Gemüse, Kochöl und sogar entrahmter Milch auf dem Markt zu kaufen gab; Arbeiter murrten, die Brotrationen würden für schwere Arbeit nicht ausreichen; andere protestierten, dass die Mahlzeiten im Restaurant zu teuer und die Portionen winzig seien.[95] Die westdeutsche Historikerin Marlis Steinert schließt daraus, dass der SD die Lage ganz richtig einschätzte, wenn er schrieb: »Die angespannte Versorgungslage hat bei einem Teil der Volksgenossen dazu geführt, dass sie beginnen, die militärische Lage und vor allem auch die Kriegsaussichten unter dem Gesichtswinkel der Lebensbedingungen zu betrachten, und vielfach dabei zu dem Schluss kommen, dass dadurch Deutschland hinsichtlich Dauer und Führung des Krieges gewisse Grenzen gesetzt seien.«[96]

In vielen österreichischen Gemeinden verschlimmerte die mangelnde Versorgung natürlich den weit verbreiteten Verdruss. Der gehäufte Aushang von Listen der gefallenen und vermissten Soldaten und die steigende Zahl von Militärbegräbnissen brachten Tausenden von Frauen und Müttern, Söhnen und Töchtern, Vätern und Brüdern große Trauer, von denen einige Hitlers Krieg kaum verstanden oder verziehen. Die Abneigung der katholischen Bevölkerung gegen das NS-System verstärkte sich noch dadurch, daß die Gestapo Priester unter der Anklage verhaftete, sie würden die Gefühle der Trauernden für die Sache Christi »manipulieren«. Die fortgesetzte Konfiszierung von Glocken aus den Dorfkirchen sowie die gelegentliche

Entfernung von Kruzifixen aus Schulen oder Dorfkneipen drückten weiter die Stimmung und verursachten teilweise »böses Blut«.

Im Laufe des Frühjahrs sah sich die Landbevölkerung mit neuerlichen Requirierungen von Pferden durch die Wehrmacht, mit einem verstärkten Arbeitskräftemangel und mit Zwangsverordnungen konfrontiert, die viele Bauern einfach nicht befolgen wollten. Der Dorfgendarm in Waidhofen schrieb, dass einige Bauern bei den örtlichen Behörden Auskünfte eingeholt und danach gehandelt hätten, »sich aber dabei strafbar machten. Da in vielen Bauernanwesen gegenwärtig nur Frauen anwesend sind, die naturgemäß noch unbeholfener als die Männer sind, wirkt sich ein solcher Umstand umso krasser aus.« Unter der arbeitenden Bevölkerung machte sich eine dumpfe Resignation breit, und, wie zum Beispiel in den Nibelungenwerken in St. Valentin, die Fehlzeiten nahmen zu.[97] Gegen Ende April sprach ein Landrat sogar von einer »so genannten Nervenkrise, die fast die ganze Bevölkerung erfasst hat«.[98]

Am 26. April hielt Hitler eine Rede im Reichstag. Er gab einen Überblick über die militärische Lage und forderte außergesetzliche Machtbefugnisse, um gnadenlos gegen diejenigen vorzugehen, die ihre Kriegspflicht vernachlässigten oder Korruption und Amtsmissbrauch duldeten. Wie Ian Kershaw nachgewiesen hat, führte die Rede im Altreich zu geteilten Reaktionen und rief Kritik hervor. Erstens, weil ein zweiter Kriegswinter angedeutet wurde, zweitens, weil Richter, Staatsdiener und Anwälte ohne Rücksichten angegriffen wurden. In der Ostmark reagierte das Gros der Bevölkerung offenbar ähnlich. Am besten kam die Rede bei den »einfachen Landsleuten«, vor allem den Fabrikarbeitern an. Sie brachten ihre Zufriedenheit über das Versprechen Hitlers zum Ausdruck, mit den »oberen Zehntausend« abzurechnen. In Innsbruck wurde die Hoffnung geäußert, dass den profitgierigen Industriellen nun ein Strich durch die Rechnung gemacht würde und dass korrupte Verwaltungsbeamte und Manager jetzt ihre gerechte Strafe erhalten würden. Aus anderen Orten hieß es, die Rede habe »tiefen Eindruck« gemacht. Es liegt allerdings die Vermutung nahe, dass sie lediglich die Stimmung der Parteigenossen hob. Die Aussicht auf einen langen Krieg, die aus Hitlers Worten herauszulesen war, konnte tatsächlich niemanden begeistern.[99]

Der große Schub von 1942

Den ganzen Mai und Juni über blieb die Stimmung relativ ruhig. Aus Seitenstetten hieß es zum Beispiel: »In der Bevölkerung ist im Gespräch eine allgemeine Zurückhaltung über die politische Lage wahrzunehmen...«[100] Als eine große Zahl sowjetischer Kriegsgefangener eintraf, bestand die Aussicht, dass der Arbeitskräftemangel endlich gelindert würde, doch nach der Einberufung der jungen Männer aus den Jahrgängen 1923 und 1924 blieben viele Bauernhöfe und Güter mit den zurückgebliebenen Frauen, Schwestern und Müttern untersetzt. Hinzu kamen Unterernährung und Hunger, die auf die Kürzung der Lebensmittelrationen zurückgingen. In Innsbruck beschwerten sich Hausfrauen und Arbeiter über die unzureichenden Rationen an Fleisch, Kartoffeln, Brot und Bratfett. Mütter klagten über die winzigen Mengen an Milch, die sie für ihre Kinder bekamen. Einheimische schielten nach den Lebensmittelpaketen, die französische Kriegsgefangene und italienische Arbeiter von Zuhause erhielten. Fast alle äußerten ihren Abscheu über die Qualität des Schwarzbrotes. Selbst die Behörden gaben zu, dass diese Laibe nicht gerade schmackhaft und der Hauptgrund für Magen-Darm-Krankheiten und Blähungen waren. Doch damit nicht genug, kam es außerdem zu Störungen bei der Lebensmittelverteilung.[101]

Anfang Mai veränderte sich die Lage an der Front dramatisch. In Russland übernahm Mansteins 11. Armee wieder die Initiative. Am 13. Juni nahm Rommels Afrikakorps die Stellung Bir Hacheim der freifranzösischen Truppen an der Gazala-Front in Libyen ein und drängte die britische 8. Armee wieder nach Ägypten ab. Auf dem Meer hatte es beinahe den Anschein, als stünden die Wolfsrudel aus Dönitz' U-Bootflotte kurz davor, die alliierte Handelsschifffahrt zum Erliegen zu bringen. Auf die Meldungen von Hitlers jüngsten militärischen Triumphen reagierten die meisten Österreicher mit großer Erleichterung, teils, weil sie sich mit der Sache der deutschen Soldaten identifizierten, teils – und das war der Hauptgrund – weil sie für kurze Zeit hofften, dass der Krieg noch vor Weihnachten zu Ende wäre. Die Tatsache, dass Anfang Juni überwiegend mit Entsetzen und Bestürzung auf die Ermordung von Reinhard Heydrich, Himmlers gefürchtetem Stellvertreter, reagiert wurde, lässt sich zum Teil mit der Angst »um das Leben des Führers« erklären, des Mannes, von dem die Mehrheit nach wie vor erwartete, dass er sie zum Sieg führen werde. Und zwar bald. Als eine große Offensive im Osten erst am 28. Juni eingeleitet wurde, meldete der SD aus Innsbruck eine »gewisse Ungeduld«, weil ein weiterer Winter in Russland gefürchtet wurde.[102]

Nachdem das Oberkommando der Wehrmacht endlich den Beginn der Operation Blau angekündigt hatte, des Vorstoßes in Richtung Wolga und Kaukasus, unterschieden sich die Stimmungsschwankungen in Österreich kaum von denen im Altreich. In ganz Großdeutschland herrschte anfangs ein Gefühl der Befreiung, auf das ein verhaltener, abwartender Optimismus folgte. Aus Amstetten hieß es, die in der Regel misstrauische bäuerliche Bevölkerung würde die Notwendigkeit des Sieges erkennen. Nach den Angaben des SD in Innsbruck verfolgten Einzelpersonen, die sich bekanntermaßen stark für die militärischen Entwicklungen interessierten, mit »Befriedigung« den Vormarsch an der Ostfront und zeichneten zugleich mit wahrer Begeisterung die Vorstöße des Afrikakorps nach. Nach dem Fall von Tobruk und Marsa Matruk spekulierten die »Sandkastengeneräle« bereits, dass die Truppen des Wüstenfuchses schon bald den Suezkanal erreichen und auf die Sinaihalbinsel vorstoßen würden. Als Einheiten der Waffen-SS nach Afrika verlegt wurden, kursierten sogar Gerüchte, »dass es jetzt gegen Palästina losgehen werde, da niemand mit den Juden so aufzuräumen verstehe wie die SS«. Was die Ostfront betraf, überwog die Ansicht, dass am rechten Ufer der Wolga nach der Zerschlagung der Sowjetmacht ein Ostwall errichtet werde.[103]

Rommels Siege in Afrika nährten gewiss das kollektive Wunschdenken und hoben die allgemeine Moral, doch aus etlichen Quellen geht hervor, dass viele Österreicher, genau wie die Deutschen, die militärischen Ereignisse etwas unentschieden verfolgten. Manchmal flackerte ihr Interesse kurz auf, dann zogen sie sich wieder in die Privatsphäre zurück und widmeten sich den Sorgen und Enttäuschungen des Alltags. In beinahe allen Juliberichten wird die herrschende Stimmung »unterschiedlich« bezeichnet: Die Gefühle reichten von vorsichtigem Optimismus bis hin zu Apathie und Depression. Bemerkenswerterweise scheint sich ausgerechnet auf dem Land die

Stimmung ein klein wenig gebessert zu haben, weil die sonst so
gereizten Bauern eine reiche Ernte von Heu, Roggen und Hafer
erwarteten. Zahlreiche Bauernfamilien ignorierten ganz bewusst die
nationalsozialistischen Apartheidsvorschriften für die Behandlung
von sowjetischen Kriegsgefangenen und anderen »Ostarbeitern«,
die auf ihren Höfen arbeiteten. Wie in Bayern, gestatteten es auch
einige österreichische Bauern den Frauen und Männern, am selben
Tisch zu essen, besorgten ihnen Kleidung und zahlten in manchen
Fällen sogar einen monatlichen Bonus in Höhe von 20 Mark aus.

In den Städten hingegen, wo der Nationalsozialismus und Hitlers
Krieg tendenziell auf breite Unterstützung stießen, überwogen die
Enttäuschung und eine Missstimmung, in erster Linie wegen der
sich verschlechternden Lebensmittelversorgung.[104] Am 10. August
schrieb der SD aus Innsbruck, dass viele Stadtleute erschöpft wären,
an Gewicht verlieren würden und am Arbeitsplatz Schwierigkeiten
hätten, die geforderte Leistung zu bringen: »In zunehmendem
Maße wird der Unterschied in der Ernährung der städtischen und
ländlichen Bevölkerung besprochen. Vielfach sehe man die ländliche
Bevölkerung in den Verkehrsmitteln und die Kinder der Bauern auf
der Straße mit Butterbroten, Speck und ähnlichen Dingen ausgerüs-
tet, während der Arbeiter und Angestellte, ebenso wie deren Kinder
kaum genügend trockenes Brot hätten. Ebenso sehe man nicht ein,
dass auch der erwachsene Bauer noch immer genügend Vollmilch
zur Verfügung habe, in gleicher Weise auch an Butter und Fett keinen Mangel verspüre.«[105]

Wien und das Ende der »Judenfrage«

Wegen Schwierigkeiten bei der Lebensmittelverteilung und wegen
fehlender Kühlmöglichkeiten in den Haushalten war Wien von den
Lebensmittelknappheiten am stärksten betroffen. Die hadernde
Bevölkerung schenkte den Meldungen aus Afrika oder Sowjetrussland wenig Aufmerksamkeit. Freilich, anfangs hatte das Interesse an
militärischen Operationen zugenommen, doch die meisten Menschen betrachteten die jüngsten Siegesmeldungen inzwischen mit
einer Mischung aus Skeptizismus, Selbstmitleid und Desinteresse.
Einer ganzen Reihe erhaltener Dokumente aus der zweiten und drit-

ten Juliwoche zufolge »bezweifelt ein beträchtlicher Teil der Volksgenossen die Meldungen, die davon sprechen, dass ›alles in Ordnung sei und der Vormarsch rastlos vorwärts gehe‹«, und zwar in erster Linie wegen der sich widersprechenden und undurchschaubaren offiziellen Versionen der Ereignisse. Einen weiteren schrecklichen Kriegswinter vor Augen äußerte die Mehrzahl der Wiener ihre Angst in unablässigen Klagen über die sich verschlechternden Lebensbedingungen. Vor allem die Hausfrauen bestürmten wütend die lokalen Verteiler und gaben ihnen die Schuld, wenn sie unzureichende Mengen an Obst, Gemüse, Milch, Weißbrot und Fisch oder verdorbene Waren lieferten. Die Haushälterinnen richteten ihren Zorn außerdem gegen die Lebensmittelhändler in der Nachbarschaft, weil sie die Öffnungszeiten einschränkten, und gegen die NS-Gauleitung, weil sie den Direkteinkauf bei den Erzeugern untersagte, insbesondere Reisen aufs Land, um Äpfel, Marillen, Kirschen und andere Produkte zu kaufen.[106]

Schuld an den Nöten des Krieges trügen die noch in der Stadt verbliebenen Juden. Darin waren sich nahezu alle Wiener einig. Diese Überzeugung wurde nicht einmal von dem wöchentlichen Anblick der Transporte von Männern, Frauen und Kindern aus der Nachbarschaft erschüttert, die am hellichten Tag stattfanden, durch ockerfarbene Wohngegenden führten und am Güterbahnhof Aspang endeten. Von 12 Uhr bis 16 Uhr wurden sie dort in Viehwagen gepfercht, die nach Minsk, Theresienstadt oder Auschwitz fuhren. Am 20. Juli schrieb der SD, dass die meisten Menschen der Ansicht seien, »dass besonders Bestrafungen von Juden und Judenfreunden niemals so scharf sein könnten…« Die Bevölkerung meinte ferner, »dass ein Volksgenosse, der im Schleichhandel Lebensmittel an Juden verschiebt, jedenfalls eine schwere, vielleicht sogar die Todesstrafe verdient hätte«.[107]

Die in dem SD-Bericht geschilderten Stimmungen spiegelten natürlich die von der Partei gewünschte Linie wider, aber es gibt keinen Grund zu der Annahme, dass er die Grundeinstellung der Wiener falsch wiedergab oder verzerrte. Hitler wusste: »Die Beseitigung der Juden aus Wien sei am vordringlichsten, da in Wien am leichtesten gemeckert werde«.[108]

Außerhalb der Metropole reagierte die Bevölkerung im Allgemeinen positiv auf die Deportation der wenigen Hundert in den Gauen der Ostmark verbliebenen Juden, die zumeist aus »privilegierten Mischehen« stammten; in nur ein oder zwei bekannten Fällen war die Reaktion sogar ablehnend. Die Mehrzahl der Nichtwiener schenkte während des Krieges der »Judenfrage« eher wenig Aufmerksamkeit. Selbstverständlich wurden diejenigen, die in der näheren Umgebung von Mauthausen und den zugehörigen Lagern wohnten, immer wieder Zeugen von unaussprechlichen Misshandlungen der Insassen, von denen viele im Übrigen keine Juden waren. Da sie jedoch Gefahr liefen, verhaftet zu werden, sobald sie ein Wort darüber verlauten ließen, blieben sie meist stumm.[109] Im Mai 1943 registrierte der SD in Innsbruck eine Missbilligung der »Wegschaffung der Juden, die mit Deutschblütigen verheiratet waren«. Die Bevölkerung zeigte sich schockiert über den Doppelsuizid des ehemaligen Oberst Teuber und seiner jüdischen Frau. Nach einem beigefügten Bericht erregte die Verhaftung und Deportation eines älteren jüdischen Schusters im nahe gelegenen Schwar ebenfalls »Missstimmung«. Die unglücklichen Städter, so hieß es dort, meinten: »Es ist einzusehen, dass es für Juden keine Ausnahme gibt, aber bei diesem ohnehin sehr alten Mann, der immer ein sehr fleißiger Arbeiter war, ist es eigentlich eine Ungerechtigkeit. Er hätte hier in Anbetracht des totalen Kriegseinsatzes sicherlich vielen Leuten durch seine Arbeit helfen können.«[110]

Der Blick aus dem Westen

Abgesehen von gelegentlichen Hinweisen auf Priester, welche die NS-Rassenpolitik von der Kanzel herab verurteilten[111], enthalten die vorliegenden Quellen wenig kritische Kommentare und so gut wie keine Äußerung des Mitleids für nichtgetaufte Juden. Als das dritte Kriegsjahr zu Ende ging, hatten die Österreicher offenbar andere Sorgen. Ende August wechselte die Stimmung in der Tat zwischen Hoffnung und Verzweiflung, die Umschwünge ähnelten in manchen Regionen fast schon den Stimmungsamplituden eines manisch depressiven Menschen. Obwohl die deutsche Armee sich bis zum Kaukasus vorgekämpft hatte und in Richtung Stalingrad marschierte, blieben die Daheimgebliebenen besorgt. In Niederdonau deuteten sechs Dienststellen an, dass die Stimmung »gut«, »günstig« oder »ruhig und zufriedenstellend« sei, aber acht andere Stellen hoben hervor, dass »eine Bedrückung wahrzunehmen« sei. Was lange Zeit ein weit ferner Krieg gewesen war, forderte nunmehr Opfer und brachte immer mehr Familien Trauer und Leid. In Behamberg überwog noch die Überzeugung, dass der Krieg bis zum Ende des Jahres vorüber sei; aus Haag wurde jedoch gemeldet, dass die Mehrzahl der Bewohner jede Hoffnung auf einen unmittelbaren Sieg aufgegeben habe. Die Bevölkerung war außerdem über die ständig neuen kriegsbedingten Vorschriften und Einschränkungen verärgert, vor allem über die neuen Bestimmungen, die das Schlachten von Schweinen für den Eigengebrauch untersagten. Auf der anderen Seite ließ eine reiche Ernte darauf hoffen, dass in der nächsten Zukunft ausreichend zu essen vorhanden sein werde. Als Mitte August überraschend angekündigt wurde, dass die Kartoffelrationen heraufgesetzt werden würden, besserte sich ebenfalls die Stimmung.[112]

Interessant ist an dieser Stelle, dass die Moral während des Krieges vor allem im Sommer 1942 im Westen positiver und die Haltung optimistischer war als in Wien und im Gau Niederdonau. Die Sicherheitsorgane erwähnen zwar, dass es vielfach dieselben Sorgen gab wie im Osten Österreichs, doch eine eingehende Untersuchung der Quellen belegt, dass in den rasch sich modernisierenden industriellen Zentren der Wohlstand überwog. In Laakirchen wurden die Behörden beispielsweise nicht müde hervorzuheben, dass fast alle 950 Arbeiter in den Papierfabriken Schuppler und Steyrmühl, allesamt ehemalige Sozialdemokraten, sich jetzt mit dem Regime und mit den Kriegserfolgen identifizierten.[113]

Letzteres gilt für die meisten Österreicher, die Triumphmeldungen von der Front erfüllten sie mit neuem Mut. Als Gebirgsjäger am 21. August auf dem Elbrus im Kaukasus die Hakenkreuzflagge hissten, wurde aus den Straßen in Innsbruck eine massenhafte Begeisterung gemeldet. Da Einheiten der 6. Armee bereits nördlich von Stalingrad das hohe Ufer der Wolga erreicht hatten, lauschten die Tiroler gebannt dem Rundfunk und warteten auf die Meldung von dem Fall der Stadt. Auf diese Meldung würde, so mutmaßten sie, die Ankündigung des Kriegseintritts der Türkei an der Seite der Achsenmächte folgen. Während im Radio ununterbrochen über die

Kriegsereignisse Bericht erstattet wurde, verlangten viele, aufmunternde Worte des »Führers« zu hören.[114] Statt einer Ansprache Hitlers ging die Meldung von einer deutlichen Steigerung der Lebensmittelrationen durch den Äther, die »zeigte«, wie Goebbels in einer morgendlichen Konferenz erklärte, »dass wir nicht nur blassen Idealen nachliefen, sondern auch aus sehr realen Gründen den Krieg im Osten führten«.[115]

Wie man sich denken kann, zeigte die Meldung den gewünschten Effekt: Aus Innsbruck schrieb der SD, dass »die Ankündigung der Erhöhung der Brot- und Fleischrationen größte Überraschung und Freude in allen Bevölkerungsschichten ausgelöst habe«. Die Menschen maßen dieser Nachricht eine größere Bedeutung bei als den Sondermeldungen über militärische Triumphe. Viele glaubten, »dass nunmehr die schwerste Zeit hinter uns liege und sich in wirtschaftlicher Beziehung eine stetige Aufwärtsentwicklung anbahnen werde«. »Gerade in den Kreisen, in denen in der letzten Zeit eine gewisse Kriegsmüdigkeit sich bemerkbar gemacht habe, sei dieser Stimmungsaufschwung besonders deutlich hervorgetreten. Es wird verschiedentlich zum Ausdruck gebracht«, schlossen die Sicherheitsleute, »dass der Endsieg nunmehr nicht mehr in Frage stehe, zumal man einen Sieg der Waffen niemals bezweifelt habe.«[116]

Unterdessen boomte der Tourismus Tirols und des Salzkammerguts. Bis Ende Juni war die Zahl der Gäste, die in örtlichen Hotels und Pensionen gebucht hatten, so hoch, dass die verfügbaren Köche und das Küchenpersonal die Nachfrage nicht decken konnten. Wie im benachbarten Bayern waren die Urlauber ein einträgliches Geschäft, brachten aber auch manche Enttäuschungen und Ärger mit sich. Viele wohlhabende Gäste kamen mit dicken Brieftaschen oder kostbaren Wertgegenständen an, die sie bei den einheimischen Bauern gegen Eier, Butter, Wurst oder andere Esswaren eintauschten. In dem Ferienort Gmunden beispielsweise erregten deutsche Frauen wegen ihres »männlichen« Äußeren und auch wegen ihrer Gewohnheit, Zigaretten zu rauchen, Missfallen.[117]

Mitte des Sommers hatten viele Österreicher das Gefühl, ihr Land sei übervölkert, und litten fast schon an Klaustrophobie. Der SD in Innsbruck meldete: »In Fremdenverkehrsgegenden wird die Stimmung durch die zahlreichen Fremden ungünstig beeinflusst. Viel geklagt wird über ihr rücksichtsloses Verhalten gegenüber der einheimischen Bevölkerung. Die Autobusse und Züge werden von ihnen überfüllt, sodass es der einheimischen Bevölkerung oft nicht möglich sei, diese Verkehrsmittel zu benutzen, um zu ihrem Arbeitsplatz zu gelangen. Aus Kitzbühel wird hierzu folgender Fall berichtet. Ein Offizier sei schwer verwundet mit einer Schussverletzung am Fuß von der Ostfront auf Urlaub gekommen. Trotzdem am Bahnhof mehrere Ein- und Zweispänner standen, sei für den verletzten Offizier keine Möglichkeit gewesen, einen Wagen für sich in Anspruch zu nehmen, da diese für Damen, die zu ihren Hotels fuhren, reserviert waren. Erst nach einer Stunde sei es dem Offizier möglich gewesen, einen Wagen für sich aufzutreiben. Derartige Vorfälle und die übertriebene Kaufkraft der Fremden würden zu Unmutsäußerungen der einheimischen Bevölkerung führen.«[118]

Durch die gleichzeitige Ankunft großer Zahlen evakuierter Flüchtlinge aus zerbombten oder gefährdeten Städten im Altreich gingen außerdem die Gewinne zurück, es traten kulturelle Differenzen wie auch Unterschiede in den Erfahrungen zwischen Deutschen und Österreichern deutlich zu Tage. Die aus offizieller Sicht alarmierendsten Aspekte waren zum Ersten die offensichtliche Desillusionierung über das NS-Regime unter den evakuierten Menschen, vor allem derjenigen aus dem Rheinland und aus Berlin, und zum Zweiten die schrecklichen persönlichen Schilderungen von dem Leid in kriegszerstörten Städten, die an die einheimische Bevölkerung weitergegeben wurden. Der Staatsanwalt in Innsbruck bemerkte, dass »selbst die Person des Führers von gewissen Volksgenossen in den Kot gezerrt wird«.[119] Viele Vorarlberger und Tiroler ergriff eine »psychotische Angst« vor Luftangriffen.[120]

Am Wendepunkt

Ende September wurde deshalb die Euphorie, die Mitte des Monats spürbar war, bereits wieder von der Angst und schlimmsten Befürchtungen verdrängt. Da immer häufiger über drohende Luftangriffe gesprochen wurde, hieß es aus Innsbruck sowie aus den Standorten der Flugzeugindustrie Jenbach (Heinkel) und Kematen (Messerschmitt), dass die Bewohner die ganze Nacht hindurch lesen

oder auf Dörfern oder Bauernhöfen Zuflucht suchen würden. Als
Hitler am 30. September eine Rede im Berliner Sportpalast hielt,
gab er sich alle Mühe, mit seinen Worten die blank liegenden Nerven
zu beruhigen. Da er eine bessere Versorgung mit Lebensmitteln in
den nächsten Tagen in Aussicht stellte, reagierte die Bevölkerung
im ganzen Reich überwiegend positiv. Noch stärker wirkte sich eine
flammende Rede aus, die Hermann Göring vier Tage später aus
Anlass des Erntedankfestes hielt. Bei dieser überaus günstigen Gelegenheit kündigte der gut genährte Reichsmarschall eine weitere
Erhöhung der Lebensmittelrationen sowie eine Sonderzuteilung zu
Weihnachten an.[121]

Nachdem das Vertrauen wiederhergestellt war, erwartete die
kriegsmüde Bevölkerung der Ostmark sehnsüchtig die Meldung
vom Fall Stalingrads und das Ende des Russlandfeldzugs. Ende
Oktober ging sogar das Gerücht von einem Waffenstillstand um,
das aufkam, weil einigen Soldaten von der Ostfront aus logistischen
Gründen der Heimaturlaub verlängert worden war. Während die
6. Armee in Wirklichkeit in der Stadt an der Wolga in einen erbitterten Kampf um jeden Häuserblock verwickelt wurde, erhielten die
Deutschen und Österreicher daheim weiterhin optimistische Lage-
beurteilungen sowohl vom Oberkommando der Wehrmacht wie
auch aus dem Propagandaministerium. In Tirol weckte der ständige
Anblick der Züge, die mit Nachschubmaterial für das Afrikakorps
beladen über den Brenner rollten, die Hoffnung auf einen Durchbruch in Ägypten. Als aus dem Pazifik die Falschmeldung eintraf,
in der großspurig verkündet wurde, dass vier amerikanische Flug-
zeugträger und ein Schlachtschiff zerstört worden seien, glaubten
viele ernsthaft, dass das Kriegsende unmittelbar bevorstehe. Laut
weit verbreiteten Kolportagen wurden angeblich bereits Waffenstill-
standsverhandlungen geführt, in Stockholm zwischen Ribbentrop
und Molotow, sagten die einen, in Ankara zwischen Papen und Sta-
lin persönlich, behaupteten die anderen.[122]

Die unvermutete Meldung von der amerikanischen Landung in
Marokko und Algerien und Rommels Rückzug von El Alamein riss
die Österreicher aus allen Träumen. Die verwirrte und verängstigte
Bevölkerung suchte Hitler zu beschwichtigen. In einer Ansprache
an die alte Garde, die aus dem Löwenbräukeller in München über-

tragen wurde, zerstreute Hitler die bösen Vorahnungen des Augenblicks, indem er seine Zuhörer daran erinnerte, dass das Kriegsglück in der Wüste rasch wechsle, und indem er behauptete, in Stalingrad müssten »nur noch ein paar ganz kleine Plätzchen« eingenommen werden. Einige Tage später war die Bevölkerung bemüht, sich ein genaueres Bild von den Kämpfen in Nordafrika zu verschaffen. Sobald deutlich wurde, dass sich das Afrikakorps auf der ganzen Linie zurückziehe, wurden viele außerordentlich nervös. In der Ostmark richtete sich die allgemeine Wut und Schuldzuweisung, vielleicht noch stärker als im Altreich, gegen Österreichs traditionell »verbündeten Feind« Italien. In Tirol war die Missstimmung deshalb besonders stark. In Anbetracht der jahrhundertealten Rivalität und Grenzstreitigkeiten verstärkten die Tiroler ihre Vorwürfe gegen die Italiener, sie seien feige und unfähig und würden sie bald verraten. Außerdem befürchteten viele zu Recht, dass alliierte Luftoperationen in Norditalien möglicherweise auf Ziele in der Ostmark ausgedehnt würden.[123]

Ende November wandte sich die Aufmerksamkeit wieder der Ostfront zu. Nur wenige Menschen wussten bis dato, dass die 6. Armee durch eine massive sowjetische Gegenoffensive vom 19. bis zum 23. November eingekesselt worden war. In Linz und Innsbruck verbreiteten sich als Erstes Gerüchte von der Umschließung, und vielen wurde bewusst, dass die Lage eindeutig »bedrohlich« war. Am 7. Dezember bezeichnete der SD in der Tiroler Landeshauptstadt die örtliche Stimmung als »ziemlich gedrückt«. Aus anderen Teilen der Ostmark kamen Meldungen von einem Anstieg der Scheidungsrate, von neuerlichen kommunistischen Aktivitäten in Wiener Neustadt und in Eisenstadt und von einer zunehmenden Kriegsmüdigkeit. Trotz des Schicksals der 6. Armee in Stalingrad waren die Österreicher wegen der militärischen Lage nicht so beunruhigt wie ein Jahr zuvor, als viele einen russischen Durchbruch befürchtet hatten.[124] Tatsächlich meldeten die Behörden Mitte Dezember in Linz sogar »eine beruhigende Stimmung«; aus Innsbruck hieß es, man vertraue auf die Verteidigungsqualitäten der Wehrmacht.[125]

Ein wichtiger Grund dafür, dass die Bewohner der Ostmark weniger Angst hatten, war die Tatsache, dass ausreichende Mengen an Lebensmitteln erhältlich waren, sogar Delikatessen wie Wermuth und Kaffee. Das Regime hatte es geschafft, die Aufmerksamkeit von der sich verschlechternden Lage an der Front abzulenken, und zu diesem Zweck die Rationen an Brot, Fett und Fleisch erhöht, die Kartoffelration sogar fast verdoppelt. Da das Weihnachtsfest vor der Tür stand, strömten Kunden auf der Suche nach Geschenken in die Geschäfte. In Innsbruck hatten sie wenig Glück, weil nur wenige Waren, die im Schaufenster gezeigt wurden, auch tatsächlich erhältlich waren; in Linz konnten die Käufer hingegen aus einer Vielzahl gebrauchter Kleider, Landschaftsmalereien und fast 200 000 bunt bemalten Spielsachen auswählen, die u. a. von der Hitlerjugend angefertigt worden waren. Es gab auch besondere »Führerpakete« für Soldaten auf Heimaturlaub, sie enthielten 2500 Gramm Mehl, je 1000 Gramm Fleisch und Zucker und 500 Gramm andere Esswaren. Dank Goebbels' Propagandamaschinerie und dank eines milden Winters schien der Krieg fast vergessen.[126]

Um Neujahr liefen jedoch die Gerüchte von der Umzingelung der 6. Armee in Stalingrad von Haus zu Haus, von Ohr zu Ohr. Innerhalb von drei Wochen war die bittere Wahrheit schließlich allgemein bekannt. In St. Anton am Arlberg wusste die Bevölkerung erstaunlich gut über die faktische militärische Lage Bescheid. Haushalts- und Bedarfswaren wie Kalender, Kämme, Zahnpasta und Binden wurden aufgekauft. Aus Lambach, in der Nähe von Wels, wurde gemeldet, dass die Frauen schon vor Sonnenaufgang Schlange stehen würden, um Schuhe zu kaufen. Die Anwesenheit von Kriegsgefangenen und anderen Zwangsarbeitern erhöhte noch die Anspannung. Laut den Meldungen des SD wurden sowohl der Krieg wie auch die Parteibosse offen kritisiert. »Verweinte Augen, zunehmende Nervosität, Angst und Besorgnis sind allgemein zu bemerken.«[127]

Als die Sondernachricht über die Kapitulation des so genannten Süd- und Nordkessels am 3. Februar schließlich die Österreicher erreichte, reagierte die Bevölkerung schockiert, traurig und niedergeschlagen. In Innsbruck sprachen die Behörden von einer »niederschmetternden« Auswirkung; in Linz löste die Meldung »tiefste Traurigkeit, teilweise Niedergeschlagenheit und Mutlosigkeit« aus; in Eisenstadt herrschte ein Gefühl der »Hilflosigkeit«. Aus ganz Niederdonau wurde gemeldet, dass die Bauern und Dorfbewohner »niedergedrückt, schwer erschüttert, kriegsmüde« und verängstigt seien.

In Wien war die Stimmung unendlich gedrückt; die Bewohner schüttelten ungläubig den Kopf und flüsterten sich gegenseitig zu: »Stalingrad, mein Gott!« Nirgendwo wurden Erleichterung oder gar Freude geäußert, weil sich das Kriegsglück gegen Hitler gewandt hatte. In Wahrheit fühlte sich die österreichische Heimatfront bei allen Unterschieden immer noch der Sache des Großdeutschen Reiches verbunden. Mit dem Rücken zur Wand stand die Mehrzahl der Österreicher nach wie vor hinter dem Anschluss-Regime.[128]

Für die allgemeine Sache

Während der ersten Hälfte des Zweiten Weltkrieges glich die Stimmung in der Ostmark sehr stark der herrschenden Stimmung in anderen Teilen des Reichs. Gewiss gab es immer wieder Schwankungen und Abweichungen, aber fast alle sehnten ein möglichst schnelles Kriegsende herbei. Nur wenige äußerten Mitleid für Hitlers Feinde oder glaubten, dass Großdeutschland in irgendeiner Weise die Verantwortung für den Konflikt trage, der 1939 ausbrach. Gemeinhin wurde eine Einigung gewünscht, die den Deutschen großzügig einen Teil der Eroberungen ließ. Unter der »Decke« der nationalen Einigkeit herrschte allerdings ein recht hohes Maß an Dissens, Unzufriedenheit und Verweigerung, das sowohl österreichische wie auch deutsche Historiker irrtümlich als »Widerstand« interpretiert haben. Die Quellen lassen zwar auf eine weit verbreitete Ernüchterung über die NSDAP und ihre Funktionäre schließen, doch in der Mehrzahl der Fälle richtete sich die Kritik nur gegen bestimmte politische Maßnahmen oder Aspekte des NS-Regimes. Selbst in katholischen Gegenden, wo die Proteste im Jahr 1941 bereits einem Aufstand nahe kamen, stellte kaum jemand die Legitimität des bestehenden Systems in Frage.

Innerhalb des allgemeinen geistigen Klimas wies die Stimmung in Österreich typische partikularistische und regionale Merkmale auf. Nach dem Ausbruch des Krieges erhielt die Anschlussbegeisterung einen Dämpfer, vor allem in Wien, wo ohnehin die Ressentiments gegenüber den »preußischen« Eindringlingen größer waren. Trotz der Engpässe in der Lebensmittelversorgung und der immer längeren Liste der Gefallenen gab es jedoch kaum Anzeichen für

eine Ablehnung der innenpolitischen Wertvorstellungen und Ziele
der Nationalsozialisten. Die Mehrheit der Wiener unterstützte die
Judenvertreibung der Nazis. Auf trotz aller Unterschiede ähnliche
Weise tauchten zu Beginn des Krieges legitimistische und kommunistische Gruppierungen auf und sprachen sich für ein unabhängiges Österreich aus. Sie verteilten Flugblätter oder schmierten
Slogans an öffentliche Plätze, fanden damit aber nur bei wenigen
Personen Aufmerksamkeit. Ihre Aktionen zeigen jedoch, dass keineswegs alle Österreicher hinter dem Regime standen.[129]

Es betrachteten sich damals nur sehr wenige Menschen in Österreich als »Hitlers erste Opfer« oder empfanden so etwas wie ein
Gefühl der Niederlage oder Demütigung unter der deutschen Herrschaft. Vielmehr traten sie allerorts in großer Zahl in die österreichische NSDAP ein, sodass bis Mai 1943 knapp 700 000 Österreicher
Parteimitglied wurden.[130] Selbst unter denjenigen, die politisch eher
desinteressiert oder überhaupt gleichgültig blieben, herrschte für
Hitler und seine Errungenschaften eine große Bewunderung. In
den rasch sich entwickelnden Regionen im Westen und in der Steiermark äußerten sich diejenigen, die von der technischen und sozialen
Modernisierung profitierten, besonders anerkennend. Gewiss sank
Ende 1942 die allgemeine Moral allmählich, vor allem im Osten.
Eine antideutsche Stimmung wurde von den Sicherheitsorganen
vor allem in Wien und in einer Reihe von Ferienorten in den Bergen
registriert. Aber da 1 286 000 Österreicher in der Wehrmacht dienten, wollten im Grunde alle Hitlers Sieg.

9 Zwischen Stalingrad und der Moskauer Erklärung

Seit über einem halben Jahrhundert gilt gemeinhin die These, dass der Schock über die Niederlage in Stalingrad den Bann brach, mit dem Hitler das österreichische Volk belegt hatte. Bereits im Februar 1943 berichtete ein schwedischer Korrespondent aus Wien, die Stadt sei »ein brodelnder Kessel der Anti-Hitler-Opposition«. Die Sicherheitsorgane beobachteten ebenfalls einen Anstieg der NS-feindlichen Ausbrüche und hier und dort den Ruf »Heil Österreich!« Nach den Erinnerungen des sozialdemokratischen Politikers Adolf Schärf war den Österreichern im Sommer 1943 »die Liebe zum Deutschen Reich ausgetrieben worden«[1]. Aufgrund dieser und anderer Hinweise lässt sich nicht leugnen, dass die Katastrophe von Stalingrad die Moral in der Ostmark senkte und den separatistischen Strömungen Auftrieb gab. Ob sie einen weit verbreiteten österreichischen Patriotismus »weckte« oder gar eine eigene Widerstandsbewegung entfachte, ist allerdings unklar und eine solche These außerordentlich problematisch.[2] Wie eine Analyse der zur Verfügung stehenden Quellen zeigt, blieb das Meinungsbild unter den Österreichern weiterhin vielfältig, wich aber nicht signifikant von dem allgemeinen Meinungsklima in anderen Teilen des Großdeutschen Reiches ab.

Die Lage in Wien

Kurz nach der Kapitulation der 6. Armee in Stalingrad traf Arvid Fredborg, der Berliner Korrespondent des *Svenske Dagbladet,* zu einigen Urlaubstagen in Wien ein. Da er die Donaumetropole bereits kannte, zeigte er sich schockiert angesichts der vielen Militärkrankenhäuser und »Fremdarbeiter« und bedauerte: »Die Züge waren noch heruntergekommener und ächzten noch lauter, die Taxis klapperten noch stärker und die Bahnhöfe waren noch dreckiger als beim letzten Mal. An öffentlichen Gebäuden blätterte der Putz ab, und die Fassaden der Häuser zeigten eindeutig, dass sie seit Jahren nicht mehr gesäubert worden waren.«[3]

Demgegenüber stellte Fredborg erfreut fest, dass es in den Geschäften ein größeres Warenangebot als in Berlin gab und dass die meisten Restaurants ihre Gäste immer noch verwöhnten: »Im alten, stattlichen Sacher servierten sie immer noch Palatschinken, die vertrauten dünnen Pfannkuchen, die genauso gut schmeckten wie zu alten Zeiten; die Suppen waren ausgezeichnet und ohne chemische Zusätze; und das Brot war deutlich besser als in der deutschen Hauptstadt.«[4]

Was Fredborg jedoch am meisten erstaunte, war die offene Feindseligkeit der Wiener gegenüber den Deutschen, eine Feindschaft, die, wie er schreibt, »sich durch die ganze österreichische Gesellschaft zieht, von oben bis unten«.[5] Er betont aber: »Es war nicht so sehr der Nationalsozialismus selbst, den sie ablehnten, als das spezifisch Deutsche daran.« Dennoch hebt er hervor, dass die Mehrheit der Österreicher für immer mit dem Anschluss gebrochen habe.[6]

Fredborgs Bild von einem Wien, in dem die Unzufriedenheit gärte, wird von Berichten untermauert, die einige Monate später von der amerikanischen Gesandtschaft in Stockholm aus den Aussagen von alliierten Agenten, österreichischen Exilanten und NS-Informanten zusammengestellt wurden.[7] Denen zufolge herrschte unter dem gesamten Bürgertum eine Ernüchterung über die deutsche Herrschaft, vor allem unter den vielen Nazis, die sich immer noch grämten, dass Verwaltungs- und Parteiposten an Reichsdeutsche vergeben worden waren. Auch unter Geschäftsleuten herrschte ein ähnliches Gefühl der Benachteiligung, sowie eine Unzufriedenheit über die hohe Last der Kriegssteuern. Im Fall der Kleinunternehmer und -händler kam noch die Empörung über die zwangsweise Schließung kleiner Betriebe und Läden hinzu. Die Einbeziehung der Frauen in die Arbeiterschaft rief auch den Zorn der Ober- und der oberen Mittelschicht hervor, »weil sie häufig ihre Frauen und Schwestern bei einer Arbeit sahen, die sie gewöhnlich als eine Schande betrachteten«.[8] Alles in allem hatten die Wiener die Nase voll von der deutschen Herrschaft, waren aber nicht bereit, sich ihr zu widersetzen. »Von einem Widerstand seitens der Mittelschicht kann noch keine Rede sein«, erläuterte ein Informant. »Im März 1938 liefen sie alle zum Nationalsozialismus über, kaum dass Österreich annektiert war. Im Jahr 1943 distanzierten sie sich allmählich von ihm, weil der Nationalsozialismus sie enttäuscht hat. Er brachte Krieg, Leid und gewaltige Verluste an Menschenleben mit sich, sowie einen so genannten ›braunen Kommunismus‹.«[9]

Unter den Industriearbeitern überwogen ebenfalls Verärgerung und Opposition. Nach Quellen der Alliierten lehnte die Mehrheit der Wiener Arbeiter, vor allem in älteren Fabriken und im Transportsektor, weiterhin die Ideologie der Nationalsozialisten ab und blieb der gewerkschaftlichen Tradition treu. Fast alle sehnten sich nach einer Rückkehr zu einer pluralistischen Gesellschaftsordnung. Sie leisteten jedoch keinen aktiven Widerstand. Außerdem sprachen sie sich immer noch für den Anschluss aus, weil sie eine Rückkehr der Arbeitslosigkeit fürchteten, und zogen sogar die Bezeichnung Ostmark dem Namen Österreich vor, den sie mit dem Ständestaat in Verbindung brachten.[10]

Die meisten Augenzeugen sprechen einmütig von einer sinkenden Moral, Kriegsmüdigkeit und Apathie in Wien im Jahr 1943. In Anbetracht des Verlustes so vieler österreichischer Soldaten in Stalingrad hörten Tausende Familien den Sender Radio Moskau, weil sie hofften, etwas über das Schicksal der Angehörigen zu erfahren. Die Niederlage in Stalingrad löste eine Welle der Depression, aber auch der Kritik an der NS-Führung aus. Von örtlichen Parteiführern bis hin zu Göring wurde niemand verschont, mit Ausnahme von Hitler, der, wie in anderen Teilen Großdeutschlands, als eine einsame, tragische Vaterfigur angesehen wurde. Der anhaltende Mangel an Fetten und Gemüse wurde weiterhin beklagt, trotzdem waren sich die Leute im Allgemeinen einig, dass die Versorgung mit rationierten Lebensmitteln ausreichend sei.[11]

Ob den Wienern bereits 1943 wirklich »die Liebe zum Deutschen Reich« ausgetrieben worden war, darüber lässt sich streiten. Fredborg hält an seiner Ansicht fest, dass die »überwiegende Mehrheit der Österreicher die Trennung von dem Rest Deutschlands und vor allen Dingen von Norddeutschland wünscht«[12]. Andere Augenzeugenberichte lassen eher auf eine partikularistische Kritik an Hitlers Politik, Wien fortwährend unter die Aufsicht reichsdeutscher Beam-

ter zu stellen, schließen als auf einen Bruch mit dem Anschluss-
regime.[13] Was die NS-Behörden betrifft, wollte die Gestapo kein
Risiko eingehen und verstärkte die Razzien in Arbeitervierteln und
ihre Terrormaßnahmen gegen Dissidenten und Widerstandsgruppen. Der Wiener Generalstaatsanwalt meldete zwar keinen merklichen Anstieg der subversiven Tätigkeit in der ersten Hälfte des Jahres
1943[14], aber der Volksgerichtshof verhängte Hunderte von Todesstrafen. Es sollen »täglich zehn bis fünfzehn Nazigegner« in Josefstadt hingerichtet worden sein. Danach wurden die »Leichen und
die abgeschlagenen Köpfe in eine große Kiste geworfen und zu
einem offenen Massengrab« auf dem Zentralfriedhof gekarrt.[15]

Die Lage in den Reichsgauen

Außerhalb von Wien deckte sich die Haltung ebenfalls weitgehend
mit der in anderen Teilen Großdeutschlands herrschenden Stimmung. Wie im Altreich reagierte die Bevölkerung anfangs mit Entsetzen und Unglauben auf Hitlers Niederlage in Stalingrad, darauf
folgten Verzweiflung, Zynismus, Angst um das Los von Verwandten
an der Front und Wunschdenken.[16] Aus Ober- und aus Niederdonau
meldeten die Sicherheitsorgane eine Verblüffung darüber, dass »der
Führer zugelassen habe, dass ausgerechnet Ostmärker hier in den
Tod getrieben wurden«.[17] Mit dem Einbruch der Moral gingen ein
starker Anstieg des Kirchenbesuches und eine intensive Diskussion
über die Kriegsdauer einher, vor allem auf dem Land, wo das Kriegs-
geschehen kaum verstanden und weitgehend abgelehnt wurde. Die
Arbeiter wiederum reagierten eher zynisch und äußerten die Überzeugung, dass die Lebensbedingungen unter dem Bolschewismus
bestimmt nicht schlechter wären als unter dem jetzigen System.[18]
    Nachdem die Kapitulation von Stalingrad bekannt geworden war,
vergrößerte sich die Kluft zwischen der Partei und der allgemeinen
Bevölkerung zusehends. Die Behörden in Oberdonau meldeten Fälle
scharfer Kritik und persönlicher Beleidigung von Parteifunktionären. In Grieskirchen verpasste die Mutter eines gefallenen Soldaten
dem örtlichen Parteiführer eine Ohrfeige, als er ihr sein Beileid ausdrückte.[19] In Böheim griff ein Mann einen Ortsgruppenleiter mit
den Worten an: »Ihr mit euerm Abzeichen, ihr seid schuld an diesem

Scheißkrieg!«[20] Die Bemühungen der Berliner Reichsregierung, die Heimatfront für den totalen Krieg zusammenzuschweißen, riefen in Österreich in der Regel die gleichen Reaktionen hervor wie im Altreich. Lange vor der Kapitulation der 6. Armee an der Wolga hatte das Regime Vorkehrungen getroffen, um eine weitere Million Mann zum Dienst mit der Waffe einzuziehen. Frauen sollten zu diesem Zweck zum Arbeitsdienst herangezogen und alle weniger wichtigen Geschäfte und Betriebe geschlossen werden.[21] Wie in anderen Teilen des Großdeutschen Reiches reagierte die Mehrzahl der Österreicher auf die Einberufungsbefehle vom 13. Januar mit einer anfänglichen Zustimmung, auf die dann erste Bedenken sowie Klassen- und Geschlechtsspezifische Unmutsäußerungen folgten.[22] Einer ansehnlichen Zahl von Nachrichtendienstmeldungen aus Vorarlberg, Tirol, Ober- und Niederdonau zufolge wurde das »Durchkämmen« von Läden und Büroräumen nach Simulanten und Drückebergern weithin begrüßt, insbesondere weil man der Ansicht war, dass diese letzten Reserven die Pattsituation an der Ostfront beenden würden. Die Bekanntgabe der Schließung von Geschäften und Restaurants stieß ebenfalls auf allgemeine Unterstützung, nur nicht bei den Pächtern und Besitzern.[23]

Noch vor Goebbels' Rede vom »totalen Krieg« am 18. Februar wurde deutlich, dass die Maßnahmen des Regimes in erster Linie bei den unzufriedenen Angestellten und Industriearbeitern Anklang fanden. Die allgemeine Wirkung der Rede war anfangs »ungewöhnlich groß und im Ganzen sehr günstig gewesen«, doch Marlis Steinert hat nachgewiesen, dass ihre eigentliche Wirkung darin bestand, »die dem Regime entgleitende Volksmeinung wieder einzufangen und mit Hilfe der Unzufriedenheit breiter sozialer Schichten, angesichts immer noch bestehender augenfälliger Standesunterschiede, von der gefährlichen äußeren Situation abzulenken, in die das Reich immer weiter hineinglitt«.[24] Der SD meldete aus Innsbruck, dass die »Intelligenz« auf die Worte des Propagandaministers mit Spott reagiert habe und dass katholische »politische Gegner« die militärische Lage als hoffnungslos einschätzen würden. Das Gros würde jedoch Mut fassen und sei überzeugt, dass die deutsche Militärmacht am Ende die Gefahren und Bürden eines totalen Krieges auf sich nehmen müsse. In Linz fiel die Reaktion diametral entgegengesetzt aus:

Von den Bürgern hieß es, ihnen sei der Irrglaube geraubt worden, dass sie von den Alliierten bevorzugt behandelt würden, und die Katholiken würden wieder auf die Gefahren des Bolschewismus verweisen. Die Industriearbeiter hingegen rieben sich angeblich die Hände, weil die »Bessergestellten« jetzt möglicherweise gezwungen würden, in Munitionsfabriken zu malochen.[25]

Die Reaktion auf die Mobilisierungsversprechen des Propagandaministers fiel also genauso wenig wie im Altreich einheitlich aus. Unter den arbeitenden Männern und Frauen nahmen die Missgunst und der Hass gegen Frauen zu, die immer noch nicht arbeiten gehen wollten. Trotz der frauenfeindlichen Einstellung des NS-Regimes bildeten die deutschen und österreichischen Frauen, oder genauer Frauen im gebärfähigen Alter, eine der begünstigten Gruppierungen in der Gesellschaft. Seit Kriegsbeginn hatten sowohl militärische Befehlshaber als auch zivile Manager versucht, sie für die Kriegsproduktion zu gewinnen, aber selbst nach Stalingrad wollte Hitler nicht zulassen, Frauen im Alter von 17 bis 45 Jahren zwangsweise zum Arbeitsdienst heranzuziehen. Fakt ist, dass in Österreich etwas mehr Frauen arbeiten gingen als im Altreich (28,3 gegenüber 24,8 Prozent), aber es gab auch solche, die Pflegekinder adoptierten oder gar ein Baby vortäuschten, um nicht ans Fließband zu kommen. In den Touristengegenden der Ostmark und Bayerns war zu beobachten, dass sich allein stehende Frauen und die Frauen von Soldaten in Heilbädern aufhielten und Erholung suchten.[26] Der SD in Tirol beanstandete: »Wenn man die vielen geschminkten und in allen Farben schillernden Damen aus allen Gauen des Reiches in den Wintersportorten herumfaulenzen sehe, müsse man unbedingt der geredeten Erfassung der Arbeitspflichtigen Misstrauen entgegenbringen. Es ist meist auf den ersten Blick zu ersehen, dass es sich bei diesen Damen um keine erholungsbedürftigen Rüstungsarbeiterinnen handeln würde.«[27]

In der zunehmenden Feindseligkeit gegenüber den Skitouristen in den Alpenregionen des Großdeutschen Reiches spiegelt sich übrigens auch die veränderte Stellung Österreichs in der deutschen Kriegswirtschaft wider. Die nach dem Anschluss gegründeten Fabriken der Schwerindustrie gingen 1941 in Betrieb und steigerten rasch die Produktion. Neben den Gießereien und Walzwerken des Hermann-Göring-Komplexes zählten dazu die Aluminiumraffinerien in Ranshofen und Salzburg, die Kugellagerfabrik in Steyr, eine Fabrik für synthetische Fasern in Lenzing, Ölraffinerien in Lobau und die riesigen Messerschmittwerke in Wiener Neustadt. Im Jahr 1943 waren die österreichischen Fabriken für die deutsche Kriegswirtschaft bereits unverzichtbar geworden, vor allem Betriebe, die chemische Erzeugnisse, Sprengstoffe, Granaten, Panzer, Sturmgeschütze, Lokomotiven und Teile für U-Boote herstellten. Außerdem wurden wegen der zunehmenden Bombardierung von Industriestädten in Nord- und Westdeutschland Spezialbetriebe verlegt oder auf neue Standorte in der Ostmark verteilt, vor allem in den abgelegenen Alpentälern der Steiermark.[28]

Im Februar führte Generalfeldmarschall Manstein im Osten, 1500 Kilometer entfernt, mehrere Gegenangriffe gegen den Donezbogen, die Anfang März vorübergehend wieder die russische Front stabilisierten. Zu Hause brachte diese Meldung große Erleichterung und es kehrte ein wenig Zuversicht zurück. Über die militärische Lage und die Zukunftsaussichten war man sich aber nicht einig. In einer Reihe sehr differenzierter Berichte versuchte der SD in Innsbruck, das Kaleidoskop der Stimmungen zu interpretieren. Die Sicherheitsagenten deuteten an, dass die Parteigenossen sowie die Mehrzahl der Arbeiter wieder »ruhige Zuversicht« ausstrahlten. Im Gegensatz dazu seien höhere Beamten und Fabrikdirektoren recht verzweifelt, einige würden behaupten, nur ein Wunder könne das Reich vor dem inneren Zusammenbruch retten. Unter den Pensionären und Rentnern herrsche eine schreckliche Angst vor einer neuen Inflation. Was die katholische Landbevölkerung angehe, würden nur wenige Bauern den Sieg für möglich bzw. den Krieg der Mühen wert erachten. Viele von ihnen glaubten, Großbritannien und die Vereinigten Staaten würden bewusst die Ostmark von den Bombardements verschonen und hätten dank der Bemühungen von Otto von Habsburg sogar die Absicht, die österreichische Unabhängigkeit wiederherzustellen.[29]

Da die Flaute in den Kämpfen länger anhielt, mehrten sich die Spekulationen über den weiteren Kriegsverlauf. Die Bürger gaben sich zwar große Mühe, die Situation an der Front genauer zu verstehen, einige wagten es sogar, den Schweizer Sender Radio Beromünster oder den BBC einzuschalten, sie konnten sich aber nicht entscheiden, ob die Rote Armee möglicherweise in einem Sommerfeldzug endgültig unterworfen würde oder ob der Krieg im Osten endlos weitergehe. Das Eintreffen von Frontsoldaten auf Heimaturlaub hob die Moral, vor allem wenn diese verkündeten, der Einsatz von Giftgas würde Stalins Soldaten binnen weniger Monate erledigen. Meldungen von einem Anstieg der U-Boot-Erfolge im Nordatlantik sorgten ebenfalls für eine bessere Stimmung.[30] Andererseits wurde die Bevölkerung wieder von der Angst vor unmittelbar bevorstehenden Bombenangriffen erfasst, sobald der Winterhimmel über den Alpen aufklarte. Auch die Aussicht, weitere Hunderttausende von Flüchtlingen unterbringen zu müssen, die aus den zerstörten Städten im Ruhrgebiet in die Ostmark strömten, beunruhigte die Österreicher. In der Garnisonsstadt Krumau in Oberdonau weigerten sich mehrere Hundert Offiziere, Flüchtlinge in die Nähe ihrer Häuser zu lassen. Gerüchte kursierten, dass das Haushaltssilber und sogar Unterwäsche beschlagnahmt würden.[31]

Welche Zukunftsängste die Österreicher Anfang 1943 auch hegen mochten, ihre emotionale Bindung zu Hitler blieb weitgehend bestehen. Wie in den meisten Teilen des Großdeutschen Reiches neigte die Mehrheit der österreichischen Bevölkerung dazu, den »Führer« von der Kritik auszunehmen, den italienischen Verbündeten die Schuld für militärische Rückschläge zu geben oder Parteibosse für kriegsbedingte Einschränkungen verantwortlich zu machen. Während viele sich große Sorgen um Hitlers Gesundheitszustand machten, war das Vertrauen in seine Führung unerschüttert; Skeptiker hielten ihn für »zu überlastet«, um mit den innenpolitischen Problemen oder den Ungerechtigkeiten des Krieges fertig zu werden. Nach einem der wenigen öffentlichen Auftritte Hitlers in Linz an einem Sonntag im April 1943 breitete sich sofort wieder Optimismus aus: »Wenn der Führer wieder Zeit hat nach Linz zu kommen, so muss es nicht mehr so schlecht stehen.« [32]

Das Wiederaufleben des österreichischen Patriotismus

Für die Volksmeinung in den »Alpen- und Donaureichsgauen« des Großdeutschen Reiches – wie Berlin die Ostmark offiziell nach 1942 nannte – war ein Wiederaufleben des österreichischen Nationalgefühls und Nationalstolzes charakteristisch. Wie gezeigt, hielt sich unter katholischen Dorfbewohnern und Bauern, vor allem in Tirol und Niederdonau, ein starkes Gefühl der regionalen Identität, trieb von Anfang an ein echter Patriotismus die monarchistischen und kommunistischen Widerstandskämpfer an, und herrschte unter den Wienern seit Kriegsausbruch, wenn nicht sogar schon früher, tendenziell eine Feindseligkeit gegenüber den Deutschen. Dennoch erhielt die Vorstellung, den Staat wiederherzustellen, den vor nicht allzu langer Zeit keiner gewollt hatte, erst durch Hitlers Niederlage in Stalingrad einen starken Schub, oder genauer, die Kapitulation eröffnete die Aussicht auf die Wiedererrichtung einer Form der österreichischen Autonomie.

Anfangs handelte es sich um ein reines Wunschdenken. Die Österreicher hofften, dass ihre Verwandten, die in russische Gefangenschaft geraten waren, besser behandelt würden als die Reichsdeutschen. In Linz kursierten Gerüchte, dass österreichische Soldaten in Stalingrad besondere Abzeichen und Armbänder zur Erkennung getragen hätten, dass österreichische Kriegsgefangene in Großbritannien besseres Essen und wärmere Decken erhielten als die »Preußen« und dass Churchill die Absicht hätte, Österreich und Bayern nach dem Krieg zu einem von Otto von Habsburg regierten Staat zu vereinen. Vor allem in Kreisen der Mittelschicht wurde behauptet, dass die Alliierten österreichische Städte bewusst von Luftangriffen verschonen würden.[33]

Abgesehen von diesem Wunschdenken war auch viel Selbstmitleid zu beobachten, das mit einer Intensivierung der antideutschen Stimmung einherging. Selbst in Graz hörte man häufig die Leute sagen: »Berlin versteht die Österreicher nicht. Sie betrachten uns als Feinde, und sie geben sich keine Mühe, uns als Freunde zu behandeln.«[34] Aus anderen Orten meldeten Beamte eine Häufung NS-feindlicher Wandschmierereien und aus Tirol eine alarmierende Renaissance des österreichischen Patriotismus. Einem bemerkenswerten Dokument zufolge hofften viele Tiroler Katholiken tatsächlich, dass das Reich im nächsten Sommer zusammenbrechen werde.[35]

Es besteht kein Zweifel daran, dass die Niederlage in Stalingrad einen »Sinn für die österreichische Andersartigkeit« in Erinnerung rief, wie der britische Historiker Robert Knight es nannte, der »einen

Anstoß zum Widerstand geben konnte und in manchen Fällen auch tat«.[36] Dennoch ist es schwierig zu beurteilen, bis zu welchem Grad dieses neue Gespür für die österreichische Identität auf Tagträumen, Unzufriedenheit, antideutschen Stimmungen, auf einer Ablehnung der NS-Ideologie, Opportunismus oder auf authentischem Patriotismus basierte.

Aller Wahrscheinlichkeit nach war dieser »österreichische Sinn« für die meisten Menschen eine Verdrängungsreaktion oder eine natürliche Tendenz, in Krisenzeiten wieder auf regionale Loyalitäten zurückzugreifen. Vieles deutet auch auf eine geradezu schizophrene Denkweise hin: auf eine Tendenz, von der österreichischen Unabhängigkeit zu träumen, während sie die Sache des Großdeutschen Reiches weiter unterstützten.[37] In Tirol entwickelte sich, oder erwachte von neuem, vielleicht die stärkste patriotische Haltung – in der rauen Alpenregion, wo am Ende des Krieges ein Aufstand der Bewohner tatsächlich Innsbruck befreien sollte. Allerdings muss man sich hier vor Augen halten, dass auch in Teilen Württembergs und Bayerns starke partikularistische Strömungen aufkamen, vor allem in katholischen, konservativen Gegenden, wo »der Nationalsozialismus nur teilweise in die Subkultur eingedrungen war«, wie Kershaw bemerkt.[38]

Viele Österreicher nahmen Hitler immer noch von jeder Kritik aus und hielten ihm die Treue. In Tirol-Vorarlberg stieg die Mitgliederzahl der NSDAP bis in den Mai 1943 hinein an.[39] Gewiss lässt sich nicht leugnen, dass die »Heimtückedelikte«, illegale Flugblätter und die Aktionen der Widerstandsgruppen an Zahl und Ausmaß um ein Vielfaches zunahmen, aber diese Phänomene waren keineswegs auf die Ostmark beschränkt. Wie der Generalstaatsanwalt in Graz betonte, ging überdies ein Großteil des Anstiegs politischer Verbrechen unter den Fabrikarbeitern auf das Konto von »Fremdarbeitern«.[40] Im Gegensatz zum Altreich wurden keine offenen Akte der Zivilcourage beobachtet, wie beispielsweise die heldenhaften Flugblattaktionen der Weißen Rose in München.[41] Und ein letzter Punkt: Mit wem auch immer die Österreicher sich solidarisiert haben mochten, pazifistische Gefühle oder gar ein Streben nach demokratischen Idealen waren der Majorität fremd. Die Haltungen der Menschen in der Ostmark bildeten, nach Ansicht des amerikanischen OSS, eine Mischung aus nostalgischer Trauer um die Monarchie, aus einer notgedrungenen Friedenssehnsucht, aus Verwirrung und einem »tiefen Misstrauen gegenüber den Absichten der Alliierten«.[42]

Frühjahrsmüdigkeit

Alles in allem hob sich die Stimmung in Österreich weiterhin nicht allzu sehr von dem deutschen Durchschnitt ab, auch wenn Hitlers Beliebtheit in der Ostmark offenbar größer war als in anderen Teilen des Reiches – vor allem in den von Alliierten bombardierten Städten.[43] Mehrere Monate lang entsprach die allgemeine Stimmung einer Art Betäubung, die mit den Worten »ruhig«, »verlässlich«, »im Allgemeinen zuversichtlich«, aber auch mit »kriegsmüde«, »gedrückt und lustlos« charakterisiert wurde. Selbst als Mansteins Truppen Charkow zurückeroberten, wurde über die Kämpfe im Osten vergleichsweise wenig gesprochen. Einige Österreicher spekulierten, dass die Rote Armee endlich mit einer letzten Offensive zerschlagen werden könne, andere äußerten Zweifel, dass der Krieg überhaupt beendigt werden könne – geschweige denn gewonnen, und die meisten gaben überhaupt keinen Kommentar ab.[44]

Einmal mehr wandten sich die Menschen wieder den Sorgen über kriegsbedingte Engpässe zu. Auf die Ankündigung, dass die Tabakration deutlich gekürzt werde, reagierten sie überrascht und verärgert, teils weil Raucher behaupteten, Zigaretten seien unverzichtbar, um den Hunger zu stillen, teils weil der ganze europäische Tabakanbau fest in deutscher Hand war. Da Hitler es nicht geschafft hatte, Europas »Kornkammer« in der Ukraine zu sichern – ein Hauptziel des Überfalls auf die UdSSR –, kursierten erste Gerüchte über eine weitere Kürzung der Lebensmittelzuteilungen. Als Mitte Mai die Fleischration drastisch gekürzt wurde, reagierte die Bevölkerung mit »tiefer Niedergeschlagenheit«. Es wurde auch Kritik an Göring laut, weil er seine großspurigen Versprechen, die er einige Monate zuvor beim Erntedankfest gegeben hatte, nicht gehalten hatte. Allerdings wurde kaum ein feindliches Wort über Hitler registriert.[45]

Die Meldung von dem Verlust Tunesiens am 13. Mai kam zwar nicht unerwartet, bewirkte bzw. unterstützte aber eine pessimistische Haltung, Apathie und ernste Zweifel am Ausgang des Krieges. Wie in anderen Teilen Großdeutschlands nährte die Kapitulation des Afrikakorps die weit verbreitete Ablehnung Italiens, nicht zuletzt weil Mussolinis Soldaten gescheitert waren. Ebenso schwer wog die plötzliche Erkenntnis, dass die Grenzen des Reiches durch eine alliierte Invasion auf der Halbinsel, eine Kapitulation Italiens oder beides in Gefahr waren. Bei der Meldung, dass wieder ungezählte Bomben auf Großstädte in West- und Norddeutschland gefallen seien, erkannten die Bayern und Österreicher, dass auch sie nicht länger gegen Luftangriffe gefeit waren. Als ein Zeichen für die Schizophrenie dieser Wochen meldete der SD in Innsbruck, dass die meisten Tiroler zwar positiv über die westlichen Alliierten sprechen würden und die Ansicht verträten, London und Washington verschonten österreichische Städte absichtlich, dass viele derselben Personen aber Beifall klatschten, wenn vorgeschlagen wurde, gefangen genommene britische und amerikanische Piloten aufzuhängen.[46]

Änderungen im Sozialverhalten

Wie in anderen Teilen Großdeutschlands nahmen im Frühjahr politische Vergehen, Straftaten wie »Heimtückedelikte«, das Abhören ausländischer Rundfunksender und der Schwarzmarkthandel stark zu.[47] Es wurden nur wenige Fälle gewöhnlicher Straftaten gemeldet, dafür aber vielfache Veränderungen im Sozialverhalten und im Sexualleben. Indizien hierfür waren der erhöhte Verkauf von Verhütungsmitteln, die Trennung von Paaren bzw. Scheidung unzähliger Ehen und gehäufte Anträge auf Legitimierung des Geschlechtsverkehrs zwischen einsamen Hausfrauen und Kriegsgefangenen.[48] Am 1. Juli meldete der Generalstaatsanwalt in Wien, dass die Moral in seinem Distrikt zwar nicht als »schlecht« bezeichnet werden könne, dass er und die Gestapo aber »eine gewisse Stimmung der Apathie« beobachtet hätten.[49]

Anlass zur Besorgnis gab offenbar auch die große Zahl der Ausländer in der Stadt, von denen viele auf dem Schwarzmarkt Handel trieben und sich einheimischen Frauen näherten. Die Behörden waren über einen starken Anstieg des »unerlaubten Verkehrs« zwischen Wienerinnen und französischen Kriegsgefangenen außerordentlich aufgebracht: Die Beschuldigten seien nicht nur Mädchen gewesen, sondern in erster Linie Frauen, die recht oft geschlechtliche Beziehungen mit Kriegsgefangenen unterhalten würden. Schlimmer noch, selbst die Frauen von Soldaten im aktiven Dienst scheuten sich nicht, intime Beziehungen zu Kriegsgefangenen zu pflegen.[50]

Jugendliche distanzierten sich mehr und mehr von der NSDAP und ihren Organisationen. Wie in den Städten West- und Norddeutschlands meldete der SD eine Zunahme der Jugendkriminalität und – in Wien und Hellabrunn – eine steigende Zahl von Schlägereien zwischen Teenagerbanden der Schlurfs und der Hitlerjugend.[51] Die weitgehend aus Arbeiterjungen zusammengesetzten Banden der Schlurfs hatten sich ungefähr seit der Zeit des Anschlusses im Prater oder an Straßenecken getroffen. Nach Kriegsausbruch zog es eine Anzahl von Lehrlingen, Hilfsarbeitern in der Rüstungsindustrie und anderen jungen Männern zu ihnen, die vom Militärdienst verschont worden waren, darunter einige »Außenseiter« und Invalide. Wie die anderen Jugendbanden im Großdeutschen Reich bildeten auch die Schlurfs eine Subkultur, die die »fremdbestimmte Verplanung« ihrer Freizeit[52] durch die Hitlerjugend oder den Bund deutscher Mädel ablehnte. Die sonst unpolitischen Schlurfs trachteten danach, die legere Eleganz Hollywoods nachzuahmen. Sie trugen auffällige, zweireihige Nadelstreifenanzüge, ließen sich die Haare lang wachsen, kämmten sie fein säuberlich, schmierten sich Pomade in die Haare und banden sie hinten zu einem »Schwalbenschwanz« zusammen. Und natürlich legten sie die etwas melancholische Coolness an den Tag, die in der Nachkriegszeit von James Dean verkörpert wurde. Einige Schlurfs wurden zu Spielern, machten Geschäfte auf dem Schwarzmarkt oder betätigten sich als Zuhälter, die Mehrheit verbrachte ihre Freizeit damit, sich in Bars herumzutreiben, Jazz zu hören und eine »heiße Sohle« mit ihren Freundinnen, den »Katzen«, zu tanzen.[53]

Im Gegensatz zu den Banden der Arbeiterjugend im Altreich, deren Mitglieder an den Wochenenden zuhauf per Anhalter durch die Gegend reisten oder wandern gingen, zog es die Schlurfs zum Prater, wo sie sich von sozialistischen oder kommunistischen Gruppen im Untergrund vollkommen fernhielten, Gitarre spielten und das Gebaren der Wiener Gecken nachäfften. Sie richteten ihren

Hass gegen die Hitlerjugend, über deren Formationen sie sich wegen des zwanghaften Drills, der strammen Disziplin und der hirnlosen Konformität lustig machten.

Bis 1941 gelang es den Schlurfs, mit den Behörden nur selten in Konflikt zu geraten. Als während des Krieges aber die allgemeine Situation immer prekärer wurde, sollten auch sie, wie von Himmler angeordnet, als abweichende Jugendgruppe zerschlagen werden. Truppen der Hitlerjugend, gelegentlich unterstützt von Einheiten der Polizei, der SA oder des NSKK, stürmten die Stammlokale und Treffpunkte der Schlurfs, verprügelten sie und schoren ihnen die Köpfe. Die Schlurfs rächten sich ihrerseits mit mehr oder weniger dezenten Störungen nationalsozialistischer Aufführungen von Volksmusik, indem sie während der Veranstaltungen johlten oder lautstark Kommentare zwischenriefen. Im August 1942 erschienen sie in großer Zahl bei einem Konzert der Hitlerjugend in dem berühmten Sofiensaal im Dritten Bezirk. Nach den ersten Aufführungen machten die Schlurfs und ihre Begleiterinnen Anstalten, den Saal zu verlassen; über die Volks- und Jugendlieder brachen sie in Gelächter aus oder diese »wurden durch dauernden Applaus gestört«.[54]

Im Verlauf des folgenden Jahres eskalierten die Zusammenstöße zwischen den Schlurfs und der Hitlerjugend. Es kam zu Krawallen in Wiener-Atzgerdorf, zu Prügeleien im Prater und zu Steinwürfen gegen mehrere Ortsgruppenzentren der Hitlerjugend. Ende Sommer 1943 meldete die Gestapo einen Überfall auf ein Wohnheim der Hitlerjugend in Wiener Neudorf, bei dem Trommeln zerschlagen und Bilder von Hitler und Schirach in Stücke gerissen wurden.[55] Die NS-Ortsgruppe in Wienerfeld berichtete außerdem von obszönen Vorfällen: »Während der Mann L. G. im Wehrdienst steht...empfängt die Frau fast täglich Besuche junger Burschen. Ja, es sind oft fünf und sechs solcher Schlurfe, welche tagsüber und bis spät nachts zu Besuch sind. Da wird gelärmt und gejohlt, Grammophon gespielt, getanzt oder bis zwei Uhr früh Karten gespielt... Frau R. (die Nachbarin) sah von ihrem Fenster aus die Frau G. splitternackt auf dem WC, die Tür desselben offen, obwohl eine Menge solcher Schlurfe zu Besuch waren.«[56]

Flüchtlingsprobleme

Hitlers Streitkräfte gaben sich unterdessen alle Mühe, die Feinde in Schach zu halten. In den Monaten nach den Niederlagen von El Alamein und Stalingrad hatte sich die militärische Lage zwar eine Zeit lang etwas stabilisiert, doch im Sommer 1943 folgte eine ganze Reihe von unvermuteten Rückschlägen, unter anderem der Verlust Siziliens, die Niederlage gegen die Rote Armee bei Kursk und der Sturz Mussolinis in Italien. An der Heimatfront drückten diese Meldungen die Stimmung sehr; noch schlimmer fanden die Österreicher natürlich, dass alliierte Bomber über einem Halbkreis von Großstädten, der vom Ruhrgebiet bis nach Hamburg reichte, Brand- und Sprengbomben abwarfen. In den Feuerstürmen kamen Tausende von Zivilisten ums Leben. Alle Quellen sprechen von einer immensen Demoralisierung, das Ansehen des NS-Regimes war auf einen Tiefstand gesunken.[57]

Die Meinungsschwankungen in der Ostmark verliefen weiterhin parallel zu denen im Altreich – wenn auch unterschiedlich motiviert. Häufig wurden Mutmaßungen angestellt, dass die Habsburgermonarchie wiederhergestellt werde. Der SD meldete ein positives Echo auf Rundfunkreden von Goebbels und vom Rüstungsminister Albert Speer, vor allem unter Fabrikarbeitern. Die Bevölkerung war jedoch zu der quälenden Erkenntnis gelangt, dass ein Ende des Krieges noch längst nicht in Sicht sei. Die meisten Österreicher wirkten kriegsmüde, niedergeschlagen und desillusioniert: Viele klammerten sich bereits an Gerüchte von Geheimverhandlungen zwischen den Alliierten und den Achsenmächten in Spanien, andere äußerten sich zuversichtlich, dass der Aufbau eines Ostwalls das Gemetzel in Russland beenden werde. Den Behörden zufolge zeigten die Landbewohner nach außen hin wenig Interesse an den militärischen oder politischen Entwicklungen. Hier und da wurde gehört, dass Bauern über das »freche und anmaßende Benehmen« der Zwangsarbeiter auf ihren Höfen murrten, vor allem nach der Ermordung eines Kuhhirten durch einen polnischen Landarbeiter in der Nähe von Schwaz.[58]

Die Meldung, dass die Alliierten die italienischen Inseln Pantelleria und Lampedusa Mitte Juni eingenommen hätten, sorgte in

Österreich für einige Diskussionen, aber der Luftkrieg über West-
und Norddeutschland erregte die größte Besorgnis. Die staatlichen
Medien gaben nur wenige Informationen weiter, aber die Bewohner
in Vorarlberg, Tirol und anderen Gauen, die von deutschen Flüchtlingen und Touristen überrannt wurden, erfuhren tagtäglich Horrorgeschichten von diesen. Merkwürdigerweise reagierte die einheimische Bevölkerung auf die Berichte von Leid und Zerstörung unter
dem Bombenhagel nicht so sehr mit Empathie – auch wenn Einzelne tiefes Mitleid mit den Betroffenen empfanden –, sondern mit
Grauen und Abneigung gegen die Deutschen selbst. Genau wie Hitlers Forderung, in Wien ein besonders strenges Regiment zu führen,
in der Donaumetropole für Empörung gesorgt und zugleich ein
starkes Identitätsgefühl bewahrt hatte, so schürte der Strom Tausen-
der verzweifelter Flüchtlinge in den »Luftschutzkeller des Reiches«
den Groll gegen die »preußischen« Eindringlinge. Es deutet zwar
wenig darauf hin, dass eine gegen den Anschluss gerichtete Haltung
aufkam – abgesehen von den traditionell katholischen Konservativen –, doch der Unmut der Einheimischen richtete sich immer stärker gegen die »Volksgenossen« im Altreich.[59]

Am 5. Juli meldete die SD-Leitstelle in Innsbruck, dass in Tirol
und Vorarlberg die ganze Bevölkerung von einer gewaltigen Angst
vor unmittelbar bevorstehenden Luftangriffen erfasst worden sei.
Angesichts der intensivierten Maßnahmen des Zivilschutzes, zu
denen die zwangsweise Räumung der Dachgeschosse, Vorräte von
Sandsäcken und Feuerlöschern sowie Verdunkelungsmaßnahmen
zählten, sei diese Angst auch nicht verwunderlich. Nach allgemeiner
Überzeugung, so die Sicherheitsbeamten weiter, sei die Ostmark bislang zwar von Angriffen britischer und amerikanischer Bomber verschont worden, wegen der Ankunft so vieler reichsdeutscher Flüchtlinge sei sie mittlerweile jedoch zu einem Hauptangriffsziel
geworden. Als der Kölner Dom von der Royal Air Force getroffen
worden war, empörten sich viele und waren enttäuscht, dass Hitler
nicht zurückgeschlagen hatte, manche empfahlen sogar den Einsatz
von Giftgas. Da Tausende neuer Flüchtlinge aus Köln und Wupper-
tal in die Ostmark strömten, beklagten sich österreichische Bauern,
dass ihnen bald Haus und Hof leer gegessen werde.[60]

Trotz Gauleiter Hofers offiziellen Willkommensgrußes waren nur wenige Tiroler bereit, den Flüchtlingen eine helfende Hand zu reichen. Stattdessen schimpften sie über die Evakuierten, weil sie kostbare Hotelzimmer belegten, sich ungehörig betrugen oder kleinere Diebstähle begingen. Außerdem ärgerten sich viele über die Volkswohlfahrt (NSV), weil bei der Organisation etliche Fehler begangen worden waren und weil die zuständigen Mitarbeiter schlecht improvisierten, vor allem im Zusammenhang mit der anscheinend willkürlichen Beschlagnahme von Räumen und Unterkünften. Aus einem Bericht aus Bregenz geht hervor, dass Einheimische den heimatlosen oder vertriebenen »Preußen« Obdach sogar verweigerten. Ein anderer Bericht aus Scharnitz in der Nähe von Seefeld versicherte, dass die Gastwirte die Flüchtlinge mieden, deren Betten nicht machten oder keine sauberen Laken und Handtücher zur Verfügung stellten. In Kufstein schlug ein Hoteldirektor einer ausgebombten Mutter und ihrem Kind die Tür vor der Nase zu, obwohl er zugesagt hatte, ihnen Kost und Logis zu geben. Es gab auch Meldungen von fehlgeleiteten Zügen und handgreiflichen Auseinandersetzungen in den Dienststellen der NSV.[61]

Die Zusammenstöße zwischen den Evakuierten und Einheimischen gingen aber keineswegs einseitig von den Letzteren aus. In Tirol wurde über rheinische Hausfrauen berichtet, die unrealistische Forderungen stellten und beleidigende Bemerkungen fallen ließen, ja in einigen Fällen sogar ihren Gastgeber bei der Gestapo denunzierten. Außerdem stritten sich die zwangsweisen Bewohner häufig um Bügeleisen, Nähmaschinen oder andere Haushaltsgeräte – von den Badeeinrichtungen ganz zu schweigen. In Wien wurden die Animositäten durch Meldungen von Diebstählen und flegelhaftem Benehmen seitens der deutschen Flüchtlinge noch angeheizt.[62]

Der Sturz Mussolinis

Mitten in diesem außerordentlich angespannten Sommer, der von Verwirrung, Sorgen und gegenseitigen Schuldzuweisungen geprägt war, kam die Nachricht von der Absetzung Mussolinis durch seinen eigenen Großen Faschistischen Rat. Nach den Angaben der Sicherheitsorgane traf diese Meldung die Bevölkerung »wie ein Blitz«[63]. Das Entsetzen saß den Österreichern in den Gliedern, vor allem in

Tirol, wo die Bewohner eine sofortige Ausweitung der Kämpfe bis in die Alpenregionen befürchteten. Die örtliche SD-Leitstelle meldete: »Die durch die ersten Rundfunkmeldungen über den Rücktritt (!) Mussolinis eingetretene Schockwirkung ist im hiesigen Gaugebiet zweifellos in besonderem Maße zu verzeichnen, da in der hiesigen Bevölkerung die zum Teil noch lebhafte Erinnerung an den Treuebruch Italiens im Jahr 1915 wach ist.«[64]

Dennoch fiel die Reaktion keineswegs einheitlich aus. »In Gegnerkreisen hat dieses Ereignis große Freude ausgelöst und man ist hier der Meinung, daß dies der Anfang vom Ende sei«, meldete der SD. Unter den katholischen Konservativen habe es eine »lebhafte Agitationstätigkeit« gegeben, sogar die an Hitler gerichtete Aufforderung zum Rücktritt. »Auch aus Bregenz wird gemeldet, dass klerikale Gegner sich äußern, dass die Regierungsumbildung in Italien das Kommen des Kriegsendes ›so oder so‹ beschleunigen werde. Auch einzelne Meldungen aus Innsbruck besagen, dass es in Geschäften verschiedentlich zu gehässigen Äußerungen gegen die Führung gekommen sei. Auf einem der Eisenbahnerpersonalhäuser in der Amraserstraße befand sich eine mit grüner Kreide angebrachte Inschrift: ›Tiroler, Augen auf, 1943 = 1918!‹« Der Zusammenbruch des italienischen Faschismus nährte sowohl die Hoffnungen der Flüchtlinge aus Südtirol als auch der einheimischen Veteranen des Ersten Weltkrieges. Überlebende der Kämpfe in den Dolomiten sprachen offen davon, dass sie mit ihren Erzfeinden abgerechnet hätten; einige prahlten sogar damit, dass sie wieder eingerückt seien.[65]

Anfang August erreichten die widersprüchlichen Gefühle einen Höhepunkt. Als ganze Wagenladungen von Soldaten und Ausrüstung über den Brenner zogen, richteten die meisten Österreicher ihre Enttäuschung und Wut gegen die Italiener, die sie als *Katzelmacher* oder *Tschingeler* beschimpften, und forderten lautstark militärische Vergeltungsschläge. Gleichzeitig traten verstärkt traditionelle Konservative auf den Plan und behaupteten, Otto von Habsburg halte immer noch seine schützende Hand über die Ostmark, damit sie von Luftangriffen verschont bleibe: »Wem verdankt ... die Ostmark ihre bisherige Verschonung von Luftangriffen? Nur dem Kaiser und seiner Einflussnahme bei den Anglo-Amerikanern. Jeder müsse einsehen, dass es kein Zufall sei, wenn bisher nicht eine Bombe auf

Österreich fiel. Wäre ›ER‹ [Otto] nicht, so würde es hier ebenso furchtbare Zerstörungen geben wie in Hamburg, Essen und anderen deutschen Städten.« [66] In welchem Ausmaß diese Argumentationsweise bei den Menschen jedoch Anklang fand, vor allem inwieweit sie einen österreichischen Patriotismus »erweckte« – wie einige Nachkriegshistoriker behaupteten –, ist schwer zu sagen. Aus den Quellen geht immerhin hervor, dass die Herzen der Österreicher nach Mussolinis Sturz von einem weit größeren Grauen gepackt wurden als nach Hitlers Niederlage in Stalingrad, weil die Gefahr, von alliierten Bomben in die Luft gesprengt oder verbrannt zu werden, immer näher rückte. Das Gros gab allen und jedem die Schuld, nur nicht sich selbst.

Natürlich scheuten sie sich nicht, ihre deutschen »Brüder und Schwestern« mit Beleidigungen zu überschütten. Der Grund dafür lag auf der Hand. Besucher aus dem Altreich betrachteten die Ostmark gemeinhin als eine Art nationalsozialistisches Disneyland, als braunes Mekka, ein paradiesisches Urlaubsziel – und sonst gar nichts. Der Haken an der Sache war, dass nur wenige Einheimische selbst der Auffassung waren, sie würden in einem Freizeitpark leben, schon gar nicht im Krieg. Nach Angaben des SD wurden den Deutschen häufig Schleichhandel, Diebstahl und anmaßendes Betragen vorgeworfen. Es kam auch zu gewalttätigen Zwischenfällen. »Eine Frau aus dem Altreich mit lackierten Fingernägeln, purpurnem Mund und einem Foxhündchen entfesselte in einem Kaufmannsladen einen Streit, weil sie der Ansicht war, dass man in der Ostmark noch alles ohne Marken bekomme. Daraufhin sei sie von einheimischen Frauen mit derartigen Schimpfworten überfallen worden, dass sie es vorgezogen habe, das Geschäft zu verlassen.« Deutsche Touristen wurden verprügelt, weil sie im Gebirge wilde Beeren gesammelt hatten. Tiroler setzten Gerüchte in Umlauf, dass Berlin die Absicht habe, Tirol zu einer preußischen Provinz zu machen und die hiesige Bevölkerung in Polen oder in der Ukraine neu anzusiedeln. Den Sicherheitsorganen zufolge wünschte sich die überwältigende Mehrheit der Tiroler, dass die Reichsdeutschen so schnell wie möglich wieder verschwinden sollten.[67]

Trotzdem wendeten sich anscheinend nur sehr wenige Österreicher vom Krieg oder der militärischen Führung ab. Freilich sehnten sich fast alle nach einem Ende des Konfliktes; viele brachten offen ihre Enttäuschung über bestimmte Aspekte des Anschluss-Regimes zum Ausdruck, vor allem über das Verhalten von reichsdeutschen Parteifunktionären. Doch die vorliegenden Quellen lassen auf eine starke, breite Unterstützung der deutschen Streitkräfte schließen. Am 16. August schrieb die SD-Leitstelle in Innsbruck, dass die Zivilbevölkerung wieder »Zuversicht und Ruhe« ausstrahle. Es herrschte wieder ein allgemeines Vertrauen in die Führung, vor allem unter den Fabrikarbeitern, von denen viele eine Strafaktion gegen Italien erwarteten. Ein Arbeiter meinte: »Diesmal kann der Welsche nicht mehr so mit uns spielen wie 1918; jetzt muss er tanzen, wie wir pfeifen.« Die allgemeine Stimmung hob sich auch beim Anblick der massiven deutschen Truppenverstärkungen, die auf dem Weg nach Italien durch den Westen des Landes rollten. Aus Innsbruck meldete der SD: »Der Geist dieser Truppen, ihr Auftreten und ihre ausgezeichnete Ausrüstung, besonders die der zahlreichen SS-Verbände, hat, wie aus verschiedenen Berichten zu entnehmen ist, ihre gute Wirkung auf die einheimische Bevölkerung nicht verfehlt.«[68]

Unterdessen tauchten am frühen Nachmittag des 13. August plötzlich 61 B-24-Liberator-Bomber der 9. Luftflotte der US Air Force am Himmel über Wiener Neustadt auf, einer kleinen Industriestadt südlich von Wien, in der früher Waffen für das Habsburger Reich geschmiedet und jetzt Jadgflugzeuge, Lokomotiven und Raketenantriebe für Hitlers Krieg hergestellt wurden. Innerhalb von wenigen Minuten bombardierten die amerikanischen Flugzeuge die Stadt dermaßen, dass ein Drittel der Flugzeugfertigung zerstört war und die Produktion für einen Monat brach lag. Auch wenn vergleichsweise wenig Zivilisten ums Leben kamen, löste der Angriff eine Panik aus: Hunderte von Arbeitern flüchteten schleunigst aufs Land und eine allgemeine Fluchtbewegung der Stadtbewohner in die Randgebiete setzte ein. Der Vorfall demoralisierte die Bevölkerung sehr und der städtische Polizeidirektor erklärte: »Seit diesem Fliegerangriff neigt die Bevölkerung zu Unruhe und Furcht. Das Vertrauen der Bevölkerung«, fuhr er fort, »und der Glaube an den Endsieg ist stark erschüttert worden und es sind in steigendem Maße pessimistische Äußerungen zu hören.«[69]

Gegen Ende August fiel die Moral in der Ostmark und im Altreich erneut auf einen Tiefstand. Die Meinungsberichte des SD aus ganz Tirol und Niederdonau ließen auf eine tiefe Niedergeschlagenheit und auf eine große Friedenssehnsucht schließen. Nur wenige Tage vor dem vierten Jahrestag des Kriegsbeginns wurde ganz Großdeutschland von der Meldung erschüttert, Charkow sei in die Hände der Roten Armee gefallen. Alle aufmerksamen Nachrichtenhörer wandten sich plötzlich der Ostfront zu, wo die nie gemeldete Niederlage bei Kursk einen Rückzug bis zum Dnjepr zur Folge gehabt hatte. Zwar hatten nur wenige Deutsche oder Österreicher eine Vorstellung davon, in welch katastrophaler Lage sich die Wehrmacht befand, doch die Gefahr, die Nahrungsreserven und Bodenschätze der Ukraine zu verlieren, stand allen deutlich vor Augen. Die immer größeren Scharen alliierter Bomber am Himmel über dem unteren Inntal ließen bald alle Hoffnungen schwinden. In mondhellen Nächten, meldete der SD, wimmelte es in den Wäldern um Innsbruck vor Campern, die sich vor alliierten Luftangriffen in Sicherheit bringen wollten. Am oberen Inn behauptete die stramm katholische Bevölkerung immer noch, dass Österreich von Angriffen verschont werde. Die Mehrheit der Einheimischen vertrat die Auffassung, der Angriff auf Wiener Neustadt sei ein Versehen gewesen.[70]

In dieser Krisenstimmung zog die Unzufriedenheit mit dem NS-Regime in der ganzen Ostmark weite Kreise. Die vorliegenden Meinungsüberblicke lassen vermuten, dass die Kritik anfangs wohl unter den deutschen Flüchtlingen offener geäußert wurde als unter den Österreichern, doch die SD-Außenstellen meldeten zugleich, dass die Zahl einheimischer Radiohörer, die den Schweizer Sender Beromünster hörten, drastisch gestiegen sei. Darüber hinaus wurde eine Vielzahl von Wandschmierereien registriert, die unter anderem ein »christliches, gottesfürchtiges Österreich« forderten sowie »Heil Österreich!« wünschten. Selbst Hitler war nicht länger von Angriffen ausgenommen: Ein Bauer erklärte öffentlich, der Führer solle endlich mit dem Ganzen Schluss machen, und ein Arbeiter meinte, mit dem Führer könne es keinen Frieden geben, ein anderer müsse die Regierung übernehmen, am besten ein Kaiser. Selbst unter den Parteiaktivisten herrschten Besorgnis und Unzufriedenheit. Wie im Altreich wurden auch in der Ostmark nur noch selten die Parteiabzeichen getragen, der »deutsche Gruß« wurde kaum mehr gebraucht.

Am ersten Schultag erteilte beispielsweise der Schulleiter in Hohen-
ems dem Lehrkörper ausdrücklich die Anweisung, den Hitlergruß
zu verwenden und untersagte das traditionelle »Grüß Gott«.[71]

Der Abfall Italiens

Am frühen Abend des 9. September 1943 meldete der deutsche
Rundfunk die Landung der amerikanischen 5. Armee bei Salerno,
südlich von Neapel. Obwohl die Meldung längst erwartet wurde,
war sie von schockierender Wirkung. Vierundzwanzig Stunden später hielt Hitler eine kurze Ansprache per Radio. Er würdigte Mussolini, kritisierte scharf die »reaktionären und deutschfeindlichen
Kreise« um den Nachfolger des Duce, Marschall Badoglio, und gab
zu verstehen, dass weder die alliierte Invasion noch Roms Seiten-
wechsel überraschend gekommen wären. Allen Berichten zufolge
hob Hitlers Rede die Stimmung enorm, vor allem weil auf sie eine
Meldung des Militärs folgte, dass die italienischen Einheiten in Italien, Albanien, Kroatien, Griechenland und Frankreich entwaffnet
worden seien. Zwei Tage später folgte eine noch erstaunlichere Meldung: SS-Kommandos unter dem Befehl von Otto Skorzeny hatten
Mussolini in den Apenninen befreit.[72]
    Wie üblich beurteilte Goebbels die allgemeine Stimmung einiger-
maßen zutreffend: »Die Nachricht von den schweren Schlägen gegen
Italien, insbesondere von der Einnahme Roms, wie die Führerrede
haben auf das deutsche Volk außerordentlich aufpulvernd gewirkt.
Es ist fast so, als befänden wir uns in den Jahren 1939 und 1940
auf einem großartigen und erfolgreichen Vormarsch.«[73] Das Reichs-
sicherheitshauptamt fügte hinzu: »Die Art und Weise, wie die
zunächst als kritisch angesehene Situation von der deutschen Führung gemeistert wurde, ist als Zeichen für die deutsche Wendigkeit
und Stärke und die ungeschwächte Schlagkraft der deutschen Wehrmacht angesehen worden.«[74]
    Die gewaltige Erleichterung beschränkte sich keineswegs auf die
Deutschen. In der Ostmark war die positive Stimmung sogar besonders ausgeprägt, wo die Verachtung Italiens viel unmittelbarer war.
Die Österreicher reagierten auf Hitlers Rede mit Befriedigung,
Freude und sogar Begeisterung. Nachdem sie die zuversichtliche

Stimme ihres Landsmannes gehört hätten, hieß es, würden viele auf
Rache hoffen, zum einen an den Italienern wegen ihres Verrats und
zum anderen an den Briten wegen der Bombenangriffe. Freilich
sehnten eingefleischte katholische Konservative und Kommunisten
immer noch den Zusammenbruch des NS-Regimes herbei, aber
selbst in »feindlichen Kreisen«, schrieb der SD, werde sehr begrüßt,
dass mit Italien abgerechnet und Südtirol für deutsche Familien wie-
dergewonnen worden sei. Diese allgemeine Haltung war so stark,
dass aus Innsbruck gemeldet wurde, die italienischen Einwohner
würden scharenweise um Schutz flehen oder in der Kirche Zuflucht
suchen.[75]

Die NS-Behörden machten sich den Aufschwung der Volksstimmung augenblicklich zunutze, insbesondere die vehement geäußerte
Forderung, sich an Italien zu rächen. Die Meldung, in der Badoglios
Kapitulation an die Alliierten bekannt gegeben wurde und der Verrat
und Treuebruch hervorgehoben wurde, glich stark dem Wortlaut
von Kaiser Franz Josefs Erklärung vom Mai 1915, in der er Italien
wegen des Ausscheidens aus dem Dreibund und der Kriegserklärung gegen die Mittelmächte scharf verurteilte. Am 12. September
bestellte Hitler zwei österreichische Gauleiter in sein Hauptquartier,
Friedrich Rainer von Kärnten und Franz Hofer aus Tirol. Beim Mittagessen belohnte der »Führer« seine Statthalter mit großen Teilen
Italiens, einschließlich Südtirols. Mit Rücksicht auf Mussolini wurde
zwar sorgsam darauf geachtet, eine rechtliche Annexion zu vermeiden, doch Hofers Ernennung zum Obersten Kommissar in der Ope-
rationszone Alpenvorland zeigte eindeutig, dass geplant war, die
Reichsgrenzen bis hinter Trient und Bozen zu verlegen.[76]

Während des ganzen Herbstes überwog das Vertrauen in Hitler
und in die Kriegsbemühungen, das von Erfolgen der Luftwaffe über
dem Reichsgebiet und einiger U-Boote im Atlantik genährt wurde.
Ein Gefühl der Ungewissheit und des Zweifels blieb bei vielen trotzdem zurück. Am 1. Oktober kamen bei einem amerikanischen Luftangriff auf Feldkirch 171 Militärangehörige und Zivilisten ums
Leben. »Ein schauderhafter Anblick. Wimmern, Stöhnen und Jammern hörte man, und man konnte nicht helfen«, erzählte eine
Augenzeugin. Berichte von Soldaten auf Heimaturlaub über die Ostfront beunruhigten die Menschen zusätzlich und schürten die Angst.

In all den Jahren hatten Frontsoldaten eine erhebliche Rolle bei der Stabilisierung der Heimatfront gespielt. Jetzt sprachen sie von schweren Verlusten, sogar von einem massiven Rückzug, der auf einer Linie von Leningrad bis zur Krim erfolgte. Obwohl der Rückzug offiziell als »strategisches Manöver« ausgegeben wurde, scheuten sich Militärangehörige nicht, von einer wilden Flucht zu sprechen. In der Ostmark, vor allem in Tirol, sorgten diese Entwicklungen für Unruhe und setzten Teile der Bevölkerung sogar in Alarmbereitschaft. In den vielen Haushalten, deren Väter, Brüder oder Söhne auf der Krim oder nördlich des Ladogasees stationiert waren, herrschte natürlich große Angst. Nach den Meldungen des SD fürchteten viele auch, die Lebensmittelvorräte der Ukraine zu verlieren.[77]

Gegen Ende Oktober sank die Moral wiederum. Obwohl Generalfeldmarschall Kesselring den alliierten Vormarsch in Italien entlang der zerklüfteten Linie der Flüsse Garigliano und Rapido südlich von Rom zum Stillstand brachte, bedrückten die Neuigkeiten von der Ostfront die Menschen sehr, vor allem die massenhaften Meldungen über gefallene einheimische Soldaten.[78] In Linz bemerkte der SD, dass die Radiohörer mit Schrecken und dunklen Vorahnungen die militärischen Meldungen verfolgten und sich bereits erleichtert zeigten, wenn die Lage sich nicht verschlechtert habe.[79] Earl R. Beck hat mit seiner Beobachtung zweifellos Recht: »Die Schilderungen von der zunehmenden Brutalität des Krieges im Osten trugen tendenziell stärker dazu bei, die Angst vor dem Bolschewismus zu schüren, als die propagandistischen Bemühungen.«[80] Die Tatsache, dass sowohl die Zahl der eigenen Opfer als auch die Dauer des Krieges bereits höher lag als im Ersten Weltkrieg, blieb vor allem unter den Veteranen der Habsburgischen Armee keinesfalls unbemerkt.[81]

Funktionäre und Sicherheitsagenten in Tirol und Niederdonau bezeichneten folglich die Volksstimmung zunehmend als »reserviert«, »gedrückt« oder regelrecht »pessimistisch«. Die alliierten Luftangriffe hatten zwar fast ganz nachgelassen, aber die unübersehbaren Lücken im Frühwarnsystem des Reiches, der verstärkte Bau von Bunkern und die Aufstellung von Flugabwehrgeschützen trugen allesamt dazu bei, dass die Bürger nervös, gereizt und besorgt blieben. Wie im Altreich war der Wunsch nach Rache an Großbritannien weit verbreitet, aber viele zweifelten zugleich, ob eine wirkungs-

volle Vergeltung überhaupt möglich sei.[82] Aus Innsbruck gab der SD
diskret zu verstehen, dass selbst die Glaubwürdigkeit Hitlers ins
Wanken geraten sei: »Dabei wird immer wieder das Verhalten füh-
render Persönlichkeiten kritisiert, die bereits seit Monaten die Vergeltung versprechen, dass aber nichts passiert sei.«[83]

Als Ende 1943 sich der Himmel über Mitteleuropa verdunkelte,
wurde der allgemeine Pessimismus, der ganz Großdeutschland erfasst hatte, zu einem Defätismus, verquickt mit einer Sehnsucht
nach Frieden um fast jeden Preis. In der Ostmark wurde diese Verzweiflung noch durch einen akuten Mangel an Schuhwerk, Kleidung, Küchenutensilien, Öfen und an, zum ersten Mal seit über
einem Jahr, Obst und Gemüse, sogar Kartoffeln genährt.[84] Aus Bregenz schrieb der SD, dass der Krieg die Meinung polarisiert habe
und der Anschluss selbst inzwischen in Frage gestellt werde: »Während nur ein Teil der Bevölkerung für einen sofortigen Frieden ist,
macht sich der andere Teil Gedanken über die Zukunft mit dem
Ergebnis, dass wir heute mit Kriegführen nicht aufhören dürfen.
Eine Kapitulation würde den Untergang der deutschen Nation bringen.«[85] In Neunkirchen, südlich von Wien, brachte der Landrat die
damalige Sorge noch unverblümter zum Ausdruck: Mit tiefem
Bedauern müsse festgestellt werden, dass der großdeutsche Gedanke,
die Idee von der Einheit aller Stämme des deutschen Volkes, in den
Jahren vor dem Anschluss weit stärker gewesen sei als heute.[86]

Zu diesem Zeitpunkt, genauer: am Abend des 8. November,
ergriff Hitler die Gelegenheit des jährlichen Treffens mit Alten
Kämpfern in München, um eine Rundfunkansprache zu halten. Er
gab einen Überblick über die militärische Lage und ging sehr ausführlich auf die Heimatfront ein, vor allem auf die Opfer der Frauen
und Kinder. Unter Anrufung des Allmächtigen salbte er die ausgebombten Opfer zur »Avantgarde der Rache«. Er machte auch deutlich, dass er in Anbetracht der Tatsache, dass Hunderttausende an
der Front fallen würden, nicht davor zurückschrecke, »einige Hundert Verbrecher zu Hause ohne weiteres dem Tod zu übergeben«.[87]

Diese Rede hatte eine elektrisierende Wirkung, darin waren sich
alle Behörden einig. Die um 20.15 Uhr gesendete Ansprache hob
die Moral erneut und stellte das Vertrauen vor allem unter den Parteigenossen wieder her.[88] Im Wesentlichen hatte die Ansprache in

der Ostmark dieselbe Wirkung wie im übrigen Großdeutschen Reich: Sie machte der Bevölkerung Mut und animierte Hitlers ergebenste Anhänger, ihren Rückhalt für den Führer zu bekräftigen. Den überlieferten Meinungsberichten zufolge gab es, wenn überhaupt, nur sehr wenige negative Kommentare – zweifellos ein Reflex auf die »tief sitzende Angst vor Denunziationen wegen kritischer oder defätistischer Äußerungen«.[89] Die Österreicher im gebirgigen Westen scheinen die Rede günstiger aufgenommen zu haben als im Osten an der Donau.

Aus Innsbruck meldete der SD, dass Hitler sich den rechten Zeitpunkt ausgesucht habe, um das Richtige zu sagen, dass seine Worte auf »fruchtbaren Boden gefallen« seien. Die Tiroler seien angeblich von seinem »Mut und Schneid«, von seiner »witzigen Art« beeindruckt gewesen. »Man erkannte darin die ungetrübte Siegeszuversicht.« Vor allen Dingen, hoben die Sicherheitsagenten hervor, seien Drückeberger und Gegner gehörig eingeschüchtert worden.[90] Im Vergleich dazu äußerten sich die Behörden in Niederdonau vorsichtiger. Die Landräte in Krems, Zwettl und St. Pölten meldeten, dass die Rede die Moral gehoben, den Durchhaltewillen gestärkt beziehungsweise die Menschen zuversichtlicher gemacht habe. Die Landräte in Lilienfeld, Korneuburg, Horn, Amstetten, Oberpullendorf und Scheibbs hingegen erwähnten nur beiläufig die Diskussionen über Hitlers Rundfunkansprache oder übergingen sie ganz. Sie bezeichneten die Stimmung als unverändert gleichgültig oder apathisch.[91] Andererseits berichteten Funktionäre aus Tulln, dass Einheimische dem Versprechen Hitlers, Vergeltung zu üben, tatsächlich Glauben schenkten. Sie hätten nämlich erfahren, dass den Deutschen »für die Vergeltung Raketengeschütze riesigen Ausmaßes zur Verfügung stehen« und »unbemannte, ferngesteuerte Bombenflugzeuge« eingesetzt werden.[92]

Eskalation des Terrors

Schon Monate vor Hitlers Rede im Rundfunk hatte das NS-Regime die Repressionen und den Justizterror verschärft. Bereits im Jahr 1942 verhängte der Volksgerichtshof in Berlin zwölfmal so viele Todesstrafen als ein Jahr zuvor. Die Zahl der Deutschen, die wegen

Verrats, Hochverrats, Spionage, Sabotage oder Zersetzung der Moral zum Tode verurteilt wurden, stieg von 102 auf 1192. Darin zeigt sich zum einen die Intensivierung der Kriegführung und zum anderen die Nazifizierung der Justiz. Im Jahr nach Stalingrad kletterte die Zahl der Todeskandidaten auf 1662. Anfang 1944 zählte das Justizministerium auch defätistische oder parteifeindliche Äußerungen zu den Verbrechen, welche »die Todesstrafe verdient« hatten.[93]

Ob die Zahl der Österreicher, die wegen Widerstand, Sabotage, Dissens, Verweigerung oder Defätismus verfolgt wurden, im Verhältnis höher lag als die Zahl im Altreich – wie häufig behauptet worden ist –, ist keineswegs eindeutig.[94] Mit Sicherheit lässt sich aber sagen, dass bis zum 27. April 1943 gut 7713 Männer und 473 Frauen wegen politischer Vergehen vor Gericht standen, und dass diese Zahlen innerhalb von 19 Monaten auf 11146 bzw. 2109 anstiegen.[95] In Wien führte die Gestapo, wie gesagt, 1943 weit mehr Razzien durch als in den Jahren zuvor. Nach den vorliegenden Statistiken stieg die Zahl der Verhaftungen von 2097 im Februar 1943 auf 2656 im März des kommenden Jahres.[96] Diese Steigerung um 27 Prozent wäre noch höher ausgefallen, merkte der Generalstaatsanwalt Ernst Lautz in einem amtlichen Bericht an, wenn in den Gefängnissen mehr Platz für Häftlinge wäre.[97]

Von den in Gewahrsam genommenen Personen war jedoch nur eine kleine Zahl im politischen Widerstand tätig oder hatte Sabotageakte begangen. Die überwältigende Mehrheit sah einer Anklage wegen Aufsässigkeit, zersetzender Tätigkeit oder Arbeitsniederlegungen entgegen. Außerdem handelte es sich in über 80 Prozent der Fälle um »Fremdarbeiter«, in erster Linie um Sowjetbürger, Polen und andere Osteuropäer. Im November 1942 waren nur 62 Personen, die in Wien und Niederdonau wegen Arbeitsniederlegungen vor Gericht gestellt wurden, gebürtige Österreicher; von Februar 1943 bis März 1944 schwankte die monatliche Zahl zwischen 48 und 68.[98] Dennoch starben von 1938 bis 1945 wenigstens 32600 österreichische Dissidenten in den Gefängnissen der Gestapo oder in Konzentrationslagern, und 2700 Patrioten wurden wegen Verrats hingerichtet.[99]

Im Juni 1943 wurde außerdem plötzlich und nunmehr unübersehbar Himmlers System aus Konzentrationslagern von der Basis in Mauthausen auf 49 weitere Lager in der Ostmark ausgeweitet. Deren

Insassen dienten als Zwangsarbeiter im ganzen Land: auf den Feldern, beim Graben von Bunkern, beim Gießen von Beton oder in den Steinbrüchen. An isolierten Orten in der Nähe von Redl-Zipf, Ebensee und Melk wurden sie zu Zehntausenden gezwungen, unterirdische Fabriken für Hitlers Raketenprogramm auszuheben. Der Anblick der Häftlinge, die durch die Städte und Dörfer zogen, prägte sich der Zivilbevölkerung unauslöschlich ein. Viele Opfer starben bei Unfällen, wegen Folter oder aus reiner Erschöpfung. Die Bewohner in der Nähe waren entsetzt und stumm. Ein damaliges Schulmädchen erinnert sich Jahrzehnte später, es habe das Gesetz gegolten: »Sag nichts, frag nicht.«[100]

In den nationalsozialistischen Meinungsberichten wird die Auswirkung der intensivierten Repressionsmaßnahmen an der Heimatfront kaum erwähnt. Es kann jedoch kein Zweifel daran bestehen, dass der Gestapo-Terror zum einen nahezu jede Kritik am Regime im Keim erstickte und zum anderen zu der düsteren Stimmung beitrug, die die Deutschen und die Österreicher im letzten Drittel des Krieges erfasst hatte.[101] Im Falle der Ostmark hatten die alarmierenden außen- und innenpolitischen Entwicklungen in den Monaten nach Stalingrad extrem widersprüchliche Stimmungen zur Folge, von denen Gemeinschaften, Familien und auch Einzelpersonen erfasst wurden. Zum einen herrschten Angst und Schrecken, die durch die Niederlage an der Wolga und durch die Flächenbombardements über dem Ruhrgebiet und über Nordwestdeutschland ausgelöst wurden. Wegen der Lage an der Ostfront wünschten mehr und mehr Österreicher wie auch Deutsche, dass der Krieg so schnell wie möglich beendet werde. Für eine Hand voll echter Patrioten – fast ausnahmslos habsburgische Legitimisten und Kommunisten –, bedeutete dies die Zerschlagung des Großdeutschen Reiches und die Wiedererrichtung Österreichs, entweder als kleine Republik oder als Teil einer Föderation mit dem benachbarten Bayern – diesen Preis waren sie bereit zu zahlen. Auf der anderen Seite hatten die Österreicher bloß nebulöse, vage Vorstellungen von einer möglichen Einigung. Aus den vorliegenden Dokumenten geht beispielsweise hervor, dass die Mehrheit sich eine faire Einigung mit Russland wünschte, dass sie es aber für lebenswichtig hielt, die Kontrolle über die Ukraine zu behalten. Im Übrigen war die Illusion, dass der

Ostmark die Verwüstungen der Luftangriffe erspart bleiben würden, nach wie vor verbreitet.[102]

Unter diesen Bedingungen richteten etliche österreichische Bürger ihre Frustrationen gegen die Reichsdeutschen, ganz ähnlich wie die Bayern nach der Gründung des deutschen Nationalstaates über die »preußischen Schweine« herzogen und die Ostdeutschen sich nach der Annektierung der Deutschen Demokratischen Republik durch die Bonner Regierung von den »Wessis« ausgenutzt fühlten. Im Fall der Ostmark gärte im Jahr 1943 eine starke dezentralistische Haltung, vor allem in Wien, aber auch in den Gauen, wo sich die Fremdenfeindlichkeit vielfach gegen reichsdeutsche Touristen oder Flüchtlinge richtete, von denen viele Protestanten aus großen Städten waren. Eine wachsende Zahl von Österreichern wünschte sich zwar, dass die »Piefkes« wieder abzogen, einige von ihnen wandten sich sogar gegen die in ihren Augen Fremdherrschaft, aber es gibt keine Indizien dafür, dass die Mehrheit sich ein Ende des Anschlusses herbeisehnte oder zumindest der NS-Herrschaft. Selbst nach der Katastrophe von Stalingrad überwog die (von der Propaganda geschürte) Auffassung, dass ein Zerfall des Großdeutschen Reiches die Rückkehr von Armut und Elend bedeuten würde. Abgesehen davon war die Haltung der Österreicher gegenüber den Deutschen, wie Parkinson dargelegt hat, immer schon durch »eine Mischung aus Neid, Bewunderung, Unterwürfigkeit und leichter Belustigung« geprägt.[103] Wie stark die Österreicher Ende 1943 noch am Großdeutschen Reich festhielten, zeigte sich an ihrer Reaktion auf die Kapitulation Italiens. Statt die Niederlage des engsten Verbündeten Hitlers zu begrüßen, stellten sie sich mit ganzer Kraft hinter den »Führer« und wollten Vergeltung üben an ihrem Erzfeind, weil er die Sache der Achse verraten hatte.

Reaktion auf die Moskauer Erklärung

Es entbehrt nicht einer gewissen Ironie, dass die Alliierten die Auswirkung der italienischen Kapitulation auf die Österreicher völlig anders einschätzten. Da die britischen und amerikanischen Nachrichtendienstmitarbeiter von den zunehmenden Spannungen zwischen Österreichern und Deutschen in der Ostmark wussten und den Geschichten der Exilanten von einem weit verbreiteten Widerstand gegen die nationalsozialistischen Kriegsbemühungen Glauben schenkten, kamen sie vorschnell zu dem Schluss, dass in Österreich eine Erhebung unmittelbar bevorstand. Ende Sommer 1943 formulierten sie eine propagandistische Erklärung, die einen solchen Aufstand entfachen sollte. Das von London, Washington und Moskau durchgesehene und gebilligte Dokument wurde am 1. November 1943 als die Moskauer Erklärung bekannt gegeben. Die Alliierten nannten Österreich darin »das erste freie Land, das der Hitlerschen Aggression zum Opfer gefallen ist«, und versprachen, nach dem Krieg wieder »ein freies und unabhängiges Österreich« zu schaffen. Gleichzeitig ermahnten sie das Land, dass es »für die Teilnahme an der Seite Hitler-Deutschlands eine Verantwortung trägt, der es nicht entrinnen kann, und dass anlässlich der endgültigen Abrechnung Bedachtnahme darauf, wie viel es selbst zu seiner Befreiung beigetragen haben wird, unvermeidlich sein wird«.[104]

Ob ein energischerer Aufruf die Österreicher dazu gebracht hätte, die Waffen gegen die deutsche Herrschaft zu erheben, ist höchst zweifelhaft. Nur drei Wochen nach der Moskauer Erklärung gelangten Analytiker der Alliierten zu der Erkenntnis, dass die »Österreicher offenbar keine Notiz von ihr genommen hatten«.[105] Diesmal kamen sie mit ihrer Einschätzung der Lage in der Ostmark der Wahrheit etwas näher. Auch wenn ein umfassender Bericht des SD für Berlin das Gegenteil behauptete, nämlich dass die Meldung von der Deklaration eine Diskussion angestoßen hatte:

Die Tatsache, dass man wieder einen österreichischen Staat errichten wolle, habe bei den Volksgenossen »alte Erinnerungen« wachgerufen. Man knüpfte daran, z. B. in Wien die Hoffnung, dass die Stadt von feindlichen Luftangriffen verschont bleiben werde, da nach Moskauer Auffassung »Österreich« ja ein besetztes Land sei. Günstig habe die Veröffentlichung »Wir österreichische Balkanesen« in der »Oberdonauer Zeitung« vom 6.11. insofern gewirkt, als sie den Lesern deutlich vor Augen geführt habe, dass nur die Ostmark selbst den Gedanken der Feinde an eine Wiedererrichtung »Österreichs« zunichte machen könne.[106]

Wie besorgt die Behörden auch gewesen sein mochten, es deutet nichts darauf hin, dass die Moskauer Erklärung den österreichischen Patriotismus oder die einheimische Opposition stärkte, auch wenn sich nicht leugnen lässt, dass sie den bereits aktiven Widerstandskämpfern zweifellos Mut machte.[107] Aus Innsbruck schrieb der SD, dass die Mehrzahl der Tiroler in dem Dokument ein Versprechen der Alliierten sahen, ihre Bomber von den österreichischen Himmeln fernzuhalten, weil sie Österreich als »besetztes Gebiet« bezeichneten.[108] Bereits am 17. Januar 1944 gelangte der in der Schweiz stationierte OSS zu der Erkenntnis, dass »unsere Erklärung zu einem unabhängigen Österreich keinen nachhaltigen Einfluss innerhalb des Landes hatte«. Die Sozialdemokraten seien »sich noch unsicher, ob sie nicht lieber Teil eines größeren, linksgerichteten Deutschlands bleiben sollten«, die Christlichsozialen »nicht sonderlich interessiert daran, zu einem Österreich in den Grenzen von 1919 zurückzukehren«.[109]

Einige Monate später erklärte ein österreichischer Kriegsgefangener, dass die »Moskauer Erklärung insoweit bekannt sei, dass sie das Versprechen der österreichischen Unabhängigkeit enthalte«. Er fügte jedoch hinzu und brachte damit vermutlich eine weit verbreitete Ansicht zum Ausdruck: »Die Tatsache, dass die Erklärung mit ›Moskau‹ in Verbindung gebracht wird, steht in den Köpfen der Menschen … für den Bolschewismus, trotz der Beteiligung der Regierungen der Vereinigten Staaten und Großbritanniens.«[110]

Alles in allem stützte die Moskauer Erklärung die Aussicht darauf, dass der Ostmark möglicherweise die Verwüstungen des Krieges erspart blieben, insbesondere die verstärkte britische und amerikanische Bombardierung. Im Winter 1943/44 ging eine kurzzeitige Aussetzung der Luftangriffe mit einer Steigerung der NS-feindlichen Propaganda einher, die sowohl von den Alliierten als auch von einheimischen Widerstandsgruppen ausging. Im Frühjahr 1944 warfen alliierte Flugzeuge Tausende von Flugblättern mit der Aufschrift »An das österreichische Volk!« praktisch über dem ganzen Land ab.[111]

Die österreichische Bevölkerung reagierte auf die neue Propaganda offenbar mit Gleichgültigkeit. Die meisten Nazis zeigten wenig Neigung, der kommunistischen Führung zu folgen, und billigten in der Regel die Hinrichtung kommunistischer »Verräter«

durch NS-Gerichte.[112] Auch eine weit verbreitete Feindseligkeit
gegen die Partisanenbanden, die mittlerweile in den Grenzregionen
Kärntens und der Steiermark operierten, war zu beobachten. Ein
Beteiligter erinnert sich nach dem Krieg, dass die Haltungen von
»teilnahmslos bis denunziatorisch« reichten.[113] Auch die Appelle
der Monarchisten oder katholischen Konservativen stießen kaum
auf positive Resonanz. Zwar wurde hier und da Sympathie für Otto
von Habsburg geäußert, aber die anhaltende Unterstützung der
katholischen Kirche für Hitlers Krieg an der Ostfront trug dazu bei,
dass die antikommunistischen Gläubigen dem Regime nicht den
Rücken zuwandten.[114]

Es hat den Anschein, als hätten Teile der Bevölkerung den Appellen der westlichen Alliierten »An das österreichische Volk« Glauben
geschenkt, doch die Wiederaufnahme der Bombardements im Frühjahr 1944 zerschlug ihre Hoffnungen und rief im Gegenteil eine
starke Wut hervor.[115] Am 5. Juni schrieb der Generalstaatsanwalt in
Linz: »Die Terrorangriffe aus der Luft, die der Bezirk im Berichtszeit-
raum zum ersten Mal erlebt hat, waren – politisch gesehen – geradezu ein reinigendes Gewitter für österreichisch verseuchte Gehirne.
Denn das einfältige Gerede, die Ostmark werde seitens der Feinde
des Deutschen Volkes einer Sonderbehandlung teilhaftig werden,
wird trotz allen Flugblättern von niemandem mehr geglaubt.«[116]

Unterdessen versuchte im fernen London ein Analytiker des Political Warfare Executive of Special Operations, des Ausschusses für
politische Kriegführung, die halbherzige Reaktion der Österreicher
auf die Moskauer Erklärung zu bewerten. Trotz der begrenzten
Informationen über die Zustände in der Ostmark verfasste er einen
Bericht, der die ambivalente Haltung der Bevölkerung erstaunlich
genau charakterisierte.

Als Erstes betont der Autor, dass der Nationalsozialismus »ein
echt österreichisches Produkt« sei, »seine charakteristischsten Merkmale wie der Antisemitismus [hätten] eher Vorläufer in der österreichischen als in der deutschen Politik«. Der österreichische »lokale
Patriotismus« sei zweifellos stärker als der bayerische Partikularis-
mus, bilde aber kein »echtes Nationalgefühl«. Der Anschluss habe
zwar selbst unter den Parteigenossen seine Popularität eingebüßt,
»aber viele kluge Österreicher glauben nicht, dass Österreich zu

einer unabhängigen Existenz fähig ist«. Aus diesem Grund befürworteten die Sozialdemokraten immer noch eine »Angliederung an ein demokratisches Deutschland«, die Christlichsozialen hingegen eine Vereinigung mit Bayern oder eine Donaukonföderation. Infolgedessen sei der »aktive Widerstand gegen das NS-Regime in Österreich weitgehend wirkungslos« und »gespalten«.

»Eine merkliche Veränderung der Lage seit Anfang 1943«, fuhr er fort, sei »die gestiegene Zahl von Hinweisen auf eine Habsburgfreundliche Haltung. Die Auffassung scheint weit verbreitet, dass die Politik der Alliierten, zwischen Österreich und Deutschland klar zu unterscheiden und Österreich eine Strafaktion zu ersparen, auf den Einfluss von ›Otto‹ zurückzuführen sei.« Die monarchistische Stimmung beschränke sich in erster Linie auf die ländliche Bevölkerung in der Provinz. Die Arbeiterklasse sei »höchstwahrscheinlich immer noch gegen jedes Habsburger oder klerikale Regime«.[117]

10 Eroberung und Zusammenbruch, 1944–1945

Was immer die einzelnen Österreicher von der Moskauer Erklärung gehalten haben mochten, die Mehrheit der Bevölkerung beschäftigte sich weiterhin überwiegend mit den Sorgen des Kriegsalltags. Am 15. Dezember 1943 warf eine amerikanische Formation aus 48 B-17-Bombern 126 Tonnen Bomben über Innsbruck ab, der Luftangriff forderte 269 Tote, 500 Verletzte und machte 1627 Menschen obdachlos.[1] Da der Angriff ohne Fliegerwarnung erfolgte, litten die Überlebenden noch tagelang unter dem Schock. Der SD meldete Angst, Nervosität und Beklemmung gepaart mit Hass und Abscheu gegen die Angloamerikaner, selbst in »klerikalen Kreisen«. (Ein Gemeindepriester bemerkte, dass ausgerechnet unter den Nationalsozialisten eine »wachsende Nervosität« zu beobachten sei.) Von der Partei und ihren Unterorganisationen, vor allem der Hitlerjugend, hieß es, ihnen sei Anerkennung gezollt worden, weil sie unmittelbar nach dem Angriff Hilfsmaßnahmen eingeleitet hätten. Die offizielle Seite zeigte sich jedoch auch besorgt, dass viele Geistliche den Sterbenden und Verwundeten Beistand leisteten, sogar unerlaubte Totenmessen für die Toten anboten. Das Verhalten der »Fremdarbeiter« wurde hingegen als beispielhaft angesehen: »Es sind nur sieben Fälle von Plünderungen bekannt geworden, die durch sofortiges Erhängen gesühnt worden sind.« Bis Weihnachten hatte sich die paradoxe Überzeugung herauskristallisiert, dass die Deutschen letztlich schuld wären an der Verwüstung, dass Hitlers Luftwaffe aber die Briten dafür strafen solle.[2]

Die Unzufriedenheit nimmt zu

Am 19. Dezember wurde Innsbruck wieder angegriffen. Diesmal waren deutsche Jäger vor Ort und erwarteten die alliierten Flugzeuge. In einer gewaltigen Luftschlacht über ganz Tirol und Nordita-

lien erzielten die amerikanischen Bomber direkte Treffer auf dem
Hauptbahnhof der Landeshauptstadt, bei denen 70 Menschen ums
Leben kamen. Die alliierten Formationen drehten dann nach Schwaz
ab, wo ihre Bomben relativ wenig Schaden anrichteten.[3] Im Laufe
der folgenden Wintermonate kam es zu Luftangriffen auf Klagenfurt
(16., 31. Januar) und Steyr (24. Februar) sowie zu vereinzelten taktischen Schlägen gegen Zell am See (25. Februar), Graz (25. Februar,
19. März) und die Randbezirke Wiens (17. März). Dennoch hielt
sich unter den Einheimischen hartnäckig die Auffassung, dass die
Ostmark für alliierte Bomber immer noch verbotenes Terrain sei.
Die wenigen Luftangriffe wurden in der Regel als »Fehler« ausgegeben. Aber schon das ständige Dröhnen der B-24-Bomber auf ihrem
Weg zu Zielen in Bayern und wieder zurück untergrub sowohl die
Moral als auch das Vertrauen in die Reichsführung.[4]

Der Rückhalt für Hitler und die Kriegsbemühungen hielt sich
vermutlich unter den drei sich überschneidenden Gruppierungen
am stärksten, die Kershaw in seinen Studien über Bayern und das
Altreich herausgearbeitet hatte: unter der jungen Generation, den
Frontsoldaten und den Parteiaktivisten.[5] Was die übrige Bevölkerung betrifft, so war die Mehrheit im neuen Jahr vollends desillusioniert und geradezu apathisch. Selbst die Sicherheitsorgane berichteten über eine nur halbherzige Aufnahme von Hitlers Rundfunkreden. Viele würden zwar aufmerksam den Worten des »Führers«
lauschen, hieß es, aber sie äußerten sich enttäuscht, weil er wenig
konkrete Versprechen machte. Der SD in Salzburg meldete hingegen
eine Alarmstimmung wegen Hitlers Grauen erregender Erklärung,
in diesem Kampf könne es nur einen Sieger geben, entweder
Deutschland oder Sowjetrussland. Hitlers »Entweder-oder«-Andeu-
tung beunruhigte die Bevölkerung zutiefst, weil er damit das
Schreckgespenst einer Niederlage heraufbeschwor.[6]

Die Worte Hitlers riefen nicht allein Entsetzen hervor. In der ganzen Ostmark meldeten die Behörden eine Zunahme defätistischer
und Hitler-feindlicher Ausbrüche.[7] Aus Zwettl deutete ein NS-Funktionär an, die Bewohner seien empfänglich für die Argumente ausländischer Agitatoren. In Baden tauchten Flugblätter auf mit Parolen wie »Nieder mit Deutschland!«, »Nieder mit dem Lügenmaul!«
und »Nieder mit Hitler!«[8] Aus Eisenstadt schrieb der Landrat, dass

die Bevölkerung zwar »ruhig« bleibe, dass der Verlust von Rowno und Luzk an die Rote Armee jedoch ein drastisches Absinken der Moral zur Folge gehabt hätte. »Diese Orte sind den alten Weltkriegsteilnehmern keine leeren Namen mehr, sondern Kampfstätten deren Entfernung von den Zentren ihnen geläufig ist. Im Zusammenhang damit wurden Stimmen laut, dass der Krieg gegen Sowjetrussland vermeidbar gewesen wäre und in Verkennung der militärischen und wirtschaftlichen Möglichkeiten leichtferig geführt worden sei.«[9]

Am 2. April 1944 nahmen alliierte Bomber ihre Angriffe gegen österreichische Ziele wieder auf und verstärkten sie.[10] Auf die Moral der Zivilbevölkerung wirkte sich das hauptsächlich dahingehend aus, dass sich niemand mehr Illusionen hingab, sei es in Bezug auf die Moskauer Erklärung oder wegen der »schützenden Hand« von Otto von Habsburg. Wie im übrigen Großdeutschen Reich bot der eskalierende Feuersturm und Bombenhagel den Nationalsozialisten in der Ostmark die Gelegenheit, die Aufmerksamkeit von der Kritik am Regime abzulenken und stattdessen neue Hoffnungen auf Rache und Vergeltung zu wecken. Im Frühjahr 1944 meldeten die Sicherheitsorgane in Tulln, Gänserndorf, Lilienfeld, Wiener Neustadt, Baden und Linz, dass die Öffentlichkeit Nachrichten von Vergeltungsangriffen gegen Großbritannien begrüßte, wie unbedeutend sie auch sein mochten. Die allgemeine Moral war so gesehen besser als ein Jahr zuvor. Viele Menschen sahen dem Sommer mit der Hoffnung entgegen, dass Geheimwaffen und ein entschlossener Widerstand doch noch einen günstigen Kriegsausgang herbeiführen würden.[11]

Landung in der Normandie und »Vergeltung«

Die Nachricht von der Landung alliierter Truppen in der Normandie am 6. Juni 1944, dem D-Day, brachte ein Gefühl der Erleichterung mit sich, weil der Augenblick der Entscheidung endlich gekommen war. Als zehn Tage später die ersten V-1-Angriffe auf London gemeldet wurden, war die Stimmung so gut wie seit Jahren nicht mehr. In allen Städten und Dörfern in Ober- und Niederdonau kehrte das Vertrauen zurück, es herrschte das Gefühl, dass die Führung »den richtigsten Zeitpunkt für den Einsatz der Waffe abgewartet« habe.[12]

Der Landrat in St. Pölten schrieb: »Mit dem Einsatz neuer Vergel-
tungswaffen ist ein lang ersehnter Wunsch in Erfüllung gegangen.
Hoffen doch alle Volksgenossen, dass mit diesen Kampfhandlungen
der Krieg in ein entscheidenes Stadium getreten ist und mit einem
baldigen Kriegsende gerechnet werden kann.«[13]
Aber nicht alle waren optimistisch. In Wien und Wiener Neustadt, wo die alliierten Bomber häufiger angriffen, blieben die Menschen ängstlich und nervös. Viele stellten offen Mutmaßungen über
die Kriegsdauer an, rechneten sogar bereits im September mit dem
Ende. Aus Mistelbach, Gänserndorf und Scheibbs wurde eine Angst
vor der materiellen Überlegenheit der feindlichen Kräfte gemeldet.[14]
Aus Eisenstadt schrieb der Landrat, dass die Bevölkerung sich »ruhig
und ernst verhalte, aber sehr gedrückt« sei. Die von den Rückschlägen in Frankreich und in der UdSSR schwer deprimierten Menschen
seien »in ihre täglichen Sorgen und Kümmernisse verstrickt und
gegen gute und schlechte Nachrichten in gleicher Weise ziemlich
gleichgültig geworden. So hat der Einsatz der Vergeltungswaffe V-1
nicht den erwarteten Widerhall gefunden und wenig zur Aufmunte-
rung beigetragen.«[15]
Mit der gereizten, wechselnden Stimmung in den Wochen nach
der Landung in der Normandie gingen eine Verschlechterung der
materiellen Bedingungen und physische Entkräftung einher. Auf
dem Land sahen sich viele Bauern in der anormalen Position, dass
sie plötzlich genug Geld hatten, um langfristige Hypotheken und
Schulden abzuzahlen, wegen des Mangels an Arbeitskräften, Treib-
stoffen, Schmiermitteln und Ackergeräten – auch Sensen und
Sicheln – aber nicht imstande waren, den Acker zu bestellen.[16] Die
Lebensmittelrationen waren zwar in der Regel ausreichend, aber es
gab vielfach Anzeichen von Unterernährung. Aus Lilienfeld, in der
Nähe von St. Pölten, meldete der Landrat, dass Arbeiter in der
Schwerindustrie sich dem Punkt völliger Erschöpfung näherten.[17]
In Wiener Neustadt war die kollektive Anspannung so groß, dass
»es oft nur des leisesten Anstosses bedarf und sowohl Frauen als
auch Männer die Nerven verlieren. Dies äußerte sich in Tränenaus-
brüchen, in Ohnmachtsanfällen und Ähnlichem.«[18] In dieser Atmosphäre gingen noch die Meldungen vom Fall Cherbourgs und vom
Zusammenbruch der Heeresgruppe Mitte in der Ukraine ein.

Mitte Juli war die Stimmung katastrophal. Grund dafür war auch der Anblick endloser Formationen alliierter Bomber, die am kristallklaren Himmel über ihre Köpfe hinwegzogen. Aus dem Südosten des Großdeutschen Reiches wurde gemeldet: »Die Tatsache, dass die Terrorflieger am hellichten Tag ihr Ziel inmitten kriegswichtiger Industrien ausmachen konnten, ohne dabei durch deutsche Jäger- bzw. Zerstörerverbände gehindert zu werden, hat sich ebenfalls stimmungsmäßig recht negativ ausgewirkt und das Gefühl verstärkt, dass wir der Willkür des Feindes ausgesetzt sind.«[19]

Dennoch machten auch jetzt noch wenige Österreicher Anstalten, mit dem NS-Regime zu brechen. Es deutete nichts auf eine »Solidarität der Opposition«[20] hin, noch gab es einen Hinweis auf »ein neues nationales Bewusstsein bei einer großen Anzahl von Österreichern«[21]. Tatsächlich enthüllte die allgemeine Reaktion auf die kurze »Befreiung« Wiens im Zuge des gescheiterten Versuchs von Graf Stauffenberg, Hitler am 20. Juli 1944 zu ermorden, dass die Mehrzahl der Österreicher trotz des großen Elends dem Großdeutschen Reich immer noch die Treue hielten.

Der 20. Juli in der Ostmark

Im fünften Kriegsjahr des Zweiten Weltkrieges hatten weit über eine Million Österreicher in Hitlers Streitkräften gedient, 326 von ihnen hatten das Ritterkreuz erworben und viele andere waren in führende Positionen aufgestiegen, vor allem in der SS. Es wurde zwar kein Österreicher Feldmarschall, aber 227 verdienten sich die roten Streifen eines Offiziers im Generalsrang: 147 in der Wehrmacht, 27 in der Luftwaffe, neun in der Waffen-SS, 20 in Himmlers Polizei, einer in der Gendarmerie und 22 im medizinischen Korps oder anderen logistischen Abteilungen. Ein Österreicher wurde sogar Konteradmiral. Sie kamen an jedem größeren Kriegsschauplatz zum Einsatz, vor allem auf dem Balkan. Hier beteiligte sich die weitgehend österreichische 717. Infanteriedivision an Hunderten von Manövern gegen die Partisanen, auch an den Massakern in Kraljevo, Kragujevac und Kávrita. Das war kein Zufall. Hitler hielt die »Ostmärker« für die am besten geeigneten Soldaten, um an der Südgrenze für Ruhe zu sorgen, und übergab ihnen deshalb diesen Auftrag.[22]

Die Tatsache, dass kein einziger österreichischer General an der Verschwörung gegen Hitler beteiligt war, ist durchaus bemerkenswert. Nur ein österreichischer Offizier, der desillusionierte Nazi Oberstleutnant Robert Bernardis, wurde wegen seiner Rolle bei der Verschwörung festgenommen und hingerichtet. Dennoch hätte der Putschversuch der Generäle ironischerweise ausgerechnet in Wien um ein Haar Erfolg gehabt. Am 20. Juli verhafteten Offiziere im Hauptquartier des XVII. Wehrkreiskommandos auf Stauffenbergs Befehle hin die Chefs der Wiener Gestapo, der SS und der NSDAP. Wenige Stunden später widerrief ein Telefonanruf aus Berlin die Befehle und beendete den Putsch. In Salzburg ignorierten die wachhabenden Offiziere im Hauptquartier des XVIII. Wehrkreiskommandos die Anweisungen der Verschwörer und setzten die Truppen nicht in Alarmbereitschaft. Am nächsten Morgen begann die Gestapo massive Verhaftungen von – weitgehend unwissentlichen – Wiener Verschwörern sowie von Hunderten verdächtiger Gegner, darunter auch ehemalige Parlamentarier, Parteiführer, Minister, Bürgermeister und Staatsdiener der Ersten Österreichischen Republik.[23]

Wie in anderen Teilen des Großdeutschen Reiches reagierte die Mehrheit der Österreicher auf die Nachricht von dem Attentat schockiert, wütend und bestürzt. Alle Bevölkerungsschichten in Oberdonau wurden anfangs von einem Entsetzen erfasst, worauf Erleichterung und Freude über die »wunderbare Errettung« Hitlers folgten.[24] Ein junger deutscher Wehrmachtsoffizier war über die emotionale Bindung der Wiener zu Hitler sehr überrascht. »In Wien wurde zwar schon viel geraunzt«, erinnert er sich, »doch der Glaube an die Allmacht, das Genie und die Voraussicht des Führers war noch immer vorhanden.«[25] Als Einzelheiten über die Verschwörung bekannt wurden, machten die Bürger ihrer Verwirrung, Wut und Empörung Luft über den Verrat so vieler hoher Offiziere zu einem Zeitpunkt, in dem die militärische Lage im Westen und im Osten dermaßen kritisch war. Der Generalstaatsanwalt in Linz schrieb: »Die Täter fanden nicht die geringsten Sympathien und wurden allgemein verabscheut. Äußerungen, die das Attentat gutgeheissen hätten, sind bisher überhaupt nicht zur Kenntnis gelangt.«[26] Der Wiener Staatsanwalt schrieb später: »Die Bevölkerung selbst äußerte allgemein ihren Abscheu vor den Verbrechen des 20. Juli.

Anzeigen wegen Gutheißung dieser Ereignisse sind bis jetzt nur ganz vereinzelt erstattet worden.«[27]

Alles in allem hatte die Verschwörung des 20. Juli genau wie die Landung der Alliierten in der Normandie den Effekt, dass die Volksstimmung für kurze Zeit wieder stark pronationalsozialistisch war. Am 28. Juli behauptete der Chef des Reichssicherheitshauptamtes Ernst Kaltenbrunner in einer vorläufigen Einschätzung, dass der Anschlag die Bindung zu Hitler vertieft habe, vor allem in Innsbruck. Auch wenn einige fürchteten, Deutschlands Ansehen im Ausland sei möglicherweise beschädigt worden, bestehe auch die Hoffnung, dass ein solches »reinigendes Gewitter« das Kriegsglück an der Ostfront wenden würde.[28] Am 22. Juli versammelten sich gut 40 000 Oberösterreicher auf dem Marktplatz in Linz, um ihre Loyalität gegenüber dem »Führer« zu demonstrieren; in Salzburg wurde die Zahl der Demonstranten auf 20 000 geschätzt. Es gab auch Kundgebungen in Innsbruck, auf dem Schwarzenbergplatz in Wien und in Gmünd, Amstetten, Oberpullendorf, Melk und vielen anderen Städten. Den offiziellen Dokumenten zufolge lag die Beteiligung in allen Fällen sehr hoch.[29]

Die Moral blieb jedoch auf einem Tiefstand. NS-Funktionäre meldeten: »Der Wille zum Widerstand ist wohl in den meisten Kreisen noch vorhanden, doch bestehen nicht geringe Zweifel, ob dies auch wirklich noch viel nutzen werde.«[30] Maria Czedik schrieb in ihr Tagebuch, dass man »bereits so mit Ereignissen überflutet [ist], dass nichts mehr einen Eindruck macht, im Radio spielte leichte Musik und alles ist wie vor einem, vor drei oder vor zehn Jahren und dabei sitzt man auf einem Pulverfass und weiß nicht einmal, ob man morgen um diese Zeit noch ein Dach über dem Kopf haben wird.«[31]

In Anbetracht der Einführung einer 72-Stunden-Arbeitswoche, der Intensivierung des Gestapo-Terrors, der Verstärkung der Bombenangriffe und des Vorrückens der Roten Armee sprach niemand mehr von Sieg oder Verteidigung. Der Landrat in Eisenstadt schrieb, »die Nachricht von dem Anschlag auf den Führer und seiner Errettung sei mit enormer Erregung und Erleichterung aufgenommen worden«, aber nur zwei Prozent der Bevölkerung könnten als überzeugte Nationalsozialisten angesehen werden. »Es muss jedoch gesagt werden, dass der Glaube der Bevölkerung an die Überlegenheit der obersten militärischen und außenpolitischen Führung geschwunden oder schwer beeinträchtigt worden ist. Im Allgemeinen halten nur negative Momente wie die Furcht vor dem Chaos und dem Bolschewismus das Gros der Bevölkerung noch bei der Stange.«[32]

Unruhe in Wien

Die Reichsführung war von den Berichten über die sinkende Moral so alarmiert, dass Ernst Kaltenbrunner Anfang September eine Inspektionsreise nach Wien, Ober- und Niederdonau und Salzburg unternahm. In Wien fand er eine außerordentlich mutlose Bevölkerung vor, die Haltung fast aller Schichten der Bevölkerung sei »eines sofortigen Eingreifens bedürftig«. Die defätistische Grundstimmung in der Stadt, meldete er, sei »daher für alle Nachrichten aus dem Südosten, für jede Gräuelpropaganda, für gewisse ›Österreichtendenzen‹ und natürlich für jede kommunistische Propaganda sehr empfänglich. Persönliche Eindrücke in Arbeiter- und Vorstadtbezirken, namentlich vor Arbeitsbeginn und bei Schichtwechsel auf Rettungsstationen und ähnlichen Plätzen, die einen guten Querschnitt geben, sind ausgesprochen unfreundlich.«[33]

Um die Moral zu heben, empfahl Kaltenbrunner, die reichsdeutsche Kontrolle der Metropole zu beenden und der Wiener NSDAP die Verwaltung anzuvertrauen, deren Unzufriedenheit immerhin zu einem beträchtlichen Anteil an der herrschenden antideutschen Stimmung schuld war. Die Stimmung im Gau Niederdonau war seiner Ansicht nach »weitaus besser«, wenn auch leicht »angekränkelt« von Wien, und in Oberdonau herrschte ein »frischer, noch positiver Zug«. Am besten war die Lage in Salzburg.[34]

Hitlers Sekretär Martin Bormann war über Kaltenbrunners Schilderung erstaunt und schickte seinen Mitarbeiter Helmut Friedrichs nach Österreich, um selbst die Situation zu sondieren. Nach Gesprächen mit Wiener Parteifunktionären und dem Gauleiter von Niederdonau Hugo Jury meldete Friedrichs, dass Kaltenbrunners Befürchtungen übertrieben seien. Nach Jurys Ansicht sei die Stimmung »typisch wienerisch«, in ihr spiegelte sich die bunt gemischte Bevölkerung der Stadt mit außerdem 140 000 »Fremdarbeitern«. Er räumte zwar ein, dass von den slawischen »Elementen« eine gewisse

Gefahr drohe, betonte aber, dass die allgemeine Reaktion auf die jüngsten Bombenangriffe gezeigt habe, dass die Bevölkerung hinter der Partei stehe. Was die herrschende Unzufriedenheit anging, so führte er sie auf den Ausgang des »Arisierungsprogrammes« zurück, bei dem zu viele Österreicher leer ausgegangen wären. Letztlich, so der Gauleiter, hielten die Wiener wie die anderen Deutschen stand, insbesondere wenn die Front von Süden her in die Nähe von Wien rücken sollte. In diesem Fall würden »die Wiener, und zwar die Arbeiter ebenso wie die Bürger, alle Kräfte entfalten, wenn bolschewistische Truppen sich im Zuge der Kriegsereignisse nähern sollten«.[35] In einem eigenen Bericht räumte der prominente Wiener NS-Funktionär Alfred Eduard Frauenfeld ein, dass der Nationalsozialismus in der Tat einen Großteil seiner allgemeinen Anziehungskraft verloren habe, fügte aber hinzu: »Niemand von diesen Menschen will, dass wir den Krieg verlieren [sic!], sie sehen lediglich keinen logischen Ausweg aus der heutigen Situation.«[36] Maria Czedik notierte in ihr Tagebuch: »Verzweifelte Stimmung in Wien. Frage: ›Wann werden die Russen da sein?‹«[37]

Berlin lehnte es zwar ab, an die Stelle von Schirach einen österreichischen Nationalsozialisten zu setzen, aber die Führung bemühte sich, die Wiener zu besänftigen, indem der Stadtrat zugunsten der lokalen Interessen ausgeweitet wurde. Der bewährte Parteikämpfer Hans Blaschke hatte bereits kurz nach seiner Ernennung zum Oberbürgermeister im Januar 1944 vorgeschlagen, einen größeren Teil der Stadtverwaltung den »gebürtigen Wienern« zurückzugeben. Bis Ende Sommer waren seine Bitten jedoch auf taube Ohren gestoßen. Im Zuge von Kaltenbrunners Besuch in Wien gelang es Blaschke endlich, aus dem Stadtrat bis auf zwei alle deutschen Ratsmitglieder zu vertreiben. Auch wenn über die allgemeine Reaktion auf seine Reformen nichts bekannt ist, dürften sie wohl als zu geringfügig und zu spät angesehen worden sein.[38]

Im Bombenhagel

Anfang Oktober 1944 suchten amerikanische Bomber Angriffsziele nicht mehr nur in abgelegenen Flugplätzen, Eisenbahndepots und Erdöllagern, sondern auch in den Stadtzentren von Wien, Wiener

Neustadt (bereits schwer beschädigt), Linz, Steyr, Innsbruck, Graz und Villach. An einem einzigen Tag, dem 16. Oktober, griff die 15. Luftflotte der US Air Force 15 verschiedene Orte in der Ostmark an. Im Folgenden verstärkten die Alliierten ihre Luftangriffe noch, zerstörten Hunderte von Kilometern Eisenbahngleise und sprengten ganze Blöcke in der Innenstadt, wodurch Hunderte von Zivilisten verbrannten. Wie im Altreich einige Monate zuvor, reagierte die Bevölkerung anfangs mit Schock, Trotz und Solidarität – bald gefolgt von einer Demoralisierung.[39]

Beim ersten Angriff auf Wien am 10. September wurde die Zivilbevölkerung völlig überrascht. Nach den Angaben von Josef Schöner wirkten diejenigen, die aus den Bunkern und Kellern kamen und den Schaden sahen, eher erstaunt als entsetzt. Ein paar Leute verfluchten die Briten, einige brachen in Tränen aus. Die meisten wunderten sich, dass die »Hauptstadt des wiederzuerrichtenden Österreich« mit einem »Terrorangriff« überfallen worden sei. Wenige Tage später trat an die Stelle der allgemeinen Verwirrung ein Gefühl der Nervosität und des Grauens. Gerüchte über einen weiteren Mordanschlag gegen Hitler machten die Runde, viele sprachen besorgt über den Vormarsch der Roten Armee und einen weiteren Angriff. Abgesehen von einem Häuflein Parteigenossen glaubte nur noch eine Minderheit an den Sieg.[40]

Bis Mitte Oktober hatte die allgemeine Apathie und Resignation noch zugenommen. Ständig wurde Fliegeralarm gegeben, die Versorgung mit den wichtigsten Dienstleistungen verschlechterte sich und es kam zu Störungen aller Art. Auch in der Kleidung und im Verhalten waren Veränderungen zu beobachten: Frauen trugen anstelle von Kleidern und Roben Freizeitkleidung oder behelfsmäßige Hosen; Männer hatten in ihrer Aktentasche Rasierzeug, Tabak und frische Unterwäsche bei sich. Nachdem die Waren aus den zerbombten Läden verschwunden waren, entwickelte sich in dem Vergnügungspark beim Prater ein blühender Schwarzmarkt, ein illegaler Handel, der sich noch lange nach dem Krieg hielt und beispielsweise in dem berühmten Film *Der dritte Mann* festgehalten wurde. Schon vor dem Jahresende ersetzten bereits Zigaretten die Reichsmark als Zahlungsmittel.[41]

Der Schriftsteller Thomas Bernhard erinnerte sich an die ihn »in

einen Fieberzustand versetzende Sensation« der drohenden Luftangriffe in Salzburg, die schlagartig »zu einem grauenhaften Eingriff
der Gewalt und zur Katastrophe« durch die wirkliche Erfahrung
geworden ist. Nach dem ersten Bombardement am 16. Oktober
waren er und seine Mitschüler »zum Bahnhof hinausgelaufen und
in die Fanny-von-Lehnert-Straße hineingegangen, wo Bomben in
das Konsumgebäude gefallen waren und viele Konsumangestellte
getötet hatten, und wie wir hinter dem Eisengitter der Grünanlage
des so genannten Konsums reihenweise mit Leintüchern zugedeckte
Tote gesehen haben… und nun zum ersten Mal Lastautos fahren
gesehen haben, die riesige Holzsärgestapel in die Fanny-von-Lehnert-Straße transportierten, war uns augenblicklich und endgültig
die Faszination der Sensation vergangen.«[42]

Der Widerstand wächst

Im November 1944 meldeten die Sicherheitsorgane fast einhellig
Defätismus und Verzweiflung in der ganzen Ostmark. Außerdem
erhielt eine Reihe von NS-Funktionären anonyme Drohbriefe und
es kam, zum ersten Mal, echte Besorgnis über den organisierten
Widerstand zum Ausdruck, insbesondere über die Tätigkeit der
katholischen österreichischen Freiheitsbewegung.[43]
    Welche Formen des aktiven Widerstands richteten sich gegen die
NS-Herrschaft in diesem Teil Großdeutschlands? In welchem Ausmaß fanden sie bei der Bevölkerung Anklang? In den Jahren nach
dem Anschluss bauten, wie gesagt, vor allem legitimistische und
katholische konservative Gruppierungen ein Netz für die Verteilung
proösterreichischer und NS-feindlicher Schriften auf. Sie trafen
damit zwar die Bedürfnisse der verstimmten Traditionalisten, in
erster Linie in Wien und Tirol, aber es gelang ihnen nicht, eine vereinigte Befehlskette zu bilden, und sie wurden von der Gestapo
unterwandert. Nach Kriegsausbruch wurden ihre Anführer verhaftet und teilweise hingerichtet, ihre Aktivisten in die Streitkräfte ein-
gezogen. Auf dem linken Spektrum beschlossen die Sozialdemokraten, sich aus dem aktiven Kampf herauszuhalten. Die Kommunisten
leisteten den hartnäckigsten und ausdauerndsten Widerstand gegen
das NS-Regime: Ihre Kader organisierten Zellen in Fabriken und

städtischen Unternehmen, druckten und verteilten illegale Flugblätter und führten Sabotageakte durch. Im Winter 1942/43 wurde die kommunistische Aktivität von der Gestapo eingedämmt und die Widerstandsgruppe beinahe zerschlagen, doch die Kommunisten setzten den Kampf bis zum bitteren Ende fort. Ihre Appelle stießen jedoch in der Regel auf taube und feindselige Ohren.[44]

In den wirren Monaten nach Stalingrad errichteten etliche ehemalige Politiker der Ersten Republik das rohe Gerüst eines Netzwerkes, das sich die Wiederherstellung der österreichischen Unabhängigkeit zum Ziel gesetzt hatte. Christlichsoziale und sozialdemokratische Anführer hatten mittlerweile in ihren Verstecken oder auch in Konzentrationslagern Gespräche miteinander gehabt und waren sich in zahlreichen Punkten näher gekommen, sodass sie sich auf eine künftige Zusammenarbeit einigten, ohne jedoch eine zentrale Führung zu schaffen. Wie die Mitglieder des Kreisauer Kreises in Deutschland interessierten sie sich in erster Linie für die Planung nach dem Krieg, also zuvorderst für die Beendigung des Anschlusses und des NS-Regimes. In der landesweiten Verhaftungswelle nach dem 20. Juli 1944 fielen viele Widerstandskämpfer der Gestapo in die Hände. Zur selben Zeit gelang es Hans Sidonius Becker, einem ehemaligen Funktionär der Vaterländischen Front, andere disparate Gruppierungen, auch Kommunisten, in einem Bündnis zu vereinigen, das sich O5 (= Österreich) nannte. Am 12. Dezember wurde in Wien ein Provisorisches Österreichisches Nationalkomitee gegründet, dessen Mitglieder die Widerstandsaktivitäten mit dem amerikanischen OSS koordinierten und beabsichtigten, in einer österreichischen Nachkriegsregierung ein Ressort zu übernehmen.[45]

Nach den vorliegenden Quellen aus Wien und Niederdonau ahnte der NS-Machtapparat nach vereinzelten Sabotageakten und einer Flut von Drohbriefen gegen Parteibosse, dass etwas im Gange war. Trotz Hitlers Furcht vor innenpolitischen Unruhen oder gar einem Aufstand sorgten sich seine österreichischen Schergen stärker um die Wirkung der oppositionellen Tätigkeit auf die 320 000 »Fremdarbeiter« in der Stadt als um ihre Wirkung auf die Wiener.[46] Hatten die Nationalsozialisten Grund, in der österreichischen Arbeiterschaft eine Gefahr zu wittern? Ein halbes Jahrhundert lang haben linke Historiker und Politologen diese These vertreten. Ihnen zufolge waren die österreichischen Fabrikarbeiter die standhaftesten und hartnäckigsten Gegner des Hitler-Regimes, selbst in Fällen unbeabsichtigter, feindlicher Tätigkeit ist ihr Verhalten dahingehend interpretiert worden, dass es eine Form des »funktionalen Widerstands« gegen das Anschluss-Regime war.[47]

Gewiss ist die Unzufriedenheit der Arbeiterklasse in Österreich gut dokumentiert, aber eine sorgfältige Prüfung der vorliegenden Quellen hat jüngst die These von einer massiven Opposition in Frage gestellt. Kirk hat, wie bereits erwähnt, nachgewiesen, dass die Aufsässigkeit der Arbeiter nach 1943 in der Tat exponentiell angestiegen ist, dass sie aber in der Regel nebensächlich und sporadisch war. Es gab zahlreiche Fälle der Nachlässigkeit, der Renitenz und der Sabotage, aber sie stellten keine echte Gefahr für das Regime dar. Kirk hat ferner bestätigt, dass die Kommunisten sich zwar am beständigsten gegen das NS-Regime zur Wehr gesetzt haben, dass die arbeitende Bevölkerung aber gegenüber ihrer Tätigkeit weitgehend gleichgültig oder sogar feindselig blieb. Und schließlich hat er nach der Untersuchung von Listen mit Tausenden von Arbeitern, die von der Gestapo in Gewahrsam genommen wurden, entdeckt, dass »der Anteil der Fälle, die gebürtige Österreicher betrafen, sehr klein war« – höchstens zehn Prozent, in der Regel weniger als fünf Prozent. Mit anderen Worten, die überwältigende Mehrheit der Verhafteten waren immer noch Polen, Sowjets und andere Osteuropäer.[48] Hitlers Schergen wussten also um das Gefahrenpotenzial Bescheid.

Die alliierten Nachrichtendienste versuchten auf der anderen Seite der Front herauszufinden, welchen Anklang die Widerstandskämpfer beim Gros der Bevölkerung fanden. Die auf die Befragungen von österreichischen Kriegsgefangenen und auf die Berichte von Agenten im Untergrund gestützten Schlussfolgerungen waren zumeist skizzenhaft, ungenau und in manchen Fällen ganz verschroben. Aber sie sind unsere einzige verfügbare zeitgenössische Quelle.

Setzt man die fragmentarischen Dokumente zusammen, so ergibt sich folgendes Bild: Die Menschen litten unter einer enormen physischen und nervlichen Belastung und wussten über Widerstandsgruppen im Untergrund selten Bescheid. Ein gefangen genommener Wiener Student behauptete, er wisse von einer Organisation aus

Sozialdemokraten und Kommunisten »mit einer Mitgliederzahl von wenigstens 70 000 und mit konkreten Plänen für die Machtübernahme zum geeigneten Zeitpunkt«.[49] Ein anderer Gefangener räumte hingegen ein, dass er »von den Untergrundbewegungen nicht mehr wisse, als dass einige existierten«.[50] Die alliierten Bombenangriffe, der Gestapo-Terror und die Mobilisierung der zivilen Bevölkerung machten es vielen schwer, »überhaupt miteinander in Kontakt zu bleiben«.[51]

Die Quellen lassen ferner vermuten, dass die wenigsten die Appelle der einheimischen Widerstandsgruppen von den alliierten Ermahnungen zu unterscheiden verstanden. Ein schwedischer Beobachter vertrat Ende Oktober 1944 die Auffassung, dass »ein Block aus Revolutionären Sozialisten und bestimmten anderen Gruppen des demokratischen Bürgertums vermutlich unter der breiten Masse Rückhalt finden würde und imstande wäre, ein demokratisches Regime zu errichten«, wenn Moskau und Washington ihre Propaganda einstellten.[52]

Diese Ansicht entspricht zwar ganz offensichtlich einer Wunschvorstellung, aber sie spiegelt in gewisser Weise auch die Turbulenzen in der Volksstimmung Ende 1944 wider. Damals schwankte sie zwischen Kriegsmüdigkeit, einer gegen die Deutschen gerichteten Wut und Bündnistreue zu Hitler, Angst vor einer russischen Eroberung und dunklen Vorahnungen für die Zukunft. Bis zum Ende des Krieges traten über 100 000 Österreicher in die Reihen der aktiven Widerstandskämpfer ein, in Wien und Tirol griffen manche sogar zu den Waffen. Ohne ihre politische und moralische Leistung, insbesondere für die Nachkriegswelt, schmälern zu wollen, müssen wir Lužas Beobachtung berücksichtigen, dass die Widerstandsbewegung nach 1943 »viel schneller voranschritt als die allgemeine öffentliche Meinung, die die Ziele des Widerstands weiterhin ablehnte«.[53]

Der letzte Kriegswinter

Welche Träume oder Albträume die Österreicher von der Zukunft ihres Land auch hatten, Ende 1944 glaubte kaum noch jemand an Hitlers Sieg. Die Quellen lassen auf eine Mutlosigkeit und Verzweiflung schließen, vor allem in den Grenzregionen der Steiermark und

Kärntens, wo die Bewohner unter den zunehmenden Partisanen-
überfällen litten.[54] Zu dem Gefühl der Hoffnungslosigkeit kamen
die Meldung vom Tod Feldmarschall Rommels hinzu, die Angst vor
der Kapitulation der Ungarn und die Einziehung aller waffenfähigen
Männer zwischen 16 und 60 Jahren entweder zum Kampf im Volkssturm oder zum Bau des so genannten Südostwalls. Nach den Angaben des SD in Wien sehnte sich die Mehrzahl der Frauen nach einem
Frieden um jeden Preis, aber die große Angst vor dem Kommunismus habe zur Folge, dass die Bevölkerung insgesamt weiterhin die
Kriegsbemühungen unterstütze.[55] Mitte Dezember vermerkte die
Wiener SD-Leitstelle ein weiteres Absinken der Moral und sprach
davon, dass die »Äußerungen der Kriegsmüdigkeit immer lauter«
würden.[56]

Eine sehr niedergeschlagene Stimmung wurde auch aus Oberdonau gemeldet. Das Landesberufungsgericht in Linz schrieb, dass
sich nach dem Abschuss der V-2-Raketen die Moral zwar leicht gebessert habe, dass aber »in weiten Kreisen die Überzeugung überwiege,
dass der Krieg nicht bis zum Ende geführt werden könne«.[57] Was die
Zukunft betraf, mutmaßten Agenten des OSS zu Recht, dass »die
meisten Menschen in Österreich das fatalistische Gefühl hätten, dass
es keine Rolle spiele, was sie selbst taten, und dass ihre Handlung
keinerlei Einfluss auf den künftigen Status von Österreich habe«.[58]

Der Vorstoß der Wehrmacht in den Ardennen vor Weihnachten
hob dennoch für kurze Zeit die Stimmung – sowohl in der Ostmark
als auch im Altreich. Nach einem SD-Bericht vom 2. [oder 22.]
Januar 1945 weckte Hitlers Neujahrsansprache allgemeine Hoffnungen, vor allem in Wien, wo man sich um seine Gesundheit sorgte –
eine Reaktion, die belegt, dass viele Österreicher angesichts des sowjetischen Vormarsches immer noch zögerten, ihre Bindung zum
»Führer« zu lösen. Nachdem die deutsche Offensive im Westen
Ende Januar vollends zusammengebrochen war, sank die Moral tief.
In fast allen Berichten hieß es, die Bevölkerung sei furchtbar beunruhigt wegen der Bedrohung der Reichsgrenzen, wegen des raschen
Vorrückens der Roten Armee in Richtung Oder und wegen der verstärkten Bombardierung Wiens. Meldungen, dass Breslau, Liegnitz
und die Kohlevorkommen Schlesiens bereits in die Hände der Roten
Armee zu fallen drohten, erregten besonders Besorgnis.[59]

Inzwischen überwog die Ansicht, dass der Krieg verloren sei, doch die Entschlossenheit, sich gegen eine sowjetische Invasion zur Wehr zu setzen, war weit verbreitet, vor allem unter den einfachen Menschen in der katholischen Landbevölkerung, die zuvor weder Hitler noch seinen Krieg befürwortet hatten. Von der jahrelangen antikommunistischen Propaganda und von den jüngsten Horrorgeschichten aus Ostpreußen beeinflusst, befiel sie eine *grande peur* vor dem Osten, wie der Salzburger Historiker Ernst Hanisch es nannte, eine Angst, die in der historischen Erinnerung über die Türkenkriege bis hin zu den Raubzügen der Ungarn im Mittelalter zurückreichte.[60]

Am 2. Februar 1945 versetzte die spektakuläre Flucht von 419 russischen Offizieren aus dem nahe gelegenen Mauthausen die Bewohner des bewaldeten Mühlviertels, nördlich von Linz, in Angst und Schrecken. Die Geflohenen hatten gehofft, unter den Einheimischen Zuflucht zu finden, von denen sie glaubten, dass sie der NS-Herrschaft feindlich gegenüberständen. Als sie jedoch in die kalte und vereiste Landschaft ausschwärmten, stießen sie entweder auf Entsetzen oder auf krankhafte Neugierde oder offene Feindseligkeit. Es trifft zwar zu, dass drei österreichische Familien, die in der Nähe des Lagers wohnten, vier Flüchtlinge aufnahmen und ihnen bis zum Kriegsende Zuflucht boten, doch die Mehrheit der Zivilbevölkerung sah stumm zu, als die SS Hunderte von Flüchtlingen zusammentrieb und erschoss. Nach der Mobilisierung des Volkssturms und der Hitlerjugend beteiligten sich die ansässigen Bauern und Waldbewohner mit Eifer an der, wie sie es nannten, »Kaninchenjagd im Mühlviertel« und gingen mit einer fanatischen Brutalität vor. Bis auf ein Dutzend Häftlinge erstachen oder erschossen sie alle anderen bestialisch.[61] Ein österreichischer Augenzeuge versuchte nach dem Krieg, das Verhalten zu erklären, und machte es nur noch schlimmer: »Viele freuten sich einfach über die anhaltende Schießerei. Ein Teil der Bevölkerung war wegen der Verbrecher, die ausgebrochen waren, erschreckt, ein anderer Teil wütend.«[62]

Selbst als die alliierten Truppen weiter in das Großdeutsche Reich vorstießen und Großstädte durch Luftangriffe und Artillerie in Schutt und Asche legten, ja, selbst als die Straßen mit Flüchtlingen verstopft waren, funktionierte das Verteilungssystem in der Ostmark noch bemerkenswert gut. Trotz akuter Engpässe bei Obst und

Gemüse, Salz und vor allen Dingen Kohle bekamen die Einheimischen noch genügend zu essen und die Fabriken konnten die Produktion aufrechterhalten – die Nibelungenwerke in St. Valentin stellten sogar bis in die letzten Kriegstage hinein Panzer vom Typ Panther her. An einigen Orten war genügend Feuerholz vorhanden, um die Tätigkeit wichtiger Betriebe fortzuführen, wenn es auch in größeren Städten wie St. Valentin und Amstetten wegen des Brennstoffmangels unmöglich war, beispielsweise Milch zu pasteurisieren. Im Wesentlichen war es den ausreichenden Lebensmittelrationen zu verdanken, dass sich die Stimmung im Februar nicht noch weiter verschlechterte. Um dieselbe Zeit kam allmählich heftigere Kritik an dem Regime auf: In Korneuburg warf die Bevölkerung der nationalsozialistischen Führung den Krieg und vor allem dessen katastrophalen Ausgang vor; in Stockerau kursierten Flugblätter, die ein freies Österreich forderten.[63]

In Wien bedrückten der Kohlenmangel, die verstärkten Bombenangriffe und der Vormarsch der Roten Armee über die ungarische Tiefebene die Bevölkerung sehr. Noch am 22. Januar meldeten jedoch SD-Agenten, dass die allgemeine »Haltung« »relativ zufriedenstellend« sei und dass die meisten Bürger an ihrem Arbeitsplatz ihre Pflicht erfüllten. Die Mund-zu-Mund-Propaganda von einer Gruppe aus 50 Soldaten hatte ebenfalls eine den Defätismus eindämmende Wirkung.[64] Bis Ende Februar hatten sich die materiellen Verhältnisse des Alltagslebens doch so sehr verschlechtert, dass die Menschen der Verzweiflung nahe waren. Die Straßen waren von Staub, Trümmern und Glasscherben bedeckt; öffentliche und private Toiletten waren verstopft; die Gas- und Stromversorgung funktionierte kaum noch. Josef Schöner schreibt, dass einige seiner Freunde auf einen Volksaufstand hofften, fügte aber deprimiert hinzu, dass er keinerlei Courage entdeckt habe, in Aktion zu treten: »Von einer Aufstandsbereitschaft ist nirgends etwas zu merken, die Furcht vor Staatspolizei, SD und SS ist zu groß, die Leute sind weniger aktiv gegnerisch, als müde und resigniert.«[65]

Die russische Fürstin Marie Wassiltschikow, die vom 3. Januar bis zum 1. April als freiwillige Rot-Kreuz-Helferin in der Stadt war, beobachtete: »Die Trambahnen (das einzige noch funktionierende Verkehrsmittel in der Stadt) fahren offenbar nur mittags.«[66] Am

10. Februar notierte sie, dass sich täglich über 80 000 Menschen in dem Eisenbahntunnel unter dem Türkenschanzpark drängten, um den Bomben zu entkommen: »Schon um neun Uhr früh fangen sie an, Schlange zu stehen, und wenn dann die Sirenen heulen, drängt sich am Eingang eine brodelnde Menschenmenge, die gewaltsam versucht, sich einen Weg ins Innere zu bahnen.«[67]

Zwei Wochen später schreibt Wassiltschikow nach einem Gottesdienst im Stephansdom: »Die Straßen waren mit Menschen angefüllt. Heutzutage drängen sich Tausende von Wienern aus den Außenbezirken in das Stadtzentrum, weil es heißt, dass die uralten Katakomben die allersichersten Luftschutzkeller seien...«[68] Am 7. März nahm sie eine Einladung zum Essen in einem privaten Speisezimmer im Hotel Sacher an. Inmitten der Trümmer und Not meinte sie: »Die Atmosphäre dort war noch immer vollkommen unwirklich – Kellner mit weißen Handschuhen, Fasanen, von unserem Gastgeber persönlich geschossen, Champagner im Eiskübel.«[69]

Der Zusammenbruch

Sämtlichen Darstellungen zufolge dürfte im Februar und März die Stimmung in Wien äußerst gespannt gewesen sein. Alliierte Bomber brachten ganze Arbeiterviertel an den Rand eines Aufstands.[70] Am 6. März schrieb ein Funktionär des XVII. Wehrkreiskommandos, dass Hilfstruppen der Wehrmacht und der Partei nach schweren Luftangriffen öffentlich beschimpft und sogar physisch bedroht worden seien, dass feindselige und beleidigende Äußerungen gegen Reichsdeutsche fortwährend zunähmen und dass bei der oberen Mittelschicht und Künstlern die feindliche Agitation für die »Bewegung Freies Österreich« gefährliche Ausmaße annähme.[71] Vier Tage später meldete der SD, dass die Arbeiterviertel, wörtlich, »in Gärung« seien; aus Favoriten erklärte der Ortsgruppenleiter in der Kudlichgasse, dass er »sein Gebiet nach einem Luftangriff nur mit entsicherter Pistole betreten« könne; in Absberg, wo »es bereits zu Schießereien gekommen wäre«, wenn die »Volksgenossen Waffen hätten«, liefen politische Leiter Gefahr, verprügelt zu werden; in Anstalten verhinderte eine gewaltige Menge Frauen, dass ein Kreisamtsleiter mit vorgehaltener Pistole den Rädelsführer verhaftete; in

Erdberg, dem Schauplatz heftiger antisemitischer Krawalle im Jahr
1938, schrien die wütenden Bewohner Parteifunktionäre an und
spuckten ihnen ins Gesicht. Verschiedentlich wurden sie als »braune
Hunde«, »Blutsauger« und »Bluthunde« beschimpft.[72] Überall hieß
es: »Aufgehängt gehören sie! Sie haben den Tod so vieler Männer,
Frauen und Kinder auf dem Gewissen, diese Nazibanditen!« »Wenn
die Nazis nicht ans Ruder gekommen wären, lebten wir noch heute
im tiefsten Frieden, aber solange es noch Nazis gibt, gibt es keinen
Frieden...«[73]

Viele Fabrikarbeiter hatten zwar mit dem Regime gebrochen, aber
andere Österreicher – so desillusioniert und eingeschüchtert sie
waren – blieben indifferent. Der Historiker Radomir Luža schätzte
die Situation so ein:

> Doch die Bevölkerung wurde immer noch von der Angst vor
> der Roten Armee und den Bolschewiken geplagt wie auch vor
> den vielen nicht vorherzusagenden Folgen einer fremden Beset-
> zung für die Zukunft ihres Landes. Es war bei vielen, die bis zu
> einem gewissen Grad das Los des Reiches geteilt hatten, ein
> natürlicher Instinkt. So blickten Ende Februar noch viele Wie-
> ner hoffnungsvoll auf die frischen, gut ausgerüsteten deutschen
> Truppen, die durch die Stadt auf ihrem Weg zur ungarischen
> Front fuhren.[74]

Die unausgesetzten Bombardements der Alliierten trieben allerdings
selbst die noch Hoffnungsvollen in dumpfe Resignation. Jeden Tag
strömten Tausende von Frauen und Kindern zu den riesigen Flak-
Türmen und Luftschutzkellern und harrten stundenlang in der Kälte.
Beim ersten Ton der Heulsirenen, in der Regel um die Mittagszeit,
drängelten und schoben sie gemeinsam mit unzähligen anderen, um
sich Eintritt zu verschaffen. Laut Josef Schöner war die Haltung überwiegend selbstsüchtig, ja, niederträchtig: Niemand kümmerte sich
um die anderen, alle waren nur bemüht, ihre eigene Haut zu retten.
In den Bunkern brachen häufig Streitereien aus, und es wurden die
unterschiedlichsten Mutmaßungen über die Zukunft angestellt. Die
Meldung von der Einnahme der Rheinbrücke bei Remagen am
7. März durch die Amerikaner löste eine endlose Diskussion aus.

Außerdem wurde Guido Schmidt, Schuschniggs ehemaliger Außenminister, massiv verurteilt. Er wurde allgemein als der »Judas von Österreich« verachtet, auch von linientreuen Nationalsozialisten.[75]

Am 20. März überschritt die Rote Armee bei Koszeg die österreichische Grenze und rückte auf Wien vor. Da geschlagene Einheiten der SS durch Niederdonau flohen, begab sich Heinrich Himmler in einem Panzerzug eilig in die Stadt, um ihre Verteidigung mit den Parteiführern und den militärischen Befehlshabern zu koordinieren. Am Ostermontag, dem 2. April 1945, ließ Gauleiter Schirach in der ganzen Stadt Plakate ankleben, auf denen Frauen und Kinder aufgefordert wurden, die Stadt zu verlassen. Dann erklärte er Wien zu einer Festung, die von vier SS-Divisionen, dem Volkssturm und der Hitlerjugend verteidigt werden solle. Unmittelbar vor der Befreiung Wiens verfasste einer seiner Untergebenen einen letzten Lagebericht. Er beklagte sich darin über die völlig außer Kontrolle geratene Situation und sei zutiefst erschüttert über die mangelnde Führung. Wenn sich nicht bald etwas ändere, werde Wien von den Bolschewiken eingenommen.[76]

Josef Schöner schrieb, dass die Wiener Bevölkerung apathisch, vor Schrecken starr sei. Der Wunsch, dass der Stadt nach Möglichkeit das Schicksal eines Häuserkampfes erspart werde, ist natürlich weit verbreitet; Wien sollte kein »zweites Breslau« werden (wo bis zum letzten Mann gekämpft werden sollte). Im Gegensatz zu Berlin wirkten die verteidigenden Truppen lasch und mutlos. Trotz Schirachs prahlerischer Worte wusste die Bevölkerung, dass die Verteidigung der Stadt nur schlecht vorbereitet worden war. Wann kamen die Russen? Diese Frage lag in aller Munde.[77]

In Wahrheit hatten sowjetische Soldaten Wien bereits eingekreist. Am 6. April erreichten sie Randbezirke der Stadt, wo sie zunächst auf erbitterten Widerstand seitens Einheiten der Waffen-SS stießen. Die Kämpfe dauerten fast eine Woche. Am 10. April marschierten Rotgardisten in das Zentrum Wiens ein, das vom Artilleriebeschuss verwüstet worden war, aber nicht vom Kampf Mann gegen Mann. Sie stießen auf Gruppen von Wienern, die sich in den Hauseingängen versammelt hatten oder auf den Straßen zusammenliefen. Wie in Budapest waren die ersten Kontakte geradezu freundlich. Selbst die Nazis meinten, das Schlimmste sei jetzt vorüber.[78]

Am frühen Morgen war eine Schar Wiener Hausfrauen bei Herz-
mansky und Gerngroß eingebrochen, zwei Kaufhäusern an der
Mariahilfer Straße. Gemeinsam mit »Fremdarbeitern« plünderten
sie die Regale und Lagerräume und zogen mit Unmengen an Lebensmitteln, Schuhen und Bekleidungsartikeln wieder ab. Sie nahmen
auch Ballen aus Satin und andere Stoffe mit. Am nächsten Tag
schlossen sich Banden sowjetischer Soldaten den Einheimischen an.
Es gab auch Fälle von Vergewaltigungen und anderen Gewalttaten.
In Wien endete der Anschluss so ähnlich, wie er begonnen hatte: in
einer gleichsam anarchischen Orgie spontaner Plünderungen und
Diebstähle.[79]

Unterdessen ließen SS-Einheiten Tausende von KZ-Häftlingen
und ungarischen Juden über die Nebenstraßen des Salzkammergutes
und der Steiermark von den Außenstellen des Lagers oder von der
ungarischen Grenze zum Hauptkomplex Mauthausen-Gusen marschieren. Vier bis fünf Wochen lang wurde das österreichische Volk
Augenzeuge eines unsäglichen Gemetzels und Massenmordes an
Eltern und Kindern, die vor deren eigenen Augen zu Tode geprügelt
oder erschossen wurden. Die Mehrheit der österreichischen Zuschauer starrte ungläubig auf die lebenden Skelette, die sich durch
Städte und Dörfer schleppten. Angesichts der Prügelei und Schüsse
ergriff viele spontan Mitleid, einige boten sogar Brot, Kartoffeln
oder Wasser an. Eine junge Frau beschimpfte die SS mit den Worten:
»Hitler weiß nichts davon, sonst würde er dem sofort ein Ende
machen.«[80]

Als der eilig organisierte Rückzug ins Landesinnere gelangte,
wurden die schrumpfenden SS-Einheiten von örtlichen Einheiten
des Volkssturms, der Hitlerjugend, von einheimischen Gendarmen,
Feuerwehrleuten und Nachzüglern der Wehrmacht verstärkt oder
abgelöst. Die neuen Wachen setzten die Todesjagd fort und forderten sogar zivile Zuschauer auf, bei dem Blutbad mitzumachen. In
der Nähe von Wiener Neudorf überredete ein Mädchen ihren
Geliebten, einen SS-Blockführer, sie einmal schießen zu lassen:
»Bubi, du hast schon so oft Bumm-bumm gemacht, lass jetzt dein
Mädi mal Bumm-bumm machen.«[81] In Eisenerz stellten Parteifunktionäre aus Mitgliedern von Selbstschutzgruppen eine »Alarmabtei-
lung« zusammen, die am 8. April eine Kolonne von 200 Juden vor

der Stadt mit dem Maschinengewehr niedermähte. Nach der Aussage eines Zeugen muss es für die Männer der Kompanie anscheinend eine besonders große Freude gewesen sein, zur Waffe greifen zu dürfen.[82]

Auch wenn sich nur eine kleine Zahl österreichischer Zivilisten in den letzten Kriegstagen an dem Mord an Juden in der Öffentlichkeit beteiligte, deutet kaum etwas darauf hin, dass sich die allgemeine Haltung gegenüber dem »Rassenfeind« in irgendeiner Weise geändert, der Hass gemildert hätte. Noch im Jahr 1946, zu einer Zeit, als kaum noch ein Jude im Land lebte und immer mehr Einzelheiten über den Holocaust bekannt wurden, war wenigstens die Hälfte der in der amerikanischen Besatzungszone befragten Österreicher durchgehend der Überzeugung, dass »die Nazis zwar in ihrer Art und Weise, wie sie die Juden behandelt hätten, zu weit gegangen wären, dass aber etwas unternommen werden musste, um ihnen Schranken zu setzen«.[83] Mit anderen Worten, die Österreicher mochten sich zwar für immer von dem Anschluss verabschiedet haben, aber nur wenige äußerten ihr Bedauern über die Tatsache, dass die Juden aus ihrer Mitte verschwunden waren.

Da aus den letzten Kriegswochen keine Meinungsberichte erhalten sind, lässt sich unmöglich die allgemeine Reaktion auf die Gewalt, das Blutvergießen und das unbeschreibliche Chaos rekonstruieren, die auf die Einnahme Wiens durch die Sowjets, auf die deutschfeindlichen Aufstände in Tirol und Oberösterreich und die Eroberung des Westens durch französische und amerikanische Soldaten folgten. Es ist nicht einmal klar, wie die Menschen auf die Gründung der Zweiten Republik Österreich reagierten. Viele hassten immer noch die Angloamerikaner; am 4. März jagte ein Mob aus Steirern vier amerikanische Piloten und erschoss sie. Etliche nationalsozialistische Starrköpfe glaubten bis zum bitteren Ende und darüber hinaus an Hitler. Noch am 13. März vertraute eine Mutter von vier Kindern ihrem Tagebuch an, dass der »Führer« auf jeden Fall wisse, was zu tun sei.[84] Die meisten anderen Menschen waren sich nicht so sicher. Mitte April versuchte Robert Ley, der Chef der Deutschen Arbeitsfront, die müden und erschöpften Männer des Salzburger Volkssturms aufzurütteln. Doch seine Rede stieß auf taube Ohren. Zwei Wochen später gab Gauleiter Scheel den Tod

Hitlers bekannt. In Schwarzbach vermerkte ein Gemeindeschreiber, die Anwohner würden kaum darüber sprechen. Wer hätte das für möglich gehalten?[85]

Unterdessen hatte Ernst Kaltenbrunner ein Telegramm nach Berlin geschickt, das einen letzten Einblick in die Stimmung in der Ostmark vermitteln sollte. Er wies darin auf das »hervorragende Zusammenarbeiten« des österreichischen Gauleiters mit den lokalen militärischen Befehlshabern hin. Kaltenbrunner bezeichnete die »Haltung« der Bevölkerung in der Nähe der tschechischen Grenze als »gut«, nannte aber das Gebiet südlich von Mank-Mariazell »schwarz bis feindlich« und spricht von »versteckten Deserteuren«. Die raue Landschaft entlang der steirischen Grenze werde von Partisanenbanden bedroht. Die Geistlichkeit hingegen »hält sich zurück«. In der Steiermark herrsche eine »fleißige und betriebsame« Stimmung, selbst in Anbetracht der »etwas unruhigen politischen und Sicherheitslage«. In Kärnten wäre die Lage »besser«, in Salzburg gäbe es eine »sehr stabile Führung«. In Tirol wäre die Stimmung jedoch »schlecht«.[86]

Epilog

Von 1938 bis 1945 erfuhr das österreichische Volk eine industrielle und soziale Modernisierung, in deren Verlauf Entfaltungsmöglichkeiten geschaffen und familiäre Bindungen gelockert wurden und die traditionellen Eliten an Autorität verloren. Als Versuchslaboratorium für Hitlers innenpolitische Programme wurde Österreich in der NS-Zeit zu einem Standort für die Verwirklichung von der Trennung von Kirche und Staat bis hin zur Auslöschung der gesellschaftlich und rassisch unerwünschten »Elemente«. Für diejenigen, die von der Umverteilung der Ressourcen, der »Arisierung« und Hochleistungswirtschaft profitierten, war es eine im wahrsten Sinne des Wortes Gewinn bringende Erfahrung. Den anderen hinterließ das Anschluss-Regime ein Vermächtnis großen Leids: 247 000 österreichische Soldaten waren im Zweiten Weltkrieg gefallen oder wurden vermisst, 24 300 Zivilisten kamen bei Luftangriffen ums Leben, 24 203 Gebäude lagen in Trümmern. Weit katastrophaler waren die Verluste auf Seiten der Ausgestoßenen und Verfolgten: 128 000 Juden wurden aus ihrem Haus und aus ihrer Heimat vertrieben, 32 000 Ausgestoßene und Dissidenten fanden in den Gefängnissen der Gestapo oder Konzentrationslagern den Tod, die 65 459 im Land gebliebenen Juden wurden im Holocaust ermordet, 2700 Patrioten wurden wegen ihres Widerstands hingerichtet. Während der NS-Herrschaft kamen über 372 000 Österreicher resp. 5,6 Prozent der Bevölkerung ums Leben. Dennoch unterstützte die Mehrheit der Österreicher den Anschluss, das NS-Regime und den Krieg bis zum Ende.[1]

Am 27. April 1945 traf sich eine Koalition aus sozialdemokratischen, katholischen und kommunistischen Politikern im sowjetisch besetzten Wien und rief die Zweite Österreichische Republik aus. Sie hoben die »politische, ökonomische und kulturelle Annexion« durch NS-Deutschland auf und versprachen, die Gesellschaft auf der

Grundlage der freiheitlichen Demokratie und des traditionellen
Patriotismus wieder aufzubauen. Einige Tage später sprach der provisorische Präsident Karl Renner zu den Wiener Beamten. Renner
verteidigte seine Unterstützung des Anschlusses, bedauerte lediglich
den Lauf, den die Ereignisse genommen hatten, und fügte reuig
hinzu, dass den Österreichern nichts anderes übrig bleibe, als den
Gedanken an Großdeutschland aufzugeben, was vielen jedoch möglicherweise schwer fallen werde.[2]

Seine Worte gaben zweifellos die Haltung vieler Österreicher wieder, die in der Niederlage die Zweite Republik als die einzige Möglichkeit betrachteten, die Sieger zu besänftigen und einer Vergeltung
für die Verbrechen der NS-Zeit zu entgehen. Im September trat der
Alliierte Kontrollrat der vier Mächte in Wien zusammen und bestätigte die Punkte der Moskauer Erklärung. Auch wenn die provisorische österreichische Regierung nicht direkt angesprochen wurde,
akzeptierte das Wiener Kabinett ohne zu zögern die Erklärung der
Alliierten, dass Österreich »das erste freie Land« gewesen sei, »das
dem Hitlerschen Expansionsdrang zum Opfer gefallen« sei. Sie billigte ferner ein Programm der Entnazifizierung, der Demokratisie-
rung und des wirtschaftlichen Wiederaufbaus.[3]

Aus Überzeugung an der Schuld strebten die Gründer der Zweiten
Republik eine juristische Auseinandersetzung mit den Verbrechen
der NS-Zeit an. Zahllose in den letzten Kriegstagen begangene Gräueltaten hatten ein Meinungsklima geschaffen, das die politische Linie
unterstützte, hoch gestellte Nazis zu bestrafen und nominellen Parteimitgliedern die Hand der Versöhnung zu reichen. Von 1945 bis
1948 verurteilten österreichische Gerichte 10 694 Menschen wegen
(in der Regel auf österreichischem Boden begangenen) Kriegsverbrechen und verhängten gegen 43 Verurteilte die Todesstrafe. Im selben
Zeitraum verabschiedete die Regierung weitere Gesetze, die Strafen
von dem Entzug des Wahlrechts, über den Verlust des Arbeitsplatzes,
bis hin zu Geldstrafen und Zwangsarbeit vorsahen.[4]

Wie im besetzten Deutschland dauerte es jedoch nicht lange, bis
die Maßnahmen zur Entnazifizierung Ärger erregten, vor allem in
der amerikanischen Besatzungszone in Salzburg und Oberösterreich. Der Versuch der amerikanischen Militärregierung, über jedes
Mitglied der Partei und einer ihrer Unterorganisationen eine Akte

anzulegen, schuf hier ein bürokratisches Chaos, das den Hauptver-
brechern die Möglichkeit gab, sich der Anklage zu entziehen, und
dazu führte, dass zahlreiche Mitläufer verurteilt wurden. Die Folge
war eine Welle der Sympathie für Parteimitglieder, auch unter
Nichtnationalsozialisten. Wo einst eine »Schicksalsgemeinschaft«
gewesen war, stand jetzt eine »Leidensgemeinschaft«.[5]

Selbst wenn die Amerikaner nicht so stümperhaft vorgegangen
wären, ist schwer vorstellbar, wie die österreichische Regierung die
Auseinandersetzung mit der NS-Zeit erfolgreicher hätte führen
können. Erschreckt über das Faktum, dass 600 000 eingetragene
NSDAP-Mitglieder zusammen mit ihren Angehörigen ein Drittel
der Bevölkerung stellten, machten die Gründer der Zweiten Republik eine Kehrtwendung. Die »allergrößte Anzahl« von Hitlers Anhängern, argumentierten sie jetzt, seien Opfer, sie seien »dem wirtschaftlichen, gesellschaftlichen und selbst dem persönlichen Zwange
erlegen«. Renner und seine Partner wollten zwar den Nationalsozialismus in Österreich ausradieren, mussten aber wie Konrad
Adenauer in Westdeutschland erkennen, dass für den ökonomischen
Wiederaufbau und für die gesellschaftliche Integration die Unterstützung der »harmlosen Gefolgsleute und Soldaten, die glaubten,
sie würden nur ihre Pflicht tun«,[7] erforderlich war. Die Bilder von
den zivilen Unruhen, welche die Erste Republik zerstört hatten, standen den Wiener Politikern noch vor Augen, und so entschieden sie
sich, »eine Fiktion der Geschichte zu schaffen, die mit der historischen Realität wenig zu tun hatte«.[8]

Schon nach wenigen Monaten wurde deutlich, dass die Mehrheit
der Österreicher bereit war, diese offizielle Version der jüngsten
Geschichte zu akzeptieren. Am 1. Juni 1945 traf Gertrude Schneider
mit ihrer Mutter und Schwester, die das KZ Auschwitz überlebt hatten, in Wien ein. Die einheimische Bevölkerung war ganz mit ihrem
Selbstmitleid und Verdrängungsprozess beschäftigt. »Diejenigen, die
uns wiedersahen, empfanden keine Freude«, erinnert sie sich.[9] Zwei
Jahre später wunderten sich zurückgekehrte Flüchtlinge darüber,
dass die Alpenrepublik mit einem Mal richtig schick geworden war.
»Nachdem sie die Hitlerjahre mental verdrängt hatten«, beobachtete
George Clare im Jahr 1947, hatten die meisten Menschen »die Lücke
mit österreichischem Patriotismus gefüllt«.[10]

Die Österreicher hatten nicht wie im geteilten Deutschland nach
der jeweiligen politischen Richtung eine andere Erinnerung an den
Nationalsozialismus. Stattdessen forcierte die österreichische Regierung den Mythos eines kollektiven Leids, indem sie das *Rot-Weiß-
Rot Buch* herausgab, eine Sammlung sorgsam ausgewählter Dokumente, die den Alliierten eine patriotische Feindseligkeit gegenüber
dem Anschluss-Regime glaubhaft machen sollte. Die Dokumentation verfocht die These, dass Deutschland Österreich gegen den Willen des Volkes annektiert, das Land als eine Kolonie ausgebeutet und
massiven Widerstand und Sabotageakte provoziert habe. Eine spätere Publikation ging sogar so weit zu behaupten, dass 70 Prozent
der Bevölkerung von einem »fanatischen Willen, Widerstand zu leisten«, erfüllt gewesen wären.[11]

In dem kalten Winter von 1947 waren nur wenige bereit, die offizielle Version, Österreich sei eine »Nation der Opfer«, anzuzweifeln.
Das Gros der Österreicher war gelähmt von dem Mangel an Lebensmitteln und Brennmaterial, von der Währungskrise und von dem
Versäumnis der Alliierten, sich auf einen Staatsvertrag zu einigen.
In ihren Augen war kein Ende ihres Leidens absehbar. Als Reaktion
auf die Unzufriedenheit legte die österreichische Regierung ein Paket
aus mehreren Strategien vor, das bemerkenswert erfolgreich das Vertrauen der Öffentlichkeit wiederherstellte und die innen- und
außenpolitischen Gefahren am Anfang des Kalten Krieges über-
wand.

Kern des Maßnahmenkatalogs war die Entscheidung, sich am
Marshallplan zu beteiligen. Aufgrund des garantierten, amerikanischen Kapitals war es möglich, den wirtschaftlichen Zusammenbruch zu verhindern, die Währung zu stabilisieren und das (nationalsozialistische) Programm der industriellen Modernisierung
auszuweiten. Darüber hinaus beeilte sich die Koalitionsregierung,
kommunistische Minister aus dem Kabinett auszuschließen und
ehemalige Anhänger Hitlers zu reintegrieren. In der Praxis hieß das
die Aura des »Opferstatus« auf die Zivilbevölkerung, die zurückgekehrten Kriegsveteranen und die einfachen Parteimitglieder auszudehnen. Nach der Generalamnestie im Juni 1948, durch die bis auf
eine Hand voll strammer Nationalsozialisten alle ehemaligen Parteimitglieder das Wahlrecht wiedererlangten, setzten die beiden großen

politischen Parteien, die ÖVP und die SPÖ, alles daran, deren Wählerstimmen zu gewinnen.[12]

Am Ende war es den Gründervätern der Zweiten Republik durch das merkwürdige Zusammentreffen der Moskauer Erklärung und des Kalten Krieges möglich, den Grundstein für eine Prosperität zu legen, das Netz der sozialen Sicherheit auszubauen und über schwierige Verhandlungen die Unterstützung der verschiedenen politischen, ökonomischen und gesellschaftlichen Gruppierungen des Landes zu erlangen. Die österreichische Regierung verfügte aus demselben Grund über das erforderliche Druckmittel, um Österreich das Schicksal Deutschlands zu ersparen und den Alliierten die Unterzeichnung des Staatsvertrages von 1955 abzuringen. Dieser Erfolg ging mit einer breiten patriotischen Stimmung einher und trug wesentlich dazu bei, dass die Österreicher ein starkes Bewusstsein ihrer eigenen Identität entwickelten.[13]

Indem die Gründer das österreichische Volk von Schuldgefühlen oder jeder Mitverantwortung für die Verbrechen der Hitlerzeit freisprachen, blieben die autoritären und antisemitischen Einstellungen weitgehend intakt. Im März 1948 ergab eine in Linz durchgeführte Meinungsumfrage, dass 55,2 Prozent der Stadtbevölkerung der Ansicht waren, der Nationalsozialismus sei im Grunde eine gute Idee, die nur schlecht umgesetzt worden sei. Von den Befragten bewertete ein Drittel die NS-Sozialpolitik, ein weiteres Drittel die Arbeitsbeschaffungsmaßnahmen und ein Viertel dessen Erfolge bei der Versorgung der allgemeinen Bevölkerung positiv. Nur mehr zwei Prozent der Befragten hing der Idee einer Vereinigung mit den Deutschen an.[14]

Nach 1949 wurden die Ansichten eines Großteils der Anhängerschaft Hitlers im Zuge der Rekrutierung ehemaliger Nationalsozialisten durch die großen politischen Parteien neutralisiert oder modifiziert, da diese nunmehr ein echtes Interesse an dem Ausbau demokratischer Institutionen hatten. Zugleich wurde durch ihre Absorption die Anziehungskraft der wieder belebten deutschnationalen Bewegung wirkungsvoll eingedämmt, die 1949 als der Verband der Unabhängigen (VdU) gegründet und 1955 unter dem Namen Freiheitliche Partei Österreichs (FPÖ) reorganisiert wurde. Auf der anderen Seite behinderte die weitgehende Integration ehemaliger

Nazis in Staat und Gesellschaft jede tiefgründige, ernsthafte Auseinandersetzung mit den Anschlussjahren und NS-Verbrechen. Darüber hinaus sahen sich Politiker ermuntert, die Soldaten der deutschen Wehrmacht als Helden zu rühmen und antisemitische Äußerungen zu ignorieren oder zu tolerieren.[15]

Als am 25. Oktober 1955 der letzte alliierte Soldat aus Österreich abzog, jubelten die meisten Bürger, dass »17 Jahre der Okkupation« endlich zu Ende gegangen seien. In den folgenden Jahren entwickelte sich die Alpenrepublik aufgrund der diplomatischen Neutralität, der politischen Stabilität und eines ständigen Wirtschaftswachstums zu einer der reichsten Demokratien der Welt. Die Frage, was es denn bedeute, ein Österreicher zu sein, wurde weiter diskutiert, aber der allgemeine Stolz auf die Zweite Republik schwoll zu einem »Dünkel und einer Selbstgefälligkeit« an, wie der amerikanische Politologe Andrei Markovits es nannte.[16] Im Jahr 1985 ergab eine Meinungsumfrage, dass die große Mehrheit der Österreicher, abgesehen von der Stimmabgabe bei den Wahlen, sich – immer noch – scheute, sich politisch in der Bürgergesellschaft oder am Arbeitsplatz zu engagieren. Andere Umfragen aus demselben Zeitraum zeigten, dass 13 Prozent sich als Angehörige des deutschen Volkes betrachteten und 74 Prozent tatsächlich der Ansicht seien, sie gehörten zu den Verlierern des Zweiten Weltkrieges. Darüber hinaus meinten rund 50 Prozent, dass die NS-Zeit gute und schlechte Seiten gehabt habe.[17]

Noch beunruhigender als die Kontinuität der autoritären Denkweise und Gewohnheiten ist das Fortbestehen eines weit verbreiteten Antisemitismus. Im Jahr 1945 wurden die wenigsten der 4500 jüdischen Überlebenden von Konzentrationslagern, die wieder nach Österreich zurückkehrten, freundlich empfangen. Das Kabinett Renner lehnte die Verantwortung für die Taten einer »ausländischen Tyrannei« ab und weigerte sich, die Vermögen der Flüchtlinge wiederherzustellen oder eine Entschädigung zu zahlen. Stattdessen zwang es die Zurückgekehrten, von den Hilfsleistungen des American Jewish Joint Distribution Committee zu leben. Die Regierung unternahm auch nichts gegen die öffentliche Hetze gegen die 170 000 osteuropäischen Juden, die von 1945 bis 1953 Österreich passierten.[18]

Mit anderen Worten, in der unmittelbaren Nachkriegszeit sahen die Österreicher gemeinhin kaum Anlass, ihre (Vor-)Urteile zu überdenken, erst recht nachdem die Schuld sowohl für ihr eigenes Leid als auch für den Holocaust den Deutschen angelastet worden war. Wie bereits erwähnt, brachte eine amerikanische Meinungsumfrage von 1946 an den Tag, dass rund die Hälfte der österreichischen Bevölkerung die Ansicht vertrat, es sei außerdem notwendig gewesen, den Juden »Grenzen zu setzen«.[19] Darüber hinaus sind »heute viele der Meinung, dass die Juden die Gewinner der gegenwärtigen Situation wären und dass sie sich nach dem Sieg über das Hitlerregime ein schönes Leben machen würden«.[20] 1946/47 kam es in Österreich zu mehreren antisemitischen Unruhen, vor allem in der Nähe von Flüchtlingslagern in Graz und in Bad Ischl.[21]

Die Regierungsbehörden fürchteten ein Einschreiten der Alliierten wegen der Ausbrüche der Judenfeindlichkeit und stritten das Problem entweder rundweg ab oder versicherten, die Unruhen zu beenden. Die offizielle Linie wurde von Theodor Körner formuliert, dem Oberbürgermeister von Wien und späteren Bundespräsidenten. Er behauptete, Österreicher seien viel zu »kosmopolitisch«, um gegenüber den Juden voreingenommen zu sein. Im Jahr 1955 akzeptierte die österreichische Regierung eine Verpflichtung, den Opfern »politischer Verfolgung« Beistand zu leisten, in der Folgezeit schottete sie sich aber ab oder zahlte auswärtigen Antragstellern nur den Bruchteil des ursprünglichen Marktwertes ihrer Vermögen aus. Bis zum Jahr 1961 hatten 5483 Antragsteller 51 340 252 Schilling (ca. 7,3 Mio. DM) als so genannte Entschädigung erhalten.[22]

Es besteht kaum ein Zweifel daran, dass die Weigerung der österreichischen Behörden, sich mit dem Vermächtnis des Antisemitismus in Österreich auseinander zu setzen, dazu beitrug, dass er sich so hartnäckig hält. Gewiss ist der Rechtsextremismus aus dem öffentlichen Leben praktisch verschwunden, aber antijüdische Einstellungen fließen bis heute in die allgemeinen Diskussionen ein. Unter der Kanzlerschaft Bruno Kreiskys, selbst Jude, erfuhren sie sogar wieder ein gewisses Maß an Anerkennung. Andererseits wäre in der Habsburgermonarchie oder in der Ersten Republik vermutlich nie ein Mensch jüdischer Abstammung mit einer so großen Mehrheit in das höchste Regierungsamt gewählt worden.[23]

Die Wahl von Kurt Waldheim zum Bundespräsidenten im Jahr
1986 löste einen internationalen Proteststurm aus, der die Österreicher langfristig zwang, sich mit ihrer »abgespaltenen Vergangenheit«
auseinander zu setzen. Der Protest erhob sich, weil Waldheim leug-
nete, dass er im Krieg als Leutnant in der deutschen Heeresgruppe E
auf dem Balkan Dienst getan hatte. Diese Täuschung stellte Österreichs kollektive Erinnerung an die Anschlussjahre bzw. deren Ver-
drängung in Frage und richtete weltweit die Aufmerksamkeit auf
das Problem der Kollaboration. Die österreichische Öffentlichkeit
reagierte zunächst damit, den Jüdischen Weltkongress zu verurtei-
len, von Anfang an wurden jedoch sehr zwiespältige Ansichten vertreten. Bundeskanzler Franz Vranitzky trat sein Amt in einer außerordentlich aufgeladenen Atmosphäre an und entschloss sich endlich,
seine Mitbürger an die eigenen Leichen im Keller zu gemahnen.[24]
   Vranitzky ging an mehreren Fronten gleichzeitig vor. Er löste die
Koalition seiner SPÖ mit der rechtsgerichteten Freiheitlichen Partei
auf und rief Neuwahlen aus. Am 14. Januar 1987 trat die bisherige
Oppositionspartei ÖVP in eine Große Koalition ein. Als das US-
Justizministerium Waldheim im April auf die *»watch list«* uner-
wünschter Ausländer setzte, reagierte Vranitzky auf die »ungerecht-
fertigten Anklagen« mit einem Besuch in dem jüdischen historischen Museum in den Niederlanden. Außerdem unternahm er eine
offizielle Reise nach Washington und sprach sich im Juni explizit
gegen den Antisemitismus aus.
   Im Jahr 1988, dem 50. Jahrestag des Anschlusses, wurde der österreichischen Öffentlichkeit stärker die NS-Vergangenheit ins Bewusstsein gerufen. Millionen von Fernsehzuschauern verfolgten
feierliche Zeremonien, auf denen Waldheim und Vranitzky die Mit-
täterschaft der Österreicher am Holocaust anerkannten. Öffentliche
Debatten und wissenschaftliche Konferenzen wurden veranstaltet,
etliche Publikationen zu den Themen Widerstand und Kollaboration erschienen. Zum Jahrestag der »Reichskristallnacht« erinnerte
Vranitzky seine Landsleute an die lange Geschichte des österreichischen Antisemitismus.[25]
   Ein Jahr später verringerte sich durch den Fall des Eisernen Vor-
hangs die Bedeutung von Österreichs Neutralität und gleichzeitig
taten sich neue wirtschaftliche Möglichkeiten im Donaubecken auf.

Während österreichische Firmen sich um 7500 Joint-Venture-Vereinbarungen in Osteuropa stritten, ermahnte Vranitzky die österreichische Bevölkerung, dass sie sich nicht der Bürde der Vergangenheit entziehen dürften. Im Jahr 1990 stellte die SPÖ-Regierung 195 Millionen Dollar als finanzielle Entschädigung für die einheimischen und die im Ausland lebenden jüdischen Opfer der NS-Verfolgung zur Verfügung. Außerdem unterstützte er weiterhin die »moralischen und materiellen Ansprüche« derjenigen, die jahrzehntelang übersehen worden waren, etwa bei seinem Besuch im Juli 1993 an der Hebräischen Universität in Jerusalem.[26]

Wie die Österreicher auf den jahrelangen Streit um Waldheim reagierten, ist nicht eindeutig belegt. Aller Wahrscheinlichkeit nach erhielten aktuelle Belange den Vorrang vor Reflexionen über die Formen des Erinnerns. Eine Untersuchung der Medienberichterstattung in dem denkwürdigen Jahr 1988 kommt zu dem Schluss, dass allgemein Skepsis herrschte. Eine andere Studie deutet an, dass viele Menschen gar noch antisemitischer wurden. Eine Gallup-Umfrage aus dem Jahr 1991 ergab beispielsweise, dass über die Hälfte der befragten Personen die Verfolgung der NS-Kriegsverbrechen missbilligte und sich ein Ende der weiteren Diskussion um den Holocaust wünschte. Dieselbe Umfrage wies auch darauf hin, dass ein Drittel immer noch der Ansicht war, Österreich sei Hitlers erstes Opfer gewesen.[27]

So beunruhigend diese Einstellungen auch erscheinen mögen, sie müssen in ihrem Kontext gesehen werden. Die Gründerväter der Zweiten Republik haben nicht allein das Erbe einer selektiven Amnesie hinterlassen, sie haben auch eine freiheitliche Gesellschaftsordnung geschaffen, die es ermöglichte, über die Neurosen, Konflikte und Verbrechen der Vergangenheit offen zu diskutieren. Als im Jahr 1986 die Waldheim-Affäre losging, war eine neue Generation von Akademikern, Schriftstellern und Meinungsmachern bereit, die Tabus des öffentlichen und allgemeinen Gedächtnisses zu hinterfragen. Ihnen standen einflussreiche Mitglieder der römisch-katholischen Kirche zur Seite, in erster Linie Wiens Kardinal Franz König, der sich schon seit langem für die Erklärung des Zweiten Vatikanischen Konzils aussprach, in der die Juden von der Schuld am Tod Jesu freigesprochen werden.[28]

Das soll nicht heißen, dass die Waldheim-Affäre auf magische Weise die österreichische Gesellschaft verwandelt hätte. Zu Beginn des 21. Jahrhunderts ist die Korruption an den höchsten Stellen und eine feindselige Stimmung gegen Einwanderer immer noch ebenso sehr ein Teil der Politik wie beispielsweise in Großbritannien, Frankreich, Deutschland und in den Vereinigten Staaten. Man darf auch nicht übersehen, dass der großmäulige Jörg Haider, der [ehemalige, d. Ü.] Chef der FPÖ, sich nicht scheut, Veteranenverbänden den Hof zu machen oder mit schädlichen Stammtischparolen auf Stimmenfang zu gehen. Daneben scheinen Lehrer, Dozenten, Geistliche und die politischen Eliten entschlossen, sich den Fakten und Mythen einer schwierigen Vergangenheit zu stellen. Wenn diese Studie des Meinungsklimas in Hitlers Österreich sie in ihrem Bestreben unterstützt, so hat sie eines ihrer Ziele erreicht.

Abkürzungsverzeichnis

Im Text werden folgende Abkürzungen verwendet:

CV	Cartell-Verband (Verbindung katholischer Studenten)
DAF	Deutsche Arbeitsfront
DAP	Deutsche Arbeiterpartei
DNSAP	Deutsche Nationalsozialistische Arbeiterpartei (die österreichische NSDAP vor 1926)
DÖW	Dokumentationsarchiv des österreichischen Widerstandes
FPÖ	Freiheitliche Partei Österreichs
GDVP	Großdeutsche Volkspartei
KPD	Kommunistische Partei Deutschlands
KPÖ	Kommunistische Partei Österreichs
NSDAP	Nationalsozialistische Deutsche Arbeiterpartei
NSKK	Nationalsozialistisches Kraftfahrerkorps
NSV	Nationalsozialistische Volkswohlfahrt
OSS	Office of Strategic Services (amerikanischer Nachrichtendienst)
ÖVP	Österreichische Volkspartei
RAD	Reichsarbeitsdienst
RM	Reichsmark
SA	Sturmabteilung
SD	Sicherheitsdienst der SS
SDAP	Sozialdemokratische Arbeiterpartei
Sipo	Sicherheitspolizei
SPÖ	Sozialdemokratische Partei Österreichs
SS	Schutzstaffel
VdU	Verband der Unabhängigen

Zusätzlich zu den Abkürzungen im Text wurden in den Anmerkungen folgende Abkürzungen verwendet:

AVA	Allgemeines Verwaltungsarchiv, Wien
BH	Bundeshauptmannschaft
Boberach, Meldungen	*Meldungen aus dem Reich: Die Geheimen Lageberichte des Sicherheitsdienstes der SS 1938–1945.* 17 Bde. Herausg. von Heinz Boberach. Herrsching 1984.
Dok.	Dokument

Domarus, Hitler	*Hitler: Reden und Proklamationen 1932–1945: Kommentiert von einem deutschen Zeitgenossen.* 2 Bde. Herausg. von Max Domarus. Neustadt 1962.
DÖW, »Anschluß«	*»Anschluß 1938«: Eine Dokumentation.* Herausg. vom Dokumentationsarchiv des österreichischen Widerstandes. Wien 1988.
DÖW, Erzählte Geschichte	*Erzählte Geschichte: Jüdische Schicksale. Berichte von Verfolgten.* 3 Bde. Herausg. vom Dokumentationsarchiv des österreichischen Widerstandes. Wien 1993.
F	Bildnummer (für englisch *frame*)
FO	Foreign Office
G	Gendarmerie
GStA	Generalstaatsanwalt
LR	Landrat
M	Mikrofilm
NA	National Archives, Washington, D. C.
NÖLA	Niederösterreichisches Landesarchiv (Wien, jetzt in St. Pölten)
OLG	Oberlandesgericht
OÖ	Oberösterreich
OÖLA	Oberösterreichisches Landesarchiv (Linz)
Pol. Akten	Politische Akten
PRO	Public Record Office, London
R	Urkundenrolle im NA (für englisch *roll*)
Red-White-Red Book	*Justice for Austria! Red-White-Red Book: Description, Documents and Proofs to the Antecedents and History of the Occupation of Austria (from Official Sources).* Teil 1. Wien 1947; deutschsprachige Ausgabe: *Rot-Weiss-Rot Buch. Darstellungen, Dokumente und Nachweise zur Vorgeschichte und Geschichte der Okkupation Österreichs »nach amtlichen Quellen«.* Hrsg. vom Ministerkomitee unter Führung von Gruber. Wien 1946.
RfSS	Reichsführer SS
RG	Record Group
Rk	Reichskommissar für die Wiedervereinigung Österreichs mit dem Deutschen Reich
RSHA	Reichssicherheitshauptamt
RStH	Reichsstatthalter
Sch.	Schachtel
WVB	*Widerstand und Verfolgung im Burgenland 1934–1945: Eine Dokumentation.* Herausg. vom Dokumentationsarchiv des österreichischen Widerstandes. Wien 1979.
WVNÖ	*Widerstand und Verfolgung in Niederösterreich 1934–1945: Eine Dokumentation.* 3 Bde. Herausg. vom Dokumentationsarchiv des österreichischen Widerstandes. Wien 1987.
WVOÖ	*Widerstand und Verfolgung in Oberösterreich 1934–1945: Eine Dokumentation.* 2 Bde. Herausg. vom Dokumentationsarchiv des österreichischen Widerstandes. Wien 1982.
WVS	*Widerstand und Verfolgung in Salzburg 1934–1945: Eine Dokumentation.* 2 Bde. Herausg. vom Dokumentationsarchiv des österreichischen Widerstandes. Wien 1991.

WVT   *Widerstand und Verfolgung in Tirol 1934–1945: Eine Dokumentation.*
            3 Bde. Herausg. vom Dokumentationsarchiv des österreichischen
            Widerstandes. Wien 1984.
WVW   *Widerstand und Verfolgung in Wien 1934–1945: Eine Dokumentation.*
            3 Bde. Herausg. von Herbert Steiner, Peter Eppl und Johann Holzner.
            Wien 1975.

Anmerkungen

Vorwort

1. Pelinka, »The Great Austrian Taboo«, S. 72.
2. Zur Unterscheidung zwischen öffentlicher Meinung und Volksstimmung siehe Lukacs, *Historical Consciousness or the Remembered Past*, S. 75–93. Siehe auch Davidson, »Public Opinion«, S. 188–193.
3. Aus Marx, *Der achtzehnte Brumaire des Louis Bonaparte*.
4. Burke, *History and Social Theory*, S. 91.
5. Hutton, »The History of Mentalities: The New Map of Cultural History«, S. 238.
6. Davidson, »Public Opinion«, S. 192 f.
7. Zitiert in Sked, *The Decline and Fall of the Habsburg Monarchy, 1815–1918*, S. 45.
8. Ebenda, S. 44–52; Kann, *Habsburg Empire*, S. 283–285.
9. Stokes, »SD«, S. 2–19, 101–111, 194.
10. Hagspiel, *Ostmark*, S. 122 f.
11. Gellately, *The Gestapo and German Society*, S. 72–75. In seinem jüngsten Beitrag zur Sozialgeschichte des Dritten Reiches hebt Gellately die Bedeutung der Denunziationen von Einzelpersonen hervor. Gellately und Fitzpatrick, »Introduction to the Practice of Denunciation in Modern European History«, S. 753. Siehe auch Connely, »The Uses of *Volksgemeinschaft*: Letters to the NSDAP Kreisleitung Eisenach, 1939–40«, S. 899–930, und Gellately, »Denunciations in Twentieth Century Germany: Aspects of Self-Policing in the Third Reich and the German Democratic Republic«, S. 931–967.
12. Gellately, *The Gestapo and German Society*, S. 65–75; Stokes, »SD«, S. 21–195.
13. Unger, »The Public Opinion Reports of the Nazi Party«, S. 565–582; Stadler, *Österreich*, S. 14–18; Stokes, »SD«; Steinert, *Hitlers Krieg und die Deutschen*, S. 17–48; Kershaw, *Popular Opinion*, S. 1–10; Kershaw, *The Hitler Myth*, S. 1–10; Kirk, *Nazism and the Working Class in Austria*, S. 15–18.
14. Kershaw, *Popular Opinion*, S. 7.
15. Dass der Vater der modernen gesellschaftswissenschaftlichen Forschung Paul Lazarsfeld ein Österreicher war, ist womöglich kein Zufall. In seiner klassischen Untersuchung der Arbeitslosigkeit in Marienthal, einem verarmten Dorf in Niederösterreich, wagten er und seine Mitarbeiter den Versuch, ideologische Betrachtungsweisen, amerikanische Marktforschungspraktiken und statistische Analysen miteinander zu kombinieren, um die Entscheidungen der Verbraucher, die Haltungen und das allgemeine Verhalten einer ganzen Gemeinschaft zu verstehen. Ganz ähnlich wie Sedlnitzkys Polizeiagenten setzten sie nach Möglichkeit »unaufdringliche Maßnahmen« ein und verwendeten andere »Daten, die ohne

Einmischung des Ermittlers aus dem täglichen Leben entnommen werden«. Gleichzeitig stützten sie sich auch auf Fragebögen und Interviews, Mittel, die in autoritären oder totalitären Gesellschaften selten eingesetzt werden. Siehe Lazarsfeld, »An Episode in the History of Social Research: A Memoir«, S. 270–337.

16. Kershaw, *Popular Opinion*, S. 7 f.; Stokes, »SD«, S. 7 f.
17. Kershaw, *Popular Opinion*, S. 8.
18. Vgl. ebenda, S. 7–10, und Calder, *The People's War*. Siehe auch Bell, *John Bull and the Bear*.
19. Stadlers Studie *Österreich 1938–1945 im Spiegel der NS-Akten* stützte sich in erster Linie auf Akten auf Mikrofilm aus dem SD-Hauptamt in Berlin, die mittlerweile gedruckt vorliegen: Boberach, *Meldungen*, 17 Bde.
20. Timothy Kirk schreibt irrtümlich, dass »relativ wenig SD-Berichte über Österreich erhalten wären und vor allem aus Wien und Oberösterreich stammten«. Siehe Kirk, *Nazism and the Working Class in Austria*, S. 17.
21. Siehe *WVW, WVB, WVOÖ, WVT, WVNÖ* und *WVS*.

Kapitel 1

1. Ingrao, *Habsburg Monarchy*, S. 36.
2. Ebenda, S. 34–39; Kann, *Habsburg Empire*, S. 103–117.
3. Ingrao, *Habsburg Monarchy*, S. 39.
4. Hanisch, *Der lange Schatten des Staates*, S. 24–29.
5. Ebenda.
6. Zitiert nach Hanisch, *Der lange Schatten des Staates*, S. 28.
7. Kann, *Habsburg Empire*, S. 116.
8. Ebenda, S. 156–208; Ingrao, *Habsburg Monarchy*, S. 150–209, insbesondere 159–172, 179–192, 197–209.
9. Ingrao, *Habsburg Monarchy*, S. 181.
10. Blanning, *Joseph II*, S. 72–76, 92–101; Ingrao, *Habsburg Monarchy*, S. 197–209; Kann, *Habsburg Empire*, S. 187–192.
11. Johnston, *The Austrian Mind*, S. 18.
12. Hanisch, *Der lange Schatten des Staates*, S. 28 f.; Kann, *Habsburg Empire*, S. 183–187; Ingrao, *Habsburg Monarchy*, S. 197–209. Die beste, aktuelle Bewertung Josephs II. und seines Vermächtnisses bietet Blanning, *Joseph II*, vor allem S. 82–84, 198–206.
13. Boyer, *Political Radicalism in Late Imperial Vienna*, S. 23.
14. Über den Josephinismus gibt es eine unüberschaubare, größtenteils deutschsprachige Literatur. Die beste englischsprachige Zusammenfassung bietet Kann, *Habsburg Empire*, S. 183–187. Aufschlussreich ist auch Epstein, *The Genesis of German Conservatism*, S. 158–163.
15. Blanning, *Joseph II*, S. 70–72.
16. Kann, *Habsburg Empire*, S. 183–187.
17. Carsten, *Fascist Movements*, S. 9–14; Pauley, *From Prejudice to Persecution*, S. 20–44; Whiteside, *Socialism of Fools*, S. 9–42, Zitat von Otto Bauer auf S. 10.
18. Whiteside, *Socialism of Fools*, vor allem S. 43–140; Schorske, *Fin-de-Siècle Vienna*, S. 116–133; Carsten, *Fascist Movements*, S. 11–27.
19. Nähere Einzelheiten bei Whiteside, *Socialism of Fools*, S. 131–188; Carsten, *Fascist Movements*, S. 19–39.

20. Whiteside, *Socialism of Fools*, S. 301–325; Carsten, *Fascist Movements*, S. 21–27; Schorske, *Fin-de-Siècle Vienna*, vor allem S. 130–133; Pauley, *Hitler and the Forgotten Nazis*, S. 18–24.
21. Siehe dazu Wandruszka, »Österreichs politische Struktur«, S. 369–382; und Tweraser, »Carl Beurle and the Triumph of German Nationalism in Austria«, S. 403–426.
22. Die maßgebliche Studie über Hitlers Anfangsjahre in Österreich ist Hamann, *Hitlers Wien*. Siehe dazu auch Bukey, *Hitler's Hometown*.
23. Carsten, *Fascist Movements*, S. 37 f.
24. Mittlerweile existiert eine umfassende Literatur über die Ursachen und den Ursprung der nationalsozialistischen Bewegung in der Habsburgermonarchie, aber es besteht immer noch ein Bedarf an komparativen Analysen und Synthesen. Siehe dazu Whiteside, »Nationaler Sozialismus in Österreich vor 1918«, S. 333–359; Whiteside, *Austrian National Socialism before 1918*; Brandstötter, »Dr. Walter Riehl und die Geschichte der DNSAP in Österreich«; Carsten, *Fascist Movements*, S. 31–39; Pauley, *Hitler and the Forgotten Nazis*, S. 24–29; Hanisch, »Zur Frühgeschichte des Nationalsozialismus in Salzburg«, S. 371–410; Botz, »Strukturwandlungen des österreichischen Nationalsozialismus (1904–1945)«, S. 195–218.
25. Carsten, *Fascist Movements*, S. 31–39; Pauley, *Hitler and the Forgotten Nazis*, S. 24–29.
26. Pauley, *Hitler and the Forgotten Nazis*, S. 26; Hanisch, »Zur Frühgeschichte des Nationalsozialismus in Salzburg«, S. 373–378.
27. Smelser, »Hitler and the DNSAP: Between Democracy and Gleichschaltung«, S. 139.
28. Carsten, *Revolution in Central Europe, 1918–1919*, S. 78–126; Klemperer, *Ignaz Seipel*, S. 94–109; Pauley, *The Habsburg Legacy, 1867–1939*, S. 60–99; Jelavich, *Modern Austria*, S. 151–173. Eine treffende Bewertung der Aktiva und Passiva der Ersten Republik bietet Klemperer, »The Habsburg Heritage: Some Pointers for a Study of the First Austrian Republic«, S. 11–20.
29. Zitiert in Klemperer, *Ignaz Seipel*, S. 127.
30. Andics, *Der Staat, den keiner wollte*.
31. Jelavich, *Modern Austria*, S. 172 f. Pauley, »Social and Economic Background«, S. 21–37, stellt die Aktiv- und die Passivposten gegenüber.
32. Luža, *Austro-German Relations*, S. 3–8; Jelavich, *Modern Austria*, S. 172–177.
33. Luža, *Austro-German Relations*, S. 5–8; Jelavich, *Modern Austria*, S. 144–147, 173–191; Carsten, *Fascist Movements*, S. 87–94.
34. Standardwerke zu dem Thema sind Gulick, *Austria from Habsburg to Hitler*; Goldinger, *Geschichte der Republik Österreich*; Mikoletzky, *Österreich im 20. Jahrhundert*; Andics, *Der Staat, den keiner wollte*; Tálos u. a., *Handbuch des politischen Systems Österreichs 1918–1933*; Carsten, *The First Austrian Republic, 1918–1938*. Siehe dazu auch Steiner, *Politics in Austria*, und Simon, »Democracy in the Shadow of Imposed Sovereignty«, S. 80–121.
35. Gruber, *Red Vienna*.
36. Jelavich, *Modern Austria*, S. 173–184. Zum Auf und Ab der österreichischen Sozialdemokratie gibt es eine unüberschaubare Literatur, einen Überblick gibt Rabinbach, *The Crisis of Austrian Socialism*. Zur Heimwehr siehe Edmondson, *The Heimwehr and Austrian Politics, 1918–1936*, und Wiltschegg, *Die Heimwehr*.

37. Stiefel, *Die große Krise in einem kleinen Land;* Hautmann und Kropf, *Die österreichische Arbeiterbewegung;* Hertz, *The Economic Problem of the Danubian States,* S. 148; Jelavich, *Modern Austria,* S. 185–191.

38. In einer überzeugenden Analyse macht Simon die Sozialdemokraten für das Scheitern der Gespräche verantwortlich, siehe Simon, »Democracy in the Shadow of Imposed Sovereignty«, S. 100–107.

39. Jelavich, *Modern Austria,* S. 188–196.

40. Low, *Anschluss Movement, 1931–1938,* S. 1–20; Steininger, »Der Anschluss – Stationen auf dem Weg zum März 1938«, S. 9–18.

41. Low, *Anschluss Movement, 1931–1938,* S. 106.

42. Pauley, *Habsburg Legacy,* S. 128 f.; nähere Einzelheiten siehe Low, *Anschluss Movement, 1931–1938,* S. 40–47.

43. Pauley, *Hitler and the Forgotten Nazis,* S. 29–68; Carsten, *Fascist Movements,* S. 71–83, 141–166.

44. Pauley, *Hitler and the Forgotten Nazis,* S. 78.

45. Ebenda, S. 69–80; Carsten, *Fascist Movements,* S. 189–210. Eine umfassende statistische Analyse der NS-Wahlerfolge bietet Hänisch, *NSDAP-Wähler.*

46. Hänisch zeigt in seiner Studie Korrelationen von Variablen auf, stellt mehrere Verallgemeinerungen und plausible Schätzungen an und schafft es auf diese Weise, die genaueren statistischen Berechnungen von Botz zu entkräften. Vgl. Hänisch, *NSDAP-Wähler,* S. 170–180; Botz, »The Changing Patterns of Social Support for Austrian National Socialism (1918–1945)«, S. 212 f.

47. Pauley, *Hitler and the Forgotten Nazis,* S. 79.

48. Falter und Hänisch, »Wahlerfolge und Wählerschaft der NSDAP in Österreich von 1927 bis 1932: Soziale Basis und parteipolitische Herkunft«, S. 223–244; Hänisch, *NSDAP-Wähler,* S. 235–237, 271–290, 399–403.

49. Nähere Einzelheiten siehe Pauley, *Hitler and the Forgotten Nazis,* S. 104–109; Carsten, *Fascist Movements,* S. 204–207, 232–234.

50. Carsten, *Fascist Movements,* S. 231.

51. Miller, *Engelbert Dollfuß als Agrarfachmann.*

52. Zum österreichischen Bürgerkrieg gibt es eine unüberschaubare Literatur, eine knappe Zusammenfassung bietet Kitchen, *The Coming of Austrian Fascism.* Siehe auch die Aufsätze in Neck und Jedlicka, *Das Jahr 1934.*

53. Pelinka, »The Great Austrian Taboo«.

54. Widersprüchliche Bewertungen des Dollfuß-Regimes finden sich in Pauley, *Hitler and the Forgotten Nazis,* S. 155–171; Carsten, *Fascist Movements,* S. 229–248, 271–292; Rath und Schum, »The Dollfuss-Schuschnigg Regime: Fascist or Authoritarian?«, S. 246–256; Tálos und Neugebauer, »Austrofaschismus«, und Kluge, *Der österreichische Ständestaat 1934–1938.* Eine lesenswerte historiographische Beurteilung des christlichen Ständestaates bietet Gellott, »Recent Writings on the Ständestaat, 1934–1938«, S. 207–238.

55. Die beste Darstellung des Juliputsches ist Jagschitz, *Der Putsch.*

56. Jelavich, *Modern Austria,* S. 207 f.; Luža, *Austro-German Relations,* S. 24 f.; Carsten, *Fascist Movements,* S. 265 f.

57. Mikoletzky, *Österreich im 20. Jahrhundert,* S. 302 f.; Carsten, *Fascist Movements,* S. 270–292; Jelavich, *Modern Austria,* S. 208–213; Low, *Anschluss Movement, 1931–1938,* S. 170–176.

58. Hagspiel, *Ostmark,* S. 10–16; Brook-Shepherd, *The Austrians,* S. 296–319.

59. Schuschnigg behauptete später, sein Angebot an Berlin sei ein Versuch gewesen, Zeit zu gewinnen, »bis sich eine neue Weltsituation ergeben hätte«. Low, *Anschluss Movement, 1931–1938,* S. 183, und Brook-Shepherd, *The Austrians,* S. 300–306.

60. Low, *Anschluss Movement, 1931–1938,* S. 183–188; Jelavich, *Modern Austria,* S. 212 f. Siehe auch die Aufsätze in Neck und Jedlicka, *Das Juliabkommen von 1936.*

61. Low, *Anschluss Movement, 1931–1938,* S. 188–219.

62. Einen Leitfaden durch die riesige Menge an Beiträgen über den Anschluss bietet Low, *The Anschluss Movement, 1931–1938.*

63. Pauley, »Social and Economic Background«, S. 24–31; Hertz, *The Economic Problem of the Danubian States,* S. 118–123, 137–150.

64. Hertz, *The Economic Problem of the Danubian States,* S. 147–150; Rothschild, *Austria's Economic Development between Two Wars,* S. 51–65: Kernbauer, März und Weber, »Die wirtschaftliche Entwicklung«, S. 366–370; Bruckmüller, »Sozialstruktur und Sozialpolitik«, S. 407–413.

65. Hertz, *The Economic Problem of the Danubian States,* S. 118–123; Mooslechner und Stadler, »Landwirtschaft und Agrarpolitik«, S. 83.

66. Mattl, »Die Finanzdiktatur: Wirtschaftspolitik in Österreich 1933–1938«, S. 133–159; Rothschild, *Austria's Economic Development,* S. 65–81.

67. Die offiziellen Arbeitslosenzahlen im Jahr 1937 lauteten 464000 oder 21,7 Prozent der Erwerbstätigen. Zugleich entsprach die Zahl der Beschäftigten nur einem Anteil von 67,4 Prozent der ohnehin schon niedrigen Zahl von 1929. Mit Blick auf die jahreszeitlichen Schwankungen, Kurzarbeit und die große Zahl derer, die bereits die Hoffnung aufgegeben hatten, jemals wieder eine Stelle zu finden, sowie auf die Jugendlichen, die niemals eine Beschäftigung hatten, lässt sich wohl nie die genaue Zahl der Erwerbslosen ermitteln. Vgl. Hertz, *The Economic Problem of the Danubian States,* S. 59, und Bruckmüller, »Sozialstruktur und Sozialpolitik«, S. 407–415.

68. Siehe die in der vorigen Anmerkung zitierten Quellen sowie Pauley, »Social and Economic Background«, S. 30.

69. Vgl. Kershaw, *Popular Opinion,* S. 11–18, dessen Aufstellung ich übernommen habe, und *Statistisches Handbuch für die Republik Österreich* (1938) Bd. 18, 23.

70. Die Beschäftigtenzahlen für das Jahr 1934 sind bis zu einem gewissen Grad irreführend, weil die Arbeitslosen darin enthalten sind. Bruckmüller, »Sozialstruktur und Sozialpolitik«, S. 385.

71. Ebenda, S. 385–387.

72. Ebenda, S. 408; *Statistisches Handbuch für die Republik Österreich* (1936) Bd. 16, S. 12 f.

73. Kershaw, *Popular Opinion,* S. 15.

74. Bruckmüller, »Sozialstruktur und Sozialpolitik«, S. 383–385.

75. Pelinka, »The Great Austrian Taboo«, S. 71.

76. Carstens systematische und gründliche Analyse der Polizeiakten ist hier außerordentlich aufschlussreich. Siehe *Fascist Movements,* S. 271–292.

77. Ebenda, S. 280–287, Zitate von S. 286.

78. Ebenda, S. 298, 302–304.

79. Botz, »The Changing Patterns of Social Support for Austrian National Socialism (1918–1945)«, S. 215 f.

80. Das Standardwerk ist hier immer noch Buttinger, *In the Twilight of Socialism*.
81. Konrad, »Social Democracy's Drift towards Nazism before 1938«, S. 110–136; Bukey, *Hitler's Hometown*, S. 136, 147 f., 185; Bukey, »Nazi Rule in Austria«, S. 211.
82. Pauley, *Hitler and the Forgotten Nazis*, S. 193–215, vor allem 213 f.
83. Kreissler, *Der Österreicher und seine Nation*, S. 174–180.
84. Carsten, *Fascist Movements*, S. 271–314, vor allem 287 f., 296–300, 308–310.
85. Botz, »Der ›Anschluß‹ von 1938 als innerösterreichisches Problem«, S. 3–19.
86. Pauley, *From Prejudice to Persecution*, S. 202. Eine knappe Geschichte des österreichischen Antisemitismus bietet Albrich, »Vom Vorurteil zum Pogrom: Antisemitismus von Schönerer bis Hitler«, S. 309–366.
87. Pauley, *From Prejudice to Persecution*, S. 45.
88. Ebenda, S. 13–60.
89. Ebenda, S. 61–203. Zitat aus S. 190.
90. Ebenda, S. 260–276; Carsten, *Fascist Movements*, S. 284–288; Parkinson, *Conquering the Past*, S. 318.

Kapitel 2

1. Die umfassendste Darstellung bieten folgende Titel, die alle aus einer ganz unterschiedlichen Perspektive geschrieben sind: Brook-Shepherd, *The Anschluss;* Gehl, *Germany and the Anschluss, 1931–1938;* Schausberger, *Der Griff nach Österreich: Der Anschluß;* Schmidl, *März 38.* Weitere bibliografische Informationen enthalten Low, *The Anschluss Movement, 1918–1938,* und Bukey, »Nazi Rule in Austria«, S. 202–233.
2. Zitiert in Carsten, *First Austrian Republic*, S. 268.
3. Zitiert ebenda, S. 269.
4. Gedye, *Betrayal in Central Europe*, S. 247.
5. Pauley, *Hitler and the Forgotten Nazis*, S. 199.
6. Ebenda, S. 207–210; Weinberg, *The Foreign Policy of Hitler's Germany*, S. 296–299. Weinberg hebt zwar hervor, dass Hitler eine interne Machtübernahme nach dem Danziger Modell vorgezogen hätte, bagatellisiert aber das Zögern des Diktators, deutsche Soldaten über die Grenze zu schicken. Im Gegensatz dazu überzeugt Schmidls Darstellung, dass Hitler anfangs keine militärische Invasion gewollt habe. Siehe seine scharfsinnige Argumentation in *März 38*, S. 109.
7. Eine eindrückliche Darstellung der Ereignisse bieten Wagner und Tomkowitz, »*Ein Volk, ein Reich, ein Führer!*«, S. 67–237.
8. Ebenda, S. 250 f.
9. Nach der Schilderung von Edmund Glaise-Horstenau, Seyß-Inquarts Kriegsminister und Ehrengast bei Hitlers spätabendlichem Monolog am 9./10. März 1938. Siehe Broucek, *Ein General im Zwielicht*, Bd. 2, S. 245.
10. Pauley argumentiert überzeugend, dass »der Einmarsch aber auch gegen den österreichischen Nationalsozialismus gerichtet gewesen sein könnte, deren ›gefährliche‹ Autonomiebestrebungen durch eine Regierungsübernahme in Wien noch verstärkt worden wären«. Pauley, *Hitler and the Forgotten Nazis*, S. 213 f.
11. In dieser Einschätzung ist sich die Forschung einig; erstmals behauptete dies 1941 der österreichische Nationalsozialist Friedrich Rainer, und durch die akribische Forschungsarbeit von Gerhard Botz wurde dies im Wesentlichen bestätigt. Wei-

tere historiographische Informationen hierzu, siehe Bukey, »Nazi Rule in Austria«, S. 203–206.

12. Zuckmayer, *Als wär's ein Stück von mir*, S. 64.
13. Wagner und Tomkowitz, *»Ein Volk, ein Reich, ein Führer!«*, S. 193–195, 208–210, 231–233; Gedye, *Betrayal in Central Europe*, S. 280–288.
14. Shirer, *Berliner Tagebuch*, S. 99.
15. Ebenda.
16. Shirer, *Nightmare Years*, S. 296.
17. Gedye, *Betrayal in Central Europe*, S. 284.
18. Zuckmayer, *Als wär's ein Stück von mir*, S. 71.
19. Ebenda.
20. Wagner und Tomkowitz, *»Ein Volk, ein Reich, ein Führer!«*, S. 257 f.; Schmidl, *März 38*, S. 167–186.
21. Zitiert in Schmidl, *März 38*, S. 164 f.
22. Ebenda, S. 175.
23. Guderian, *Erinnerungen eines Soldaten*, S. 44.
24. Ebenda, S. 44; Wagner und Tomkowitz, *»Ein Volk, ein Reich, ein Führer!«*, S. 287–295; Bukey, *Hitler's Hometown*, S. 162, S. 167–170.
25. Schmidl, *März 38*, S. 189 f.
26. Ebenda, S. 200.
27. Schmidl, »Die militärische Situation in Tirol im März 1938«, S. 185–214.
28. Guderian, *Erinnerungen eines Soldaten*, S. 44 f.
29. Ebenda.
30. Botz, »Hitlers Aufenthalt in Linz im März 1938 und der Anschluss«, S. 185–214.
31. Zitiert in Wagner und Tomkowitz, *»Ein Volk, ein Reich, ein Führer!«*, S. 313 f. Schmidl, *März 38*, S. 169.
32. Schmidl, *März 38*, S. 189; Karner, *Steiermark*, S. 53 f.
33. Karner, *Steiermark*, S. 53–55; Schmidl, *März 38*, S. 188–196.
34. Walzl, »Als erster Gau«, S. 70–74.
35. Wagner und Tomkowitz, *»Ein Volk, ein Reich, ein Führer!«*, S. 337 f.
36. *Manchester Guardian*, 15. März 1938.
37. Wagner und Tomkowitz, *»Ein Volk, ein Reich, ein Führer!«*, S. 338.
38. Ebenda.
39. Gedye, *Betrayal in Central Europe*, S. 307.
40. Zitiert in Wagner und Tomkowitz, *»Ein Volk, ein Reich, ein Führer!«*, S. 342 f. Der volle Text findet sich in Domarus, *Hitler*, Bd. 1, S. 822 f.
41. Fest, *Hitler*, S. 754.
42. Wagner und Tomkowitz, *»Ein Volk, ein Reich, ein Führer!«*, S. 350.
43. *Manchester Guardian*, 16. März 1938.
44. Wagner und Tomkowitz, *»Ein Volk, ein Reich, ein Führer!«*, S. 351 f.
45. Der volle Text findet sich in Domarus, *Hitler*, Bd. 1, S. 823 f.
46. Ebenda, S. 824.
47. NA, M 1209, R 6, F 0626: Wiley to State Department, 16. März 1938.
48. *Manchester Guardian*, 16. März 1938.
49. R. H. Bruce Lockhart, *Guns or Butter: War Countries and Peace Countries of Europe Revisited*, London 1938, S. 251. Zitiert in Luža, *Austro-German Relations*, S. 57, Anm. 1.
50. Wagner und Tomkowitz, *»Ein Volk, ein Reich, ein Führer!«*, S. 354 f.

51. *New York Times,* 16. März 1938.
52. Schmidl, *März 38,* S. 184–186.
53. Ebenda, S. 193.
54. Ebenda, S. 229.
55. Erinnerungen von Kurt Tweraser, in Hall, *World War II,* S. 59.
56. Botz, »Eine deutsche Geschichte 1938 bis 1945? Österreichische Geschichte zwischen Exil, Widerstand und Verstrickung«, S. 23. Das vor kurzem erst entdeckte Foto zeigt eine wenig begeisterte Gruppe von Zuschauern in Innsbruck. Dabei sind im Vordergrund lediglich ein oder zwei niedergeschlagene Menschen zu sehen. Die anderen wirken eher verdutzt oder gleichgültig. Im Hintergrund ist das Gesicht einer Frau im Freudentaumel auszumachen. Siehe Kirk, »Workers and Nazis in Hitler's Homeland«, S. 37.
57. Schmidl, *März 38,* S. 182 f., 201, 202, 229.
58. Laut der offiziellen Statistik lebten zur Zeit des Anschlusses 169 978 Juden in Wien. Pauley schätzt die Gesamtzahl auf 180 000 und rechnet vermutlich zum christlichen Glauben Konvertierte und Familienangehörige dazu. Ferner lebten in Wien 80 000 »Mischlinge«, also Kinder aus so genannten Mischehen. Die meisten Experten sind sich einig, dass in ganz Österreich grob geschätzt 200 000 Juden lebten. Vgl. Rosenkranz, *Verfolgung,* S. 13, 311, und Pauley, *From Prejudice to Persecution,* S. 346, Anm. 28.
59. Die scharfsinnigste Analyse bietet Botz, »Zwischen Akzeptanz und Distanz«, S. 429–455.
60. Vom Anschluss fast völlig überrumpelt, blieb Goebbels in Berlin und verfolgte Hitlers triumphale Heimkehr über den Rundfunk. Was immer man von David Irvings tendenziösen Schriften halten mag, seiner Schlussfolgerung, dies sei kein von Goebbels inszeniertes Spektakel gewesen, muss man zustimmen. Vgl. Reuth, *Goebbels,* S. 231 f., und David Irving, *The War Path: Hitler's Germany, 1933–1939,* New York 1978, S. 87 (deutsch: *Hitlers Weg zum Krieg,* München, Berlin 1979). Die entgegengesetzte Ansicht vertreten Kreissler, *Der Österreicher und seine Nation,* vor allem S. 87–92, und Rathkolb u. a., *Die unvertraute Wahrheit: Hitlers Propagandisten in Österreich.*
61. Schmidl, *März 38,* S. 207, 219, 225 f.; Hanisch, *Der lange Schatten des Staates,* S. 345 f.; Pauley, *From Prejudice to Persecution,* S. 280.
62. Luža, *Austro-German Relations,* S. 57 f.; Botz, »Zwischen Akzeptanz und Distanz«, vor allem S. 436–440.
63. So Weinberg, *The Foreign Policy of Hitler's Germany,* S. 300. Eine außerordentlich scharfsinnige Untersuchung des Volksentscheids vom April bietet Hagspiel, *Ostmark,* S. 35–49.
64. Zitiert in Bracher, *Die deutsche Diktatur. Entstehung – Struktur – Folgen des Nationalsozialismus,* S. 265.
65. Eine überzeugende Analyse von Hitlers Ansichten zu Volksentscheiden liefert Zitelmann, *Hitler: Selbstverständnis eines Revolutionärs,* S. 438 f.
66. Botz, *Der 13. März 38 und die Anschlußbewegung,* S. 23–27.
67. Zwei Tage nach Hitlers erfolgreichem Auftritt auf dem Heldenplatz mahnte Gauleiter Bürckel Seyß-Inquart, »die Massenbegeisterung des Augenblicks nicht überzubewerten«. DÖW, »Anschluß«, S. 482.
68. Eine ausgezeichnete Fallstudie bietet Albrich, »›Gebt dem Führer euer Ja!‹«, S. 505–536.

69. Brook-Shepherd, *The Austrians,* S. 332 f.
70. Albrich, »›Gebt dem Führer euer Ja!‹«, S. 517 f.
71. *New York Times,* 25. März 1938. Siehe dazu auch Luža, *Austro-German Relation,* S. 64.
72. Einige Beispiele finden sich in DÖW, *»Anschluß«,* S. 429.
73. NA, M 1209, R 7, F 392: Wiley to the Secretary of State, 2. April 1938.
74. Bernbaum, »Nazi Control in Austria«, S. 91; Luža, *Austro-German Relations,* S. 192–194; Albrich, »›Gebt dem Führer euer Ja!‹«, S. 519–527.
75. NA, M 1209, R 7, F 390.
76. Knappe und gute Darstellungen bieten Weinberg, *The Foreign Policy of Hitler's Germany,* S. 300; Luža, *Austro-German Relations,* S. 64; Brook-Shepherd, *The Austrians,* S. 330 f.; Hagspiel, *Ostmark,* S. 38–42.
77. Schwarz, »Nazi Wooing of Austrian Social Democrats«, S. 126–130.
78. Luža, *Austro-German Relations,* S. 70–72.
79. AVA, Rk, Ordner 20, Reichsstatthalterei, Abt. 6: Wien, 31. März 1938.
80. Ebenda.
81. Ebenda.
82. Gedye, *Betrayal in Central Europe,* S. 289.
83. Vgl. Luža, *Austro-German Relations,* S. 66 f., und Neugebauer, »Das NS-Terrorsystem«, S. 163–165.
84. Luža, *Austro-German Relations,* S. 63.
85. Vgl. Eksteins, *Rites of Spring,* S. 301–331, und Hanisch, *Der lange Schatten des Staates,* S. 345–347. Nähere Einzelheiten bei Luža, *Austro-German Relations,* S. 63–71; Bernbaum, »Nazi Control in Austria«, S. 88–101; DÖW, *»Anschluß«,* S. 447–526; Albrich, »›Gebt dem Führer euer Ja!‹«, S. 505–536.
86. Beispiele dafür enthält Zuckmayer, *Als wär's ein Stück von mir,* S. 70–94.
87. DÖW, *»Anschluß«,* S. 514.
88. Die umfassendste Darstellung bietet Domarus, *Hitler,* Bd. 1, S. 843–850. Siehe auch Botz, *Nationalsozialismus in Wien,* S. 169–174.
89. Zitiert in Shirer, *Nightmare Years,* S. 316. Weitere Ausschnitte (und Bewertungen) aus der Rede bei Domarus, *Hitler,* Bd. 1, S. 848 f., und Botz, *Nationalsozialismus in Wien,* S. 172–174.
90. Shirer, *Nightmare Years,* S. 317; Luža, *Austro-German Relations,* S. 70–72; Bernbaum, »Nazi Control in Austria«, S. 101.
91. Beispiele für den Druck in den Wahllokalen, siehe Shirer, *Nightmare Years,* S. 317; DÖW, *»Anschluß«,* S. 526; WVOÖ, Bd. 2, S. 264–269.
92. Botz, »Das Ergebnis der ›Volksabstimmung‹ vom 10. April 1938«, S. 95–104; »Schuschniggs geplante ›Volksbefragung‹ und Hitlers ›Volksabstimmung‹ in Österreich«, S. 220–243; »Zwischen Akzeptanz und Distanz«, S. 441–445; »Der ›Anschluß‹ von 1938 als innerösterreichisches Problem«, S. 10–13; und »War der Anschluß gezwungen?«, S. 9–12.
93. Siehe die aufschlussreiche Sammlung von Interviews in Erhard und Natter, »›Wir waren alle ja arbeitslos‹: NS-Sympathisanten deuten ihre Motive«, S. 540–569.
94. Die vollständigen Wahlergebnisse sind abgedruckt in DÖW, *»Anschluß«,* S. 524.
95. Botz, »Der ›Anschluß‹ von 1938 als innerösterreichisches Problem«, S. 3–19.

Kapitel 3

1. Pelinka, »The Great Austrian Taboo«, S. 73.
2. Weiss, *Ideology of Death*, S. 175.
3. Kershaw, *Popular Opinion*, S. 110.
4. Gellately, *Gestapo and German Society*, S. 73 f.
5. Siehe die Studien von Botz, »The Changing Patterns of Social Support for Austrian National Socialism (1918–1945)«, S. 202–225; »Strukturwandlungen des österreichischen Nationalsozialismus (1904–1945)«, S. 195–218; und »Arbeiterschaft und österreichische NSDAP-Mitglieder (1926–1945)«, S. 29–48. Dazu auch Albrich und Meixner, »Zwischen Legalität und Illegalität«, S. 149–187.
6. Botz, »The Changing Patterns of Social Support for Austrian National Socialism (1918–1945)«, S. 202–215; Hänisch, *NSDAP-Wähler*, S. 364–380.
7. Botz, ebenda, S. 215 f. In Tirol stellten einfache Arbeiter rund 50 Prozent der illegalen NS-Aktivisten. Siehe Albrich und Meixner, »Zwischen Legalität und Illegalität«, vor allem S. 180 f.
8. Zahlen aus Luža, *Austro-German Relations*, S. 376.
9. Ebenda, S. 102 f., 117–120; Jagschitz, »Von der ›Bewegung‹ zum Apparat«, S. 505.
10. Ausführlicheres Zahlenmaterial und Informationen bei Luža, *Austro-German Relations*, S. 114–125, 371–381; Botz, *Nationalsozialismus in Wien*, S. 213–221; Bukey, *Hitler's Hometown*, S. 170–178.
11. Botz, »The Changing Patterns of Social Support for Austrian National Socialism (1918–1945)«, S. 217–220.
12. Kater, *The Nazi Party*, S. 38–44.
13. Botz, »The Changing Patterns of Social Support for Austrian National Socialism (1918–1945)«, S. 222.
14. Luža, *Austro-German Relations*, S. 117 f.
15. Ebenda. Zu einer anderen Interpretation der Daten kommt Botz, »Arbeiterschaft und österreichische NSDAP-Mitglieder (1926–1945)«, S. 29–48.
16. Zu der »äußerst amorphen« Struktur der deutschen Partei siehe Orlow, *Nazi Party*, S. 18.
17. Botz, *Nationalsozialismus in Wien*, S. 42.
18. Pauley, *Hitler and the Forgotten Nazis*, S. 52–68, 139–171; Carsten, *Fascist Movements*, S. 295–314; Black, *Kaltenbrunner*, S. 69–87.
19. Zu Leopold siehe Williams, »Captain Josef Leopold: Austro-Nazi and Austro-Nationalist?«, S. 57–71; Jedlicka, »Gauleiter Josef Leopold (1889–1941)«, S. 143–161; Pauley, *Hitler and the Forgotten Nazis*, S. 172–192. Siehe auch die scharfsinnige Analyse der taktischen Zielsetzungen Leopolds in Jagschitz, »NSDAP und ›Anschluß‹ in Wien 1938«, S. 147–157.
20. Rosar, *Deutsche Gemeinschaft: Seyß-Inquart und der Anschluß*; Haag, »Marginal Men and the Dream of the Reich: Eight Austrian National Catholic Intellectuals, 1918–1938«, S. 339–348; Broucek, *Ein General im Zwielicht*, S. 268.
21. Black, *Kaltenbrunner*, S. 87; Carsten, *Fascist Movements*, S. 301 f.; Pauley, *Hitler and the Forgotten Nazis*, S. 182.
22. Pauley, *Hitler and the Forgotten Nazis*, S. 179.
23. Black, *Kaltenbrunner*, S. 80–94; Pauley, *Hitler and the Forgotten Nazis*, S. 176–180.

24. Luža, *Austro-German Relations*, S. 62–94; ders., »Die Strukturen der nationalsozialistischen Herrschaft in Österreich«, S. 471–510; Botz, *Eingliederung*, S. 73–94.
25. Einzelheiten zu dem Entscheidungsprozess siehe Luža, *Austro-German Relations*, S. 57–94; Botz, *Eingliederung*, S. 61–178, insbesondere die auf den Seiten 127–178 veröffentlichten Dokumente; Botz, *Nationalsozialismus in Wien*, S. 193–204; Bernbaum, »Nazi Control in Austria«, S. 106–128.
26. Luža, *Austro-German Relations*, S. 88–94.
27. Ebenda; Botz, *Eingliederung*, S. 92–99. Biographische Angaben zu den österreichischen Gauleitern in Hoffkes, *Hitlers politische Generale*, S. 58–60, 92–94, 143–145, 166 f., 180 f., 259–263, 351 f. Zu allen SS-Offizieren in leitenden Stellungen enthält Preradovich, *Österreichs höhere SS-Führer*, ausführlichere Informationen, siehe S. 9 f., 35–43, 64–73, 98–104, 163–169.
28. Hanisch, *Der lange Schatten des Staates*, S. 367–369. Opdenhoff war einer Kandidatur Leopolds keineswegs abgeneigt, in zahlreichen Berichten empfahl er ihn als Gauleiter in Niederösterreich. Siehe Botz, *Eingliederung*, S. 94 f., 129–156.
29. Parkinson, *Conquering the Past*, S. 317. Dazu auch Luža, *Austro-German Relations*, S. 63–72.
30. Eindrückliche Szenen schildert Zuckmayer, *Als wär's ein Stück von mir*, S. 70–94.
31. Pauley, *Hitler and the Forgotten Nazis*, S. 217.
32. Zitiert nach ebenda, S. 218 f.
33. Hitler sprach 1936 Rainer und Globocnik sein Vertrauen aus. Zitiert in Black, *Kaltenbrunner*, S. 99.
34. Hanisch, *Der lange Schatten des Staates*, S. 369.
35. Black, *Kaltenbrunner*, S. 98. Die beste Darstellung des Machtkampfes in Österreich nach dem Anschluss und Hitlers Rolle dabei bieten immer noch Luža, *Austro-German Relations*, S. 57–94, sowie Botz, *Eingliederung*, S. 49–99 ff.
36. Luža, *Austro-German Relations*, S. 63–73, 87–93, 102 Anm.
37. Zitiert in Botz, *Nationalsozialismus in Wien*, S. 162.
38. Ebenda, S. 84.
39. Zitiert in Bernbaum, »The New Elite«, S. 146.
40. Pauley, *Hitler and the Forgotten Nazis*, S. 217.
41. Ebenda, S. 216–222; Luža, *Austro-German Relations*, S. 63–77, 92 f., 107; Bukey, »Popular Opinion in Vienna after the Anschluss«, S. 152–156.
42. Luža, *Austro-German Relations*, S. 67 f., 73–87, 146–150.
43. Zum Wortlaut des geheimen Berichts siehe Stadler, *Österreich*, S. 46.
44. Jagschitz, »NSDAP und ›Anschluß‹ in Wien 1938«, S. 154 f.
45. Siehe Rebecca Wests sarkastische Charakterisierung der Faschisten und der faschistischen Bewegungen. West, *Black Lamb and Grey Falcon*, Bd. 1, S. 14.
46. Die Geschichte der Österreichischen Legion, einer paramilitärischen Truppe, die 1933 von Österreichischen Nationalsozialisten im Exil aufgestellt wurde, ist sehr verworren, und vieles liegt noch im Dunkeln. Eine systematische Untersuchung steht noch aus, allerdings ist zu befürchten, dass sie kaum neue Erkenntnisse bringen wird.
47. Zitiert in Hanisch, *Nationalsozialistische Herrschaft*, S. 72 f.
48. Botz, *Eingliederung*, S. 96. Zu den verwickelten Intrigen und Machenschaften, die Hofers triumphale Rückkehr nach Innsbruck zur Folge hatten, siehe Schreiber, *Die Machtübernahme*, S. 119–138.

49. Jagschitz, »Von der ›Bewegung‹ zum Apparat«, S. 497; Botz, *Nationalsozialismus in Wien*, S. 226–230; AVA, Rk, Sch. 164, Ordner 322: »Stimmungsbericht« von Dornbirn, 12. August 1938.

50. Walzl, »*Als erster Gau*«, S. 78–80.

51. Luža, *Austro-German Relations*, S. 68–72, 92 f., 302 f.; Hanisch, *Nationalsozialistische Herrschaft*, S. 79; Slapnicka, *Oberdonau*, S. 57–63; AVA, Rk, Sch. 173: Anonyme Briefe vom 27., 28. April, 5., 6., 11., 12., 23., 24., 25. Mai, 20. Juni, 8. Juli 1938.

52. AVA, Rk, Sch. 164, Ordner 322: »Stimmungsbericht« von Dornbirn, 12. August 1938.

53. Luža, *Austro-German Relations*, S. 46.

54. Brouzek, *Ein General im Zwielicht*, S. 283.

55. Luža, *Austro-German Relations*, S. 81.

56. Ebenda, S. 82 f., 136 f., 139 f.; Black, *Kaltenbrunner*, S. 112 f.

57. Luža, *Austro-German Relations*, S. 83.

58. Luža bietet die umfassendste Schilderung der Grabenkämpfe in *Austro-German Relations*, S. 72–150. Dazu aber auch Bernbaum, »Nazi Control in Austria«, S. 106–149; Rosar, *Deutsche Gemeinschaft*, S. 299–341; sowie zur Rolle der SS Black, *Kaltenbrunner*, S. 104–134. Zu den internen Machtkämpfen in Wien siehe Botz, *Nationalsozialismus in Wien*, S. 193–293.

59. Langoth, *Kampf um Österreich*, S. 253–290.

60. Broucek, *Ein General im Zwielicht*, S. 280–415.

61. Ebenda, S. 286–297.

62. Von den 13 000 Männern und Frauen, die in der Stadtverwaltung von Wien tätig waren, erhielten lediglich 1100 (4,5 Prozent) von den Nazis einen blauen Brief; wenigstens die Hälfte davon war Juden, die Übrigen waren erklärte Anhänger des christlichen Ständestaates. In Salzburg war es ganz ähnlich. Nach fünfjährigen Auseinandersetzungen in Deutschland hatten die NS-Führer eine Art Waffenstillstand mit der Verwaltung geschlossen. Widerwillig zogen sie die Erfahrung der geschulten Verwaltungsbeamten dem Eifer politischer Hitzköpfe und verblendeter Romantiker vor. Aus diesem Grund blieb die österreichische Bürokratie weitgehend unbehelligt. Feiler »The Viennese Municipal Civil Service, 1933 to 1950«, S. 195–204; Hanisch, *Nationalsozialistische Herrschaft*, S. 75 f.; Orlow, *Nazi Party*, S. 18–262; Luža, *Austro-German Relations*, S. 256–263.

63. Botz, »The Jews of Vienna from the Anschluss to the Holocaust«, S. 188-195; Botz, »The Dynamics of Persecution in Austria«, S. 204; Luža, *Austro-German Relations*, S. 217–219.

64. PRO/FO: C5441/62/18, Despatch Nr. 18, 23. Mai 1938; C6827/62/18, Despatch Nr. 36, 29. Juni 1938; C6828/62/18, 1. Juli 1938.

65. Zitiert in Stadler, *Österreich*, S. 46, und Botz, *Nationalsozialismus in Wien*, S. 227.

66. Williams, »Aftermath of Anschluss«, S. 131.

67. Weisz, »Geheime Staatspolizei«, S. 78–92; Black, *Kaltenbrunner*, S. 111.

68. Weisz, »Geheime Staatspolizei«, S. 93. Genaue Zahlen in Tabelle 3/1 im Anhang: IX, a, 3.

69. PRO/FO: C8826/62/18, Despatch Nr. 70, 19. August 1938.

70. Nähere Einzelheiten siehe Pauley, *Hitler and the Forgotten Nazis*, S. 57–103; Jagschitz, »NSDAP und ›Anschluß‹ in Wien 1938«, S. 147–157; Botz, *Nationalsozialismus in Wien*, S. 51–67; Luža, *Austro-German Relations*, S. 157–162.

71. Luža, *Austro-German Relations,* S. 76 f. Eine ausführlichere Schilderung bietet Botz, *Nationalsozialismus in Wien,* S. 51 – 67, 193 – 198; Botz, *Eingliederung,* S. 95 f.

72. Vgl. Botz, *Eingliederung,* S. 95 f., 130 – 159, und Bernbaum, »Nazi Control in Austria«, S. 167 – 183.

73. Botz, *Eingliederung,* S. 140 – 142.

74. Luža, *Austro-German Relations,* S. 76 f.; Botz, *Eingliederung,* S. 95 f.

75. Zitiert in Botz, *Nationalsozialismus in Wien,* S. 203.

76. Zu Globocnik siehe ebenda, S. 200 – 204; Luža, *Austro-German Relations,* S. 76 f., 110 – 113.

77. Siehe beispielsweise Massiczek, *Ich habe meine Pflicht erfüllt,* S. 30 – 33.

78. Bernbaum, »Nazi Control in Austria«, S. 184. Luža gibt die Episode ein wenig anders wieder und erklärt, dass Göring als erster Globocniks Entlassung gefordert habe. Siehe Luža, *Austro-German Relations,* S. 112 f.

79. Eine präzise Analyse von Bürckels zweideutigem Verhalten bietet Hagspiel, *Ostmark,* S. 49 – 52.

80. Luža, *Austro-German Relations,* S. 72 – 76, 102 Anm., 101 – 106; Jagschitz, »Von der ›Bewegung‹ zum Apparat«, S. 495; Bernbaum, »Nazi Control in Austria«, S. 175 – 180; Bernbaum, »The New Elite«, S. 154 – 157.

81. Bernbaum, »The New Elite«, S. 144 – 147; Luža, *Austro-German Relations,* S. 126 – 150; Broucek, *Ein General im Zwielicht,* S. 290 – 309.

82. Die Historiker haben inzwischen die These von der Dominierung Österreichs durch deutsche Eliten während der NS-Zeit als Mythos entlarvt, es ist aber noch zu klären, wie viele Beamte, Unternehmer und Offiziere genau in das Land kamen und zu welchem Grad sie es prägten. Vor zwei Jahrzehnten stellte Gerhard Botz folgende vernünftige These auf: »Die deutsche Durchdringung des Staatsapparats der Ostmark war weniger die Konsequenz einer zielgerichteten personalpolitischen Strategie als das Ergebnis einer administrativen Vereinheitlichung und Übernahme preußischer Verwaltungsvorschriften.« Seine Beobachtung betrifft zwar nur den Staatsdienst, lässt sich aber auch auf andere österreichische Institutionen übertragen. Jüngste regionale Studien machen deutlich, dass die deutsche Übernahme in erster Linie auf den Bereich der Wirtschaft beschränkt und die Bürokratie weniger stark davon betroffen war, wo nur eine kleine Zahl deutscher Verwaltungsbeamter nötig war, um reichsdeutsche Praktiken im Land einzuführen. Selbst im Sicherheitsbereich behielten die Österreicher weitgehend das Sagen. Zur ursprünglichen Debatte unter den Historikern siehe Williams, »Aftermath of Anschluss«, S. 129 – 144; Bernbaum, »The New Elite«, S. 145 – 160, und die Kommentare von Peter Burian, Herbert Steiner, Ernst Hanisch und Gerhard Botz, S. 161 – 186, die allesamt unter dem Titel »The Nazi Interlude« im *Austrian History Yearbook* 14 (1978) erschienen sind, vor allem S. 181 mit dem Zitat von Botz. Eine aktuellere Bewertung bietet Bukey, »Nazi Rule in Austria«, S. 206 – 209, und Hagspiel, *Ostmark,* S. 107 – 166.

83. Nähere Einzelheiten bei Weisz, »Geheime Staatspolizei«, S. 1302 – 1344; ders., »Die Gestapo-Leitstelle Wien«, S. 231 – 234. Zur Eingliederung ausgebildeter Polizeioffiziere in die Gestapo in Würzburg und anderen Städten in Bayern siehe Gellately, *Gestapo and German Society,* vor allem S. 44 – 75.

84. PRO/FO: C10692/62/18, St. Clair Gainer to William Strange, 20. September 1938.

85. Stadler, *Österreich*, S. 49.
86. Luža, *Austro-German Relations*, S. 93.
87. Zitiert in *Red-White-Red Book*, S. 91. Ausführlicher wird diese These erläutert in Bukey,»Popular Opinion in Vienna after the Anschluss«, S. 151–164.
88. Vgl. Fest, *Hitler*, S. 780 f.; Orlow, *Nazi Party*, S. 21 f. Wien bietet vielleicht mehr als jede andere Stadt im Großdeutschen Reich einen Mikrokosmos für die Entwicklung, die Hans Mommsen treffend die »kumulative Radikalisierung« der NS-Herrschaft nannte. Mommsen, »Der Nationalsozialismus«, S. 785 ff. Hanisch überträgt diese Vorstellung in, *Der lange Schatten des Staates*, S. 367–379, auf ganz Österreich.
89. Luža, *Austro-German Relations*, S. 92–94; Slapnicka, *Oberdonau*, S. 57 f.; Hanisch, *Nationalsozialistische Herrschaft*, S. 113.
90. Walzl, »*Als erster Gau*«, S. 15–29; Karner, *Steiermark*, S. 19–44; Carsten, *Fascist Movements*, S. 262–264.
91. Hagspiel schreibt von Straßenkämpfen in Klagenfurt und Villach zwischen Nationalsozialisten und den Ostmärkischen Sturmscharen, einer Miliz der Regierung. Seine Darstellung lässt sich kaum mit Walzls detaillierter Schilderung einer gewaltlosen Machtübernahme vereinbaren. Außer Frage steht, dass nationalsozialistische Rollkommandos, nachdem sie die Macht übernommen hatten, bekannte Anhänger des Alten Regimes, vor allem Angehörige von Milizen und Funktionäre der Vaterländischen Front, aus den Häusern zerrten, verprügelten und terrorisierten. Vgl. Hagspiel, *Ostmark*, S. 20, und Walzl, »*Als erster Gau*«, S. 51–66, vor allem 62 f.
92. Walzl, »*Als erster Gau*«, S. 58–74.
93. Ebenda, S. 77–79, 89–112.
94. Ebenda, S. 128–134.
95. Carsten, *Fascist Movements*, S. 308–310, 319–321; Karner, *Steiermark*, S. 42–44; Gänser, »Kontinuität und Bruch in der Steirischen Landesverwaltung«, S. 126–131.
96. Botz, *Eingliederung*, S. 118, 132–142; ders., *Steiermark*, S. 78–97; Karner, »›... des Reiches Südmark‹: Kärnten und Steiermark im Dritten Reich 1938–1945«, S. 467–472.
97. Andererseits hatte Uiberreither der steirischen Heimwehr angehört und an der Universität Graz Jura studiert. Der 1908 geborene Uiberreither war zwar fünf Jahre jünger als Rainer und Kaltenbrunner, hatte aber ansonsten die gleiche Bildung und die gleichen gesellschaftlichen Kontakte. Die Vermutung liegt nahe, dass die drei Männer Teil einer provinziellen Vetternwirtschaft waren. Zu den biografischen Daten siehe Hoffkes, *Hitlers politische Generäle*, S. 351 f.
98. Karner, *Steiermark*, S. 71–105, 293–325.
99. Zitiert in Stadler, *Österreich*, S. 43.
100. Karner, *Steiermark*, S. 104 f.
101. Carsten, *Fascist Movements*, S. 293–314, insbesondere 309 f.; Schreiber, *Machtübernahme*, S. 15–35.
102. Zitiert in Irving, *The War Path*, S. 86.
103. Slapnicka, *Oberdonau*, S. 23–32, 55–64; Bukey, *Hitler's Hometown*, S. 158–177.
104. Schuster, »Die Entnazifizierung des Magistrates Linz«, S. 91–106; Slapnicka, *Oberdonau*, S. 57–64; Black, *Kaltenbrunner*, S. 122 f.

105. Andererseits gehörte ungefähr ein Viertel der 48 am 3. Februar 1939 ernannten Stadträte schon vor 1932 der NSDAP an. Von diesen zählten wenigstens sieben seit fast zwei Jahrzehnten zu den Parteiaktivisten. Vgl. Slapnicka, *Oberdonau*, S. 60; Bukey, *Hitler's Hometown*, S. 173; und Bart und Puffer, *Die Gemeindevertretung der Stadt Linz vom Jahre 1848 bis zur Gegenwart*, vor allem die Biografien der auf S. 90 genannten Stadträte.
106. Hanisch, *Nationalsozialistische Herrschaft*, S. 72–85.
107. Schreiber, *Machtübernahme*, S. 15–35.
108. Ebenda, S. 36–63, 120–126.
109. So interpretiere ich Schreibers etwas widersprüchliche Ausführungen zu dem Thema. Ebenda, S. 121–129.
110. Ebenda, S. 220–226. Der Anteil der Anwälte lag in Tirol doppelt so hoch wie der Anteil im gesamten Altreich. Nach Angaben des SD gab es so wenig Stellen für Juristen, dass das Durchschnittsalter für den Berufseinstieg entweder in einer privaten Praxis oder im Staatsdienst bei 33 Jahren lag. Vor Hofers Entschluss, die Juristen zu begünstigen, herrschte ein starker Neid auf die Kollegen in Wien, die das Arisierungsgesetz (das alle Juden aus dem Staatsdienst und aus der Rechtsprechung ausschloss) zu ihrem Vorteil nutzen konnten. Die Arbeitslosenzahl der Wiener Juristen ging daraufhin um 35 Prozent zurück. AVA, RStH, Sch. 391, Ordner 221: »Lagebericht«, II-221, 30. Juli 1938.
111. PRO/FO: C5710/62/18: »Conditions in Western Austria«, 7. Juni 1938.
112. Luža, *Austro-German Relations*, S. 106–125; Botz, *Nationalsozialismus in Wien*, S. 413–424.
113. Luža, *Austro-German Relations*, S. 256–263.
114. Ebenda.
115. Feiler, »Viennese Municipal Service«, S. 293 f.
116. Luža, *Austro-German Relations*, S. 264. Hitlers Gründe für die Ernennung Bürckels zum Gauleiter von Wien sind noch ungeklärt. Aus den vorliegenden Quellen geht hervor, dass der Reichskommissar sein Interesse an dem Amt bekundet und bei einem Treffen im Dezember mit Hitler auch die Zustimmung Seyß-Inquarts erhalten hatte. In seiner Funktion als Gauleiter von zwei Gauen am West- und Ostrand des Reiches wollte Bürckel sich zumindest zum Teil den hohen Status bewahren, den er als Reichskommissar genoss. Immerhin lief seine Amtszeit am 1. Mai 1939 aus, nachdem der Anschluss offiziell beendet war. Botz, *Nationalsozialismus in Wien*, S. 421–423.
117. Siehe Rathkolb, *Führertreu und gottbegnadet*, S. 65–67.
118. Nach Lužas Schätzung widmete Bürckel 1939 nur 40 Prozent seiner Zeit den Aufgaben in Wien. Luža, *Austro-German Relations*, S. 145.
119. Nähere Einzelheiten siehe ebenda, S. 144–150; Botz, *Nationalsozialismus in Wien*, S. 420–427.
120. Bernbaum, »Nazi Control in Austria«, S. 136. In seiner ausgezeichneten aktuellen Studie charakterisiert Hermann Hagspiel Bürckel als einen außerordentlich weitsichtigen Politiker, als einen Mann, der den Anforderungen in Österreich weit stärker entsprach, als es in den älteren Charakterisierungen den Anschein hatte. Er argumentiert überzeugend, dass der Reichskommissar sich über die Widersprüche seiner Aufgabe durchaus im Klaren war und dass er sogar eine ganz ähnliche Kulturpolitik ins Auge fasste wie sein Nachfolger Baldur von Schirach, der auf diese Weise den Groll der Wiener Nazis linderte. Beide Männer scheiterten

jedoch bei dem Versuch, die Gegensätze der Wiener Kultur und der preußischen Werte miteinander zu verschmelzen, wie es von Hitler gefordert wurde. Hagspiel, *Ostmark*, S. 31–39, 49–52, 116–131.

121. Die umfassendste Darstellung bietet immer noch Luža, *Austro-German Relations*, vor allem S. 239–245, 264–274. Siehe aber auch Botz, *Nationalsozialismus in Wien*, S. 420–429; Bernbaum, »Nazi Control in Austria«, S. 138–142.

122. Zitiert in Luža, *Austro-German Relations*, S. 271. Zu Mühlmann siehe Petropoulos, »The Importance of the Second Rank: The Case of the Art Plunderer Kajetan Mühlmann«, S. 177–221.

123. Zitiert in Luža, *Austro-German Relations*, S. 146.

124. DÖW, Dok. 7506: Report of the British Consul General in Vienna, 15. Juni 1939.

125. Ebenda.

126. DÖW, Dok. 7495: Copy of Despatch Nr. 166 to H. M. Ambassador, Berlin, vom 1. August 1939: General political situation in the Ostmark.

127. DÖW, Dok. 7495: Copy of Despatch Nr. 166 to H. M. Ambassador, Berlin, vom 15. August 1939.

128. Zu diesen und ähnlichen komparativen Ergebnissen siehe A. J. P. Taylor, *The Habsburg Monarchy, 1809–1918*, S. 258.

129. Vgl. Pauley, *Hitler and the Forgotten Nazis*, S. 218–222, und Luža, *Austro-German Relations*, S. 217–227.

Kapitel 4

1. Zitelmann, *Hitler*, S. 175–198.

2. Kershaw, *Popular Opinion*, S. 71.

3. Konrad, »Social Democracy's Drift toward Nazism before 1938«, S. 110–136; Schwarz, »Nazi Wooing of Austrian Social Democracy«, S. 125–136; Bukey, *Hitler's Hometown*, S. 136, 147 f., 185; Bukey, »Nazi Rule in Austria«, S. 211.

4. Hertz, *The Economic Problem of the Danubian States*, S. 147–150; Rothschild, *Austria's Economic Development*, S. 51–65; *Statistisches Handbuch für die Republik Österreich* (1938) Bd. 18, S. 196–205; Bruckmüller, »Sozialstruktur und Sozialpolitik«, S. 407–413; Stiefel, *Arbeitslosigkeit*, S. 26–32; Karner, *Steiermark*, S. 294.

5. Unmittelbar nach dem Anschluss verhafteten die Nationalsozialisten eine ganze Reihe von sozialdemokratischen Aktivisten; einige prominente Anführer wurden auch nach Dachau deportiert. Dennoch scheint die Gesamtzahl der in Gewahrsam genommenen Linken relativ klein. Siehe Kirk, *Nazism and the Working Class in Austria*, S. 49, 153, Anm. 4.

6. Luža, *Austro-German Relations*, S. 151–157; Schwarz, »Nazi Wooing of Austrian Social Democracy«, S. 125–136; Botz, *Nationalsozialismus in Wien*, S. 129–144; Tálos, »Sozialpolitik 1938–1945«, S. 115–124; Karner, »Zur NS-Sozialpolitik«, S. 257 f.; Walser, »›Treue dem wahren Nationalsozialismus!‹ Arbeiter in der Vorarlberger NSDAP«, S. 326.

7. Tálos, »Sozialpolitik 1938–1945«, S. 117.

8. Karner, »Zur NS-Sozialpolitik«, S. 257; Kernbauer und Weber, »Österreichs Wirtschaft«, S. 54.

9. Kernbauer und Weber, »Österreichs Wirtschaft«, S. 52–55; Botz, *Nationalsozialismus in Wien*, S. 299–302; Haumann und Kropf, *Die österreichische Arbeiter-*

bewegung, S. 182; Schausberger, »Der Strukturwandel des ökonomischen Systems, 1938–1945«, S. 151–154; Butschek, *Die österreichische Wirtschaft,* S. 122.

10. Butschek, *Die österreichische Wirtschaft,* S. 45–66; Kernbauer und Weber, »Österreichs Wirtschaft«, S. 52–55; Josef Moser, »Der Wandel der Wirtschafts- und Beschäftigungsstruktur einer Region«, S. 202–204; Karner, »Zur NS-Sozialpolitik«, S. 258 f.; Tálos, »Sozialpolitik 1938–1945«, S. 130.
11. Botz, *Nationalsozialismus in Wien,* S. 311–315; Bukey, *Hitler's Hometown,* S. 186 f.; Tálos, »Sozialpolitik 1938–1945«, S. 127–129.
12. Luža, *Austro-German Relations,* S. 156 f.
13. Karner, »Zur NS-Sozialpolitik«, S. 259.
14. Botz, *Nationalsozialismus in Wien,* S. 313.
15. Ebenda, 290 f.; Schwarz, »Nazi Wooing of Austrian Social Democracy«, S. 125. Timothy Kirk nennt einen geringeren Arbeiteranteil an den Einwohnern Wiens, aber auch die Zahlen, die er einer Volkszählung von 1939 entnommen hat, ergeben in acht von inzwischen 22 Stadtbezirken einen hohen Prozentsatz. Kirk, *Nazism and the Working Class in Austria,* S. 14; Kirk, »The Austrian Working Class under National Socialist Rule«, S. 55.
16. Konrad, »Social Democracy's Drift toward Nazism«, S. 120–122.
17. Siehe beispielsweise die Meldungen des Korrespondenten G. E. R. Gedye in der *New York Times* vom 16., 22. und 25. März. Siehe auch sein *Betrayal in Central Europe,* S. 283–302.
18. Botz, »Judenhatz«, S. 9–25.
19. Vgl. Botz, *Nationalsozialismus in Wien,* S. 311–325, und Stadler, *Österreich,* S. 56.
20. Hanisch, »Peasants and Workers«, S. 184. Siehe auch die entlarvende Aussage eines Gewerkschaftsfunktionärs in Feiler, »The Viennese Municipal Service«, S. 181 f.
21. Schwarz, »Nazi Wooing of Austrian Social Democracy«, S. 131.
22. *Deutschland-Berichte der Sozialdemokratischen Partei Deutschlands (Sopade),* Bd. 5, S. 246 f.
23. AVA, Rk, Sch. 19: Globocnik an Gerland, 1. April 1938.
24. DÖW, Dok. 5172: Gestapo Wien an SD RfSS, 31. Mai 1938.
25. DÖW, Dok. 5120: Gestapo Wien an SD Wien, 28. Juni 1938.
26. Botz, *Nationalsozialismus in Wien,* S. 136.
27. *New York Times* vom 23. Mai 1938.
28. PRO/FO: C6827/62/18: British Consul General in Vienna to British Ambassador in Berlin, 29. Juni 1938.
29. Luža, *Austro-German Relations,* S. 162 f.
30. Botz, *Nationalsozialismus in Wien,* S. 313–316; Williams, »Aftermath of Anschluss«, S. 130 f.
31. Williams, »Aftermath of Anschluss«, S. 134; Kreissler, *Der Österreicher und seine Nation,* S. 128–132.
32. DÖW, »Anschluß«, S. 605. Siehe auch Kirk, *Nazism and the Working Class in Austria,* S. 58 f.
33. Die Mitgliederzahl in ganz Österreich stieg innerhalb eines Monats von 766 000 Ende Juni auf 1 100 000 am 1. August. Tálos, »Arbeits- und Sozialrecht im Nationalsozialismus – Steuerung der Arbeitsbeziehungen, Integration und Disziplinierung der Arbeiterschaft«, S. 241.
34. AVA, Rk, Sch. 166, Ordner 327/4700: Hupfauer an Bürckel, 31. August 1938.

35. Vgl. Botz, *Nationalsozialismus in Wien*, S. 323–327, und Mulley, »Modernität oder Traditionalität?«, S. 44.

36. AVA, Rk, Sch. 168, Ordner 328a: Hupfauer an Bürckel, 16. Juli 1938.

37. Botz, *Nationalsozialismus in Wien*, S. 324. Skeptischer äußert sich hier Kirk, *Nazism and the Working Class in Austria*, S. 50–54.

38. Luža, *Resistance*, S. 79 f.

39. Garscha, *Die Verfahren vor dem Volksgericht Wien (1945–1955) als Geschichtsquelle*, S. 47.

40. Luža, *Resistance*, S. 81.

41. DÖW, Dok. 7932: NSDAP-Ortsgruppe Neubaugasse, Stimmungsbericht, 23. August 1938.

42. *Deutschland-Berichte der Sozialdemokratischen Partei Deutschlands (Sopade)*, Bd. 5, S. 693 f.

43. Luža, *Resistance*, S. 81.

44. Stadler, *Österreich*, S. 57–59.

45. Karl Renner, »Die Gründung der Republik Deutsch-Österreich, der Anschluss und die Sudetendeutschen«, zitiert in Hanisch, *Der lange Schatten des Staates*, S. 347.

46. Williams, »Aftermath of Anschluss«, S. 141.

47. AVA, Rk, Ordner 387: Stimmen der Arbeiterschaft Dezember 1938.

48. Ebenda.

49. Stadler, *Österreich*, S. 59–61; Botz, *Nationalsozialismus in Wien*, S. 465–468.

50. Botz, *Nationalsozialismus in Wien*, S. 327.

51. Nähere Einzelheiten siehe Luža, *Austro-German Relations*, S. 88–125, 138–150.

52. Williams, »Aftermath of Anschluss«, S. 132.

53. Botz, *Nationalsozialismus in Wien*, S. 301, 468–470; Williams, »Aftermath of Anschluss«, S. 133.

54. Anne O'Hare McCormick, »In Europe: Hitler Does Not Find It Easy to Convert Austria«, in: *New York Times*, 13. Februar 1939.

55. Anne O'Hare McCormick, »Austria Resists the Vise of the Nazis«, in: *New York Times Magazine*, 12. März 1939, S. 23.

56. Ebenda.

57. PRO/FO: C2406/53/18: Enclosure to Mr. Consul General Gainer's Despatch Nr. 70 vom 15. März [1939].

58. Ebenda.

59. Kirk, »The Austrian Working Class under National Socialist Rule«, S. 127.

60. Botz, *Nationalsozialismus in Wien*, S. 467.

61. Butschek, *Die österreichische Wirtschaft*, S. 66–71.

62. Botz, *Nationalsozialismus in Wien*, S. 307–310; AVA, Rk, Ordner 33: Bericht vom 22. 5. 1939; Luža, *Resistance*, S. 107 f.

63. DÖW, Dok. 1445: Bericht der Urlauber aus der Spinnerei Kulmbach, 16. Juni 1939.

64. Stadler, *Österreich*, S. 63–69; Botz, *Nationalsozialismus in Wien*, S. 470–473.

65. DÖW, Dok. 7506: British Consul General Wien, 15. Juni 1939.

66. *Red-White-Red Book*, S. 91.

67. Vgl. Kershaw, *Hitler Myth*, S. 141 f.

68. DÖW, Dok. 7506: Reports of Nevile Henderson, Berlin: General Situation in Austria. Auszüge aus Despatch No. 162 vom 31. Juli 1939.

69. DÖW, Dok. 7495: Despatch No.172 to Henderson, 15. August 1939.
70. Schöner, *Wiener Tagebücher 1944/45*, S. 441 – 444.
71. Botz, *Nationalsozialismus in Wien*, S. 470 – 473; Luža, *Resistance*, S. 108 – 110.
72. *Red-White-Red Book*, S. 92.
73. Jeffery, »Center and Periphery in Social Democratic Politics«, S. 9 – 13; Bukey, *Hitler's Hometown*, S. 67.
74. Hanisch, »Opposition to Nazism in the Austrian Alps«, S. 185.
75. Jeffery, *Social Democracy in the Austrian Provinces, 1918 – 1934;* Jeffery, »Center and Periphery in Social Democratic Politics«, S. 28 – 39; Bukey, *Hitler's Hometown*, S. 146 – 148; Konrad, »Social Democracy's Drift toward Nazism before 1938«, S. 110 – 136.
76. Hanisch, »Opposition to Nazism in the Austrian Alps«, S. 184.
77. *Red-White-Red Book*, S. 86.
78. Bukey, »*Hitler's Hometown under Nazi Rule: Linz, Austria, 1938 – 1945*«, S. 176.
79. Hanisch, »Peasants and Workers«, S. 184 f.
80. Mulley, »Modernität oder Traditionalität?«, S. 44.
81. Luža, *Austro-German Relations*, S. 57 ff.
82. Walser, »›Treue dem wahren Nationalsozialismus!‹ Arbeiter in der Vorarlberger NSDAP«, S. 327.
83. Hanisch, »Peasants and Workers«, S. 184 f.; Bukey, »Nazi Rule in Austria«, S. 211 f.; Erhard und Natter, »›Wir waren ja alle arbeitslos‹: NS-Sympathisanten deuten ihre Motive«, S. 547 – 549.
84. Kepplinger, »Nationalsozialistische Wohnbaupolitik«, S. 265 – 287.
85. Ebenda; Karner, *Steiermark*, S. 325 – 327.
86. Botz, *Nationalsozialismus in Wien*, S. 162.
87. Zitiert in Slapnicka, *Oberdonau*, S. 53.
88. DÖW, Dok. 8353: Unveröffentlichte Manuskripte für das von der Bundesregierung herausgegebene *Rot/weiß/rotbuch*, Guttaring/St. Veit, Mai 1946, und 13.114a: Gendarmeriechronik Niklasdorf.
89. Slapnicka, *Oberdonau*, S. 281 f.
90. Keplinger, »Nationalsozialistische Wohnbaupolitik«, S. 280; Bukey, *Hitler's Hometown*, S. 180.
91. Stadler, *Österreich*, S. 71.
92. Slapnicka, *Oberdonau*, S. 281 f.
93. Ebenda, S. 181f; Bukey, *Hitler's Hometown*, S. 208; DÖW, Dok. 17.846: G, Steyr, 1. April, 30. Juli, 2. August, 3. September 1938; G, Grünburg, 23. Juli 1938; G, Wolfern, 28. Juli 1938.
94. Hanisch, *Nationalsozialistische Herrschaft*, S. 161 – 165.
95. AVA, Rk, Ordner 311: Bericht über den Aufbau der Deutschen Arbeitsfront im Gau Niederdonau, 25. Juli 1938.
96. Ebenda.
97. Kirk, *Nazism and the Working Class in Austria*, S. 61.
98. DÖW, Dok. E 17.846: G, Steyr, 29. Juli 1938; G, Sierning, 2. August 1938; G, Gleink, 28. September 1938; G, Kremsmünster, 26. September 1938.
99. DÖW, Dok. E 17.846: LR, Kirchdorf, 5. Juli, 1. August, 27. September 1938.
100. DÖW, Dok. 4212: Gestapo Salzburg an Gestapo Berlin, 29. November 1938, sowie 17.846: G, Waldneukirchen, 23. September, 24. Oktober 1938; LR, Kirchdorf, 27. September, 28. Oktober 1938; G, Weyer, 27. Oktober 1938; G, Steyr,

30. Oktober 1938. Die Arbeitssituation in den Steyr-Werken war wohl einzigartig im ganzen Dritten Reich: Der Personalchef war ein bekannter Sozialdemokrat, der seine Parteigenossen offen gegenüber Nationalsozialisten bevorzugte. Obwohl der SD sich beschwerte, dass es in den Steyr-Werken Abteilungen gebe, in denen nur rote Genossen aufgenommen oder geduldet würden, wurden gelernte Munitionsarbeiter so dringend gebraucht, dass das Regime lieber die »politisch unzuverlässigen« Arbeiter behielt, als die Produktion zu senken oder gar das Werk zu schließen. Siehe Kirk, *Nazism and the Working Class in Austria,* S. 61 f.

101. DÖW, Dok. 4081: Gestapo Linz an Heydrich, 4. Oktober 1938.

102. DÖW, Dok. 4212: Gestapo Salzburg an Gestapo Berlin, 30. Dezember 1938, und E 17.846: G, Spital, 23. November 1938; G, Grünburg, 23. November 1938; G, Kremsmünster, 23. Dezember 1938, 23. Januar 1939; LR, Kirchdorf, 27. Januar 1939; G, Wartberg, 22. Februar 1939.

103. Stadler, *Österreich,* S. 58–60; Kirk, *Nazism and the Working Class in Austria,* S. 64; DÖW, Dok. 8048: G, Lilienfeld, 20. November 1938; G, Traisen, 5. November 1938; NÖLA/ZR/1939: G, Waidhofen, 27. Januar 1939; G, Kematen, 25. Februar 1939; G, Rosenau, 27. März 1939; G, Ybbs, 26. März 1939.

104. Hanisch, »Peasants and Workers«, S. 185.

105. DÖW, Dok. 20.387: LR, Zell am See, 31. Januar 1939.

106. Luža, *Resistance,* S. 88–110; Hanisch, »Peasants and Workers«, S. 186.

107. DÖW, Dok. 17.846: G, Wartberg, 22. April 1939; NÖLA/ZR/1939: G, Ybbs, 26. März 1939; G, Rosenau, 27. März 1939; G, Waidhofen, 27. April 1939; LR, Amstetten, 2. Mai 1939; G, Waidhofen, 27. August 1939.

108. Luža, *Resistance,* S. 105–107; WVOÖ, Bd. 1, S. 321 f.; DÖW, Dok. 4081: Gestapo Linz, Lagebericht für die Monate Jänner, Februar und März 1939, 27. März 1939; Stadler, *Österreich,* S. 63.

109. Stadler, *Österreich,* S. 63 f.; DÖW, Dok. E 17.846: LR Kirchdorf, 26. Juli, 29. August 1939; Slapnicka, *Oberdonau,* S. 258–287; NÖLA/ZR/I/1939: LR, Amstetten, 2. Mai 1939; G, Waidhofen, 27. Mai, 27. Juli, 26. August 1939; G, Euratsfeld, 26. Juli 1939.

110. Hautmann und Kropf, *Die österreichische Arbeiterbewegung,* S. 186.

111. Schwarz, »Nazi Wooing of Austrian Social Democracy«, S. 131–136.

112. Kirk, »The Austrian Working Class under National Socialist Rule«, S. 136.

113. In seiner überarbeiteten Dissertation *Nazism and the Working Class in Austria* bewertet Kirk die 18 Monate nach dem Anschluss vorsichtiger: Er räumt jetzt ein, dass eine weit verbreitete Militanz und direkte Konfrontation mit den Arbeitgebern kaum zu beobachten sei, weicht aber einer Erörterung des ideologischen Einflusses des Nationalsozialismus auf die Arbeiter aus. In Kirks früheren Überzeugungen finden offenbar die Ansichten seines Doktorvaters Ian Kershaw ihren Niederschlag. Vgl. Kershaw, *Popular Opinion,* S. 66–110; Kirk, »The Austrian Working Class under National Socialist Rule«, S. 98–136; ders., *Nazism and the Working Class in Austria,* S. 48–67. Dazu auch Konrad, »Social Democracy's Drift toward Nazism«, S. 110–136; Bukey, »Nazi Rule in Austria«, S. 211–214; Mulley, »Modernität oder Traditionalität?«, S. 44; Tálos, »Sozialpolitik 1938–1945«, S. 115–124; Karner, »Zur NS-Sozialpolitik«, S. 257 f.

114. Botz, »Zwischen Akzeptanz und Distanz«, S. 439.

Kapitel 5

1. Weinzierl, *Prüfstand*, S. 15–36.
2. Ebenda; ders., »Kirche und Politik«, S. 437–442, 452–464; Kutschera, *Gföllner*, S. 47–56.
3. Jeffery, »Center and Periphery in Social Democratic Politics«, S. 12–36; Gulick, *Austria*, Bd. 1, S. 554–567; Hanisch, »Der politische Katholizismus«, S. 56–59.
4. Hanisch, »Der politische Katholizismus«, S. 58–63.
5. Weinzierl, »Kirche und Politik«, S. 439–452; Hanisch, »Der politische Katholizismus«, S. 63–66.
6. Weinzierl, »Kirche und Politik«, S. 446–452.
7. Hanisch, »Der politische Katholizismus«, S. 61 f.
8. Ebenda, S. 55 f.; Weinzierl, »Kirche und Politik«, S. 437; Lewy, *Catholic Church*, S. 6.
9. Hanisch schätzt, dass lediglich zehn Prozent der Wiener Katholiken regelmäßig den Gottesdienst besuchten. Hanisch, »Der politische Katholizismus«, S. 56.
10. Ebenda, S. 64–66; Weinzierl, »Kirche und Politik«, S. 442–451.
11. Weinzierl, *Prüfstand*, S. 15–74; ders., »Kirche und Politik«, S. 439–443. Zu einzelnen Bischöfen liegen auch Biographien vor: Kutschera, *Gföllner;* Jablonka, *Waitz;* Reimann, *Innitzer;* Liebmann, *Innitzer.*
12. Kutschera, *Gföllner*, S. 93 f.; Weinzierl, *Prüfstand*, S. 37–49.
13. Weinzierl, *Prüfstand*, S. 54–57.
14. Ebenda, S. 57–73; Liebmann, *Innitzer*, S. 44–59.
15. Während die NS-feindliche Enzyklika von Papst Pius XI. *Mit brennender Sorge* einen Skandal auslöste, als sie am Palmsonntag, dem 21. März 1937, in Deutschland von katholischen Kanzeln aus verlesen wurde, erregte sie in Österreich wenig Aufsehen. Siehe Sauer, »Österreichs Kirchen«, S. 519.
16. Beispiele hiefür siehe Liebmann, *Innitzer*, S. 64 f.
17. Nähere Einzelheiten bei Weinzierl, *Prüfstand*, S. 77–105; Liebmann, *Innitzer*, S. 65–95; Luža, »Nazi Control of the Austrian Catholic Church«, S. 537–572.
18. Hanisch, *Nationalsozialistische Herrschaft*, S. 32; Karner, *Steiermark*, S. 54 f.; Liebmann, *Innitzer*, S. 66–70.
19. Die überzeugendste Rekonstruktion dieses bedeutsamen Treffens findet sich in Liebmann, *Innitzer*, S. 70–75. Siehe auch Weinzierl, *Prüfstand*, S. 81–83; Botz, *Nationalsozialismus in Wien*, S. 119 f.; Reimann, *Innitzer*, S. 114; Fried, *Nationalsozialismus*, S. 23 f.
20. Liebmann, *Innitzer*, S. 75–95; Luža, *Austro-German Relations*, S. 64.
21. Dennoch muss Innitzer »als die treibende Kraft dieser politischen Deklarierung angesehen werden«. Hagspiel, *Ostmark*, S. 39.
22. Liebmann, *Innitzer*, S. 85–96.
23. DÖW, »Anschluß«, S. 437.
24. Der Reichskommissar meinte das durchaus aufrichtig. Er unterhielt nicht nur relativ freundschaftliche Beziehungen zum oberen Klerus des Saarlands, seine Schwester war mit dem Bruder von Bischof Joseph Wendel von Speyer verheiratet. Liebmann, *Innitzer*, S. 66.
25. Ebenda, S. 106–110.
26. Botz, *Nationalsozialismus in Wien*, S. 123 f.; Liebmann, *Innitzer*, S. 129–138; Rhodes, *The Vatican in the Age of the Dictators*, S. 150–153.

27. Fried, *Nationalsozialismus*, S. 28.
28. Lewy, *Catholic Church*, S. 216.
29. PRO/FO: C6828/62/18: HM Consul General, Wien, Despatch Nr. 38, 1. Juli 1938.
30. Lewy, *Catholic Church*, S. 217.
31. Kutschera, *Gföllner*, S. 106–113; Weinzierl, *Prüfstand*, S. 89–105.
32. Bukey, »Nazi Rule in Austria«, S. 225.
33. Siehe auch die zynische Einschätzung der Nazis in ihrem ersten Bericht über die Volksstimmung in: AVA, Rk, Ordner 20: Reichsstatthalterei, Abt. 6, Wien, 31. März 1938.
34. Hanisch, »Austrian Catholicism«, S. 169.
35. Zitiert in Rhodes, *The Vatican in the Age of the Dictators*, S. 152.
36. Liebmann, *Innitzer*, S. 140–145; Botz, *Nationalsozialismus in Wien*, S. 343 f.; Sauer, »Österreichs Kirchen«, S. 522 f.; Weinzierl, *Prüfstand*, S. 101 f., 106–114.
37. Nähere Einzelheiten zu den polykratischen, internen Streitereien siehe Luža, »Nazi Control of the Austrian Catholic Church«, S. 543–551; Liebmann, *Innitzer*, S. 153–173; Sauer, »Österreichs Kirchen«, S. 522 f.
38. Die ausführlichste Darstellung bietet Liebmann, *Innitzer*, S. 145–190. Siehe auch Weinzierl, *Prüfstand*, S. 106–139; Luža, »Nazi Control of the Austrian Catholic Church«, S. 342–347, und Botz, *Nationalsozialismus in Wien*, S. 343–348.
39. Liebmann, *Innitzer*, S. 148–152.
40. Ebenda, S. 154–175.
41. Luža, »Nazi Control of the Austrian Catholic Church«, S. 343–347; Botz, *Nationalsozialismus in Wien*, S. 345 f.; Fried, *Nationalsozialismus*, S. 46–49.
42. Liebmann, *Innitzer*, S. 169–178; Weinzierl, Prüfstand, S. 125–134; Luža, »Nazi Control of the Austrian Catholic Church«, S. 545 f.
43. Der volle Wortlaut findet sich in Liebmann, *Innitzer*, S. 178–188.
44. Mit Blick auf die anhaltenden Beistandserklärungen für das Hitler-Regime, insbesondere während des Zweiten Weltkrieges, muss gegen Erika Weinzierls These Einspruch erhoben werden, das Scheitern der Suche nach einem Modus Vivendi im Jahr 1938 habe zugleich das Ende der Appeasement-Strategie der Kirche bedeutet. Siehe Weinzierl, »Österreichs Katholiken und der Nationalsozialismus«, S. 515, wie zitiert in Botz, *Nationalsozialismus in Wien*, S. 348.
45. Ein von John Lukacs geprägter Begriff. Lukacs, *The Last European War*.
46. Liebmann, *Innitzer*, S. 207 f.
47. Luža, *Austro-German Relations*, S. 185 f.; ders., *Resistance*, S. 66–75.
48. Zu frühen katholischen Widerstandsgruppen siehe Luža, *Resistance*, S. 29–59.
49. Hermann Lein, »Das Rosenkranzfest am 7. Oktober 1938«, in: DÖW, *Jahrbuch 1990*, S. 51 f.
50. Ebenda, S. 50–55. Dort findet sich die ausführlichste Darstellung der Ereignisse. Siehe auch Liebmann, *Innitzer*, S. 190–198, mit dem vollen Text von Innitzers Predigt; Weinzierl, *Prüfstand*, S. 143 f.; Botz, *Nationalsozialismus in Wien*, S. 383 f.
51. Lein, »Rosenkranzfest«, S. 50–55. Zu vergleichbaren Ausbrüchen war es ein Jahr zuvor in Bayern gekommen, auch hier erhielt Kardinal Michael Faulhaber in München 1937 begeisterten Beifall. Im Gegensatz zum Wiener »Rosenkranzfest« vom 7. Oktober 1938 waren in Bayern jedoch nur mehrere Hundert Gläubige versammelt. Siehe Kershaw, *Popular Opinion*, S. 201–205.
52. Die vollständigste Darstellung bietet Liebmann, *Innitzer*, S. 198–208.

53. PRO/FO: C12690/62/18: British Consulate, Wien, Despatch Nr. 104, 13. Oktober 1938.

54. *New York Times*, 13. Februar 1939.

55. Hanisch, »Austrian Catholicism«, S. 168; Sauer, »Österreichs Kirchen«, S. 524f.; Botz, *Nationalsozialismus in Wien*, S. 388–391.

56. Fest, *Hitler*, S. 780; Goldinger, »Der Sturm auf das Wiener erzbischöfliche Palais 1938 im Lichte der NS Akten«, S. 16–21; PRO/FO: C13695/62/18, Nr. 116: British Consulate, Wien, 7. November 1938.

57. Wistrich, *Antisemitism*, S. 13–29; Pauley, *From Prejudice to Persecution*, S. 1–44.

58. Pauley, *From Prejudice to Persecution*, S. 150–173, Zitat auf S. 173.

59. Ebenda, S. 298; Weinzierl, *Zu wenig Gerechte*, S. 96f.; Freidenreich, *Jewish Politics in Vienna, 1918–1938*, S. 187; Rosenkranz, *Verfolgung*, S. 23f.

60. Weinzierl, *Prüfstand*, S. 265–267; Weinzierl, *Zu wenig Gerechte*, S. 97f.; Luža, *Resistance*, S. 71.

61. Vgl. Weinzierl, *Prüfstand*, S. 258–276; ders., *Zu wenig Gerechte*, S. 93–116; Lewy, *Catholic Church*, S. 274–284; Rhodes, *The Vatican in the Age of the Dictators*, S. 180.

62. Lukacs, *The Last European War*, S. 471.

63. Beispiele hierfür in Weinzierl, *Prüfstand*, S. 477–486; Weinzierl, *Zu wenig Gerechte*, S. 11–14.

64. Vgl. Liebmann, *Innitzer*, S. 207f.; Lewy, *Catholic Church*, S. 283f.; Kershaw, *Popular Opinion*, S. 253–257, 270–272.

65. Weinberg, *A World At Arms*, S. 899.

66. Fest, *Hitler*, S. 780f.

67. Karner, *Steiermark*, S. 119.

68. Luža, *Austro-German Relations*, S. 186f.; ders., »Nazi Control of the Austrian Catholic Church«, S. 546f.; Weinzierl, *Prüfstand*, S. 152–155; Botz, *Nationalsozialismus in Wien*, S. 388–396. Die detaillierteste Darstellung der Trennung von Staat und Kirche auf administrativer und finanzieller Ebene bietet Liebmann, *Innitzer*, S. 209–226.

69. Hanisch, *Nationalsozialistische Herrschaft*, S. 103; ders., »Die katholische Kirche«, in: *WVS*, Bd. 2, S. 134; Eichinger, »Die politische Situation im südwestlichen Niederösterreich«, S. 193f.

70. Eichinger, »Die politische Situation im südwestlichen Niederösterreich«, S. 193–209; ders., *Nationalsozialistische Herrschaft*, S. 167–170; Hanisch, »Austrian Catholicism«, S. 170f.

71. Liebmann, *Innitzer*, S. 210.

72. Luža, »Nazi Control of the Austrian Catholic Church«, S. 548.

73. Der volle Wortlaut des Briefes ist abgedruckt in Liebmann, *Innitzer*, S. 227–235.

74. Aus der evangelischen Kirche traten 41456 Angehörige aus, obwohl wenigstens zwei Drittel aller Mitglieder (insgesamt 331871) bereits in die NSDAP eingetreten waren. Luža, *Austro-German Relations*, S. 187; Sauer, »Österreichs Kirchen«, S. 519.

75. Zitiert in Luža, »Nazi Control of the Austrian Catholic Church«, S. 547, Anm. 23. Der volle Wortlaut des NS-Berichtes »Ein Jahr Entkonfessionalisierung der Ostmark« ist abgedruckt in Liebmann, *Innitzer*, S. 240–253.

76. Jochmann, *Adolf Hitler. Monologe im Führerhauptquartier* (20./21. Februar 1942), S. 285f.

77. *WVT*, Bd. 2, S. 102 f.
78. *Red-White-Red Book*, SD, Wien, 3. Juli 1939.
79. Ebenda; Williams, »Aftermath of Anschluss«, S. 138 f.
80. Luža, *Resistance*, S. 35–39.
81. Hanisch, »Austrian Catholicism«, S. 166.
82. Vgl. Kershaw, *Popular Opinion*, S. 223.

Kapitel 6

1. Vgl. Kershaw, *Popular Opinion*, S. 33–36, und Bruckmüller, »Sozialstruktur und Sozialpolitik«, S. 389–394.
2. Kershaw, *Popular Opinion*, S. 34–36, und Bruckmüller, »Sozialstruktur und Sozialpolitik«, S. 392–394.
3. Karner, *Steiermark*, S. 65, 283 f.
4. Mooslechner und Stadler, »Landwirtschaft und Agrarpolitik«, S. 82–84.
5. Nähere Einzelheiten bei Corni, *Hitler and the Peasants*, S. 245–268.
6. Mooslechner und Stadler, »Landwirtschaft und Agrarpolitik«, S. 79–81.
7. Vgl. Kershaw, *Popular Opinion*, S. 42–45; Corni, *Hitler and the Peasants*, S. 143–152; Hanisch, *Nationalsozialistische Herrschaft*, S. 152; Mooslechner und Stadler, »Landwirtschaft und Agrarpolitik«, S. 74–76.
8. Corni, *Hitler and the Peasants*, S. 66–115; Mooslechner und Stadler, »Landwirtschaft und Agrarpolitik«, S. 70–73. Siehe auch die ausgezeichnete Analyse des OSS vom Juni 1945: NA, RG 226, Dok. 138 849, Sch. 1571: Agriculture and Food Administration in Austria.
9. AVA, Rk, Ordner 211/2260/2: Zwischenbericht, 28. März 1938; DÖW, Dok. 17.846: Gendarmerieberichte aus Gleink, 2. April 1938, Kirchdorf, 3. April 1938; Slapnicka, *Oberdonau*, S. 281 f.
10. NÖLA/ZR/1938/I: Situationsbericht, Amstetten, 23., 28. März, 11., 27. April 1938.
11. Slapnicka, *Oberdonau*, S. 252 f.
12. Vgl. Corni, *Hitler and the Peasants*, S. 220–239; Kershaw, *Popular Opinion*, S. 55–65.
13. Slapnicka, *Oberdonau*, S. 158 f.; DÖW, Dok. 17.846: G, Bad Hall, 2. Mai 1938.
14. Mooslechner und Stadler, »Landwirtschaft und Agrarpolitik«, S. 85–87; Kershaw, *Popular Opinion*, S. 57 f.; DÖW, Dok. 17.846: G, Bad Hall, 2. Mai 1938.
15. Anfang Juni schrieb ein britischer Augenzeuge aus Innsbruck: »Die Bauern in Tirol nehmen insgesamt zu den jüngsten Ereignissen eine sehr distanzierte Haltung ein. Sie sind zwar willens, dem neuen System Gerechtigkeit widerfahren zu lassen, und es ist äußerst unwahrscheinlich, dass sie so viel politische Verantwortung auf sich nehmen werden, Widerstand zu leisten, aber sie sind zutiefst argwöhnisch und unzufrieden mit den Aussichten für die Zukunft.« PRO/FO: C5710/62/18: Memorandum of Mr. Creswell, »Conditions in Western Austria«, 7. Juni 1938.
16. Slapnicka, *Oberdonau*, S. 282 f.; DÖW, Dok. 17.846: G, Steyr, 30. Juni 1938; G, Reichraming, 29. Juli 1938; G, Bad Hall, 27. Juni 1938.
17. Über den österreichischen Kirchenkampf ist eine Unzahl von Büchern und Artikeln geschrieben worden, siehe u. a. Weinzierl, *Prüfstand*; Luža, »Nazi Control of the Austrian Catholic Church«, S. 537–572; Hanisch, »Austrian Catholicism«, S. 165–176; Sauer, »Österreichs Kirchen«, S. 517–536. Zum Kirchenkampf im

Altreich siehe Lewis, *Catholic Church;* Helmreich, *The German Churches under Hitler;* Conway, *Nazi Persecution of the Churches;* Rhodes, *The Vatican in the Age of the Dictators;* Kershaw, *Popular Opinion,* S. 185–223, 331–357.

18. Hanisch, »Austrian Catholicism«, S. 170.
19. Vgl. ebenda, S. 170–175, sowie Kershaw, *Popular Opinion,* S. 202–225.
20. Hanisch, »Austrian Catholicism«, S. 171.
21. DÖW, Dok. 17.846: G, Kirchdorf, 5. Juli 1938; Slapnicka, *Oberdonau,* S. 283.
22. Luža, *Austro-German Relations,* S. 182–185.
23. AVA, Rk, Sch. 157, Ordner 3089 (Gauleitung Tirol): Sicherheitspolizei, Innsbruck, 8. Juli 1938.
24. AVA, Rk, Sch. 157, Ordner 3089 (Gauleitung Tirol): Hofer an Bürckel, 23. August 1938.
25. Vgl. Stadler, *Österreich,* S. 57–59 und Botz, *Nationalsozialismus in Wien,* S. 324–363, 465 f.
26. DÖW, Dok. 17.846: G, Bad Hall, 12. Juli 1938; G, Waldneukirchen, 24. Juli 1938; G, Kirchdorf, 1. August 1938; BH, Steyr, 2. August 1938; G, Ried, 29. August 1938; BH, Steyr, September 1938; G, Bad Hall, 27. September 1938; G, Gleink, 28. September 1938; NÖLA/1938/I/199: BH, Amstetten, 3. Oktober 1938.
27. DÖW, Dok. 8339: Pöttsching, 21. September 1938.
28. Slapnicka, *Oberdonau,* S. 284; DÖW, Dok. 8048: G, Türnitz, 16. November 1938; G. Kaunberg, 31. Oktober 1938; G, Lilienfeld, 31. Oktober 1938, und Dok. 17.846: G, Sierning, 23. Oktober 1938; G, Bad Hall, 26. Oktober 1938; G, Gleink, 27. Oktober 1938; BH, Steyr, 30. Oktober 1938; NÖLA/ZR/I/1939: BH, Amstetten, 3. Oktober, 2., 30. November 1938.
29. Slapnicka, *Oberdonau,* S. 284 f.; DÖW, Dok. 8048: G, St. Ägyd, 1. Oktober 1938; Freiland, 30. Oktober 1938; Kaunberg, 31. Oktober 1938; Hainfeld, 1. November 1938; Lilienfeld, 1. November 1938; Traisen, 5. November 1938.
30. Slapnicka, *Oberdonau,* S. 285; Williams, »Aftermath of Anschluss«, S. 135 f.
31. Mooslechner und Stadler, »Landwirtschaft und Agrarpolitik«, S. 79, 86.
32. Corni, *Hitler and the Peasants,* S. 253–264.
33. Luža, »Nazi Control of the Austrian Catholic Church«, S. 546 f.; Slapnicka, *Oberdonau,* S. 285 f.; NÖLA/ZR/1939: G, Markt Ardagger, 27. Januar 1939; G, Mauer, 27. Januar 1939; BH, Amstetten, 3. Februar 1939. Beispiele für religiöse Proteste in Vorarlberg finden sich in den lesenswerten Gemeindeurkunden und Fotografien in Meusberger, *Bezau,* S. 261–264.
34. DÖW, Dok. E 17.846: G, Spital am Pyhrn, 23. Februar 1939; NÖLA/ZR/1939: G, Waidhofen, 27. Januar 1939; G, Markt Ardagger, 27. Januar 1939; G, St. Peter, 10. Februar 1939.
35. NÖLA/ZR/1939: G, Aschbach, 26. Januar 1939.
36. Hanisch, »Austrian Catholicism«, S. 170.
37. DÖW, Dok. 17.846: G, Kirchdorf, 28. Februar 1939.
38. DÖW, Dok. 17.846: G, Wartberg, 22. Februar 1939; G, Pettenbach, 23. Februar 1939; G, Nussbach, 23. Februar 1939; NÖLA/ZR/1939: G, St. Valentin, 26. Februar 1939.
39. Die Zahl der Lebendgeburten in Österreich stieg von 12,8 je 1000 Einwohner im Jahr 1937 auf 20,7 Geburten je 1000 Einwohner im Jahr 1939. Botz, »Zwischen Akzeptanz und Distanz«, S. 449.
40. DÖW, Dok. 17.846: G, Grünburg, 21. März 1939; G, Kremsmünster, 23. März

1939; G, Windischgarsten, 23. März 1939; G, Ried, 25. März 1939; G, Kirchdorf, 27. März 1939; NÖLA/ZR/199/1939: G, Seitenstetten, 25. März 1939; G, Wallsee, 26. Februar 1939; G, Aschbach, 27. März 1939; G, Ybbsitz, 27. März 1939; G, Markt Ardagger, 27. März 1939; G, St. Peter, 27. März 1939. Zu den Reaktionen im Altreich siehe Kershaw, *Hitler Myth*, S. 139–141.

41. NÖLA/ZR/199/1939: LR, Amstetten, 2. April 1939.

42. NÖLA/ZR/199/1939: G, Amstetten, 24. April 1939; G, Behamberg, 25. April 1939; G, Seitenstetten, 26. April 1939; G, Strengberg, 27. April 1939; G, Ulmerfeld, April 1939; G, Ybbsitz, 27. April 1939; G, Rosenau, 27. April 1939; DÖW, Dok. 17.846: G, Steinbach, 21. April 1939; G, Pettenbach, 22. April 1939; G, Windischgarsten, 23. April 1939.

43. DÖW, Dok. 17.846: G, Steinbach am Ziehberge, 21. April 1939.

44. DÖW, Dok. 17.846: G, Nussbach, 22. April 1939.

45. NÖLA/ZR/199/1939: G, Euratsfeld, 26. Juni 1939. In einer wichtigen Studie der NS-Herrschaft in Niederösterreich schreibt Hermann Eichinger sinngemäß: Im Gegensatz zu den gegen Juden gerichteten Maßnahmen, die zumindest auf ein gewisses Maß an Unverständnis stießen, gab es nie auch nur das geringste Anzeichen für eine Solidarität mit Zigeunern. Von Anfang an wurde jede Maßnahme, die gegen diese Personen ergriffen wurde, ausnahmslos begrüßt. Es gab keinerlei Sympathiebekundungen. Die Leute beklagten sich fortwährend, dass die geplante Lösung der »Zigeunerfrage« noch nicht erfolgt sei. Eichinger, »Die politische Situation im südwestlichen Niederösterreich«, S. 158.

46. Beispielsweise Kreissler, *Der Österreicher und seine Nation*, S. 131 f. Siehe auch Williams, »Aftermath of Anschluss«, S. 139 f.

47. Parkinson, *Conquering the Past*, S. 319. Siehe auch Stuhlpfarrer, »Nazism, the Austrians, and the Military«, S. 190–206, sowie Manoschek und Safrian, »Österreicher in der Wehrmacht«, S. 331–360.

48. DÖW, Dok. 17.846: LR, Kirchdorf, 30. Mai 1939.

49. Hanisch, »Peasants and Workers«, S. 182.

50. Vgl. Williams, »Aftermath of Anschluss«, S. 136 f.; Hanisch, »Comments«, S. 164 f.; Kerschbaumer, *Faszination Drittes Reich*, S. 34–37.

51. Kerschbaumer, *Faszination Drittes Reich*, S. 34–41; DÖW, Dok. 17.858/7: Gendarmerie-Chronik Oberdrauburg, 9. November 1939.

52. Kerschbaumer, *Faszination Drittes Reich*, S. 38–41, 59 f.; *Red-White-Red Book*, S. 88 f.

53. DÖW, Dok. 17.846: G, Ried, 19. Mai 1939.

54. DÖW, Dok. 20.387: G, Salzburg, 25. Juli 1939 und Dok. 17.846: G, Windischgarsten, 20. Mai 1939; G, Steinbach, 20. Mai 1939; G, Nussbach, 23. Juni 1939; NÖLA/ZR/199/1939: G, Markt Wallsee, 30. Mai 1939; LR, Amstetten, 3. Juni, 2. Juli 1939; G, Behamberg, 25. Juni 1939; G, Euratsfeld, 26. Juni 1939; G, Ybbs, 27. Juni 1939. Zu dem verblüffend ähnlichen Meinungsklima in Bayern siehe Kershaw, *Popular Opinion*, S. 61–65.

55. NÖLA/ZR/199/1939: LR, Amstetten, 3. Juni 1939; G, Ulmerfeld, 26. Juni 1939; G, Wolfsbach, 27. Juni 1939; G, Ybbs, 27. Juni 1939; G, Rosenau, 27. Juni 1939.

56. DÖW, Dok. 17.846: LR, Kirchdorf a/Krems, 30. Mai 1939.

57. NÖLA/ZR/199/1939: G, St. Peter, 27. Juni 1939; Markt Ardagger, 27. Juni 1939; G, Ried, 23. Juni 1939; G, Opponitz, Juni 1939; G, Oed, 27. Juni 1939; G, Euratsfeld, 26. Juni 1939; LR, Amstetten, 2. Juli 1939.

58. DÖW, Dok. 17.846: G, Steinbach, 27. Juni 1939; G, Pettenbach, 22. Juni 1939; G, Nussbach, 23. Juni 1939.
59. DÖW, Dok. 8351: Abschrift aus der Chronik der Volksschule Luggau von 1939.
60. *Red-White-Red Book,* S. 89.
61. Luža, *Austro-German Relations,* S. 187.
62. Klostermann, »Katholische Jugend im Untergrund«, S. 144, 194–196.
63. Hanisch, »Austrian Catholicism«, S. 173.
64. DÖW, Dok. 17.846: G, Steyrling, 23. Mai 1939; G, Wartberg, 22. August 1939.
65. Vgl. Slapnicka, *Oberdonau,* S. 286, und *Red-White-Red Book,* S. 90.
66. Vgl. DÖW, Dok. 17.846: G, Wartberg, 22. Juli 1939; G, Spital, 24. Juli 1939; Dok. 7495: British Consul General Wien, Auszug aus Despatch Nr. 162 vom 31. Juli 1939; *Red-White-Red Book,* S. 91 f.; Williams, »Aftermath of Anschluss«, S. 137–139; Kershaw, *Popular Opinion,* S. 62–65; Kershaw, *Hitler Myth,* S. 141 f.
67. DÖW, Dok. 17.846: G, Ried, 22. Juli 1939.
68. DÖW, Dok. 17.846: G, Nussbach, 24. Juli 1939; NÖLA/ZR/199/1939: LR, Amstetten, 2. Juli 1939; AVA, Rk, Sch. 211: Bürckel (?) an Rainer, 20. Juli 1939; Williams, »Aftermath of Anschluss«, S. 141.
69. NÖLA/ZR/199/1939: G, Behamberg, 24. Juli 1939; G, Oed, 25. Juli 1939; G, Seitenstetten, 26. Juli 1939; G, Strengberg, 26. Juli 1939; G, Ybbsitz, 26. Juli 1939; G, Euratsfeld, 26. Juli 1939; G, Kematen, 26. Juli 1939; G, Waidhofen, 27. Juli 1939; G, Rosenau, 27. Juli 1939; G, St. Valentin, 28. Juli 1939; LR, Amstetten, 31. Juli 1939.
70. DÖW, Dok. 17.846: LR, Kirchdorf, 21. August 1939; G, Steyrling, 23. August 1939; NÖLA/ZR/199/1939: G, Seitenstetten, 22. August 1939; G, Wallsee, 25. August 1939.
71. DÖW, Dok. 17.846: G, Klaus, 24. August 1939; LR, Kirchdorf, 29. August 1939; Dok. 20.387: LR, Zell am See, 3. September 1939; NÖLA/ZR/199/1939: G, Rosenau, 26. August 1939; G, Haag, 26. August 1939; G, Strengberg, 26. August 1939; G, Euratsfeld, 26. Juli 1939; G, Aschbach, 26. August 1939; G, St. Peter, 27. August 1939; G, Wolfsbach, 1939. Siehe auch Slapnicka, *Oberdonau,* S. 285–287.
72. Hanisch, »Opposition to Nazism in the Austrian Alps«, S. 178.
73. Luža, *Resistance,* S. 33–36.
74. NÖLA/ZR/199/1939: G, Euratsfeld, 26. Mai 1939.
75. Hanisch, »Opposition to Nazism in the Austrian Alps«, S. 180.

Kapitel 7

1. Pauley, *From Prejudice to Persecution,* S. 318.
2. Botz, »The Jews of Vienna from the Anschluss to the Holocaust«, S. 183.
3. Rosenkranz, »The Anschluss and the Tragedy of Austrian Jewry«, S. 480.
4. Ebenda; Pauley, *From Prejudice to Persecution,* S. 121–130; Bentwich, »The Destruction of the Jewish Community in Austria«, S. 467.
5. Rosenkranz, *Verfolgung,* S. 13.
6. Vgl. Kershaw, *Popular Opinion,* S. 224–231; Gold, *Geschichte der Juden in Österreich;* Jonny Moser, *Die Judenverfolgung in Österreich 1938–1945;* Slapnicka, »Zum Antisemitismus Problem in Oberösterreich«, S. 264–267; Fellner, *Antisemitismus in Salzburg 1918–1938;* Walzl, *Die Juden in Kärnten und das Dritte Reich.*

7. Federführend ist hier Freidenreich, *Jewish Politics in Vienna*.
8. Rosenkranz, *Verfolgung*, S. 13.
9. Freidenreich, *Jewish Politics in Vienna*, S. 205 f.; Pauley, *From Prejudice to Persecution*, S. 277–284; Berkley, *Vienna and its Jews*, S. 221–254; Rosenkranz, »The Anschluss and the Tragedy of Austrian Jewry«, S. 479–482.
10. Kershaw, »The Persecution of the Jews and German Popular Opinion in the Third Reich«, S. 261–289; Kater, »Everyday Anti-Semitism in Prewar Nazi Germany: The Popular Bases«, S. 129–159; David Bankier, *The Germans and the Final Solution*, S. 1–81; Goldhagen, *Hitler's Willing Executioners*, S. 81–128; Weiss, *Ideology of Death*, S. 362–379; Friedländer, *Nazi Germany and the Jews*, S. 125 f., 162–167; Kaplan, *Between Dignity and Despair*, S. 3–49. Von diesen Werken dürften die differenzierten Darstellungen Friedländers und Kaplans der Wahrheit am nächsten kommen. Hingegen stehen Goldhagens scharfer Ton und die Unkenntnis von Gegenbeweisen im Widerspruch zu seiner überzeugenden Argumentation.
11. Janik, Rezension von *From Prejudice to Persecution*, by Bruce F. Pauley, S. 243.
12. Gedye, *Betrayal in Central Europe*, S. 284.
13. Ebenda. Gedyes Schätzung ist vermutlich übertrieben, aber nach jüngsten Forschungsergebnissen beteiligten sich Tausende von Wienern an den Gewalttaten. Siehe Safrian und Witek, *Und keiner war dabei*, S. 195.
14. Stadler, *Österreich*, S. 27. In einem vor kurzem erschienenen Aufsatz behauptet Wolfgang Neugebauer, dass 50 000 bis 70 000 Personen in Gewahrsam genommen worden seien. Die Schätzung stützt sich auf eine einzige Quelle. Neugebauer, »Das NS-Terrorsystem«, S. 164. Botz schätzt die Zahl der Verhaftungen im März auf 10 000 bis 20 000, fügt aber hinzu, dass die Zahl der für kurze Zeit in Gewahrsam genommenen Personen deutlich höher lag. Botz, *Der Nationalsozialismus in Wien*, S. 58.
15. Botz, »The Dynamics of Persecution in Austria«, S. 202.
16. Gedye, *Betrayal in Central Europe*, S. 297.
17. Botz, »The Dynamics of Persecution in Austria«, S. 202.
18. Zur Welle des antisemitischen Terrors in Wien siehe Gedye, *Betrayal in Central Europe*, S. 270–315, sowie seine Beiträge in der *New York Times* vom 14., 15. und 25. März und 3. April 1938. Siehe auch Berkley, *Vienna and its Jews*, S. 259–328; Botz, *Der Nationalsozialismus in Wien*, S. 93–105; Jonny Moser, *Judenverfolgung*, S. 109–122; Rosenkranz, *Verfolgung*, S. 20–168; Rosenkranz, »Der Anschluss and the Tragedy of Austrian Jewry«, S. 479–546; Bentwich, »The Destruction of the Jewish Community in Austria«, S. 467–498. Siehe auch die Memoiren von Überlebenden: Zuckmayer, *Als wär's ein Stück von mir;* Hilsenrad, *Brown Was the Danube*, S. 273–391; Clare, *Last Waltz in Vienna*, vor allem S. 158–257; sowie ders., *Das waren die Klaars*, S. 190–218; Klüger, *Weiter leben: Eine Jugend*, S. 7–33; Rudin, *The Way I Remember It*, S. 33–37.
19. Zitiert in Berkley, *Vienna and its Jews*, S. 306.
20. Jonny Moser, »Depriving the Jews of Their Legal Rights«, S. 123 f.
21. Pauley vertritt vehement die These, dass die von den österreichischen Nazis durchgeführten Schritte zur »Arisierung« (und zur Auswanderung) allenfalls bereits im Altreich vorhandene Tendenzen beschleunigt hätten. Botz hat lange Zeit ebenfalls diese Ansicht vertreten, ist in jüngster Zeit aber etwas davon abgerückt und räumt ein, dass von den österreichischen und v. a. Wiener Nazis und

Mob eine Initialzündung ausging. Hans Safrian wie auch Saul Friedländer haben von einem »österreichischen Modell« in der Entwicklung des Holocaust gesprochen, wobei letzterer die Rolle der antisemitischen Massen außer Acht lässt. Pauley, *From Prejudice to Persecution*, S. 286; Botz, *Wohnungspolitik und Judendeportation in Wien 1938 bis 1945*; Botz, *Nationalsozialismus in Wien*, vor allem S. 93– 105, 243–259; Botz, »Judenhatz«, S. 9–24; Botz, »The Jews of Vienna from the Anschluss to the Holocaust«; Botz, »The Dynamics of Persecution in Austria«, S. 199–216; Safrian, *Die Eichmann Männer*, S. 23–67; Friedländer, *Nazi Germany and the Jews*, S. 240–268.

22. Ausführlicher schildert Safrian, *Die Eichmann Männer*, S. 30–34, die internen Streitigkeiten und die Verwirrung innerhalb der NSDAP.

23. Rosenkranz, »The Anschluss and the Tragedy of Austrian Jewry«, S. 486–490; Botz, »The Dynamics of Persecution in Austria«, S. 204.

24. Zitiert in Botz, »The Dynamics of Persecution in Austria«, S. 200.

25. Zitiert in Moser, »Depriving the Jews of Their Legal Rights«, S. 125.

26. Näheres siehe ebenda, S. 125–127; Rosenkranz, »The Anschluss and the Tragedy of Austrian Jewry«, S. 486–490; Rosenkranz, *Verfolgung*, S. 22, 48–149.

27. Eine ausgewogene Diskussion aus historiografischer Sicht bieten David Bankier, *The Germans and the Final Solution*, S. 1–29, und Friedländer, *Nazi Germany and the Jews*, S. 162–167. Siehe auch Weiss, *Ideology of Death*, S. 363–379.

28. Selbst nach der Untersuchung von Tausenden NS-Akten war es Karl Stadler unmöglich, auch nur eine Skizze vorzulegen. Stadler, *Österreich*, S. 105.

29. Safrian und Witek, *Und keiner war dabei*, S. 19–57; Bukey, »Popular Opinion in Vienna after the Anschluss«, S. 156 f.

30. Vgl. Bukey, »Popular Opinion in Vienna after the Anschluss«, S. 157, und *New York Times*, 25. März 1938.

31. Berkley, *Vienna and its Jews*, S. 259–328; Clare, *Last Waltz in Vienna*, S. 187– 283; Hughes, »Funeral Waltz: Vienna under Nazi Rule, 1938–1939: A Personal Memoir«.

32. Botz, »Judenhatz«, S. 17. Ein Augenzeuge, Alfred Kessler, wendet sich energisch gegen diese Ansicht. Er erinnert sich noch lebhaft an die Massen, die einen großen Anteil Arbeiter enthielten und aus dem Industrieviertel Favoriten heranmarschiert kamen, um an der Anschlusshysterie teilzuhaben. Er räumt jedoch ein, dass die untere Mittelschicht den Ton angab, mit den treffenden Worten seines Vaters, des verstorbenen Egon Kessler: »der rasend gewordene Kleinbürger«. Unterhaltung mit dem Autor, 20. Februar 1994.

33. Witek, »›Arisierung‹ in Wien«, S. 205.

34. Safrian und Witek, *Und keiner war dabei*, S. 195.

35. Denscher, »›Der ewige Jude‹: Antisemitische Propaganda vom ›Anschluss‹ bis zum Novemberpogrom 1938«, S. 43–46.

36. AVA, Rk, Sch. 173–178, Ordner 338–351.

37. AVA, Rk, Sch. 173, Ordner 338–343.

38. Ebenda, vor allem die Briefe Juni–September 1938.

39. Karner, *Steiermark*, S. 168–171; Bukey, *Hitler's Hometown*, S. 187–189; Hanisch, *Nationalsozialistische Herrschaft*, S. 105–111; Köfler, »Tirol und die Juden«, S. 176–178; Walzl, *Die Juden in Kärnten und das Dritte Reich*, S. 138–149, vor allem 149; Rosenkranz, *Verfolgung*, S. 86–94; Rosenkranz, »The Anschluss and the Tragedy of Austrian Jewry«, S. 488 f.

40. Näheres siehe *WVB*, S. 295–304.
41. Rosenkranz, *Verfolgung*, S. 92.
42. Siehe dazu hingegen Fellner, »Der Novemberpogrom in Westösterreich«, S. 37; Walzl, *Die Juden in Kärnten*, S. 147; Kurij, *Nationalsozialismus und Widerstand im Waldviertel*, S. 151–155.
43. Vgl. David Bankier, *The Germans and the Final Solution*, S. 82–85.
44. DÖW, Dok. 17.846: G, Reichraming, 29. Juli 1938; G, Steyr, 2. August 1938.
45. Weinzierl, *Zu wenig Gerechte*, S. 107.
46. Bukey, *Hitler's Hometown*, S. 189.
47. Kurij, *Nationalsozialismus und Widerstand im Waldviertel*, S. 152.
48. Vgl. Kershaw, *Popular Opinion*, S. 224–277.
49. DÖW, Dok. 17.846: G, 23. September 1938.
50. Stubenvoll, *Bibliographie zum Nationalsozialismus in Österreich*, S. 15–22.
51. DÖW, *Erzählte Geschichte*, S. 90–163. Siehe andererseits die anschaulichen Aussagen aus den Gerichtsakten in Witek und Safrian, *Und keiner war dabei*, S. 22–32.
52. Freidenreich, *Jewish Politics in Vienna*, S. 202 f.; Pauley, *From Prejudice to Persecution*, S. 275–279.
53. Clare, *Last Waltz in Vienna*, S. 123. Ein anderer jüdischer Überlebender erinnert sich: »Deutsche Juden, die wir Mitte der dreißiger Jahre in Karlsbad getroffen hatten, hatten uns versichert, dass die Dinge nicht so schlimm wären, dass die Nazis lauter bellen als beißen würden, dass man sich ruhig verhalten solle, bis der Sturm vorüber sei, denn das Regime sei so extrem, dass es sich in einer rational denkenden Gesellschaft nicht lange halten könne.« Furst und Furst, *Home Is Somewhere Else*, S. 21.
54. Pauley, *From Prejudice to Persecution*, S. 277; Zweig, *Die Welt von gestern*, S. 456–459.
55. Pauley, *From Prejudice to Persecution*, S. 277–279; Jonny Moser, »Das Schicksal der Wiener Juden«, S. 172 f.
56. *Akten zur deutschen Auswärtigen Politik*, Serie D, Bd. 1, Dok. 309, 313, S. 436 f., bzw. 439–441.
57. Jonny Moser, »Das Schicksal der Wiener Juden«, S. 172; Pauley, *From Prejudice to Persecution*, S. 278 f.; Clare, *Last Waltz in Vienna*, S. 164–168; DÖW, *Erzählte Geschichte*, S. 99.
58. Gespräch mit Alfred Kessler, 2. August 1996. Selbst der skeptische Sigmund Freud war beeindruckt. Er schrieb an Max Eitingon, gegenwärtig sei die auf ihre Weise aufrechte und tapfere österreichische Regierung tatkräftiger bei der Abwehr der Nazis als je zuvor. Zitiert bei Gay, *Freud*, S. 617.
59. Clare, *Last Waltz in Vienna*, S. 171.
60. Pauley, *From Prejudice to Persecution*, S. 279.
61. Schneider, *Exile and Destruction*, S. 12.
62. Grunwald, *One Man's America*, S. 24.
63. Clare, *Last Waltz in Vienna*, S. 177.
64. DÖW, *Erzählte Geschichte*, S. 139 f., 100–102.
65. Clare, *Last Waltz in Vienna*, S. 178. Auch Alfred Kessler, ein anderer Überlebender, hat mir versichert, dass sich in diesem einen Vorfall seine eigene Erinnerung an den Anschluss widerspiegelt. Gespräch mit dem Autor, 2. August 1996.
66. Botz, »The Jews of Vienna from the Anschluss to the Holocaust«, S. 189; Safrian,

Die Eichmann Männer, S. 30 f. In einem Brief an den Autor schreibt Alfred Kessler am 6. August 1996: » Die österreichischen Juden, wie auch die nichtjüdischen, österreichischen Nazigegner, die etwa 20 Prozent der Bevölkerung ausmachten, waren wie betäubt 1) über die Plötzlichkeit und 2) über die ganz spontane Vehemenz und Gewalttätigkeit seitens der NS-freundlichen Österreicher, die auf die nationalsozialistische Machtübernahme in Österreich folgte. Die unpolitischen (mit Ausnahme der Nazigegner) österreichischen Juden waren demoralisiert, erniedrigt und versuchten verzweifelt, sich ein neues Leben aufzubauen. Diese psychische Verfassung ist dem Schreiben einer objektiven Darstellung der Machtübernahme kaum dienlich. Bei den Historikern unter ihnen, die einen solchen Versuch unternahmen, handelte es sich für gewöhnlich um österreichische Nostalgiker, die dem machtgierigen deutschen Imperialismus (oder im Fall der Monarchisten, dem ›preußischen‹ Militarismus) seit Bismarck die Schuld gaben. Ihre Wahrnehmung war ausgesprochen unhistorisch und wurde von ihrer Psyche bestimmt, statt von ihrem Verstand. Es überrascht mich überhaupt nicht, dass keine einzige Darstellung von ihnen auch nur im Entferntesten für geschulte Historiker akzeptabel ist. Diese Juden waren ›fassungslos‹, als sie sich mit der nationalsozialistischen Machtübernahme konfrontiert sahen, vor allem mit ihrer Brutalität.«

67. Jonny Moser, »Das Schicksal der Wiener Juden«, S. 178.
68. Gedye, *Betrayal in Central Europe,* S. 296.
69. Ebenda, S. 299.
70. Jonny Moser, »Das Schicksal der Wiener Juden«, S. 177 f.
71. Hofmann, *The Viennese,* S. 242.
72. Botz, *Nationalsozialismus in Wien,* S. 103 f. Auch Anna Freud spielte mit dem Gedanken an den Suizid, wurde aber von ihrem Vater davon abgebracht. Gay, *Freud,* S. 622.
73. Clare, *Last Waltz in Vienna,* S. 191 f.; Hilsenrad, *Brown Was the Danube,* S. 273–297.
74. Clare, *Last Waltz in Vienna,* S. 195; Grunwald, *One Man's America,* S. 27–29; Hilsenrad, *Brown Was the Danube,* S. 291–302. Zu der maßgeblichen Rolle, die jüdische Frauen bei der Überredung ihrer Männer und Familienmitglieder, NS-Deutschland zu verlassen, spielten, siehe Kaplan, *Between Dignity and Despair,* vor allem S. 50–73.
75. Schneider, *Exile and Destruction,* S. 14.
76. Pauley, *From Prejudice to Persecution,* S. 282.
77. Ebenda, S. 282–284; Rosenkranz, *Verfolgung,* S. 39–44.
78. AVA, Rk, Sch. 173, Ordner 338: Anonyme Briefe vom 11., 27., 28. April und 3., 5. Mai 1938.
79. Paucker, »Resistance of German and Austrian Jews to the Nazi Regime, 1933–1945«, S. 18.
80. Pauley, *From Prejudice to Persecution,* S. 282–284; Jonny Moser, »Das Schicksal der Wiener Juden«, S. 180–182. Die gründlichste Darstellung bietet Rosenkranz, *Verfolgung,* S. 39–58.
81. Schneider, *Exile and Destruction,* S. 21–23.
82. Siehe dazu aber Furst und Furst, *Home Is Somewhere Else,* S. 29 f.
83. Clare, *Last Waltz in Vienna,* S. 191. Helen Hilsenrad äußert sich ganz ähnlich in ihrer qualvollen Erinnerung an das Leben in Wien seit dem deutschen Einmarsch

bis zur Flucht ihrer Familie am 22. Februar 1940. Hilsenrad, *Brown Was the Danube*, S. 273–391.

84. Jonny Moser, »Österreichs Juden unter der NS-Herrschaft«, S. 191–193; Freidenreich, *Jewish Politics in Vienna*, S. 206.

85. Zitiert in David Bankier, *The Germans and the Final Solution*, S. 64 f.

86. Ebenda, S. 64–66, 82–85.

87. Rosenkranz, »The Anschluss and the Tragedy of Austrian Jewry«, S. 494 f.; Rosenkranz, *Verfolgung*, S. 157 f.; Berkley, *Vienna and Its Jews*, S. 277 f.

88. Über die »Reichskristallnacht« ist eine Vielzahl von Schriften erschienen. Eine bedrückende Darstellung des Hintergrunds und der Planung des Pogroms, die auf erst vor kurzem veröffentlichten Quellenmaterial basiert, bietet Friedländer, *Nazi Germany and the Jews*, S. 268–280. Siehe auch Graml, *Der 9. November 1938: »Reichskristallnacht«;* Thalmann und Feinermann, *Crystal Night: 9.–10. November 1938;* Pehle, *Judenpogrom 1938.*

89. Rosenkranz, »*Reichskristallnacht« 9. November 1938 in Österreich;* Rosenkranz, *Verfolgung*, S. 159–166; Rosenkranz, »The Anschluss and the Tragedy of Austrian Jewry«, S. 495–499; Schmid und Streibel, *Der Pogrom 1938;* Historisches Museum der Stadt Wien, *Der Novemberpogrom;* Feichtenschlager, »Novemberpogrom«, S. 363–387.

90. Nähere Einzelheiten enthält die unter Anmerkung 89 zitierte Literatur, siehe insbesondere die widersprüchlichen Schätzungen der Verhaftungen und Suizide von Rosenkranz und Feichtenschlager. Siehe auch die Analyse von Botz in *Nationalsozialismus in Wien*, S. 397–404; »The Dynamics of Persecution in Austria«, S. 207–209; »Judenhatz«, S. 9–24.

91. Rosenkranz, »The Anschluss and the Tragedy of Austrian Jewry«, S. 495. Eine abweichende Ansicht vertritt Fellner, »Der Novemberpogrom 1938: Bemerkungen zur Forschung«, S. 43–47.

92. Ein Bruchstück des Transskriptes der Radiosendung ist abgedruckt in Hausjell und Venus, »»… Wie's ihm ums Herz ist««, S. 31–33.

93. Zitiert in Weinzierl, *Zu wenig Gerechte*, S. 66.

94. Zitiert in Rosenkranz, »The Anschluss and the Tragedy of Austrian Jewry«, S. 497.

95. Zitiert in Safrian und Witek, *Und keiner war dabei*, S. 165 (Bericht von Obersturmführer Riegler).

96. Zitiert in Weinzierl, *Zu wenig Gerechte*, S. 68.

97. DÖW, Dok. 1780: SD Unterabschnitt Wien II/112 an den SD-Führer des SS-Oberabschnittes Donau, 10. November 1938. Ganzer Wortlaut abgedruckt in Safrian und Witek, *Und keiner war dabei*, S. 166–168.

98. Alexander Bankier, »»Auch nicht von der Frau Hinterhuber‹: Zu den ökonomischen Aspekten des Novemberpogrom in Wien«, S. 79; Weinzierl, *Zu wenig Gerechte*, S. 64.

99. Zitiert in Weinzierl, *Zu wenig Gerechte*, S. 67.

100. Botz, »The Dynamics of Persecution in Austria«, S. 208.

101. Zitiert in Weinzierl, *Zu wenig Gerechte*, S. 67.

102. Voller Wortlaut abgedruckt in Safrian und Witek, *Und keiner war dabei*, S. 182–185.

103. Voller Wortlaut ebenda, S. 185–188.

104. Vgl. Kershaw, *Popular Opinion*, S. 268 f.; David Bankier, *The Germans and the Final Solution*, S. 85–88.

105. AVA, Rk, Ordner 387: »Stimmen der Arbeiterschaft Dezember 1938.«
106. Das soll keineswegs heißen, dass einzelne Zuschauer und Passanten nicht ihre Abscheu oder Bedenken geäußert hätten. Weinzierl, *Zu wenig Gerechte*, S. 66 f.; Feichtenschlager, »Novemberpogrom«, S. 375–377, 386, Anm. 87; Berkley, *Vienna and its Jews*, S. 309–311; Kershaw, *Popular Opinion*, S. 269–271.
107. Fest, *Hitler*, S. 780. Die Tatsache, dass die Zahl der in Österreich verhafteten oder ermordeten Juden anteilmäßig der Zahl der Opfer in ganz Großdeutschland entsprach, verdient ebenfalls Beachtung. Goldhagen, *Hitler's Willing Executioners*, S. 100 f.; Weiss, *Ideology of Death*, S. 371–373; Friedländer, *Nazi Germany and the Jews*, S. 295–298; Pauley, *From Prejudice to Persecution*, S. 288.
108. Zitiert in Rosenkranz, *Verfolgung*, S. 161.
109. Zitiert in Köfler, »Tirol und die Juden«, S. 181. Eine ausführliche Schilderung der Ereignisse in Innsbruck bietet Gehler, »Murder on Command: The Anti-Jewish Pogrom in Innsbruck 9th–10th November 1938«, S. 119–133.
110. Rosenkranz, »The Anschluss and the Tragedy of Austrian Jewry«, S. 497–499; Rosenkranz, *Verfolgung*, S. 160–167.
111. Voller Wortlaut abgedruckt in *WVT*, Bd. 1, S. 451–453.
112. Zitiert in Bukey, *Hitler's Hometown*, S. 189. Nähere Einzelheiten und den vollen Wortlaut bietet Gold, *Geschichte der Juden in Österreich*, S. 60.
113. DÖW, Dok. 17.846: LR, Steyr, 30. November 1938; LR, Kirchdorf, 23. November 1938; G, Hinterstoder, 23. November 1938.
114. Zitiert in Rosenkranz, *Verfolgung*, S. 162.
115. NÖLA/ZR/1939: LR, Amstetten, 1. Januar 1939.
116. Zitiert in Czeitschner, Czernin und Schmiederer, »Einige Sekunden blieb alles still«, S. 72.
117. Zitiert in Rosenkranz, »The Anschluss and the Tragedy of Austrian Jewry«, S. 498.
118. Zitiert in Rosenkranz, *Verfolgung*, S. 161.
119. Karner, *Steiermark*, S. 172; Walzl, *Die Juden in Kärnten*, S. 239.
120. Siehe beispielsweise DÖW, Dok. 15.349: Antisemitismus in Salzburg (Sammlung mündlicher Berichte); Botz, »Judenhatz«, S. 19; Botz, »The Dynamics of Persecution in Austria«, S. 208; Walzl, *Die Juden in Kärnten*, S. 220 f.
121. Siehe Kapitel 5.
122. *Der Prozeß gegen die Hauptkriegsverbrecher vor dem Internationalen Militärgerichtshof*, Bd. XXVIII, Dokument 1816-PS, S. 499 ff., Zitat auf S. 532.
123. David Bankier, *The Germans and the Final Solution*, S. 85-100; Kershaw, *Popular Opinion*, S. 268–277; Kershaw, »The Persecution of the Jews and German Popular Opinion in the Third Reich«, S. 278–289; Pauley, *From Prejudice to Persecution*, S. 288.
124. Botz, »The Jews of Vienna from the Anschluss to the Holocaust«, S. 183–191; Botz, »The Dynamics of Persecution in Austria«, S. 208–233.
125. Diese Darstellung fasst Jonny Moser, »Depriving the Jews of Their Legal Rights«, S. 127–132, knapp zusammen; siehe dazu auch Rosenkranz, *Verfolgung*, S. 163–167.
126. DÖW, Dok. 9539: Berichte des SA-Streifendienstes an den Gauleiter Bürckel über die vom SA-Streifendienst festgestellten Übergriffe gegen Juden und deren Eigentum in der Zeit 3. August 1938–3. Jänner 1939.
127. Botz, »The Dynamics of Persecution in Austria«, S. 208 f.
128. Botz, »The Jews of Vienna from the Anschluss to the Holocaust«, S. 191.

129. Botz, »The Dynamics of Persecution in Austria«, S. 208–210.
130. Ebenda.
131. Ebenda, S. 210.
132. Ebenda, sowie Safrian, *Die Eichmann Männer*, S. 69.
133. C. Gwyn Moser, »Jewish *U-Boote* in Austria, 1938–1945«, S. 53–62.
134. Schleunes, *The Twisted Road to Auschwitz*, nicht ins Deutsche übersetzt; Kershaw, *Popular Opinion*, S. 277.

Kapitel 8

1. Über das Leben in Österreich während des Zweiten Weltkrieges liegt keine umfassende Studie vor, siehe dazu aber die ausgezeichnete regionale Untersuchung von Albrich und Gisinger, *Im Bombenkrieg*, und die Aufsätze in Neugebauer, *Österreicher und der zweite Weltkrieg*. Die beiden besten Darstellungen von Augenzeugen sind Franziska Berger, *Tage wie schwarze Perlen*, und Schöner, *Wiener Tagebuch*. Informationen zu den Bedingungen während des Krieges enthalten außerdem Hagspiel, *Ostmark*, S. 58–101; Luža, *Austro-German Relations*, S. 264–366; Talos, *NS-Herrschaft*; Stadler, *Österreich*, S. 116–407, und Kreissler, *Der Österreicher und seine Nation*, S. 189–371. Siehe auch die eher technische Studie von Beer und Karner, *Der Krieg aus der Luft*.
2. Vgl. Shirer, *Berlin Diary*, S. 197–202; Steinert, *Hitlers Krieg*, S. 91 f.; Stokes, »SD«, S. 78 f.; Kershaw, *Hitler Myth*, S. 14–43; Bukey, *Hitler's Hometown*, S. 208 f.; Slapnicka, *Oberdonau*, S. 286 f., und Hanisch, *Nationalsozialistische Herrschaft*, S. 63.
3. Schöner, *Wiener Tagebuch*, 1. September 1939, S. 444.
4. Ebenda, S. 445 f.
5. DÖW, Dok. 17.846: LR, Kirchdorf, 22. September 1939, und Ried, 20. September 1939, sowie die Dokumente 202–212: Stimmungsberichte von Ortsgruppen der NSDAP an das Kreispropagandaamt IX, September 1939; AVA, Rk, Ordner 387: Täglicher Stimmungsbericht des SD, 16., 20., 26., 27. September, 2., 5. Oktober 1939. Zum Wiederaufleben des allgemeinen Antisemitismus in Wien siehe Safrian, *Die Eichmann Männer*, S. 68–72. Anschauliche Beispiele für abweichende Meinungen bietet Kirk, *Nazism and the Working Class in Austria*, S. 121–125.
6. AVA, Rk, Ordner 387: Täglicher Stimmungsbericht des SD, 5. Oktober 1939.
7. Boberach, *Meldungen*, Bd. 3, S. 492 (24. November 1939); DÖW, Dok. 201, 203: Stimmungsbericht von Ortsgruppen der NSDAP (Neu-Gersthof), 19. November 1939, Edelhof, 13. November 1939), und E 17.846: Landrats- und Polizeiberichte; im November aus Micheldorf, Steyrling, Steinbach und Ried; NÖLA/ZR/I/1939: Landratsberichte im November aus Ybbs und Wolfsbach.
8. DÖW, Dok. 17.846: LR, Pettenbach, 13. November 1939. Vgl. Dok. 20.387: LR, Tamsweg, 28. November 1939.
9. Kirk, *Nazism and the Working Class in Austria*, S. 117.
10. Butschek, *Die österreichische Wirtschaft*, S. 72–85; Tálos, »Sozialpolitik«, S. 129.
11. Siehe beispielsweise DÖW, Dok. 17.846: LR, Kirchdorf, 25. September, 4. Dezember 1939; G, Pettenbach, 9. Oktober, 1939; NÖLA/ZR/I/1939: LR, Amstetten, 24. Dezember 1939; G, Waidhofen, 27. Dezember 1939. Dazu auch AVA, Rk, Ordner 387: Täglicher Inlandsbericht des SD, 2., 5. Oktober, 4., 5. November 1939.

12. Kirk, »Austrian Working Class under National Socialist Rule«, S. 139–164; Butschek, *Die österreichische Wirtschaft*, S. 72 f., 124.
13. Kirk, *Nazism and the Working Class in Austria*, S. 88–93.
14. Ebenda, S. 162–164; Boberach, *Meldungen*, Bd. 3, S. 635 (18. Dezember 1939).
15. Stadler, *Österreich*, S. 123–138; Stokes, »SD«, S. 387–389; AVA, Rk. Ordner 322: SD Stimmungsbericht, 10. Mai 1940; und Luža, *Austro-German Relations*, S. 268.
16. AVA, Rk, Ordner 387: SD Wochenbericht, 8. April 1940. Vermutlich verschärfte die neue Gehaltstabelle die Ungleichheiten auch bei anderen Berufsgruppen.
17. Freudenberger und Luža, »National Socialist Germany and the Austrian Industry, 1938–1945«, S. 73–75.
18. Luža, *Austro-German Relations*, S. 264 f.
19. NÖLA/ZR/I/1940, insbesondere der Polizeibericht aus Behamberg, 24. Februar 1940. DÖW, Dok. 16.114: Amtsgericht Leonfelden an das Landgericht Linz, 3. Februar 1940; Dok. 20.387: LR, Tamsweg, 28. November, 29. Dezember 1939; LR, Hallein, 29. Dezember 1939; LR Zell am See, 30. Dezember 1939, 26. Januar 1940, und Film 97: Berichte des Generalstaatsanwalts (GStA) und Oberlandesgerichtes (OKG), Linz, 9. Januar, 23. Februar, 1. März, und 26. April 1940.
20. Freund und Perz, »Industrialisierung durch Zwangsarbeit«, S. 100 f.
21. Karner, *Steiermark*, S. 335 f.; Albrich und Gisinger, *Im Bombenkrieg*, S. 110; Slapnicka, *Oberdonau*, S. 164; Kirk, *Nazism and the Working Class in Austria*, S. 73.
22. Slapnicka, *Oberdonau*, S. 164. Siehe auch Stadler, *Österreich*, S. 276–284.
23. Bukey, *Hitler's Hometown*, S. 190 f.
24. Zitiert in Gellately, *The Gestapo and German Society*, S. 224. Eine andere Fassung der Verordnungen ist abgedruckt in *WVOÖ*, Bd. 2, S. 477.
25. Nähere Einzelheiten zum deutschen Hintergrund bei Gellately, *The Gestapo and German Society*, S. 222–244.
26. *WVOÖ*, Bd. 2, S. 477–479; NÖLA/ZR/Ia-10/1940: Polizeibericht, Behamberg, 24. Februar 1940.
27. Stadler, *Österreich*, S. 283.
28. Originalzitat in Hanisch, *Nationalsozialistische Herrschaft*, S. 159.
29. NÖLA/ZR/Ia-10/1940: Polizeiberichte, Behamberg, 24. Februar 1940, Euratsfeld, 24. Februar 1940; *WVOÖ*, Bd. 2, S. 477 f.; Hanisch, *Nationalsozialistische Herrschaft*, S. 158; Stadler, *Österreich*, S. 282 f.; Gellately, *The Gestapo and German Society*, S. 222–224.
30. AVA, Rk, Sch. 164: Lagebericht des SD-Leitabschnitts, Wien, 15., 20., 22., 27., 29., 30. Mai 1940; Baird, *The Mythical World of Nazi War Propaganda, 1939–1945*, S. 82 f.
31. NÖLA/ZR/I/1940: Polizeiberichte aus Rosenau, 28. Juni, St. Pantaleon, 27. Juni, Oed, 26. Juni und Waidhofen an der Ybbs, 27. Juni 1940.
32. AVA, Rk, Sch. 164: Lagebericht des SD-Leitabschnitts, Wien, 15., 20., 22., 27., 29., 30. Mai 1940; DÖW, Dok. 201.
33. AVA, Rk, Sch. 164: Lagebericht des SD-Leitabschnitts, Wien, 22. Mai 1940; DÖW, Dok. 201, 1179, 1189.
34. *Red-White-Red Book*, S. 103–106.
35. Zu Hitlers Entschlossenheit, Wien fest unter reichsdeutscher Kontrolle zu behalten, und zu seiner ambivalenten Haltung gegenüber der Donaumetropole siehe Stadler, »Provinzstadt im Dritten Reich«, S. 15–21; Schausberger, »Hitler und Österreich: Einige Anmerkungen zur Hitler-Interpretation«, S. 363–377, sowie

vor allem Hitler selbst, dessen Bemerkungen über Wien Goebbels am 24. Juni 1943 aufzeichnete, zitiert in Wortmann, *Baldur von Schirach: Hitlers Jugendführer*, S. 216–220.

36. *New York Times*, 28. November 1940.
37. AVA, RStH, Sch. 388: SD, Wien, 21. Oktober 1940; *Red-White-Red Book*, S. 105 f.
38. Luža, *Austro-German Relations*, S. 264–311, sowie das Zitat von Hitler auf S. 297, und *New York Times*, 28. November 1940.
39. Luža, *Austro-German Relations*, S. 297–325; und Wortmann, *Schirach*, S. 187–229.
40. Wortmann, *Schirach*, S. 205 f.; Conot, *Justice at Nuremberg*, S. 423; das Zitat findet sich in *Der Prozess gegen die Hauptkriegsverbrecher*, Bd. XXXI, Dok. 3048-PS, S. 515.
41. Wortmann, *Schirach*, S. 187–215; Luža, *Austro-German Relations*, S. 304–330; ders., *Resistance*, S. 129.
42. Fröhlich, *Die Tagebücher von Joseph Goebbels*, Teil I, Bd. 9, S. 187.
43. Rosenkranz, *Verfolgung*, S. 297–301. Siehe auch Albrich, »Holocaust und Schuldabwehr vom Judenmord zum kollektiven Opferstatus«, S. 40–106.
44. David Bankier, *The Germans and the Final Solution*, S. 132.
45. Rosenkranz, *Verfolgung*, S. 297–301; Safrian, *Die Eichmann Männer*, S. 120–122. Zitate aus Weinzierl, *Zu wenig Gerechte*, S. 114 f.
46. Czedik, *Uns fragt man nicht*, S. 36.
47. Vgl. Kershaw, *Hitler Myth*, S. 156–158, und NÖLA/ZR/II/1940: LR und Polizeiberichte aus Euratsfeld, Ybbsitz, Wallsee und Waidhofen.
48. Luža, *Austro-German Relations*, S. 186–192; Luža, »Nazi Control of the Austrian Catholic Church«, S. 559–564; Conway, *Nazi Persecution of the Churches*, S. 393–397.
49. Fr. Ludwig Leuprecht an die Apostolische Administratur in Innsbruck, 12. März 1941, *WVT*, Bd. 2, S. 265 f.
50. Luža, *Austro-German Relations*, S. 190 f.; Eichinger, »Die politische Situation im südwestlichen Niederösterreich«, S. 203–207: *WVS*, Bd. 2, S. 269 f.; Slapnicka, *Oberdonau*, S. 211–224; Kershaw, *Popular Opinion*, S. 332–334.
51. Conway, *Nazi Persecution of the Churches*, S. 393–397.
52. Eine umfassende Darstellung des Euthanasieprogramms T4 bietet Friedlander, *The Origins of Nazi Genocide*. Nähere Informationen zu den Mordaktionen in Österreich bei Neugebauer, »Von der Rassenhygiene zum Massenmord«, S. 263–285; Neugebauer, »Vernichtung von ›Minderwertigen‹ – Kriegsverbrechen?«, S. 121–143; Horwitz, *In the Shadow of Death*, S. 55–82.
53. Scharpf an Jury, 3. April 1941, in *WVNÖ*, Bd. 3, S. 672 f.
54. *WVS*, Bd. 2, S. 575.
55. Horwitz, *In the Shadow of Death*, S. 61 f.
56. Ernst Hanisch und Hans Spatzenegger, »Die katholische Kirche«, in *WVS*, Bd. 2, S. 135. Siehe dazu auch die Dokumente im selben Band, S. 591–597.
57. Kershaw, *Popular Opinion*, S. 334–340; Steinert, *Hitlers Krieg*, S. 158–161; Conway, *Nazi Persecution of the Churches*, S. 276–284; Helmreich, *The German Churches under Hitler*, S. 352–361; Horwitz, *In the Shadow of Death*, S. 57. Nach Meldungen des SD wurde Galens Brief in österreichischen Kirchen öffentlich verlesen und weitergegeben. DÖW, Dok. 17.845/I: SD, Linz, 29. September 1941.
58. Friedlander, *The Origins of Nazi Genocide*, S. 150.

59. Boberach, *Meldungen,* Bd. 7, S. 2481–2483 (3. Juli 1941).
60. Jagschitz, »Von der ›Bewegung‹ zum Apparat«, S. 515.
61. Sauer, »Österreichs Kirchen«, S. 524 f.
62. Schausberger, *Rüstung in Österreich 1938–1945,* S. 34–36, 69–71, 84, 190–198.
63. DÖW, Dok. 17.846: SD, Linz, 21. März 1941, und Fröhlich, *Tagebücher von Goebbels,* Teil I, Bd. 9, S. 185.
64. Fröhlich, *Tagebücher von Goebbels,* Teil I, Bd. 9, S. 185.
65. Kepplinger, »Aspekte nationalsozialistischer Herrschaft in Oberösterreich«, S. 428; Karner, *Steiermark,* S. 326.
66. Karin Berger, »Die innere Front«, S. 59–66, und *Zwischen Eintopf,* S. 116.
67. Luža, *Austro-German Relations,* S. 278–290; Hanisch, *Nationalsozialistische Herrschaft,* S. 114; Kerschbaumer, *Faszination Drittes Reich,* S. 151–259; Karner, *Steiermark,* S. 189–205; Slapnicka, *Oberdonau,* S. 66–94.
68. Kershaw, *Hitler Myth,* S. 158 f.; DÖW, Dok. 17.846: SD, Linz, 26. April, 24. Juni 1941, und 17.858/6: Kärnten-Gendarmerie, Galizien, April 1941; Karner, *Steiermark,* S. 128; und Luža, *Austro-German Relations,* S. 177. Angesichts bemerkenswerter Hinweise auf ein entgegengesetztes Verhalten hat August Walzl die Ansicht vertreten, dass die einfachen Kärntner über die Deportation der slowenischen Minderheit in Konzentrationslager so aufgebracht gewesen wären, dass sie tatsächlich mit dem NS-Regime gebrochen hätten. Robert Knights gründliche Analyse des Quellenmaterials entlarvt jedoch Walzls These als »völlig unüberzeugend«. Vgl. Walzl, »Als erster Gau«, S. 291, 305, und Knight, »Carinthia and Its Slovenes: The Politics of Assimiliation, 1945–1960«, S. 44–54.
69. Kershaw, *Hitler Myth,* S. 173.
70. Slapnicka, *Oberdonau,* S. 288–290; Bukey, *Hitler's Hometown,* S. 209; Kirk, *Nazism and the Working Class in Austria,* S. 125 f.
71. Schöner, *Wiener Tagebuch,* S. 449–451.
72. DÖW, Film 97: GStA, Innsbruck, 22. Juli 1941; OÖLA, Pol. Akten, Sch. 69: SD, Linz, 27. Juni, 31. Juli, 29. August 1941.
73. Steinert, *Hitlers Krieg,* S. 213–216; Boberach, *Meldungen,* Bd. 7, S. 2442 f. (26. Juni 1941), 2529 (17. Juli 1941); Franklin D. Roosevelt Library, Hyde Park, N. Y., President's Secretary File, Consular Reports Relating to Conditions in Occupied Countries 1941, Teil 1, Sch. 72: »Conditions in the Vienna Consular District«, 6. August 1941. An dieser Stelle danke ich Günter Bischof dafür, dass er mir eine Kopie dieses wichtigen Dokuments zukommen ließ.
74. Steinert, *Hitlers Krieg,* S. 227–230; OÖLA, Pol. Akten, Sch. 69: SD, Linz, 29. September 1941; Luža, *Resistance,* S. 130; DÖW, Film 97: GStA, Graz, 1. September 1941, und Innsbruck, 29. September 1941. In seiner Studie über die österreichische Arbeiterschaft schildert Kirk im Einzelnen das gehäufte Auftreten von »Eisenbahnunfällen, elektrischen Kurzschlüssen, durchgeschnittenen Kabeln und Gurten sowie Brandstellen«. Er räumt ein, dass es zu zahlreichen Sabotageakten kam, schränkt aber zu Recht ein, dass »nicht alle Industrieunfälle Sabotage waren, ebenso wenig waren alle Sabotageakte politisch motiviert«. Kirk, »The Austrian Working Class under National Socialist Rule«, S. 175.
75. DÖW, Film 97: GStA, Innsbruck, 1. Dezember 1941. Siehe auch Kershaw, *Hitler Myth,* S. 174 f.
76. Steinert, *Hitlers Krieg,* S. 228.
77. Ebenda, S. 232 f.; Kershaw, *Hitler Myth,* S. 174 f.

78. Steinert, *Hitlers Krieg*, S. 234; Kershaw, *Hitler Myth*, S. 174–178.
79. Luža, »Nazi Control of the Austrian Catholic Church«, S. 563 f.; Kershaw, *Popular Opinion*, S. 34–57; OÖLA, Pol. Akten, Sch. 69: SD, Linz, 27. September 1941.
80. Eichinger, »Die politische Situation im südwestlichen Niederösterreich«, S. 206 f.
81. NÖLA/ZR/Ia-10/1942: LR, St. Pantaleon, 27. Januar 1942, Euratsfeld, 26. Februar 1942.
82. *WVS*, Bd. 2, S. 130 f.
83. Zitiert in Sauer, »Österreichs Kirchen«, S. 529.
84. In einem Memorandum an das amerikanische Außenministerium schreibt der amerikanische Vizekonsul in Wien: »Wie wohl zu erwarten war, sind die einflussreichsten Mitglieder der Oberschicht der Wiener Gesellschaft Repräsentanten des alten Adels, deren Einfluss im Vergleich zu ihrer Zahl unverhältnismäßig hoch ist. Diese Gruppe ist in ihrer politischen Überzeugung stark monarchistisch und klerikal ausgerichtet und zeichnet sich durch ihre Geringschätzung für die Nationalsozialisten und ihre Angst vor den Kommunisten aus. Die Entscheidung, gegen Russland zu kämpfen, fand zweifellos die volle Unterstützung dieser Gruppe und bildet womöglich die erste Entwicklung des gegenwärtigen Krieges, die von ihr gebilligt wird.« Franklin D. Roosevelt Library, Hyde Park, N.Y., President's Secretary File, Consular Reports Relating to Conditions in Occupied Countries, Teil 1, Sch. 72: Memorandum prepared by Vice Consul Theodore J. Hohenthal, Wien, Deutschland, 6. August 1941.
85. Naderer, »Dr. Josef Cal. Fliesser: Bischof von Linz«, S. 89; ders., »Die Haltung von Bischof Fliesser und der Nationalsozialismus«, S. 87–90; Slapnicka, *Oberdonau*, S. 223 f.
86. Jeffery, »Konsens und Dissens im Dritten Reich mit einer Fallstudie über Oberösterreich«, S. 129–147, und Hanisch, »Bäuerliches Milieu und Arbeitermilieu in Alpengauen: Ein historischer Vergleich«, S. 583–598; »Austrian Catholicism«, S. 165–176, und »Westösterreich«, S. 437–456.
87. NÖLA/ZR/Ia-10/1942: LR, Melk, 7. Januar; LR, St. Pölten, 4. Januar; LR, Scheibbs, 15. Januar 1942.
88. Kershaw, *Hitler Myth*, S. 176; Steinert, *Hitlers Krieg*, S. 264 f.; NÖLA/ZR/Ia-10/1942: LR, Wiener Neustadt, 10. Januar 1942, und Riedmann, *Tirol*, S. 1067.
89. AVA, RStH, Sch. 391: SD, Innsbruck, 12. Januar 1942; NÖLA/ZR/Ia-10/1942: LR, Melk, 7. Januar 1942; LR, Wiener Neustadt, 10. Januar 1942.
90. NÖLA/ZR/Ia-10/1942: LR, Eisenstadt, 13. Januar 1942.
91. Steinert, *Hitlers Krieg*, S. 269 f.; NÖLA/ZR/Ia-10/1942: LR, Tulln, 9. Januar 1942; LR, Amstetten, 2. Januar 1942; LR, Eisenstadt, 13. Januar 1942; AVA, RStH, Sch. 391: SD, Innsbruck, 12. Januar 1942.
92. Boelcke, *Die geheimen Goebbels-Konferenzen*, S. 214; NÖLA/ZR/Ia-10/1942: LR, Wiener Neustadt, 10. Februar 1942; LR, Zwettl, 2. Februar 1942; AVA, RStH, Sch. 391: SD, Innsbruck, 2. Februar 1942.
93. NÖLA/ZR/Ia-10/1942: LR, St. Pölten, 4. März 1942; AVA, RStH, Sch. 391: SD, Innsbruck, 13. April 1942; Riedmann, *Tirol*, S. 1069.
94. AVA, RStH, Sch. 391: SD, Innsbruck, 30. März 1942; Riedmann, *Tirol*, S. 1067; Boelcke, *Die geheimen Goebbels-Konferenzen*, S. 223.
95. NÖLA/ZR/Ia-10/1942: LR, Kematen, 26. März, Waidhofen, 26. März, Amstetten, 24. März 1942; AVA, RStH, Sch. 391: SD, Innsbruck, 23. März, 20. April 1942.
96. Zitiert in Steinert, *Hitlers Krieg*, S. 286.

97. Riedmann, *Tirol,* S. 1069; NÖLA/ZR/Ia-10/1942: LR, Wolfsbach, 26. Februar, 27. März, 27. Mai 1942; LR, Ybbsitz, 26. Februar 1942; Gendarmerieposten, Waidhofen an der Ybbs, 26. April 1942; Ortsgruppenleiter, St. Valentin, 27. April 1942, *WVT* (Dok. 332), S. 164 und (Dok. 342) S. 168.
98. NÖLA/ZR/Ia-10/1942: LR, Amstetten, 24. April 1942.
99. Kershaw, *Hitler Myth,* S. 182–184; Steinert, *Hitlers Krieg,* S. 288–290; AVA, RStH, Sch. 391: SD, Innsbruck, 27. April, 4. Mai 1942; NÖLA/ZR/Ia-10/1942: Gendarmerieposten, Wolfsbach, 27. April 1942; LR, Amstetten, 4. Mai 1942.
100. NÖLA/ZR/Ia-10/1942: LR, Seitenstetten, 28. Mai 1942.
101. AVA, RStH, Sch. 391: SD, Innsbruck, 1., 8., 22. Juni, 6., 13. Juli 1942; DÖW, Dok. 12.320: LR, Vorchdorf, 21. Mai, Laakirchen, 22. Juni 1942; NÖLA/ZR/Ia-10/1942: LR, Waidhofen, 25. Juni, Rosenau, 27. Juni und Haidershofen, 27. Juni 1942.
102. DÖW, Dok. 12.320: LR, Laakirchen, 20. Mai, Grünau, 22. Mai, Gmunden, 1. Juni, Mittendorf, 24. Juni 1942; NÖLA/ZR/Ia-10/1942: LR, Behamberg, 26. Mai, Opponitz, 27. Mai 1942; AVA, RStH, Sch. 391: SD, Innsbruck, 18. Mai, 1. Juni (zur Reaktion auf Heydrichs Tod), 22., 29. Juni 1942.
103. Steinert, *Hitlers Krieg,* S. 300–311; NÖLA/ZR/Ia-10/1942: LR, Behamberg, 27. Juni, Amstetten, 26. August 1942; AVA, RStH, Sch. 391: SD, Innsbruck, 22., 29. Juni, 6., 13., vor allem 27. Juli 1942.
104. NÖLA/ZR/Ia-10/1942: LR und Polizeiberichte aus Seitenstetten, Ybbsitz, Waidhofen, St. Peter, Wolfsbach, St. Valentin, Haag, Behamberg, Hollenstein, Amstetten, Ulmerfeld, Ardagger, Kematen, Wallsee, 23.–27. Juli, insbesondere Ulmerfeld, 23. Juli, und Wallsee, 25. Juli 1942; AVA, RStH, Sch. 391: SD, Innsbruck, 20. Juli, 3. August 1942.
105. AVA, RStH, Sch. 391: SD, Innsbruck, 10. August 1942.
106. AVA, RStH, Sch. 388: SD, Wien, 20. Juli 1942.
107. Ebenda. Nähere Informationen zu den Deportationen aus Wien bei Rosenkranz, *Verfolgung,* S. 291–294.
108. Zitiert in Stadler, *Österreich,* S. 291.
109. Steinert, *Hitlers Krieg,* S. 236–263; Kershaw, *Popular Opinion,* S. 359–372; Horwitz, *In the Shadow of Death,* S. 52.
110. AVA, RStH, Sch. 391: SD, Innsbruck, 4., 10. Mai 1942.
111. Stadler, *Österreich,* S. 386.
112. NÖLA/ZR/Ia-10/1942: Landrat- und Polizeiberichte, August–Oktober 1942; DÖW, Film 97: GStA, Innsbruck, 22. September 1942, und Dok. 12.320: LR, Gmunden, 1. Juni 1942.
113. DÖW, Dok. 12.320: LR, Laakirchen, 22. Juni 1942.
114. AVA, RStH, Sch. 391: SD, Innsbruck, 31. August, 7., 14. September 1942.
115. Boelcke, *Die geheimen Goebbels-Konferenzen,* S. 280.
116. AVA, RStH, Sch. 391: SD, Innsbruck, 21. September 1942.
117. AVA, RStH, Sch. 391: SD, Innsbruck, 20. Juni, 6., 20. Juli 1942; Kershaw, *Popular Opinion,* S. 320–322; DÖW, Dok. 12.320: LR, Gmunden, 1. Juni 1942.
118. AVA, RStH, Sch. 391: SD, Innsbruck, 10. August 1942.
119. GStA, Innsbruck, 29. Juli 1942, zitiert in Albrich und Gisinger, *Im Bombenkrieg,* S. 64.
120. AVA, RStH, Sch. 391: SD, Innsbruck, 20. Juli, 3. August, 28. September 1942.
121. AVA, RStH, Sch. 391: SD, Innsbruck, 28. September 1942; DÖW, Film 97: GStA,

Innsbruck, 22. September 1942; Domarus, *Hitler,* Bd. 2, S. 1913–1924; Kershaw, *Hitler Myth,* S. 185 f.; Steinert, *Hitlers Krieg,* S. 318.

122. Czedik, *Uns fragt man nicht,* S. 70 f.; AVA, RStH, Sch. 391: SD, Innsbruck, 2. November 1942.

123. Domarus, *Hitler,* Bd. 2, S. 1933–1944, Zitat auf S. 1938; AVA, RStH, Sch. 391: SD, Innsbruck, 9., 16., 23. November 1942.

124. AVA, RStH, Sch. 391: SD, Innsbruck, 7. Dezember 1942; NÖLA/ZR/Ia-10/1942: LR, Melk, Scheibbs, Krems, Wiener Neustadt und Eisenstadt, Dezember 1942; NA, T 81, R 6: SD, Linz, 29. November, 7., 14. Dezember 1942.

125. NA, T 81, R 6: SD, Linz, 14. Dezember 1942; AVA, RStH, Sch. 391: SD, Innsbruck, 14. Dezember 1942.

126. AVA, RStH, Sch. 391: SD, Innsbruck, 14. Dezember 1942; NA, T 81, R 7: SD, Linz, 21., 28. Dezember 1942, 4., 11. Januar 1943; Beck, *Under the Bombs,* S. 18–21. Hinweise zu der unbekümmerten Urlaubsstimmung, die in Wien und Wagrain in der Nähe von Salzburg herrschte, finden sich in Czedik, *Uns fragt man nicht,* S. 75–81.

127. AVA, RStH, Sch. 391: SD, Innsbruck, 11., 18., 25. Januar 1943; Beck, *Under the Bombs,* S. 21–24; NA, T 81, R 7: SD, Linz, 18., 25., 30. Januar 1943.

128. AVA, RStH, Sch. 391: SD, Innsbruck, 8. Februar 1943; NA, T 81, R 6: SD, Linz, 8. Februar 1943; NÖLA/ZR/Ia-10/1943: LR, Eisenstadt, 5. Februar, Scheibbs, 8. Februar, Tulln, 10. Februar, Lilienfeld, 12. Februar 1943; Czedik, *Uns fragt man nicht,* S. 84 f. Von einiger Bedeutung ist in diesem Zusammenhang, dass sowohl Stadler wie auch Kreissler in ihren Studien über das Aufkommen des österreichischen Widerstands gegen die deutsche Herrschaft die vernichtende Wirkung der Katastrophe von Stalingrad auf die allgemeine Moral falsch einstufen. Siehe Stadler, *Österreich,* S. 293–303, und Kreissler, *Der Österreicher und seine Nation,* S. 290–292. Zu den Reaktionen im Altreich siehe Boberach, *Meldungen,* Bd. 12, S. 4750–4752, 4760–4763; Steinert, *Hitlers Krieg,* S. 325–338; Kershaw, *Hitler Myth,* S. 189–195; Beck, *Under the Bombs,* S. 28–30, 33–37.

129. In den 21 Monaten vom 30. September bis zum 25. Juni 1942 stieg die Zahl der von der Wiener Gestapo in »Schutzhaft« genommenen Menschen auf mehr als das Doppelte, von 465 auf 1083. Abgesehen von den Juden waren die meisten Monarchisten, Priester oder Kommunisten. Ob der Widerstand in Österreich, gemessen an der Zahl der Verhaftungen wegen politischer Verbrechen, stärker war als in anderen Teilen Großdeutschlands, muss noch systematisch untersucht werden. Nach den vorliegenden Quellen schnellte die Zahl der Fälle, die 1942 vor Sondergerichten verhandelt wurden, sowohl in München wie auch in Wien empor. Der Staatsanwalt in Wien insistierte jedoch darauf, dass der Anstieg der Verhaftungen wegen Defätismus und »Heimtückedelikten« bzw. sein vergrößerter Aktenstapel eine Folge der Zentralisierung seien. Der Verhandlungsort wurde von der Provinz in seinen Gerichtssaal verlegt. AVA, Staatspolizei Wien (Gestapo), Sch. 1 und 2: Gestapo, Wien, 30. September 1940, 25. Juni 1942; Kershaw, *Hitler Myth,* S. 187; DÖW, Film 97: GStA, Wien, 30. Januar 1943.

130. Jagschitz, »Von der ›Bewegung‹ zum Apparat«, S. 505 f., 515 f., Anm. 84; Luža, *Austro-German Relations,* S. 187.

Kapitel 9

1. Luža, *Austro-German Relations,* S. 330–332; Fredborg, *Behind the Steel Wall,* S. 184; Schärf, *Österreichs Erneuerung 1945–1955,* S. 23–25. Beispiele für pro-österreichische Ausbrüche in *WVNÖ,* Bd. 3, S. 568–577; *WVT,* Bd. 1, S. 282, 300; Slapnicka, *Oberdonau,* S. 292.

2. Die wichtigsten Vertreter dieser Interpretation sind Stadler, *Österreich,* vor allem S. 293–303, und Kreissler, *Der Österreicher und seine Nation,* S. 286–299. Siehe dazu auch Maass, *Country without a Name,* S. 62–69.

3. Fredborg, *Behind the Steel Wall,* S. 180.

4. Ebenda.

5. Ebenda, S. 180–187, 247–249. Zitate von S. 184, 247.

6. Ebenda, S. 187.

7. NA, M 1209, R 29, F 63–260: Records of the Department of State Relating to the Internal Affairs of Austria, Decimal File 863, insbesondere »News from Austria«, American Legation, Stockholm, 31. Mai 1943.

8. NA, M 1209, R 29, F 93–94: »The Feelings of the Austrian Population«, Istanbul, 13. April 1943, und F 155–156: »What People Think about Austria«, 2. August 1943.

9. NA, M 1209, R 29, F 113: »News from Austria«, Stockholm, 31. Mai 1943. Einen ähnlichen Eindruck gibt der handschriftliche Bericht des österreichischen Widerstandskämpfers Josef Meisel, den er nach seiner Flucht aus Auschwitz geschrieben hat, in DÖW, Dok. 841: »Bericht über die Situtation in Österreich«.

10. NA, M 1209, R 29, F 107–108, 112, 123: »News from Austria«, 31. Mai 1943.

11. Ebenda, F 107–130, F 93–94: »The Feelings of the Austrian People«; und F 155–156: »What People Think about Austria«, Istanbul, 12. August 1943.

12. NA, M 1209, R 29, F 95: Johnson (Stockholm) an State Department, 27. Juli 1943.

13. Luža, *Austro-German Relations,* S. 288, 335–339.

14. DÖW, Film 97: GStA, Wien, an Thierack, 1. Juli 1943.

15. NA, M 1209, R 29, F 124: »News from Austria«.

16. Steinert, *Hitlers Krieg,* S. 325–392; Kershaw, *Hitler Myth,* S. 192–195; Orlow, *Nazi Party,* S. 411–420; Stadler, *Österreich,* S. 293–313, und Boberach, *Meldungen,* Bd. 14, S. 5403–5407.

17. Stadler, *Österreich,* S. 296.

18. Beispielsweise NA, T 81, R 6, F 13343: SD, Linz, 20. Februar 1943.

19. Stadler, *Österreich,* S. 285.

20. *WVNÖ,* Bd. 3, S. 552f.

21. Kershaw, *Popular Opinion,* S. 321.

22. Ebenda, und Steinert, *Hitlers Krieg,* S. 331–334.

23. AVA, RStH, Sch. 391: SD, Innsbruck, 8., 15., 22. Februar 1943; NA, T 81, R 6: SD, Linz, 8., 19. Februar 1943; NÖLA/ZR/Ia-10/1943: LR, Lilienfeld, 12. Februar 1943, und Polizeidirektor, Wiener Neustadt, 10. Februar 1943.

24. Steinert, *Hitlers Krieg,* S. 337.

25. AVA, RStH, Sch. 391: SD, Innsbruck, 22. Februar 1943; NA, T 81, R 6: SD, Linz, 8., 20. Februar 1943.

26. Vgl. Kershaw, *Popular Opinion,* S. 308ff.; und Karin Berger, »›Hut ab vor Frau Sedlmayer!‹«, S. 150.

27. AVA, RStH, Sch. 391: SD, Innsbruck, 1. März 1943.

28. Butschek, *Die österreichische Wirtschaft*, S. 86 f.; Freudenberger und Luža, »National Socialist Germany and the Austrian Industry, 1938–1945«, S. 73–100; Kernbaumer und Weber, »Österreichs Wirtschaft«, S. 57–64.
29. AVA, RStH, Sch. 391: SD, Innsbruck, 1., 15. März 1943.
30. NA, T 81, R 6: SD, Linz, 8. März 1943; AVA, RStH, Sch. 391: SD, Innsbruck, 22. März 1943; NÖLA/ZR/Ia-10/1943: Polizeidirektor, St. Pölten, 5. April 1943.
31. AVA, RStH, Sch. 391: SD, Innsbruck, 22., 29. März 1943; NA, T 81, R 6: SD, Linz, 8. März 1943.
32. NA, T 81, R 6: SD, Linz, 13., 29. März, 7. April 1943. Zur Hartnäckigkeit des Führermythos in Österreich siehe Hanisch, »Ein Versuch, den Nationalsozialismus zu verstehen«, S. 157 f. Einzelne Beispiele für die Desillusionierung gibt Meusberger, *Bezau*, S. 269. Zu Hitlers letztem Besuch in seiner Heimatstadt Linz siehe Speer, *Spandau*, S. 170–175. (Die Seitenzahl bezieht sich auf die englische Ausgabe der Spandauer Tagebücher. Anm. d. Ü.)
33. NA, T 81, R 6: SD, Linz, 8., 19. Februar, 8. März 1943; Stadler, *Österreich*, S. 294–303; Luža, *Austro-German Relations*, S. 330–332. Der Widerstandskämpfer Fritz Molden erinnert sich an ein Treffen mit seinen Eltern Anfang Sommer 1943 am Chiemsee in Bayern. Sein Vater dachte damals, der Krieg könne allerhöchstens noch ein Jahr dauern. Verschiedene Fingerzeige hätten ihn dazu gebracht zu glauben, dass die Alliierten die österreichische Unabhängigkeit wiederherstellen würden. Molden, *Exploding Star*, S. 131.
34. NA, M 1209, R 29: »Styria – the Land of Sorrow«, *Allehanda*, 16. Januar 1944.
35. *WVNÖ*, Bd. 3, S. 568–577; *WVT*, Bd. 1, S. 282, 300; AVA, RStH, Sch. 391: SD, Innsbruck, 15., 29. März, 12. April 1943.
36. Robert Knight, »At the Gates of the Underworld«, *Times Literary Supplement*, 21.–27. Juli 1989, S. 797.
37. Von dieser Ambivalenz berichtet auch Maria Czedik in Czedik, *Uns fragt man nicht*, S. 86 f.
38. Beck, *Under the Bombs*, S. 37; Kershaw, *Hitler Myth*, S. 187, 195.
39. Albrich und Gisinger, *Im Bombenkrieg*, S. 77.
40. DÖW, Film 97: GStA, Graz, 27. Januar 1943.
41. Kershaw, *Hitler Myth*, S. 194–196.
42. NA, RG 226, Records of OSS, entry (E) 16, Sch. 0617, Dok. 54 103: »Internal Austrian Public Opinion«, 17. Januar 1944.
43. Vgl. Hanisch, »Versuch«, S. 157 f., und Kershaw, *Hitler Myth*, S. 92. Beispiele für Hitler-feindliche Ausbrüche in Österreich finden sich in *WVT*, Bd. 2, S. 280 f., 284 f., 288 f., 290; *WVOÖ*, Bd. 1, S. 428, 435 f., 441; *WVNÖ*, Bd. 3, S. 550–554; *WVS*, Bd. 2, S. 390–392.
44. DÖW, Film 97: GStA, Graz, 29. März 1943; NA, T 81, R 6: SD, Linz, 29. März, 23. April, 5. Mai 1943; NÖLA/ZR/Ia-10/1943: LR, Wiener Neustadt, 8. April 1943.
45. AVA, RStH, Sch. 391: SD, Innsbruck, 29. März, 12., 19., 27. April, 4., 10. Mai 1943; NA, T 81, R 6: SD, Linz, 7., 21. April 1943; NÖLA/ZR/Ia-10/1943: LR, Scheibbs, Mai 1943.
46. NÖLA/ZR/Ia-10/1943: LR, Zwettl, 9. Juni, Baden, 10. Juni, Wiener Neustadt, 12. Juni 1943; AVA, RStH, Sch. 391: SD, Innsbruck, 4., 10., 24. Mai 1943.
47. Beispiele hierfür in Slapnicka, *Oberdonau*, S. 290 f., und DÖW, Film 97: GStA, Wien, 1. Juli 1943. Hinweise auf ein Nachlassen der subversiven Tätigkeiten finden sich hingegen in *WVNÖ*, Bd. 3, S. 598.

48. Steinert, *Hitlers Krieg,* S. 406–410, 424–432; NA, T 81, R 6: SD, Linz, 26. Mai 1943; DÖW, Film 97: OLG, 29. März 1943; Stadler, *Österreich,* S. 303 f.; *WVNÖ,* Bd. 2, S. 423–427; *WVT,* Bd. 1, S. 96–99, und *WVOÖ,* Bd. 2, S. 427–439.
49. DÖW, Film 97: GStA, Wien, 1. Juli 1943.
50. Ebenda.
51. *WVW,* Bd. 2, S. 25–27, und *WVNÖ,* Bd. 3, S. 572 f. Zum Anstieg des Jugendprotestes siehe Gerbel, Mejstrik und Sieder, »Wiener Arbeiterjugendliche«, S. 243–268. Zum Altreich siehe Peukert, *Die Edelweißpiraten,* sowie Peukert, *Inside Nazi Germany;* Peukert, »Youth in the Third Reich«, S. 25–40.
52. Peukert, *Die Edelweißpiraten,* S. 150; Peukert, »Youth in the Third Reich«, S. 37.
53. Gerbel, Mejstrik und Sieder, »Wiener Arbeiterjugendliche«, S. 245–255.
54. Ebenda, S. 255–259; Boberach, *Meldungen,* Bd. 11, S. 4056 (10. August 1942).
55. Gerbel, Mejstrik und Sieder, »Wiener Arbeiterjugendliche«, S. 259–263; *WVNÖ,* Bd. 3, S. 572 f.
56. Gerbel, Mejstrik und Sieder, »Wiener Arbeiterjugendliche«, S. 267, Anm. 32.
57. Steinert, *Hitlers Krieg,* S. 387. Dazu auch Kershaw, *Hitler Myth,* S. 201–207.
58. AVA, RStH, Sch. 391: SD, Innsbruck, 12., 21. Juni 1943.
59. AVA, RStH, Sch. 391: SD, Innsbruck, 28. Juni 1943; Albrich und Gisinger, *Im Bombenkrieg,* S. 94–107.
60. AVA, RStH, Sch. 391: SD, Innsbruck, 5., 12. Juli 1943.
61. AVA, RStH, Sch. 391: SD, Innsbruck, 19., 26. Juli; Albrich und Gisinger, *Im Bombenkrieg,* S. 97–107.
62. Albrich und Gisinger, *Im Bombenkrieg,* S. 103–107; NA, M 1209, R 29: »News from Austria«, 13.
63. Steinert, *Hitlers Krieg,* S. 392.
64. Zitiert in Albrich und Gisinger, *Im Bombenkrieg,* S. 112.
65. AVA, RStH, Sch. 391: SD, Innsbruck, 2. August 1943.
66. AVA, RStH, Sch. 391: SD, Innsbruck, 9. August 1943.
67. Ebenda.
68. AVA, RStH, Sch. 391: SD, Innsbruck, 16. August 1943.
69. Schausberger, *Rüstung in Österreich,* S. 121, 131; NÖLA/ZR/Ia-10/14/1943: LR, St. Pölten, 8. September 1943, und Polizeidirektor, Wiener Neustadt, 7. September 1943.
70. Steinert, *Hitlers Krieg,* S. 411–413; Beck, *Under the Bombs,* S. 92–94; NÖLA/ZR/Ia-10/14/1943: LR, Tulln, 9. September 1943; LR, Melk, 7. September 1943; LR, Scheibbs, 10. September 1943; AVA, RStH, Sch. 391: SD, Innsbruck, 30. August 1943.
71. AVA, RStH, Sch. 391: SD, Innsbruck, 6., 13. September 1943.
72. Domarus, *Hitler,* Bd. 2, S. 2035–2039; Steinert, *Hitlers Krieg,* S. 413 f.; Kershaw, *Hitler Myth,* S. 211; Beck, *Under the Bombs,* S. 92–94.
73. Fröhlich, *Tagebücher von Goebbels,* Teil II, Bd. 9, S. 489.
74. Steinert, *Hitlers Krieg,* S. 413.
75. Ebenda, S. 413 f.; Kershaw, *Hitler Myth,* S. 221; NÖLA/ZR/Ia-10/14/1943: LR, Baden, 11. Oktober 1943; LR, Wiener Neustadt, 9. Oktober 1943; AVA, RStH, Sch. 391: SD, Innsbruck, 13., 20. September 1943. Siehe auch Albrich und Gisinger, *Im Bombenkrieg,* S. 116–119.
76. Albrich und Gisinger, *Im Bombenkrieg,* S. 116–118; Riedmann, *Tirol,* S. 1076–1078.

77. Beck, *Under the Bombs*, S. 92–94; Steinert, *Hitlers Krieg*, S. 415–417; Albrich und Gisinger, *Im Bombenkrieg*, S. 121; AVA, RStH, Sch. 391: SD, Innsbruck, 5., 12., 19., 26. Oktober 1943. Siehe auch NÖLA/ZR/Ia-10/14/1943: LR, Gänserndorf, 9. November 1943.

78. AVA, RStH, Sch. 391: SD, Innsbruck, 12., 19., 26. Oktober 1943.

79. OÖLA, Pol. Akten, OÖ 12/36: SD, Linz, 2. November 1943.

80. Beck, *Under the Bombs*, S. 93 f.

81. NÖLA/ZR/Ia-10/14/1943: LR, Korneuburg, 12. Oktober 1943; LR, Scheibbs, 3. November 1943.

82. AVA, RStH, Sch. 391: SD, Innsbruck, 19., 26. Oktober 1943; NÖLA/ZR/Ia 10/14/1943: LR, Wiener Neustadt, 14. Oktober 1943; LR, Korneuburg, 11. November 1943.

83. AVA, RStH, Sch. 391: SD, Innsbruck, 2. November 1943.

84. AVA, RStH, Sch. 391: SD, Innsbruck, 12. Oktober 1943; NÖLA/ZR/Ia-10/14/1943: LR, Wiener Neustadt, 14. Oktober 1943; LR, St. Pölten, 4. November 1943; LR, Melk, 6. November 1943; LR, Baden, 13. November 1943; Franziska Berger, *Tage wie schwarze Perlen*, S. 32–51.

85. AVA, RStH, Sch. 391: SD, Innsbruck, 26. Oktober 1943.

86. NÖLA/ZR/Ia-10/14/1943: LR, Neunkirchen, 10. Oktober 1943.

87. Domarus, *Hitler*, Bd. 2, S. 2050–2059.

88. Steinert, *Hitlers Krieg*, S. 421 f.; Beck, *Under the Bombs*, S. 94 f.; Kershaw, *Hitler Myth*, S. 211–213.

89. Kershaw, *Hitler Myth*, S. 212.

90. AVA, RStH, Sch. 391: SD, Innsbruck, 9. November 1943.

91. NÖLA/ZR/Ia-10/14/1943: LR, Krems, 15. November 1943; Zwettl, 10. Dezember 1943; St. Pölten, 9. November 1943; Lilienfeld, 11. Dezember 1943; Korneuburg, 15. Dezember 1943; Horn, 9. Dezember 1943; Amstetten, 3. Dezember 1943; Oberpullendorf, 15. Dezember 1943; Scheibbs, 8. Dezember 1943.

92. NÖLA/ZR/Ia-10/14/1943: LR, Tulln, 9. Dezember 1943.

93. Müller, *Furchtbare Juristen*, S. 158–164.

94. Zu diesem Thema, insbesondere zu der Notwendigkeit eines vergleichenden Ansatzes, siehe Bukey, »Nazi Rule in Austria«, S. 228–233.

95. Stadler, *Österreich*, S. 352.

96. AVA, Rk, Gestapo, Sch. 5: Tagesberichte, 1942–1943. Die monatlichen Berichte sind ebenfalls erhältlich im DÖW, Dok. 8476–8479.

97. Zitiert in Koch, *In the Name of the Volk*, S. 158.

98. Kirk, *Nazism and the Working Class in Austria*, S. 99–102. In dieser sorgfältigen Untersuchung der Anklagen, die gegen gebürtige Österreicher wegen Vergehen bei der Arbeit erhoben wurden, schreibt der Autor, dass »es im Allgemeinen schwierig ist, irgendein Muster in [ihrem] Verhalten zu erkennen«. Einen Großteil der Unzufriedenheit im Westen, wo die Industrialisierung voranschritt, schreibt er dem Umstand zu, »dass das Regime den Widerwillen der Menschen gegen eine Entwurzelung und Trennung von den Familien unterschätzt hatte.« Er räumt die Existenz autochthoner Widerstandsgruppen durchaus ein, mahnt aber zur Vorsicht bei der Bewertung ihrer Aktivitäten und Motive. Im Gegensatz dazu hebt Hagspiel hervor, dass Wiener Tschechen bei Sabotageakten eine wichtige Rolle gespielt hätten. Vgl. ebenda, S. 93–108, und Hagspiel, *Ostmark*, S. 215.

99. Luža, *Resistance*, S. 140–142; Neugebauer, »Widerstand und Opposition«, S. 549.
100. Horwitz, *In the Shadow of Death*, S. 95.
101. Steinert, *Hitlers Krieg*, S. 417–420; Beck, *Under the Bombs*, S. 95 f. In einem Bericht an den Reichsminister der Justiz am 10. Februar 1944 sprach der Generalstaatsanwalt in Linz von einer »gesunden Reaktion« auf die Publikation der Todesstrafen durch den Volksgerichtshof. DÖW, Film 97: GStA, Linz, 10. Februar 1944. Die Tagebucheinträge von Franziska Berger geben jedoch reichlich Hinweise auf das Klima der Angst, das unter den allermeisten Österreichern herrschte. Berger, *Tage wie schwarze Perlen*, S. 56–66.
102. Vgl. Stadler, *Österreich*, S. 293–303, und AVA, RStH, Sch. 391: SD, Innsbruck, 12., 19., 26. Oktober, 29. Dezember 1943.
103. F. Parkinson, »Epilogue«, in Parkinson, *Conquering the Past*, S. 317.
104. Zur Moskauer Erklärung siehe Keyserlingk, *Austria in World War II*, S. 123–156. Der Wortlaut auf S. 152. Auszugsweise abgedruckt in Kreissler, *Der Österreicher und seine Nation*, S. 298.
105. Ebenda, S. 154.
106. Boberach, *Meldungen*, Bd. 15, S. 5996 (8. November 1943).
107. Vgl. NÖLA/ZR/Ia-10/23/1943 und 1944: Landrat- und Polizeiberichte, November 1943–August 1944, sowie Kreissler, *Der Österreicher und seine Nation*, S. 299–301.
108. AVA, RStH, Sch. 391: SD, Innsbruck, 16. November 1943. In der Moskauer Erklärung kommt kein entsprechender Passus vor.
109. NA, RG 226, E 16, Sch. 0617, Dok. 54 103: OSS, 17. Januar 1944.
110. NA, RG 226, E 16, Sch. 24, Dok. XL2001: »Interview with Prisoner of War D.«, 25. Oktober 1944.
111. Kreissler, *Der Österreicher und seine Nation*, S. 299–301, und Luža, *Resistance*, S. 197.
112. Beispiele in *WVNÖ*, Bd. 2, S. 81 f., und Bd. 3, S. 576 f.
113. Kreissler, *Der Österreicher und seine Nation*, S. 302.
114. Selbst nach dem Krieg weigerte sich der Bischof von Linz, das Gedenken des Kriegsdienstverweigerers Franz Jägerstätter zu ehren, der 1943 enthauptet wurde, weil er den Dienst in der deutschen Wehrmacht verweigert hatte. Er begründete das damit, dass seiner Ansicht nach die beispielhaften katholischen Männer, Seminaristen, Priester und Familienväter, die größeren Helden wären, die in heldenhafter Erfüllung ihrer Pflicht und in der festen Überzeugung, dass sie auf ihrem Posten den Willen Gottes erfüllen, gekämpft hätten und gestorben seien, genau wie die christlichen Soldaten es in den Armeen des heidnischen Herrschers getan hätten. Maislinger, »Franz Jägerstätter«, S. 180 f.
115. *WVNÖ*, Bd. 2, S. 569; Slapnicka, *Oberdonau*, S. 292, und NÖLA/ZR/Ia-10/23/1944: Landrat- und Polizeiberichte aus Scheibbs, 5. Juni 1944, Neunkirchen, 17. Juni 1944, und Oberpullendorf, 14. Juli 1944.
116. OÖLA, Pol. Akten, Sch. 80: GStA, Linz, an Thierack, 5. Juni 1944.
117. NA, RG 226, E 16, Sch. 0807, Dok. 69 480: »Austria: Attitudes to Germany, the War and the Future«, 23. April 1944.

Kapitel 10

1. Nähere Einzelheiten siehe Albrich und Gisinger, *Im Bombenkrieg*, S. 142–146.
2. Ebenda; Boberach, *Meldungen*, Bd. 15, S. 6189 (27. Dezember 1943); AVA, RStH, Sch. 391: SD, Innsbruck, 20., 29. Dezember 1943.
3. Albrich und Gisinger, *Im Bombenkrieg*, S. 146–155.
4. NÖLA/ZR/Ia-10/1944: LR, Zwettl, 10. February 1944; LR, Lilienfeld, 7. März 1944.
5. Kershaw, *Hitler Myth*, S. 207–210. Kirk weist nach, dass die meisten Verhaftungen wegen »Führerbeleidigung« in den Arbeitervierteln erfolgten. »In diesen Gegenden«, argumentiert er, »war die Kritik am schärfsten, am beleidigendsten und am persönlichsten.« Kirk, *Nazism and the Working Class in Austria*, S. 118. In Anbetracht der fehlenden Vergleichsdaten ist dieses Urteil etwas fragwürdig.
6. Albrich und Gisinger, *Im Bombenkrieg*, S. 140, 157–162; NÖLA/ZR/Ia-10/1944: LR, Wiener Neustadt, 7. Februar 1944; LR, Krems, 9. Februar 1944; NA, RG 226, E 16, Sch. 170, Dok. XL1270: SD, Salzburg, 2. Februar 1944.
7. Siehe *WVS*, Bd. 2, S. 359, und *WVNÖ*, Bd. 3, S. 598–600. In einem Schreiben an den Justizminister vom 10. Februar 1944 spricht der Generalstaatsanwalt in Linz von »Fällen »obszöner Verunglimpfung des Führers« vor dem Volksgerichtshof. DÖW, Film 97: GStA, Linz, 10. Februar 1944.
8. NÖLA/ZR/Ia-10/1944: LR, Zwettl, 10. Februar 1944; LR, Baden, 16. Februar 1944.
9. NÖLA/ZR/Ia-10/1944: LR, Eisenstadt, 12. Februar 1944. Ganz ähnliche Stimmungen sind in einem Bericht zu finden, der drei Tage zuvor in Salzburg verfasst wurde, ein Dokument, das erneut Besorgnis über die Lage in Italien enthält. NA, RG 226, E 16, Sch. 170, Dok. XL1270: SD, Salzburg, 9. Februar 1944.
10. Nähere Einzelheiten siehe Ulrich, *Der Luftkrieg über Österreich 1939–1945*, S. 14 f., und Albrich und Gisinger, *Im Bombenkrieg*, S. 172–174.
11. Steinert, *Hitlers Krieg*, S. 434–438; NÖLA/ZR/Ia-10/23/1944: Gänserndorf, 7. Februar 1944, Lilienfeld, 7. März 1944, Wiener Neustadt, 7. März 1944, Baden, 16. Februar 1944, sowie OÖLA, Pol. Akten, Sch. 80: GStA, Linz, 5. Juni 1944. Andererseits schrieb der Landrat in Mistelbach, dass der größte Teil der Landbevölkerung die Angriffe der Luftwaffe gegen London nur zum Teil glaubte und sich abschätzig über ein erfolgreiches Kriegsende äußerte. NÖLA/ZR/Ia-10/23/1944: LR, Mistelbach, 28. Juni 1944.
12. Boberach, *Meldungen*, Bd. 17, S. 6596–6598.
13. NÖLA/ZR/Ia-10/23/1944: LR, St. Pölten, 8. Juli 1944.
14. NA, T 77, R 1037, F 6 509 660: Wehrkreiskommando XVII, Wien an OKW, 21. Juli 1944; Czedik, *Uns fragt man nicht*, S. 106; NÖLA/ZR/Ia-10/23/1944: LR und Polizeiberichte aus St. Pölten, 8. Juli 1944, Wiener Neustadt, 6. Juli 1944, und Scheibbs, 7. Juli 1944. Siehe auch Boberach, *Meldungen*, Bd. 17, S. 6631–6634.
15. NÖLA/ZR/Ia-10/23/1944: LR, Eisenstadt, 11. Juli 1944.
16. NÖLA/ZR/Ia-10/23/1944: Oberpullendorf, 14. Juli 1944.
17. NÖLA/ZR/Ia-10/23/1944: Lilienfeld, 9. August 1944.
18. NÖLA/ZR/Ia-10/23/1944: Landratsbericht, Wiener Neustadt, 9. August 1944.
19. Boberach, *Meldungen*, Bd. 17, S. 6650 (14. Juli 1944).
20. Wie Jedlicka, *Der 20. Juli in Österreich*, S. 12, behauptet.
21. Kreissler, *Der Österreicher und seine Nation*, S. 315.

22. Preradovich, *Grossdeutschland 1938;* Manoschek und Safrian, »Österreicher in der Wehrmacht«, S. 331–360; Höbelt, »Österreicher in der deutschen Wehrmacht 1938 bis 1945«, S. 417–432.
23. Jedlicka, *Der 20. Juli in Österreich,* S. 50–92, und Hoffmann, *Widerstand – Staatsstreich – Attentat,* S. 547–570, 604–622.
24. NÖLA/ZR/Ia-10/23/1944: LR und Polizeiberichte für August 1944 aus Wiener Neustadt, Oberpullendorf, Neubistritz, Lilienfeld, Krems, Korneuburg, Horn, Gmünd, Eisenstadt, Bruck an der Leitha, Waidhofen an der Thaya, Gänserndorf, Hollabrunn, Mistelbach, Melk und Zwettl.
25. Ringler, *Illusion einer Jugend,* S. 121.
26. DÖW, Film 97: GStA, Linz, 7. August 1944.
27. DÖW, Film 97: GStA, Wien, 1. Oktober 1944.
28. Stadler, *Österreich,* S. 337.
29. Bukey, *Hitler's Hometown,* S. 213; Hanisch, *Nationalsozialistische Herrschaft,* S. 234, und NÖLA/ZR/Ia-10/23/1944: Landrat- und Polizeiberichte für August aus Gmünd, Oberpullendorf, Amstetten und Melk.
30. Zitiert in Jedlicka, *Der 20. Juli 1944 in Österreich,* S. 89.
31. Czedik, *Uns fragt man nicht,* S. 112.
32. NÖLA/ZR/Ia-10/23/1944: LR, Eisenstadt, 15. August 1944.
33. Jedlicka, *Der 20. Juli in Österreich,* S. 93 f.
34. Ebenda, S. 92–95.
35. Ebenda, S. 97.
36. DÖW, Dok. 8570: Frauenfeld an Schirach, 4. September 1944.
37. Czedik, *Uns fragt man nicht,* S. 117.
38. NA, RG 226, E 16, Sch. 23, Dok. XL1824: »Austrian Intelligence«, 5. Oktober 1944. Siehe auch Luža, *Austro-German Relations,* S. 336–338.
39. NA, T 77, R 1037, F 6509660: Wehrkreiskommando XII, Wien, 21. Juli 1944; Boberach, *Meldungen,* Bd. 17, S. 6657; DÖW, Film 97: OLG, Wien, 4. Juli 1944; GStA, Wien, 1. Oktober 1944; Slapnicka, *Oberdonau,* S. 292 f.; Franziska Berger, *Tage wie schwarze Perlen,* S. 87–118; Albrich und Gisinger, *Im Bombenkrieg,* S. 219 f.
40. Schöner, *Wiener Tagebuch,* S. 25–34.
41. Ebenda, S. 32–86.
42. Bernhard, *Die Ursache,* Salzburg, Wien, 1988, S. 28.
43. DÖW, Film 97: GStA, Wien, 1. Oktober 1944; OLG, 1. November 1944; GStA, Graz, 29. Oktober 1944; OLG, Graz, 30. November 1944; Slapnicka, *Oberdonau,* S. 293 f.; Hanisch, *Nationalsozialistische Herrschaft,* S. 247 f.
44. Luža, *Resistance,* S. 27–154.
45. Ebenda, S. 158–226.
46. DÖW, Film 97: GStA, Wien, 1. Oktober 1944.
47. Kreissler, *Der Österreicher und seine Nation,* S. 153 f., 210, 233–245; Stadler, *Österreich,* S. 153–239, 357–383; Voges, »Klassenkampf in der ›Betriebsgemeinschaft‹«, S. 329–383.
48. Kirk, *Nazism and the Working Class in Austria,* S. 93–134; Kirk, »The Austrian Working Class under National Socialist Rule«, S. 191–218. Zitat von S. 201.
49. NA, RG 226, E 16, Sch. 23, Dok. XL1824: »Austrian Intelligence«, 5. Oktober 1944.
50. NA, RG 226, E 16, Sch. 24, Dok. XL2102: »Austrian Intelligence«, 31. Oktober 1944.

51. Ebenda.
52. Ebenda.
53. Luža, *Resistance*, S. 159. Timothy Kirk hat daraus den brutalen Schluss gezogen: »Der österreichische Widerstand ist ein Konstrukt, das nach 1945 den viel heterogeneren und ambivalenteren Realitäten der Opposition, des Widerstandes und des Konsenses während der Jahre der Besetzung übergestülpt wurde; es ist der Versuch, eine rationale Erklärung zu finden für Ereignisse, die zu einem großen Ausmaß von den Verhältnissen nach der Moskauer Erklärung und von der Notwendigkeit bestimmt waren, Österreich von einem geschlagenen NS-Deutschland zu distanzieren. Wenn Österreicher Widerstand leisteten, so taten sie das nicht als Österreicher, sondern als Kommunisten, Sozialisten, Katholiken, Zeugen Jehova und so weiter, und das blieb bis in die letzten Kriegsmonate so. Zwar wurden Bündnisse geschweißt, aber es herrschte ein großes gegenseitiges Misstrauen.« Kirk, *Nazism and the Working Class in Austria*, S. 140.
54. DÖW, Film 97: OLG, 30. November 1944.
55. DÖW, Dok. 7266: SD, Wien, 17. Oktober 1944; Film 97: OLG, Wien, 7. November 1944, 22. Januar und 8. März 1945; NÖLA/ZR/Ia-10/23/1945: Lagebericht für Jänner 1945. Der Inhalt dieser Berichte wird in Schöner, *Wiener Tagebuch*, S. 61–85, bestätigt und viel anschaulicher geschildert.
56. DÖW, Dok. 7266: SD, Wien, 13. Dezember 1944.
57. Slapnicka, *Oberdonau*, S. 293 f. Der in Linz herrschende Defätismus ist gut dokumentiert in Franziska Berger, *Tage wie schwarze Perlen*, S. 72 f., 102–110, 133 f.
58. NA, RG 226, E 16, Dok. 102 066: OSS, 16. November 1944.
59. DÖW, Dok. 7266: SD, Wien, 22. Januar und 8. März 1945; NÖLA/ZR/Ia-10/23/1945: Lagebericht für Jänner 1945.
60. Hanisch, »Versuch«, S. 161. Siehe auch den Tagebucheintrag vom 28. Februar 1945 in Franziska Berger, *Tage wie schwarze Perlen*, S. 139–141.
61. Horwitz, *In the Shadow of Death*, S. 124–143.
62. Ebenda, S. 133.
63. NÖLA/ZR/Ia-10/23/1945: Landrat- und Polizeiberichte für Februar und März 1945, vor allem aus Korneuburg, 14. März, und Eisenstadt, 19. Februar und 3. März.
64. DÖW, Dok. 7266: SD, Wien, 22. Januar 1945; NA, T 77, R 1037: Wehrkreiskommando XVII, IIa/W Pro, Wien, 20. Januar 1945.
65. Schöner, *Wiener Tagebuch*, S. 95.
66. Wassiltschikow, *Berliner Tagebücher 1940–1945*, S. 293.
67. Ebenda, S. 300.
68. Ebenda, S. 305.
69. Ebenda, S. 309.
70. Ebenda, S. 292–328, und Luža, *Austro-German Relations*, S. 343–345.
71. Luža, *Austro-German Relations*, S. 345.
72. Jedlicka, *Der 20. Juli 1944 in Österreich*, S. 102–104.
73. Ebenda, und Luža, *Austro-German Relations*, S. 345.
74. Luža, *Austro-German Relations*, S. 345.
75. Schöner, *Wiener Tagebuch*, S. 86–105.
76. Zitiert in Maass, *Country without a Name*, S. 133.
77. Schöner, *Wiener Tagebuch*, S. 108–130.
78. Ebenda, S. 130–142.

79. Ebenda, S. 136–142.
80. Horwitz, *In the Shadow of Death*, S. 144–163. Zitat auf S. 149.
81. Ebenda, S. 156.
82. Ebenda, S. 159.
83. Zitiert in Pauley, *From Prejudice to Persecution*, S. 301.
84. Beer und Karner, *Der Krieg aus der Luft*, S. 327–330; Hanisch, »An Attempt to ›Understand‹ National Socialism«, S. 47.
85. Stadler, *Österreich*, S. 404; Hanisch, *Nationalsozialistische Herrschaft*, S. 250.
86. Stadler, *Österreich*, S. 404 f.

Epilog

1. Luža, *Austro-German Relations*, S. 352. In diesen Zahlen sind die fast 140 000 Häftlinge nicht enthalten, die auf österreichischem Boden in Hartheim, in der Anstalt Am Steinhof und im Konzentrationslager Mauthausen umgebracht wurden oder sich zu Tode schufteten.
2. Zitiert in Knight, »*Ich bin dafür*«, S. 75.
3. Luža, *Austro-German Relations*, S. 349–352; Brook-Shepherd, *The Austrians*, S. 377–385; Hanisch, *Der lange Schatten des Staates*, S. 399–407.
4. Nähere Einzelheiten bei Stiefel, *Entnazifizierung in Österreich*, S. 247–258.
5. Tweraser, *US Militärregierung*, S. 174–242.
6. Luža, *Austro-German Relations*, S. 355–358. Sehr anregende Überblicksdarstellungen über die Politik der Erinnerung im Nachkriegsösterreich bietet Bischof, »Die Instrumentalisierung der Moskauer Erklärung nach dem 2. Weltkrieg«, S. 345–366; Bischof, »Founding Myths«, S. 302–341.
7. Zitiert in Herf, *Divided Memory*, S. 217.
8. Parkinson, *Conquering the Past*, S. 323.
9. Schneider, *Exile and Destruction*, S. 159.
10. Clare, *Berlin Days*, S. 209.
11. Katzenstein, *Disjoined Partners*, S. 166.
12. Hanisch, *Der lange Schatten des Staates*, S. 399–425; Bischof, »Founding Myths«, S. 303–308.
13. Im Jahr 1956 ergab eine Meinungsumfrage, dass lediglich 49 Prozent der Österreicher der Ansicht wären, sie seien eine eigene Nation oder würden sich zu einer entwickeln. Fünfzehn Jahre später war die Zahl auf 82 Prozent gestiegen, 1990 waren nur noch zehn Prozent der gegenteiligen Ansicht. Vgl. Steiner, *Politics in Austria*, S. 156, und Brook-Shepherd, *The Austrians*, S. 428.
14. Tweraser, *US Militärregierung*, S. 242. In anderen Teilen Österreichs waren 41 Prozent der erwachsenen Österreicher der Ansicht, dass der Natinalsozialismus eine gute Idee sei, die aber schlecht umgesetzt worden sei – diese Zahl ist in etwa vergleichbar mit dem Anteil an den Befragten in der amerikanischen Besatzungszone in Deutschland. Wagnleitner, *Understanding Austria*, S. 338.
15. Pelinka, »SPÖ, ÖVP, and the ›Ehemaligen‹: Isolation or Integration?«, S. 245–256.
16. Markovits, »Austrian-German Relations in the New Europe: Predicaments of Political and National Identity Formation«, S. 107.
17. Reiterer, *Nation und Nationalbewusstsein in Österreich*, S. 61, 132–137; Parkinson, *Conquering the Past*, S. 323; Brook-Shepherd, *The Austrians*, S. 427 f.

18. Pauley, *From Prejudice to Persecution*, S. 301–303; Schneider, *Exile and Destruction*, S. 159–167; Albrich, *Exodus durch Österreich;* Albrich, »Holocaust und Schuldabwehr«, S. 61–64.

19. Pauley, *From Prejudice to Persecution*, S. 301.

20. Zitiert in Wagnleitner, *Understanding Austria*, S. 119.

21. Ebenda, S. 247–258; Tweraser, *US Militärregierung*, S. 276–285.

22. Schneider, *Exile and Destruction*, S. 163; Pauley, *From Prejudice to Persecution*, S. 307–310; Sternfeld, *Betrifft: Österreich: Von Österreich betroffen*, S. 110–115; Knight, »*Ich bin dafür*«, S. 243.

23. Pauley, »Austria«, S. 492–507; Albrich, »Holocaust und Schuldabwehr«, S. 61–85.

24. Herzstein, *Waldheim*.

25. Pauley, »Austria«, S. 499–506.

26. Ebenda, S. 495–508; Brook-Shepherd, *The Austrians*, S. 429–454.

27. Uhl, *Zwischen Versöhnung und Verstörung;* Sully, »The Waldheim Connection«, S. 294–312; Pauley, »Austria«, S. 493–495.

28. Pauley, »Austria«, S. 506 f. Einen der besten Überblicke über das heutige Österreich bietet Pelinka, *Austria: Out of the Shadow of the Past.*

Bibliografie

Unveröffentlichte Dokumente

Allgemeines Verwaltungsarchiv (AVA), Wien
  Reichskommissar für die Wiedervereinigung Österreichs mit dem Deutschen Reich (Rk), Schachteln 19, 20, 157, 164, 166, 168, 173–178, 211, 322, 387, 388, 391.
  Reichsstatthalter Wien (RStH), Schachteln 388, 391.
Dokumentationsarchiv des österreichischen Widerstandes (DÖW), Wien
  Dokumente 202–212, 1179, 1189, 1445, 1780, 4081, 4212, 5120, 5172, 7266, 7495, 7506, 7932, 8048, 8339, 8351, 8353, 8570, 12.320, 15.349, 16.114, 17.846, 17.858/6, 20.387, Film 97.
National Archives (NA), Washington , D.C.
  Record Group (RG) 226, Records of the Office of Strategic Services, Entry 16, Schachteln 23, 24, 0617, 1571.
  Records of the Department of State Relating to Internal Affairs of Austria, 1930–1944, Mikrofilm 1209, Filmrollen 6, 7, 29.
  World War II Collection of Seized Enemy Records gefilmt in Alexandria, Virginia
    Mikrofilm T-77, Records of Headquarters, German Armed Forces, High Command (Aufzeichnungen aus dem Hauptquartier, Oberkommando der deutschen Wehrmacht).
    Mikrofilm T-81, Records of National Socialist German Labor Party (Aufzeichnungen der Nationalsozialistischen Deutschen Arbeiterpartei), Filmrollen 6 und 7.
    Mikrofilm T-84, Miscellaneous German Collections (Diverse deutsche Sammlungen).
Niederösterreichisches Landesarchiv (NÖLA), Wien, jetzt St. Pölten
  ZR Ia-10 (1938–1945).
Oberösterreichisches Landesarchiv (OÖLA), Linz
  Politische Akten, 1933–1945, Schachtel 69.
Public Record Office (PRO), London
  Foreign Office Political and Diplomatic Files: FO 371 (1938–1939).
Franklin D. Roosevelt Library, Hyde Park, N.Y.
  President's Secretary File, Consular Reports Relating to Conditions in Occupied Countries (Akte des Sekretärs des Präsidenten, Konsularberichte zu den Verhältnissen in besetzten Ländern).

Veröffentlichte Dokumente

Akten zur deutschen Auswärtigen Politik. Serie D, 1937–1945, Bd. 1. Baden-Baden 1950.

»Anschluss 1938«. Eine Dokumentation. Herausg. vom Dokumentationsarchiv des österreichischen Widerstandes. Wien 1988.

Archives of the Holocaust: An International Collection of Selected Documents. 22 Bde. Herausg. von Henry Friedlander und Sibyl Milton. New York 1990–1993.

Deutschland-Berichte der Sozialdemokratischen Partei Deutschlands (Sopade): 1934–1940. 7 Bde. Frankfurt am Main 1980.

Erzählte Geschichte: Jüdische Schicksale. Berichte von Verfolgten. 3 Bde. Herausg. vom Dokumentationsarchiv des österreichischen Widerstandes. Wien 1993.

Adolf Hitler. Monologe im Führerhauptquartier 1941–1944. Die Aufzeichnungen Heinrich Heims. Herausg. von Werner Jochmann. Hamburg 1980.

Hitler. Reden und Proklamationen 1932–1945: Kommentiert von einem Zeitgenossen. 2 Bde. Herausg. von Max Domarus. Neustadt 1962/63.

Hitler's Secret Conversations, 1941–1944. Herausg. von H. R. Trevor Roper. New York 1953.

Justice for Austria! Red-White-Red Book: Description, Documents and Proofs to the Antecedents and History of the Occupation of Austria (from Official Sources). Teil 1. Wien 1947; deutsche Ausgabe: *Rot-Weiss-Rot Buch. Darstellungen, Dokumente und Nachweise zur Vorgeschichte und Geschichte der Okkupation Oesterreichs »nach amtlichen Quellen«.* Hrsg. vom Ministerkomitee unter Führung von Gruber. Wien 1946.

Meldungen aus dem Reich. Die geheimen Lageberichte des Sicherheitsdienstes der SS 1938–1945. 17 Bde. Herausg. von Heinz Boberach. Herrsching 1984.

Der Prozess gegen die Hauptkriegsverbrecher vor dem Internationalen Militärgerichtshof. Bde. XXVIII, XXXI. Nürnberg 1948.

Statistisches Handbuch für die Republik Österreich. Herausg. vom Bundesamt für Statistik. Bde. 16–18. Wien 1936–1938.

Die Tagebücher von Joseph Goebbels. Sämtliche Fragmente. Herausg. von Elke Fröhlich. München 1987–1995.

Widerstand und Verfolgung im Burgenland 1934–1945. Eine Dokumentation. Herausg. vom Dokumentationsarchiv des österreichischen Widerstandes. Wien 1979.

Widerstand und Verfolgung in Niederösterreich 1934–1945: Eine Dokumentation. 3 Bde. Herausg. vom Dokumentationsarchiv des österreichischen Widerstandes. Wien 1987.

Widerstand und Verfolgung in Oberösterreich 1934–1945: Eine Dokumentation. 2 Bde. Herausg. vom Dokumentationsarchiv des österreichischen Widerstandes. Wien 1982.

Widerstand und Verfolgung in Salzburg 1934–1945: Eine Dokumentation. 2 Bde. Herausg. vom Dokumentationsarchiv des österreichischen Widerstandes. Wien 1991.

Widerstand und Verfolgung in Tirol 1934–1945: Eine Dokumentation. 3 Bde. Herausg. vom Dokumentationsarchiv des österreichischen Widerstandes. Wien 1984.

Widerstand und Verfolgung in Wien 1934–1945: Eine Dokumentation. 3 Bde. Herausg. von Herbert Steiner, Peter Eppl und Johann Holzner. Wien 1975.

Zeitungen

Manchester Guardian, 1938/39
New York Times, 1938–1941
The Times, 1938/39
Völkischer Beobachter (Wiener Ausgabe), 1938–1940

Memoiren, Zeitschriftenartikel und Sekundärliteratur

Albrich, Thomas, *Exodus durch Österreich. Die jüdischen Flüchtlinge 1945–1948*. Innsbruck 1987.

— »›Gebt dem Führer euer Ja!‹ Die NS-Propaganda in Tirol für die Volksabstimmung am 1. April 1938«, in: *Tirol und der Anschluss. Voraussetzungen, Entwicklungen, Rahmenbedingungen 1918–1938*. Herausg. von Thomas Albrich, Klaus Eisterer und Rolf Steininger. Innsbruck 1988, S. 505–537.

— »Holocaust und Schuldabwehr. Vom Judenmord zum kollektiven Opferstatus«, in: *Österreich im 20. Jahrhundert: Vom Zweiten Weltkrieg bis zur Gegenwart*. Herausg. von Rolf Steininger und Michael Gehler. Wien, Köln, Weimar 1997, S. 39–106.

— »Vom Vorurteil zum Pogrom. Antisemitismus von Schönerer bis Hitler«, in: *Österreich im 20. Jahrhundert: Vom Zweiten Weltkrieg bis zur Gegenwart*. Herausg. von Rolf Steininger und Michael Gehler. Wien, Köln, Weimar 1997, S. 309–366.

Albrich, Thomas, und Arno Gisinger, *Im Bombenkrieg. Tirol und Vorarlberg 1943–1945*. Innsbruck 1992.

Albrich, Thomas, und Wolfgang Meixner, »Zwischen Legalität und Illegalität. Zur Mitgliederentwicklung, Alters- und Sozialstruktur der NSDAP in Tirol und Vorarlberg vor 1938«, in: *Zeitgeschichte* 22 (1995), S. 149–187.

Andics, Hellmut, *Der Staat, den keiner wollte. Österreich von der Gründung der Republik bis zur Moskauer Deklaration*. Wien, München 1968.

Baird, Jay W., *The Mystical World of Nazi War Propaganda, 1939–1945*. Minneapolis 1974.

Bankier, Alexander A., »›Auch nicht von der Frau Hinterhuber‹: Zu den ökonomischen Aspekten des Novemberpogroms in Wien«, in: *Der Novemberpogrom 1938. Die »Reichskristallnacht« in Wien*. Herausg. vom Historischen Museum der Stadt Wien. Wien 1988, S. 70–83.

Bankier, David, *The Germans and the Final Solution. Public Opinion under Nazism*. Oxford 1992; deutsche Ausgabe: *Die öffentliche Meinung im Hitler-Staat. Die »Endlösung und die Deutschen. Eine Berichtigung*. Berlin 1995.

Bart, Richard, und Emil Puffer, *Die Gemeindevertretung der Stadt Linz vom Jahre 1848 bis zur Gegenwart*. Linz 1968.

Beck, Earl R., *Under the Bombs. The German Home Front, 1942–1945*. Lexington 1986.

Beer, Siegfried, und Stefan Karner, *Der Krieg aus der Luft. Kärnten und Steiermark 1941–1945*. Graz 1992.

Bell, P. M. H., *John Bull and the Bear. British Public Opinion, Foreign Policy and the Soviet Union, 1941–1945*. London 1990.

— *The Origins of the Second World War in Europe*. London 1986.

Bentwich, Norman, »The Destruction of the Jewish Community in Austria, 1938–1942«, in: *The Jews of Austria. Essays on Their Life, History and Destruction*. Herausg. von Josef Fraenkel. London 1967, S. 467–478.

Berger, Franziska, *Tage wie schwarze Perlen. Tagebuch einer jungen Frau. Oberösterreich 1942–1945.* Grünbach 1989.

Berger, Karin, »›Hut ab vor Frau Sedlmayer!‹ Zur Militarisierung und Ausbeutung der Arbeit von Frauen im nationalsozialistischen Österreich«, in: *NS-Herrschaft in Österreich 1938–1945.* Herausg. von Emmerich Tálos, Ernst Hanisch und Wolfgang Neugebauer. Wien 1988, S. 141–161.

— »Die innere Front«, in: *Österreicher und der zweite Weltkrieg.* Herausg. von Wolfgang Neugebauer. Wien 1989, S. 59–66.

— *Zwischen Eintopf und Fließband. Frauenarbeit und Frauenbild im Faschismus: Österreich 1938–1945.* Wien 1984.

Berkley, George, *Vienna and its Jews. The Tragedy of Success, 1880s–1980s.* Lanham 1988.

Bernbaum, John A., »Nazi Control in Austria: The Creation of the Ostmark, 1938–1940.« Dissertation, University of Maryland 1972.

Bernhard, Thomas, *Die Ursache.* Salzburg, Wien 1988.

Bischof, Günter, »Founding Myths and Compartmentalized Past: New Literature on the Construction, Hibernation, and Deconstruction of World War II Memory in Postwar Austria«, in: *Contemporary Austrian Studies* 5 (1997), S. 345–366.

— »Die Instrumentalisierung der Moskauer Erklärung nach dem 2. Weltkrieg«, in: *Zeitgeschichte* 20, Nr. 11/12 (1993), S. 345–366.

Black, Peter, *Ernst Kaltenbrunner. Ideological Soldier of the Third Reich.* Princeton 1984; deutsche Ausgabe: *Ernst Kaltenbrunner. Vasall Himmlers: Eine SS-Karriere.* Paderborn 1991.

Blanning, T. C. W., *Joseph II.* London 1994.

Boelcke, Willi A., Hg., »*Wollt Ihr den totalen Krieg?« Die geheimen Goebbels-Konferenzen 1939–1943.* Stuttgart 1967.

Botz, Gerhard, »Der ›Anschluß‹ von 1938 als innerösterreichisches Problem«, in: *Aus Politik und Zeitgeschichte: Beilage zur Wochenzeitung »Das Parlament«.* B9/88 vom 26. Februar 1988, S. 3–19.

— »Arbeiterschaft und österreichische NSDAP-Mitglieder (1926–1945)«, in: *Arbeiterschaft und Nationalsozialismus in Österreich.* Herausg. von Rudolf G. Ardelt und Hans Hautmann. Wien 1990, S. 29–48.

— »The Changing Patterns of Social Support for Austrian National Socialism (1918–1945)«, in: *Who Were the Fascists? Social Roots of European Fascism.* Herausg. von Stein Ugelvik Larsen, Bernt Havet und Jan P. Myklebust. Bergen, Norwegen 1980, S. 202–225.

— »Eine deutsche Geschichte 1938 bis 1945? Österreichische Geschichte zwischen Exil, Widerstand und Verstrickung«, in: *Zeitgeschichte* 14, Nr. 1 (1986) S. 19–37.

— *Der 13. März 38 und die Anschlußbewegung. Selbstaufgabe, Okkupation und Selbstfindung Österreichs 1918–1945.* Wien 1978.

— »The Dynamics of Persecution in Austria, 1938–1945«, in: *Austrians and Jews in the Twentieth Century: From Franz Joseph to Waldheim.* Herausg. von Robert S. Wistrich. New York 1992, S. 199–233.

— *Die Eingliederung Österreichs in das Deutsche Reich. Planung und Verwirklichung des politisch-administrativen Anschlusses (1938–1940).* Wien 1976.

— »Das Ergebnis der ›Volksabstimmung‹ vom 10. April 1938«, in: *Wien 1938. Forschungen und Beiträge zur Wiener Stadtgeschichte. Sonderreihe der Wiener Geschichtsblätter.* Wien 1988, S. 95–104.

— »Hitlers Aufenthalt in Linz im März 1938 und der Anschluß«, in: *Historisches Jahrbuch der Stadt Linz 1970* (1971) S. 185–214.

— »The Jews of Vienna from the Anschluss to the Holocaust«, in: *Jews, Antisemitism and Culture in Vienna.* Herausg. von Ivar Oxaal, Michael Pollack und Gerhard Botz. London 1987, S. 185–204.

— »›Judenhatz‹ und ›Reichskristallnacht‹ im historischen Kontext: Pogrome in Österreich und Osteuropa um 1900«, in: *Der Pogrom 1938: Judenverfolgung in Österreich und Deutschland. Dokumentation eines Symposiums der Volkshochschule Brigittenau.* Herausg. von Kurt Schmid und Robert Streibl. Wien 1990, S. 9–25.

— *Nationalsozialismus in Wien. Machtübernahme und Herrschaftssicherung 1938/39.* Wien 1988; Titel der Erstauflage: *Wien vom* »Anschluß« *zum Krieg. Nationalsozialistische Machtübernahme und politisch-soziale Umgestaltung am Beispiel der Stadt Wien 1938/39.* Wien, München 1978.

— »Schuschniggs geplante ›Volksbefragung‹ und Hitlers ›Volksabstimmung‹ in Österreich«, in: *Anschluß 1938: Protokoll des Symposiums in Wien am 14. und 15. März 1978.* Herausg. von Rudolf Neck und Adam Wandruszka. Wien 1981, S. 220–243.

— »Strukturwandlungen des österreichischen Nationalsozialismus (1904–1945)«, in: *Politik und Gesellschaft im alten und neuen Österreich. Festschrift für Rudolf Neck zum 60. Geburtstag.* Herausg. von Isabella Ackerl u. a. München 1981, Bd. 2, S. 195–218.

— »Stufen der Ausgliederung der Juden aus der Gesellschaft. Die österreichischen Juden vom ›Anschluß‹ zum ›Holocaust‹«, in: *Zeitgeschichte* 14, Nr. 9/10 (1987) S. 359–378.

— »War der Anschluß gezwungen?«, in: *Fünfzig Jahre danach – Der* »Anschluß« *von innen und außen gesehen. Beiträge zum Internationalen Symposion von Rouen, 29. Februar–4. März 1988.* Herausg. von Felix Kreissler. Wien 1989, S. 97–119.

— *Wohnungspolitik und Judendeportation in Wien 1938 bis 1945. Zur Funktion des Antisemitismus als Ersatz für nationalsozialistische Sozialpolitik.* Wien 1975.

— »Zwischen Akzeptanz und Distanz. Die österreichische Bevölkerung und das NS-Regime nach dem ›Anschluß‹«, in: *Österreich, Deutschland und die Mächte. Internationale und österreichische Aspekte des* »Anschlusses« *vom März 1938.* Herausg. von Gerald Stourzh und Brigitta Zaar. Wien 1990, S. 429–469.

Boyer, John, *Political Radicalism in Late Imperial Vienna. Origins of the Christian Social Movement, 1848–1897.* Chicago 1981.

Bracher, Karl Dietrich, *Die deutsche Diktatur. Entstehung, Struktur, Folgen des Nationalsozialismus.* Köln, Berlin 1969.

Brandstötter, Rudolf, »Dr. Walter Riehl und die Geschichte der DNSAP in Österreich.« Dissertation, Universität Wien 1968.

Brook-Shepherd, Gordon, *The Anschluss.* Philadelphia 1953; deutsche Ausgabe: *Der Anschluß.* Graz, Wien, Köln 1963.

— *The Austrians. A Thousand-Year Odyssey.* London 1996; deutsche Ausgabe: *Österreich. Eine tausendjährige Geschichte.* Wien 1998.

Broszat, Martin, Elke Fröhlich und Artur Großmann, Hg., *Bayern in der NS-Zeit.* 6 Bde. München 1977–1983.

Broucek, Peter, Hg., *Ein General im Zwielicht. Die Erinnerungen Edmund Glaises von Horstenau.* 3 Bde. Wien 1980 ff.

Bruckmüller, Ernst, »Sozialstruktur und Sozialpolitik«, in: *Österreich 1918–1938.*

Geschichte der Ersten Republik. Herausg. von Erika Weinzierl und Kurt Skalnik. Graz 1983, Bd. 1, S. 381–435.

Bukey, Evan Burr, »The Austrians and the ›Ostmark‹ 1938–1945«, in: *Ungleiche Partner? Österreich und Deutschland in ihrer gegenseitigen Wahrnehmung. Historische Analysen und Vergleiche aus dem 19. und 20. Jahrhundert.* Herausg. von Michael Gehler u. a. Stuttgart 1996, S. 513–531.

— »Die Heimatfront: Von der ›Ostmark‹ zu den ›Alpen- und Donaugauen‹ 1939–1945«, in: *Österreich im 20. Jahrhundert. Von der Monarchie bis zum Zweiten Weltkrieg.* Herausg. von Rolf Steininger und Michael Gehler. Wien, Köln, Weimar 1997, S. 465–498.

— *Hitler's Hometown: Linz, Austria, 1908–1945.* Bloomington 1986; deutsche Ausgabe: »*Patenstadt des Führers«: eine Politik- und Sozialgeschichte von Linz 1908–1945.* Frankfurt/Main, New York 1993.

— »Hitler's Hometown under Nazi Rule. Linz, Austria, 1938–1945«, in: *Central European History* 16, Nr. 2 (Juni 1983) S. 171–186.

— »Nazi Rule in Austria«, in: *Austrian History Yearbook* 22 (1992) S. 202–233.

— »Popular Opinion in Vienna after the Anschluss«, in: *Conquering the Past. Austrian Nazism Yesterday and Today.* Herausg. von F. Parkinson. Detroit 1989, S. 151–164.

Burke, Peter, *History and Social Theory.* Ithaca 1992.

Butschek, Felix, *Die österreichische Wirtschaft 1938 bis 1945.* Stuttgart 1978.

Buttinger, Joseph, *In the Twilight of Socialism. A History of Revolutionary Socialists in Austria.* New York 1953; deutsche Ausgabe: *Am Beispiel Österreichs. Ein geschichtlicher Beitrag zur Krise der sozialistischen Bewegung.* Köln 1953.

Calder, Angus, *The People's War. Britain, 1939–1945.* New York 1971.

Carsten, Francis L., *Fascist Movements in Austria. From Schönerer to Hitler.* London 1977; deutsche Ausgabe: *Faschismus in Österreich. Von Schönerer zu Hitler.* München 1977.

— *The First Austrian Republic, 1918–1938. A Study Based on British and Austrian Documents.* Hants 1986; deutsche Ausgabe: *Die erste österreichische Republik im Spiegel zeitgenössischer Quellen.* Wien 1988.

— *Revolution in Central Europe, 1918–1919.* Berkeley 1972; deutsche Ausgabe: *Revolution in Mitteleuropa 1918–1919.* Köln 1973.

Clare, George, *Berlin Days.* London 1989.

— *Das waren die Klaars. Spuren einer Familie.* Frankfurt/Main, Berlin 1980.

— *Last Waltz in Vienna. The Rise and Destruction of a Family.* New York 1980.

Connely, John, »The Uses of *Volksgemeinschaft:* Letters to the NSDAP Kreisleitung Eisenach, 1939–1940«, in: *Journal of Modern History* 62 (1996) S. 899–930.

Conot, Robert E., *Justice at Nuremberg.* New York 1983.

Conway, John S., *The Nazi Persecution of the Churches, 1933–1945.* New York 1968; deutsche Ausgabe: *Die nationalsozialistische Kirchenpolitik 1933–1945. Ihre Ziele, Widersprüche und Fehlschläge.* München 1969.

Corni, Gustavo, *Hitler and the Peasants. Agrarian Policy of the Third Reich, 1930–1939.* New York 1990.

— »*Blut und Boden«. Rassenideologie und Agrarpolitik im Staat Hitlers.* Idstein 1994.

Czedik, Maria, *Uns fragt man nicht. Ein Tagebuch 1941–1945.* Wien 1988.

Czeitschner, Burgl, Hubertus Czernin und Ernst Schmiederer, »»Einige Sekunden blieb alles still‹«, in: *Profil* Nr. 45 vom 7. November 1988, S. 62–86.

Davidson, W. Phillips, »Public Opinion«, in: *International Encyclopedia of Social Sciences*. New York 1968, Bd. 13, S. 188–193.

Denscher, Bernhard, »›Der ewige Jude‹: Antisemitische Propaganda vom ›Anschluß‹ bis zum Novemberpogrom 1938«, in: *Der Novemberpogrom 1938: Die ›Reichskristallnacht‹ in Wien*. Herausg. vom Historischen Museum der Stadt Wien. Wien 1988, S. 43–52.

Edmondson, C. Earl, *The Heimwehr and Austrian Politics, 1918–1936*. Athens 1978.

Eichinger, Hermann, »Die politische Situation im südwestlichen Niederösterreich 1934 bis 1945.« Dissertation, Universität Wien 1986.

Eksteins, Modris, *Rites of Spring. The Great War and the Birth of the Modern Age*. New York 1989.

Epstein, Klaus, *The Genesis of German Conservatism*. Princeton 1966.

Erhard, Benedikt, und Bernhard Natter, »›Wir waren ja alle arbeitslos‹: NS-Sympathisanten deuten ihre Motive«, in: *Tirol und der Anschluss. Voraussetzungen, Entwicklungen, Rahmenbedingungen 1918–1938*. Herausg. von Thomas Albrich, Klaus Eisterer und Rolf Steininger. Innsbruck 1988, S. 540–569.

Eubank, Keith, Hg., *The Road to World War II: A Documentary History*. New York 1973.

Falter, Jürgen W., und Dirk Hänisch, »Wahlerfolge und Wählerschaft der NSDAP in Österreich von 1927 bis 1932: Soziale Basis und Parteipolitische Herkunft«, in: *Zeitgeschichte* 15, Nr. 2 (1988) S. 223–244.

Feichtenschlager, Norbert, »Der Novemberpogrom 1938 in Wien«, in: *Zeitgeschichte* 11, Nr. 11/12 (1994) S. 363–387.

Feiler, Margaret, »The Viennese Municipal Civil Service, 1933 to 1950. A Case Study in Bureaucratic Resiliency.« Dissertation, Columbia University 1964.

Fellner, Günter, *Antisemitismus in Salzburg 1918–1938*. Wien 1979.

— »Der Novemberpogrom in Westösterreich«, in: *Der Pogrom 1938. Judenverfolgung in Österreich und Deutschland*. Herausg. von Kurt Schmid und Robert Streibl. Wien 1990, S. 34–41.

— »Der Novemberpogrom 1938: Bemerkungen zur Forschung«, in: *Zeitgeschichte* 16, Nr. 2 (1988/89) S. 35–58.

Fest, Joachim, *Adolf Hitler. Eine Biographie*. Frankfurt/Main, Berlin, Wien 1973 (Neuauflage mit neuer Einführung 1995).

Fredborg, Avrid, *Behind the Steel Wall. A Swedish Journalist in Berlin*. New York 1944.

Freidenreich, Harriet Pass, *Jewish Politics in Vienna, 1918–1938*. Bloomington 1991.

Freudenberger, Herbert, und Radomir Luža, »National Socialist Germany and the Austrian Industry, 1938–1945«, in: *Austria since 1945*. Herausg. von William E. Wright. Minneapolis 1982, S. 73–100.

Freund, Florian, »Kriegswirtschaft, Zwangsarbeit und Konzentrationslager in Österreich«, in: *Österreicher und der zweite Weltkrieg*. Herausg. von Wolfgang Neugebauer. Wien 1989, S. 101–119.

Fried, Jakob, *Nationalsozialismus und katholische Kirche in Österreich*. Wien 1947.

Friedlander, Henry, *The Origins of Nazi Genocide. From Euthanasia to the Final Solution*. Chapel Hill 1995; deutsche Ausgabe: *Der Weg zum NS-Genozid. Von der Euthanasie zur Endlösung*. Berlin 1997.

Friedländer, Saul, *Nazi Germany and the Jews. The Years of Persecution, 1933–1939*. New York 1997; deutsche Ausgabe: *Das Dritte Reich und die Juden. Jahre der Verfolgung 1933–1939*. München 1998.

Furst, Desider, und Lilian R. Furst, *Home Is Somewhere Else. Autobiography in Two Voices.* Albany 1994.

Gänser, Gerlad, »Kontinuität und Bruch in der Steierischen Landesverwaltung«, in: *Historisches Jahrbuch der Stadt Graz* 18/19 (1988) S. 126–131.

Garscha, Winfried R., *Die Verfahren vor dem Volksgericht Wien (1945–1955) als Geschichtsquelle.* Wien 1993.

Gay, Peter, *Freud. A Life for Our Time.* New York 1988; deutsche Ausgabe: *Freud. Eine Biographie für unsere Zeit.* Frankfurt/Main 1989.

Gedye, G. E. R., *Betrayal in Central Europe. Austria and Czechoslovakia. The Fallen Bastions.* New York 1939; deutsche Ausgabe: *Als die Bastionen fielen.* Wien 1981.

Gehl, Jürgen, *Germany and the Anschluss, 1931–1938.* London 1963.

Gehler, Michael, »Murder on Command: The Anti-Jewish Pogrom in Innsbruck 9th–10th November 1938«, in: *Leo Baeck Institute Yearbook* 38 (1993) S. 119–133.

Gellately, Robert, »Denunciations in Twentieth Century Germany: Aspects of Self-Policing in the Third Reich and the German Democratic Republic«, in: *Journal of Modern History* 62, Nr. 4 (1996) S. 931–967.

— *The Gestapo and German Society. Enforcing Racial Policy, 1933–1945.* Oxford 1991; deutsche Ausgabe: *Die Gestapo und die deutsche Gesellschaft. Die Durchsetzung der Rassenpolitik 1933–1945.* Paderborn 1993.

Gellott, Laura, »Recent Writings on the Ständestaat, 1934–1938«, in: *Austrian History Yearbook* 26 (1995) S. 207–238.

Gerbel, Christian, Alexander Mejstrik und Reinhard Sieder, »Die ›Schlurfs‹: Verweigerung und Opposition von Wiener Arbeiterjugendlichen im ›Dritten Reich‹«, in: *NS-Herrschaft in Österreich 1938–1945.* Herausg. von Emmerich Tálos, Ernst Hanisch und Wolfgang Neugebauer. Wien 1988, S. 243–268.

Gold, Hugo, *Geschichte der Juden in Österreich. Ein Gedenkbuch.* Tel Aviv 1971.

Goldhagen, Daniel Jonah, *Hitler's Willing Executioners. Ordinary Germans and the Holocaust.* New York 1996; deutsche Ausgabe: *Hitlers willige Vollstrecker: Ganz gewöhnliche Deutsche und der Holocaust.* Berlin 1996.

Goldinger, Walter, *Geschichte der Republik Österreich.* Wien 1962.

— »Der Sturm auf das Wiener erzbischöfliche Palais 1938 im Lichte der NS Akten«, in: *Geschichte und Gegenwart* 1 (1989) S. 16–21.

Graml, Hermann, *Der 9. November 1938: »Reichskristallnacht«.* Bonn 1956.

Gruber, Helmut, *Red Vienna. Experiment in Working Class Culture, 1919–1934.* Oxford 1991.

Grundwald, Henry, *One Man's America. A Journalist's Search for the Heart of His Country.* New York 1997.

Guderian, Heinz, *Erinnerungen eines Soldaten.* Heidelberg 1951.

Gulick, Charles A., *Austria from Habsburg to Hitler.* 2 Bde. Berkeley 1948.

Haag, John, »Marginal Men and the Dream of the Reich. Eight Austrian National Catholic Intellectuals, 1918–1938«, in: *Who Were the Fascists? Social Roots of European Fascism.* Herausg. von Stein Ugelvik Larsen, Bernt Havet und Jan P. Myklebust. Bergen, Norwegen 1980, S. 339–348.

Hagspiel, Hermann, *Die Ostmark. Österreich im Großdeutschen Reich 1938 bis 1945.* Wien 1995.

Hall, Kay B., Hg., *World War II: From the Battle Front to the Home Front. Arkansans Tell Their Stories.* Fayetteville 1995.

Hamann, Brigitte, *Hitlers Wien. Lehrjahre eines Diktators.* München 1996.

Hänisch, Dirk, *Die österreichischen NSDAP-Wähler. Eine empirische Analyse ihrer politischen Herkunft und ihres Sozialprofils.* Wien, Köln, Weimar 1998.

Hanisch, Ernst, »An Attempt to ›Understand‹ National Socialism«, in: *Austria Today* 13, Nr. 2 (1987) S. 9 f., 46 – 49.

— »Austrian Catholicism: Between Accomodation and Resistance«, in: *Conquering the Past. Austrian Nazism Yesterday and Today.* Herausg. von F. Parkinson. Detroit 1989, S. 165 – 189.

— »Bäuerliches Milieu und Arbeitermilieu in den Alpengauen. Ein historischer Vergleich«, in: *Arbeiterschaft und Nationalsozialismus in Österreich.* Herausg. von Rudolf G. Ardelt und Hans Hautmann. Wien 1990, S. 583 – 598.

— »Comments«, in: *Austrian History Yearbook* 14 (1978) S. 164 f.

— *Der lange Schatten des Staates. Österreichische Gesellschaftsgeschichte im 20. Jahrhundert.* Wien 1994.

— *Nationalsozialistische Herrschaft in der Provinz. Salzburg im Dritten Reich.* Salzburg 1983.

— »Peasants and Workers in Their Environment: Nonconformity and Opposition to National Socialism in the Austrian Alps«, in: *Germans against Nazism: Nonconformity, Opposition, and Resistance in the Third Reich. Essays in Honor of Peter Hoffmann.* Herausg. von Francis R. Nicosia und Lawrence D. Stokes. New York 1990, S. 175 – 190.

— »Der politische Katholizismus als ideologischer Träger des ›Austrofaschismus‹«, in: *»Austrofaschismus«. Beiträge über Politik, Ökonomie und Kultur 1934 – 1938.* Herausg. von Emmerich Tálos und Wolfgang Neugebauer. Wien 1984, S. 53 – 73.

— »Ein Versuch, den Nationalsozialismus zu verstehen«, in: *Das große Tabu. Österreichs Umgang mit seiner Vergangenheit.* Herausg. von Anton Pelinka und Erika Weinzierl. Wien 1987, S. 154 – 162.

— »Westösterreich«, in: *NS-Herrschaft in Österreich 1938 – 1945.* Herausg. von Emmerich Tálos, Ernst Hanisch und Wolfgang Neugebauer. Wien 1988, S. 437 – 456.

— »Zur Frühgeschichte des Nationalsozialismus in Salzburg (1913 – 1925)«, in: *Mitteilungen der Gesellschaft für Salzburger Landeskunde* 117 (1977) S. 371 – 410.

Hausjell, Fritz, und Theo Venus, »›… Wie's ihm ums Herz ist‹: Eine Radioreportage zum Judenpogrom ›Reichskristallnacht‹ ausgestrahlt vom Sender Wien am 10. November 1938. Eine Dokumentation«, in: *Medien und Zeit* 3 (März 1988) S. 31 – 33.

Hautmann, Hans, und Rudolf Kropf, *Die österreichische Arbeiterbewegung vom Vormärz bis 1945: Sozialökonomische Ursprünge ihrer Ideologie und Politik.* Wien 1974.

Helmreich, Ernst Christian, *The German Churches under Hitler. Background, Struggle, and Epilogue.* Detroit 1979.

Herf, Jeffrey, *Divided Memory. The Nazi Past in the Two Germanies.* Cambridge, Mass. 1997.

Hertz, Friedrich, *The Economic Problems of the Danubian States. A Study of Economic Nationalism.* London 1947.

Herzstein, Robert E., *Waldheim. The Missing Years.* New York 1988.

Hilsenrad, Helen, *Brown Was the Danube.* New York 1966.

Historisches Museum der Stadt Wien, Hg., *Der Novemberpogrom 1938. Die »Reichskristallnacht« in Wien.* Wien 1988.

— *Wien 1938.* Wien 1988.

Höbelt, Lothar, »Österreicher in der deutschen Wehrmacht 1938 bis 1945«, in: *Truppendienst* 5 (1989) S. 417–432.

Hoffkes, Karl, *Hitlers politische Generale. Die Gauleiter des Dritten Reiches: Ein biographisches Nachschlagewerk.* Tübingen 1986.

Hoffmann, Peter, *Widerstand – Staatsstreich – Attentat. Der Kampf der Opposition gegen Hitler.* München 1969; englische Ausgabe: *The History of the German Resistance, 1933–1945.* Cambridge, Mass. 1977.

Hofmann, Paul, *The Viennese. Splendor, Twilight, and Exile.* New York 1989.

Horwitz, Gordon J., *In the Shadow of Death. Living Outside the Gates of Mauthausen.* New York 1990.

Hughes, Walter, »Funeral Waltz. Vienna under Nazi Rule, 1938–1939: A Personal Memoir.« Vorlesung, Faculty of Languages, Polytechnic of Central London, 23. Januar 1987.

Hutton, Patrick H., »The History of Mentalities: The New Map of Cultural History«, in: *History and Social Theory* 20, Nr. 3 (1981) S. 237–259.

Ingrao, Charles, *The Habsburg Monarchy, 1618–1815.* Cambridge 1994.

Jablonka, Hans, *Waitz. Bischof unter Kaiser und Hitler.* Wien 1971.

Jagschitz, Gerhard, »NSDAP und ›Anschluß‹ in Wien 1938«, in: *Wien 1938: Forschungen und Beiträge zur Wiener Stadtgeschichte. Sonderreihe der Wiener Geschichtsblätter.* Wien 1978, S. 147–163.

— *Der Putsch. Die Nationalsozialisten in Österreich.* Graz 1976.

— »Von der ›Bewegung‹ zum Apparat: Zur Phänomenologie der NSDAP 1938 bis 1945«, in: *NS-Herrschaft in Österreich 1938–1945.* Herausg. von Emmerich Tálos, Ernst Hanisch und Wolfgang Neugebauer. Wien 1988, S. 487–516.

Janik, Allan, Rezension von *From Prejudice to Persecution,* by Bruce F. Pauley, in: *Central European History* 28, Nr. 2 (1995) S. 243.

Jedlicka, Ludwig, »Gauleiter Josef Leopold«, in: *Geschichte und Gesellschaft. Festschrift für Karl R. Stadler zum 60. Geburtstag.* Herausg. von Gerhard Botz, Hans Hautmann und Helmut Konrad. Wien 1974, S. 143–161.

— *Der 20. Juli 1944 in Österreich.* Wien 1966.

Jeffery, Charlie, »Center and Periphery in Social Democratic Politics in the Austrian First Republic, 1918–1934«, in: *Leicester University Discussion Papers in Politics,* Nr. P 93/2. Juni 1993.

— »Konsens und Dissens im Dritten Reich mit einer Fallstudie über Oberösterreich«, in: *Zeitgeschichte* 19, Nr. 5/6 (1992) S. 129–147.

— *Social Democracy in the Austrian Provinces, 1918–1934: Beyond Red Vienna.* London 1995.

Jelavich, Barbara, *Modern Austria. Empire and Republic, 1815–1986.* Cambridge 1987.

Johnston, William M., *The Austrian Mind. An Intellectual and Social History, 1848–1938.* Berkeley 1972; deutsche Ausgabe: *Österreichische Kultur- und Geistesgeschichte. Gesellschaft und Ideen im Donauraum 1848 bis 1938.* Wien 1972.

Kann, Robert A., *A History of the Habsburg Empire, 1526–1918.* Berkeley 1974; deutsche Ausgabe: *Geschichte des Habsburgerreiches 1526 bis 1918.* Wien 1993.

Kaplan, Marion A., *Between Dignity and Despair. Jewish Life in Nazi Germany.* Oxford 1998.

Karner, Stefan, »›…Des Reiches Südmark‹: Kärnten und Steiermark im Dritten Reich 1938–1945«, in: *NS-Herrschaft in Österreich 1938–1945.* Herausg. von Emmerich Tálos, Ernst Hanisch und Wolfgang Neugebauer. Wien 1988.

— *Die Steiermark im Dritten Reich 1938–1945. Aspekte ihrer politischen, wirtschaft-lich-sozialen und kulturellen Entwicklung.* Graz 1986.

— »Zur NS-Sozialpolitik gegenüber der österreichischen Arbeiterschaft«, in: *Arbei-terschaft und Nationalsozialismus in Österreich.* Herausg. von Rudolf G. Ardelt und Hans Hautmann. Wien 1990, S. 255–263.

Kater, Michael, »Everyday Anti-Semitism in Prewar Nazi Germany: The Popular Bases«, in: *Yad Vashem Studies* 16 (1984) S. 129–159.

— *The Nazi Party. A Social Profile of Members and Leaders, 1919–1945.* Cambridge 1983.

Katzenstein, Peter J., *Disjoined Partners. Austria and Germany since 1815.* Berkeley 1976.

Kepplinger, Brigitte, »Aspekte nationalsozialistischer Herrschaft in Oberösterreich«, in: *NS-Herrschaft in Österreich 1938–1945.* Herausg. von Emmerich Tálos, Ernst Hanisch und Wolfgang Neugebauer. Wien 1988, S. 417–436.

— »Nationalsozialistische Wohnbaupolitik in Oberösterreich«, in: *Arbeiterschaft und Nationalsozialismus in Österreich.* Herausg. von Rudolf G. Ardelt und Hans Haut-mann. Wien 1990, S. 265–287.

Kernbauer, Gert, und Fritz Weber, »Österreichs Wirtschaft 1938 bis 1945«, in: *NS-Herrschaft in Österreich 1938–1945.* Herausg. von Emmerich Tálos, Ernst Hanisch und Wolfgang Neugebauer. Wien 1988, S. 49–67.

Kernbauer, Hans, Eduard März und Fritz Weber, »Die wirtschaftliche Entwicklung«, in: *Österreich 1918–1938. Geschichte der Ersten Republik.* Herausg. von Erika Weinzierl und Kurt Skalnik. Graz 1983, Bd. 1, S. 366–370.

Kerschbaumer, Gert, *Faszination Drittes Reich. Kunst und Alltag der Kulturmetropole Salzburg.* Salzburg 1988.

Kershaw, Ian, *The Hitler Myth. Image and Reality in the Third Reich.* Oxford 1987; aktuelle deutschsprachige Ausgabe: *Der Hitler-Mythos. Führerkult und Volksmei-nung.* Stuttgart 1999.

— »The Persecution of the Jews and German Popular Opinion in the Third Reich«, in: *Leo Baeck Institute Yearbook* 26 (1981) S. 261–289.

— *Popular Opinion and Political Dissent in the Third Reich: Bavaria, 1933–1945.* Oxford 1983.

Keyserlingk, Robert H., *Austria in World War II: An Anglo-American Dilemma.* Mont-real 1988.

Kirk, Timothy, »The Austrian Working Class under National Socialist Rule: Industrial Unrest and Political Dissent in the ›People's Community‹«. Dissertation, Univer-sity of Manchester 1988.

— *Nazism and the Working Class in Austria. Industrial Unrest and Political Dissent in the National Community.* Cambridge 1996.

— »Workers and Nazis in Hitler's Homeland«, in: *History Today* 46, Nr. 7 (Juli 1996) S. 36–42.

Kitchen, Martin, *The Coming of Austrian Fascism.* London 1980.

Klemperer, Klemens von, »The Habsburg Heritage. Some Pointers for a Study of the First Austrian Republic«, in: *The Austrian Socialist Experiment. Social Democracy and Austromarxism, 1918–1934.* Herausg. von Anson Rabinbach. Boulder 1985, S. 11–20.

— *Ignaz Seipel. Christian Statesman in a Time of Crisis.* Princeton 1972.

Klostermann, Ferdinand, »Katholische Jugend im Untergrund«, in: *Das Bistum Linz im Dritten Reich.* Herausg. von Rudolf Zinnhobler. Linz 1979, S. 138–192.

Kluge, Ulrich, *Der österreichische Ständestaat 1934–1938. Entstehung und Scheitern.* München 1984.

Klüger, Ruth, *Weiter leben. Eine Jugend.* München 1996.

Knight, Robert, »Carinthia and Its Slovenes: The Politics of Assimilation, 1945–1960.« Unveröffentlichtes Manuskript.

— »*Ich bin dafür, die Sache in die Länge zu ziehen«: Wortprotokolle der österreichischen Bundesregierung von 1945–1952 über die Entschädigung der Juden.* Frankfurt/Main 1988.

Koch, H. W., *In the Name of the Volk. Political Justice in Hitler's Germany.* New York 1989.

Köfler, Grete, »Tirol und die Juden«, in: *Tirol und der Anschluß: Voraussetzungen, Entwicklungen, Rahmenbedingungen.* Herausg. von Thomas Albrich, Klaus Eisterer und Rolf Steininger. Innsbruck 1988, S. 169–182.

Konrad, Helmut, »Social Democracy's Drift toward Nazism before 1938«, in: *Conquering the Past. Austrian Nazism Yesterday and Today.* Herausg. von F. Parkinson. Detroit 1989, S. 110–136.

Kreissler, Felix, *Der Österreicher und seine Nation. Ein Lernprozess mit Hindernissen.* Wien 1984.

Kulka, Otto Dov, und Aron Rodrigue, »The German Population and the Jews of the Third Reich: Recent Publication and Trends in Research on German Society and the ›Jewish Question‹«, in: *Yad Vashem Studies* 16 (1984) S. 365–386.

Kurij, Robert, *Nationalsozialismus und Widerstand im Waldviertel. Die politische Situation 1938–1945.* Horn 1987.

Kutschera, Richard, *Johannes Maria Gföllner. Bischof dreier Zeitenwenden.* Linz 1972.

Langoth, Franz, *Kampf um Österreich. Erinnerungen eines Politikers.* Wels 1951.

Lazarsfeld, Paul, »An Episode in the History of Social Research: A Memoir«, in: *The Intellectual Migration. Europe and America, 1930–1960.* Herausg. von Donald Fleming und Bernard Bailyn. Cambridge, Mass. 1969, S. 270–337.

Lein, Hermann, »Das Rosenkranzfest am 7. Oktober 1938«, in: *Dokumentationsarchiv des österreichischen Widerstandes, Jahrbuch 1990,* S. 50–55.

Lewy, Guenter, *The Catholic Church and Nazi Germany.* New York 1964.

Liebmann, Maximilian, *Kardinal Innitzer und der Anschluß. Kirche und Nationalsozialismus in Österreich 1938.* Graz 1982.

— *Theodor Innitzer und der Anschluß. Österreichs Kirche 1938.* Graz, Wien, Köln 1988.

Low, Alfred D., *The Anschluss Movement, 1918–1938. Background and Aftermath. An Annotated Bibliography of German and Austrian National Socialism.* New York 1984.

— *The Anschluss Movement, 1931–1938, and the Great Powers.* Boulder 1985.

Lukacs, John, *Historical Consciousness or the Remembered Past.* New York 1968.

— *The Last European War: September 1939/December 1941.* New York 1976; deutsche Ausgabe: *Die Entmachtung Europas. Der letzte europäische Krieg 1939–1941.* Stuttgart 1978.

Luža, Radomir, *Austro-German Relations in the Anschluss Era.* Princeton 1975; deutsche Ausgabe: *Österreich und die großdeutsche Idee in der NS-Zeit.* Wien 1975.

— »Nazi Control of the Austrian Catholic Church, 1939–1941«, in: *Catholic Historical Review* 62 (1977) S. 537–572.

— *The Resistance in Austria, 1938–1945.* Minneapolis 1984; deutsche Ausgabe: *Der Widerstand in Österreich: 1938–1945.* Wien 1985.

— »Die Strukturen der nationalsozialistischen Herrschaft in Österreich«, in: *Österreich, Deutschland und die Mächte. Internationale und österreichische Aspekte des ›Anschlusses‹ vom März 1938.* Herausg. von Gerald Stourzh und Brigitta Zaar. Wien 1990, S. 471–510.

Maass, Walter B., *Country without a Name. Austria under Nazi Rule, 1938–1945.* New York 1979.

McGrath, William J., *Dionysian Art and Populist Politics in Austria.* New Haven 1974.

Maislinger, Andreas, »Franz Jägerstätter«, in: *Conquering the Past. Austrian Nazism Yesterday and Today.* Herausg. von F. Parkinson. Detroit 1989, S. 177–189.

Manoschek, Walter, »*Serbien ist judenfrei«: Militärische Besatzungspolitik und Judenvernichtung in Serbien 1941–1942.* München 1993.

Manoschek, Walter, und Hans Safrian, »Österreicher in der Wehrmacht«, in: *NS-Herrschaft in Österreich 1938–1945.* Herausg. von Emmerich Tálos, Ernst Hanisch und Wolfgang Neugebauer. Wien 1988, S. 331–360.

Markovits, Andrei S., »Austrian-German Relations in the New Europe. Predicaments of Political and National Identity Formation«, in: *German Studies Review* 19, Nr. 1 (1996) S. 91–111.

Marx, Julius, *Die österreichische Zensur im Vormärz.* München 1959.

Marx, Karl, *Der achtzehnte Brumaire des Louis Bonaparte,* in: *Werke,* Bd. 16. Berlin 1962.

Massiczek, Albert. *Ich habe meine Pflicht erfüllt. Von der SS in den Widerstand.* Wien 1989.

Mattl, Siegfried, »Die Finanzdiktatur: Wirtschaftspolitik in Österreich 1933–1938«, in: *»Austrofaschismus«. Beiträge über Politik, Ökonomie und Kultur 1934–1938.* Herausg. von Emmerich Tálos und Wolfgang Neugebauer. Wien 1984, S. 133–159.

Meusberger, Wilhelm, *Bezau. Geschichte – Gesellschaft – Kultur.* Lochau 1995.

Mikoletzky, Hanns L., *Österreich im 20. Jahrhundert.* Wien 1962.

Miller, James William, *Engelbert Dollfuß als Agrarfachmann. Eine Analyse bäuerlicher Führungsbegriffe und österreichischer Agrarpolitik 1918–1934.* Wien, Köln 1989.

Molden, Fritz, *Exploding Star. A Young Austrian against Hitler.* New York 1979; deutsche Ausgabe: *Fepolinski und Waschlapski auf dem berstenden Stern. Bericht einer unruhigen Jugend.* Wien, München, Zürich 1976.

Mommsen, Hans, »Der Nationalsozialismus«, in: *Meyers Enzyklopädisches Lexikon.* Bd. 16. Mannheim 1976.

Mooslechner, Michael, und Robert Stadler, »Landwirtschaft und Agrarpolitik«, in: *NS-Herrschaft in Österreich 1938–1945.* Herausg. von Emmerich Tálos, Ernst Hanisch und Wolfgang Neugebauer. Wien 1988, S. 69–94.

Moser, C. Gwyn, »Jewish *U-Boote* in Austria, 1938–1945«, in: *Simon Wiesenthal Center Annual* 2 (1985) S. 53–62.

Moser, Jonny, »Depriving the Jews of Their Legal Rights in the Third Reich«, in: *November 1938: From »Reichskristallnacht« to Genocide.* Herausg. von Walter H. Pehle. New York 1991, S. 127–132.

— *Die Judenverfolgung in Österreich 1938–1945.* Wien 1966.

— »Österreichs Juden unter der NS-Herrschaft«, in: *NS-Herrschaft in Österreich 1938–1945.* Herausg. von Emmerich Tálos, Ernst Hanisch und Wolfgang Neugebauer. Wien 1988, S. 185–198.

— »Das Schicksal der Wiener Juden in den März- und Apriltagen 1938«, in: *Wien 1938*. Herausg. vom Historischen Museum der Stadt Wien. Wien 1988, S. 172–182.

Moser, Josef, »Der Wandel der Wirtschafts- und Beschäftigungsstruktur einer Region während der nationalsozialistischen Herrschaft am Beispiel Oberösterreichs«, in: *Arbeiterschaft und Nationalsozialismus in Österreich*. Herausg. von Rudolf G. Ardelt und Hans Hautmann. Wien 1990, S. 201–230.

Müller, Ingo, *Furchtbare Juristen. Die unbewältigte Vergangenheit unserer Justiz*. München 1987.

Mulley, Karl-Dieter, »Modernität oder Traditionalität? Überlegungen zum sozialstrukturellen Wandel in Österreich 1938 bis 1945«, in: *NS-Herrschaft in Österreich 1938–1945*. Herausg. von Emmerich Tálos, Ernst Hanisch und Wolfgang Neugebauer. Wien 1988, S. 25–48.

Naderer, Anton, »Dr. Josef Cal. Fliesser. Bischof von Linz.« Dissertation, Universität Wien 1972.

— »Die Haltung Bischof Fliessers und der National Sozialismus«, in: *Das Bistum Linz im Dritten Reich*. Herausg. von Rudolf Zinnhobler. Linz 1979, S. 74–107.

Neck, Rudolf, und Ludwig Jedlicka, Hg., *Das Jahr 1934: 12. Februar: Protokoll eines Symposiums in Wien am 5. Februar 1974*. Wien 1975.

— *Das Juliabkommen von 1936. Vorgeschichte, Hintergründe und Folgen*. München 1977.

Neugebauer, Wolfgang, »Das NS-Terrorsystem«, in: *NS-Herrschaft in Österreich 1938–1945*. Herausg. von Emmerich Tálos, Ernst Hanisch und Wolfgang Neugebauer. Wien 1988, S. 163–183.

— »Vernichtung von ›Minderwertigen‹ – Kriegsverbrechen?«, in: *Österreicher und der zweite Weltkrieg*. Herausg. von Wolfgang Neugebauer. Wien 1989, S. 121–143.

— »Von der Rassenhygiene zum Massenmord«, in: *Wien 1938*. Herausg. vom Historischen Museum der Stadt Wien. Wien 1988, S. 263–285.

— »Widerstand und Opposition«, in: *NS-Herrschaft in Österreich 1938–1945*. Herausg. von Emmerich Tálos, Ernst Hanisch und Wolfgang Neugebauer. Wien 1988, S. 537–552.

— Hg., *Österreicher und der zweite Weltkrieg*. Wien 1989.

Orlow, Dietrich, *The History of the Nazi Party. 1933–1945*. Pittsburgh 1973.

Parkinson, F., Hg., *Conquering the Past. Austrian Nazism Yesterday and Today*. Detroit 1989.

Paucker, Arnold, »Resistance of German and Austrian Jews to the Nazi Regime, 1933–1945«, in: *Leo Baeck Institute Yearbook* 40 (1995) S. 3–20.

Pauley, Bruce F., »Austria«, in: *The World Reacts to the Holocaust*. Herausg. von David S. Wyman. Baltimore 1996, S. 473–513.

— *From Prejudice to Persecution. A History of Austrian Anti-Semitism*. Chapel Hill 1992; deutsche Ausgabe: *Eine Geschichte des österreichischen Antisemitismus: von der Ausgrenzung zur Auslöschung*. Wien 1993.

— *The Habsburg Legacy, 1867–1939*. New York 1972.

— *Hitler and the Forgotten Nazis. A History of Austrian National Socialism*. Chapel Hill 1981; deutsche Ausgabe: *Der Weg in den Nationalsozialismus: Ursprünge und Entwicklung in Österreich*. Wien 1988.

— »The Social and Economic Background of Austria's Lebensunfähigkeit«, in: *The Austrian Socialist Experiment. Social Democracy and Austromarxism, 1918–1934*. Herausg. von Anson Rabinbach. Boulder 1985. S. 21–37.

Pehle, Walter H., Hg., *Der Judenpogrom 1938. Von der »Reichskristallnacht« zum Völkermord.* Frankfurt/Main 1988.

Pelinka, Anton, *Austria. Out of the Shadow of the Past.* Boulder 1998.

— »The Great Austrian Taboo. The Repression of the Civil War«, in: *New German Critique* Nr. 43 (1988) S. 69–81.

— »SPÖ, ÖVP, and the ›Ehemaligen‹: Isolation or Integration?«, in: *Conquering the Past. Austrian Nazism Yesterday and Today.* Herausg. von F. Parkinson. Detroit 1989, S. 245–256.

Petropoulos, Jonathan, *Art as Politics in the Third Reich.* Chapel Hill 1996.

— »The Importance of the Second Rank. The Case of Art Plunderer Kajetan Mühlmann«, in: *Contemporary Austrian Studies* 4 (1996) S. 177–201.

Peukert, Detlev J. K., *Die Edelweißpiraten. Protestbewegungen jugendlicher Arbeiter im Dritten Reich. Eine Dokumentation.* Köln 1980.

— *Volksgenossen und Gemeinschaftsfremde. Anpassung, Ausmerze und Aufbegehren unter dem Nationalsozialismus.* Köln 1982; englische Ausgabe: *Inside Nazi German. Conformity, Opposition, and Racism in Everyday Life.* New Haven 1987.

— »Youth in the Third Reich«, in: *Life in the Third Reich.* Herausg. von Richard Bessel. Oxford 1987, S. 25–49.

Preradovich, Nikolaus von, *Großdeutschland 1938. Traum, Wirklichkeit, Tragödie.* Leoni am Starnberger See 1987.

— *Österreichs höhere SS-Führer.* Berg am See 1987.

Rabinbach, Anson, *The Crisis of Austrian Socialism. From Red Vienna to Civil War.* Chicago 1983.

Rath, R. John, und Carolyn Schum, »The Dollfuss-Schuschnigg Regime: Fascist or Authoritarian?«, in: *Who Were the Fascists? Social Roots of European Fascism.* Herausg. von Stein Ugelvik Larsen, Bernt Havet und Jan P. Myklebust. Bergen, Norwegen 1980.

Rathkolb, Oliver, *Führertreu und gottbegnadet: Künstlereliten im Dritten Reich.* Wien 1991.

Rathkolb, Oliver, u. a., *Die unvertraute Wahrheit. Hitlers Propagandisten in Österreich.* Salzburg 1988.

Reimann, Viktor, *Innitzer: Kardinal zwischen Hitler und Rom.* Wien, München, Zürich 1967.

Reiterer, Albert F., *Nation und Nationalbewusstsein in Österreich. Ergebnisse einer empirischen Untersuchung.* Wien 1988.

Reuth, Ralf Georg, *Goebbels.* New York 1993; deutsche Ausgabe: *Goebbels.* München, Zürich 1991.

Rhodes, Anthony, *The Vatican in the Age of the Dictators, 1922–1945.* New York 1973.

Riedmann, Josef, *Das Bundesland Tirol 1918–1970 (Geschichte des Landes Tirol* Bd. 4/II). Bozen, Innsbruck, Wien 1988.

Ringler, Ralf Roland, *Illusion einer Jugend. Lieder, Fahnen und das bittere Ende: Hitler Jugend in Österreich. Ein Erlebnisbericht.* St. Pölten 1977.

Rosar, Wolfgang, *Deutsche Gemeinschaft. Seyß-Inquart und der Anschluß.* Wien 1971.

Rosenkranz, Herbert, »The Anschluß and the Tragedy of Austrian Jewry 1938–1945«, in: *The Jews of Austria. Essays on Their Life, History and Destruction.* Herausg. von Josef Fraenkel. London 1967, S. 479–575.

— *»Reichskristallnacht« 9. November 1938 in Österreich.* Wien 1968.

— *Verfolgung und Selbstbehauptung. Die Juden in Österreich 1938–1945.* Wien 1978.

Rothschild, K. W., *Austria's Economic Development between Two Wars*. London 1947.

Rudin, Walter, *The Way I Remember It*. London 1997; deutsche Ausgabe: *So hab ich's erlebt. Von Wien nach Wisconsin. Erinnerungen eines Mathematikers*. München 1998.

Safrian, Hans, *Die Eichmann Männer*. Wien 1993.

Safrian, Hans, und Hans Witek, *Und keiner war dabei. Dokumente des alltäglichen Antisemitismus in Wien*. Wien 1988.

Sauer, Walter, »Österreichs Kirchen 1938–1945«, in: *NS-Herrschaft in Österreich 1938–1945*. Herausg. von Emmerich Tálos, Ernst Hanisch und Wolfgang Neugebauer. Wien 1988, S. 517–536.

Schärf, Adolf, *Österreichs Erneuerung 1945–1955*. Wien 1960.

Schausberger, Norbert, *Der Griff nach Österreich. Der Anschluß*. München 1978.

— »Hitler und Österreich: Einige Anmerkungen zur Hitler-Interpretation«, in: *Österreich in Geschichte und Literatur* 28, Nr. 6 (1984) S. 363–377.

— *Rüstung in Österreich 1938–1945: Eine Studie über die Wechselwirkung von Wirtschaft, Politik und Kriegsführung*. Wien 1970.

— »Der Strukturwandel des ökonomischen Systems 1938–1945«, in: *Arbeiterschaft und Natinalsozialismus in Österreich*. Herausg. von Rudolf G. Ardelt und Hans Hautmann. Wien 1990, S. 151–168.

Schleunes, Karl A., *The Twisted Road to Auschwitz. Nazi Policy towards German Jews, 1933–1939*. Chicago 1970.

Schmid, Kurt, und Robert Streibel, Hg., *Der Pogrom 1938: Judenverfolgung in Österreich und Deutschland*. Wien 1990.

Schmidl, Erwin A., *März 38. Der deutsche Einmarsch in Österreich*. Wien 1988.

— »Die militärische Situation in Tirol im März 1938«, in: *Tirol und der Anschluß: Voraussetzungen, Entwicklungen, Rahmenbedingungen 1918–1938*. Herausg. von Thomas Albrich, Klaus Eisterer und Rolf Steininger. Innsbruck 1988, S. 481–504.

Schneider, Gertrude, *Exile and Destruction. The Fate of Austrian Jews, 1938–1945*. Westport 1995.

Schöner, Josef, *Wiener Tagebuch 1944/45*. Wien, Köln, Weimar 1992.

Schorske, Carl E., *Fin-de-Siècle Vienna. Politics and Culture*. New York 1980; deutsche Ausgabe: *Wien. Geist und Gesellschaft im Fin de siècle*. Frankfurt/Main 1982.

Schreiber, Horst, *Die Machtübernahme. Die Nationalsozialisten in Tirol 1938/39*. Innsbruck 1994.

— *Wirtschafts- und Sozialgeschichte der Nazizeit in Tirol*. Innsbruck 1994.

Schuster, Walter, »Die Entnazifizierung des Magistrates Linz«, in: *Historisches Jahrbuch der Stadt Linz* (1995) S. 87–205.

Schwarz, Robert, »Nazi Wooing of Austrian Social Democracy between Anschluss and War«, in: *Conquering the Past. Austrian Nazism Yesterday and Today*. Herausg. von F. Parkinson. Detroit 1989, S. 125–136.

Shirer, William L., *Berlin Diary. The Journal of a Foreign Correspondent, 1934–1941*. New York 1979; deutsche Ausgabe: *Berliner Tagebuch. Aufzeichnungen 1934–1941*. Leipzig, Weimar 1991.

— *The Nightmare Years: 1930–1940*. Boston 1984.

Simon, Walter B. »Democracy in the Shadow of Imposed Sovereignty: The First Republic of Austria«, in: *The Breakdown of Democratic Regimes: Europe*. Herausg. von Juan L. Linz und Alfred Stepan. Baltimore 1978, S. 80–121.

Sked, Alan, *The Decline and Fall of the Habsburg Monarchy, 1815–1918*. London 1989;

deutsche Ausgabe: *Der Fall des Hauses Habsburg. Der unzeitige Tod eines Kaiserreichs.* Berlin 1993.

Slapnicka, Harry, *Oberösterreich als es »Oberdonau« hieß (1938–1945).* Linz 1978.

— »Zum Antisemitismus-Problem in Oberösterreich«, in: *Zeitgeschichte* 11/12 (1974) S. 264–267.

Smelser, Ronald M., »Hitler and the DNSAP: Between Democracy and Gleichschaltung«, in: *Bohemia. Jahrbuch des Collegium Carolinum* 20 (1979) S. 137–155.

Speer, Albert, *Spandau. The Secret Diaries.* New York 1976; deutsche Ausgabe: *Spandauer Tagebücher.* Frankfurt/Main, Berlin, Wien 1975.

Stadler, Karl, *Österreich 1938–1945 im Spiegel der NS Akten.* Wien 1966.

— »Provinzstadt im Dritten Reich«, in: *Nationalsozialismus in Wien. Machtübernahme und Herrschaftssicherung 1938/39.* Herausg. von Gerhard Botz. Wien 1988, S. 15–21.

Steiner, Kurt, *Politics in Austria.* Boston 1972.

Steinert, Marlis G., *Hitlers Krieg und die Deutschen. Stimmung und Haltung der deutschen Bevölkerung im Zweiten Weltkrieg.* Düsseldorf, Wien 1970; englische Ausgabe: *Hitler's War and the Germans. Public Mood and Attitude during the Second World War.* Athens 1977.

Steininger, Rolf, »Der Anschluß – Stationen auf dem Weg zum März 1938«, in: *Tirol und der Anschluß: Voraussetzungen, Entwicklungen, Rahmenbedingungen 1918–1938.* Herausg. von Thomas Albrich, Klaus Eisterer und Rolf Steininger. Innsbruck 1988, S. 9–42.

Sternfeld, Albert, *Betrifft: Österreich. Von Österreich betroffen.* Freistadt 1990.

Stiefel, Dieter, *Arbeitslosigkeit. Soziale, politische und wirtschaftliche Auswirkungen – am Beispiel Österreichs 1918–1938.* Berlin 1979.

— *Entnazifizierung in Österreich.* Wien 1981.

— *Die große Krise in einem kleinen Land. Österreichische Finanz- und Wirtschaftspolitik 1929–1938.* Wien 1988.

Stokes, Lawrence Duncan, »The ›Sicherheitsdienst‹ (SD) of the ›Reichsführer‹ SS and German Public Opinion, September 1939–June 1941.« Dissertation, Johns Hopkins University 1972.

Stubenvoll, Karl, *Bibliographie zum Nationalsozialismus in Österreich. Eine Auswahl.* Wien 1992.

Stuhlpfarrer, Karl, »Nazism, the Austrians, and the Military«, in: *Conquering the Past. Austrian Nazism Yesterday and Today.* Herausg. von F. Parkinson. Detroit 1989, S. 190–206.

Sully, Melanie A., »The Waldheim Connection«, in: *Conquering the Past. Austrian Nazism Yesterday and Today.* Herausg. von F. Parkinson. Detroit 1989, S. 294–312.

Tálos, Emmerich, »Arbeits- und Sozialrecht im Nationalsozialismus – Steuerung der Arbeitsbeziehungen, Integration und Disziplinierung der Arbeiterschaft«, in: *Arbeiterschaft und Nationalsozialismus in Österreich.* Herausg. von Rudolf G. Ardelt und Hans Hautmann. Wien 1990, S. 231–254.

— »Sozialpolitik 1938–1945«, in: *NS-Herrschaft in Österreich 1938–1945.* Herausg. von Emmerich Tálos, Ernst Hanisch und Wolfgang Neugebauer. Wien 1988, S. 115–140.

Tálos, Emmerich, u. a., Hg., *Handbuch des politischen Systems Österreichs 1918–1933.* Wien 1995.

Tálos, Emmerich, Ernst Hanisch und Wolfgang Neugebauer, Hg., *NS-Herrschaft in Österreich 1938–1945.* Wien 1988.

Taylor, A. J. P., *The Habsburg Monarchy, 1809–1918. A History of the Austrian Empire and Austria Hungary.* New York 1965.

Thalmann, Rita, und Emmanuel Feinermann, *Crystal Night: 9–10 November 1938.* London 1974; deutsche Ausgabe: *Die Kristallnacht.* Frankfurt/Main 1987.

Thorne, Christopher, *The Approach of War, 1938–39.* London 1967.

Tweraser, Kurt, »Carl Beurle and the Triumph of German Nationalism in Austria«, in: *German Studies Review* 4, Nr. 3 (1981) S. 403–426.

— *US Militärregierung in Oberösterreich 1945–1950.* Linz 1995.

Uhl, Heidemarie, *Zwischen Versöhnung und Verstörung. Eine Kontroverse um Österreichs historische Identität fünfzig Jahre nach dem »Anschluß«.* Wien, Köln, Weimar 1992.

Ulrich, Johann, *Der Luftkrieg über Österreich 1939–1945.* Wien 1982.

Unger, Aryeh L., »The Public Opinion Reports of the Nazi Party«, in: *Public Opinion Quarterly* 29 (1965/66) S. 565–582.

Voges, Michael, »Klassenkampf in der ›Betriebsgemeinschaft‹: Die ›Deutschland-Berichte‹ der Sopade (1934–1940) als Quelle zum Widerstand der Industriearbeiter im Dritten Reich«, in: *Archiv für Sozialgeschichte* 21 (1982) S. 329–383.

Wagner, Dieter, und Gerhard Tomkowitz, »*Ein Volk, ein Reich, ein Führer!« Der Anschluß Österreichs 1938.* München 1968; englische Ausgabe: *Anschluss: The Week Hitler Seized Austria.* New York 1971.

Wagnleitner, Reinhold, *Understanding Austria. The Political Reports of Martin F. Herz, Political Officer of the US Legation in Vienna, 1945–1948.* Salzburg 1984.

Walser, Harald, »›Treue dem wahren Nationalsozialismus!‹ Arbeiter in der Vorarlberger NSDAP«, in: *Arbeiterschaft und Nationalsozialismus in Österreich.* Herausg. von Rudolf G. Ardelt und Hans Hautmann. Wien 1990, S. 317–334.

Walzl, August, »*Als erster Gau…« Entwicklungen und Strukturen des Nationalsozialismus in Kärnten.* Klagenfurt 1992.

— *Die Juden in Kärnten und das Dritte Reich.* Klagenfurt 1987.

Wandruszka, Adam, »Österreichs politische Struktur«, in: *Geschichte der Republik Österreich.* Herausg. von Heinrich Benedikt. Wien 1954, S. 369–382.

Wassiltschikow, Marie, *Die Berliner Tagebücher der »Missie« Wassiltschikow 1940–1945.* Berlin 1987.

Weinberg, Gerhard, *The Foreign Policy of Hitler's Germany.* Bd. 2: *Starting World War II, 1937–1939.* Chicago 1980.

— *A World at Arms. A Global History of World War II.* Cambridge 1994; deutsche Ausgabe: *Eine Welt in Waffen. Die globale Geschichte des Zweiten Weltkriegs.* Stuttgart 1995.

Weinzierl, Erika, »Kirche und Politik«, in: *Österreich 1918–1938. Geschichte der Ersten Republik.* Herausg. von Erika Weinzierl und Kurt Skalnik. Graz, Wien, Köln 1983, Bd. 1, S. 437–496.

— *Prüfstand. Österreichs Katholiken und der Nationalsozialismus.* Mödling 1988.

— *Zu wenig Gerechte. Österreicher und Judenverfolgung 1938–1945.* Graz 1969.

Weiss, John, *Ideology of Death. Why the Holocaust Happened in Germany.* Chicago 1996; deutsche Ausgabe: *Der lange Weg zum Holocaust. Die Geschichte der Judenfeindschaft in Deutschland und Österreich.* Hamburg 1997.

Weisz, Franz, »Die Geheime Staatspolizei, Staatspolizeileitstelle Wien 1938–1945.

Organisation, Arbeitsweise, personale Angelegenheiten.« Dissertation, Universität Wien 1991.

— »Die Gestapo-Leitstelle Wien«, in: *Wiener Geschichtsblätter* 47 (1992) S. 231–234.

West, Rebecca, *Black Lamb and Grey Falcon. A Journey through Yugoslavia.* 2 Bde. New York 1941.

Whiteside, Andrew G., *Austrian National Socialism before 1918.* The Hague 1962.

— »Nationaler Sozialismus in Österreich vor 1918«, in: *Vierteljahreshefte für Zeitgeschichte* 9 (1961) S. 333–359.

— *The Socialism of Fools: Georg Ritter von Schönerer and Austrian Pan-Germanism.* Berkeley 1975; deutsche Ausgabe: *Georg Ritter von Schönerer. Alldeutschland und sein Prophet.* Graz 1981.

Williams, Maurice, »The Aftermath of Anschluss: Disillusioned Germans or Budding Austrian Patriots?«, in: *Austrian History Yearbook* 14 (1978) S. 129–144.

— »Captain Josef Leopold: Austro-Nazi and Austro-Nationalist?«, in: *Conquering the Past. Austrian Nazism Yesterday and Today.* Herausg. von F. Parkinson. Detroit 1989, S. 57–71.

Wiltschegg, Walter, *Die Heimwehr. Eine unwiderstehliche Volksbewegung?* München 1985.

Wistrich, Robert S., *Antisemitism. The Longest Hatred.* New York 1991.

Witek, Hans, »›Arisierungen‹ in Wien: Aspekte nationalsozialistischer Enteignungspolitik 1938–1940«, in: *NS-Herrschaft in Österreich 1938–1945.* Herausg. von Emmerich Tálos, Ernst Hanisch und Wolfgang Neugebauer. Wien 1988, S. 199–216.

Wortmann, Michael, *Baldur von Schirach. Hitlers Jugendführer.* Köln 1982.

Zitelmann, Rainer, *Hitler. Selbstverständnis eines Revolutionärs.* Stuttgart 1987.

Zuckmayer, Carl, *Als wär's ein Stück von mir.* Frankfurt/Main 1966.

Zweig, Stefan, *Die Welt von gestern. Erinnerungen eines Europäers.* Frankfurt/Main 1981.

Register

Danksagung

Es ist mir eine große Freude, den Rat und die Hilfe all derer zu würdigen, die mir bei den Forschungen für dieses Buch und beim Schreiben behilflich gewesen sind. Als Erstes möchte ich zwei Historikern meinen Dank aussprechen, die ich noch nicht persönlich kennen gelernt habe: Ian Kershaw von der University of Sheffield und Marlis Steinert vom Institut Universitaire de Hautes Etudes Internationales in Genf. Deren bahnbrechende Studien der Volksmeinung im Dritten Reich dienten mir häufig zur Inspiration und boten mir einen analytischen Rahmen für die kohärente Präsentation meiner Ergebnisse. Von ihren Erkenntnissen ist so viel in die Forschungsliteratur übernommen worden, dass heute kein Gelehrter an ihren Werken vorbeikommt.

Zahllosen Kollegen und Freunden in den Vereinigten Staaten, in Großbritannien und in Europa bin ich ebenfalls zu Dank verpflichtet. Dazu zählen unter anderem Mitarbeiter der Mullins Library der University of Arkansas in Fayetteville, der Military Archives Division (Militärarchiv) des National Archives in Washington, D. C., des Public Record Office in London, des Allgemeinen Verwaltungsarchivs (inzwischen eine Abteilung des Archivs der Republik) in Wien, insbesondere dem Generaldirektor des Österreichischen Staatsarchivs Dr. Lorenz Mikoletzky und seiner liebenswürdigen Frau Dr. Julianne Mikoletzky, sowie Mitarbeiter des Dokumentationsarchivs des österreichischen Widerstandes in Wien, hier vor allem Dr. Heinz Arnberger, Dr. Elisabeth Klamper, und meine alten Freunde Dr. Jonny Moser und Dr. Sigwald Ganglmair.

Zahlreiche Erkenntnisse habe ich aus Gesprächen mit Menschen gewonnen, die während der NS-Zeit in Österreich gelebt haben, darunter waren Anhänger wie auch Gegner des Regimes: Josef Wolkerstorfer, Dr. Arthur und Elisabeth Weber, Josef und Elisabeth Eisenhut, Josef Kick, Dr. Herbert Steiner und vor allem Alfred Kessler.

Der University of Arkansas möchte ich an dieser Stelle dafür danken, dass sie es mir ermöglicht hat, in den Wiener Archiven zu forschen. Besonderen Dank schulde ich dem Wolfson College in Cambridge für die Gastprofessur in den Jahren 1993/94, die es mir gestattete, in einer Atmosphäre außerordentlich großer Toleranz und Kollegialität an meinem Projekt weiterzuarbeiten. Ganz besonders danken möchte ich Sir David Williams, Gordon Johnson, Graham Pollard, Roland Huntford, Julie Jones und Hugh und Mary Bevan. Auch der historischen Fakultät der University of Cambridge möchte ich für die anregenden Gespräche und herzliche Aufnahme danken, insbesondere Jonathan Steinberg, T. C. W. Blanning, Chris Clark und Brendan Simms.

Von den vielen Freunden und Kollegen, die liebenswürdigerweise verschiedene Entwürfe lasen und Verbesserungsvorschläge machten, bin ich Todd Hanlin, Bruce F. Pauley, Jay Baird, Jonathan Petroupolos, Ernst Hanisch und Günter Bischof zu besonderem Dank verpflichtet. Dem verstorbenen Fred Parkinson bin ich für seine vielen Gefälligkeiten und redaktionellen Anregungen außerordentlich dankbar. Ferner möchte ich James Briscoe für seine kritischen Kommentare zum Stil und Henry Friedlander dafür danken, dass er mich zwang, meine ursprünglichen Schlussfolgerungen noch einmal zu überdenken.

William Wright und Michael Gehler danke ich für die Vorabveröffentlichung von Auszügen aus dieser Studie.

Viele andere sind mir in dem vergangenen Jahrzehnt mit Rat und Tat zur Seite gestanden. Ganz besonders danken möchte ich Radomir Luža, Johnpeter Horst Grill, Robert Knight, Jill Lewis, Sybil Milton, Peter Steiner, David Hopper und Suzanne Smith.

John Lukacs bin ich wegen seiner großzügigen Unterstützung und seinen klugen Ratschlägen zu Dank verpflichtet.

Von meinen Kollegen an der University of Arkansas möchte ich dem verstorbenen Stephen F. Strausberg, Randall B. Woods, Donald Engels und Daniel Sutherland danken. Meinem Freund und Mitarbeiter Kurt Tweraser möchte ich für alles, was er mich über seine Heimat Österreich gelehrt hat, meinen besonderen Dank aussprechen. Ferner möchte ich Lewis Bateman, dem zuständigen Redakteur des Verlages University of North Carolina Press, für seine Unterstützung bei diesem Projekt danken. Sämtliche noch enthaltenen Fehler fallen selbstverständlich mir zur Last.

Endlich möchte ich meiner Frau und meinen Kindern danken, denen dieses Buch gewidmet ist. Ihre Liebe und Hingabe haben mir über eine schwere Zeit hinweggeholfen. Anita hat mit viel Geduld eine höhere Belastung als üblich ertragen; die inzwischen erwachsenen Ellen und David haben im Laufe der Zeit sogar ein eigenes Interesse für die Arbeit ihres Vaters entwickelt.

TN